中國國家圖書館編

國家圖書館藏敦煌遺書

第一百三十五冊　北敦一四八七〇號——北敦一四九四七號

北京圖書館出版社

圖書在版編目(CIP)數據

國家圖書館藏敦煌遺書·第一百三十五册/中國國家圖書館編;任繼愈主編. —北京:北京圖書館出版社,2010.10

ISBN 978-7-5013-3697-5

Ⅰ.國… Ⅱ.①中…②任… Ⅲ.敦煌學—文獻 Ⅳ.K870.6

中國版本圖書館 CIP 數據核字(2010)第 122711 號

ISBN 978-7-5013-3697-5

9 787501 336975 >

書　　名	國家圖書館藏敦煌遺書·第一百三十五册
著　　者	中國國家圖書館編　任繼愈主編
責任編輯	徐　蜀　孫　彦
封面設計	李　璀

出　　版	北京圖書館出版社　(100034　北京西城區文津街 7 號)
發　　行	010-66139745　66151313　66175620　66126153 66174391(傳真)　66126156(門市部)
E-mail	btsfxb@nlc.gov.cn(郵購)
Website	www.nlcpress.com → 投稿中心
經　　銷	新華書店
印　　刷	北京文津閣印務有限責任公司

開　　本	八開
印　　張	57.5
版　　次	2010 年 10 月第 1 版第 1 次印刷
印　　數	1-250 册(套)

書　　號	ISBN 978-7-5013-3697-5/K·1660
定　　價	990.00 圓

編輯委員會

主　　編　任繼愈

常務副主編　方廣錩

副 主 編　李際寧　張志清

編委（按姓氏筆畫排列）　王克芬　王姿怡　吳玉梅　周春華　陳　穎　黄　霞（常務）　黄　建　程佳羽　劉玉芬

出版委員會

主　任　詹福瑞

副主任　陳　力

委　員（按姓氏筆畫排列）　李　健　姜　紅　郭又陵　徐　蜀　孫　彦

攝製人員（按姓氏筆畫排列）

于向洋　王富生　王遂新　谷韶軍　張　軍　張紅兵　張　陽　曹　宏　郭春紅　楊　勇　嚴　平

原件修整人員（按姓氏筆畫排列）

朱振彬　杜偉生　李　英　胡玉清　胡秀菊　張　平　劉建明

目錄

北敦一四八七〇號　大般涅槃經（北本）卷一〇……一
北敦一四八七一號一　普賢菩薩說證明經……一
北敦一四八七一號二　證香火本因經……二
北敦一四八七二號　妙法蓮華經卷一……三
北敦一四八七三號　無量壽宗要經……六
北敦一四八七四號　妙法蓮華經卷六……七
北敦一四八七五號　維摩詰所說經卷中……八
北敦一四八七六號　金剛般若波羅蜜經（十二分本）……一〇
北敦一四八七七號　妙法蓮華經卷一……一一
北敦一四八七八號　金剛般若波羅蜜經……一三
北敦一四八七九號　金剛般若波羅蜜經……一五
北敦一四八八〇號　文殊師利所說摩訶般若波羅蜜經（一卷本）……一七
北敦一四八八一號　維摩詰所說經卷中……二二

北敦一四八八二號　大般若波羅蜜多經卷一三〇……三四
北敦一四八八三號　大般涅槃經（北本　宮本）卷三一……四〇
北敦一四八八四號　維摩詰所說經卷中……四五
北敦一四八八五號　妙法蓮華經卷二……五九
北敦一四八八六號　金剛般若波羅蜜經……六二
北敦一四八八七號　妙法蓮華經卷三……六八
北敦一四八八八號　釋肇序抄義……七四
北敦一四八八九號　寅朝禮文……八六
北敦一四八九〇號　八波羅夷經附十利（擬）……八七
北敦一四八九一號　大佛頂如來密因修證了義諸菩薩萬行首楞嚴咒（加前頌本）（擬）……八九
北敦一四八九一號背　亡文稿（擬）……九八
北敦一四八九二號一　般若波羅蜜多心經（別譯）……九九
北敦一四八九二號二　六門陀羅尼經……九九
北敦一四八九三號　大方廣佛華嚴經（晉譯五十卷本異卷）卷四四……一〇一
北敦一四八九四號　金光明經卷四……一一〇
北敦一四八九五號　佛名經（十六卷本）卷二……一一二
北敦一四八九六號　大般涅槃經（北本　宮本）卷三九……一二五
北敦一四八九七號一　摩訶般若波羅蜜經卷二四……一三八
北敦一四八九七號二　摩訶般若波羅蜜經卷二五……一四一
北敦一四八九八號　摩訶般若波羅蜜經卷七……一四二

北敦一四八九九號　灌頂隨願往生十方淨土經……一四四
北敦一四九〇〇號　妙法蓮華經卷四……一四七
北敦一四九〇一號　大智度論（異卷）卷二七……一五三
北敦一四九〇二號　禮十方佛滅罪經（擬）……一六〇
北敦一四九〇三號　辯中邊論卷上……一六五
北敦一四九〇四號　辯中邊論卷中……一六六
北敦一四九〇五號　妙法蓮華經卷六……一六七
北敦一四九〇六號　妙法蓮華經卷一……一六八
北敦一四九〇七號　光讚般若波羅蜜經卷八……一六九
北敦一四九〇八號　灌頂章句拔除過罪生死得度經……一六九
北敦一四九〇九號　妙法蓮華經卷一……一七〇
北敦一四九一〇號　妙法蓮華經卷一……一七一
北敦一四九一一號　金剛般若波羅蜜經……一七一
北敦一四九一二號　究竟大悲經卷三……一七二
北敦一四九一三號　維摩詰所説經卷下……一七三
北敦一四九一四號　妙法蓮華經卷三……一七四
北敦一四九一五號A　大般涅槃經（北本）卷二三……一七五
北敦一四九一五號B　摩訶般若波羅蜜經卷七……一七六
北敦一四九一五號C　大般涅槃經（北本）卷三八……一七七
北敦一四九一六號　大般涅槃經（北本）卷一〇……一七九

北敦一四九一七號　藏文（無量壽宗要經乙本）……一九一
北敦一四九一八號　藏文（無量壽宗要經乙本）……一九五
北敦一四九一九號　大方廣佛華嚴經（晉譯六十卷本　聖本）卷一二……一九八
北敦一四九二〇號　藏文（無量壽宗要經甲本）……二〇二
北敦一四九二一號　大般若波羅蜜多經卷三八八……二〇五
北敦一四九二二號　大般若波羅蜜多經卷二八四……二一五
北敦一四九二三號A　金剛般若波羅蜜經……二一七
北敦一四九二三號B　妙法蓮華經（八卷本）卷七……二二一
北敦一四九二四號　遺教經論……二三五
北敦一四九二五號　大方等大集經（異卷）卷二六……二四三
北敦一四九二六號　禪偈（擬）……二五四
北敦一四九二七號　道行般若經卷四……二五六
北敦一四九二八號　金光明最勝王經卷四……二六五
北敦一四九二九號　金剛般若波羅蜜經……二七二
北敦一四九三〇號　摩訶僧祇比丘尼戒本……二七六
北敦一四九三一號　妙法蓮華經卷三……二九二
北敦一四九三二號　妙法蓮華經卷六……二九五
北敦一四九三三號　藏文（無量壽宗要經甲本）……三〇二
北敦一四九三四號　藏文（無量壽宗要經乙本）……三〇六
北敦一四九三五號　藏文（無量壽宗要經乙本）……三一〇

北敦一四九三六號　大佛頂如來密因修證了義諸菩薩萬行首楞嚴經卷三……三一三
北敦一四九三七號　妙法蓮華經卷二……三二四
北敦一四九三八號　摩訶般若波羅蜜經（異卷）卷八……三三八
北敦一四九三九號一　藏文（無量壽宗要經甲本）……三五三
北敦一四九三九號二　藏文（無量壽宗要經甲本）……三五五
北敦一四九三九號三　藏文（無量壽宗要經甲本）……三五八
北敦一四九三九號四　藏文（無量壽宗要經甲本）……三六一
北敦一四九四〇號一　四分律（異卷）卷四九……三六四
北敦一四九四〇號二　回鶻文（擬）……三六七
北敦一四九四一號　回鶻文文獻（擬）……三六八
北敦一四九四二號　金光明最勝王經卷四……三七〇
北敦一四九四三號　淨名經集解關中疏卷下……三七八
北敦一四九四四號　摩訶般若波羅蜜經（異卷）卷一七……四〇二
北敦一四九四五號　藥師瑠璃光如來本願功德經……四〇七
北敦一四九四六號　大般涅槃經（北本　思溪本）卷三……四一〇
北敦一四九四七號　大般涅槃經（北本　思溪本）卷三九……四二〇
著錄凡例……一
條記目錄……三
新舊編號對照表……一二三

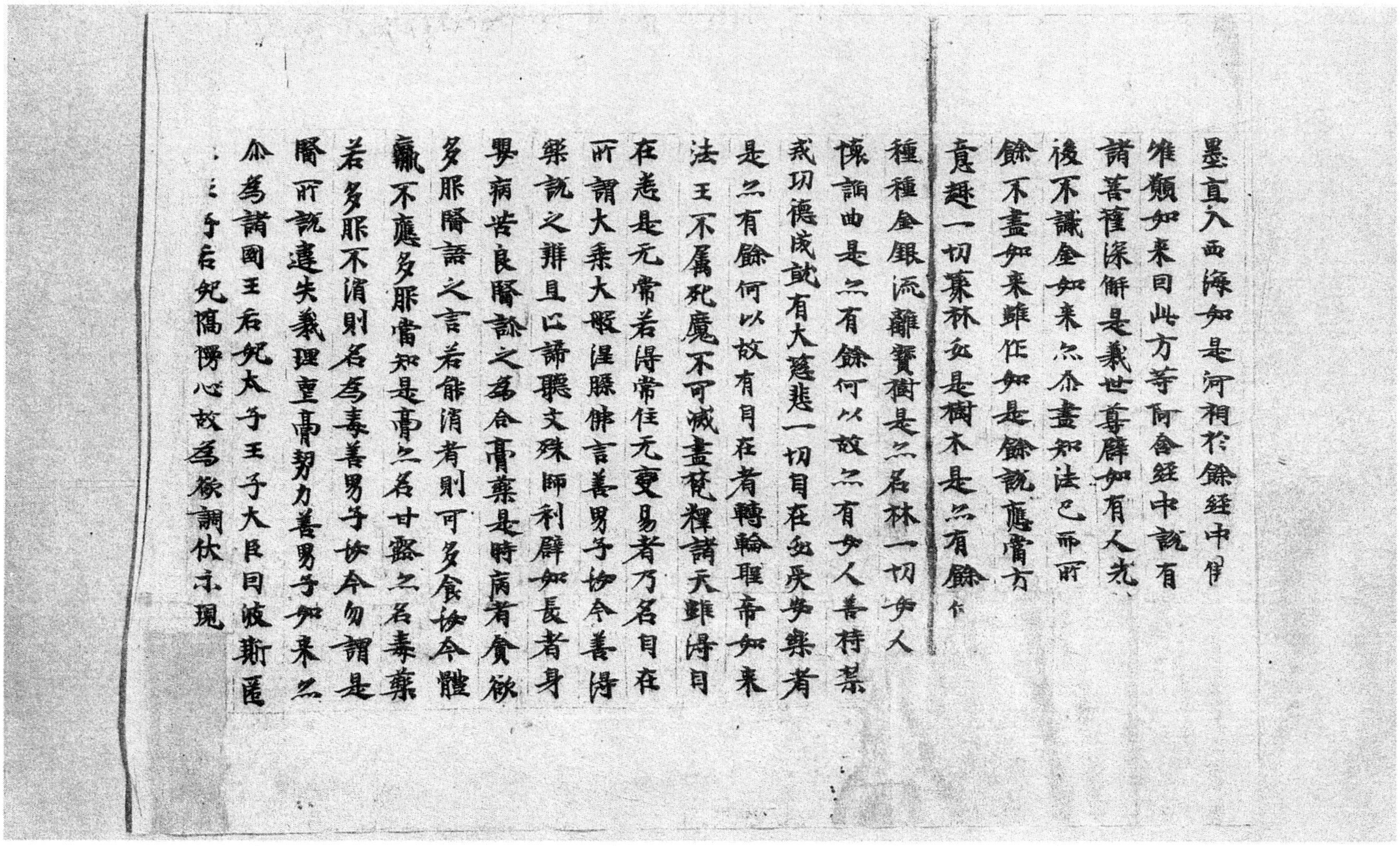

墨直入西海如是河相於餘經中佛
唯願如来因此方等阿含經中說有
諸菩薩深解是義世尊譬如有人先
後不識金如来亦尒盡知法已而所
餘不盡如来雖作如是餘說應當方
意趣一切叢林亦是樹木是亦有餘作
種種金銀流離寶樹是亦名林一切女人
懷諂曲是亦有餘何以故亦有女人善持禁
戒功德成就有大慈悲一切自在亦受女樂者
是亦有餘何以故有自在者轉輪聖帝如来
法王不屬死魔不可滅盡梵釋諸天雖得自
在悉是无常若得常住无變易者乃名自在
所謂大乘大般涅槃佛言善男子汝今善得
樂說之辯且止諦聽文殊師利譬如長者身
嬰病苦良醫診之為合膏藥是時病者貪欲
多服醫語之言若能消者則可多食汝今體
羸不應多服當知是膏亦名甘露亦名毒藥
若多服不消則名為毒善男子汝今勿謂是
醫所說違失義理重膏勢力善男子如来亦
尒為諸國王后妃太子王子大臣因波斯匿
〻〻子后妃憍慢心故為欲調伏示現

BD14870 號　大般涅槃經（北本）卷一〇　（1–1）

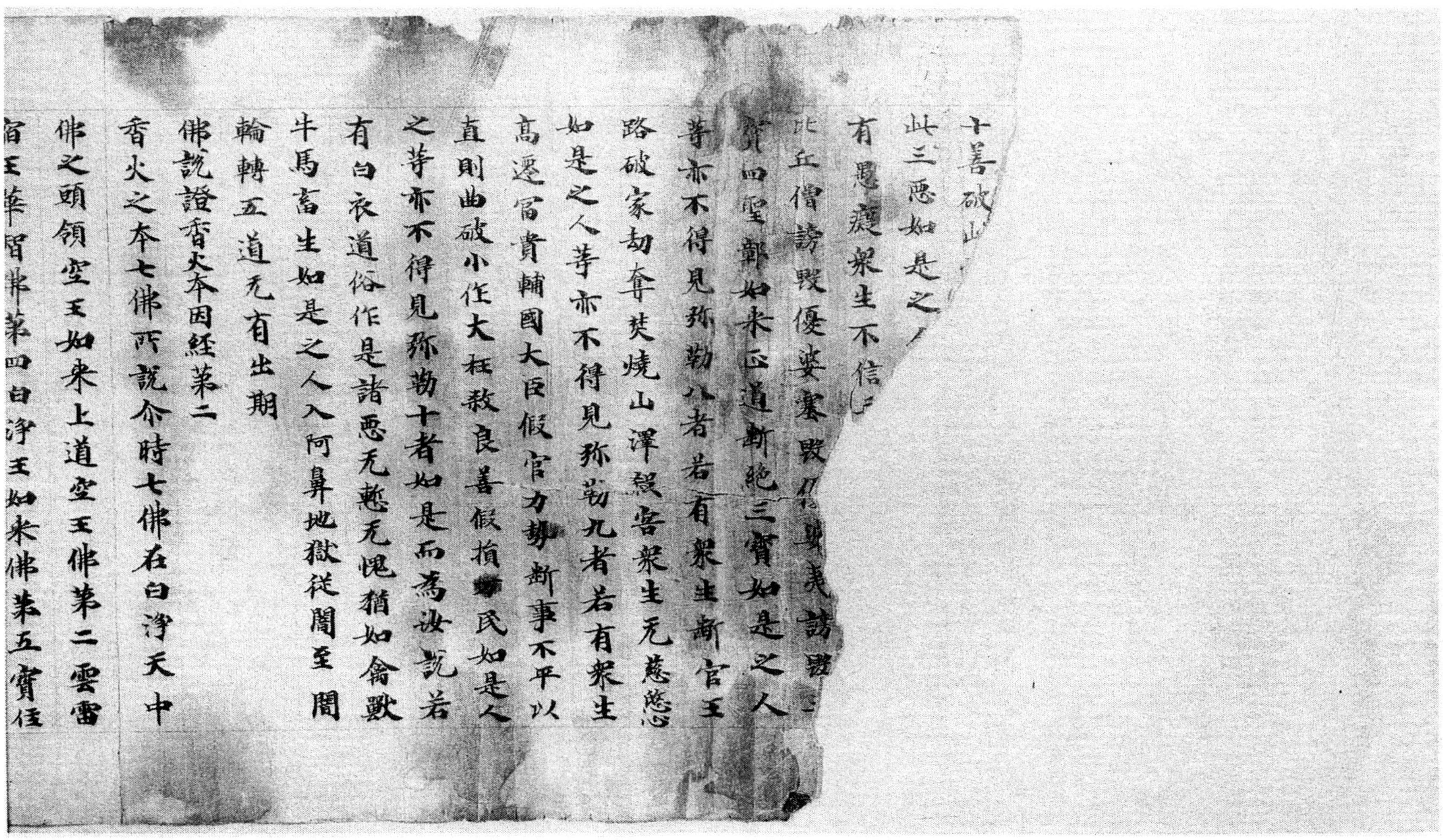

十善破山
此三惡如是之人
有愚癡衆生不信
比丘僧謗毀優婆塞毀[illegible]夷謗毀三
寶四聖鄣如来正道斷絶三寶如是之人
等亦不得見弥勒八者若有衆生斷官王
路破家劫奪焚燒山澤殺害衆生无慈愍
如是之人等亦不得見弥勒九者若有衆生
高遷冒貴輔國大臣假官力勢斷事不平以
直則曲破小作大枉殺良善假損[illegible]民如是人
之等亦不得見弥勒十者如是而為汝說若
有白衣道俗作是諸惡无慙无愧猶如禽獸
牛馬畜生如是之人入阿鼻地獄從閻至閻
輪轉五道无有出期
佛說證香火本因經第二
香火之本七佛所說尒時七佛在白淨天中
佛之頭領空王如来上道空王佛第二雲雷
宿王華智佛第四白淨王如来佛第五寶住

BD14871 號 1　普賢菩薩說證明經　（3–1）

有白衣道俗作是諸惡无慚无愧猶如餓鬼
牛馬畜生如是之人入阿鼻地獄從闇至闇
輪轉五道无有出期
佛說證香火本因経第二
香火之本七佛所說尒時七佛在白淨天中
佛之頭領空王如來上道空王佛第二雲雷
宿王華智佛第四白淨王如來佛第五寶住
蓮華佛第六无根王佛第七受記弥勒尊弟
六无根王佛第七受記弥勒
音宿王華智佛第四白淨王如來佛第五寶
住蓮華佛第六无根王佛第七受記弥勒尊
佛七佛共會初首結願在白淨天中又會結願
靈鷲山中又會結願紫微山又會結願耆闍
山尒時空王發柔濡制令召諸方菩薩北方
有十恒河沙菩薩各乘六牙白象手賫珎寶
金華蓋詣佛所尒時東方亦有十恒河沙菩
薩亦乘六牙白象雨寶蓮華來詣佛所尒時
南方復有十恒河沙菩薩亦乘六牙白象賫
寶冠瓔珞來詣佛所尒時西方復有十恒河沙
菩薩亦乘六牙白象各賫菩提雜華來詣佛
所尒時上方有十恒河沙菩薩乘之國師子
雨寶天衣懸重之心來詣佛所尒時從地踊
出頭戴珎寶各作是言聞佛結願歡喜集
會六方菩薩集會之時山河大海六種震動
尒時衆魔心情不寧以佛神力善哉匹法尒
時白淨王如來歡喜受教白空王如來各作是

BD14871 號 2　證香火本因經　（3–2）

山尒時空王發柔濡制令召諸方菩薩北方
有十恒河沙菩薩各乘六牙白象手賫珎寶
金華蓋詣佛所尒時東方亦有十恒河沙菩
薩亦乘六牙白象雨寶蓮華來詣佛所尒時
南方復有十恒河沙菩薩亦乘六牙白象賫
寶冠瓔珞來詣佛所尒時西方復有十恒河沙
菩薩亦乘六牙白象各賫菩提雜華來詣佛
所尒時上方有十恒河沙菩薩乘之國師子
雨寶天衣懸重之心來詣佛所尒時從地踊
出頭戴珎寶各作是言聞佛結願歡喜集
會六方菩薩集會之時山河大海六種震動
尒時衆魔心情不寧以佛神力善哉匹法尒
時白淨王如來歡喜受教白空王如來各作是
言无有閻浮履地衆生无有緣為六方菩薩
上首行西方无量壽佛弟子大慈觀世音
此大菩薩與閻浮履地拯濟有緣尒時東方
王明諸佛弟子摩訶波闍波提普賢菩薩
香火證明功德利益有緣此二菩薩希有拯
濟拔諸生苦希有利益善哉如來將疾往詣
白淨天中結願之時寶柱幢蓋八万四千人

BD14871 號 2　證香火本因經　（3–3）

妙法蓮華經序品第一
如是我聞一時佛住王舍城耆闍崛山中與
大比丘衆万二千人俱皆是阿羅漢諸漏已
盡无復煩惱逮得己利盡諸有結心得自在
其名曰阿若憍陳如摩訶迦葉優樓頻螺迦
葉伽耶迦葉那提迦葉舍利弗大目揵連摩
訶迦旃延阿㝹樓馱劫賓那憍梵波提離婆
多畢陵伽婆蹉薄拘羅摩訶拘絺羅難陀孫
陀羅難陀富樓那彌多羅尼子須菩提阿難
羅睺羅如是衆所知識大阿羅漢等復有學
無學二千人摩訶波闍波提比丘尼與眷屬
六千人俱羅睺羅母耶輸陀羅比丘尼亦與
眷屬俱菩薩摩訶薩八万人皆於阿耨多羅
三藐三菩提不退轉皆得陁羅尼樂說辯才
轉不退轉法輪供養无量百千諸佛於諸佛

BD14872 號　妙法蓮華經卷一　（5–1）

無學二千人摩訶波闍波提比丘尼與眷屬
六千人俱羅睺羅母耶輸陀羅比丘尼亦與
眷屬俱菩薩摩訶薩八万人皆於阿耨多羅
三藐三菩提不退轉皆得陁羅尼樂說辯才
轉不退轉法輪供養无量百千諸佛於諸佛
所殖衆德本常為諸佛之所稱歎以慈脩身
善入佛慧通達大智到於彼岸名稱普聞无
量世界能度無數百千衆生其名曰文殊師
利菩薩觀世音菩薩得大勢菩薩常精進
菩薩不休息菩薩寶掌菩薩藥王菩薩勇施
菩薩寶月菩薩月光菩薩滿月菩薩大力菩薩
無量力菩薩越三界菩薩跋陁婆羅菩薩彌
勒菩薩寶積菩薩導師菩薩如是等菩薩
摩訶薩八万人俱尒時釋提桓因與其眷屬
二万天子俱復有名月天子普香天子寶光
天子四大天王與其眷屬万天子俱自在天子
大自在天子與其眷屬三万天子俱娑婆世
界主梵天王尸棄大梵光明大梵等與其眷
屬万二千天子俱有八龍王難陀龍王跋難
陀龍王娑伽羅龍王和脩吉龍王德叉迦龍
王阿那婆達多龍王摩那斯龍王優鉢羅龍
王等各與若干百千眷屬俱有四緊那羅王
法緊那羅王妙法緊那羅王大法緊那羅王
持法緊那羅王各與若干百千眷屬俱有四
乾闥婆王樂乾闥婆王樂音乾闥婆王美乾
闥婆王美音乾闥婆王各與若干百千眷屬

BD14872 號　妙法蓮華經卷一　（5–2）

王等各與若干百千眷屬俱有四緊那羅王
法緊那羅王妙法緊那羅王大法緊那羅王
持法緊那羅王各與若干百千眷屬俱有四
乾闥婆王樂乾闥婆王樂音乾闥婆王美乾
闥婆王美音乾闥婆王各與若干百千眷屬
俱有四阿脩羅王婆稚阿脩羅王佉羅騫馱
阿脩羅王毗摩質多羅阿脩羅王羅睺阿脩
羅王各與若千百千眷屬俱有四迦樓羅王
大威德迦樓羅王大身迦樓羅王大滿迦樓
羅王如意迦樓羅王各與若干百千眷屬俱
韋提希子阿闍世王與若干百千眷屬俱各
礼佛足退坐一面尒時世尊四眾圍繞供養
恭敬尊重讚歎為諸菩薩說大乘經名无
量義教菩薩法佛所護念佛說此經已結跏趺
坐入於无量義處三昧身心不動是時天雨
曼陁羅華摩訶曼陁羅華曼殊沙華摩訶
曼殊沙華而散佛上及諸大眾普佛世界六
種震動尒時會中比丘比丘尼優婆塞優婆夷
天龍夜叉乾闥婆阿脩羅迦樓羅緊那羅摩
睺羅伽人非人及諸小王轉輪聖王是諸大
眾得未曾有歡喜合掌一心觀佛尒時佛放
眉間白毫相光照東方八千世界靡不周
遍下至阿鼻地獄上至阿迦尼吒天於此世
界盡見彼土六趣眾生又見彼土現在諸佛
及聞諸佛所說經法并見彼諸比丘比丘尼
優婆塞優婆夷諸脩行得道者復見諸菩
薩摩訶薩種種因緣種種信解種種相貌行菩

BD14872號　妙法蓮華經卷一　（5–3）

遍下至阿鼻地獄上至阿迦尼吒天於此世
界盡見彼土六趣眾生又見彼土現在諸佛
及聞諸佛所說經法并見彼諸比丘比丘尼
優婆塞優婆夷諸脩行得道者復見諸菩
薩摩訶薩種種因緣種種信解種種相貌行菩
薩道復見諸佛般涅槃者復見諸佛般涅槃
後以佛舍利起七寶塔尒時弥勒菩薩作是
念今者世尊現神變相以何因緣而有此瑞
今佛世尊入于三昧是不可思議現希有事
當以問誰誰能答者復作此念是文殊師利
法王之子已曾親近供養過去无量諸佛必
應見此希有之相我今當問尒時比丘比丘
尼優婆塞優婆夷及諸天龍鬼神等咸作此
念是佛光明神通之相今當問誰尒時弥勒
菩薩欲自決疑又觀四眾比丘比丘尼優婆
塞優婆夷及諸天龍鬼神等眾會之心而問
文殊師利言以何因緣而有此瑞神通之相
放大光明照于東方万八千土悉見彼佛國
界莊嚴於是弥勒菩薩欲重宣此義以偈
問曰
文殊師利　導師何故　眉間白毫　大光普照
雨曼陁羅　曼殊沙華　栴檀香風　悅可眾心
以是因緣　地皆嚴淨　而此世界　六種震動
時四部眾　咸皆歡喜　身意快然　得未曾有
眉間光明　照于東方　万八千土　皆如金色
從阿鼻獄　上至有頂　諸世界中　六道眾生

BD14872號　妙法蓮華經卷一　（5–4）

□□誰能答者復作此念是文殊師利
法王之子已曾親近供養過去无量諸佛必
應見此希有之相我今當問尒時比丘比丘
尼優婆塞優婆夷及諸天龍鬼神等咸作此
念是佛光明神通之相今當問誰尒時弥勒
菩薩欲自決疑又觀四衆比丘比丘尼優婆
塞優婆夷及諸天龍鬼神等衆會之心而問
文殊師利言以何因緣而有此瑞神通之相
放大光明照于東方万八千土悉見彼佛國
界莊嚴於是弥勒菩薩欲重宣此義以偈
問曰
文殊師利　導師何故　眉間白豪　大光普照
雨曼陁羅　曼殊沙華　栴檀香風　悅可衆心
以是因緣　地皆嚴淨　而此世界　六種震動
時四部衆　咸皆歡喜　身意快然　得未曾有
眉間光明　照于東方　万八千土　皆如金色
從阿鼻獄　上至有頂　諸世界中　六道衆生
生死所趣　善惡業緣　受報好醜　於此悉見
又覩諸佛　聖主師子　演說經典　微妙第一
其聲清淨　出柔軟音　教諸菩薩　无數億万

BD14872 號　妙法蓮華經卷一　（5–5）

妙法蓮經

BD14872 號背　雜寫　（1–1）

大乘无量壽經
如是我聞一時薄伽梵在舍衛國祇樹給孤
獨園與大苾芻僧千二百五十人大菩薩摩
訶薩衆俱同會坐尒時世尊告曼殊室利童
子曼殊上方有世界名无量功德聚彼土有
佛号无量智决定王如來阿耨多羅三藐三
菩提現為衆生開示說法曼殊諦聽南閻浮
提人皆短壽大限百年於中殀枉横死者衆
曼殊如是无量壽如來功德名稱法要若有
衆生得聞名号若自書或使人書能為經卷
受持讀誦若於舍宅所住之處以種種花鬘
瓔珞塗香末香而為供養如其命盡復得延
年滿足百歲如是曼殊若有衆生得聞是无
量壽智决定王如來一百八名号者益其長
壽若有衆生大命将盡憶念是如來名号便
得增壽如是曼殊若有善男子善女人欲求
長壽於是无量壽如來一百八名号有得聞
者或自書若使人書受持讀誦得如是苐果

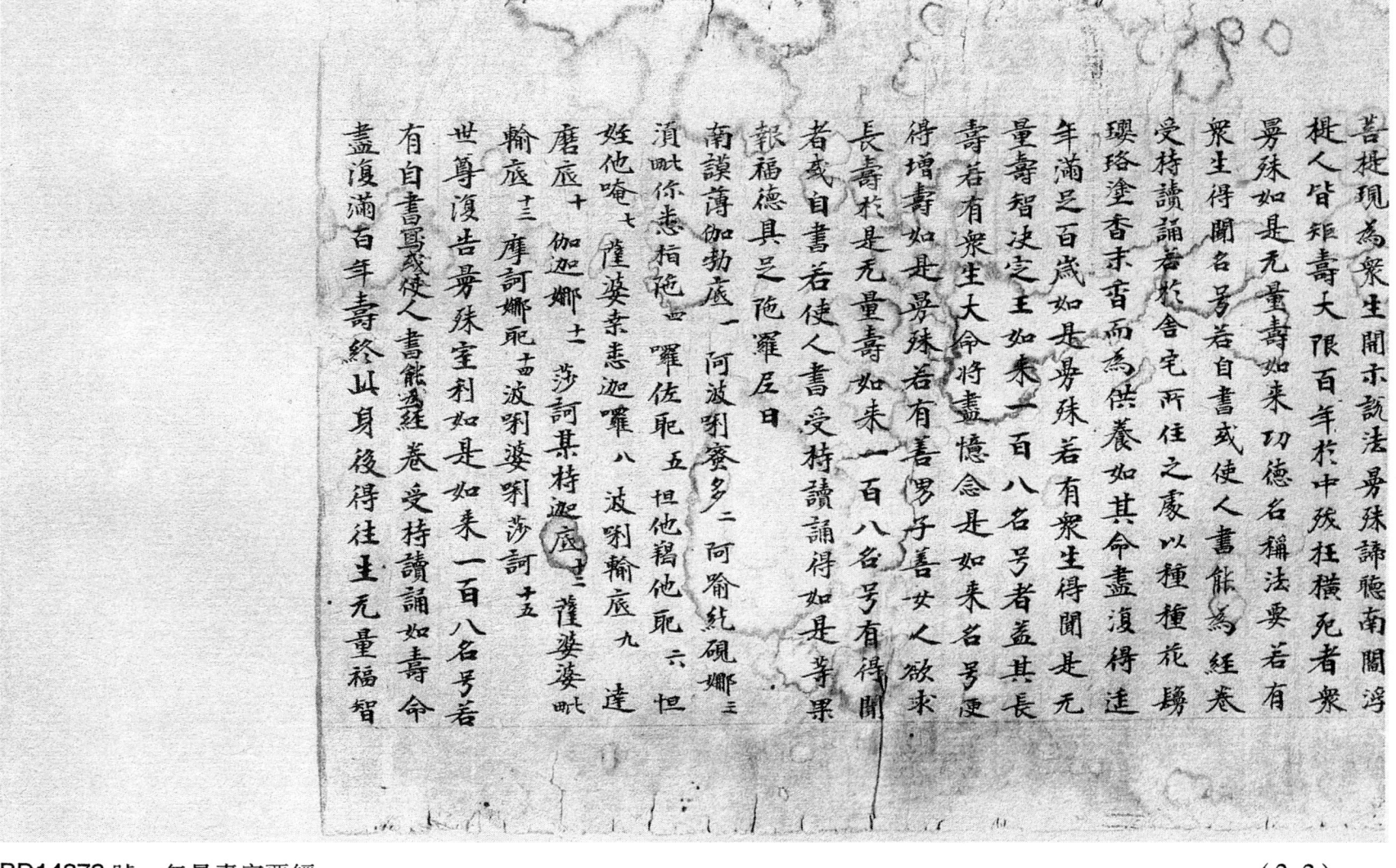

BD14873 號　無量壽宗要經　（2–1）

菩提現為衆生開示說法曼殊諦聽南閻浮
提人皆短壽大限百年於中殀枉横死者衆
曼殊如是无量壽如來功德名稱法要若有
衆生得聞名号若自書或使人書能為經卷
受持讀誦若於舍宅所住之處以種種花鬘
瓔珞塗香末香而為供養如其命盡復得延
年滿足百歲如是曼殊若有衆生得聞是无
量壽智决定王如來一百八名号者益其長
壽若有衆生大命将盡憶念是如來名号便
得增壽如是曼殊若有善男子善女人欲求
長壽於是无量壽如來一百八名号有得聞
者或自書若使人書受持讀誦得如是苐果
報福德具足陁羅尼曰
南謨薄伽勃底一　阿波唎蜜多二　阿喻紇硯娜三
須毗你悉栺陁四　囉佐耶五　怛他羯他耶六　怛
姪他唵七　薩婆桒悉迦囉八　波唎輸底九　達
磨底十　伽迦娜十一　莎訶某持迦底十二　薩婆婆毗
輸底十三　摩訶娜耶十四　波唎婆唎莎訶十五
世尊復告曼殊室利如是如來一百八名号若
有自書寫或使人書能為經卷受持讀誦如壽命
盡復滿百年壽終以身後得往生无量福智

BD14873 號　無量壽宗要經　（2–2）

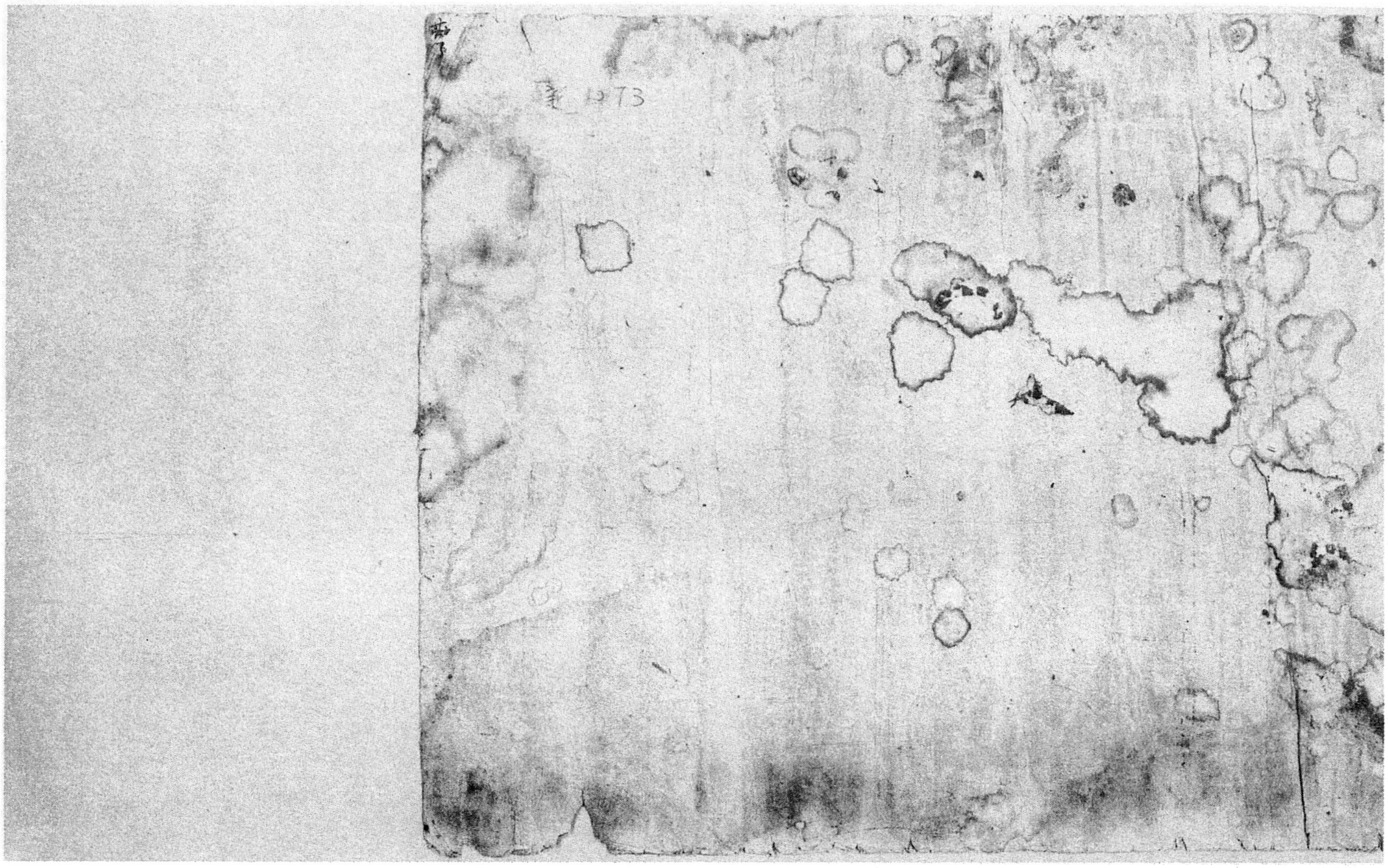

BD14873 號背　勘記　　　　　　　　　　　　（1–1）

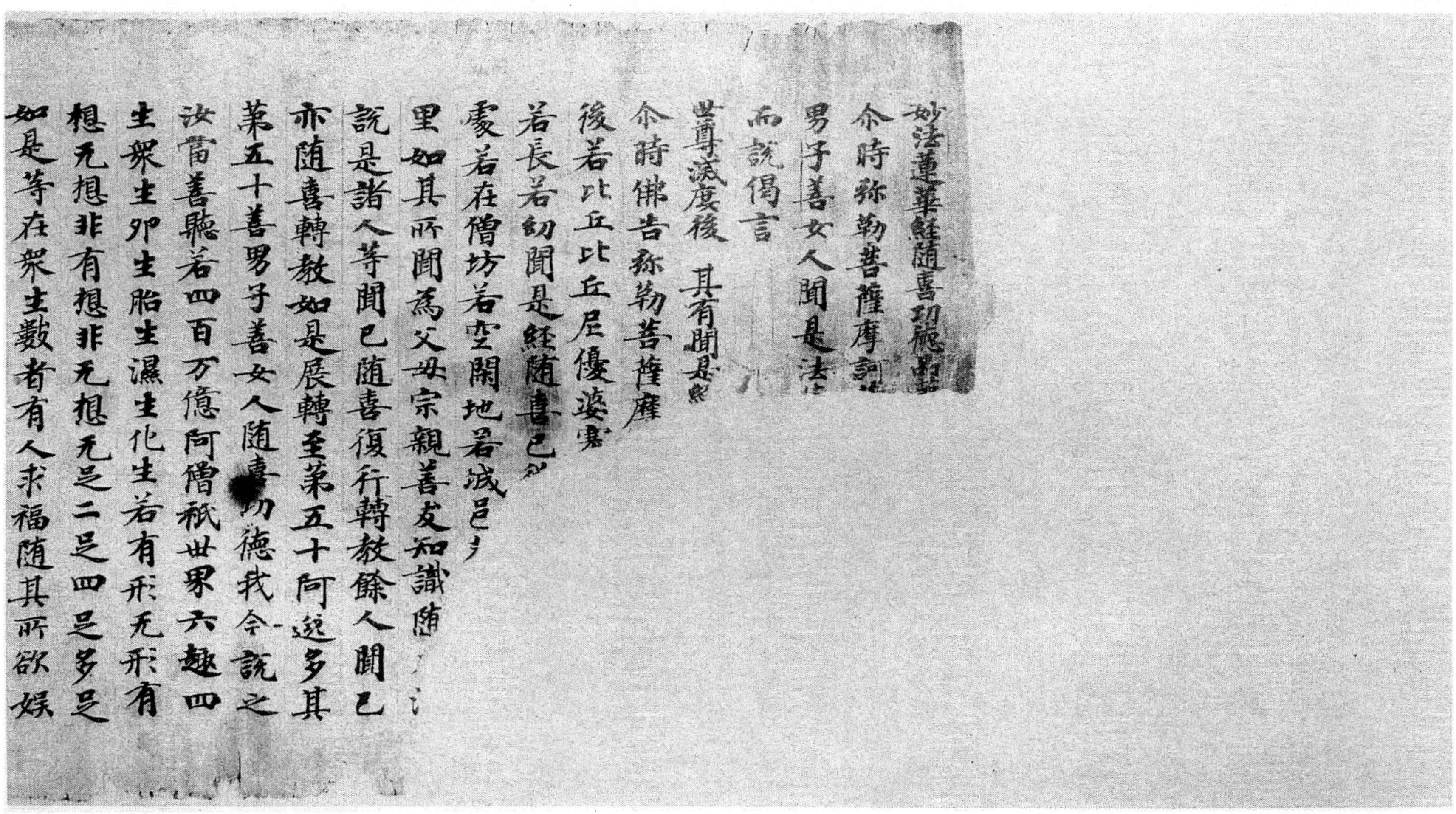
妙法蓮華經隨喜功德品第
尒時弥勒菩薩摩訶
男子善女人聞是法
而說偈言
世尊滅度後　其有聞是
尒時佛告弥勒菩薩摩
後若比丘比丘尼優婆塞
若長若幼聞是經隨喜已
處若在僧坊若空閑地若城邑
里如其所聞為父母宗親善友知識隨
說是諸人等聞已隨喜復行轉教餘人聞已
亦隨喜轉教如是展轉至第五十阿逸多其
第五十善男子善女人隨喜功德我今說之
汝當善聽若四百万億阿僧祇世界六趣四
生衆生卵生胎生濕生化生若有形无形有
想无想非有想非无想无足二足四足多足
如是等在衆生數者有人求福隨其所欲娛

BD14874 號　妙法蓮華經卷六　　　　　　　　（2–1）

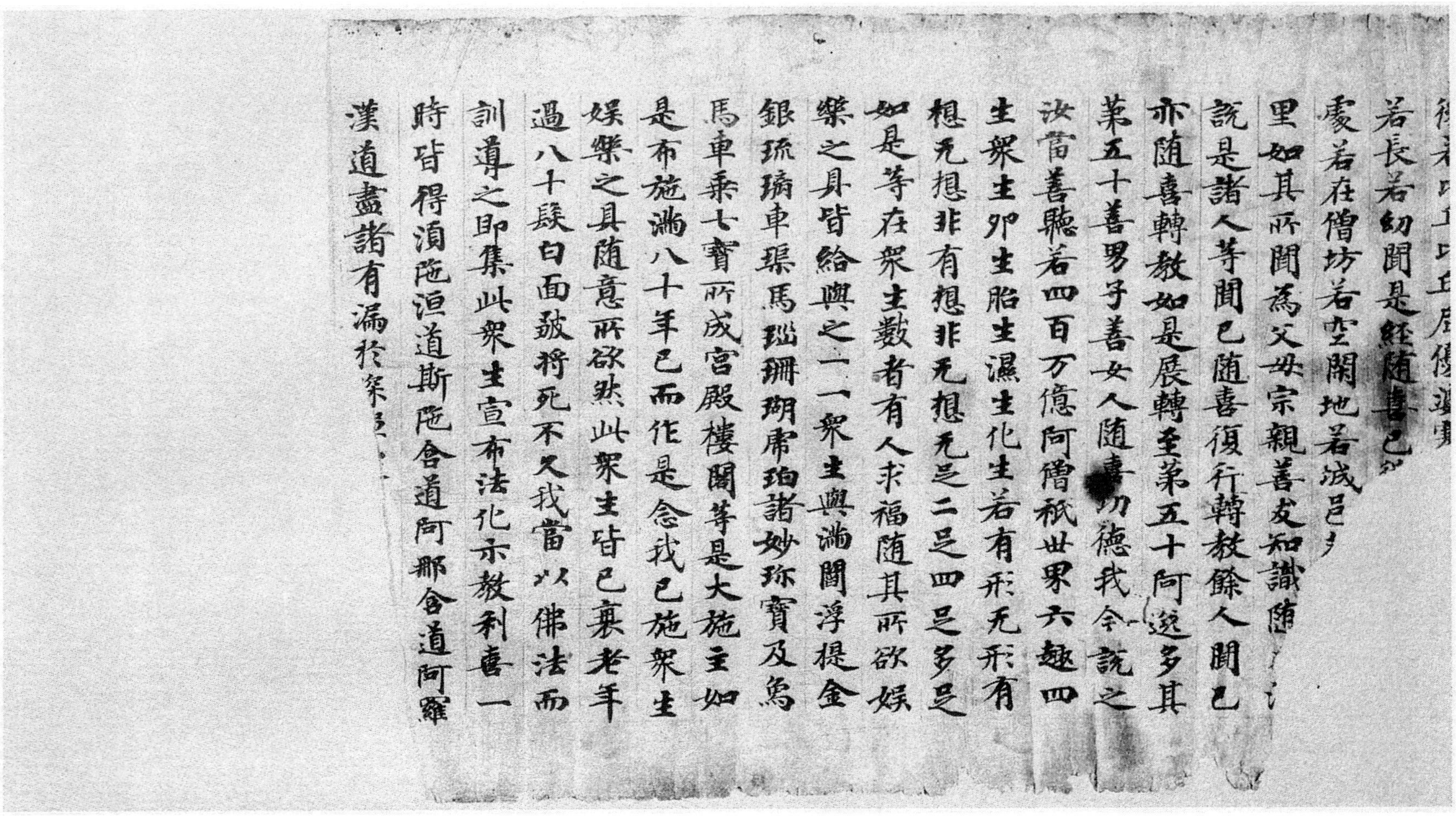

若長若幼聞是經隨喜已…
處若在僧坊若空閑地若城邑…
里如其所聞為父母宗親善友知識隨…
說是諸人等聞已隨喜復行轉教餘人聞已
亦隨喜轉教如是展轉至第五十阿逸多其
第五十善男子善女人隨喜功德我今說之
汝當善聽若四百万億阿僧祇世界六趣四
生衆生卵生胎生濕生化生若有形无形有
想无想非有想非无想无足二足四足多足
如是等在衆生數者有人求福隨其所欲娛
樂之具皆給與之一一衆生與滿閻浮提金
銀琉璃車𤦲馬瑙珊瑚虎珀諸妙珎寶及為
馬車乘七寶所成宮殿樓閣等是大施主如
是布施滿八十年已而作是念我已施衆生
娛樂之具隨意所欲然此衆生皆已衰老年
過八十髮白面皺將死不久我當以佛法而
訓導之即集此衆生宣布法化示教利喜一
時皆得須陁洹道斯陁含道阿那含道阿羅
漢道盡諸有漏於深…

BD14874 號　妙法蓮華經卷六　（2–2）

…利仁者遊於无
…佛土有好上妙功
…之座文殊師利言居士東方度
六恒河沙國有世界名須弥相其佛号須
弥燈王今現在彼佛身長八万四千由旬其
師子座高八万四千由旬嚴飾第一於是長
者維摩詰現神通力即時彼佛遣三万二千
師子座高廣嚴好來入維摩詰室諸菩薩大
弟子釋梵四天王等昔所未見其室廣博悉
皆包容三万二千師子座无所妨礙於毗耶離
城及閻浮提四天下亦不迫迮悉見如故爾
時維摩詰語文殊師利就師子座與諸菩薩
上人俱坐當自立身如彼坐像其得神通菩
薩即自變身為四万二千由旬坐師子座諸
新發意菩薩及大弟子皆不能昇爾時維摩
詰語舍利弗就師子座舍利弗言居士此座
高廣吾不能昇維摩詰言唯舍利弗為須弥

BD14875 號　維摩詰所說經卷中　（3–1）

時維摩詰語文殊師利就師子座與諸菩薩
上人俱坐當自立身如彼坐像其得神通菩
薩即自變身為四万二千由旬坐師子座諸
新發意菩薩及大弟子皆不能昇尒時維摩
詰語舍利弗就師子座舍利弗言居士此座
高廣吾不能昇維摩詰言唯舍利弗為須弥
燈王如來作礼乃可得坐於是新發意菩薩
及大弟子即為須弥燈王如來作礼便得坐
師子座舍利弗言居士未曾有也如是小室
乃容受此高廣之座於毗耶離城无所妨礙
又於閻浮提聚落城邑及四天下諸天龍王
鬼神宮殿亦不迫迮維摩詰言唯舍利弗諸
佛菩薩有解脫名不可思議若菩薩住是解
脫者以須弥之高廣内芥子中无所增減須
弥山王本相如故而四天王忉利諸天不覺
不知己之所入唯應度者乃見須弥入芥子
中是名不可思議解脫法門又以四大海水
入一毛孔不嬈魚鱉黿鼉水性之屬而彼大
海本相如故諸龍鬼神阿脩羅等不覺不知
己之所入於此衆生亦无所嬈又舍利弗住不
可思議解脫菩薩斷取三千大千世界如
陶家輪著右掌中擲過恒河沙世界之外其
中衆生不覺不知己之所往又復還置本處
都不使人有往來想而此世界本相如故又
舍利弗或有衆生樂久住世而可度者菩薩
即演七日以為一劫令彼衆生謂之一劫或有
衆生不樂久住而可度者菩薩即促一劫以

BD14875號　維摩詰所說經卷中　（3–2）

中衆生不覺不知己之所往又復還置本處
都不使人有往來想而此世界本相如故又
舍利弗或有衆生樂久住世而可度者菩薩
即演七日以為一劫令彼衆生謂之一劫或有
衆生不樂久住而可度者菩薩即促一劫以
為七日令彼衆生謂之七日又舍利弗住不
可思議解脫菩薩以一切佛土嚴飾之事集
在一國示於衆生又菩薩以一佛土衆生置
之右掌飛到十方遍示一切而不動本處又
舍利弗十方衆生供養諸佛之具菩薩於
一毛孔皆令得見又十方國土所有日月星
宿於一毛孔普使見之又舍利弗十方世界
所有諸風菩薩悉能吸著口中而身无損外
諸樹木亦不摧折又十方世界劫盡燒時以
一切火内於腹中火事如故而不為害又於
下方過恒河沙等諸佛世界取一佛土舉著
上方過恒河沙无數世界如持針鋒舉一棗
葉而无所嬈又舍利弗住不可思議解脫菩薩
能以神通現作佛身或現辟支佛身或現
聲聞身或現帝釋身或現梵王身或現世主
身或現轉輪王身又十方世界所有衆聲上
中下音皆能變之令作佛聲演出无常苦空
无我之音及十方諸佛所說種種之法皆於

BD14875號　維摩詰所說經卷中　（3–3）

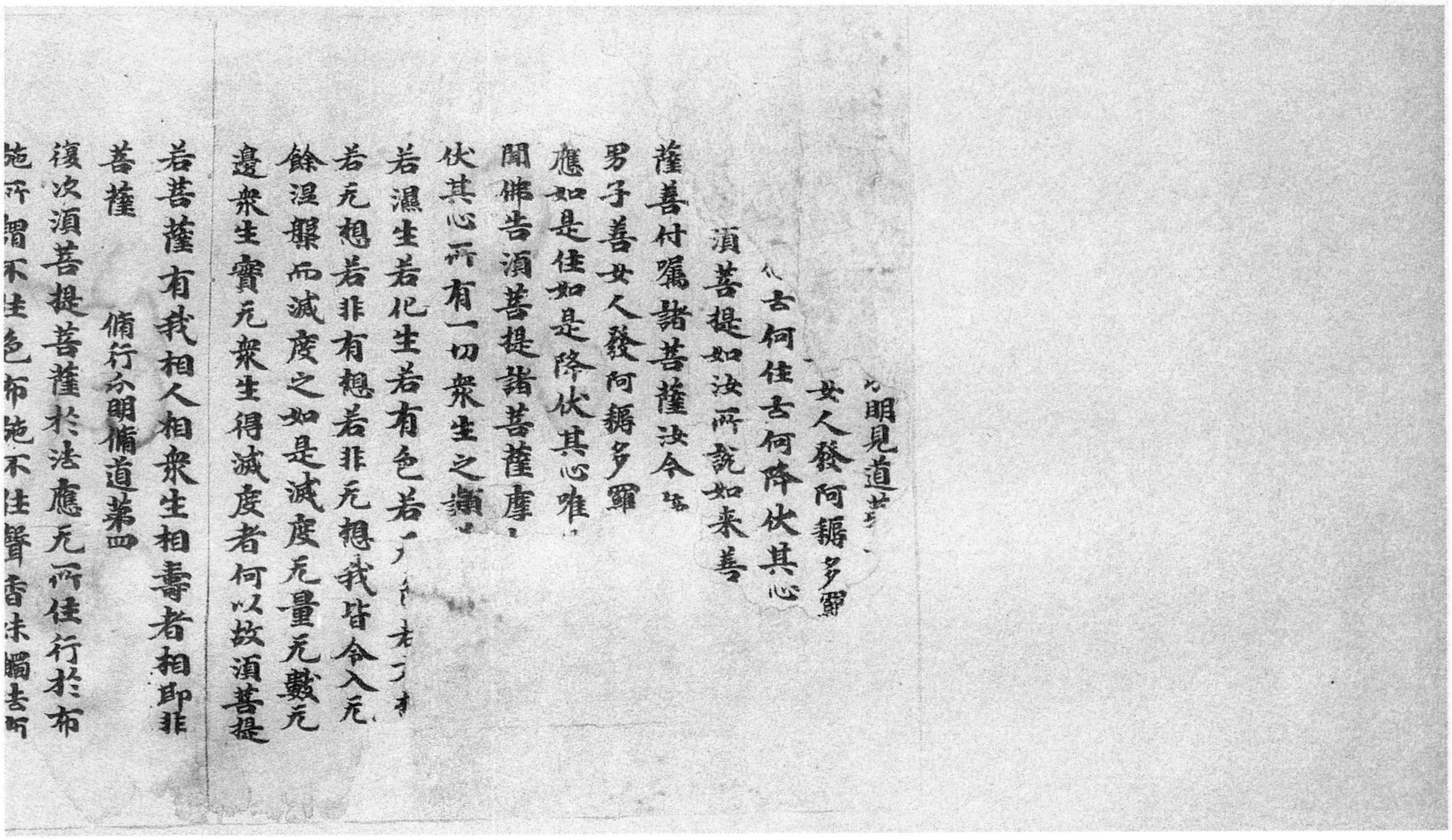

明見道第
女人發阿耨多羅
云何住云何降伏其心
須菩提如汝所說如来善
薩善付囑諸菩薩汝今
男子善女人發阿耨多羅
應如是住如是降伏其心唯
聞佛告須菩提諸菩薩摩
伏其心所有一切衆生之類
若濕生若化生若有色若
若无想若非有想若非无想我皆令入无
餘涅槃而滅度之如是滅度无量无數无
邊衆生實无衆生得滅度者何以故須菩提
若菩薩有我相人相衆生相壽者相即非
菩薩　脩行分明脩道第四
復次須菩提菩薩於法應无所住行於布
施所謂不住色布施不住聲香味觸法所

BD14876 號　金剛般若波羅蜜經（十二分本）　（3-1）

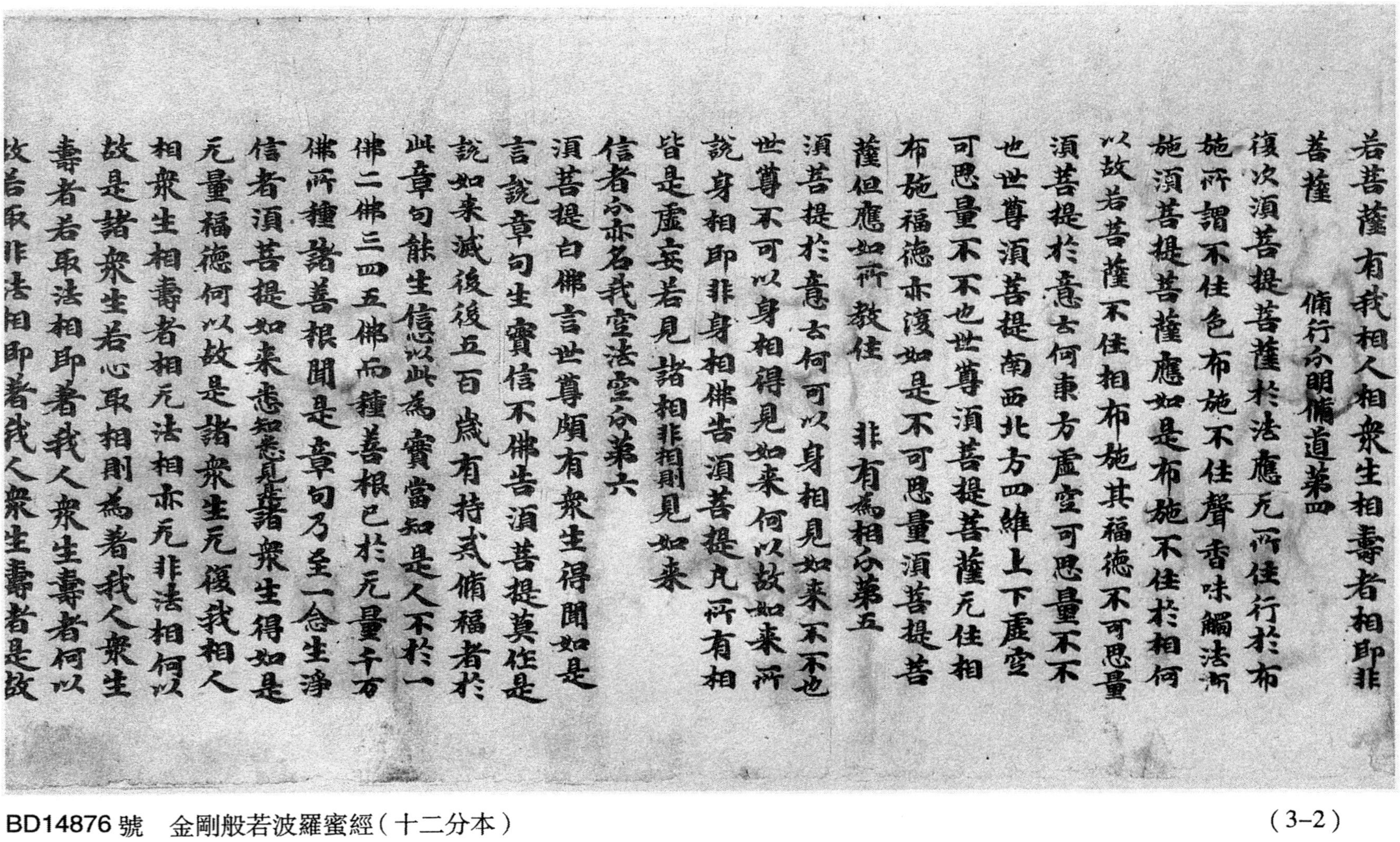

若菩薩有我相人相衆生相壽者相即非
菩薩　脩行分明脩道第四
復次須菩提菩薩於法應无所住行於布
施所謂不住色布施不住聲香味觸法所
施須菩提菩薩應如是布施不住於相何
以故若菩薩不住相布施其福德不可思量
須菩提於意云何東方虛空可思量不不
也世尊須菩提南西北方四維上下虛空
可思量不不也世尊須菩提菩薩无住相
布施福德亦復如是不可思量須菩提菩
薩但應如所教住　非有為相分第五
須菩提於意云何可以身相見如来不不也
世尊不可以身相得見如来何以故如来所
說身相即非身相佛告須菩提凡所有相
皆是虛妄若見諸相非相則見如来
信者分亦名我空法空分第六
須菩提白佛言世尊頗有衆生得聞如是
言說章句生實信不佛告須菩提莫作是
說如来滅後後五百歲有持戒脩福者於
此章句能生信心以此為實當知是人不於一
佛二佛三四五佛而種善根已於无量千万
佛所種諸善根聞是章句乃至一念生淨
信者須菩提如来悉知悉見是諸衆生得如是
无量福德何以故是諸衆生无復我相人
相衆生相壽者相无法相亦无非法相何以
故是諸衆生若心取相則為著我人衆生
壽者若取法相即著我人衆生壽者何以
故若取非法相即著我人衆生壽者是故

BD14876 號　金剛般若波羅蜜經（十二分本）　（3-2）

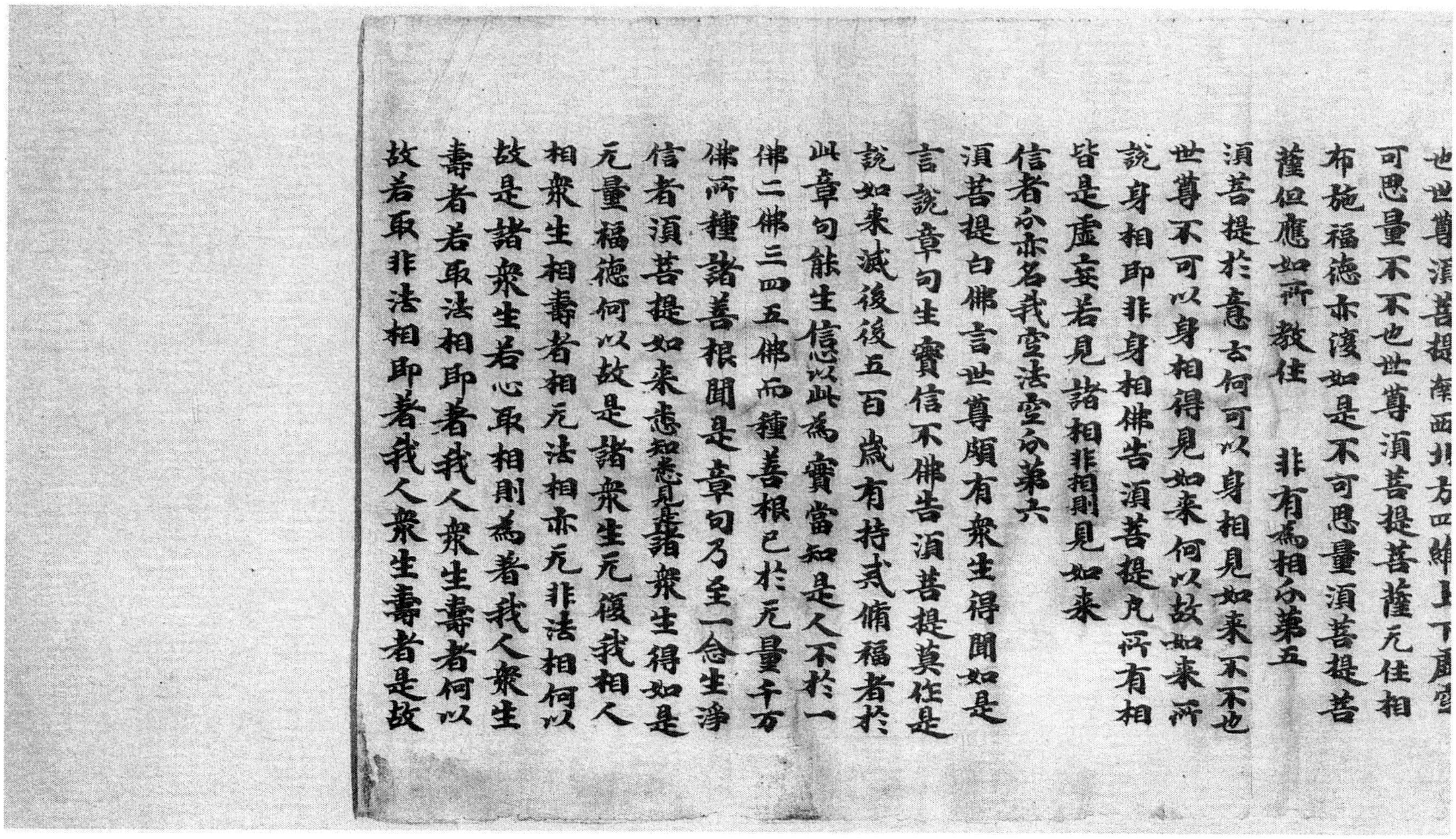
也世尊須菩提南西北方四維上下虛空
可思量不不也世尊須菩提菩薩无住相
布施福德亦復如是不可思量須菩提菩
薩但應如所教住　非有為相分第五
須菩提於意云何可以身相見如来不不也
世尊不可以身相得見如来何以故如来所
說身相即非身相佛告須菩提凡所有相
皆是虛妄若見諸相非相則見如来
信者分亦名我空法空分第六
須菩提白佛言世尊頗有衆生得聞如是
言說章句生實信不佛告須菩提莫作是
說如来滅後後五百歲有持戒脩福者於
此章句能生信心以此為實當知是人不於一
佛二佛三四五佛而種善根已於无量千万
佛所種諸善根聞是章句乃至一念生淨
信者須菩提如来悉知悉見是諸衆生得如是
无量福德何以故是諸衆生无復我相人
相衆生相壽者相无法相亦无非法相何以
故是諸衆生若心取相則為著我人衆生
壽者若取法相即著我人衆生壽者何以
故若取非法相即著我人衆生壽者是故

BD14876 號　金剛般若波羅蜜經（十二分本）　（3–3）

妙法蓮華經序品第一
如是我聞一時佛住王舍城耆闍崛山中與
大比丘衆万二千人俱皆是阿羅漢諸漏已
盡无復煩惱逮得己利盡諸有結心得自在
其名曰阿若憍陳如摩訶迦葉優樓頻螺迦
葉伽耶迦葉那提迦葉舍利弗大目揵連摩
訶迦旃延阿㝹樓馱劫賓那憍梵波提離波
多畢陵伽婆蹉薄拘羅摩訶拘絺羅難陀孫

BD14877 號　妙法蓮華經卷一　（3–1）

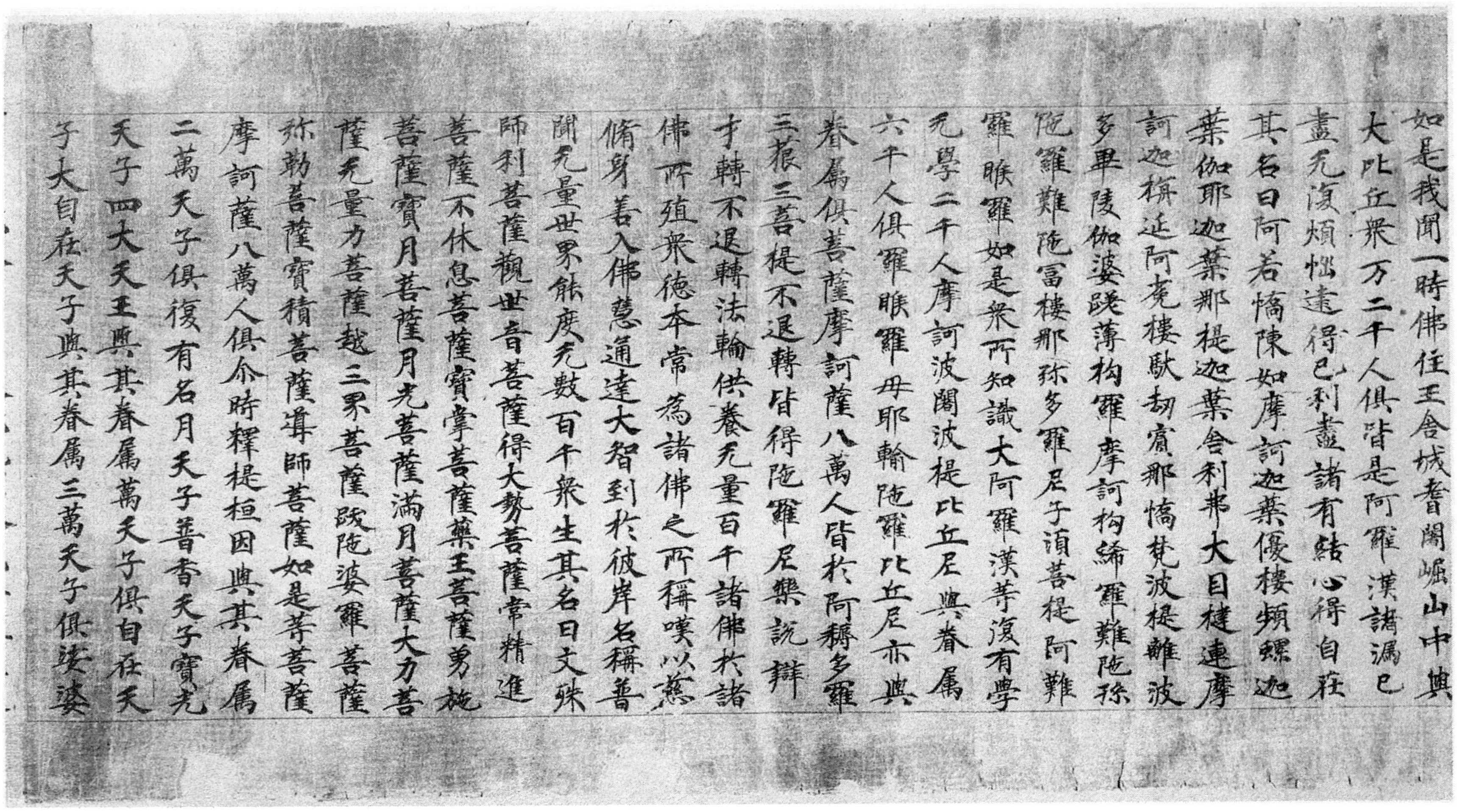

如是我聞一時佛住王舍城耆闍崛山中與
大比丘衆万二千人俱皆是阿羅漢諸漏已
盡无復煩惱逮得己利盡諸有結心得自在
其名曰阿若憍陳如摩訶迦葉優樓頻螺迦
葉伽耶迦葉那提迦葉舍利弗大目揵連摩
訶迦旃延阿㝹樓馱劫賓那憍梵波提離波
多畢陵伽婆蹉薄拘羅摩訶拘絺羅難陀孫
陀羅難陀富樓那彌多羅尼子須菩提阿難
羅睺羅如是衆所知識大阿羅漢等復有學
无學二千人摩訶波闍波提比丘尼與眷屬
六千人俱羅睺羅母耶輸陀羅比丘尼亦與
眷屬俱菩薩摩訶薩八萬人皆於阿耨多羅
三藐三菩提不退轉皆得陀羅尼樂說辯
才轉不退轉法輪供養无量百千諸佛於諸
佛所殖衆德本常為諸佛之所稱歎以慈
脩身善入佛慧通達大智到於彼岸名稱普
聞无量世界能度无數百千衆生其名曰文殊
師利菩薩觀世音菩薩得大勢菩薩常精進
菩薩不休息菩薩寶掌菩薩藥王菩薩勇施
菩薩寶月菩薩月光菩薩滿月菩薩大力菩
薩无量力菩薩越三界菩薩跋陀婆羅菩薩
弥勒菩薩寶積菩薩導師菩薩如是等菩薩
摩訶薩八萬人俱尒時釋提桓因與其眷屬
二萬天子俱復有名月天子普香天子寶光
天子四大天王與其眷屬萬天子俱自在天
子大自在天子與其眷屬三萬天子俱娑婆

BD14877號　妙法蓮華經卷一　　（3–2）

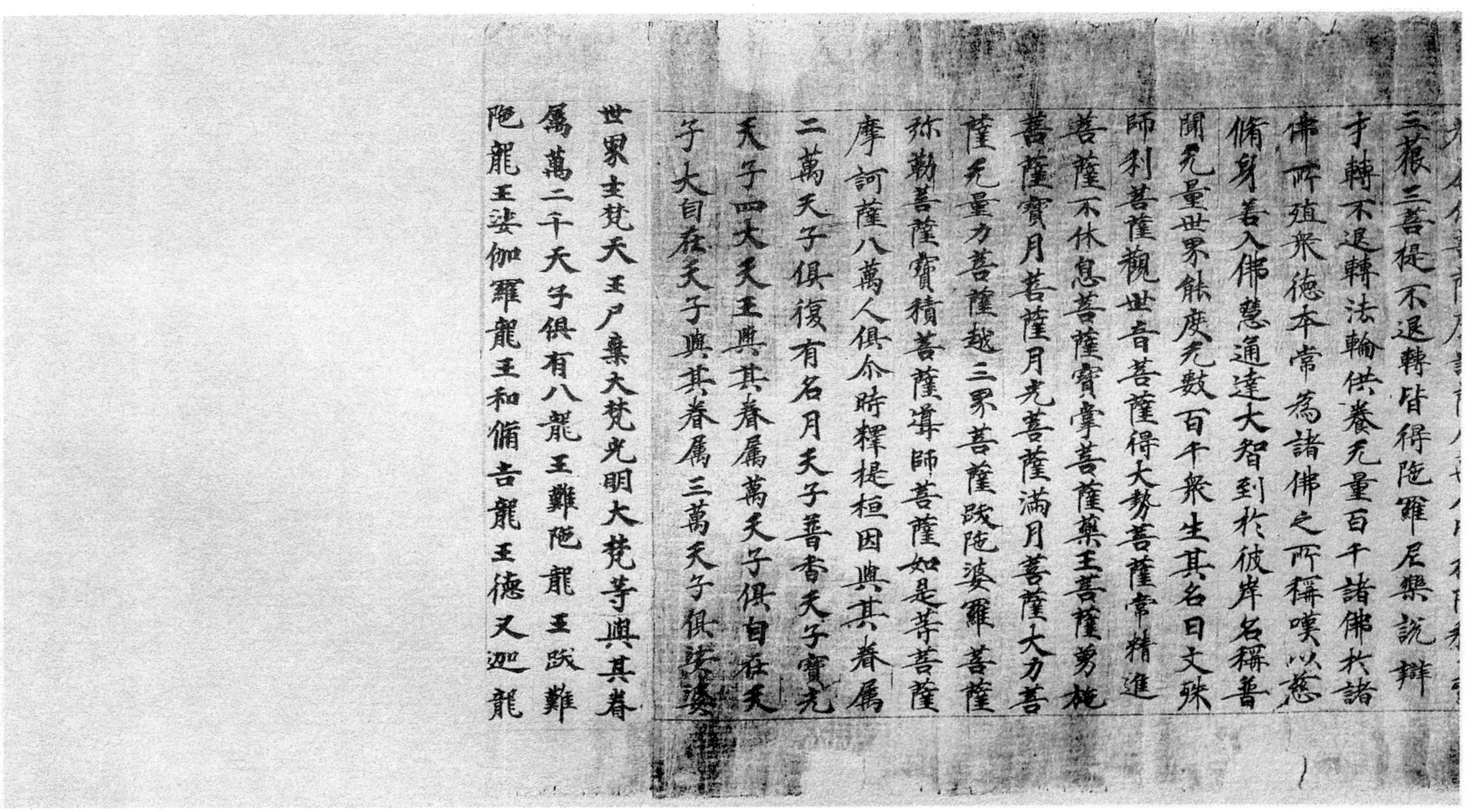

三藐三菩提不退轉皆得陀羅尼樂說辯
才轉不退轉法輪供養无量百千諸佛於諸
佛所殖衆德本常為諸佛之所稱歎以慈
脩身善入佛慧通達大智到於彼岸名稱普
聞无量世界能度无數百千衆生其名曰文殊
師利菩薩觀世音菩薩得大勢菩薩常精進
菩薩不休息菩薩寶掌菩薩藥王菩薩勇施
菩薩寶月菩薩月光菩薩滿月菩薩大力菩
薩无量力菩薩越三界菩薩跋陀婆羅菩薩
弥勒菩薩寶積菩薩導師菩薩如是等菩薩
摩訶薩八萬人俱尒時釋提桓因與其眷屬
二萬天子俱復有名月天子普香天子寶光
天子四大天王與其眷屬萬天子俱自在天
子大自在天子與其眷屬三萬天子俱娑婆
世界主梵天王尸棄大梵光明大梵等與其眷
屬萬二千天子俱有八龍王難陀龍王跋難
陀龍王娑伽羅龍王和脩吉龍王德叉迦龍

BD14877號　妙法蓮華經卷一　　（3–3）

BD14877 號背　雜寫　　（1–1）

BD14878 號　金剛般若波羅蜜經　　（4–1）

相則為著我人衆生壽者若取法相即
著我人衆生壽者何以故若取非法相即
著我人衆生壽者是故不應取法不應取
非法以是義故如來常說汝等比丘知我說法
如筏喻者法尚應捨何況非法
須菩提於意云何如來得阿耨多羅三藐三菩
提耶如來有所說法耶須菩提言如我解佛
所說義无有定法名阿耨多羅三藐三菩
提亦无有定法如來可說何以故如來所說法
皆不可取不可說非法非非法所以者何一
切賢聖皆以无為法而有差別
須菩提於意云何若人滿三千大千世界七寶
以用布施是人所得福德寧為多不須菩提言
甚多世尊何以故是福德即非福德性是故
如來說福德多若復有人於此經中受持乃
至四句偈等為他人說其福勝彼何以故須
菩提一切諸佛及諸佛阿耨多羅三藐三菩
提法皆從此經出須菩提所謂佛法者即
非佛法
須菩提於意云何須陀洹能作是念我得須
陀洹果不須菩提言不也世尊何以故須陀洹
名為入流而无所入不入色聲香味觸法是名
須陀洹須菩提於意云何斯陀含能作是念
我得斯陀含果不須菩提言不也世尊何
以故斯陀含名一往來而實无往來名是斯陀
含須菩提於意云何阿那含能作是念我得
阿那含果不須菩提言不也世尊何以故阿那

須陀洹須菩提於意云何斯陀含能作是念
我得斯陀含果不須菩提言不也世尊何
以故斯陀含名一往來而實无往來名是斯陀
含須菩提於意云何阿那含能作是念我得
阿那含果不須菩提言不也世尊何以故阿那
含名為不來而實无來是故名阿那含須
菩提於意云何阿羅漢能作是念我得阿
羅漢道不須菩提言不也世尊何以故實
无有法名阿羅漢世尊若阿羅漢作是念我得
阿羅漢道即為著我人衆生壽者世尊佛
說我得无諍三昧人中最為第一是第一離
欲阿羅漢我不作是念我是離欲阿羅漢世
尊我若作是念我得阿羅漢道世尊則不說
須菩提是樂阿蘭那行者以須菩提實无所
行而名須菩提是樂阿蘭那行
佛告須菩提於意云何如來昔在然燈佛所於法
有所得不不也世尊如來在然燈佛所於法
實无所得須菩提於意云何菩薩莊嚴佛
土不不也世尊何以故莊嚴佛土者則非莊
嚴是名莊嚴是故須菩提諸菩薩摩訶薩
應如是生清淨心不應住色生心不應住聲
香味觸法生心應无所住而生其心須菩提
譬如有人身如須弥山王於意云何是身為
大不須菩提言甚大世尊何以故佛說非身
是名大身
須菩提如恒河中所有沙數如是沙等恒河
於意云何是諸恒河沙寧為多不須菩提言
甚多世尊但諸恒河尚多无數何況其沙須

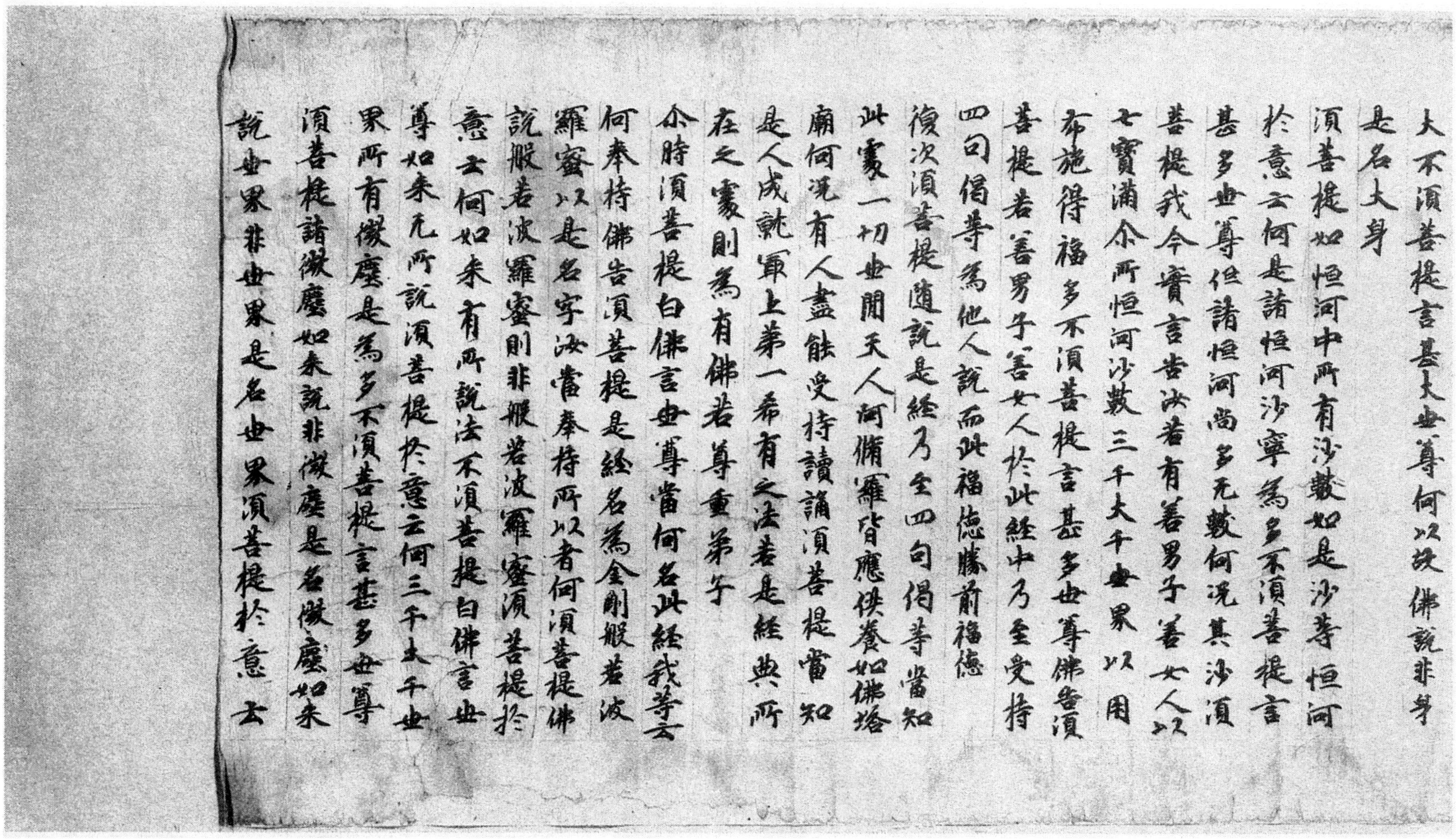
大不須菩提言甚大世尊何以故佛說非身
是名大身
須菩提如恒河中所有沙數如是沙等恒河
於意云何是諸恒河沙寧為多不須菩提言
甚多世尊但諸恒河尚多无數何況其沙須
菩提我今實言告汝若有善男子善女人以
七寶滿尒所恒河沙數三千大千世界以用
布施得福多不須菩提言甚多世尊佛告須
菩提若善男子善女人於此經中乃至受持
四句偈等為他人說而此福德勝前福德
復次須菩提隨說是經乃至四句偈等當知
此處一切世間天人阿脩羅皆應供養如佛塔
廟何況有人盡能受持讀誦須菩提當知
是人成就最上第一希有之法若是經典所
在之處則為有佛若尊重弟子
尒時須菩提白佛言世尊當何名此經我等云
何奉持佛告須菩提是經名為金剛般若波
羅蜜以是名字汝當奉持所以者何須菩提佛
說般若波羅蜜則非般若波羅蜜須菩提於
意云何如來有所說法不須菩提白佛言世
尊如來无所說須菩提於意云何三千大千世
界所有微塵是為多不須菩提言甚多世尊
須菩提諸微塵如來說非微塵是名微塵如來
說世界非世界是名世界須菩提於意云

BD14878 號　金剛般若波羅蜜經　（4–4）

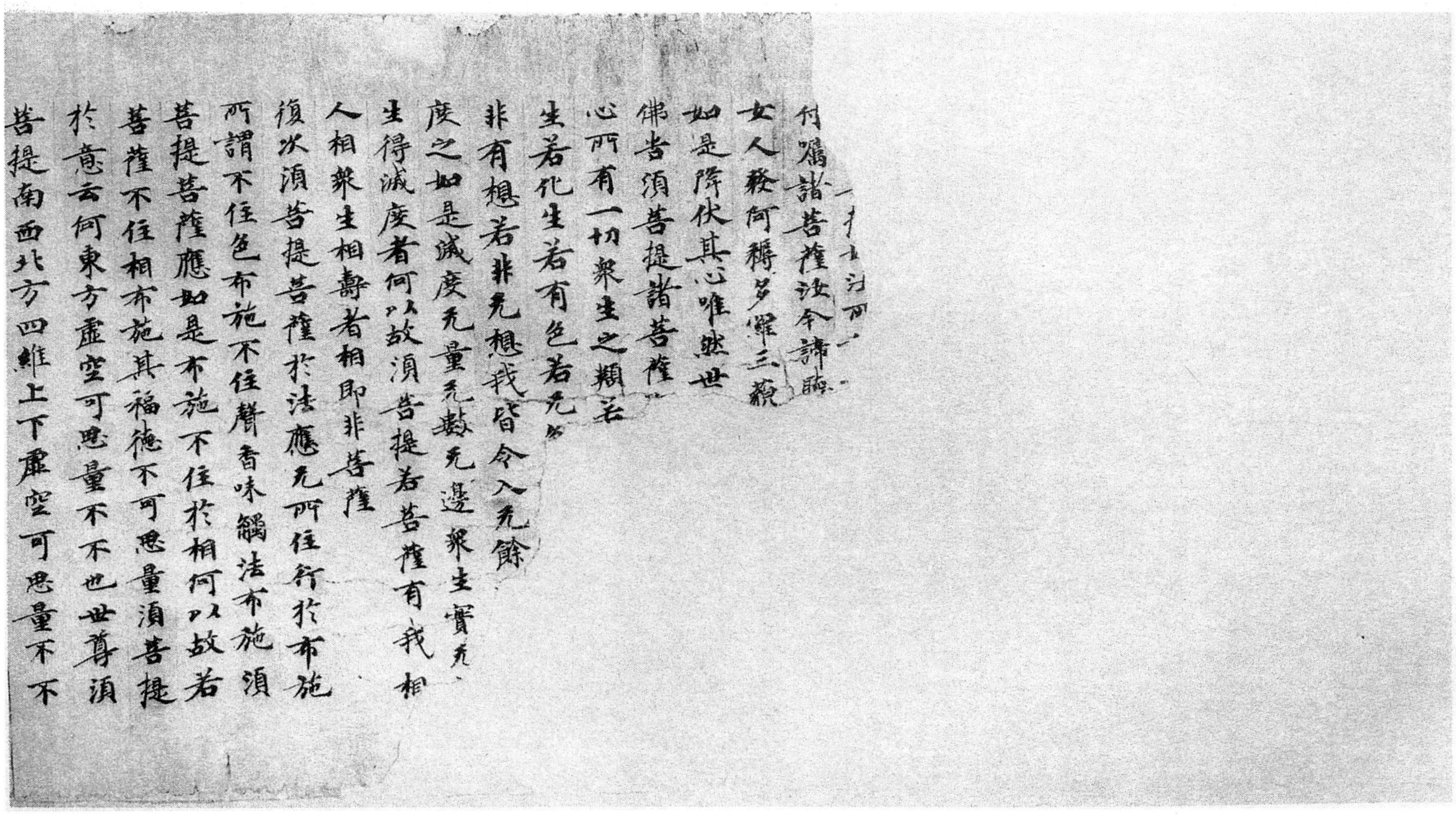
[illegible]
付囑諸菩薩汝今諦聽
女人發阿耨多羅三藐
如是降伏其心唯然世
佛告須菩提諸菩薩
心所有一切眾生之類若
生若化生若有色若无
非有想若非无想我皆令入无餘
度之如是滅度无量无數无邊眾生實无
生得滅度者何以故須菩提若菩薩有我相
人相眾生相壽者相即非菩薩
復次須菩提菩薩於法應无所住行於布施
所謂不住色布施不住聲香味觸法布施須
菩提菩薩應如是布施不住於相何以故若
菩薩不住相布施其福德不可思量須菩提
於意云何東方虛空可思量不不也世尊須
菩提南西北方四維上下虛空可思量不不

BD14879 號　金剛般若波羅蜜經　（3–1）

人相衆生相壽者相即非菩薩
復次須菩提菩薩於法應无所住行於布施
所謂不住色布施不住聲香味觸法布施須
菩提菩薩應如是布施不住於相何以故若
菩薩不住相布施其福德不可思量須菩提
於意云何東方虛空可思量不不也世尊須
菩提南西北方四維上下虛空可思量不不
也世尊須菩提菩薩无住相布施福德亦復
如是不可思量須菩提菩薩但應如所教住
須菩提於意云何可以身相見如來不不也
世尊不可以身相得見如來何以故如來所
說身相即非身相佛告須菩提凡所有相皆
是虛妄若見諸相非相則見如來
須菩提白佛言世尊頗有衆生得聞如是言
說章句生實信不佛告須菩提莫作是說如
來滅後後五百歲有持戒脩福者於此章句
能生信心以此為實當知是人不於一佛二
佛三四五佛而種善根已於无量千万佛所
種諸善根聞是章句乃至一念生淨信者須
菩提如來悉知悉見是諸衆生得如是无量
福德何以故是諸衆生无復我相人相衆生
相壽者相无法相亦无非法相何以故是諸
衆生若心取相則為著我人衆生壽者若取
法相即著我人衆生壽者何以故若取非法
相即著我人衆生壽者是故不應取法不應
取非法以是義故如來常說汝等比丘知我
說法如筏喻者法尚應捨何況非法
須菩提於意云何如來得阿耨多羅三藐三

BD14879號　金剛般若波羅蜜經　（3–2）

來滅後後五百歲有持戒脩福者於此章句
能生信心以此為實當知是人不於一佛二
佛三四五佛而種善根已於无量千万佛所
種諸善根聞是章句乃至一念生淨信者須
菩提如來悉知悉見是諸衆生得如是无量
福德何以故是諸衆生无復我相人相衆生
相壽者相无法相亦无非法相何以故是諸
衆生若心取相則為著我人衆生壽者若取
法相即著我人衆生壽者何以故若取非法
相即著我人衆生壽者是故不應取法不應
取非法以是義故如來常說汝等比丘知我
說法如筏喻者法尚應捨何況非法
須菩提於意云何如來得阿耨多羅三藐三
菩提耶如來有所說法耶須菩提言如我解
佛所說義无有定法名阿耨多羅三藐三菩
提亦无有定法如來可說何以故如來所說
法皆不可取不可說非法非非法所以者何
一切賢聖皆以无為法而有差別
須菩提於意云何若人滿三千大千世界七
寶以用布施是人所得福德寧為多不須菩

BD14879號　金剛般若波羅蜜經　（3–3）

不没不悔當知此人即是見佛尒時復有无
相優婆夷白佛言世尊凡夫法聲聞法辟支
佛法佛法是諸法皆无相是故於所從聞般若
波羅蜜皆不驚不怖不没不悔何以故一切諸
法本无相故佛告舍利弗善男子善女人若
聞如是甚深般若波羅蜜心得決定不驚
不怖不没不悔當知是人即住不退轉地若
人聞是甚深般若波羅蜜不驚不怖信樂聽
受歡喜不猒是即具足檀波羅蜜尸波羅蜜
羼提波羅蜜毗梨耶波羅蜜禪波羅蜜般若
波羅蜜亦能為他顯示分別如說脩行佛告
文殊師利汝觀何義為得阿耨多羅三藐三
菩提住阿耨多羅三藐三菩提文殊師利言
我无得阿耨多羅三藐三菩提我不住佛乘
云何當得阿耨多羅三藐三菩提如我所說

BD14880號　文殊師利所說摩訶般若波羅蜜經（一卷本）　（11–1）

羼提波羅蜜毗梨耶波羅蜜禪波羅蜜般若
波羅蜜亦能為他顯示分別如說脩行佛告
文殊師利汝觀何義為得阿耨多羅三藐三
菩提住阿耨多羅三藐三菩提文殊師利言
我无得阿耨多羅三藐三菩提我不住佛乘
云何當得阿耨多羅三藐三菩提如我所說
即菩提相佛讚文殊師利言善哉善哉汝能
於是甚深法中巧說斯義汝於先佛久種善
根以无相法淨脩梵行文殊師利言若見有
相則言无相我今不見有相亦不見无相云
何而言以无相法淨脩梵行佛告文殊師利
汝見聲聞戒耶荅曰見佛言汝云何見文殊
師利言我不作凡夫見不作聖人見不作學
見不作无學見不作大見不作小見不作調
伏見不作不調伏見非見非不見舍利弗語
文殊師利言汝今如是觀聲聞乘若觀佛乘
當復云何文殊師利言不見菩薩法不見脩
行菩提及證菩提者舍利弗語文殊師利言
云何名佛云何觀佛文殊師利言云何為我
舍利弗言我者但有名字名字相空文殊利
師言如是如我但有名字佛亦但有名
字名字相空即是菩提不以名字而求菩提
菩提之相无言无說何以故言說菩提二俱
空故復次舍利弗汝問云何名佛云何觀佛
者不生不滅不來不去非名非相是名為佛

BD14880號　文殊師利所說摩訶般若波羅蜜經（一卷本）　（11–2）

師言如是如是如我但有名字佛亦但有名
字名字相空即是菩提不以名字而求菩提
菩提之相无言无說何以故言說菩提二俱
空故復次舍利弗汝問云何名佛云何觀佛
者不生不滅不來不去非名非相是名為佛
如自觀身實相觀佛亦然唯有智者乃能知
耳是名觀佛尒時舍利弗白佛言世尊如文殊
師利所說般若波羅蜜非初學菩薩所能
了知文殊師利言非但初學菩薩所不能知
及諸二乘所作已辦者亦未能了如是說法
无能知者何以故菩提之相實无有法而可
知故无見无聞无得无念无生无滅无說无
聽如是菩提性相空寂无證无知无形无相
云何當有得菩提者舍利弗語文殊師利言
佛於法界不證阿耨多羅三藐三菩提耶文
殊師利言不也舍利弗何以故世尊即是法
界若以法界證法界者即是諍論舍利弗法
界之相即是菩提何以故是法界中无衆生
相一切法空一切法空即是菩提无二无
分別故舍利弗无分別中則无知者若无
知者即无言說无言說相即非有非无非知
非不知一切諸法亦復如是何以故一切諸法
不見處所決定性故如逆罪相不可思議何以
故諸法實相不可壞故如是逆罪亦无本性

BD14880號　文殊師利所說摩訶般若波羅蜜經（一卷本）　（11–3）

知者即无言說无言說相即非有非无非知
非不知一切諸法亦復如是何以故一切諸法
不見處所決定性故如逆罪相不可思議何以
故諸法實相不可壞故如是逆罪亦无本性
不生天上不墮地獄亦不入涅槃何以故一切業
緣皆住實際不來不去非因非果何以故法
界无邊无前无後故是故舍利弗若見犯重
比丘不墮地獄清淨行者不入涅槃如是比
丘非應供非不應供非盡漏非不盡漏何以故
於諸法中住平等故舍利弗言云何名不退
法忍文殊師利言不見少法有生滅相名不
退法忍舍利弗言云何復名不調比丘文殊
師利言漏盡阿羅漢是名不調何以故諸結
已盡更无所調故名不調若過心行名為凡
夫何以故凡夫衆生不慎法界是故名過舍
利弗言善哉善哉汝今為我善解漏盡阿羅
漢義文殊師利言如是如是我即漏盡真阿
羅漢何以故斷求聲聞欲及辟支弗欲以是
因緣故名漏盡得阿羅漢佛告文殊師利諸
菩薩等坐道場時覺悟阿耨多羅三藐三菩
提不文殊師利言菩薩坐於道場无有覺悟
何以故如菩提相无
有少法而可得者名阿耨多羅三藐三菩提
无相菩提誰能坐者亦无起者以是因緣不

BD14880號　文殊師利所說摩訶般若波羅蜜經（一卷本）　（11–4）

菩薩[illegible]坐道場時覺悟阿耨多羅三藐三菩
提不文殊師利言菩薩坐於道場无有覺悟
阿耨多羅三藐三菩提何以故如菩提相无
有少法而可得者名阿耨多羅三藐三菩提
无相菩提誰能坐者亦无起者以是因緣不
見菩薩坐於道場亦不覺證阿耨多羅三藐
三菩提文殊師利白佛言世尊菩提即五逆
五逆即菩提何以故菩提五逆无二相故无
覺无覺者无見无見者无知无知者无分別
无分別者如是之相名為菩提見五逆相亦
復如是若言見有菩提而取證者當知此輩
即是增上慢人尒時世尊告文殊師利汝言
我是如來亦謂我為如來乎文殊師利言不
也世尊我不謂如來為如來耶无有如相可
名為如亦无如來智能知於如何以故如來
及智无二相故空為如來但有名字我當云
何謂是如來佛告文殊師利汝疑如來耶文
殊師利言不也世尊我觀如來无決定性无
生无滅故无所疑佛告文殊師利汝今不謂
如來出現於世耶文殊師利言若有如來出
現世者一切法界亦應出現佛告文殊師利
汝謂恒沙諸佛入涅槃耶文殊師利言諸佛
一相不可思議佛語文殊師利如是如是佛
是一相不可思議相文殊師利白佛言世尊
佛今住世耶佛語文殊師利如是如是文殊

BD14880 號　文殊師利所說摩訶般若波羅蜜經（一卷本）　（11–5）

現世者一切法界亦應出現佛告文殊師利
汝謂恒沙諸佛入涅槃耶文殊師利言諸佛
一相不可思議佛語文殊師利如是如是佛
是一相不可思議相文殊師利白佛言世尊
佛今住世耶佛語文殊師利如是如是文殊
師利言若佛住世恒沙諸佛亦應住世何以
故一切諸佛皆同一相不思議相无
生无滅若未來諸佛興於世一切諸佛亦皆
出世何以故不思議中无過去未來現在相
但衆生取著謂有出世謂佛滅度佛語文殊
利此是如來阿羅漢阿鞞跋致菩薩所解何
以故是三種人聞甚深法能不誹謗亦不讚
嘆文殊師利白佛言世尊如是不可思議誰
當誹謗誰當讚嘆佛告文殊師利如來不思
議凡夫亦不思議文殊師利白佛言世尊凡夫
亦不思議耶佛言亦不可思議何以故一切心相
皆不思議文殊師利言若如是說如來不思
議凡夫亦不思議今无數諸佛求於涅槃徒
自疲勞何以故不思議法即是涅槃等无異
故文殊師利言如是凡夫不思議諸佛不思
議若善男子善女人久習善根近善知識
乃能了知佛告文殊師利汝欲使如來於衆
生中為最勝耶文殊師利言我欲使如來於
諸衆生為最第一但衆生相亦不可得
佛言汝欲使如來得不思議法耶文殊

BD14880 號　文殊師利所說摩訶般若波羅蜜經（一卷本）　（11–6）

乃能了知佛告文殊師利汝欲使如來於衆
生中為軍勝耶文殊師利言我欲使如來於
諸衆生為冣第一但衆生相亦不可得
佛言汝欲使如來得不思議法耶文殊
師利言欲使如來得不思議法而於諸法无
成就者佛告文殊師利汝欲使如來說法教化
耶文殊師利白佛言欲使如來說法教化而
是說及聽者皆不可得何以故住法界故法
界衆生无差別相佛告文殊師利汝欲使如
來為无上福田耶文殊師利言如來是无盡
福田是无盡相无盡相即无上福田非福田
非不福田是名福田无有明闇生滅等相是
名福田若能如是解福田相深殖善種亦无
增无減佛告文殊師利云何殖種不增不減
文殊師利言福田之相不可思議若人於中
如法脩善亦不可思議如是殖種名无增无
減亦是无上冣勝福田尒時大地以佛神力
六種振動現无常相一万六千人皆得无生
法忍七百比丘三千優婆塞四万優婆夷六
十億那由他六欲諸天遠塵離垢於諸法中
得法眼淨尒時阿難從坐而起徧袒右肩右
膝着地白佛言世尊何因緣故如是大地六
種振動佛告阿難我說福田无差別相故現
斯瑞往昔諸佛亦於此處作如是說福田之

BD14880號　文殊師利所說摩訶般若波羅蜜經（一卷本）　（11–7）

十億那由他六欲諸天遠塵離垢於諸法中
得法眼淨尒時阿難從坐而起徧袒右肩右
膝着地白佛言世尊何因緣故如是大地六
種振動佛告阿難我說福田无差別相故現
斯瑞往昔諸佛亦於此處作如是說福田之
相利益衆生一切世界六種振動舍利弗白
佛言世尊文殊師利是不可思議何以故所
說法相不可思議佛告文殊師利如是如是
如舍利弗言汝之所說實不思議文殊師利
白佛言世尊不思議不可說思議亦不可說
如是思議不思議性俱不可說一切聲相非
思議亦非不可思議佛言汝入不思議三昧
耶文殊師利言不也世尊我即不思議不見
有心能思議者云何而言入不思議三昧我
初發心欲入是定而今思惟實无心相而入
三昧如人學射久習則巧後雖无心以久習
故箭發皆中我亦如是初學不思議三昧繫
心一緣若久習成就更无心想恒與定俱舍利
弗語文殊師利言更有勝妙寂滅定不文殊
師利言若有不思議定者汝可問言更有寂
滅定不如我意解不可思議定尚不可得云
何問有寂滅定乎舍利弗言不思議定不可
得耶文殊師利言思議定者是可得相不
思議定者不可得相一切衆生實成就不思

BD14880號　文殊師利所說摩訶般若波羅蜜經（一卷本）　（11–8）

滅定不如我意解不可思議定尚不可得云
何閒有寂滅定乎舍利弗言不思議定不可
得耶文殊師利言思議定者是可得相不
思議定者不可得相一切衆生實成就不思
議定何以故一切心相即非心故是名不思
議定是故一切衆生相及不思議三昧相等
无分别佛讚文殊師利言善哉善哉汝於諸
佛久殖善根淨脩梵行乃能演説甚深三昧
汝今安住如是般若波羅蜜中文殊師利言
若我住般若波羅蜜中能作是説即是有想
便住我想若住有想我想中者般若波羅蜜
便有處所般若波羅蜜若住於无亦是我想
亦名處所離此二處住无所住如諸佛住安
處寂滅非思議境界如是不思議名般若波
羅蜜住處般若波羅蜜處一切法无相一切
法无作般若波羅蜜即不思議不思議即法
界法界即无相无相即不思議不思議即般
若波羅蜜般若波羅蜜法界无二无别无二
无别即法界法界即无相无相即般若波羅
蜜界般若波羅蜜界即不思議界不思議界
即无生无滅界无生无滅界即不思議界文
殊師利言如來界及我界即不二相如是脩

BD14880號　文殊師利所說摩訶般若波羅蜜經（一卷本）　（11–9）

无别即法界法界即无相无相即般若波羅
蜜界般若波羅蜜界即不思議界不思議界
即无生无滅界无生无滅界即不思議界文
殊師利言如來界及我界即不二相如是脩
般若波羅蜜者則不求菩提何以故菩提相
離即是般若波羅蜜故世尊若知我相而不
可著无知无著是佛所知不可思議无知无
着即佛所知何以故知體本性无所有相云
何能轉法界若知本性无體无著者即名无
物若无有物是无處所无依无住无依无住
即无生无滅无生无滅即是有爲无爲功德
若如是知則无心想无心想者云何當知有
爲无爲功德无知即不思議不思議者是佛
所知亦无取无不取不見三世去來等相不
取生滅及諸起作亦不斷不常如是知者是
名正知不思議智如虚空无此无彼不可比
類无好惡无等等无相无貌佛告文殊師利
若如是知名不退智文殊師利言无作智名
不退智猶如金鐵先加椎打方知好惡若不
治打无能知者不退智相亦復如是要行境
界不念不著不起无作具足不動不生不滅
尒乃顯現尒時佛告文殊師利言如諸如來

BD14880號　文殊師利所說摩訶般若波羅蜜經（一卷本）　（11–10）

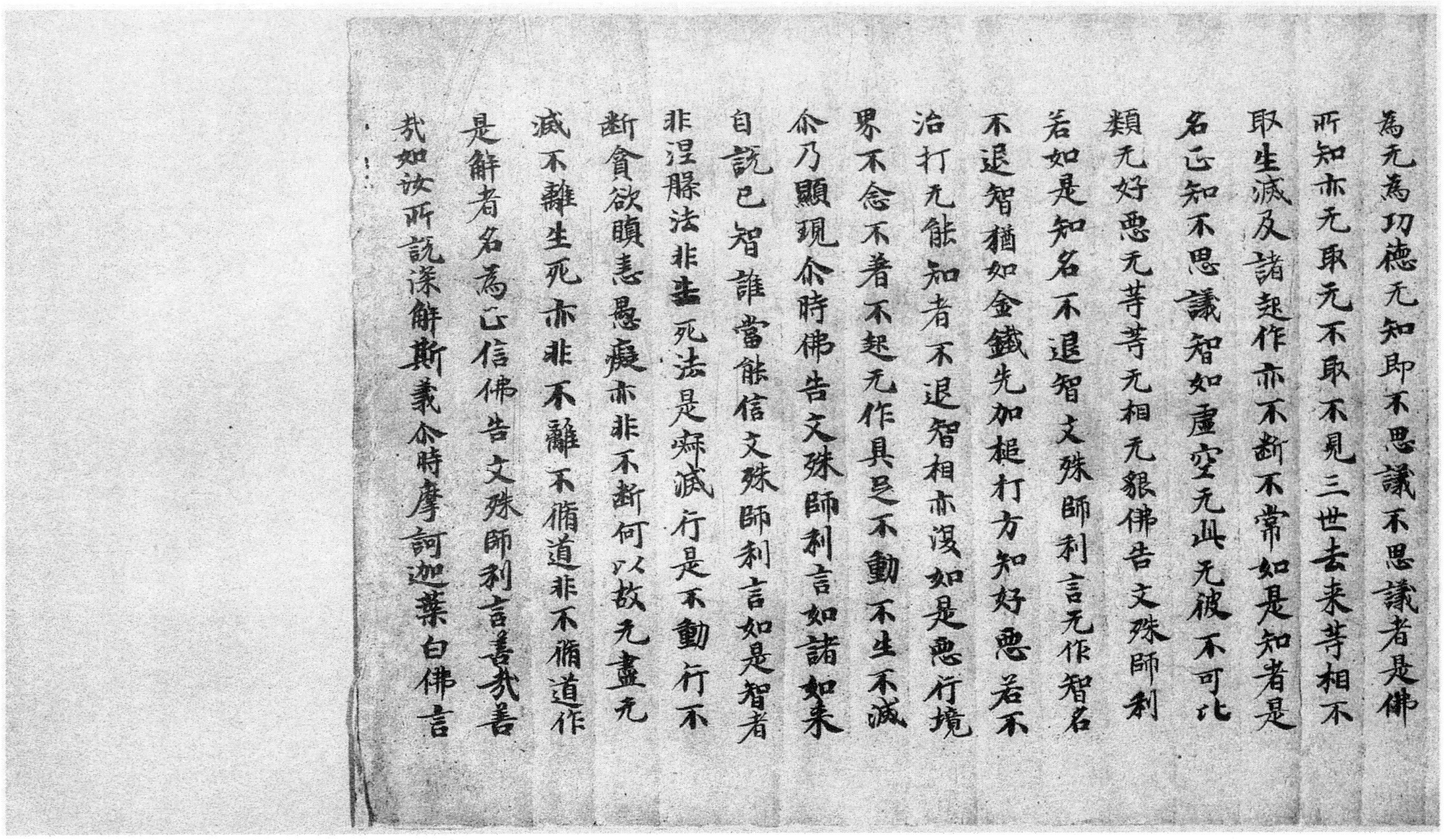
為无為功德无知即不思議不思議者是佛
所知亦无无取无不取不見三世去来等相不
取生滅及諸起作亦不斷不常如是知者是
名正知不思議智如虛空无此无彼不可比
類无好惡无等等无相无貌佛告文殊師利
若如是知名不退智文殊師利言无作智名
不退智猶如金鐵先加槌打方知好惡若不
治打无能知者不退智相亦復如是悪行境
界不念不着不起无作具足不動不生不滅
尒乃顯現尒時佛告文殊師利言如諸如来
自說已智誰當能信文殊師利言如是智者
非涅槃法非生死法是寂滅行是不動行不
斷貪欲瞋恚愚癡亦非不斷何以故无盡无
滅不離生死亦非不離不循道非不循道作
是解者名為正信佛告文殊師利言善哉善
哉如汝所說深解斯義尒時摩訶迦葉白佛言

BD14880 號　文殊師利所說摩訶般若波羅蜜經（一卷本）　（11–11）

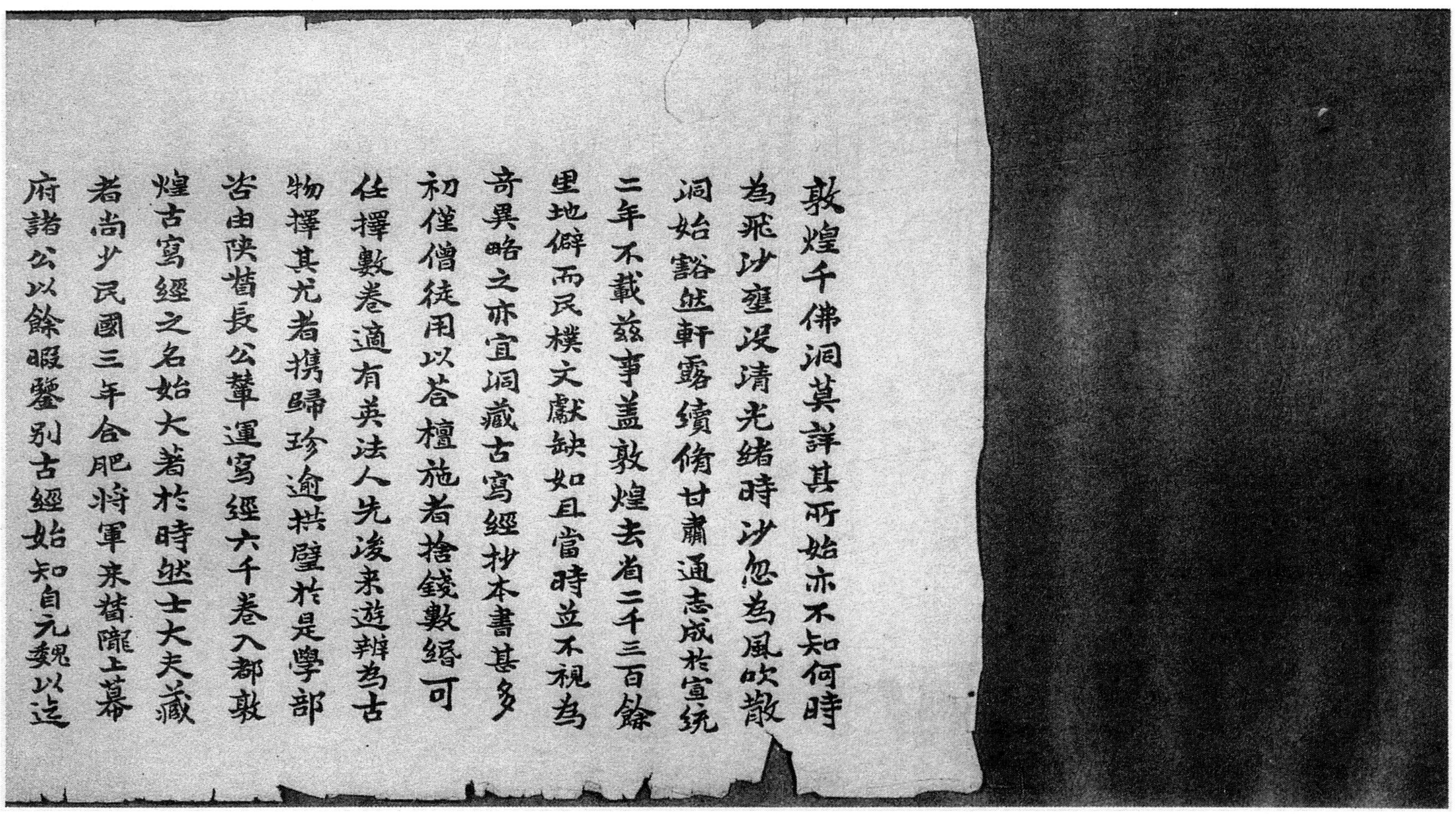
敦煌千佛洞莫詳其所始亦不知何時
為飛沙壅沒清光緒時沙忽為風吹散
洞始豁然軒露續脩甘肅通志成於宣統
二年不載茲事蓋敦煌去省二千三百餘
里地僻而民樸文獻缺如且當時並不視為
奇異略之亦宜洞藏古寫經抄本書甚多
初僅僧徒用以答檀施者捨錢數緍可
任擇數卷適有英法人先後来遊辨為古
物擇其尤者攜歸珍逾拱璧於是學部
咨由陝甘長公華運寫經六千卷入都敦
煌古寫經之名始大著於時然士大夫藏
者尚少民國三年合肥將軍来甘隴上幕
府諸公以餘暇鑒別古經始知自元魏以迄

BD14881 號　維摩詰所說經卷中　（23–1）

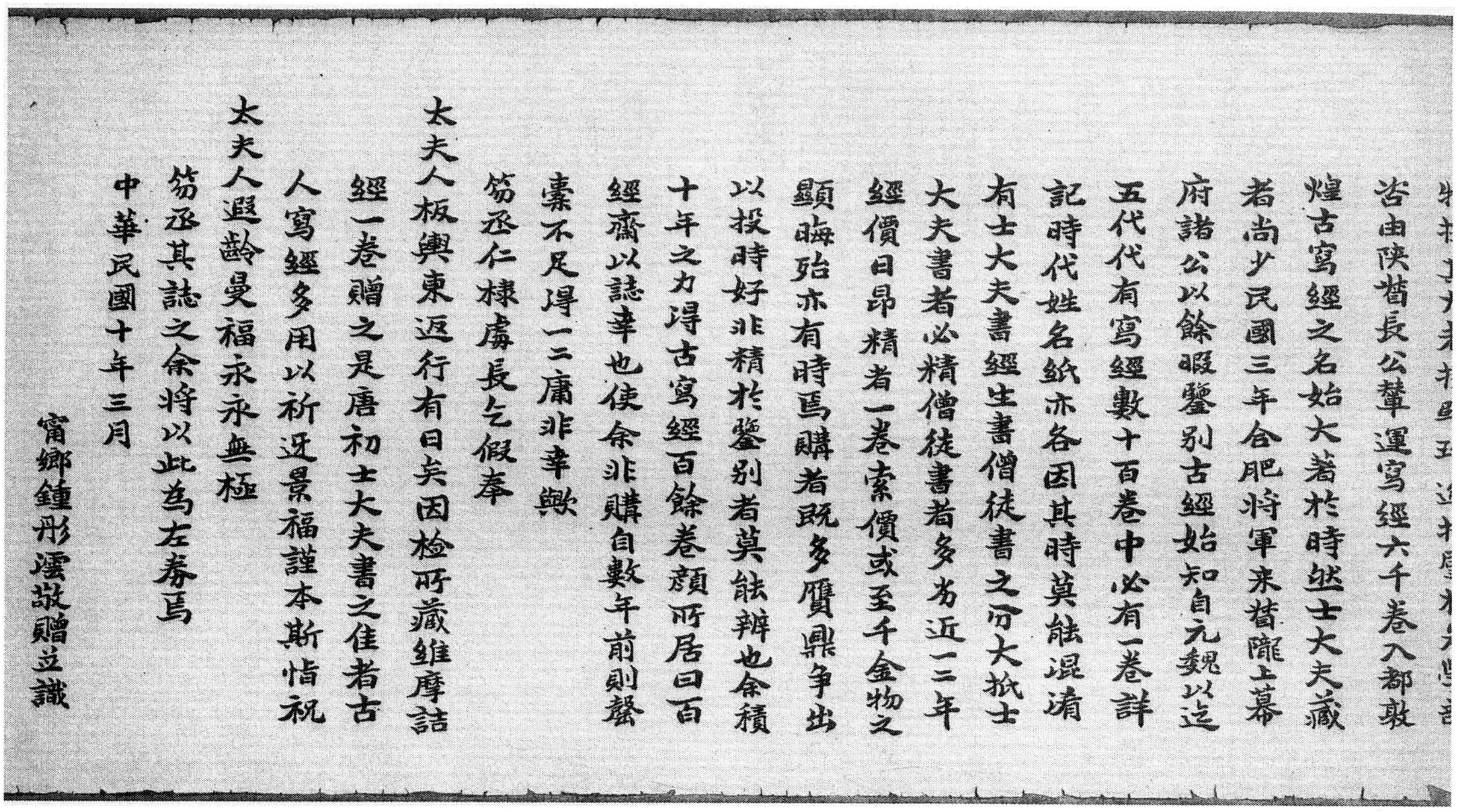

咨由陜誥長公韡運寫經六千卷入都敦
煌古寫經之名始大著於時然士大夫藏
者尚少民國三年合肥將軍來誥隴上幕
府諸公以餘暇鑒別古經始知自元魏以迄
五代代有寫經數十百卷中必有一卷詳
記時代姓名紙亦各因其時莫能混淆
有士大夫書經生書僧徒書之而大抵士
大夫書者必精僧徒書者多劣近一二年
經價日昂精者一卷索價或至千金物之
顯晦殆亦有時焉購者既多贗鼎爭出
以投時好非精於鑒別者莫能辨也余積
十年之力得古寫經百餘卷顏所居曰百
經齋以誌幸也使余非購自數年前則罄
橐不足得一二庸非幸歟
筠丞仁棣虞長乞假奉
太夫人板輿東返行有日矣因檢所藏維摩詰
經一卷贈之是唐初士大夫書之佳者古
人寫經多用以祈迓景福謹本斯旨祝
太夫人遐齡曼福永永無極
筠丞其誌之余將以此為左券焉
中華民國十年三月
甯鄉鍾彤雲敬贈並識

BD14881 號　維摩詰所說經卷中　（23–2）

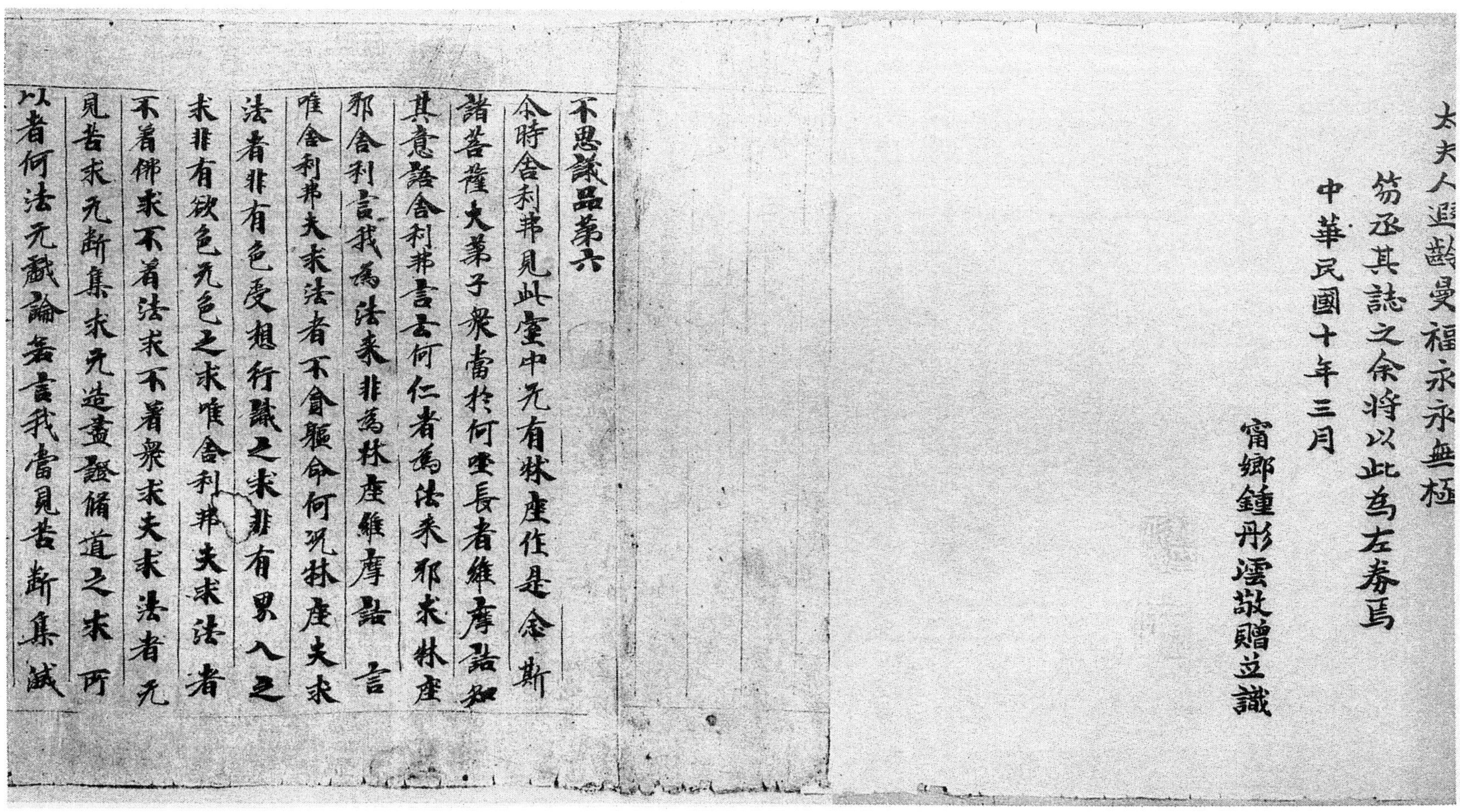

太夫人遐齡曼福永永無極
筠丞其誌之余將以此為左券焉
中華民國十年三月
甯鄉鍾彤雲敬贈並識

不思議品第六
尒時舍利弗見此室中无有牀座作是念斯
諸菩薩大弟子衆當於何坐長者維摩詰知
其意語舍利弗言云何仁者為法來耶求牀座
耶舍利言我為法來非為牀座維摩詰言
唯舍利弗夫求法者不貪軀命何況牀座夫求
法者非有色受想行識之求非有界入之
求非有欲色无色之求唯舍利弗夫求法者
不着佛求不着法求不着衆求夫求法者无
見苦求无斷集求无造盡證脩道之求所
以者何法无戲論若言我當見苦斷集滅

BD14881 號　維摩詰所說經卷中　（23–3）

求非有欲色无色之求唯舍利弗夫求法者
不着佛求不着法求不着衆求夫求法者无
見苦求无斷集求无造盡證脩道之求所
以者何法无戲論若言我當見苦斷集滅
證脩道是則戲論非求法也唯舍利弗法名
寂滅若行生滅是求生滅非求法也法名无染
若染於法乃至涅槃是則染着非求法也法
无行處若行於法是則行處非求法也法无
取捨若取捨法是則取捨非求法也法无處
所若着處所是則着處非求法也法名无相
若隨相識是則求相非求法也法不可住若
住於法是則住法非求法也法不可見聞覺
知若行見聞覺知是則見聞覺知非求法也
法名无為若行有為是求有為非求法也是故
舍利弗若求法者於一切法應无所求說是
語時五百天子於諸法中得法眼淨
尒時長者維摩詰問文殊師利仁者遊於无
量千万億阿僧祇國何等佛土有如上妙功
德成就師子之座文殊師利言居士東方度
三十六恒河沙國有世界名須弥相其佛號須
弥燈王今現在彼佛身長八万四千由旬其師
子座高八万四千由旬嚴餝第一於是長者維
摩詰現神通力即時彼佛遣三万二千師子
座高廣嚴淨來入維摩詰室諸菩薩大弟子
釋梵四天王等昔所未見其室廣博苞容三
万二千師子座无所妨礙於毗耶離城及閻浮

BD14881 號　維摩詰所說經卷中　（23–4）

子座高八万四千由旬嚴餝第一於是長者維
摩詰現神通力即時彼佛遣三万二千師子
座高廣嚴淨來入維摩詰室諸菩薩大弟子
釋梵四天王等昔所未見其室廣博苞容三
万二千師子座无所妨礙於毗耶離城及閻浮
提四天下亦不迫迮悉見如故尒時維摩詰語
文殊師利就師子座與諸菩薩上人俱當自
立身如彼坐像其得神通菩薩即自變形
為四万二千由旬坐師子座諸新發意菩薩
及大弟子皆不能昇尒時維摩詰語舍利
弗就師子座舍利弗言居士此座高廣吾
不能昇維摩詰言唯舍利弗為須弥燈王
如來作礼乃可得坐於是新發意菩薩及大
弟子即為須弥燈王如來作礼便得坐師子座
舍利弗言居士未曾有也如是小室乃容
受此高廣之座於毗耶離城无所妨礙又於
閻浮提聚落城邑及四天下諸天龍王鬼神
宮殿亦不迫迮維摩詰言唯舍利弗諸佛菩
薩有解脫名不可思議若菩薩住是解脫者
以須弥之高廣內芥子中无所增減須弥山
王本相如故而四天王忉利諸天不覺不知已
之所入唯應度者乃見須弥入芥子中是名
不可思議解脫法門又以四大海水入一毛孔
不嬈魚鼈黿鼉水性之屬而彼大海本相
如故諸龍鬼神阿脩羅等不覺不知己之所
入於此衆生亦无所嬈又舍利弗住不可思
議解脫菩薩斷取三千大千世界如陶家輪

BD14881 號　維摩詰所說經卷中　（23–5）

不嬈魚鼈黿鼉水性之屬而彼大海本相
如故諸龍鬼神阿修羅等不覺不知已之所
入於此衆生亦无所嬈又舍利弗住不可思
議解脫菩薩斷取三千大千世界如陶家輪
着右掌中擲過恒河沙世界之外其中衆生
不覺不知已之所往又復還置本處都不使人
有往來想而此世界本相如故又舍利弗或
有衆生樂久住世而可度者菩薩即
演七日以爲一劫令彼衆生謂之一劫或有
衆生不樂久住而可度者菩薩即促一劫以
爲七日令彼衆生謂之七日又舍利弗住不
可思議解脫菩薩以一切佛土嚴飾之事集
在一國示諸衆生又菩薩以一佛土衆生置
之右掌飛到十方遍示一切而不動本處又
舍利弗十方衆生供養諸佛之具菩薩於一
毛孔皆令得見又十方國土所有日月星宿
於一毛孔普使見之又舍利弗十方世界所
有諸風菩薩悉能吸着口中而身无損外諸
樹木亦不摧折又十方世界劫盡燒時以一切
火内於腹中火事如故而不爲害又於下方
過恒河沙等諸佛世界取一佛土舉着上
方過恒沙无數世界如持針鋒舉一棗葉而
无所嬈又舍利弗住不可思議解脫菩薩
能以神通現作佛身或現辟支佛身或
現聲聞身或現帝釋身或現梵王身或現
世主身或現轉輪王身又十方世界所有

BD14881號　維摩詰所說經卷中　（23–6）

能以神通現作佛身或現辟支佛身或
現聲聞身或現帝釋身或現梵王身或現
世主身或現轉輪王身又十方世界所有
衆聲上中下音皆能變之令作佛聲出无常
苦空无我之音及十方諸佛所說種種之法
皆於其中普令得聞舍利弗我今略說菩薩
不可思議解脫之力若廣說者窮劫不盡是
時大迦葉聞說菩薩不可思議解脫法門
歎未曾有謂舍利弗譬如有人於盲者前
現衆色像非彼所見一切聲聞聞是不可思
議解脫法門不能解了爲若此也智者聞是
其誰不發阿耨多羅三藐三菩提心我等何
爲永絕其根於此大乘已如敗種一切聲聞
是不可思議解脫法門皆應號泣聲震三千大
千世界一切菩薩應大欣慶頂受此法若有
菩薩信解不可思議解脫門者一切魔衆无
如之何大迦葉說是語時三万二千天子皆
發阿耨多羅三藐三菩提心
尒時維摩詰語大迦葉仁者十方无量阿僧
祇世界中作魔王者多是住不可思議解脫
菩薩以方便力教化衆生現作魔王又迦葉十
方无量菩薩或有人從乞手足耳鼻頭目髓
腦血肉皮骨聚落城邑妻子奴婢象馬車
乘金銀瑠璃車𤥭馬瑙珊瑚虎珀真珠珂貝
衣服飲食如此乞者多是住不可思議解脫
菩薩以方便力而往試之令其堅固所以者
何住不可思議解脫菩薩有威德力故

BD14881號　維摩詰所說經卷中　（23–7）

乘金銀瑠璃車𤦲馬瑙珊瑚虎珀真珠珂貝
衣服飲食如此乞者多是住不可思議解脫
菩薩以方便力而往試之令其堅固所以者
何住不可思議解脫菩薩有威德力故
行逼迫示諸衆生如是難事凡夫下劣无有
力勢不能如是逼迫菩薩譬如龍象蹴蹹非
驢所堪是名住不可思議解脫菩薩智慧
方便之門

觀衆生品第七

尒時文殊師利問維摩詰言菩薩云何觀於
衆生維摩詰言譬如幻師見所幻人菩薩
衆生為若此如智者見水中月如鏡中見其
面像如熱時焰如呼聲響如空中雲如水聚
沫如水上泡如芭蕉堅如電久住如第五大如
第六陰如第七情如十三入如十九界菩薩觀
衆生為若此如无色界色如焦穀牙如須陀
洹身見如阿那含入胎如阿羅漢三毒如得
忍菩薩貪恚毀禁如佛煩惱習如盲者見色
如入滅盡定出入息如空中鳥跡如石女兒
如化人煩惱如夢所見已寤如滅度者受
身如无烟之火菩薩觀衆生為若此也
文殊師利言菩薩作是觀者云何行慈維
摩詰言菩薩作是觀已自念我當為衆生說
如斯法是即真實慈也行寂滅慈无所生
故行不熱慈无煩惱故行等之慈等三世故行
无諍慈无所起故行不二慈内外不合故行不

BD14881 號　維摩詰所說經卷中　（23–8）

摩詰言菩薩作是觀已自念我當為衆生說
如斯法是即真實慈也行寂滅慈无所生
故行不熱慈无煩惱故行等之慈等三世故行
无諍慈无所起故行不二慈内外不合故行不
壞慈畢竟盡故行堅固慈心无毀故行清淨
慈諸法性淨故行无邊慈如虛空故行阿羅
漢慈破結賊故行菩薩慈安衆生故行
如來慈得如相故行佛之慈覺衆生故行自
然慈无因得故行菩提慈等一味故行无等
慈斷諸愛故行大悲慈導以大乘故行无猒
慈觀空无我故行法施慈无遺惜故行持戒
慈化毀禁故行忍辱慈護彼我故行精進
荷負衆生故行禪定慈不受味故行智慧
慈无不知時故行方便慈一切示現故行无
隱慈直心清淨故行深心慈无雜行故行无
誑慈不虛假故行安樂慈令得佛樂故菩薩之
慈為若此也
文殊師利又問何謂為悲荅曰菩薩所作功
德皆與一切衆生共之何謂為喜荅曰有所
饒益歡喜无悔何謂為捨荅曰所作福祐
无所希望文殊師利又問生死有畏菩薩
當何所依維摩詰言菩薩於生死畏中當
依如來功德之力文殊師利又問菩薩欲依
如來功德之力荅曰菩薩欲依如來功德力
者當住度脫一切衆生又問欲度衆生當何
所除荅曰欲度衆生除其煩惱又問欲除煩惱

BD14881 號　維摩詰所說經卷中　（23–9）

依如來功德之力文殊師利又問菩薩欲依
如來功德之力荅曰菩薩欲依如來功德力
者當依度脫一切衆生又問欲度衆生當何
所除荅曰欲度衆生除其煩惱又問欲除煩惱
當何所行荅曰當行正念又問云何行於正
念荅曰當行不生不滅又問何法不生何法
不滅荅曰不善不生善法不滅又問善不善
孰為本荅曰身為本又問身孰為本荅曰
欲貪為本又問欲貪孰為本荅曰虛妄分
別為本又問虛妄分別孰為本荅曰顛倒
想為本又問顛倒想孰為本荅曰无住為
本又問无住孰為本荅曰无住則无本文
殊師利從无住本立一法
時維摩詰室有一天女見諸大人聞所說法
便現其身即以天華散諸菩薩大弟子上華
至諸菩薩即皆墮落至大弟子便著不墮一
切弟子神力去華不能令去尒時天問舍利弗
何故去華荅曰此華不如法是以去之天曰勿
謂此華為不如法所以者何是華无所分別
仁者自生分別想耳若於佛法出家有所
分別為不如法若无分別是則如法觀諸菩
薩華不著者以不斷一切分別想故譬如人
畏時非人得其便如是弟子畏生死故色聲
香味觸得其便已離畏者一切五欲无能為
也結習未盡華著身耳結習盡者華不
著也舍利弗言天止此室其已久如荅曰我

BD14881號　維摩詰所說經卷中　（23–10）

也結習未盡華著身耳結習盡者華不
著也舍利弗言天止此室其已久如荅曰我
耆年解脫亦何如久舍利弗嘿然不荅天曰
如何耆舊大智而嘿荅曰解脫者无所言說
故吾於是不知所云天曰言說文字皆解脫
相所以者何解脫者不內不外不在兩閒文字
亦不內不外不在兩閒是故舍利弗无離
文字說解脫也所以者何一切言說是解脫
相舍利弗言不復以離婬怒癡為解脫乎天
曰佛為增上慢人說離婬怒癡為解脫耳若
无增上慢者佛說婬怒癡性即是解脫舍利
弗言善哉善哉天女汝何所得以何為證辯
乃如是天曰我无得无證故辯如是所以者何
若有得有證者則於佛法為增上慢舍利
弗問天汝於三乘為何志求天曰以聲聞法
化衆生故我為聲聞以因緣法化衆生故我
為辟支佛以大悲法化衆生故我為大乘舍
利弗如人入瞻蔔林唯嗅瞻蔔不嗅餘香如
是若入此室但聞佛功德之香不樂聲聞辟
支佛功德香也舍利弗其有釋梵四天王
諸天龍鬼神等入室者聞斯上人講說正
法皆樂佛功德之香發心而出舍利弗吾止
此室十有二年初不聞說聲聞辟支佛法但
聞菩薩大慈大悲不可思議諸佛之法舍利弗
此室常現八未曾有難得之法何謂為八
此室常以金色光照晝夜无異不以日月所照
為明是為一未曾有難得之法此室入者不

BD14881號　維摩詰所說經卷中　（23–11）

闇菩薩大慈大悲可思議諸佛之法舍利弗
此室常現八未曾有難得之法何謂為八
此室常以金色光照晝夜无異不以日月所照
為明是為一未曾有難得之法此室入者不
為諸垢之所惱也是為二未曾有難得之
法此室常有釋梵四天王他方菩薩來會不
絕是為三未曾有難得之法此室常說六波
羅蜜不退轉法是為四未曾有難得之法此
室常作天人第一之樂絃出无量法化之聲是
為五未曾有難得之法此室常有四大藏衆
寶積滿周窮濟乏求得无盡是為六未曾有難
得之法此室釋迦牟尼佛阿弥陀佛阿閦佛
寶德寶炎寶月寶嚴難勝師子響一切利成
如是等十方无量諸佛是上人念時即皆為
來廣說諸佛秘要法藏說已還去是為七未
曾有難得之法此室一切諸天嚴飾宮殿諸
佛淨土皆於中現是為八未曾有難得之法
舍利弗此室常現八未曾有難得之法誰有
見斯不思議事而復樂於聲聞法乎
舍利弗言汝何以不轉女身天曰我從十二年
來求女人相了不可得當何所轉譬如幻
師化作幻女若有人問何以不轉女身是人
為正問不舍利弗言不也幻无定相當何所
轉天曰一切諸法亦復如是无有定相云何
乃問不轉女身即時天女以神通力變舍
利弗令如天女天自化身如舍利弗而問言何
[illegible]

為正問不舍利弗言不也幻无定相當何所
轉天曰一切諸法亦復如是无有定相云何
乃問不轉女身即時天女以神通力變舍
利弗令如天女天自化身如舍利弗而問言何
以不轉女身舍利弗以天女像而答曰我今
不知何轉而變為女身天曰舍利弗若能轉
此女身則一切女人亦當能轉如舍利弗非
女而現女身一切女人亦復如是雖現女身而
非女也是故佛說一切諸法非男非女即
時天女還攝神力舍利弗身還復如故天問
舍利弗女身色相今何所在舍利弗言女身
色相无在无不在天曰一切諸法亦復如是
无在无不在夫无在无不在者佛所說也
舍利弗問天汝於此沒當生何所天曰佛化
所生吾如彼生曰佛化所生非沒生也天曰
衆生猶然无沒生也舍利弗問天汝久如當
得阿耨多羅三藐三菩提天曰如舍利弗還
為凡夫我乃當成阿耨多羅三藐三菩提舍
利弗言我作凡夫无有是處天曰我得阿耨
多羅三藐三菩提亦无是處所以者何菩提
无住處是故无有得者舍利弗言今諸佛得
阿耨多羅三藐三菩提已得當得如恒
河沙皆謂何乎天曰皆以世俗文字數故說
有三世非謂菩提有去來今天曰舍利弗汝
得阿羅漢道耶曰无所得故而得天曰諸佛
菩薩亦復如是无所得故而得於時維摩詰
語舍利弗是天女曾已供養九十二億佛已

河沙皆謂何乎天曰皆以世俗文字數故説
有三世非謂菩提有去來今天曰舍利弗汝
得阿羅漢道耶曰无所得故而得天曰諸佛
菩薩亦復如是无所得故而得尒時維摩詰
語舍利弗是天女曾已供養九十二億佛已
能遊戲菩薩神通所願具足得无生忍住不
退轉以本願故随意能現教化衆生
佛道品第八
尒時文殊師利問維摩詰言菩薩云何通
達佛道維摩詰言若菩薩行於非道是為通
達佛道又問云何菩薩行於非道答曰若菩薩
行五无間而无惱恚至于地獄无諸罪垢至于
畜生无有无明憍慢等過至于餓鬼而具
足功德行色无色界道不以為勝示行貪欲
離諸染著示行瞋恚於諸衆生无有恚閡示
行愚癡而以智慧調伏其心示行慳貪而捨内
外所有不惜身命示行毀禁而安住淨戒
乃至小罪猶懷大懼示行瞋恚而常慈忍示
行懈怠而勤脩功德示行乱意而常念定示
行愚癡而通達世間出世間慧示行諂偽而
善方便随諸經義示行憍慢而於衆生猶如
橋梁示行諸煩惱而心常清淨示入於魔而
順佛智慧不随他教示入聲聞而為衆生説
未聞法示入辟支佛而成就大悲教化衆生
示入貧窮而有寶手功德无盡示入刑殘而
具諸相好以自莊嚴示入下賤而生佛種姓
中具諸功德示入羸劣醜陋而得那羅延身
一切衆生之所樂見示入老病死而永斷病

順佛智慧不随他教示入聲聞而為衆生説
未聞法示入辟支佛而成就大悲教化衆生
示入貧窮而有寶手功德无盡示入刑殘而
具諸相好以自莊嚴示入下賤而生佛種姓
中具諸功德示入羸劣醜陋而得那羅延身
一切衆生之所樂見示入老病死而永斷病
根超越死畏示有資生而恒觀无常實无所
貪示有妻妾婇女而常遠離五欲淤泥現
於訥鈍而成就辯才揔持无失示入邪濟而以
正濟度諸衆生現遍入諸道而斷其因緣現
於涅槃而不斷生死文殊師利菩薩能如是
行於道非是為通達佛道
於是維摩詰問文殊師利何等為如來種文
殊師利言有身為種无明有愛為種貪恚
癡為種四顛倒為種五蓋為種六入為種七識
處為種八邪法為種九惱處為種十不善道
為種以要言之六十二見及一切煩惱皆是
佛種曰何謂也答曰若見无為入正位者不能
復發阿耨多羅三藐三菩提心譬如高原
陸地不生蓮華卑濕淤泥乃生此華如是見
无為法入正位者終不復能生於佛法煩惱
泥中乃有衆生起佛法耳又如殖種於空終
不得生糞壤之地乃能滋茂如是入无為正
位者不生佛法起於我見如須彌山猶能
發于阿耨多羅三藐三菩提心生佛法矣是
故當知一切煩惱為如來種譬如不下巨海不
能得无價寶珠如來不入煩惱大海則不能
得一切智寶

發于阿耨多羅三藐三菩提心生佛法矣是
故當知一切煩惱為如來種辟如不下巨海 不
能得无價寶珠如來不入煩惱大海則不能
得一切智寶
尒時大迦葉嘆言善哉善哉文殊師利快說
此語誠如所言塵勞之疇為如來種我等今
者不復堪任發阿耨多羅三藐三菩提心乃
至五无間罪猶能發意生於佛法而今我等
永不能發辟如根敗之士其於五欲不能復
利如是聲聞諸結斷者於佛法中无所復益
永不志願是故文殊師利凡夫於佛法有反
復而聲聞无也所以者何凡夫聞佛法能起
无上道心不斷三寶正使聲聞終身聞佛法
力无畏等永不能發无上道意
尒時會中有菩薩名普現色身問維摩詰
居士父母妻子親戚眷屬吏民知識悉
為是誰奴婢僮僕象馬車乘皆何所在於是
維摩詰以偈荅曰
智度菩薩母 方便以為父 一切衆導師 无不由是生
法喜以為妻 慈悲心為女 善心誠實男 畢竟空寂舍
弟子衆塵勞 隨意之所轉 道品善知識 由是成正覺
諸度法等侶 四攝為伎女 歌詠誦法言 以此為音樂
摠持之園苑 无漏法林樹 覺意淨妙花 解脫智慧果
八解之浴池 定水湛然滿 布以七淨華 浴此无垢人
象馬五通馳 大乘以為車 調御以一心 遊於八正路
相具以嚴容 衆好飾其姿 慚愧之上服 深心為華鬘
富有七財寶 教授以滋息 如所說脩行 迴向為大利

BD14881 號　維摩詰所說經卷中　（23–16）

諸度法等侶 四攝為伎女 歌詠誦法言 以此為音樂
摠持之園苑 无漏法林樹 覺意淨妙花 解脫智慧果
八解之浴池 定水湛然滿 布以七淨華 浴此无垢人
象馬五通馳 大乘以為車 調御以一心 遊於八正路
相具以嚴容 衆好飾其姿 慚愧之上服 深心為華鬘
富有七財寶 教授以滋息 如所說脩行 迴向為大利
四禪為牀座 從於淨命生 多聞增智慧 以為自覺音
甘露法之食 解脫味為漿 淨心以澡浴 戒品為塗香
摧滅煩惱賊 勇健无能踰 降伏四種魔 勝幡建道場
雖知无起滅 示彼故有生 悉現諸國土 如日无不見
供養於十方 无量億如來 諸佛及己身 无有分別想
雖知諸佛國 及與衆生空 而常脩淨土 教化於群生
諸有衆生類 形聲及威儀 无畏力菩薩 一時能盡現
覺知衆魔事 而示隨其行 以善方便智 隨意皆能現
或示老病死 成就諸群生 了知如幻化 通達无有礙
或現劫盡燒 天地皆洞然 衆人有常想 照令知无常
无數億衆生 俱來請菩薩 一時到其舍 化令向佛道
經書禁呪術 工巧諸伎藝 盡現行此事 饒益諸群生
世間衆道法 悉於中出家 因以解人惑 而不墮邪見
或作日月天 梵王世界主 或時作地水 或復作風火
劫中有疾疫 現作諸藥草 若有服之者 除病消衆毒
劫中有飢饉 現身作飲食 先救彼飢渴 却以法語人
劫中有刀丘 為之起慈悲 化彼諸衆生 令住无諍地
若有大戰陣 立之以等力 菩薩現威勢 降伏使和安
一切國土中 諸有地獄處 輒往到于彼 免濟其苦惱
一切國土中 畜生相食噉 皆現生於彼 為之作利益
示受於五欲 亦復現行禪 令魔心憒亂 不能得其便
火中生蓮花 是可謂希有 在欲而行禪 希有亦如是

BD14881 號　維摩詰所說經卷中　（23–17）

一切國土中　諸有地獄處　輙往到于彼　免濟其苦惱
一切國土中　畜生相食噉　皆現生於彼　為之作利益
亦變於五欲　亦復現行禪　令魔心憒亂　不能得其便
火中生蓮花　是可謂希有　在欲而行禪　希有亦如是
或現作婬女　引諸好色者　先以欲鉤牽　後令入佛智
或為邑中主　或作商人導　國師及大臣　以祐利衆生
諸有貧窮者　現作无盡藏　以因勸導之　令發菩提心
我心憍慢者　現為大力士　消伏諸貢高　令住佛上道
其有恐懼衆　居前而慰安　先施以无畏　後令發道心
或現離婬欲　為五通仙人　開道諸群生　令住戒忍慈
見須供事者　現為作僮僕　既悅可其意　乃發以道心
隨彼之所須　得入於佛道　以善方便力　皆能給足之
如是道无量　所行无有涯　智慧无邊際　度脫无數衆
假令一切佛　於无數億劫　讚嘆其功德　猶尚不能盡
誰聞如是法　不發菩提心　除彼不肖人　癡冥无智者
入不二法門品第九
尒時維摩詰語衆菩薩言諸仁者云何菩薩
入不二法門各隨所樂說之會中有菩薩名
法自在說言諸仁者生滅為二法本不生今
則无滅得此无生法忍是為入不二法門
德守菩薩曰我我所為二因有我故便有我
所若无有我則无我所是為入不二法門
不眴菩薩曰受不受為二若法不受則不可
得以不可得故无取无捨无作无行是為入
不二法門
德頂菩薩曰垢淨為二見垢實性則无淨相
順於滅相是為入不二法門

BD14881號　維摩詰所說經卷中　　（23–18）

得以不可得故无取无捨无作无行是為入
不二法門
德頂菩薩曰垢淨為二見垢實性則无淨相
順於滅相是為入不二法門
善宿菩薩曰是動是念二為不動則无念
无念則无分別通達此者是為入不二法門
善眼菩薩曰一相无相為二若知一相即是无
相亦不取无相入於平等是為入不二法門
妙臂菩薩曰菩薩心聲聞心為二觀心相空
如幻化者无菩薩心无聲聞心是為入不二
法門
弗沙菩薩曰善不善為二若不起善不善
入无相際而通達者是為入不二法門
師子菩薩曰罪福為二若達罪性則與福
无異以金剛慧決了此相无縛无解者是為
入不二法門
師子意菩薩曰有漏无漏為二若得諸法
等則不起漏不漏想不著於相亦不住无相
是為入不二法門
淨解菩薩曰有為无為為二若離一切數
則心如虛空以清淨慧无所礙者是為入不二
法門
那羅延菩薩曰世間出世間為二世間性空
即是出世間於其中不入不出不溢不散是
為入不二法門
善意菩薩曰生死涅槃為二若見生死性則
无生死无縛无解不然不滅如是解者是為
入不二法門

BD14881號　維摩詰所說經卷中　　（23–19）

即是出世間於其中不入不出不溢不散是
為入不二法門
善意菩薩曰生死涅槃為二若見生死性則
无生死无縛无解不然不滅如是解者是為
入不二法門
現見菩薩曰盡不盡為二法若究竟盡若
不盡皆是无盡相无盡相即是空空則无有
盡不盡相如是入者是為入不二法門
普守菩薩曰我无我為二我尚不可得非我
何可得見我實性者不復起二是為入不二
法門
電天菩薩曰明无明為二无明實性即是
明明亦不可取離一切數於其中平等无二
者是為入不二法門
喜見菩薩曰色色空為二色即是空非色滅
空色性自空如是受想行識識空為二識即
是空非識滅空識性自空於其中而通達者
是為入不二法門
明相菩薩曰四種異空種異為二四種性即是
空種性如前際後際空故中際亦空若能如
是知諸性種者是為入不二法門
妙意菩薩曰眼色為二若知眼性於色不貪
不恚不癡是名寂滅如是耳聲鼻香舌味身
觸意法為二若知意性於法不貪不恚不癡是
名寂滅安住其中是為入不二法門
无盡意菩薩曰布施迴向一切智為二布施
性即是迴向一切智性如是持戒忍辱精進
禪定智恵迴向一切智為二智恵性即是

名寂滅安住其中是為入不二法門
无盡意菩薩曰布施迴向一切智為二布施
性即是迴向一切智性如是持戒忍辱精進
禪定智恵迴向一切智為二者智恵性即是
迴向一切智性於其中入一相者是為入不二
法門
深恵菩薩曰是空是无相是无作為二空即
无相无相即无作若空无相无作則无心意
識於一解脫門即是三解脫門者是為入不
二法門
寂根菩薩曰佛法衆為二佛即是法法即是
衆是三寶皆无為相與虛空等一切法亦
尒能隨此行者是為入不二法門
心无礙菩薩曰身身滅為二身即是身滅所
以者何見身實相者不起見身及見滅身
身與滅身无二无分別於其中不驚不懼者
是為入不二法門
上善菩薩曰身口意善為二是三業皆无作
相身无作相即口无作相口无作相即意无
作相是三業无作相即一切法无作相能如
是隨无作恵者是為入不二法門
福田菩薩曰福行罪行不動行為二三行
實性即是空空則无福行无罪行无不動行
於此三行而不起者是為入不二法門
華嚴菩薩曰從我起二為二見我實相者不
起二法若不住二法則无有識无所識者是
為入不二法門

實性即是空空則无福行无罪行无不動行
於此三行而不起者是為入不二法門
華嚴菩薩曰從我起二為二見我實相者不
起二法若不住二法則无有識无所識者是
為入不二法門
德藏菩薩曰有所得相為二若无所得則无取
捨无取捨者是為入不二法門
月上菩薩曰闇與明為二无闇无明則无有
二所以者何如入滅受想定无闇无明一切法
相亦復如是於其中平等入者是為入不二
法門
寶印手菩薩曰樂涅槃不樂世間為二若不樂
涅槃不厭世間則无有二所以者何若有縛
則有解若本无縛其誰求解无縛无解則
无樂厭是為入不二法門
珠頂王菩薩曰正道邪道為二住正道者則不
分別是邪是正離此二者是為入不二法門
樂實菩薩曰實不實為二實見者尚不見實
何況非實所以者何非肉眼所見慧眼乃能見
而此慧眼无見无不見是為入不二法門
如是諸菩薩各各說已問文殊利何等是
菩薩入不二法門
文殊師利曰如我意者於一切法无言无說无
示无識離諸問荅是為入不二法門
於是文殊師利問維摩詰我等各自說已仁
者當說何等是菩薩入不二法門
時維摩詰嘿然无言文殊師利嘆曰善哉善

BD14881號　維摩詰所說經卷中　（23–22）

寶印手菩薩曰樂涅槃不樂世間為二若不樂
涅槃不厭世間則无有二所以者何若有縛
則有解若本无縛其誰求解无縛无解則
无樂厭是為入不二法門
珠頂王菩薩曰正道邪道為二住正道者則不
分別是邪是正離此二者是為入不二法門
樂實菩薩曰實不實為二實見者尚不見實
何況非實所以者何非肉眼所見慧眼乃能見
而此慧眼无見无不見是為入不二法門
如是諸菩薩各各說已問文殊利何等是
菩薩入不二法門
文殊師利曰如我意者於一切法无言无說无
示无識離諸問荅是為入不二法門
於是文殊師利問維摩詰我等各自說已仁
者當說何等是菩薩入不二法門
時維摩詰嘿然无言文殊師利嘆曰善哉善
哉乃至无有文字語言是真入不二法門
說是入不二法門品時於此衆中五千菩薩
皆入不二法門得无生法忍

維摩詰經卷中

BD14881號　維摩詰所說經卷中　（23–23）

BD14882 號背　現代護首　　（1–1）

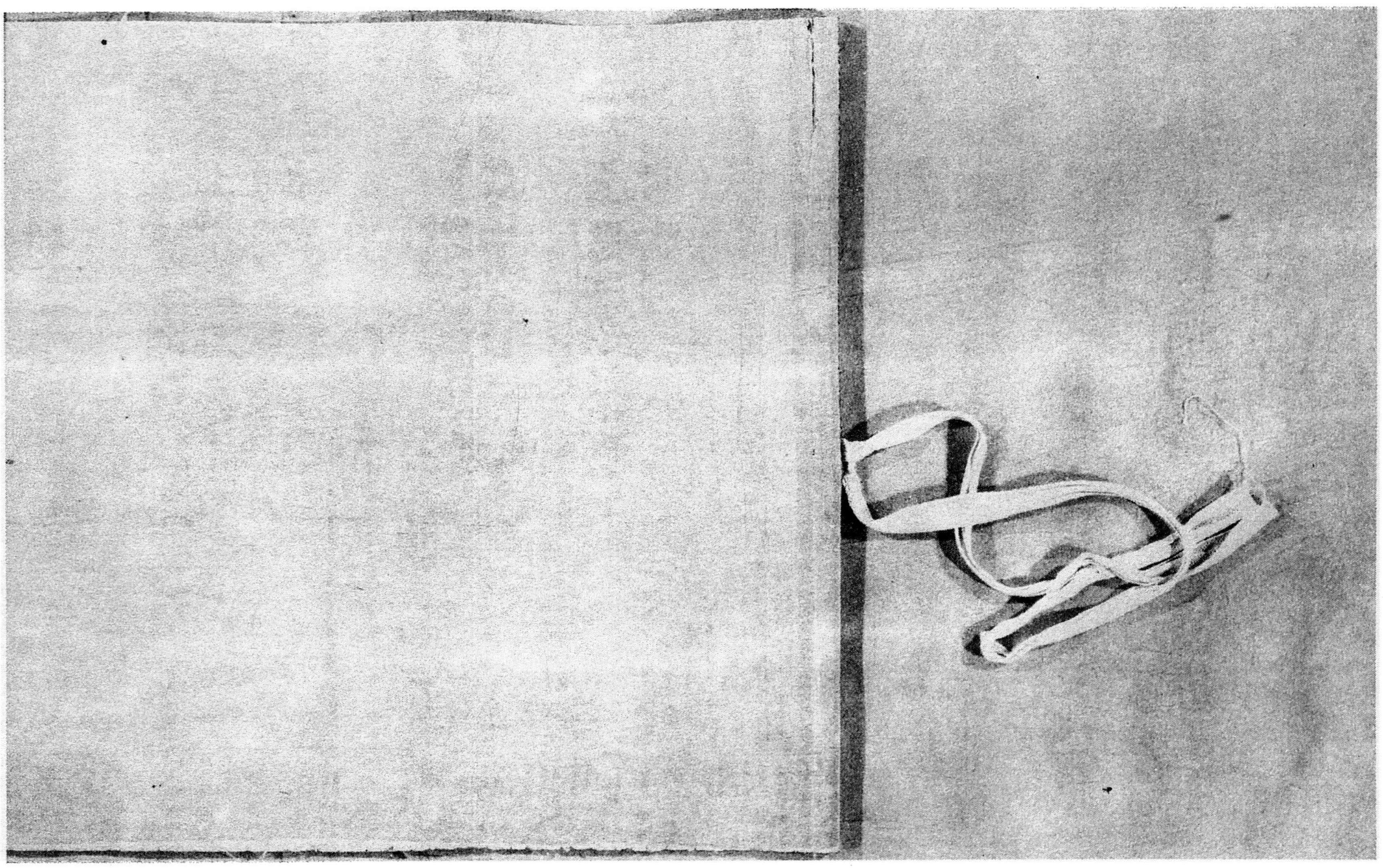

BD14882 號　大般若波羅蜜多經卷一三〇　　（12–1）

復次憍尸迦置贍部洲諸有情類若善男子
善女人等教贍部洲東勝身洲諸有情類皆
令脩學十善業道於意云何是善男子善女
人等由此因緣得福多不天帝釋言甚多世
道甚多善逝佛言憍尸迦若善男子善女人
等書寫如是甚深般若波羅蜜多施他讀誦
若轉書寫廣令流布是善男子善女人等所
獲福聚甚多於前何以故憍尸迦如是般若
波羅蜜多秘密藏中廣說一切无漏之法聲
聞種姓補特伽羅脩學此法速入聲聞正性
離生得預流果得一來果得不還果得阿羅
漢果獨覺種姓補特伽羅脩學此法速入獨
覺正性離生漸次證得獨覺菩提菩薩種姓
補特伽羅脩學此法速入菩薩正性離生漸
次脩行諸菩薩行證得无上正等菩提憍尸
迦如是般若波羅蜜多秘密藏中廣說一切
无漏法者所謂布施波羅蜜多淨戒波羅蜜
多安忍波羅蜜多精進波羅蜜多靜慮波羅
蜜多般若波羅蜜多內空外空內外空空空
大空勝義空有為空无為空畢竟空无際空

BD14882 號　大般若波羅蜜多經卷一三〇　（12–2）

次脩行諸菩薩行證得无上正等菩提憍尸
迦如是般若波羅蜜多秘密藏中廣說一切
无漏法者所謂布施波羅蜜多淨戒波羅蜜
多安忍波羅蜜多精進波羅蜜多靜慮波羅
蜜多般若波羅蜜多內空外空內外空空空
大空勝義空有為空无為空畢竟空无際空
散空无變異空本性空自相空共相空一切
法空不可得空无性空自性空无性自性空
真如法界法性不虛妄性不變異性平等性
離生性法定法住實際虛空界不思議界无
漏四靜慮四无量四无色定八解脫八勝處
九次第定十遍處四念住四正斷四神足五根
五力七等覺支八聖道支空解脫門无相
解脫門无願解脫門五眼六神通佛十力四
歎菩薩摩訶薩憍尸迦由此當知若善男子善
女人等書寫如是甚深般若波羅蜜多施他
讀誦若轉書寫廣令流布所獲福聚勝前
福聚无量无邊何以故如是般若波羅蜜多
秘密藏中廣說一切世出世間勝善法故由
此般若波羅蜜多秘密藏中所說法故世間
便有剎帝利大族婆羅門大族長者大族居
士大族施設可得由此般若波羅蜜多秘密
藏中所說法故世間便有四大王眾天三十
三天夜摩天覩史多天樂變化天他化自在
天施設可得由此般若波羅蜜多秘密藏中
所說法故世間便有梵眾天梵輔天梵會天
大梵天施設可得由此般若波羅蜜多秘密

BD14882 號　大般若波羅蜜多經卷一三〇　（12–3）

士大族施設可得由此般若波羅蜜多秘密
藏中所說法故世間便有四大王衆天三十
三天夜魔天覩史多天樂變化天他化自在
天施設可得由此般若波羅蜜多秘密藏中
所說法故世間便有梵衆天梵輔天梵會天
大梵天施設可得由此般若波羅蜜多秘密
藏中所說法故世間便有光天少光天无量
光天極光淨天施設可得由此般若波羅蜜多
秘密藏中所說法故世間便有淨天少淨天
无量淨天遍淨天施設可得由此般若波羅
蜜多秘密藏中所說法故世間便有廣天
少廣天无量廣天廣果天施設可得由此般
若波羅蜜多秘密藏中所說法故世間便有
无繁天无熱天善現天善見天色究竟天施
設可得由此般若波羅蜜多秘密藏中所說
法故世間便有空无邊處天識无邊處天无
所有處天非想非非想處天施設可得由此
般若波羅蜜多秘密藏中所說法故世間便
有布施波羅蜜多淨戒波羅蜜多安忍波羅
蜜多精進波羅蜜多靜慮波羅蜜多般若波
羅蜜多施設可得由此般若波羅蜜多秘密藏
中所說法故世間便有內空外空內外空
空空大空勝義空有為空无為空畢竟空
无際空散空无變異空本性空自相空共相空
一切法空不可得空无性空自性空无性自
性空施設可得由此般若波羅蜜多秘密藏
中所說法故世間便有真如法界法性不虛
妄性不變異性平等性離生性法定法住實

BD14882號　大般若波羅蜜多經卷一三〇　（12–4）

无際空散空无變異空本性空自相空共相空
一切法空不可得空无性空自性空无性自
性空施設可得由此般若波羅蜜多秘密藏
中所說法故世間便有真如法界法性不虛
妄性不變異性平等性離生性法定法住實
際虛空界不思議界施設可得由此般若波
羅蜜多秘密藏中所說法故世間便有苦聖
諦集聖諦滅聖諦道聖諦施設可得由此般
若波羅蜜多秘密藏中所說法故世間便有
四靜慮四无量四无色定施設可得由此般若
波羅蜜多秘密藏中所說法故世間便有八
解脫八勝處九次第定十遍處施設可得由
此般若波羅蜜多秘密藏中所說法故世
間便有四念住四正斷四神足五根五力七等
覺支八聖道支施設可得由此般若波羅蜜
多秘密藏中所說法故世間便有空解脫
門无相解脫門无願解脫門施設可得由此
般若波羅蜜多秘密藏中所說法故世間便
有五眼六神通施設可得由此般若波羅蜜
多秘密藏中所說法故世間便有佛十力四
无所畏四无礙解大慈大悲大喜大捨十八佛
不共法施設可得由此般若波羅蜜多秘
密藏中所說法故世間便有无忘失法恒住
捨性施設可得由此般若波羅蜜多秘密藏
中所說法故世間便有一切智道相智一切
相智施設可得由此般若波羅蜜多秘密藏
中所說法故世間便有一切陁羅尼門一切三

BD14882號　大般若波羅蜜多經卷一三〇　（12–5）

中所說法故世間便有一切智道相智一切
相智施設可得由此般若波羅蜜多秘密藏
中所說法故世間有一切陁羅尼門一切三
摩地門施設可得由此般若波羅蜜多秘密
藏中所說法故世間便有預流一來不還阿
羅漢及預流向預流果一來向一來果不還
向不還果阿羅漢向阿羅漢果施設可得由
此般若波羅蜜多秘密藏中所說法故世間
便有獨覺及獨覺菩提施設可得由般若
波羅蜜多秘密藏中所說法故世間便有一
切菩薩摩訶薩及諸菩薩摩訶薩行施設可
得由此般若波羅蜜多秘密藏中所說法故
世間便有一切如來應正等覺及諸无上正
等菩提施設可得
復次憍尸迦置贍部洲東勝身洲諸有情
類若善男子善女人等教贍部洲東勝身洲
西牛貨洲諸有情類皆令脩學十善業道
於意云何是善男子善女人等由此因緣得福
多不天帝釋言甚多世尊甚多善逝佛言憍
尸迦若善男子善女人等書寫如是甚深般若
波羅蜜多施他讀誦若轉書寫廣令流布是
善男子善女人等所獲福聚甚多於前何以故
憍尸迦如是般若波羅蜜多秘密藏中廣說
一切無漏之法聲聞種姓補特伽羅脩學此
法速入聲聞正姓離生得預流果得一來果
得不還果得阿羅漢果獨覺種姓補特伽羅
修學此法速入獨覺正性離生漸次證得獨

BD14882號　大般若波羅蜜多經卷一三〇　(12–6)

善男子善女人等所獲福聚甚多於前何以故
憍尸迦如是般若波羅蜜多秘密藏中廣說
一切無漏之法聲聞種姓補特伽羅脩學此
法速入聲聞正姓離生得預流果得一來果
得不還果得阿羅漢果獨覺種姓補特伽羅
修學此法速入獨覺正性離生漸次證得獨
覺菩提菩薩種姓補特伽羅修學此法速入
菩薩正性離生漸次脩行諸菩薩行證得无
上正等菩提憍尸迦如是般若波羅蜜多秘
密藏中廣說一切无漏法者所謂布施波羅
蜜多淨戒波羅蜜多安忍波羅蜜多精進波
羅蜜多靜慮波羅蜜多般若波羅蜜多内
空外空内外空空空大空勝義空有為空无為
空畢竟空无際空散空无變異空本性空自
相空共相空一切法空不可得空无性空自
性空无性自性空真如法界法性不虛妄性
不變異性平等性離生性法定法住實際虛
空界不思議界无漏四靜慮四无量四无色
定八解脫八勝處九次第定十遍處四念住
四正斷四神足五根五力七等覺支八聖道
支空解脫門无相解脫門无願解脫門五眼
六神通佛十力四无所畏四无礙解大慈大
悲大喜大捨十八佛不共法无忘失法恒住
捨性一切智道相智一切相智一切陁羅尼
門一切三摩地門及餘无量无邊佛法皆是
此中所說一切无漏之法憍尸迦若善男子善
女人等教一有情住預流果所獲福聚猶
[illegible]贍部洲東勝身洲西牛貨洲諸有

BD14882號　大般若波羅蜜多經卷一三〇　(12–7)

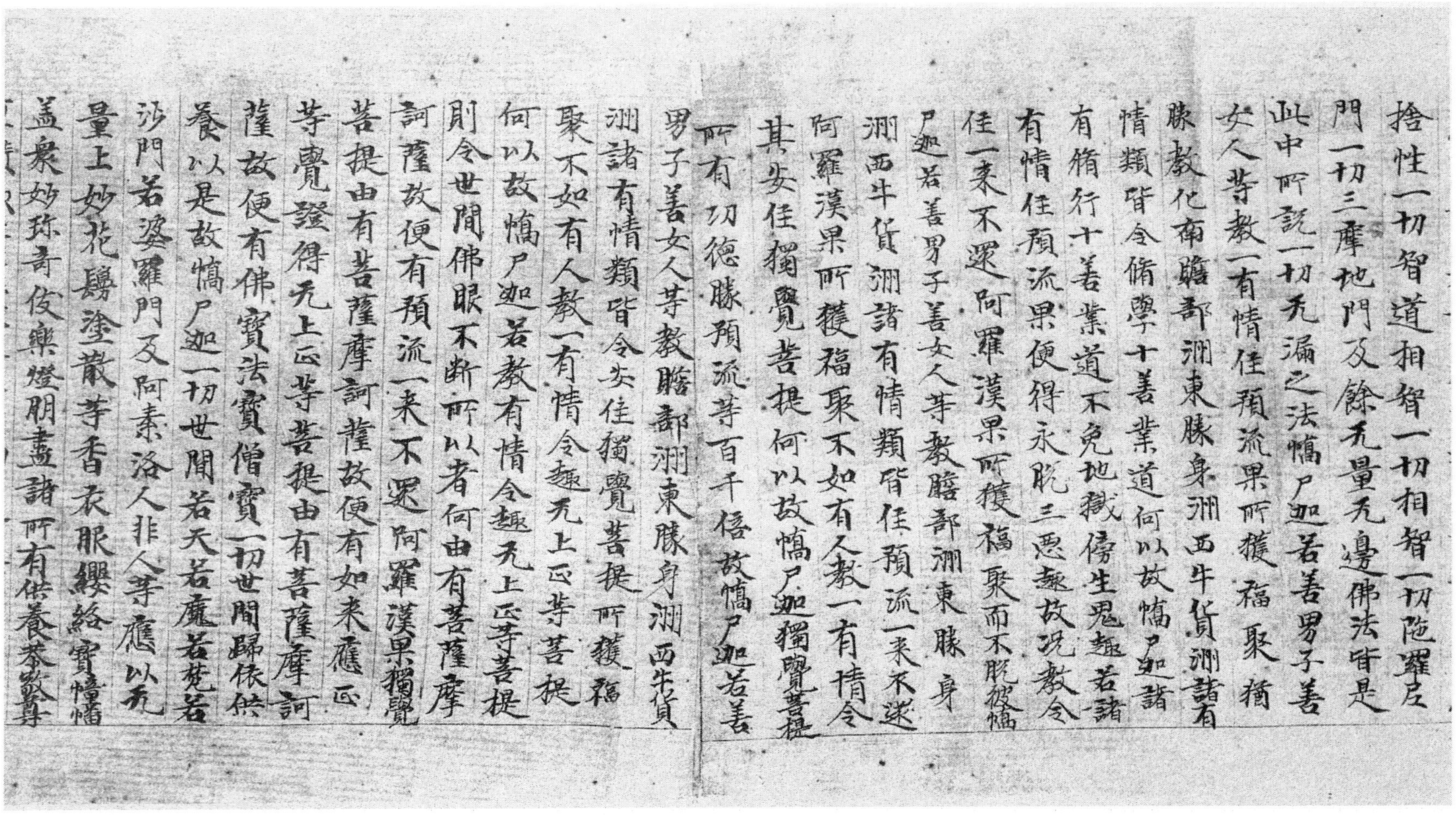

捨性一切智道相智一切相智一切陁羅尼
門一切三摩地門及餘无量无邊佛法皆是
此中所說一切无漏之法憍尸迦若善男子善
女人等教一有情住預流果所獲福聚猶
勝教化南贍部洲東勝身洲西牛貨洲諸有
情類皆令脩學十善業道何以故憍尸迦諸
有脩行十善業道不免地獄傍生鬼趣若諸
有情住預流果便得永脫三惡趣故況教令
住一來不還阿羅漢果所獲福聚而不脫彼憍
尸迦若善男子善女人等教贍部洲東勝身
洲西牛貨洲諸有情類皆住預流一來不還
阿羅漢果所獲福聚不如有人教一有情令
其安住獨覺菩提何以故憍尸迦獨覺菩提
所有功德勝預流等百千倍故憍尸迦若善
男子善女人等教贍部洲東勝身洲西牛貨
洲諸有情類皆令安住獨覺菩提所獲福
聚不如有人教一有情令趣无上正等菩提
何以故憍尸迦若教有情令趣无上正等菩提
則令世間佛眼不斷所以者何由有菩薩摩
訶薩故便有預流一來不還阿羅漢果獨覺
菩提由有菩薩摩訶薩故便有如來應正
等覺證得无上正等菩提由有菩薩摩訶
薩故便有佛寶法寶僧寶一切世間歸依供
養以是故憍尸迦一切世間若天若魔若梵若
沙門若婆羅門及阿素洛人非人等應以无
量上妙花鬘塗散等香衣服瓔珞寶幢幡
蓋衆妙珍奇伎樂燈明盡諸所有供養恭敬尊

BD14882號　大般若波羅蜜多經卷一三〇　　（12–8）

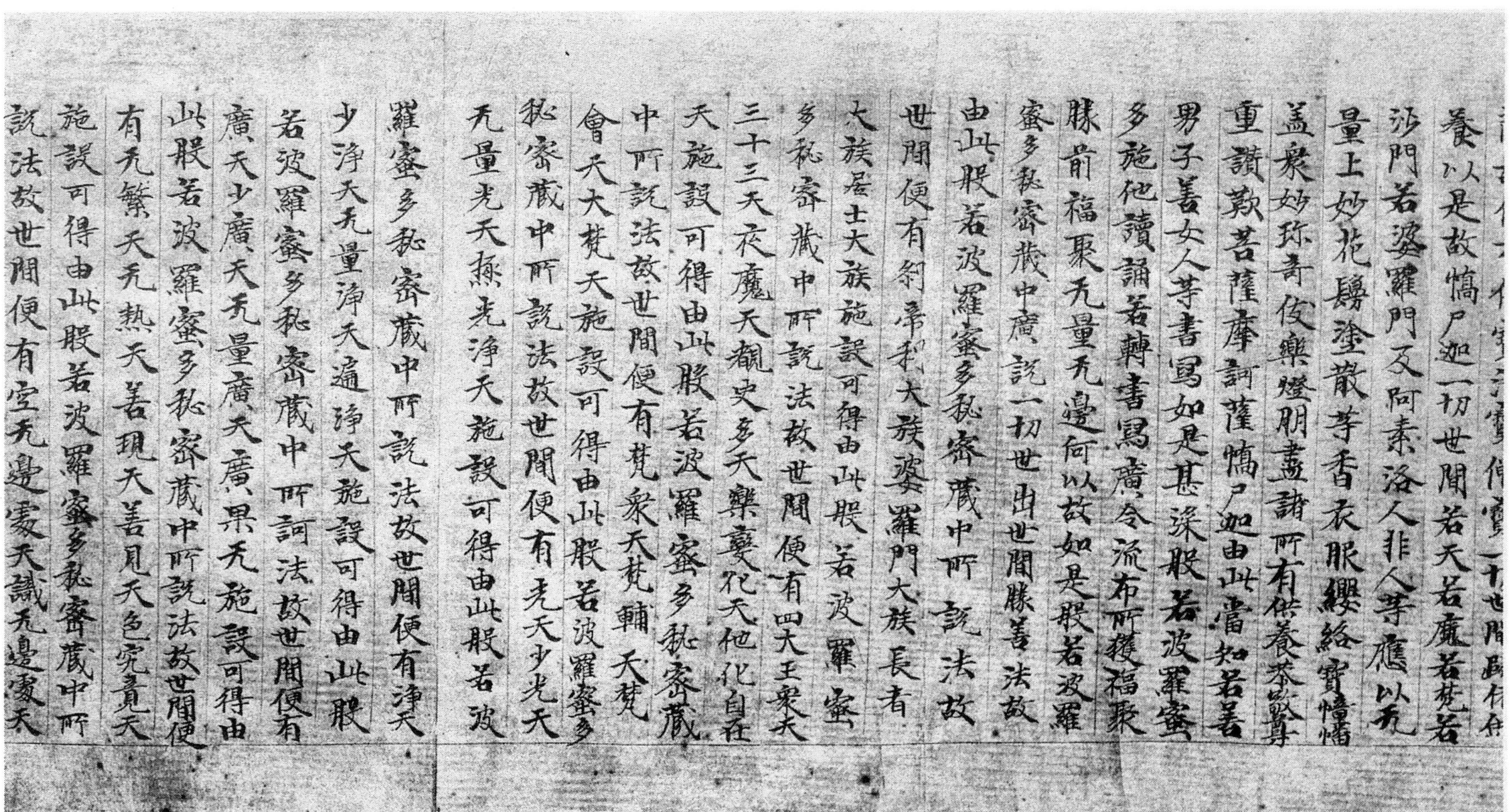

養以是故憍尸迦一切世間若天若魔若梵若
沙門若婆羅門及阿素洛人非人等應以无
量上妙花鬘塗散等香衣服瓔珞寶幢幡
蓋衆妙珍奇伎樂燈明盡諸所有供養恭敬尊
重讚歎菩薩摩訶薩憍尸迦由此當知若善
男子善女人等書寫如是甚深般若波羅蜜
多施他讀誦若轉書寫廣令流布所獲福聚
勝前福聚无量无邊何以故如是般若波羅
蜜多秘密藏中廣說一切世出世間勝善法故
由此般若波羅蜜多秘密藏中所說法故
世間便有剎帝利大族婆羅門大族長者
大族居士大族施設可得由此般若波羅蜜
多秘密藏中所說法故世間便有四大王衆天
三十三天夜魔天覩史多天樂變化天他化自在
天施設可得由此般若波羅蜜多秘密藏
中所說法故世間便有梵衆天梵輔天梵
會天大梵天施設可得由此般若波羅蜜多
秘密藏中所說法故世間便有光天少光天
无量光天極光淨天施設可得由此般若波
羅蜜多秘密藏中所說法故世間便有淨天
少淨天无量淨天遍淨天施設可得由此般
若波羅蜜多秘密藏中所詞法故世間便有
廣天少廣天无量廣天廣果天施設可得由
此般若波羅蜜多秘密藏中所說法故世間便
有无繁天无熱天善現天善見天色究竟天
施設可得由此般若波羅蜜多秘密藏中所
說法故世間便有空无邊處天識无邊處天

BD14882號　大般若波羅蜜多經卷一三〇　　（12–9）

此般若波羅蜜多秘密藏中所説法故世間便
有无繁天无熱天善現天善見天色究竟天
施設可得由此般若波羅蜜多秘密藏中所
説法故世間便有空无邊處天識无邊處天
无所有處天非想非非想處天施設可得
由此般若波羅蜜多秘密藏中所説法故世
間便有布施波羅蜜多淨戒波羅蜜多安忍
波羅蜜多精進波羅蜜多靜慮波羅蜜多
般若波羅蜜多施設可得由此般若波羅蜜多
秘密藏中所説法故世間便有內空外空內
外空空空大空勝義空有為空无為空畢
竟空无際空散空无變異空本性空自相空
共相空一切法空不可得空无性空自性空无
性自性空施設可得由此般若波羅蜜多秘
密藏中所説法故世間便有真如法界法性
不虛妄性不變異性平等性離生性法定法
住實際虛空界不思議界施設可得由此般
若波羅蜜多秘密藏中所説法故世間便有
苦聖諦集聖諦滅聖諦道聖諦施設可得由
此般若波羅蜜多秘密藏中所説法故世間
便有四靜慮四无量四无色定施設可得由
此般若波羅蜜多秘密藏中所説法故世間
便有八解脫八勝處九次第定十遍處施設可
得由此般若波羅蜜多秘密藏中所説法故
世間便有四念住四正斷四神足五根五力七
等覺支八聖道支施設可得由此般若波
羅蜜多秘密藏中所説法故世間便有空解

BD14882號　大般若波羅蜜多經卷一三〇　（12–10）

得由此般若波羅蜜多秘密藏中所説法故
世間便有四念住四正斷四神足五根五力七
等覺支八聖道支施設可得由此般若波
羅蜜多秘密藏中所説法故世間便有空解
脫門无相解脫門无願解脫門施設可得由
此般若波羅蜜多秘密藏中所説法故世門
便有五眼六神通施設可得由此般若波羅
蜜多秘密藏中所説法故世間便有佛十力
四无所畏四无礙解大慈大悲大喜大捨十
八佛不共法施設可得由此般若波羅蜜多秘
密藏中所説法故世間便有无忘失法恒住
捨性施設可得由此般若波羅蜜多秘密
藏中所説法故世間便有一切智道相智一
切相智施設可得由此般若波羅蜜多秘密
藏中所説法故世間便有一切陀羅尼門一切
三摩地門施設可得由此般若波羅蜜多
秘密藏中所説法故世間便有預流一來不
還阿羅漢及預流向預流果一來向一來果不
還向不還果阿羅漢向阿羅漢果施設可
得由此般若波羅蜜多秘密藏中所説法故
世間便有獨覺及獨覺菩提施設可得由此
般若波羅蜜多秘密藏中所説法故世間便
有一切菩薩摩訶薩及諸菩薩摩訶薩行施
設可得由此般若波羅蜜多秘密藏中所説
法故世間便有一切如來應正等覺及諸无
上正等菩提施設可得

BD14882號　大般若波羅蜜多經卷一三〇　（12–11）

藏中所說法故世間便有一切智道相智一
切相智施設可得由此般若波羅蜜多秘密
藏中所說法故世間便有一切陁羅尼門一切
三摩地門施設可得由此般若波羅蜜多
秘密藏中所說法故世間便有預流一來不
還阿羅漢及預流向預流果一來向一來果不
還向不還果阿羅漢向阿羅漢果施設可
得由此般若波羅蜜多秘密藏中所說法故
世間便有獨覺及獨覺菩提施設可得由此
般若波羅蜜多秘密藏中所說法故世間便
有一切菩薩摩訶薩及諸菩薩摩訶薩行施
設可得由此般若波羅蜜多秘密藏中所說
法故世間便有一切如來應正等覺及諸无
上正等菩提施設可得

大般若波羅蜜多經卷第一百卅

BD14882號　大般若波羅蜜多經卷一三〇　（12–12）

以漿水飲食冷暖調
守慎即當毀壞善男子如婆羅門奉事火天
常以華香讚嘆礼拜供養承事具滿百年若
一旦時尋燒人手是火難得如是供養終无
一念報事者恩一切衆生身亦如是雖於多
好香華瓔珞衣服飲食卧具病瘦醫藥
而供給之若遇內外諸惡因緣即時滅壞都
不憶念往日供給衣食之恩善男子譬如有
王畜四毒虵置之一篋以付一人仰令瞻養
是四虵中設一生瞋則能害人是人恐怖常
求飲食隨時守護一切衆生四大毒虵亦復
如是若一大瞋則能壞身善男子如人久病
應當至心求醫療治若不懃救必死不疑一
切衆生身亦如是常應攝心不令放逸若放
逸者則便滅壞善男子譬如坏瓶不耐風雨
打擲捐押一切衆生身亦如是不耐飢渴寒
風雨打擊惡罵善男子如癰未熟常當善
護不令人觸設有觸者則大苦痛一切衆生
身亦如是善男子如騾懷任自害其軀一切
衆生身亦如是內有風冷身則受害善男子

BD14883號　大般涅槃經（北本　宮本）卷三一　（10–1）

逸者則便病壞善男子譬如坏瓶不耐風雨
打擲捶押一切衆生身亦如是不耐飢渴寒
風雨打擊惡罵善男子如癰未熟常當善
護不令人觸設有觸者則大苦痛一切衆生
身亦如是善男子如騾懷任自害其軀一切
衆生身亦如是內有風冷身則受害善男子
譬如芭蕉生實則枯一切衆生身亦如是善
男子譬如芭蕉內无堅實一切衆生身亦如
是男子如虵鼠狼各各相於常生怨心衆
生四大亦復如是善男子譬如鵝王不樂冢
墓菩薩亦尒於身冢墓亦不貪樂善男子如
旃陀羅七世相繼不捨其業是故為人之所
輕賤是身種子亦復如是種子精血究竟不
不淨故諸佛菩薩之所輕呵善男子是
身不如魔羅耶山生於旃檀亦不能生憂鉢
羅華分陀利華瞻婆華摩利迦華婆師迦華
九孔常漏膿血不淨生處臭穢醜陋可惡常
與諸虫共在一處善男子譬如世間雖有上
妙清淨園林死屍至中則為不淨衆共捨之
愛著色界亦尒雖復淨好以有身故諸
佛菩薩悉共捨之善男子若有不能作如是
觀不名脩身不脩戒者善男子若不能觀戒
是一切善法梯隥亦是一切善法根本如地
悉是一切樹木所生之本是諸善根之導首
彼商主導諸商人戒是一切善法勝幢
如天帝釋所立勝幢戒能永斷一切惡業及
三惡道能療惡病猶如藥樹戒是生死嶮道

BD14883號　大般涅槃經（北本　宮本）卷三一　　（10–2）

悉是一切樹木所生之本是諸善根之導首
彼商主導諸商人戒是一切善法勝幢
如天帝釋所立勝幢戒能永斷一切惡業及
三惡道能療惡病猶如藥樹戒是生死嶮道
資粮戒是摧結惡賊鎧杖戒是滅結毒虵良
呪戒是度惡業行橋梁若有不能如是觀者
名不脩戒不脩心者不能觀心輕躁動轉難
捉難調馳騁奔逸如大惡象念念迅速如彼
電光躁擾不住猶如獼猴如幻如炎乃是一
切諸惡根本五欲難滿如火獲薪亦如大海
吞受衆流如漫陁山草木滋多不能觀察生
死虛妄眈荖致患如魚吞鉤常先引導諸業
猶如月母引導諸子貪著五欲不樂涅
槃如駝食蜜乃至於死不顧苦草深著現樂
不觀後過如牛食苗不懼杖楚馳騁周遍二
十五有猶如疾風吹兜羅毦所不應求求无
厭足如无智人求不熱火常樂生死不樂解
脫如鉢婆虫樂鉢婆樹迷惑愛著生死臭穢
猶如獄囚樂獄卒女亦如廁猪樂處不淨若
有不能如是觀者名不脩心不脩慧者不觀
智慧有大勢力如金翅鳥能壞惡業破无明
闇猶如日光能拔陰樹如水漂物焚燒耶見
猶如猛火慧是一切善法根本佛菩薩母之
本也若有不能如是觀者不名脩慧善男
子第一義中若見身身相身因身果身聚身
一身二此身彼身身滅身等身脩脩者若有

BD14883號　大般涅槃經（北本　宮本）卷三一　　（10–3）

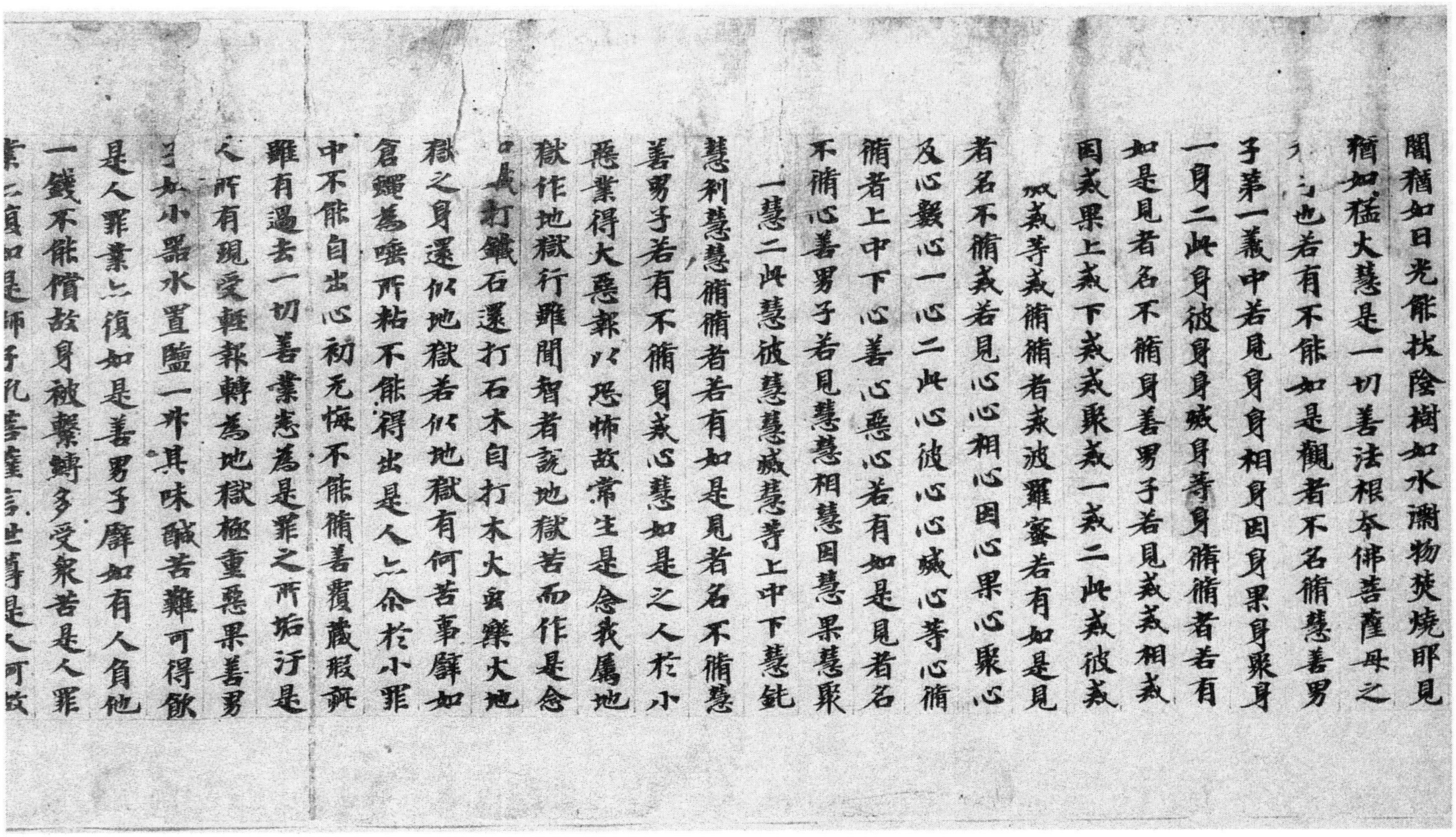

闇猶如日光能拔陰樹如水潤物焚燒即見
猶如猛大慧是一切善法根本佛菩薩母之
[illegible]也若有不能如是觀者不名脩慧善男
子第一義中若見身身相身因身果身聚身
一身二身彼身身滅身等身脩脩者若有
如是見者名不脩身善男子若見戒戒相戒
因戒果上戒下戒聚戒一戒二戒彼戒
滅戒等戒脩脩者戒波羅蜜若有如是見
者名不脩戒若見心心相心因心果心聚心
及心數心一心二心彼心心滅心等心脩
脩者上中下心善心惡心若有如是見者名
不脩心善男子若見慧慧相慧因慧果慧聚
一慧二慧彼慧慧滅慧等上中下慧鈍
慧利慧慧脩脩者若有如是見者名不脩慧
善男子若有不脩身戒心慧如是之人於小
惡業得大惡報以恐怖故常生是念我屬地
獄作地獄行雖聞智者說地獄苦而作是念
[illegible]打鐵石還打石木自打木大蟲樂大地
獄之身還似地獄若似地獄有何苦事譬如
倉蠅為唾所粘不能得出是人亦尒於小罪
中不能自出心初无悔不能脩善覆藏瑕疵
雖有過去一切善業悉為是罪之所垢汙是
人所有現受輕報轉為地獄極重惡果善男
子如小器水置鹽一升其味醎苦難可得飲
是人罪業亦復如是善男子譬如有人負他
一錢不能償故身被繫縛多受衆苦是人罪
業亦復如是師子吼菩薩言世尊是人何故

BD14883號　大般涅槃經（北本　宮本）卷三一　（10-4）

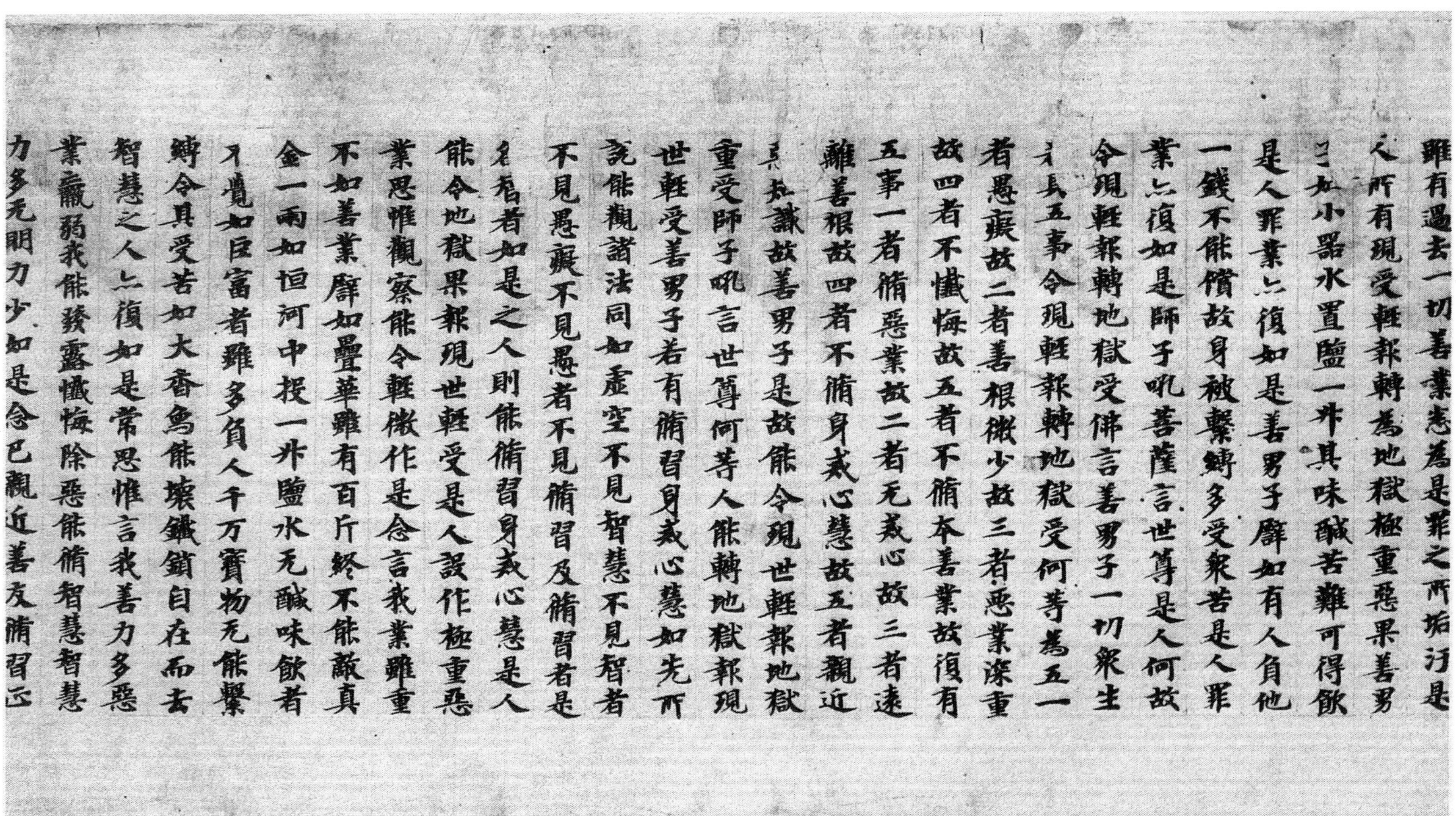

雖有過去一切善業悉為是罪之所垢汙是
人所有現受輕報轉為地獄極重惡果善男
子如小器水置鹽一升其味醎苦難可得飲
是人罪業亦復如是善男子譬如有人負他
一錢不能償故身被繫縛多受衆苦是人罪
業亦復如是師子吼菩薩言世尊是人何故
令現輕報轉地獄受佛言善男子一切衆生
[illegible]具五事令現輕報轉地獄受何等為五一
者愚癡故二者善根微少故三者惡業深重
故四者不懺悔故五者不脩本善業故復有
五事一者脩惡業故二者无戒心故三者遠
離善根故四者不脩身戒心慧故五者親近
[illegible]知識故善男子是故能令現世輕報地獄
重受師子吼言世尊何等人能轉地獄報現
世輕受善男子若有脩習身戒心慧如先所
說能觀諸法同如虛空不見智慧不見智者
不見愚癡不見愚者不見脩習及脩習者是
[illegible]智者如是之人則能脩習身戒心慧是人
能令地獄果報現世輕受是人設作極重惡
業思惟觀察能令輕微作是念言我業雖重
不如善業譬如疊華雖有百斤終不能敵真
金一兩如恒河中投一升鹽水无醎味飲者
[illegible]覺如巨富者雖多負人千万寶物无能繫
縛令其受苦如大香象能壞鐵鎖自在而去
智慧之人亦復如是常思惟言我善力多惡
業羸弱我能發露懺悔除惡能脩智慧智慧
力多无明力少如是念已親近善友脩習正

BD14883號　大般涅槃經（北本　宮本）卷三一　（10-5）

不覺如臣當者歎多餘人千万寶物无能贖
縛令具受苦如大香烏能壞鐵鎖自在而去
智慧之人亦復如是常思惟言我善力多惡
業羸弱我能發露懺悔除惡能脩智慧智慧
力多无明力少如是念已親近善友脩習正
見受持讀誦書寫解說十二部經見有受持
讀誦書寫解說之者心生恭敬兼以衣食房
舍卧具病藥華香而供養之讚嘆尊重所至
到處稱說其善不訟其短供養三寶敬信方
等大涅槃經如来常恒无有變易一切衆生
悉有佛性是人能令地獄重報現世輕受善
男子以是義故非一切業悉有定果亦非一
切衆生定受師子吼菩薩言世尊若一切業
不定得果一切衆生悉有佛性應當脩習八
聖道者何因緣故一切衆生悉不得是大般
涅槃世尊若一切衆生有佛性者即當定得
阿耨多羅三藐三菩提何須脩習八聖道耶
世尊如此經中說有病人若得醫藥及瞻病
人隨病飲食若使不得皆悉除差一切衆生
亦復如是若遇聲聞及辟支佛諸佛菩薩諸
善知識若聞說法脩習聖道若不遇不聞不
脩習道悉當得成阿耨多羅三藐三菩提何
以故以佛性故世尊譬如日月无有能遮令
不得至安多山邊四大河水不至大海一闡
提等不至地獄一切衆生亦復如是无有能
遮令不得至阿耨多羅三藐三菩提何以故
以佛性故世尊以是義故一切衆生不須脩

BD14883號　大般涅槃經（北本　宮本）卷三一　　（10-6）

不得至安多山邊四大河水不至大海一闡
提等不至地獄一切衆生亦復如是无有能
遮令不得至阿耨多羅三藐三菩提何以故
以佛性故世尊以是義故一切衆生不須脩
道以佛性力故應得阿耨多羅三藐三菩提
不以脩習聖道力故世尊若一闡提犯四重
五逆罪等不得阿耨多羅三藐三菩提者
應須脩習以因佛性定當得故非因脩習然
後得也世尊譬如慈石去鐵雖遠以其力故
鐵則隨著衆生佛性亦復如是是故不須懃
脩習道佛言善哉善哉善男子如恒河邊有
七種人若為洗浴恐畏寇賊或為採華則入
河中第一人者入水則沈何以故羸无勢力
不習浮故第二人者雖沒還出出已復沒何
以故身力大故則能還出不習浮故出已還
沒第三人者沒已即出出便不沒何以故身
重故沒力大故出先習浮故出已即住第四
人者入已便沒沒已還出出已即住遍觀四
方何以故重故則沈力大故還出習浮則住
不知出處故觀四方第五人者入已即沈沈
已便出出已即住住已觀方觀已即去何以
故為怖畏故第六人者出已即去淺處即住
何以故觀賊近遠故第七人者既至彼岸登
上大山无復恐怖離諸怨賊受大快樂善男
子生死大河亦復如是有七種人畏煩惱賊
故發意欲度生死大河出家剃鬚身披法服
既出家已親近惡友隨順其教聽受邪法所

BD14883號　大般涅槃經（北本　宮本）卷三一　　（10-7）

上大山无復恐怖離諸怨賊受大快樂善男
子生死大河亦復如是有七種人畏煩惱賊
故發意欲度生死大河出家剃髮身披法服
既出家已親近惡友隨順其教聽受邪法所
謂衆生身者即是五陰五陰者即名五大衆
生若死永斷五大斷五大故何須脩習善惡
者業是故當知无有善惡及善惡報如是
則名一闡提也一闡提者名斷善根斷善根
故沒生死河不能得出何以故惡業重故无信
力故如恒河邊第一人也善男子一闡提輩
有六因緣沒三惡道不能得出何等為六一
者惡心熾盛故二者不見後世故三者樂習
煩惱故四者遠離善根故五者惡業障隔故
六者親近惡知識故復有五事沒三惡道何
等為五一者於比丘邊作非法故二者比丘
尼邊作非法故三者自在用僧鬘物故四者
母邊作非法故五者於五部僧互生是非故
復有五事沒三惡道何等為五一者常說无
善惡果故二者殺發菩提心衆生故三者喜
說法師過失故四者法說非法非法說法故
五者為求法過而聽受故復有三事沒三惡
道何等為三一謂如来无常永滅二謂正法
无常遷變三謂僧寶可滅壞故是故常沒三
惡道中第二人者發意欲度生死大河斷善
根故沒不能出所言出者親近善友則得信
心是信心者信施施果信善善果信惡惡果

BD14883號　大般涅槃經（北本　宮本）卷三一　（10-8）

无常遷變三謂僧寶可滅壞故是故常沒三
惡道中第二人者發意欲度生死大河斷善
根故沒不能出所言出者親近善友則得信
心是信心者信施施果信善善果信惡惡果
信生死苦无常敗壞是名為信以得信心脩
習淨戒受持讀誦書寫解說常樂惠施善脩
智慧以鈍根故復遇惡友不能脩習身戒心
慧聽受邪法或值惡時處惡國土斷諸善根
善根斷故常沒生死如恒河邊第二人也第
三人者發意欲度生死大河斷善根故於中
沉沒親近善友得名為出信於如来是一切
智常恒无變為衆生故說无上道一切衆生
悉有佛性如来非滅法僧亦尒无有滅壞一
闡提等不斷其法終不能得阿耨多羅三藐
三菩提要當遠離然後乃得以信心故脩習
淨戒脩淨戒已受持讀誦書寫解說十二部
經為諸衆生廣宣流布樂於惠施脩習智慧
以利根故堅住信慧心无退轉如恒河邊第
三人也第四人者發意欲度生死大河斷善
根故於中沉沒親近善友故得信心是名為
出得信心故受持讀誦書寫解說十二部經
為衆生故廣宣流布樂於惠施脩習智慧以
利根故堅住信慧心无退轉遍觀四方觀四
方者四沙門果如恒河邊第四人也第五人
者發意欲度生死大河斷善根故於中沉沒
親近善友故得信心是名為出以信心故受

BD14883號　大般涅槃經（北本　宮本）卷三一　（10-9）

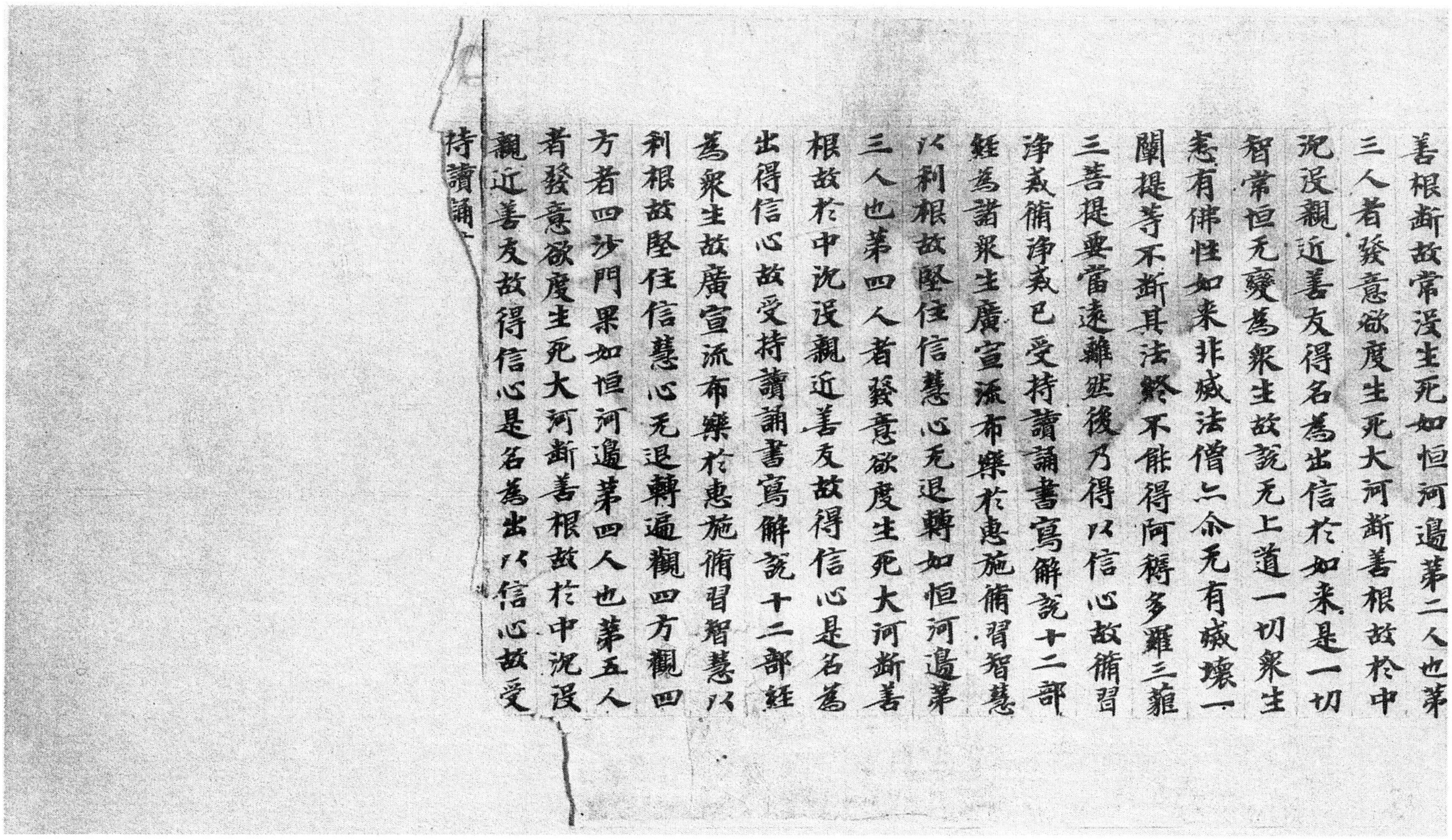

善根斷故常沒生死如恒河邊第二人也第
三人者發意欲度生死大河斷善根故於中
沉沒親近善友得名爲出信於如來是一切
智常恒无變爲衆生故說无上道一切衆生
悉有佛性如來非滅法僧亦尒无有滅壞一
闡提等不斷其法終不能得阿耨多羅三藐
三菩提要當遠離然後乃得以信心故脩習
淨戒脩淨戒已受持讀誦書寫解說十二部
經爲諸衆生廣宣流布樂於惠施脩習智慧
以利根故堅住信慧心无退轉如恒河邊第
三人也第四人者發意欲度生死大河斷善
根故於中沉沒親近善友故得信心是名爲
出得信心故受持讀誦書寫解說十二部經
爲衆生故廣宣流布樂於惠施脩習智慧以
利根故堅住信慧心无退轉遍觀四方觀四
方者四沙門果如恒河邊第四人也第五人
者發意欲度生死大河斷善根故於中沉沒
親近善友故得信心是名爲出以信心故受
持讀誦

BD14883 號　大般涅槃經（北本　宮本）卷三一　（10–10）

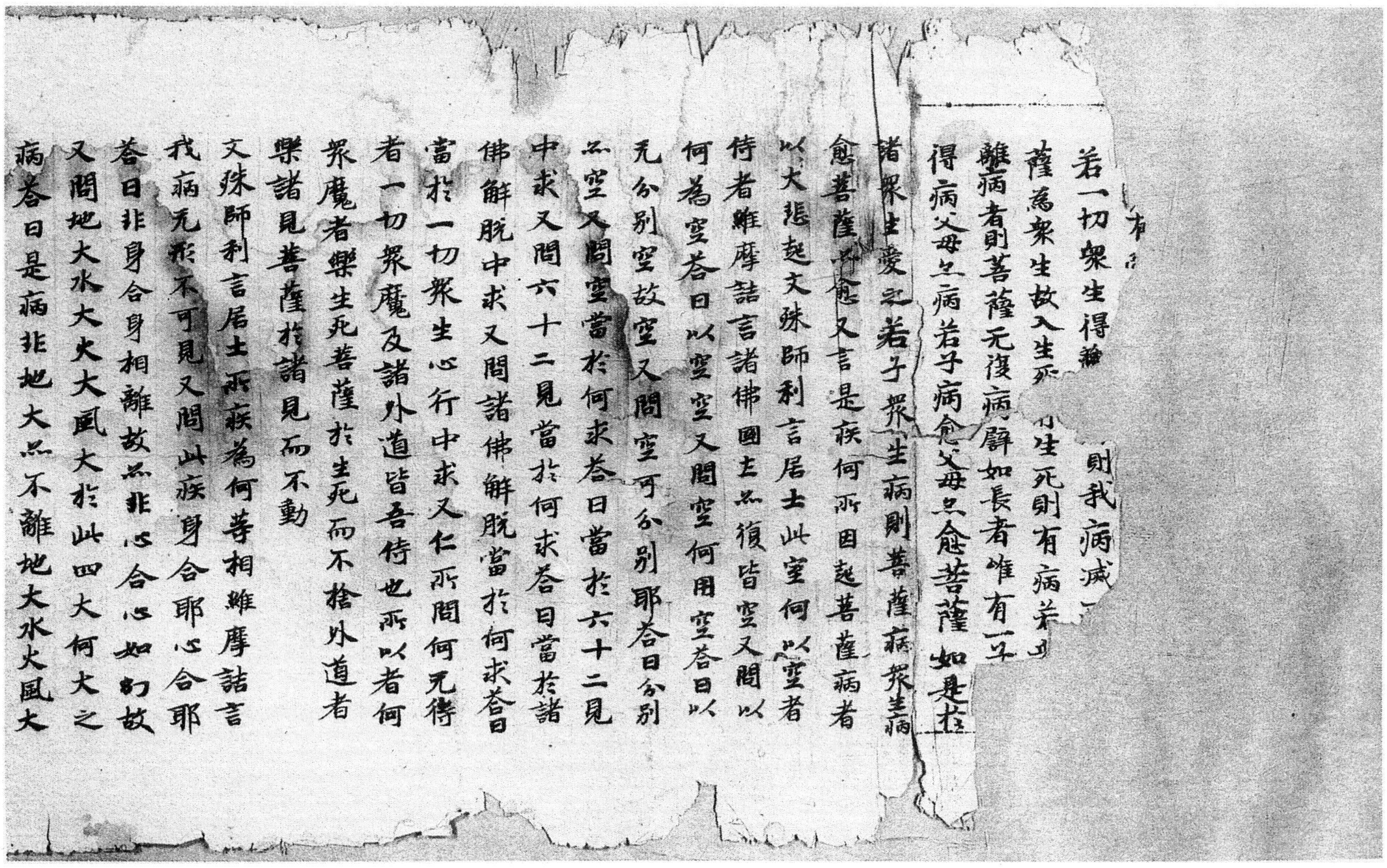

若一切衆生得離［illegible］則我病滅
薩爲衆生故入生死［illegible］生死則有病若衆［illegible］
離病者則菩薩无復病譬如長者唯有一子
得病父母亦病若子病愈父母亦愈菩薩如是於
諸衆生愛之若子衆生病則菩薩病衆生病
愈菩薩亦愈又言是疾何所因起菩薩病者
以大悲起文殊師利言居士此室何以空无
侍者維摩詰言諸佛國土亦復皆空又問以
何爲空答曰以空空又問空何用空答曰以
无分別空故空又問空可分別耶答曰分別
亦空又問空當於何求答曰當於六十二見
中求又問六十二見當於何求答曰當於諸
佛解脫中求又問諸佛解脫當於何求答曰
當於一切衆生心行中求又仁所問何无侍
者一切衆魔及諸外道皆吾侍也所以者何
衆魔者樂生死菩薩於生死而不捨外道者
樂諸見菩薩於諸見而不動
文殊師利言居士所疾爲何等相維摩詰言
我病无形不可見又問此疾身合耶心合耶
答曰非身合身相離故亦非心合心如幻故
又問地大水大火大風大於此四大何大之
病答曰是病非地大亦不離地大水火風大

BD14884 號　維摩詰所說經卷中　（26–1）

文殊師利言居士所疾為何等相維摩詰言
我病无形不可見又問此疾身合耶心合耶
荅曰非身合身相離故亦非心合心如幻故
又問地大水大火大風大於此四大何大之
病荅曰是病非地大亦不離地大水火風大
亦復如是而衆生病從四大起以其有病是
故我病尒時文殊師利問維摩詰言菩薩應
云何慰喻有病菩薩維摩詰言說身无常不
說猒離於身說身有苦不說樂於涅槃說身
无我而說教導衆生說身空寂不說畢竟寂
滅說悔先罪而不說入於過去以己之疾愍
於彼疾當識宿世无數劫苦當念饒益一切
衆生憶所脩福念於淨命勿生憂惱常起精
進當作醫王療治衆病菩薩應如是慰喻有
疾菩薩令其歡喜文殊師利言居士有疾菩
薩云何調伏其心維摩詰言有疾菩薩應作
是念今我此病皆從前世妄想顛倒諸煩惱
生无有實法誰受病者所以者何四大合故
假名為身四大无主身亦无我又此病起皆
由著我是故於我不應生著既知病本即除
我想及衆生想當起法想應作是念但以衆
法合成此身起唯法起滅唯法滅又此法者
各不相知起時不言我起滅時不言我滅彼
有疾菩薩為滅法想當作是念此法想者亦
是顛倒顛倒者是即大患我應離之云何為
離離我我所云何離我我所謂離二法云何

BD14884 號　維摩詰所說經卷中　（26–2）

法合成此身起唯法起滅唯法滅又此法者
各不相知起時不言我起滅時不言我滅彼
有疾菩薩為滅法想當作是念此法想者亦
是顛倒顛倒者是即大患我應離之云何為
離離我我所云何離我我所謂離二法云何
離二法謂不念內外諸法行於平等云何平
等謂我等涅槃等所以者何我及涅槃此二
皆空以何為空但以名字故空如此二法无
決定性得是平等无有餘病唯有空病空病
亦空是有疾菩薩以无所受而受諸受未具
佛法亦不滅受而取證也設身有苦念惡趣
衆生起大悲心我既調伏亦當調伏一切衆
生但除其病而不除法為斷病本而教導之
何謂病本謂有攀緣從有攀緣則為病本
何所攀緣謂之三界云何斷攀緣以无所得
若无所得則无攀緣何謂无所得謂二見何謂
二見謂內見外見是无所得文殊師利是為
有疾菩薩調伏其心為斷老病死苦是菩
薩菩提若不如是已所脩治為无惠利譬如
勝怨乃可為勇如是兼除老病死者菩薩之
謂也彼有疾菩薩應復作是念如我此病非
真非有衆生病亦非真非有作是觀時於諸
衆生若起愛見大悲即應捨離所以者何菩
薩斷除客塵煩惱而起大悲愛見悲者則於
生死有疲猒心若能離此无有疲猒在在所
生不為愛見之所覆也所生无縛能為衆生
說法解縛如佛所說若自有縛能解彼縛无

BD14884 號　維摩詰所說經卷中　（26–3）

衆生若起愛見大悲即應捨離所以者何菩
薩斷除客塵煩惱而起大悲愛見悲者則於
生死有疲猒心若能離此无有疲猒在在所
生不爲愛見之所覆也所生无縛能爲衆生
說法解縛如佛所說若自有縛能解彼縛无
有是處若自无縛能解彼縛斯有是處是故
菩薩不應起縛何謂縛何謂解貪著禪味是
菩薩縛以方便生是菩薩解又无方便慧縛有
方便慧解无慧方便縛有慧方便解何謂无
方便慧縛謂菩薩以愛見心莊嚴佛土成就
衆生於空无相无作法中而自調伏是名无
方便慧縛何謂有方便慧解謂不以愛見
莊嚴佛土成就衆生於空无相无作法中以
自調伏而不疲猒是名有方便慧解何謂无
慧方便縛謂菩薩住貪欲瞋恚邪見等諸煩
惱而殖衆德本是名无慧方便縛何謂有慧
方便解謂離諸貪欲瞋恚邪見等諸煩惱而
殖衆德本迴向阿耨多羅三藐三菩提是名有
慧方便解文殊師利彼有疾菩薩應如是觀
諸法又復觀身无常苦空非我是名爲慧雖
身有疾常在生死饒益一切而不猒倦是名
方便又復觀身身不離病病不離身是病是
身非新非故是名爲慧設身有病而不永
滅是名方便文殊師利有疾菩薩應如是調
伏其心不住其中亦復不住不調伏心所以
者何若住不調伏心是愚人法若住調伏心
是聲聞法是故菩薩不當住於調伏不調伏

BD14884號　維摩詰所說經卷中　（26–4）

身非新非故是名爲慧設身有病而不永
滅是名方便文殊師利有疾菩薩應如是調
伏其心不住其中亦復不住不調伏心所以
者何若住不調伏心是愚人法若住調伏心
是聲聞法是故菩薩不當住於調伏不調伏
心離此二法是菩薩行在於生死不爲汙行
住於涅槃不永滅度是菩薩行非凡夫行非
賢聖行是菩薩行非垢行非淨行是菩薩
行雖過魔行而現降衆魔是菩薩行求一切
智无非時求是菩薩行雖觀諸法不生而不
行三界而不壞法性是菩薩行雖行於空而
殖衆德本是菩薩行雖行无相而度衆生是菩
薩行雖行无作而現受身是菩薩行雖行无起
而起一切善行是菩薩行雖行六波羅蜜而遍
知衆生心心數法是菩薩行雖行六通而不盡
漏是菩薩行雖行四无量心而不貪著生於梵
世是菩薩行雖行禪定解脫三昧而不隨禪生是
菩薩行雖行四念處而不永離身受心法是
菩薩行雖行四正懃而捨身心精進是菩薩行
雖行四如意足而得自在神通是菩薩行雖行
五根而分別衆生諸根利鈍是菩薩行雖行五
力而樂求佛十力是菩薩行雖行七覺分而分
別佛之智慧是菩薩行雖行八正道而樂行无量
佛道是菩薩行雖行止觀助道之法而不畢竟墮
於寂滅是菩薩行雖行諸法不生不滅而以相
好莊嚴其身是菩薩行雖現聲聞辟支佛威
儀而不捨佛法是菩薩行雖隨諸法究竟淨
相而隨所應爲現其身是菩薩行雖觀諸佛

BD14884號　維摩詰所說經卷中　（26–5）

别佛之智慧是菩薩行雖行八正道而樂行无量
佛道是菩薩行雖行正觀助道之法而不畢竟墮
於寂滅是菩薩行雖行諸法不生不滅而以相
好莊嚴其身是菩薩行雖現聲聞辟支佛威
儀而不捨佛法是菩薩行雖隨諸法究竟淨
相而隨所應為現其身是菩薩行雖觀諸佛
國土永寂如空而現種種清淨佛土是菩薩
行雖得佛道轉于法輪入於涅槃而不捨於
菩薩之道是菩薩行說是語時文殊師利所
將大衆其中八千天子皆發阿耨多羅三藐三
菩提心

不思議品第六

尒時舍利弗見此室中无有床坐作是念斯
諸菩薩大弟子衆當於何坐長者維摩詰知
其意語舍利弗言云何仁者為法来耶求床
坐耶舍利弗言我為法来非為床坐維摩詰
言唯舍利弗夫求法者不貪軀命何況床坐
夫求法者非有色受想行識之求非有界入
之求非有欲色之求唯舍利弗夫求者不著
佛求不著法求不著衆求夫求法者无見
苦求无斷集求无造盡證脩道之求所以者
何法无戲論若言我當見苦斷集證滅脩道
是則戲論非求法也唯舍利弗法名寂滅若
行生滅是求生滅非求法也法名无染若染
於法乃至涅槃是則染著非求法也法无行
處若行於法是則行處非求法也法无取捨
若取捨法是則取捨非求法也法无處所若
著處所是則著處非求法也法名无相若随

BD14884 號　維摩詰所說經卷中　（26–6）

是則戲論非求法也唯舍利弗法名寂滅若
行生滅是求生滅非求法也法名无染若染
於法乃至涅槃是則染著非求法也法无行
處若行於法是則行處非求法也法无取捨
若取捨法是則取捨非求法也法无處所若
著處所是則著處非求法也法名无相若随
相識是名求相非求法也法不可任若任於
法是則任法非求法也法不可見聞覺知若
行見聞覺知是則見聞覺知非求法也法名
无為若行有為是求有為非求法也是故舍
利弗若求法者於一切法應无所求說是語
時五百天子於諸法中得法眼淨尒時長者
維摩詰問文殊師利仁者遊於无量千万億
阿僧祇國何等佛土有好上妙功德成就師
子之坐文殊師利言居士東方度卅六恒河
沙國有世界名須弥相其佛号須弥燈王今
現在彼佛身長八万四千由旬其師子坐高
八万四千由旬嚴飾第一於是長者維摩詰
現神通力即時彼佛遣三万二千師子坐高
廣嚴淨来入維摩詰室諸菩薩大弟子釋梵
四天王等昔所未見其室廣博悉皆包容三万
二千師子坐无所妨导於毗耶離城及閻浮
提四天下亦不迫迮悉見如故尒時維摩詰
語文殊師利就師子坐與諸菩薩上人俱坐
當自立身如彼坐像其得神通菩薩即自變
形為四万二千由旬坐師子坐諸新發意菩
薩及大弟子皆不能昇尒時維摩詰語舍利

BD14884 號　維摩詰所說經卷中　（26–7）

提四天下亦不迫迮悉見如故尒時維摩詰
語文殊師利就師子坐與諸菩薩上人俱坐
當自立身如彼坐像其得神通菩薩即自變
形爲四万二千由旬坐師子坐諸新發意菩
薩及大弟子皆不能昇尒時維摩詰語舍利
弗就師子坐舍利弗言居士此坐高廣吾不
能昇維摩詰言唯舍利弗爲須弥燈王如来
作礼乃可得坐於是新發意菩薩及大弟子
即爲須弥燈王如来作礼便得坐師子坐舍
利弗言居士未曾有也如是小室乃容受此
高廣之坐於毗耶離城无所妨㝵又於閻浮
提聚落城邑及四天下諸天龍王鬼神宮殿
亦不迫迮維摩詰言唯舍利弗諸佛菩薩
有解脫名不可思議若菩薩住是解脫者以
須弥之高廣內芥子中无所增減須弥山王
本相如故而四天王忉利諸天不覺不知己
之所入唯應度者乃見須弥入芥子中是名
不可思議解脫法門又以四大海水入一毛
孔不嬈魚鼈黿鼉水性之屬而彼大海本
相如故諸龍神鬼阿脩羅等不覺不知己之
所入於此衆生亦无所嬈又舍利弗住不可
思議解脫菩薩斷取三千大千世界如陶家
輪著右掌中擲過恒沙世界之外其中衆生
不覺不知己之所往又復還置本處都不使
人有往来想而此世界本相如故又舍利弗
或有衆生樂久住世而可度者菩薩即演七
日以爲一劫令彼衆生謂之一劫或有衆生

BD14884號　維摩詰所說經卷中　（26–8）

輪著右掌中擲過恒沙世界之外其中衆生
不覺不知己之所往又復還置本處都不使
人有往来想而此世界本相如故又舍利弗
或有衆生樂久住世而可度者菩薩即演七
日以爲一劫令彼衆生謂之一劫或有衆生
不樂久住而可度者菩薩即促一劫以爲七
日令彼衆生謂之七日又舍利弗住不可思
議解脫菩薩以一切佛土嚴飾之事集在一
國示於衆生又菩薩以一佛土衆生置之右
掌飛到十方遍示一切而不動本處又舍利
弗十方衆生供養諸佛之具菩薩於一毛孔
皆令得見又十方國土所有日月星宿於一
毛孔普使見之又舍利弗十方世界所有諸
風菩薩悉能吸著口中而身无損外諸樹木
亦不摧折又十方世界劫盡燒時以一切火
內於腹中火事如故而不爲害又於下方過
恒河沙等諸佛世界取一佛土舉著上方過
恒河沙无數世界如持鍼鋒舉一棗葉而无
所嬈又舍利弗住不可思議解脫菩薩能以
神通現作佛身或現辟支佛身或現聲聞身
或現帝釋身或現梵王身或現世主身或現
轉輪王身又十方世界所有衆聲上中下音
皆能變之令作佛聲演出无常苦空无我之
音及十方諸佛所說種種之法皆於其中普
令得聞舍利弗我今略說菩薩不可思議解
脫之力若廣說者窮劫不盡是時大迦葉聞
說菩薩不可思議解脫法門歎未曾有謂舍

BD14884號　維摩詰所說經卷中　（26–9）

皆能變之令作佛聲演出无常苦空无我之
音及十方諸佛所說種種之法皆於其中普
令得聞舍利弗我今略說菩薩不可思議解
脫之力若廣說者窮劫不盡是時大迦葉聞
說菩薩不可思議解脫法門歎未曾有謂舍
利弗譬如有人於盲者前現衆色像非彼所
見一切聲聞聞是不可思議解脫法門不能
解了為若此也智者聞是其誰不發阿耨多
羅三藐三菩提心我等何為永絕其根於此
大乘已如敗種一切聲聞聞是不可思議解
脫法門皆應號泣聲震三千大千世界一切
菩薩應大欣慶頂受此法若有菩薩信解不
可思議解脫門者一切魔衆无如之何大迦
葉說是語時三万二千天子皆發阿耨多羅
三藐三菩提心
尒時維摩詰語大迦葉仁者十方无量阿僧
祇世界中作魔王者多是住不可思議解脫
菩薩以方便力教化衆生現作魔王又迦葉
十方无量菩薩或有人從乞手足耳鼻頭目
髓腦血肉皮骨聚落城邑妻子奴婢象馬車
乘金銀瑠璃車𤦲馬瑙珊瑚琥珀真珠珂貝
衣服飲食如此乞者多是住不可思議解脫
菩薩以方便力而往試之令其堅固所以者
何住不可思議解脫菩薩有威德力故行逼
迫示如是難事凡夫下劣无有力勢不能如
是逼迫菩薩譬如龍象蹴踏非驢所堪是名
住不可思議解脫菩薩智慧方便之門

何住不可思議解脫菩薩有威德力故行逼
迫示如是難事凡夫下劣无有力勢不能如
是逼迫菩薩譬如龍象蹴踏非驢所堪是名
住不可思議解脫菩薩智慧方便之門
觀衆生品第七
尒時文殊師利問維摩詰言菩薩云何觀於
衆生維摩詰言譬如幻師見所幻人菩薩觀
衆生為若此如智者見水中月如鏡中見其
面像如熱時炎如呼聲響如空中雲如水聚
沫如水上泡如芭蕉堅如電久住如第五大
如第六陰如第七情如十三入如十九界菩
薩觀衆生為若此如无色界色如焦穀牙如
須陀洹身見如阿那含入胎如阿羅漢三毒
如得忍菩薩貪恚毀禁如佛煩惱習如盲者
見色如入滅定出入息如空中鳥跡如石女
兒如化人煩惱如夢所見已寤如滅度者受
身如无因之火菩薩觀衆生為若此
文殊師利言若菩薩作是觀者云何行慈維
摩詰言菩薩作是觀已自念我當為衆生說
如斯法是即真實慈也行寂滅慈无所生故
行不熱慈无煩惱故行等之慈等三世故行
无諍慈无所起故行不二慈内外不合故行
不壞慈畢竟盡故行堅固慈心无毀故行清
淨慈諸法性淨故行无邊慈如虛空故行阿
羅漢慈破結賊故行菩薩慈安衆生故行如
來慈得如相故行佛之慈覺衆生故行自然
慈无因得故行菩提慈等一味故

无諍慈无所起故行不二慈内外不合故行
不壞慈畢竟盡故行堅固慈心无毀故行清
淨慈諸法性淨故行无邊慈如虛空故行阿
羅漢慈破結賊故行菩薩慈安衆生故行如
来慈得如相故行佛之慈覺衆生故行自然
慈无因得故行菩薩慈等一味故行无比慈
斷諸愛故行大悲慈導以大乘故行无猒慈
觀空无我故行法施慈无遺惜故行持戒慈
化毀禁故行忍辱慈護彼我故行精進慈荷
負衆生故行禪定慈不受味故行智慧慈无
不知時故行方便慈一切示現故行无隱慈
直心清淨故行深心慈无雜行故行无誑慈
不虛假故行安樂慈令得佛樂故菩薩之慈
為若此
文殊師利又問何謂為悲答曰菩薩所作功
德皆與一切衆生共之何謂為喜答曰有所
饒益歡喜无悔何謂為捨答曰所作福祐无
所希望文殊師利又問生死有畏菩薩當何
所依維摩詰言菩薩於生死畏中當依如来
功德之力文殊師利又問菩薩欲依如来功
德之力當於何住答曰菩薩欲依如来功德
力者當住度脫一切衆生又問欲度衆生當
何所除答曰欲度衆生除其煩惱又問欲除
煩惱當何所行答曰當行正念又問云何行
於正念答曰當行不生不滅又問何法不生
何法不滅答曰不善不生善法不滅又問善
不善孰為本答曰身為本又問身孰為本答

BD14884號　維摩詰所說經卷中　（26–12）

何所除答曰欲度衆生除其煩惱又問欲除
煩惱當何所行答曰當行正念又問云何行
於正念答曰當行不生不滅又問何法不生
何法不滅答曰不善不生善法不滅又問善
不善孰為本答曰身為本又問身孰為本答
曰欲貪為本又問欲貪孰為本答曰虛妄分
別為本又問虛妄分別孰為本答曰顛倒想
為本又問顛倒想孰為本答曰无住為本又
問无住孰為本答曰无住則无本文殊師利從
无住本立一切法
時維摩詰室有一天女見諸大人聞所說法便
現其身即以天華散諸菩薩大弟子上華
至諸菩薩即皆墮落至大弟子便著不墮一
切弟子神力去華不能令去尒時天問舍利
弗何故去華答曰此華不如法是以去之天
曰勿謂此華為不如法所以者何是華无所
分別仁者自生分別想耳若於佛法出家有
所分別為不如法若无分別是則如法觀諸
菩薩華不著者以斷一切分別想故譬如人
畏時非人得其便如是弟子畏生死故色聲
香味觸得其便已離畏者一切五欲无能為
也結習未盡華著身耳結習盡者華不著也
舍利弗言天止此室其已久如答曰我止此
室如耆年解脫舍利弗言止此久耶答曰耆
年解脫亦何如久舍利弗默然不答天曰如
何耆舊大智而默答曰解脫者无所言說故

BD14884號　維摩詰所說經卷中　（26–13）

室如耆年解脫舍利弗言止此久耶荅曰耆
年解脫亦何如久舍利弗默然不荅天曰如
何耆舊大智而默荅曰解脫者无所言說故
吾於是不知所云天曰言說文字皆解脫相
所以者何解脫者不內不外不在兩閒文字
亦不內不外不在兩閒是故舍利弗无離文
字說解脫也所以者何一切諸法是解脫相
舍利弗言不復以離婬怒癡為解脫乎天曰
佛為增上慢人說離婬怒癡為解脫耳若无
增上慢者佛說婬怒癡性即是解脫舍利弗
言善哉善哉天女汝何所得以何為證辯乃
如是曰我无得无證故辯如是所以者何若
有得有證者則於佛法為增上慢舍利弗問
天汝於三乘為何志求天曰以聲聞法化衆
生故我為聲聞以因緣法化衆生故我為辟
支佛以大悲化衆生故我為大乘舍利弗如
人入瞻蔔林唯齅瞻蔔不齅餘香如是若入
此室但聞佛功德之香不樂聞聲聞辟支佛
功德香也舍利弗其有釋梵四天王諸天龍
鬼神等入此室者聞斯上人講說正法皆樂
佛功德之香發心而出舍利弗吾止此室十
有二年初不聞說聲聞辟支佛法但聞菩薩
大慈大悲不可思議諸佛之法舍利弗此室
常現八未曾有難得之法何等為八此室常
以金色光耀晝夜无異不以日月所照為明
是為一未曾有難得之法此室入者不為諸

BD14884 號　維摩詰所說經卷中　（26–14）

有二年初不聞說聲聞辟支佛法但聞菩薩
大慈大悲不可思議諸佛之法舍利弗此室
常現八未曾有難得之法何等為八此室常
以金色光耀晝夜无異不以日月所照為明
是為一未曾有難得之法此室入者不為諸
垢之所惱也是為二未曾有難得之法此室
常有釋梵四天王他方菩薩來會不絕是為
三未曾有難得之法此室常說六波羅蜜不
退轉法是為四未曾有難得之法此室常作
天人第一之樂絃出无量法化之聲是為五
未曾有難得之法此室有四大藏衆寶積滿
周窮濟乏求得无盡是為六未曾有難得之
法此室釋迦牟尼佛阿彌陀佛阿閦佛寶德
寶炎寶月寶嚴難勝師子響一切利成如是
等十方无量諸佛是上人念時即皆為來廣
說諸佛秘要法藏說已還去是為七未曾有難
得之法此室一切諸天嚴飾宮殿諸佛淨土
皆於中現是為八未曾有難得之法舍利弗
此室常現八未曾有難得之法誰有見斯
不思議事而復樂於聲聞法乎
舍利弗言汝何以不轉女身天曰我從十二
年來求女人相了不可得當何所轉譬如幻
師化作幻女若有人問何以不轉女身是人
為正問不舍利弗言不也幻无定相當何所
轉天曰一切諸法亦復如是无有定相云何
乃問不轉女身即時天女以神通力變舍利
弗令如天女天自化身如舍利弗而問言何

BD14884 號　維摩詰所說經卷中　（26–15）

師化作幻女若有人問何以不轉女身是人
為正問不舍利弗言不也幻无定相當何所
轉天曰一切諸法亦復如是无有定相云何
乃問不轉女身即時天女以神通力變舍利
弗令如天女天自化身如舍利弗而問言何
以不轉女身舍利弗以天女像而荅言我今
不知何轉而變為女身天曰舍利弗若能轉
此女身則一切女人亦當能轉如舍利弗非
女而現女身一切女人亦復如是雖現女身
而非女也是故佛說一切諸法非男非女即
時天女還攝神力舍利弗身還復如故天問
舍利弗女身色相今何所在舍利弗言女身
色相无在无不在天曰一切諸法亦復如是
无在无不在夫无在无不在者佛所說也
舍利弗問天汝於此沒當生何所天曰佛化
所生吾如彼生曰佛化所生非沒生也天曰
眾生猶然无沒生也舍利弗問天汝久如當
得阿耨多羅三藐三菩提天曰如舍利弗還
為凡夫我乃當成阿耨多羅三藐三菩提舍
利弗言我作凡夫无有是處天曰我得阿耨
多羅三藐三菩提亦无是處所以者何菩提
无住處是故无有得者舍利弗言今諸佛得
阿耨多羅三藐三菩提已得當得如恒河沙
皆謂何乎天曰皆以世俗文字數故說有三
世非謂菩提有去來今天曰舍利弗汝得阿
羅漢道耶曰无所得故而得天曰諸佛菩薩
亦復如是无所得故而得尒時維摩詰語舍

皆謂何乎天曰皆以世俗文字數故說有三
世非謂菩提有去來今天曰舍利弗汝得阿
羅漢道耶曰无所得故而得天曰諸佛菩薩
亦復如是无所得故而得尒時維摩詰語舍
利弗是天女曾已供養九十二億佛已能遊
戲菩薩神通所願具足得无生忍住不退轉
以本願故隨意能現教化眾生

佛道品第八

尒時文殊師利問維摩詰言菩薩云何通達
佛道維摩詰言若菩薩行於非道是為通達
佛道又問云何菩薩行於非道荅曰若菩薩
行五无間而无惱恚至于地獄无諸罪垢至于
畜生无有无明憍慢等過至于餓鬼而具足
功德行色无色界道不以為勝示行貪欲離諸
染著示行瞋恚於諸眾生无有恚导示行愚
癡而以智慧調伏其心示行慳貪而捨內外所
有不惜身命示行毀禁而安住淨戒乃至小罪
猶懷大懼示行瞋恚而常慈忍示行懈怠而
懃脩功德示行亂意而常念定示行愚癡而通
達世間出世間慧示行諂偽而善方便隨諸經
義示行憍慢而於眾生猶如橋梁示行諸煩惱
而心常清淨示入於魔而順佛智慧不隨他
教示入聲聞而為眾生說未聞法示入辟支佛
而成就大悲教化眾生示入貧窮而有寶手
功德无盡示入刑殘而具諸相好以自莊嚴示
入下賤而生佛種姓中具諸功德示入羸醜
而得那羅延身一切眾生之所樂見示入老病
而永斷病根超越死畏示有資生而恒觀

切德无盡示入刑殘而具諸相好以自莊嚴示
入下賤而生佛種姓中具諸切德示入羸醜陋
而得那羅延身一切衆生之所樂見示入老病
而永斷病根超越死畏示有資生而恒觀无
常實无所貪示有妻妾婇女而常遠離五欲
淤泥現於訥鈍而成辯才摠持无失示入耶濟
而以正濟度諸衆生現遍入諸道而斷其因緣
現於涅槃而不斷生死文殊師利菩薩能如
是行於非道是為通達佛道
於是維摩詰問文殊師利何等為如來種文
殊師利言有身為種无明有愛為種貪恚癡
為種四顛倒為種五蓋為種六入為種七識
處為種八耶法為種九惱處種十不善道
為種以要言之六十二見及一切煩惱皆是
佛種曰何謂也荅曰若見无為入正位者不
能復發阿耨多羅三藐三菩提心譬如高原
陸地不生蓮華卑濕汙泥乃生此華如是見
无為法入正位者終不復能生於佛法煩惱
泥中乃有衆生起佛法耳又如殖種於空終
不得生糞壤之地乃能滋茂如是入无為正
位者不生佛法起於我見如須弥山猶能發
于阿耨多羅三藐三菩提心生佛法矣是故
當知一切煩惱為如來種譬如不下巨海不
能得无價寶珠如是不入煩惱大海則不能
得生一切智寶
尒時大迦葉嘆言善哉善哉文殊師利快說
此語誠如所言塵勞之儔為如來種我等今

BD14884 號　維摩詰所說經卷中　（26–18）

當知一切煩惱為如來種譬如不下巨海不
能得无價寶珠如是不入煩惱大海則不能
得生一切智寶
尒時大迦葉嘆言善哉善哉文殊師利快說
此語誠如所言塵勞之儔為如來種我等今
者不復堪任發阿耨多羅三藐三菩提心乃
至五无間罪猶能發意生於佛法而今我等
永不能發譬如根敗之士其於五欲不能復
利如是聲聞諸結斷者於佛法中无所復益
永不志願是故文殊師利凡夫於佛法有反
復而聲聞无也所以者何凡夫聞佛法能發
无上道心不斷三寶正使聲聞終身聞佛法
力无畏等永不能發无上道意
尒時會中有菩薩名普現色身問維摩詰言
居士父母妻子親戚眷屬吏民知識悉為是
誰奴婢僮僕象馬車乘皆何所在於是維摩
詰以偈荅曰
智度菩薩母　方便以為父　一切衆導師　无不由是生
法喜以為妻　慈悲心為女　善心誠實男　畢竟空寂舍
弟子衆塵勞　隨意之所轉　道品善知識　由是成正覺
諸度法等侶　四攝衆妓女　歌詠誦法言　以此為音樂
摠持之園苑　无漏法林樹　覺意淨妙華　解脫智慧果
八解之浴池　定水湛然滿　布以七淨華　浴此无垢人
象馬六通馳　大乘以為車　調御以一心　遊於八正路
相具以嚴容　衆好飾其姿　慙愧之上服　深心為華鬘
富有七財寶　教授以滋息　如所說脩行　迴向為大利
四禪為牀坐　從於淨命生　多聞增智慧　以為自覺音

BD14884 號　維摩詰所說經卷中　（26–19）

象馬六通馳　大乘以為車　調御以一心　遊於八正路
相具以嚴容　衆好飾其姿　慙愧之上服　深心為華鬘
富有七財寶　教授以滋息　如所說脩行　迴向為大利
四禪為牀坐　從於淨命生　多聞增智慧　以為自覺音
甘露法之食　解脫味為漿　淨心以澡浴　戒品為塗香
摧滅煩惱賊　勇健无能踰　降伏四種魔　勝幡建道場
雖知无起滅　示彼故有生　悉現諸國土　如日无不見
供養於十方　无量億如来　諸佛及己身　无有分別想
雖知諸佛國　及與衆生空　而常脩淨土　教化於羣生
諸有衆生類　形聲及威儀　无畏力菩薩　一時能盡現
覺知衆魔事　而示隨其行　以善方便智　隨意皆能現
或示老病死　成就諸羣生　了知如幻化　通達无有㝵
或現劫盡燒　天地皆洞然　衆人有常想　照令知无常
无數億衆生　俱来請菩薩　一時到其舍　化令向佛道
經書禁呪術　工巧諸伎藝　盡現行此事　饒益諸羣生
世間衆道法　悉於中出家　因以解人惑　而不墮邪見
或作日月天　梵王世界主　或時作地水　或復作風火
劫中有疾疫　現作諸藥草　若有服之者　除病消衆毒
劫中有飢饉　現身作飲食　先救彼飢渴　却以法語人
劫中有刀兵　為之起慈悲　化彼諸衆生　令住无諍地
若有大戰陣　立之以等力　菩薩現威勢　降伏使和安
一切國土中　諸有地獄處　輙往到于彼　勉濟其苦惱
一切國土中　畜生相食噉　皆現生於彼　為之作利益
示受於五欲　亦復現行禪　令魔心憒亂　不能得其便
火中生蓮華　是可謂希有　在欲而行禪　希有亦如是
或現作婬女　引諸好色者　先以欲鉤牽　後令入佛智

BD14884 號　維摩詰所說經卷中　（26–20）

一切國土中　畜生相食噉　皆現生於彼　為之作利益
示受於五欲　亦復現行禪　令魔心憒亂　不能得其便
火中生蓮華　是可謂希有　在欲而行禪　希有亦如是
或現作婬女　引諸好色者　先以欲鉤牽　後令入佛智
或為邑中主　或作商人導　國師及大臣　以祐利衆生
諸有貧窮者　現作无盡藏　因以勸導之　令發菩提心
我心憍慢者　為現大力士　消伏諸貢高　令住佛上道
其有恐懼衆　居前而慰安　先施以无畏　後令發道心
或現離婬欲　為五通仙人　開導諸羣生　令住戒忍慈
見須供事者　現為作僮僕　既悅可其意　乃發以道心
隨彼之所須　得入於佛道　以善方便力　皆能給足之
如是道无量　所行无有崖　智慧无邊際　度脫无數衆
假令一切佛　於无數億劫　讚歎其功德　猶尚不能盡
誰聞如是法　不發菩提心　除彼不肖人　癡冥无智者

入不二法門品第九

尒時維摩詰謂衆菩薩言諸仁者云何菩薩
入不二法門各隨所樂說之會中有菩薩名
法自在說言諸仁者生滅為二法本不生今
則无滅得此无生法忍是為入不二法門
德守菩薩曰我我所為二因有我故便有我
所若无有我則无我所是名入不二法門
不眴菩薩曰受不受為二若法不受則不可
得以不可得故无取无捨无作无行是為入
不二法門
德頂菩薩曰垢淨為二見垢實性則无淨相
順於滅相是為入不二法門
善宿菩薩曰是動是念為二不動則无念无

BD14884 號　維摩詰所說經卷中　（26–21）

德以不可得故无取无捨无作无行是為入
不二法門
德頂菩薩曰垢淨為二見垢實性則无淨相
順於滅相是為入不二法門
善宿菩薩曰是動是念為二則動則无念无
念即无分別通達此者是為入不二法門
善眼菩薩曰一相无相為二若知一相即是
无相亦不取无相入於平等是為入不二法
門
妙臂菩薩曰菩薩心聲聞心為二觀心相空
如幻化者无菩薩心无聲聞心是為入不二
法門
弗沙菩薩曰善不善為二若不起善不善入
无相際而通達者是為入不二法門
師子菩薩曰罪福為二若達罪性則與福无
異以金剛慧決了此相无縛无解者是為入
不二法門
師子意菩薩曰有漏无漏為二若得諸法等
則不起漏不漏想不著於相亦不住无相是
為入不二法門
淨解菩薩曰有為无為為二若離一切數則
心如虛空以清淨慧无所㝵者是為入不二
法門
那羅延菩薩曰世間出世間為二世間性空
即是出世間於其中不入不出不溢不散是
為入不二法門
善意菩薩曰生死涅槃為二若見生死性則

那羅延菩薩曰世間出世間為二世間性空
即是出世間於其中不入不出不溢不散是
為入不二法門
善意菩薩曰生死涅槃為二若見生死性則
无生死无縛无解不燃不滅如是解者是為
入不二法門
現見菩薩曰盡不盡為二法若究竟盡若不
盡皆是无盡相无盡相即是空空則无有盡
不盡相如是入者是為入不二法門
普守菩薩曰我无我為二我尚不可得非我
何可得見我實性者不復起二是為入不二
法門
電天菩薩曰明无明為二无明性即是明明
亦不可取離一切數於其中平等无二者是
為入不二法門
喜見菩薩曰色色空為二色即是空非色滅
空色性自空如是受想行識識空為二識即
是空非識滅空識性自空於其中而通達者
是為入不二法門
明相菩薩曰四種異空種異為二四種性即
是空種性如前際後際空故中際亦空若能
如是知諸種性者是為入不二法門
妙意菩薩曰眼色為二若知眼性於色不貪
不恚不癡是名寂滅如是耳聲鼻香舌味身
觸意法為二若知意性於法不貪不恚不癡
是名寂滅安住其中是為入不二法門
无盡意菩薩曰布施迴向一切智為二布

不恚不癡是名寂滅如是耳聲鼻香舌味身
觸意法為二若知意性於法不貪不恚不癡
是名寂滅安住其中是為入不二法門
无盡意菩薩曰布施迴向一切智為二布施
性即是迴向一切智性如是持戒忍辱精進
禪定智慧迴向一切智為二智慧性即是迴
向一切智性於其中入一相者是為入不二
法門
深慧菩薩曰是空是无相是无作為二空
即无相无相即无作若空无相无作則无心意
識於一解脫門即是三解脫門者是為入不
二法門
寂根菩薩曰佛法衆為二佛即是法法即是
衆是三寶皆无為相與虛空等一切法亦尒
能隨此行者是為入不二法門
心无㝵菩薩曰身身滅為二身即是身滅所
以者何見身實相者不起見身及滅身身與
滅身无二无分別於其中不驚不懼者是為
入不二法門
上善菩薩曰身口意善為二是三業皆无作
相身无作相即口无作相口无作相即意无
作相是三業无作相即一切法无作相能如
是隨无作慧者是為入不二法門
福田菩薩曰福行罪行不動行為二三行實
性即是空空則无福行无罪行无不動行於
此三行而不起者是為入不二法門
華嚴菩薩曰從我起二為二見我實相者不

BD14884號　維摩詰所說經卷中　（26–24）

是隨无作慧者是為入不二法門
福田菩薩曰福行罪行不動行為二三行實
性即是空空則无福行无罪行无不動行於
此三行而不起者是為入不二法門
華嚴菩薩曰從我起二為二見我實相者不
起二法若不住二法則无有識无所識者是
為入不二法門
德藏菩薩曰有所得相為二若无所得則无
取捨无取捨者是為入不二法門
月上菩薩曰闇與明為二无闇无明則无有
二所以者何如入滅受想定无闇无明一切
法相亦復如是於其中平等入者是為入不
二法門
寶印手菩薩曰樂涅槃不樂世間為二若不
樂涅槃不猒世間則无有二所以者何若有
縛則有解若本无縛其誰求解无縛无解則
无樂猒是為入不二法門
珠頂王菩薩曰正道耶道為二住正道者則不
分別是耶是正離此二者是為入不二法
門
樂實菩薩曰實不實為二實見者尚不見實
何況非實所以者何非肉眼所見慧眼乃能
見而此慧眼无見无不見是為入不二法門
如是諸菩薩各各說已問文殊師利何等是
菩薩入不二法門文殊師利曰如我意者於
一切法无言无說无示无識離諸問荅是為
入不二法門
於是文殊師利問維摩詰我

BD14884號　維摩詰所說經卷中　（26–25）

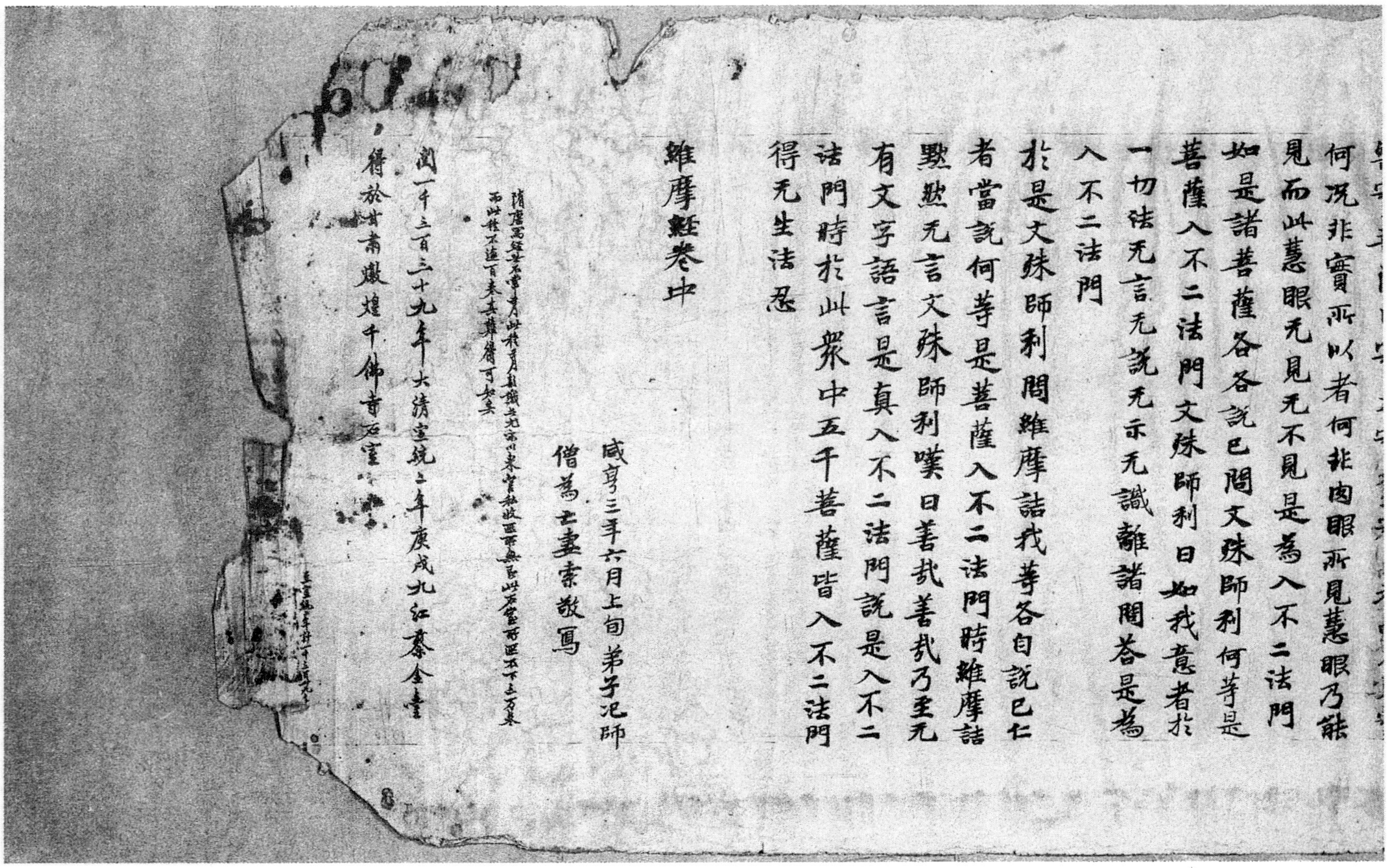

何況非實所以者何非肉眼所見慧眼乃能
見而此慧眼无見无不見是為入不二法門
如是諸菩薩各各説已問文殊師利何等是
菩薩入不二法門文殊師利曰如我意者於
一切法无言无説无示无識離諸問答是為
入不二法門
於是文殊師利問維摩詰我等各自説已仁
者當説何等是菩薩入不二法門時維摩詰
默然无言文殊師利歎曰善哉善哉乃至无
有文字語言是真入不二法門説是入不二
法門時於此衆中五千菩薩皆入不二法門
得无生法忍

維摩經卷中

咸亨三年六月上旬弟子氾師
僧為亡妻索敬寫

閱一千三百二十九年大清宣統二年庚戌九江秦金壹
得於甘肅燉煌千佛寺石室

BD14884 號　維摩詰所說經卷中　（26–26）

BD14884 號背　現代勘記　（1–1）

妙法蓮華經譬喻品第三　二
尒時舍利弗踊躍歡喜即起合掌瞻仰尊顏
而白佛言今從世尊聞此法音心懷踊躍得
未曾有所以者何我昔從佛聞如是法見諸
菩薩受記作佛而我等不預斯事甚自感傷
失於如來无量知見世尊我常獨處山林樹
下若坐若行每作是念我等同入法性云何
如來以小乘法而見濟度是我等咎非世尊
也所以者何若我等待說所因成就阿耨多羅
三藐三菩提者必以大乘而得度脫然我等
不解方便隨宜所說初聞佛法遇便信受思
惟取證世尊我從昔來終日竟夜每自剋責
而今從佛聞所未聞未曾有法斷諸疑悔身
意泰然快得安隱今日乃知真是佛子從佛
口生從法化生得佛法分尒時舍利弗欲重
宣此義而說偈言
我聞是法音　得所未曾有　心懷大歡喜　疑網皆已除

BD14885 號　妙法蓮華經卷二　（5–1）

惟取證世尊我從昔來終日竟夜每自剋責
而今從佛聞所未聞未曾有法斷諸疑悔身
意泰然快得安隱今日乃知真是佛子從佛
口生從法化生得佛法分尒時舍利弗欲重
宣此義而說偈言
我聞是法音　得所未曾有　心懷大歡喜　疑網皆已除
昔來蒙佛教　不失於大乘　佛音甚希有　能除眾生惱
我已得漏盡　聞亦除憂惱　我處於山谷　或在林樹下
若坐若經行　常思惟是事　嗚呼深自責　云何而自欺
我等亦佛子　同入无漏法　不能於未來　演說无上道
金色三十二　十力諸解脫　同共一法中　而不得此事
八十種妙好　十八不共法　如是等功德　而我皆已失
我獨經行時　見佛在大眾　名聞滿十方　廣饒益眾生
自惟失此利　我為自欺誑　我常於日夜　每思惟是事
欲以問世尊　為失為不失　我常見世尊　稱讚諸菩薩
以是於日夜　籌量如此事　今聞佛音聲　隨宜而說法
无漏難思議　令眾至道場　我本著邪見　為諸梵志師
世尊知我心　拔邪說涅槃　我悉除邪見　於空法得證
尒時心自謂　得至於滅度　而今乃自覺　非是實滅度
若得作佛時　具三十二相　天人夜叉眾　龍神等恭敬
是時乃可謂　永盡滅无餘　佛於大眾中　說我當作佛
聞如是法音　疑悔悉已除　初聞佛所說　心中大驚疑
將非魔作佛　惱亂我心耶　佛以種種緣　譬喻巧言說
其心安如海　我聞疑網斷　佛說過去世　无量滅度佛
安住方便中　亦皆說是法　現在未來佛　其數无有量
亦以諸方便　演說如是法　如今者世尊　從生及出家
得道轉法輪　亦以方便說　世尊說實道　波旬无此事
以是我定知　非是魔

BD14885 號　妙法蓮華經卷二　（5–2）

其心安如海　我聞疑網斷　佛說過去世　无量滅度佛
安住方便中　亦皆說是法　現在未來佛　其數无有量
亦以諸方便　演說如是法　如今者世尊　從生及出家
得道轉法輪　亦以方便說　世尊說實道　波旬无此事
以是我定知　非是魔作佛　我墮疑網故　謂是魔所為
聞佛柔軟音　深遠甚微妙　演暢清淨法　我心大歡喜
疑悔永已盡　安住實智中　我定當作佛　為天人所敬
轉无上法輪　教化諸菩薩
尒時佛告舍利弗吾今於天人沙門婆羅門
等大衆中說我昔曾於二万億佛所為无上
道故常教化汝汝亦長夜隨我受學我以方
便引導汝故生我法中舍利弗我昔教汝志
願佛道汝今悉忘而便自謂已得滅度我今
還欲令汝憶念本願所行道故為諸聲聞說
是大乘經名妙法蓮華教菩薩法佛所護念
舍利弗汝於未來世過无量无邊不可思議
劫供養若干千万億佛奉持正法具足菩薩
所行之道當得作佛号曰華光如來應供正
遍知明行足善逝世間解无上士調御丈夫
天人師佛世尊國名離垢其土平正清淨嚴
餝安隱豐樂天人熾盛瑠璃為地有八交道
黃金為繩以界其側其傍各有七寶行樹常
有華菓華光如來亦以三乘教化衆生舍利
弗彼佛出時雖非惡世以本願故說三乘法
其劫名大寶莊嚴何故名曰大寶莊嚴其國
中以菩薩為大寶故彼諸菩薩无量无邊不
可思議筭數譬喻所不能及非佛智力无能
知者若欲行時寶華承足此諸菩薩非初發

BD14885 號　妙法蓮華經卷二　（5–3）

有華菓華光如來亦以三乘教化衆生舍利
弗彼佛出時雖非惡世以本願故說三乘法
其劫名大寶莊嚴何故名曰大寶莊嚴其國
中以菩薩為大寶故彼諸菩薩无量无邊不
可思議筭數譬喻所不能及非佛智力无能
知者若欲行時寶華承足此諸菩薩非初發
意皆久殖德本於无量百千万億佛所淨脩
梵行恒為諸佛之所稱歎常脩佛慧具大神
通善知一切諸法之門質直无偽志念堅固
如是菩薩充滿其國舍利弗華光佛壽十二
小劫除為王子未作佛時其國人民壽八小
劫華光如來過十二小劫授堅滿菩薩阿耨
多羅三藐三菩提記告諸比丘是堅滿菩薩
次當作佛号曰華足安行多陁阿伽度阿羅
訶三藐三佛陁其佛國土亦復如是舍利弗
是華光佛滅度之後正法住世三十二小劫
像法住世亦三十二小劫尒時世尊欲重宣
此義而說偈言
舍利弗來世　成佛普智尊　号名曰華光　當度无量衆
供養无數佛　具足菩薩行　十力等功德　證於无上道
過无量劫已　劫名大寶嚴　世界名離垢　清淨无瑕穢
以瑠璃為地　金繩界其道　七寶雜色樹　常有華菓實
彼國諸菩薩　志念常堅固　神通波羅蜜　皆已悉具足
於无數佛所　善學菩薩道　如是等大士　華光佛所化
佛為王子時　棄國捨世榮　於最末後身　出家成佛道
華光佛住世　壽十二小劫　其國人民衆　壽命八小劫
佛滅度之後　正法住於世　三十二小劫　廣度諸衆生

BD14885 號　妙法蓮華經卷二　（5–4）

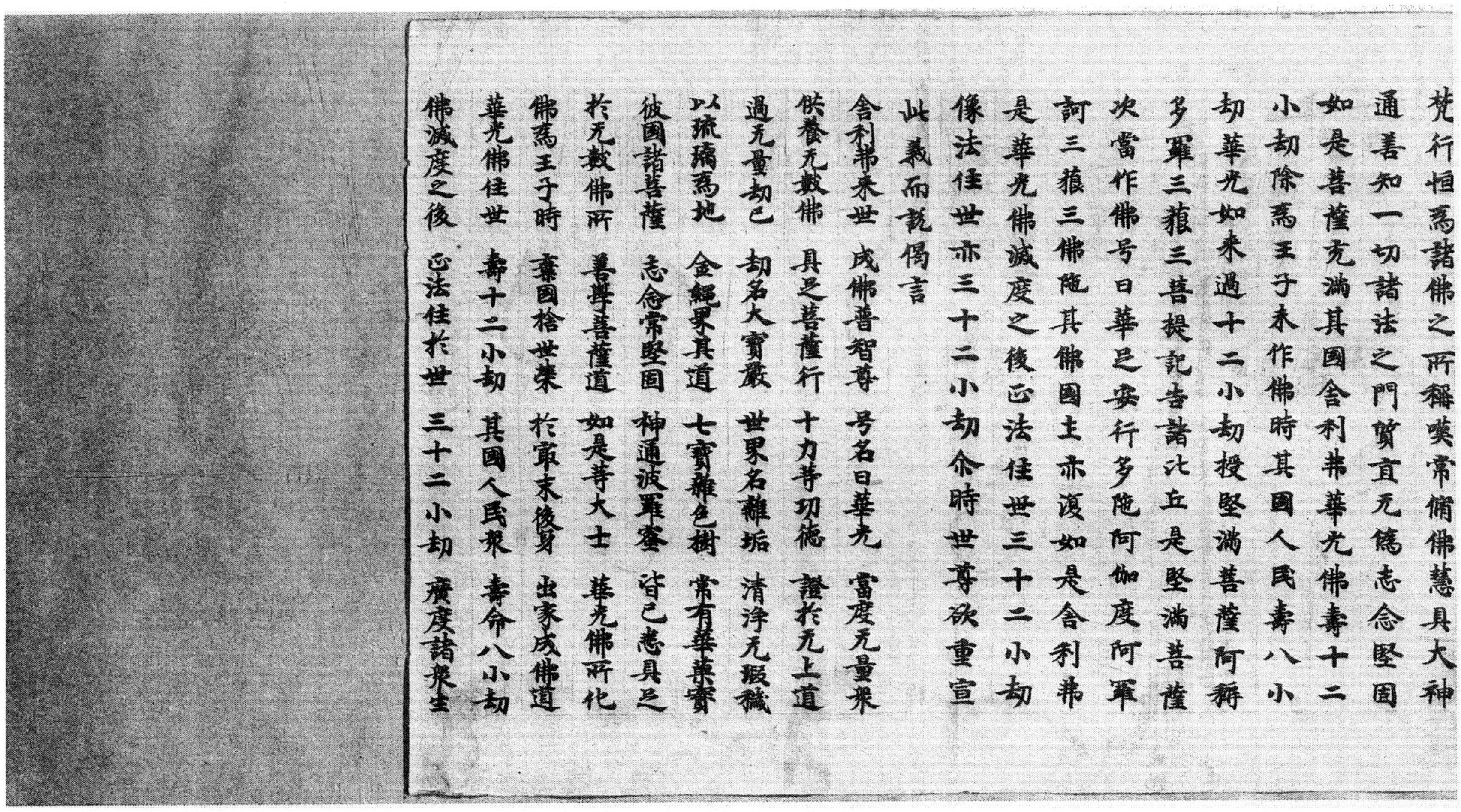

梵行恒為諸佛之所稱歎常脩佛慧具大神
通善知一切諸法之門質直无僞志念堅固
如是菩薩充滿其國舍利弗華光佛壽十二
小劫除為王子未作佛時其國人民壽八小
劫華光如來過十二小劫授堅滿菩薩阿耨
多羅三藐三菩提記告諸比丘是堅滿菩薩
次當作佛号曰華足安行多陁阿伽度阿羅
訶三藐三佛陁其佛國土亦復如是舍利弗
是華光佛滅度之後正法住世三十二小劫
像法住世亦三十二小劫尒時世尊欲重宣
此義而說偈言
舍利弗來世　成佛普智尊　号名曰華光　當度无量衆
供養无數佛　具足菩薩行　十力等功德　證於无上道
過无量劫已　劫名大寶嚴　世界名離垢　清淨无瑕穢
以琉璃為地　金繩界其道　七寶雜色樹　常有華菓實
彼國諸菩薩　志念常堅固　神通波羅蜜　皆已悉具足
於无數佛所　善學菩薩道　如是等大士　華光佛所化
佛為王子時　棄國捨世榮　於最末後身　出家成佛道
華光佛住世　壽十二小劫　其國人民衆　壽命八小劫
佛滅度之後　正法住於世　三十二小劫　廣度諸衆生

BD14885號　妙法蓮華經卷二　（5–5）

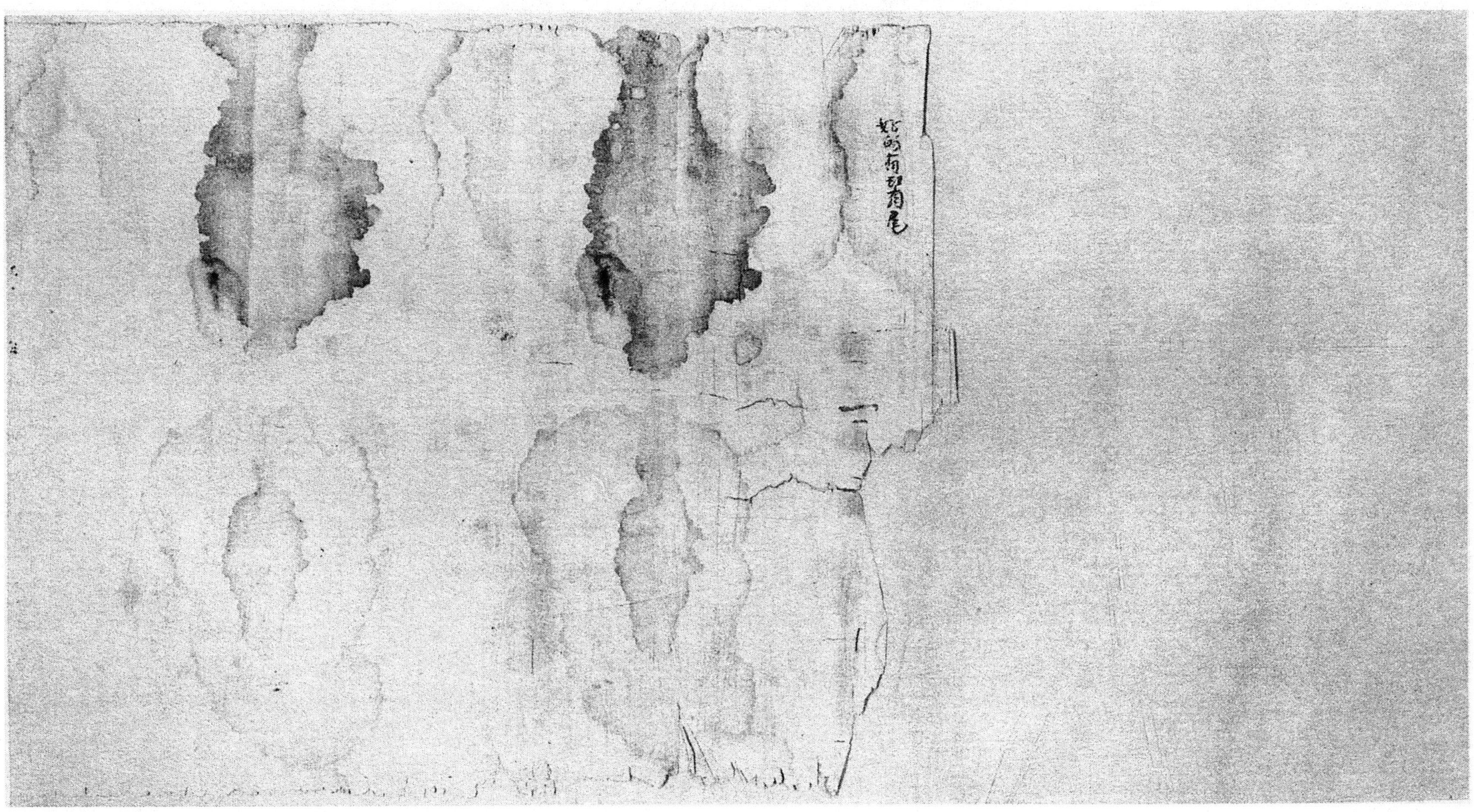

妙[illegible]有頭有尾

BD14885號背　勘記　（1–1）

佛三四五佛而種善根已於无量
種諸善根聞是章句乃至一念
菩提如來悉知悉見是諸衆生[illegible]
福德何以故是諸衆生无復我相人相
相壽者相无法相亦无非法相何以故是諸
衆生若心取相則為著我人衆生壽者若取
法相即著我人衆生壽者何以故若取非法
相即著我人衆生壽者是故不應取法不應
取非法以是義故如來常說汝等比丘知我
說法如筏喻者法尚應捨何况非法
須菩提於意云何如來得阿耨多羅三藐三
菩提耶如來有所說法耶須菩提言如我解
佛所說義无有定法名阿耨多羅三藐三菩
提亦无有定法如來可說何以故如來所說
法皆不可取不可說非法非非法所以者何
一切賢聖皆以无為法而有差別
須菩提於意云何若人滿三千大千世界七
寶以用布施是人所得福德寧為多不須菩
提言甚多世尊何以故是福德即非福德性
是故如來說福德多若復有人於此經中受

BD14886號　金剛般若波羅蜜經　(13–1)

法皆不可取不可說非法非非法所以者何
一切賢聖皆以无為法而有差別
須菩提於意云何若人滿三千大千世界七
寶以用布施是人所得福德寧為多不須菩
提言甚多世尊何以故是福德即非福德性
是故如來說福德多若復有人於此經中受
持乃至四句偈等為他人說其福勝彼何以
故須菩提一切諸佛及諸佛阿耨多羅三藐
三菩提法皆從此經出須菩提所謂佛法者
即非佛法
須菩提於意云何須陁洹能作是念我得須
陁洹果不須菩提言不也世尊何以故須陁洹
名為入流而无所入不入色聲香味觸法是
名須陁洹須菩提於意云何斯陁含能作
是念我得斯陁含果不須菩提言不也世尊
何以故斯陁含名一往來而實无往來是名
斯陁含須菩提於意云何阿那含能作是念
我得阿那含果不須菩提言不也世尊何以
故阿那含名為不來而實无來是故名阿那
含須菩提於意云何阿羅漢能作是念我得
阿羅漢道不須菩提言不也世尊何以故實
无有法名阿羅漢世尊若阿羅漢作是念我
得阿羅漢道即為著我人衆生壽者世尊佛
說我得无諍三昧人中最為第一是第一離欲
阿羅漢我不作是念我是離欲阿羅漢世
尊我若作是念我得阿羅漢道世尊則不說
須菩提是樂阿蘭那行者以須菩提實无所
行而名須菩提是樂阿蘭那行
佛告須菩提[illegible]

BD14886號　金剛般若波羅蜜經　(13–2)

阿羅漢我不作是念我是離欲阿羅漢世
尊我若作是念我得阿羅漢道世尊則不說
須菩提是樂阿蘭那行者以須菩提實无所
行而名須菩提是樂阿蘭那行
佛告須菩提於意云何如來昔在然燈佛所
於法有所得不世尊如來在然燈佛所於法
實无所得
須菩提於意云何菩薩莊嚴佛土不不也世
尊何以故莊嚴佛土者則非莊嚴是名莊嚴
是故須菩提諸菩薩摩訶薩應如是生清淨
心不應住色生心不應住聲香味觸法生心
應无所住而生其心須菩提譬如有人身如須
彌山王於意云何是身為大不須菩提言甚
大世尊何以故佛說非身是名大身
須菩提如恒河中所有沙數如是沙等恒河
於意云何是諸恒河沙寧為多不須菩提言
甚多世尊但諸恒河尚多无數何況其沙須
菩提我今實言告汝若有善男子善女人以
七寶滿尒所恒河沙數三千大千世界以用
布施得福多不須菩提言甚多世尊佛告須
菩提若善男子善女人於此經中乃至受持
四句偈等為他人說而此福德勝前福德
復次須菩提隨說是經乃至四句偈等當知
此處一切世間天人阿修羅皆應供養如佛
塔廟何況有人盡能受持讀誦須菩提當知
是人成就最上第一希有之法若是經典所
在之處則為有佛若尊重弟子

BD14886號　金剛般若波羅蜜經　（13–3）

復次須菩提隨說是經乃至四句偈等
此處一切世間天人阿修羅皆應供養如佛
塔廟何況有人盡能受持讀誦須菩提當知
是人成就最上第一希有之法若是經典所
在之處則為有佛若尊重弟子
尒時須菩提白佛言世尊當何名此經我等
云何奉持佛告須菩提是經名為金剛般若
波羅蜜以是名字汝當奉持所以者何須菩
提佛說般若波羅蜜則非般若波羅蜜須菩
提於意云何如來有所說法不須菩提白佛
言世尊如來无所說須菩提於意云何三千
大千世界所有微塵是為多不須菩提言甚
多世尊須菩提諸微塵如來說非微塵是名
微塵如來說世界非世界是名世界須菩提
於意云何可以三十二相見如來不不也世
尊不可以三十二相得見如來何以故如來
說三十二相即是非相是名三十二相
須菩提若有善男子善女人以恒河沙等身
命布施若復有人於此經中乃至受持四句
偈等為他人說其福甚多
尒時須菩提聞說是經深解義趣涕淚悲泣
而白佛言希有世尊佛說如是甚深經典我
從昔來所得慧眼未曾得聞如是之經世尊
若復有人得聞是經信心清淨則生實相當
知是人成就第一希有功德世尊是實相者
則是非相是故如來說名實相世尊我今得
聞如是經典信解受持不足為難若當來世

BD14886號　金剛般若波羅蜜經　（13–4）

從昔來所得慧眼未曾得聞如是之經世尊
若復有人得聞是經信心清淨則生實相當
知是人成就第一希有功德世尊是實相者
則是非相是故如來說名實相世尊我今得
聞如是經典信解受持不足為難若當來世
後五百歲其有眾生得聞是經信解受持是
人則為第一希有何以故此人无我相人相
眾生相壽者相所以者何我相即是非相人
相眾生相壽者相即是非相何以故離一切
諸相則名諸佛
佛告須菩提如是如是若復有人得聞是經
不驚不怖不畏當知是人甚為希有何以故
須菩提如來說第一波羅蜜非第一波羅蜜
是名第一波羅蜜
須菩提忍辱波羅蜜如來說非忍辱波羅蜜
何以故須菩提如我昔為歌利王割截身體
我於尒時无我相无人相无眾生相无壽者
相何以故我於往昔節節支解時若有我相
人相眾生相壽者相應生瞋恨須菩提又念
過去於五百世作忍辱仙人於尒所世无我
相无人相无眾生相无壽者相是故須菩提
菩薩應離一切相發阿耨多羅三藐三菩提
心不應住色生心不應住聲香味觸法生心
應生无所住心若心有住則為非住是故佛
說菩薩心不應住色布施須菩提菩薩為利
益一切眾生應如是布施如來說一切諸相
即是非相又說一切眾生則非眾生

BD14886號　金剛般若波羅蜜經　　（13–5）

應生无所住心若心有住則為非住是故佛
說菩薩心不應住色布施須菩提菩薩為利
益一切眾生應如是布施如來說一切諸相
即是非相又說一切眾生則非眾生
須菩提如來是真語者實語者如語者不誑
語者不異語者須菩提如來所得法此法无
實无虛
須菩提若菩薩心住於法而行布施如人入
闇則无所見若菩薩心不住法而行布施如
人有目日光明照見種種色
須菩提當來之世若有善男子善女人能於此
經受持讀誦則為如來以佛智慧悉知是人
悉見是人皆得成就无量无邊功德
須菩提若有善男子善女人初日分以恒河
沙等身布施中日分復以恒河沙等身布施
後日分亦以恒河沙等身布施如是无量百
千万億劫以身布施若復有人聞此經典信
心不逆其福勝彼何況書寫受持讀誦為人
解說
須菩提以要言之是經有不可思議不可稱
量无邊功德如來為發大乘者說為發最上
乘者說若有人能受持讀誦廣為人說如來
悉知是人悉見是人皆得成就不可量不可稱
无有邊不可思議功德如是人等則為荷
擔如來阿耨多羅三藐三菩提何以故須菩
提若樂小法者著我見人見眾生見壽者見
則於此經不能聽受讀誦為人解說

BD14886號　金剛般若波羅蜜經　　（13–6）

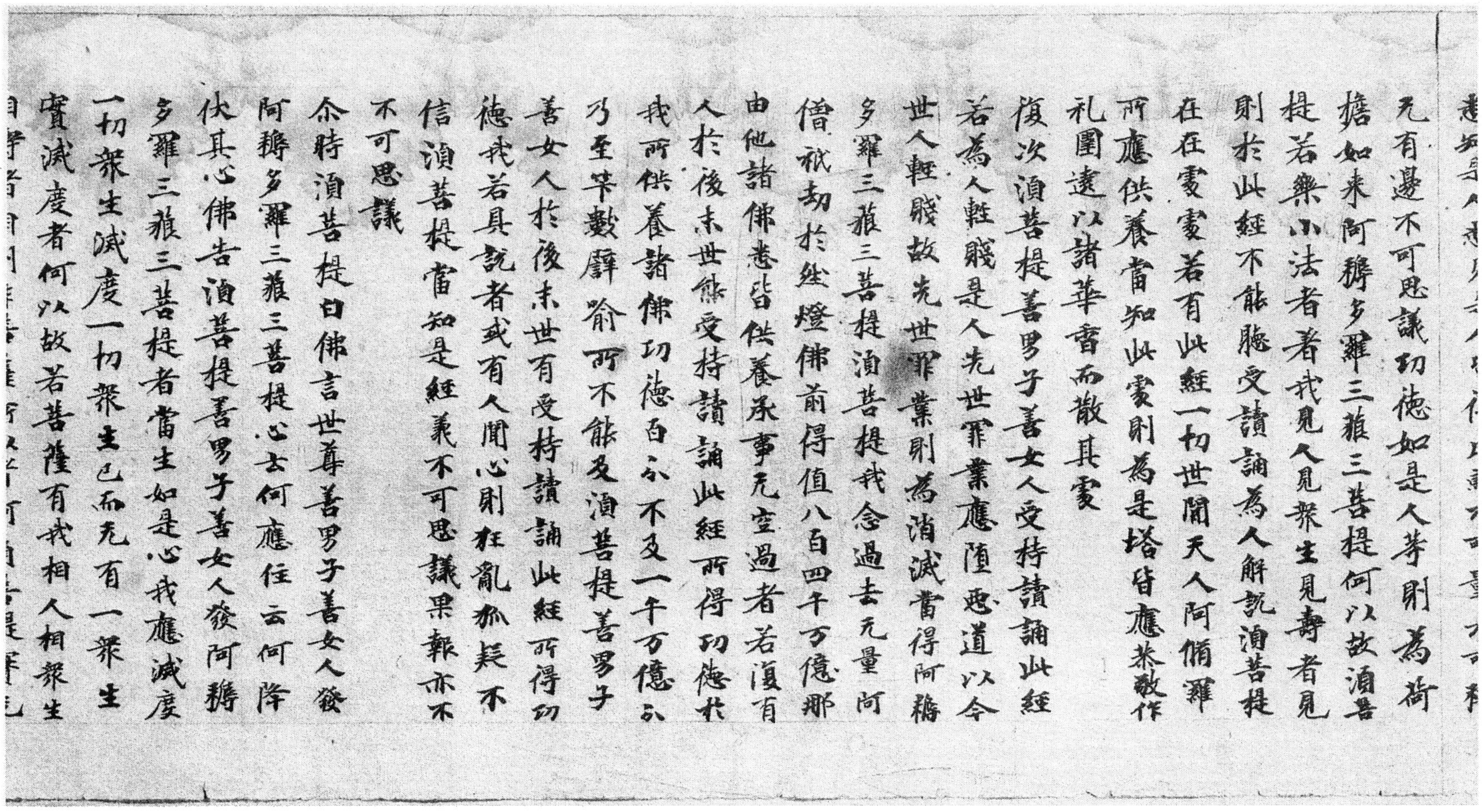

无有邊不可思議功德如是人等則為荷
擔如来阿耨多羅三藐三菩提何以故須菩
提若樂小法者著我見人見衆生見壽者見
則於此經不能聽受讀誦為人解說須菩提
在在處處若有此經一切世間天人阿脩羅
所應供養當知此處則為是塔皆應恭敬作
礼圍遶以諸華香而散其處
復次須菩提善男子善女人受持讀誦此經
若為人輕賤是人先世罪業應墮惡道以今
世人輕賤故先世罪業則為消滅當得阿耨
多羅三藐三菩提須菩提我念過去无量阿
僧祇劫於然燈佛前得值八百四千万億那
由他諸佛悉皆供養承事无空過者若復有
人於後末世能受持讀誦此經所得功德於
我所供養諸佛功德百分不及一千万億分
乃至筭數譬喻所不能及須菩提善男子
善女人於後末世有受持讀誦此經所得功
德我若具說者或有人聞心則狂亂狐疑不
信須菩提當知是經義不可思議果報亦不
可思議
尒時須菩提白佛言世尊善男子善女人發
阿耨多羅三藐三菩提心云何應住云何降
伏其心佛告須菩提善男子善女人發阿耨
多羅三藐三菩提者當生如是心我應滅度
一切衆生滅度一切衆生已而无有一衆生
實滅度者何以故若菩薩有我相人相衆生

BD14886 號　金剛般若波羅蜜經　（13–7）

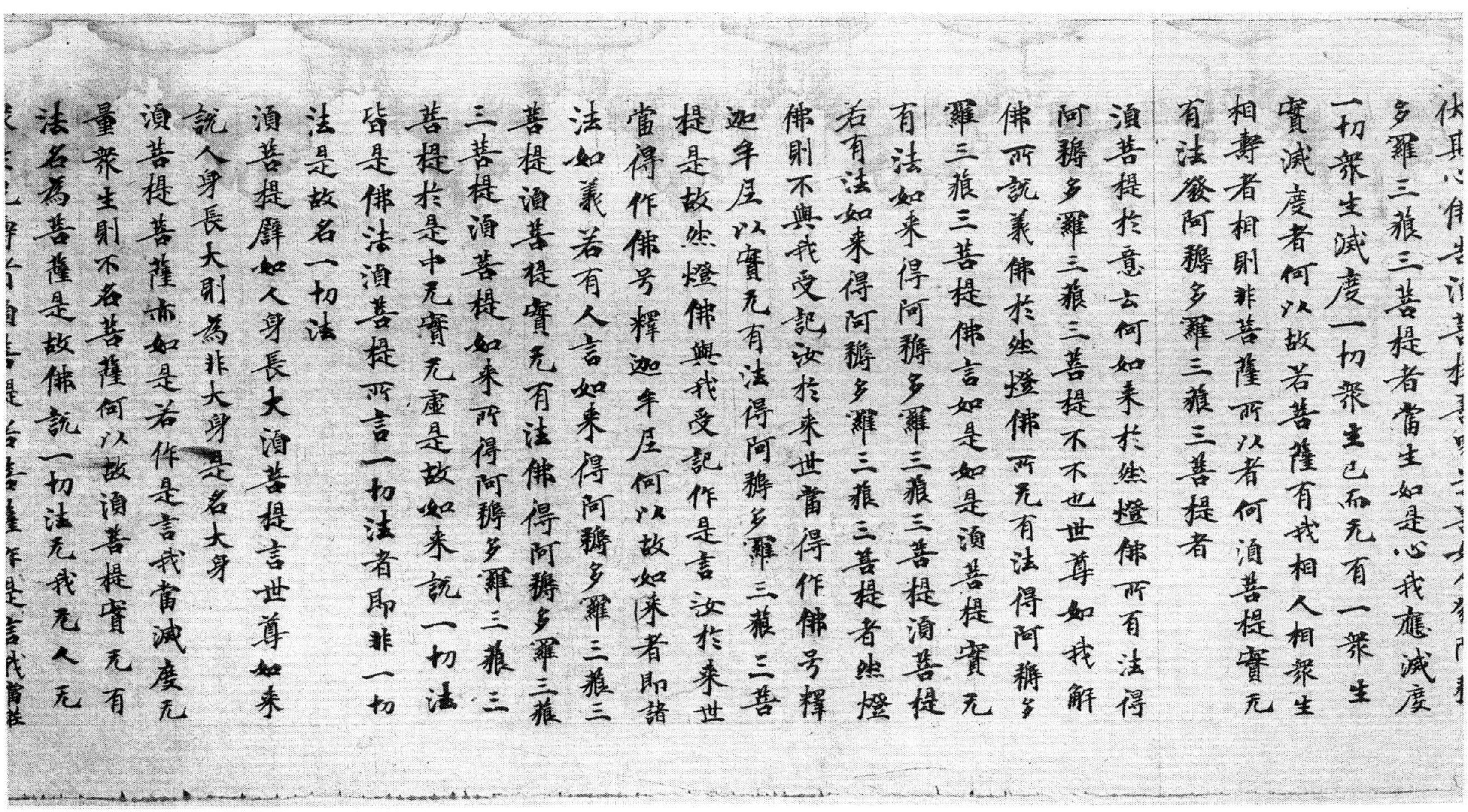

多羅三藐三菩提者當生如是心我應滅度
一切衆生滅度一切衆生已而无有一衆生
實滅度者何以故若菩薩有我相人相衆生
相壽者相則非菩薩所以者何須菩提實无
有法發阿耨多羅三藐三菩提者
須菩提於意云何如来於然燈佛所有法得
阿耨多羅三藐三菩提不不也世尊如我解
佛所說義佛於然燈佛所无有法得阿耨多
羅三藐三菩提佛言如是如是須菩提實无
有法如来得阿耨多羅三藐三菩提須菩提
若有法如来得阿耨多羅三藐三菩提者然燈
佛則不與我受記汝於来世當得作佛号釋
迦牟尼以實无有法得阿耨多羅三藐三菩
提是故然燈佛與我受記作是言汝於来世
當得作佛号釋迦牟尼何以故如来者即諸
法如義若有人言如来得阿耨多羅三藐三
菩提須菩提實无有法佛得阿耨多羅三藐
三菩提須菩提如来所得阿耨多羅三藐三
菩提於是中无實无虛是故如来說一切法
皆是佛法須菩提所言一切法者即非一切
法是故名一切法
須菩提譬如人身長大須菩提言世尊如来
說人身長大則為非大身是名大身
須菩提菩薩亦如是若作是言我當滅度无
量衆生則不名菩薩何以故須菩提實无有
法名為菩薩是故佛說一切法无我无人无

BD14886 號　金剛般若波羅蜜經　（13–8）

說人身長大則為非大身是名大身
須菩提菩薩亦如是若作是言我當滅度无
量衆生則不名菩薩何以故須菩提實无有
法名為菩薩是故佛說一切法无我无人无
衆生无壽者須菩提若菩薩作是言我當莊
嚴佛土是不名菩薩何以故如来說莊嚴佛
土者即非莊嚴是名莊嚴須菩提若菩薩通
達无我法者如来說名真是菩薩
須菩提於意云何如来有肉眼不如是世尊
如来有肉眼須菩提於意云何如来有天眼
不如是世尊如来有天眼須菩提於意云何
如来有慧眼不如是世尊如来有慧眼須菩
提於意云何如来有法眼不如是世尊如来
有法眼須菩提於意云何如来有佛眼不如
是世尊如来有佛眼須菩提於意云何恒河
中所有沙佛說是沙不如是世尊如来說是
沙須菩提於意云何如一恒河中所有沙有
如是等恒河是諸恒河所有沙數佛世界如
是寧為多不甚多世尊佛告須菩提尒所國
土中所有衆生若干種心如来悉知何以故
如来說諸心皆為非心是名為心所以者何
須菩提過去心不可得現在心不可得未来
心不可得須菩提於意云何若有人滿三千大
千世界七寶以用布施是人以是因緣得福
多不如是世尊此人以是因緣得福甚多
須菩提若福德有實如来不說得福德多以
福德无故如来說得福德多

BD14886號　金剛般若波羅蜜經　（13–9）

千世界七寶以用布施是人以是因緣得福
多不如是世尊此人以是因緣得福甚多
須菩提若福德有實如来不說得福德多以
福德无故如来說得福德多
須菩提於意云何佛可以具足色身見不不
也世尊如来不應以具足色身見何以故如
来說具足色身即非具足色身是名具足色
身須菩提於意云何如来可以具足諸相見
不不也世尊如来不應以具足諸相見何以
故如来說諸相具足即非具足是名諸相具足
須菩提汝勿謂如来作是念我當有所說法
莫作是念何以故若人言如来有所說法即
為謗佛不能解我所說故須菩提說法者无
法可說是名說法
須菩提白佛言世尊佛得阿耨多羅三藐三
菩提為无所得耶如是如是須菩提我於阿
耨多羅三藐三菩提乃至无有少法可得是名
阿耨多羅三藐三菩提復次須菩提是法
平等无有高下是名阿耨多羅三藐三菩提
以无我无人无衆生无壽者脩一切善法則
得阿耨多羅三藐三菩提須菩提所言善法
者如来說非善法是名善法
須菩提若三千大千世界中所有諸須弥山
王如是等七寶聚有人持用布施若人以此
般若波羅蜜經乃至四句偈等受持讀誦為
他人說於前福德百分不及一百千万億分乃

BD14886號　金剛般若波羅蜜經　（13–10）

須菩提若三千大千世界中所有諸須弥山
王如是等七寶聚有人持用布施若人以此
般若波羅蜜經乃至四句偈等受持讀誦為
他人說於前福德百分不及一百千万億分乃
至筭數譬喻所不能及
須菩提於意云何汝等勿謂如来作是念我
當度衆生須菩提莫作是念何以故實无有
衆生如来度者若有衆生如来度者如来則
有我人衆生壽者須菩提如来說有我者則
非有我而凡夫之人以為有我須菩提凡夫者
如来說則非凡夫
須菩提於意云何可以卅二相觀如来不須
菩提言如是如是以卅二相觀如来佛言須
菩提若以卅二相觀如来者轉輪聖王則是
如来須菩提白佛言世尊如我解佛所說義
不應以卅二相觀如来尒時世尊而說偈言
若以色見我　以音聲求我　是人行邪道　不能見如来
須菩提汝若作是念如来不以具足相故得阿
耨多羅三藐三菩提須菩提莫作是念如
来不以具足相故得阿耨多羅三藐三菩提
須菩提汝若作是念發阿耨多羅三藐三菩
提者說諸法斷滅莫作是念何以故發阿耨
多羅三藐三菩提者於法不說斷滅相須菩
提若菩薩以滿恒河沙等世界七寶布施若
復有人知一切法无我得成於忍此菩薩勝
前菩薩所得功德須菩提以諸菩薩不受福
德故須菩提白佛言世尊云何菩薩不受福

BD14886號　金剛般若波羅蜜經　(13–11)

提若菩薩以滿恒河沙等世界七寶布施若
復有人知一切法无我得成於忍此菩薩勝
前菩薩所得功德須菩提以諸菩薩不受福
德故須菩提白佛言世尊云何菩薩不受福
德須菩提菩薩所作福德不應貪著是故說
不受福德
須菩提若有人言如来若来若去若坐若卧
是人不解我所說義何以故如来者无所從
来亦无所去故名如来
須菩提若善男子善女人以三千大千世界
碎為微塵於意云何是微塵衆寧為多不甚
多世尊何以故若是微塵衆實有者佛則不
說是微塵衆所以者何佛說微塵衆則非微
塵衆是名微塵衆世尊如来所說三千大千
世界則非世界是名世界何以故若世界實有
者則是一合相如来說一合相則非一合相是
名一合相須菩提一合相者則是不可說但
凡夫之人貪著其事須菩提若人言佛說
我見人見衆生見壽者見須菩提於意云何
是人解我所說義不世尊是人不解如来所
說義何以故世尊說我見人見衆生見壽者
見即非我見人見衆生見壽者見是名我見
人見衆生見壽者見須菩提發阿耨多羅三
藐三菩提心者於一切法應如是知如是見如
是信解不生法相須菩提所言法相者如来
說即非法相是名法相須菩提若有人以滿
无量阿僧祇世界七寶持用布施若有善男

BD14886號　金剛般若波羅蜜經　(13–12)

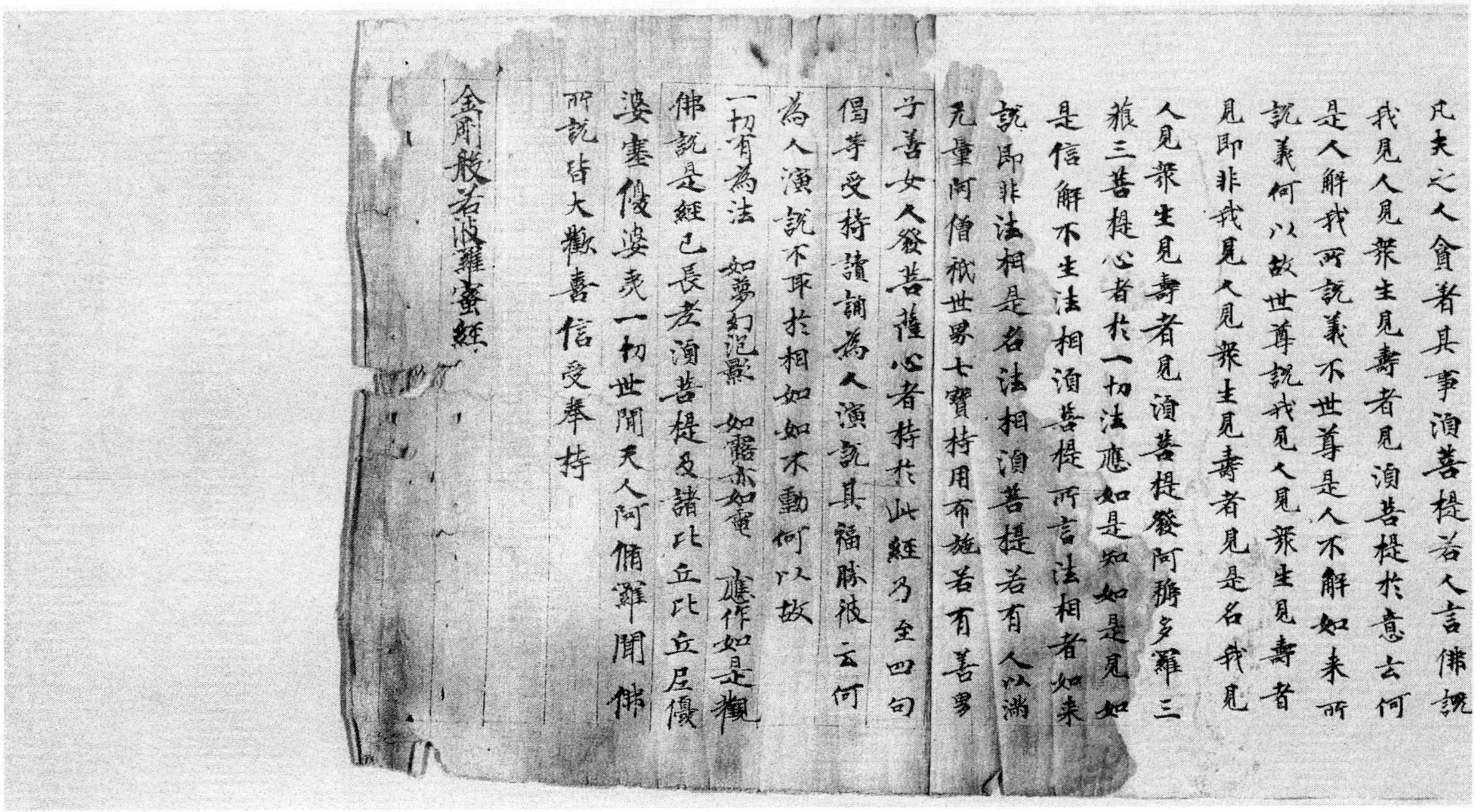

凡夫之人貪著其事須菩提若人言佛說
我見人見衆生見壽者見須菩提於意云何
是人解我所說義不世尊是人不解如來所
說義何以故世尊說我見人見衆生見壽者
見即非我見人見衆生見壽者見是名我見
人見衆生見壽者見須菩提發阿耨多羅三
藐三菩提心者於一切法應如是知如是見如
是信解不生法相須菩提所言法相者如來
說即非法相是名法相須菩提若有人以滿
无量阿僧祇世界七寶持用布施若有善男
子善女人發菩薩心者持於此經乃至四句
偈等受持讀誦為人演說其福勝彼云何
為人演說不取於相如如不動何以故
一切有為法　如夢幻泡影　如露亦如電　應作如是觀
佛說是經已長老須菩提及諸比丘比丘尼優
婆塞優婆夷一切世間天人阿脩羅聞佛
所說皆大歡喜信受奉持
金剛般若波羅蜜經

BD14886 號　金剛般若波羅蜜經　（13–13）

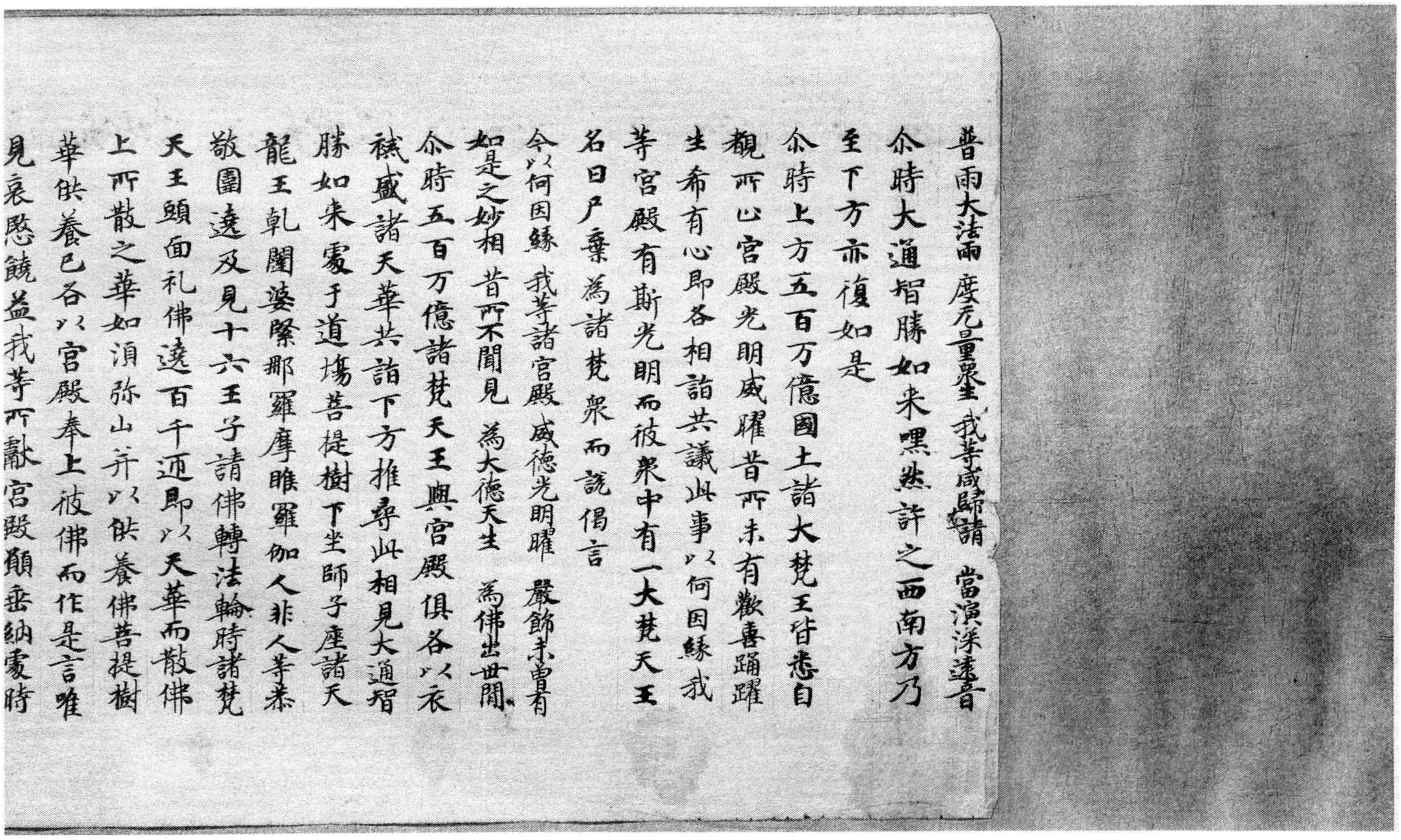

普雨大法雨　度无量衆生　我等咸歸請　當演深遠音
尒時大通智勝如來默然許之西南方乃
至下方亦復如是
尒時上方五百万億國土諸大梵王皆悉自
覩所止宮殿光明威曜昔所未有歡喜踊躍
生希有心即各相詣共議此事以何因緣我
等宮殿有斯光明而彼衆中有一大梵天王
名曰尸棄為諸梵衆而說偈言
今以何因緣　我等諸宮殿　威德光明曜　嚴飾未曾有
如是之妙相　昔所未聞見　為大德天生　為佛出世間
尒時五百万億諸梵天王與宮殿俱各以衣
祴盛諸天華共詣下方推尋此相見大通智
勝如來處于道場菩提樹下坐師子座諸天
龍王乾闥婆緊那羅摩睺羅伽人非人等恭
敬圍遶及見十六王子請佛轉法輪時諸梵
天王頭面礼佛遶百千帀即以天華而散佛
上所散之華如須弥山并以供養佛菩提樹
華供養已各以宮殿奉上彼佛而作是言唯
見哀愍饒益我等所獻宮殿願垂納處時

BD14887 號　妙法蓮華經卷三　（10–1）

敬圍遶及見十六王子請佛轉法輪時諸梵
天王頭面礼佛遶百千迊即以天華而散佛
上所散之華如須弥山并以供養佛菩提樹
華供養已各以宮殿奉上彼佛而作是言唯
見哀愍饒益我等所獻宮殿願垂納處時
諸梵天王即於佛前一心同聲以偈頌曰
善哉見諸佛　救世之聖尊　能於三界獄　勉出諸衆生
普智天人尊　哀愍群萌類　能開甘露門　廣度於一切
於昔无量劫　空過无有佛　世尊未出時　十方常闇冥
三惡道增長　阿脩羅亦盛　諸天衆轉減　死多墮惡道
不從佛聞法　常行不善事　色力及智慧　斯等皆減少
罪業因緣故　失樂及樂想　住於邪見法　不識善儀則
不蒙佛所化　常墮於惡道　佛為世間眼　久遠時乃出
哀愍諸衆生　故現於世間　超出成正覺　我等甚欣慶
及餘一切衆　喜嘆未曾有　我等諸宮殿　蒙光故嚴飾
今以奉世尊　唯垂哀納受　願以此功德　普及於一切
我等與衆生　皆共成佛道
尒時五百万億諸梵天王偈讚佛已各白佛
言唯願世尊轉於法輪多所安隱多所度脫
時諸梵天王而說偈言
世尊轉法輪　擊甘露法鼓　度苦惱衆生　開示涅槃道
唯願受我請　以大微妙音　哀愍而敷演　无量劫集法
尒時大通智勝如來受十方諸梵天王及十
六王子請即時三轉十二行法輪若沙門婆
羅門若天魔梵及餘世間所不能轉謂是苦
是苦集是苦滅是苦滅道及廣說十二因緣
法无明緣行行緣識識緣名色名色緣六入

BD14887號　妙法蓮華經卷三　（10–2）

唯願受我請　以大微妙音　哀愍而敷演　无量劫集法
尒時大通智勝如來受十方諸梵天王及十
六王子請即時三轉十二行法輪若沙門婆
羅門若天魔梵及餘世間所不能轉謂是苦
是苦集是苦滅是苦滅道及廣說十二因緣
法无明緣行行緣識識緣名色名色緣六入
六入緣觸觸緣受受緣愛愛緣取取緣有有
緣生生緣老死憂悲苦惱无明滅則行滅行
滅則識滅識滅則名色滅名色滅則六入滅
六入滅則觸滅觸滅則受滅受滅則愛滅愛
滅則取滅取滅則有滅有滅則生滅生滅則
老死憂悲苦惱滅佛於天人大衆之中說是
法時六百万億那由他人以不受一切法故
而於諸漏心得解脫皆得深妙禪定三明六
通具八解脫第二第三第四說法時千万億
恒河沙那由他等衆生亦以不受一切法故
而於諸漏心得解脫從是已後諸聲聞衆
无量无邊不可稱數尒時十六王子皆以童子
出家而為沙弥諸根通利智慧明了已曾供
養百千万億諸佛淨脩梵行求阿耨多羅三
藐三菩提俱白佛言世尊是諸无量千万億
大德聲聞皆已成就世尊亦當為我等說阿
耨多羅三藐三菩提法我等聞已皆共脩學
世尊我等志願如來知見深心所念佛自證
知尒時轉輪聖王所將衆中八万億人見十
六王子出家亦求出家王即聽許尒時彼佛
受沙弥請過二万劫已乃於四衆之中說是

BD14887號　妙法蓮華經卷三　（10–3）

世尊我等志願如來知見深心所念佛自證
知尒時轉輪聖王所將衆中八万億人見十
六王子出家亦求出家王即聽許尒時彼佛
受沙弥請過二万劫已乃於四衆之中說是
大乘經名妙法蓮華教菩薩法佛所護念說
是經已十六沙弥爲阿耨多羅三藐三菩提
故皆共受持諷誦通利說是經時十六菩薩
沙弥皆悉信受聲聞衆中亦有信解其餘衆
生千万億種皆生疑惑佛說是經於八千劫
未曾休廢說此經已即入靜室住於禪定八
万四千劫是時十六菩薩沙弥知佛入室寂
然禪定各昇法座亦於八万四千劫爲四部
衆廣說分別妙法華經一一皆度六百万億
那由他恒河沙等衆生示教利喜令發阿耨
多羅三藐三菩提心大通智勝佛過八万四
千劫已從三昧起往詣法座安詳而坐普告
大衆是十六菩薩沙弥甚爲希有諸根通
利智慧明了已曾供養无量千万億數諸佛於
諸佛所常脩梵行受持佛智開示衆生令入
其中汝等皆當數數親近而供養之所以者
何若聲聞辟支佛及諸菩薩能信是十六菩
薩所說經法受持不毀者是人皆當得阿耨
多羅三藐三菩提如來之慧佛告諸比丘是
十六菩薩常樂說是妙法華經一一菩薩所
化六百万億那由他恒河沙等衆生世世所
生與菩薩俱從其聞法悉皆信解以此因緣

多羅三藐三菩提如來之慧佛告諸比丘是
十六菩薩常樂說是妙法華經一一菩薩所
化六百万億那由他恒河沙等衆生世世所
生與菩薩俱從其聞法悉皆信解以此因緣
得值四万億諸佛世尊于今不盡諸比丘我
今語汝彼佛弟子十六沙弥今皆得阿耨多
羅三藐三菩提於十方國土現在說法有无
量百千万億菩薩聲聞以爲眷屬其二沙弥
東方作佛一名阿閦在歡喜國二名須弥頂
東南方二佛一名師子音二名師子相南方
二佛一名虛空住二名常滅西南方二佛一
名帝相二名梵相西方二佛一名阿弥陁二
名度一切世間苦惱西北方二佛一名多摩
羅跋栴檀香神通二名須弥相北方二佛一
名雲自在二名雲自在王東北方佛名壞一
切世間怖畏第十六我釋迦牟尼佛於娑婆
國土成阿耨多羅三藐三菩提諸比丘我等
爲沙弥時各各教化无量百千万億恒河沙
等衆生從我聞法爲阿耨多羅三藐三菩提
此諸衆生于今有住聲聞地者我常教化阿
耨多羅三藐三菩提是諸人等應以是法漸
入佛道所以者何如來智慧難信難解尒時
所化无量恒河沙等衆生者汝等諸比丘及
我滅度後未來世中聲聞弟子是也我滅度
後復有弟子不聞是經不知不覺菩薩所行
自於所得功德生滅度想當入涅槃我於餘

入佛道所以者何如来智慧難信難解介時
所化无量恒河沙等衆生者汝等諸比丘及
我滅度後未来世中聲聞弟子是也我滅度
後復有弟子不聞是經不知不覺菩薩所行
自於所得功德生滅度想當入涅槃我於餘
國作佛更有異名是人雖生滅度之想入於
涅槃而於彼土求佛智慧得聞是經唯以佛
乘而得滅度更无餘乘除諸如来方便說法
諸比丘若如来自知涅槃時到衆又清淨信
解堅固了達空法深入禪定便集諸菩薩及
聲聞衆為說是經世間无有二乘而得滅度
唯一佛乘得滅度耳比丘當知如来方便深
入衆生之性知其志樂小法深著五欲為是
等故說於涅槃是人若聞則便信受譬如五
百由旬險難惡道曠絶无人怖畏之處若有
多衆欲過此道至珎寶處有一導師聰慧明
達善知險道通塞之相將導衆人欲過此難
所將人衆中路懈退白導師言我等疲極而
復怖畏不能復進前路猶遠今欲退還導師
多諸方便而作是念此等可愍云何捨大珎
寶而欲退還作是念已以方便力於險道中
過三百由旬化作一城告衆人言汝等勿怖
莫得退還今是大城可於中止隨意所作若
入是城快得安隱若能前至寶所亦可得去
是時疲極之衆心大歡喜歎未曾有我等今
者免斯惡道快得安隱於是衆人前入化城
生已度想生安隱想介時導師知此人衆既

BD14887 號　妙法蓮華經卷三　（10–6）

莫得退還今是大城可於中止隨意所作若
入是城快得安隱若能前至寶所亦可得去
是時疲極之衆心大歡喜歎未曾有我等今
者免斯惡道快得安隱於是衆人前入化城
生已度想生安隱想介時導師知此人衆既
得止息无復疲惓即滅化城語衆人言汝等
去来寶處在近向者大城我所化作為止息
耳諸比丘如来亦復如是今為汝等作大導
師知諸生死煩惱惡道險難長遠應去應度
若衆生但聞一佛乘者則不欲見佛不欲親
近便作是念佛道長遠久受勤苦乃可得成
佛知是心怯弱下劣以方便力而於中道為
止息故說二涅槃若衆生住於二地如来介
時即便為說汝等所作未辦汝所住地近於
佛慧當觀察籌量所得涅槃非真實也但是
如来方便之力於一佛乘分別說三如彼導
師為止息故化作大城既知息已而告之言
寶處在近此城非實我化作耳介時世尊欲
重宣此義而說偈言
大通智勝佛　十劫坐道場　佛法不現前　不得成佛道
諸天神龍王　阿脩羅衆等　常雨於天華　以供養彼佛
諸天擊天鼓　并作衆伎樂　香風吹萎華　更雨新好者
過十小劫已　乃得成佛道　諸天及世人　心皆懷踊躍
彼佛十六子　皆與其眷屬　千万億圍遶　俱行至佛所
頭面礼佛足　而請轉法輪　聖師子法雨　充我及一切
世尊甚難值　久遠時一現　為覺悟群生　震動於一切

BD14887 號　妙法蓮華經卷三　（10–7）

諸天擊天鼓　并作衆伎樂　香風吹萎華　更雨新好者
過十小劫已　乃得成佛道　諸天及世人　心皆懷踊躍
彼佛十六子　皆與其眷屬　千万億圍遶　俱行至佛所
頭面礼佛足　而請轉法輪　聖師子法雨　充我及一切
世尊甚難值　久遠時一現　為覺悟群生　震動於一切
東方諸世界　五百万億國　梵宮殿光曜　昔所未曾有
諸梵見此相　尋來至佛所　散華以供養　并奉上宮殿
請佛轉法輪　以偈而讚嘆　佛知時未至　受請默然坐
三方及四維　上下亦復尒　散華奉宮殿　請佛轉法輪
世尊甚難值　願以大慈悲　廣開甘露門　轉无上法輪
无量慧世尊　受彼衆人請　為宣種種法　四諦十二緣
无明至老死　皆從生緣有　如是衆過患　汝等應當知
宣暢是法時　六百万億姟　得盡諸苦際　皆成阿羅漢
苐二說法時　千万恒沙衆　於諸法不受　亦得阿羅漢
從是後得道　其數无有量　万億劫筭數　不能得其邊
時十六王子　出家作沙弥　皆共請彼佛　演說大乘法
我等及營從　皆當成佛道　願得如世尊　慧眼苐一淨
佛知童子心　宿世之所行　以无量因緣　種種諸譬喻
說六波羅蜜　及諸神通事　分別真實法　菩薩所行道
說是法華經　如恒河沙偈　彼佛說經已　靜室入禪定
一心一處坐　八万四千劫　是諸沙弥等　知佛禪未出
為无量億衆　說佛无上慧　各各坐法座　說是大乘經
於佛宴寂後　宣揚助法化　一一沙弥等　所度諸衆生
有六百万億　恒河沙等衆　彼佛滅度後　是諸聞法者
在在諸佛土　常與師俱生　是十六沙弥　具足行佛道
今現在十方　各得成正覺　尒時聞法者　各在諸佛所

於佛宴寂後　宣揚助法化　一一沙弥等　所度諸衆生
有六百万億　恒河沙等衆　彼佛滅度後　是諸聞法者
在在諸佛土　常與師俱生　是十六沙弥　具足行佛道
今現在十方　各得成正覺　尒時聞法者　各在諸佛所
其有住聲聞　漸教以佛道　我在十六數　曾亦為汝說
是故以方便　引汝趣佛慧　以是本因緣　今說法華經
令汝入佛道　慎勿懷驚懼　譬如險惡道　迥絶多毒獸
又復无水草　人所怖畏處　无數千万衆　欲過此險道
其路甚曠遠　經五百由旬　時有一導師　強識有智慧
明了心決定　在險濟衆難　衆人皆疲倦　而白導師言
我等今頓乏　於此欲退還　導師作是念　此輩甚可愍
如何欲退還　而失大珎寶　尋時思方便　當設神通力
化作大城郭　莊嚴諸舍宅　周匝有園林　渠流及浴池
重門高樓閣　男女皆充滿　即作是化已　慰衆言勿懼
汝等入此城　各可隨所樂　諸人既入城　心皆大歡喜
皆生安隱想　自謂已得度　導師知息已　集衆而告言
汝等當前進　此是化城耳　我見汝疲極　中道欲退還
故以方便力　權化作此城　汝今勤精進　當共至寶所
我亦復如是　為一切導師　見諸求道者　中路而懈癈
不能度生死　煩惱諸險道　故以方便力　為息說涅槃
言汝等苦滅　所作皆已辦　既知到涅槃　皆得阿羅漢
尒乃集大衆　為說真實法　諸佛方便力　分別說三乘
唯有一佛乘　息處故說二　今為汝說實　汝所得非滅
為佛一切智　當發大精進　汝證一切智　十力等佛法
具三十二相　乃是真實滅　諸佛之導師　為息說涅槃
既知是息已　引入於佛慧

[illegible]

又復无水草　人所怖畏處　无數千万衆　欲過此險道
其路甚曠遠　經五百由旬　時有一導師　強識有智慧
明了心決定　在險濟衆難　衆人皆疲惓　而白導師言
我等今頓乏　於此欲退還　導師作是念　此輩甚可愍
如何欲退還　而失大珎寶　尋時思方便　當設神通力
化作大城郭　莊嚴諸舍宅　周匝有園林　渠流及浴池
重門高樓閣　男女皆充滿　即作是化已　慰衆言勿懼
汝等入此城　各可隨所樂　諸人既入城　心皆大歡喜
皆生安隱想　自謂已得度　導師知息已　集衆而告言
汝等當前進　此是化城耳　我見汝疲極　中道欲退還
故以方便力　權化作此城　汝今勤精進　當共至寶所
我亦復如是　為一切導師　見諸求道者　中路而懈廢
不能度生死　煩惱諸險道　故以方便力　為息說涅槃
言汝等苦滅　所作皆已辦　既知到涅槃　皆得阿羅漢
尒乃集大衆　為說真實法　諸佛方便力　分別說三乘
唯有一佛乘　息處故說二　今為汝說實　汝所得非滅
為佛一切智　當發大精進　汝證一切智　十力等佛法
具三十二相　乃是真實滅　諸佛之導師　為息說涅槃
既知是息已　引入於佛慧

BD14887號　妙法蓮華經卷三　（10–10）

玄等受誦
假開空中知
辯英秀手
…迷悶自失又毋將什北天竺有羅漢名達…
丞者斬首謝之什以二蒙
ツ見而異之謂其母曰善守護之若卅五不破戒度人如優波毱多如其不
然可才明絕代蒼生獨藉此爲津梁什欲東遊母謂什曰方等深教大闡
真丹雖尔之力但於自身无益其可如何什曰大士之道利彼亡軀若使大教
流傳能洗悟朦俗雖復身當爐鑊苦而無恨奇蹟咸該廣如別傳什公自此
方至關中也　先譯大品智論義及中觀門百者中觀謂中論也門謂十二門論百
謂百論意明翻傳次弟使陶染（染）至理然後重譯茲經及法華等者釋所以
也陶者金土曰陶史記云瓦器也有釋云陶者養也染者習也大教創傳人未
深悟故先譯大品中百使長養心恵染習至理意令傳譯无昧宗旨故曰
也重譯茲經者此經前後凡有六譯一後漢嚴仏調譯兩卷名古維摩經
二吳朝支謙譯三卷名維摩詰所說不思議法門經三西晉竺法護譯一卷名
維摩詰下說法門經四西晉竺叔蘭譯三卷名毗摩羅詰經五秦朝羅什譯三卷
名維摩詰所說經六唐朝玄奘法師譯六卷名无垢稱經此第五秦什本也
前經四譯什又再翻故云重也所以文切理無詣閒然矣者謂文句婉切理詣實
相康法師云文生像外理出緣中詣者至也由先陶染至理妙悟真宗是以翻
譯此經詞精理詣文同鉤鏁義等連環不爲異文隔絕故云无間然矣深經既
演大觀方傳諷誦盈於宸扆感應盈於傳記普賢居誦人之室文殊入
譯者之心是使微言利濟多矣從此第二明述釋所以文則爲二初明述釋之

名維摩詰所説經六卷名无垢稱經此第五秦什本也
前經四譯什又弄翻故云重也所以文切理無詣閒然矣者謂文句婉切理詣實
相康法師云文生像外理出緣中詣者至也由先陶深至理妙極真宗是以翻
譯此經詞精理詣文同鈎鏁義等連環不爲異文隔絶故云无間然矣深經既
濵大覩方傳諷誦溢於寰區感應多由於傳記著賢居誦人之室文殊入
譯者之心是使微言利濟多矣從此第二明述釋所以文則爲二初明述釋之
由次正明述釋前中復二初傷今失旨爲遠由次歎古詣真爲近由此初也日者
傳習多踈道學以瞻異端者道謂至理學謂傳文瞻者傳也端謂端緒義
不合理故云異端意明今者傳經習聽之徒踈於道理尚於學問深至理各
直知繁法相爲傳學故曰以瞻異端論語故云攻乎異端斯害也已攻治也謂
善道有統故殊途而同歸異端不同歸故治之端不也致使大宗蕪蔓真極者
蕪蔓穢草真極者真如至極之理也謂蕪蔓之草荒穢嘉苗猶語繁
詞而翳真理也 二歎古詣真爲近由 而關中先製言約旨深將傳後進
或憚略而難通者什公門徒三千昇堂八百入室唯四則生肇融叡皆精奥真乘
莫聲根古時居秦地故日關中製作也言詞簡約意旨深玄故言約旨
深蓋時移識昧豈先賢之闕歟者近代學徒時淺見薄忌憚古人語略而
云釋義未周蓋古聖時遥識性闇昧豈先賢製作而有闕遺者哉歟
者語助也從下第二正述釋文二初明正述釋二明再治定此初也滚不揆
庸浅輒加裨廣淥名以肇注作本法華以生疏爲禹者揆謂度庸
者家語云身無慎終之规口无訒格之語言也浅謂浅識皆謙詞也裨
以精附廣以略言故言裨廣述淨名增肇公之注釋法華廣生公之文庶
宿昔之迷一決而悟生肇威跡具如於中然後傍求諸解共通妙旨者
纂天台之佳釋集關中之微言採以精華務存切當也 雖述而不
作者而作不信而好古意云唯聖作法余但衣教述緒而已 終愧巨羊者
我解釋既多深慙失理巨羊者岐路懷疑即陽朱之事也又莊子云臧与穀
牧羊俱失問臧奚事挾策讀書問穀奚事博塞以遊事業有以而亡羊
不殊中釋雖多恐乖聖旨也 上元下年歲次困頓者介雅云年号也二
明再治定 永泰初祀又於菩提道場夏再治定之者時居元年故日初祀
者年之異稱敬日祀也於菩提寺夏中刪定再呈妙曲和者經音 其
猶龍劍新物鸞鏡塵緣允該學者疑網皆除 庶法鏡轉明悪
燈盞照矣 庶者望也諸有應照之能故況之心鏡教有可傳之義
故前之以燈故經云譬如一燈然百千燈冥者皆明明終不盡

BD14888號　釋肇序抄義　（10–2）

不殄中精靡多恐乖聖旨也　上元〻年歲次困頓者尔雅云年号也二
明再治定　永泰初祀又於菩提道場夏再治定之者時居元年故日初祀〻
者年之異稱假日祀也於菩提寺夏中刪定再呈妙曲和者經音其
猶龍劍新物鸞鏡塵侅允該惎者疑綱皆除　庶法鏡轉明慧
燈益照矣　庶者望也法有應照之能故況之以鏡教有可傳之義
故喻之以燈故經云譬如一燈然百千燈暝者皆明〻終不盡以謂於治
宣演暁劫傳通教典〻有濟物之能慈生有返流之分余永泰二年
時居資傳聖經之暇命筆直書自為補其闕遺豈敢傳諸好事
資聖寺契真法師依之用傳後進　　釋肇序抄義
釋此序大文分為四初通明本跡二別釋教興三明重譯之由四歎
注解所以初中〻以通明本跡者良以本跡之義貫通衆經故先
明之就中文二初明本跡雖田〻二釋感情妄計初中文三初標名想
歎二歷法別明三惣歎功益初中文二初標名二惣歎　言維摩詰
不思議經者初標人法二名也標人雖局此經舉法乃通群典大
乘所歎之異理同故不思〻議不局一教也然不思議大略有二〻本二跡
底如下釋此標假名以歎實相也　　蓋〻窮微盡化妙絶之稱者此釋
也蓋者發語之端也〻窮者極也微者妙也謂顯此經〻窮法身之微
妙盡應跡之神化如見阿閦仏品前觀如來明本後取妙喜為跡
不二法門明本香積品及不思議品明迹餘品可知妙絶之稱
者妙者微妙絶者超絶稱者名也謂微妙之理超絶常境體既即相
无相名亦即名无名故云妙絶之稱也其旨淵玄者數也旨意也淵深也
玄遠也為明此經意趣深也非言像所測者無像故不可以像測无名故
不可以言詮故云法無名字法无形相也此即亡名絶相故非像言所測也
理既无名為物故名即無名於之名故不可以言求法身无像為物故像測
无定於〻像故不可以像測此則存名立相而不可測此明理事俱不可思
議也　道越三空非二乘所議者道者實相理也諸仏菩薩必由此理
以通仏果故云道也越者超也三空者小乘三解脫門非大乘也謂依四諦
十六行相為三解脫門也則以苦諦下四行相中取空無我二行相為空
解脫門以滅諦下四行相謂滅淨妙離為無相解脫門以苦諦下若无常
及諦集下因集緣生四行相及道諦下道如行出等共十行相為无作
解脫門也小乘諦異故三解脫門殊大乘理故同三空不異是故大乘一相
之理越二乘三空之境故二乘不能議　超群數之表者群數者三科
四相等也表者外也以法相虛玄離相无相故也三科所不攝四相所不遷也
[illegible]

解脫門以滅諦下四行相謂滅淨妙離爲無相解脫門以苦諦下苦无常
及諦集下因集緣生四行相及道諦下道如行出等共十行相爲无作
解脫門也小乘諦異故三解脫門殊大乘理故同三空不異是故大乘一相
之理越二乘三空之境故二乘不能議　趣羣數之表者羣數者也三科
四相等也表者外也以法相虛玄離相无相故也三科所不攝四相所不遷也
絕有心境之心所緣者相也法无相故心緣自絕故肇師云口欲言而辭喪
心欲緣而慮亡也　眇莽无爲而无所不爲者眇莽者蓋取涯之義无爲
之理遍法界感而遂通故无不爲也无爲即本也无不爲即迹也故
肇公云道遠乎哉觸事而真聖遠乎哉體之則神也從此第二歷法
別明上雖惣歎理妙難知今此別明事彰易見就中分四謂智身權教也
初言然則聖智無知万品俱照者此明聖心也然則者嶔起之言也聖
智謂聖人之心无分別之智也凡夫心取相分別故名知聖智觀真諦
无相故无知又凡夫心取相則唯主一境不能並慮聖心无染而幽監愈明
故雖無知而万品照也故肇師云真諦自无相聖智何由知此顯无知明體
也又云真諦无兔馬之遺般若无窮之鑒此則无所不知明用法身无像
而殊形並應者此明聖身无像者謂法身本也即十方諸佛同一法身也
殊形並應者應物迹也則異域如來形儀各異故金光明經云佛真法身
猶如虛空應物現形如水月中譬猶一月昇天万江俱現故下得云各
見世尊在其前斯則神力不共法又下得云无數億衆生俱來請菩薩將
到其舍化令向佛道　至韻無言而玄籍彌布者韻者音韻即至教也
玄者妙也籍者經籍也彌者天也布者流布也至教無言爲物故言
根緣既殊教亦隨別八万法藏從此而興故云彌布此无名相中假名相
說故終日名而无名終日說无名而名謂之陀羅尼即名无名謂之實相
印以此化物名曰忘櫂斯可謂大乘教矣上句明理本下句教迹　冥權無
謀而動與事會者潛機冥應故曰冥權雖无而心故云无謀也其猶
明鏡雖無心形至必能鑒聖心雖无慮應物不失宜也上句明真下句明應
也從此第三惣歎功益　故能統濟羣方開物成務統者通也羣者衆也
方者方所也即通濟十方也開物務成者即開導羣生令知循行之務
即如內凡八忍八智六度万行隨機設教普使受行攝其勝利故經云普
使受行攝其利也又可開導羣生已成已務故法華云常演說法曾无他
事又肇公云弘道是務也利現天下於我无爲者利物而理故云現利也感而後
應故於我無爲也　從此第二惑明情妄計就中文二初別明妄計二惣結歎
非初中言面惑者惣舉惑人也謂二乘凡夫不達真應之理故執迹迷本

即如內凡八忍八智六度万行隨機設教普使受行獲其勝利故經云普
使受行獲其利也又可開導羣生已成已務故法華云常演說法曾无他
事又肇云弘道是務也利現天下於我无為者利物而理故云現利也感而後
應故於我無為也 從此第二惑明情妄計就中文二初別明妄計二摠結歎
非初中言而惑者惣舉惑人也謂二乘凡夫不達真應之理故執迹迷本
封累弥增故於此門廣明二相文即為四即前智身教權也 初觀感照
因謂之智者衆生心念為感如來懸鑒為照故維摩自念寢疾身子計
以丘陵仏恙知之皆感照義也而諸聲聞定執如來有他心智善能分別諸
衆生心此乃無心之心對緣斯照豈分別哉非如二乘先入俗禪發他心智緣緩
能知也是故如來或說一智即自覺智或說二智即權智實覺智或說三智
即一切智道種智一切種智或云四智即成所作智妙觀察智平等性智大圓
鏡智乃至仁王五忍瓔珞六慧謂聞思修无相寂照寂慧也小乘十智一善定不
應至十既无定數明智非智也故般若云无智亦無德也 觀應形便
謂之身者應形即丈六金容也小乘見釋迦之身定長丈六卅二相八十隨
形好九年處丘陵國化緣既畢方般涅槃而不知弥陀八万四千相好身
量國土亦復殊勝壽命住世倍復增多豈二仏之優劣蓋所感之不同
可故經云十方諸如來同共一法身一心一智慧力無畏亦然其猶月現百水狀
各不同泉澄即明水濁便闇現盡即去添之復來蓋所感之異宜豈一
月之多狀水月不同非實也應身既別豈定之身哉蓋以諸仏德圓衆生
心淨有感則應應則非真故經云菩薩清涼月遊於畢竟空衆生心水
淨菩提影現中而諸聲聞妄計仏身同於陰界者不亦違於至理
哉 觀言權便謂之言觀者見也謂觀聲教迹執其言故俱舍云牟尼說
法蘊數有八十千等既執為實封累弥增殊不知理本无名為物故說本
表理理悟則言忘故下經云法无有說金剛云若言如來有說者即為謗仏
見變動便謂之權權者謀適時也謂應善根力感而迹適動必適時事
無處應即如念床第子都寶座而發心執識聲聞生蓮華而獲益光
嚴樂靜尒以真場魔女歸心授之法樂婬室酒肆隨機作化皆无謀而
冥會豈權謗之應哉非如二乘先而後應從此第二摠結歎非而道之
極者豈可以形言權智而語神識哉者言其不可也意明耳目應不足
盡微妙之理也 從此第三別辯教興前呵執迹令返迷歸悟以成大智
今明垂迹起應真以顯大悲文三初集同弘人次明所弘教三明經題目
初中 然群生長寢非言莫曉者然生起之言也羣生者羣衆
也謂六道四生形類不一故曰羣生也無明昏夜眠醉三界无始已來不

冥會豈權巧之應哉非如二乘先而後應從此第二明經章非而道之
極者豈可以形言權智而語神域哉者言其不可也意明耳目應不足
盡微妙之理也　從此第二別辯教興前呵執迹令返迷歸悟以成大智
今明垂迹從起應真以顯大悲文三初集同弘人次明所弘教三明經題目
衆中　然群生長寢非言莫曉者然者然生起之言也羣生者羣衆
也謂六道四生形類不一故曰羣生也無明昏夜眠臥三界无始已來不
能自覺故云長寢不因言教无以發悟故云非言莫曉莫者無也曉者悟也
道不孤運弘之由人者道者能通為義即六度万行皆通實相故云道
也如斯妙法必假人弘故云道不孤運弘之由人也孤者獨也運者轉也弘
者傳也意明法輪不可獨轉所以乃雖摩命妙德也然法身雖無一不在
應迹必有方所故曰也　爰集毗耶共斯曲爰者於也發悟之端也毗耶
此云廣嚴即說此經處也維摩如釋題四釋文殊此云妙德偈云等了見
仏性猶如妙德等也或云曼殊室利此云妙吉祥故偈云頓我早覩妙吉
祥也所以偏舉二人者以是習道之首故偏舉也從此第二明所弘法分三初明
本不思議二明即不思議三本迹合明初中言　此經統万行則以權智為主者
統者通也攝也謂通攝万行不過權智也權為善巧即方便也智以照真
即般若也故偈云智度菩薩母方便以為父一切衆道師无不由是生也故
肇師云智無幽而不燭權无德而不脩又云巧積衆德謂之便方直達法相謂
之智惠若有行而無智愛見行也无行而唯智二乘智也隨見則无以超
三界墮二乘則莫能運四生既乖并之道豈致難思之果故以權智為万行之
主也此明自行權智也　樹德本則以六度為根者非六度无以除六蔽不除
何德之有故以六度為万德之本也名數如常釋復次凡夫居家以孝為德
本二乘猒世以四諦十二緣為德本菩薩以福智雙圓方階大果故以六度為本
也前五是福後一是智前五如盲後一如導六度相資方有所至也　濟蒙
惑即慈悲為首者濟謂濟度蒙謂蒙昧惑謂愚惑也意明利根易化
蒙惑難度自非極悲何能濟之難濟能濟功莫大焉故下經云斯諸菩
亦能勞謙以無量大悲生是仏土又然其一世饒益衆生多於彼國百劫行
也　語宗極則以不二為言宗者主也尊也崇也族也意明大教所歸理
極於此故法花明平等大惠此云不二法門涅槃云共聖行衆經平說文
異理同皆教之宗極也故法華云又見菩薩觀諸法性无有二相即其義
也上別明也　凡此衆說皆不思議本也此結也凡者汎也衆說者指前所
列衆行不同皆為資成不思議本行也　從此第二明迹不思議　至若者
指事之言若者如也　借座燈王等者即下於燈王仏國請三万二千師子
座也 [illegible]

BD14888 號　釋肇序抄義　　（10–6）

極於此故法花明平等大慧此云不二法門淨穢云共聖行無二平等
異理同皆教之宗極也故法華云又見菩薩觀諸法性无有二相即其義
也上別明也　凡此衆說皆不思議本也此結也凡者汎也衆說者指前所
列衆行不同皆為資成不思議本行也　從此第二明迹不思議　至若者
指事之言若者如也　借座燈王等者即下於燈王仏國請三万二千師子
座也　請飯香土者即下衆香國中請仏餘飯等是也　手執大千者
即下斷取妙喜世界三千大千入此界也以一仏土擲過恒沙世界之外等
也　室包乾像者乾者天也八未曾有室中諸天宮殿皆現其中也
皆不思議迹也揔結也從此第三合明本迹然幽關難啓者明理本深也
啓者開也如世關津非主即不度實相微密非仏恵不開故以為喻也故法華
經云是法華經藏深故幽遠无人能到又云是法不可示言詞相寂滅此經云
法相如是豈可說乎此則但可智悟難以示人也　聖應不同者應迹殊也衆
生感異諸仏應殊仏身既隨感万善國土亦逐緣千異故曰不同也此揔標
本迹不思議也　非本無以垂迹非迹无以顯本者此明聖人若不住不二之
宗本無以垂千異之殊迹生不覩千異之殊迹無以悟不二之宗本故肇
師云末以示本託麤以表微即其事也天台弁本迹略有五重一真俗二
理教三理行四體用五權實皆為因本垂迹尋迹得本本迹雖殊不
思議一也以本迹相由故合可明故詩云南有樛木葛藟纍之下條縣
上條日句若使高松權質於雲霄之上葛藟垂迹蔓於荊蓁之下
則葛藟雖有攀緣之功而不離蓬蒿之下若樛木下接葛藟仰攀
則雖千尋之韓迹可因依而達矣法合可悉向使如來栖神於九居之上著
生淪沒於三塗之下交感不會則雖群生有本覺之智不絕淪迴之苦
若使蒼生深信仰之誠諸仏垂大悲之迹則雖十力位尊三祇劫遠自強
不息感可成本迹之義於茲顯然從此第三明釋題目也　故命侍者
標以名焉屬累品中　仏告阿難此經名維摩詰所說亦名不可思議
解脫法門即令阿難為侍者此以本迹俱不思議故
令以不思議為名也三明重譯之由由前翻譯失旨故重譯也文四初明
釋經主即秦主姚興也二明譯經時即弘始八年也三明能譯人什法師
也四明所譯法即此經也前文有二初舉人歎德二明重譯之本意初
中　大秦天王者舉人也　儁神等者歎德也大秦歎其國大天王顯其
尊聖德普覆謂之天黎人歸往謂之王此孝治之德也故孝經云昔者明王之以孝治天下不敢
遺小國之臣而況於公侯伯子男乎故得万國之歡心等也　又可為民所謂之天於人自在謂之王斯則至尊之
稱也儁神者儁奕也亦儁傑也有釋才過十人曰豪百人曰英千人曰儁万

BD14888號　釋肇序抄義

（10–7）

中 大秦天王者舉人也 儁神等者歎德也大秦歎其國大天王顯其
尊聖德普覆謂之天黎人歸往謂之王此孝治之德也 故孝經云昔者明王之以孝治天下不敢
遺小国之臣而况於公侯伯子男乎故得万国之歡心 等也 又可爲民所□謂之天於人自在謂之王斯則至尊之
稱也儁神者儁英也又儁傑也有釋才過十人曰豪百人曰英千人曰俊万
人曰傑神謂神思也謂儁傑之心世莫之等故云超世此歎治國之智 玄心獨
悟者遊心玄境故曰玄心幽鑒不羣故名獨悟此歎悟理心也 弘至治於
万機之上者弘者大也賴万方故云大也至者極也治者化也万機者万事
之機微也尚書云兢兢業業一日二日万機此美秦王善治國政垂衣端拱而
物自歸雖處万機之務而不失大庭之化 揚道化於千載之下者揚
謂宣揚化者法化也千載者千年也如来滅後一千三百餘年大乘至
教方傳此土秦王應茲佳運故得廣崇法化也則由儁神超世故能
弘至治於万機由玄心獨悟故能揚道化於千載万機之先故云上千
年之後云下也從此第二明重譯之意每尋翫茲典以爲栖神之宅也者尋
謂披尋翫習茲者此也典者經典也以者用也爲者作也栖者止也息也神
者心也宅者所依處也下云畢竟空寂舍義同也此明秦王得古譯經
常披尋翫味以爲正心之所也 而恨支竺所出理滯於文者支謂支謙竺
謂法護也理於文者吳本經支謙譯出以不来相而来爲辱来不見相而見爲
相見等此則大乘之理滯於譯者之文何者如什所譯經云不来相而来
不見相而見此則精於至理而應會之義不失若言辱来相見乃滯於
浮俗而理悟之道都捐如世人云不面在昔辱来相見豈法身大士同俗叙相
見耶 常恐宗玄墜於譯人者翻譯既乖經意故恐玄妙之宗於譯人之
筆也 北天之運運通有在者北天者北天竺國也運者動也轉也如大品經明
仏記此經我滅度後傳於南天次至西天後至北天當沒於地緣運數南天五百
年西天五百年方至北天此國即北天爲經國之東隔故千年之後大教合傳
於此國果與仏言故曰運通有在也第二明譯時 以弘始八年歲次鶉火者太
歲在午應曰敦牂月朔在午方云鶉火此以月号命年故也此出尒雅也
命大將軍常山公者姚嵩也 安城侯者姚顯也常山安城即所封之邑也
公之與侯伯子男五等諸侯也此即舉所封之号也 於常安大寺者秦王諱
長以是姚萇之字故曰常此則譯經處也大寺別處也即草堂寺以草覆
堂故云草堂羣僧所集謂之大寺皆當時之号非本名也 與義學
沙門者取義理之人簡餘學也即生肇融憑歎嚴觀等千二百人皆
一時之傑若有感跡及西猜什公譯經等事如鈔及傳述 從此第三明
能譯人分二初舉人歎德故明譯經之意 初什之一字舉人也以高世

公之与侯伯子男五等諸侯也此即舉所封之号也　於常安大寺者秦主謂
長以是姚萇之字故曰常此則譯經處也大寺別處也即草堂寺以草覆
堂故云草堂君肇僧時集謂之大寺皆當時之号非本名也　与義學
沙門者取義理之人簡餘學也即生肇融叡嚴觀等千二百人皆
一時之傑若有威跡及西請什公譯經等事如鈔及傳述　從此第三明
能譯人分二初舉人数德故明譯經之意　初什之一字舉人也以高世
之量等者数德也即智量高遠出過於世故云也　冥心真境者　心理
与冥　既盡環中者智窮實相也即莊子之樞始得其環中以應無
窮彼以是非為循環此絶是非處為環中今借彼言以明實相也
又善方言者善解梵漢二國方言也　從此第二譯經意　于時手執
胡文口自宣譯者　胡文者梵夾也謂承梵天之餘訓也言胡文者謬也
故南山尊宿云於是崑山之一脈耳什法師既閑兩國之言故能口自翻譯
也　道俗虔虔者道謂義學沙門俗謂儒宗詞伯也皆是同詮義人
也虔虔者虔者敬也再言者表誠敬之者也　一言三復者謂再三審
定其義也故論語云南容三復白珪故云白珪之玷尚可磨斯言之玷
不可為故讀詩至此皆三覆也今取彼言耳謂文詮正理用執物心得
意則道果由成失旨則諸見從起故須三復也　陶冶精求務存聖意
者　今上日陶鎔金名冶此喻如陶師之埏埴簡除沙鹵善金師之鎔
鑄直取精純故能成其器用也今亦如是簡去繁言直詮聖旨以成九上
法寶也此明譯經之意也　從此第三明所譯法其文約而詣其旨婉
而彰者約謂省約詣謂至也此明文雖省約而理詣實相旨婉而彰者意
也婉者順也彰者明也即如智度菩薩毋等偈意宛則順理又彰明也
前序明故人未融大觀故理壅閡通方言故詞踈今序以什公善
環中故旨婉而彰善方言故文約而詣故　微遠之言於茲顯然者
微謂幽微也老子云搏之不得名曰微　遠謂深遠顯然者明也　此明
實相之理雖深固幽遠然由翻譯得旨遂使顯然此義翻傳之
得意也　從此第四彰注解所以翻譯既明理雖易見傳之未悟
猶恐難通故須注解所以開後学文二初述謙辞　二明注意　初中余以
闇短者余我也以為爲己　頑闇爲愚闇短爲淺也　時預
聞此者謂參預也什法师譯經之時隨譯隨講肇公親承德
理也謂心不悟理故云也　麁得文意者　言雖非精而詣粗

實相之理雖深固幽遠然由翻譯得旨遂使顯然無差翻傳之
得意也　後世第四彰注解所以　翻譯既得理雖易見傳之未悟
猶恐難通故須注解以開後學　文三　初述謙辭　二明注意　初中余以
闇短者余我也　以為不通　顯闇為愚闇　短為淺也　特余須
得此者謂參預也　什法師譯經之時隨譯隨講肇公親承德
理也　謂心不悟理故云也　庶得文意者　言雖非精而諳粗
知指歸耳　輒順所聞為之注解者　輒謂自專也　為者作也
略記成言　述而无作者　記謂記錄　成言或作或字　成立此注
之言或作誠字者　實也　當也　記什公誠當之言以解此經
述而无作　論語云　述而无作　信而好古　意明唯聖作法　余但
述古之言非敢自作　二明注解意　庶將來君子異世同聞焉
者　庶者望也　將來謂當來也　君子簡異小人者　老子云　上士聞
道勤而行之　中士聞道若存若亡　下士聞道而大笑之　小人即不
能奉行　故但君子　豈不忽簡　棄意欲勸勉令自強耳
異世同聞者　雖現世未來時移俗易　聞經證悟獲益不
殊故云也　余以大曆二年春正月於資聖寺傳經之次
記其所聞以補多忘　庶來悟義伯元諳斐然矣　崇福寺
沙門體清集記

閱一千二百四十四年　大清宣統二年庚戌從燉煌千佛寺石室取匣
晉唐李子檢得之畫盦記

BD14888號　釋肇序抄義　（10–10）

BD14888號背　現代勘記

（2–1）

BD14888號背　現代勘記

（2–2）

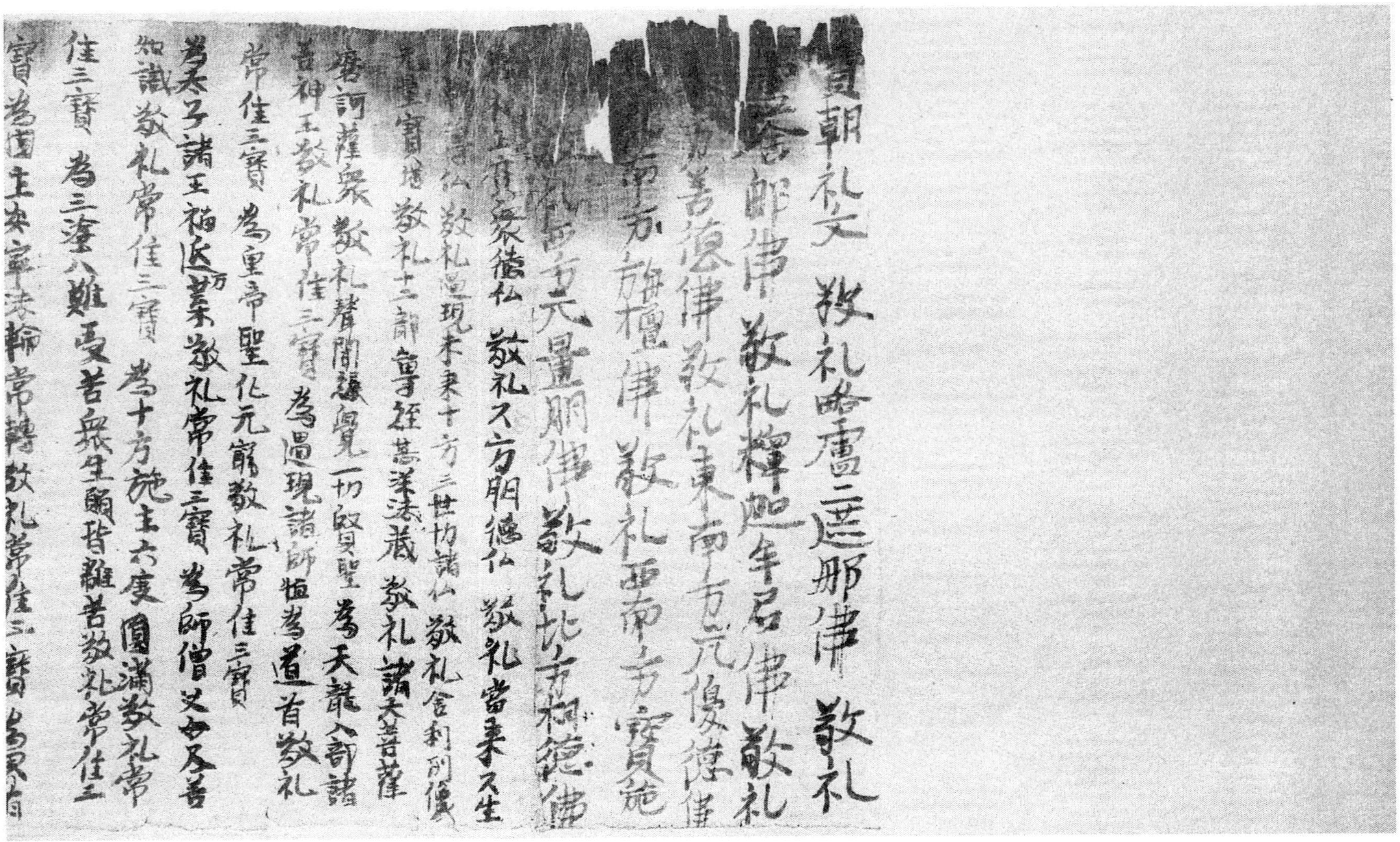
寅朝礼文 敬礼毗盧遮那佛 敬礼
盧舍那佛 敬礼釋迦牟尼佛 敬礼
東方善德佛 敬礼東南方无憂德佛
南方旃檀佛 敬礼西南方寶施佛
西方无量明佛 敬礼北方相德佛
上方廣衆德仏 敬礼下方明德仏 敬礼當來下生
仏 敬礼過現未來十方三世一切諸仏 敬礼舍利形像
无量寶塔 敬礼十二部尊經甚深法藏 敬礼諸大菩薩
摩訶薩衆 敬礼聲聞緣覺一切賢聖 為天龍八部諸
善神王敬礼常住三寶 為遍現諸師恒為道首敬礼
常住三寶 為皇帝聖化无窮敬礼常住三寶
為太子諸王福延万業敬礼常住三寶 為師僧父母及善
知識敬礼常住三寶 為十方施主六度圓滿敬礼常
住三寶 為三塗八難受苦衆生願皆離苦敬礼常住三
寶 為國主安寧法輪常轉敬礼常住三寶 為界有

BD14889 號　寅朝禮文　（2–1）

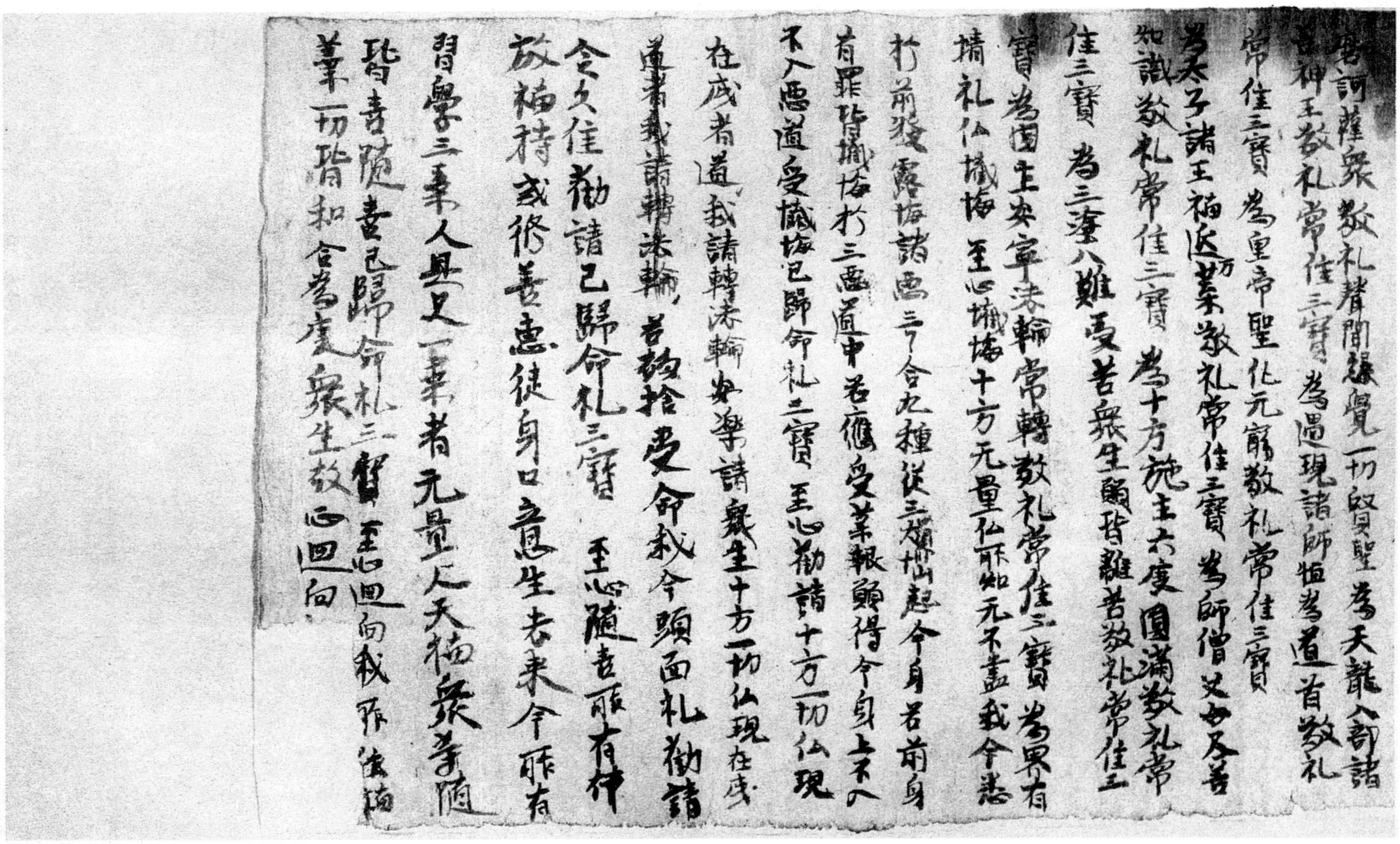
摩訶薩衆 敬礼聲聞緣覺一切賢聖 為天龍八部諸
善神王敬礼常住三寶 為遍現諸師恒為道首敬礼
常住三寶 為皇帝聖化无窮敬礼常住三寶
為太子諸王福延万業敬礼常住三寶 為師僧父母及善
知識敬礼常住三寶 為十方施主六度圓滿敬礼常
住三寶 為三塗八難受苦衆生願皆離苦敬礼常住三
寶 為國主安寧法輪常轉敬礼常住三寶 為界有
情礼仏懺悔 至心懺悔十方无量仏所知无不盡我今悉
於前發露悔諸惡 三業合九種從三煩惱起今身若前身
有罪皆懺悔於三惡道中若應受業報願得今身上不入
不入惡道受懺悔已歸命礼三寶 至心勸請十方一切仏現
在成者道 我請轉法輪安樂諸衆生十方一切仏現在成
道者我請轉法輪 若欲捨受命我今頭面礼勸請
令久住 勸請已歸命礼三寶 至心隨喜所有布
施福持戒修善惠徒身口意生去來今所有
習學三乘人具足一乘者无量人天福衆等隨
皆喜隨喜已歸命礼三寶 至心迴向我所作福
業一切皆和合為度衆生故心迴向

BD14889 號　寅朝禮文　（2–2）

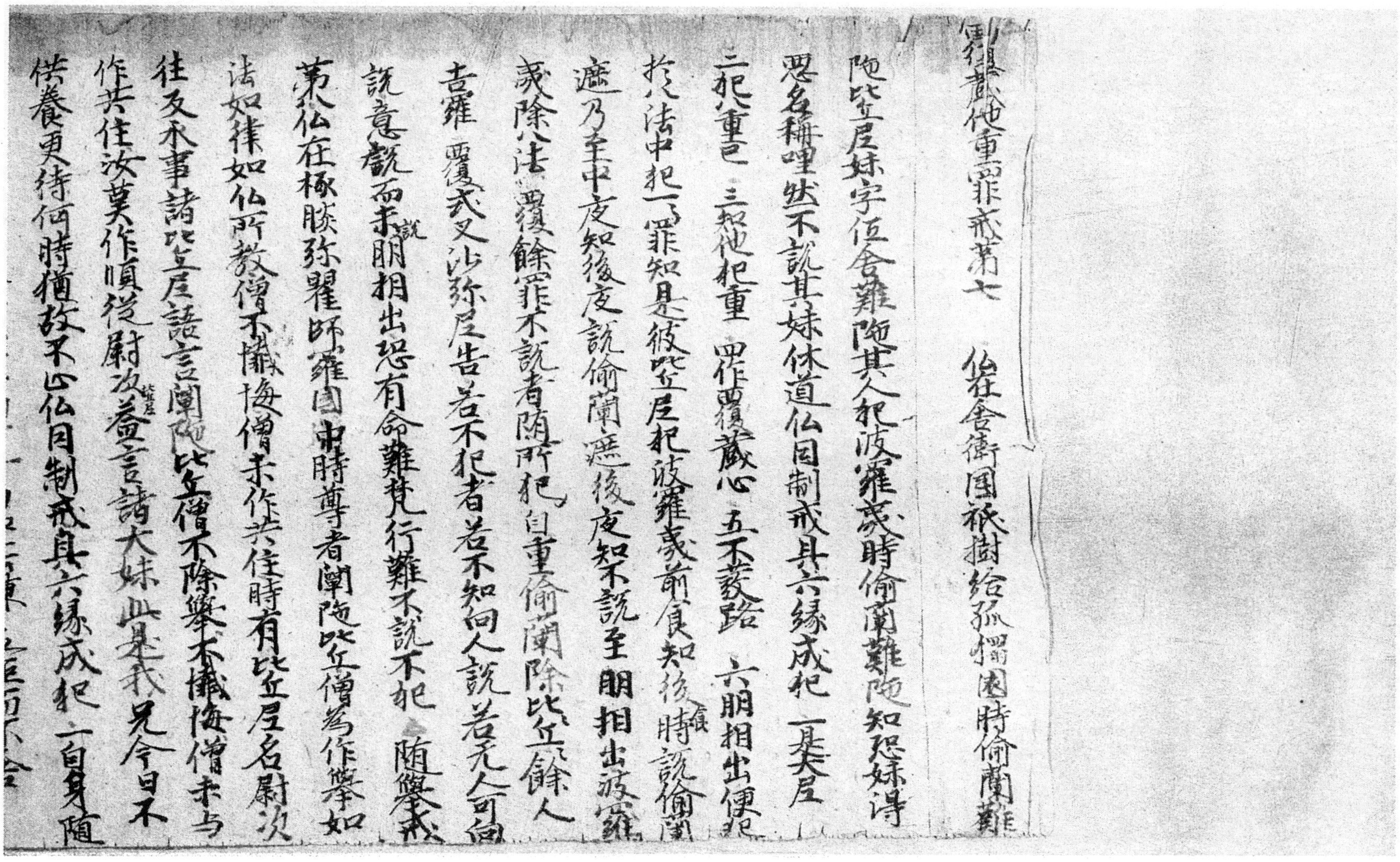

覆藏他重罪戒第七　佛在舍衛國祇樹給孤獨園時偷蘭難
陀比丘尼妹字低舍難陀其人犯波羅夷時偷蘭難陀知其妹得
惡名稱哩然不說其妹休道佛因制戒具六緣成犯　一是大尼
二犯八重已　三知他犯重　四作覆藏心　五不發露　六明相出便犯
於八法中犯一一罪知是彼比丘尼犯波羅夷前食知後食時說偷蘭
遮乃至中夜知後夜說偷蘭遮後夜知不說至明相出波羅
夷除八法覆餘罪不說者隨所犯自重偷蘭除比丘尼餘人
吉羅　覆式叉沙彌尼告若不犯者若不知向人說若无人可向
說意欲而未說明相出恐有命難梵行難不說不犯　隨舉戒
第八佛在拘睒彌瞿師羅園中時尊者闡陀比丘僧為作舉如
法如律如佛所教僧不懺悔僧未作共住時有比丘尼名尉次
往及承事諸比丘尼語言闡陀比丘僧不除擯不懺悔僧未与
作共住汝莫作順從尉次並言諸大妹此是我兄今日不
供養更待何時猶故不止佛因制戒具六緣成犯　一自身隨

BD14890 號　八波羅夷經附十利（擬）　（3-1）

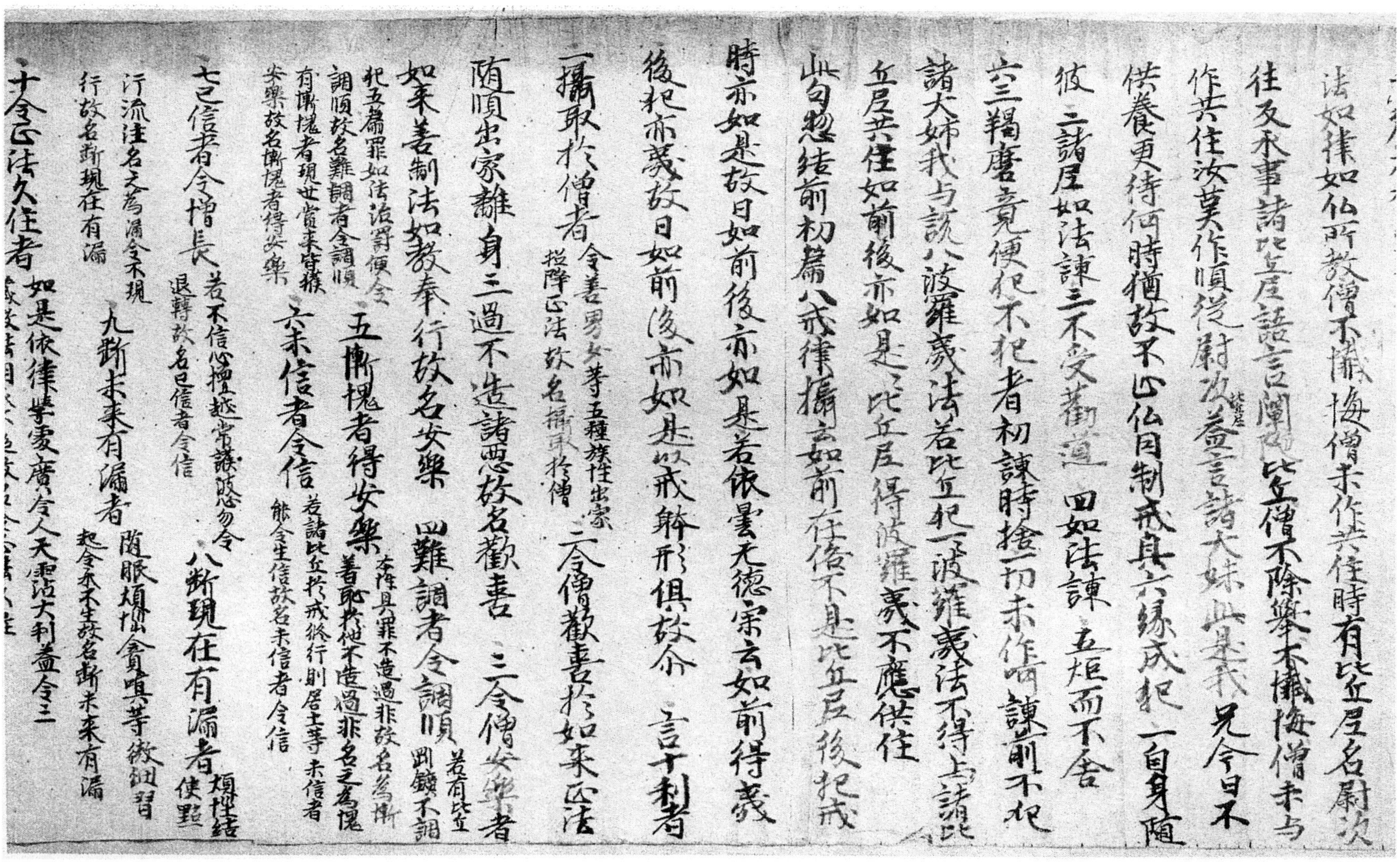

法如律如佛所教僧不懺悔僧未作共住時有比丘尼名尉次
往及承事諸比丘尼語言闡陀比丘僧不除擯不懺悔僧未与
作共住汝莫作順從尉次並言諸大妹此是我兄今日不
供養更待何時猶故不止佛因制戒具六緣成犯　一自身隨
彼　二諸尼如法諫　三不受勸道　四如法諫　五拒而不舍
六三羯磨竟便犯不犯者初諫時捨一切未作羯磨諫前不犯
諸大姊我与說八波羅夷法若比丘尼犯一一波羅夷法不得与諸比
丘尼共住如前後亦如是，比丘尼得波羅夷不應共住
此句總結前初篇八戒律攝云如前在俗不是比丘尼後犯戒
時亦如是故曰如前後亦如是若依曇无德宗云如前得戒
後犯亦爾故曰如前後亦如是以戒躰形俱故尒　言十利者
一攝取於僧者（令善男女等五種族姓出家攝降正法故名攝取於僧）　二令僧歡喜於如來正法
隨順出家離身三過不造諸惡故名歡喜　三令僧安樂者
如來善制法如教奉行故名安樂　四難調者令調順（若有比丘剛鑛不調
犯五篇罪如法治罰便令調順故名難調者令調順）　五慚愧者得安樂（本隨其罪不造過非故名為慚善恥於他不造過非名之為愧
有慚愧者現世當來皆獲安樂故名慚愧者得安樂）　六未信者令信（若諸比丘於戒修行則居士等未信者能令生信故名未信者令信）
七已信者令增長（若不信心擅越常識陀惡勿令退轉故名已信者令信）　八斷現在有漏者（煩惱結使縛
汙流注名之為漏令不現行故名斷現在有漏）　九斷未來有漏者（隨眠煩惱貪嗔等微細習氣令永不生故名斷未來有漏）
十令正法久住者　如是依律等處廣令人天霑大利益令三

BD14890 號　八波羅夷經附十利（擬）　（3-2）

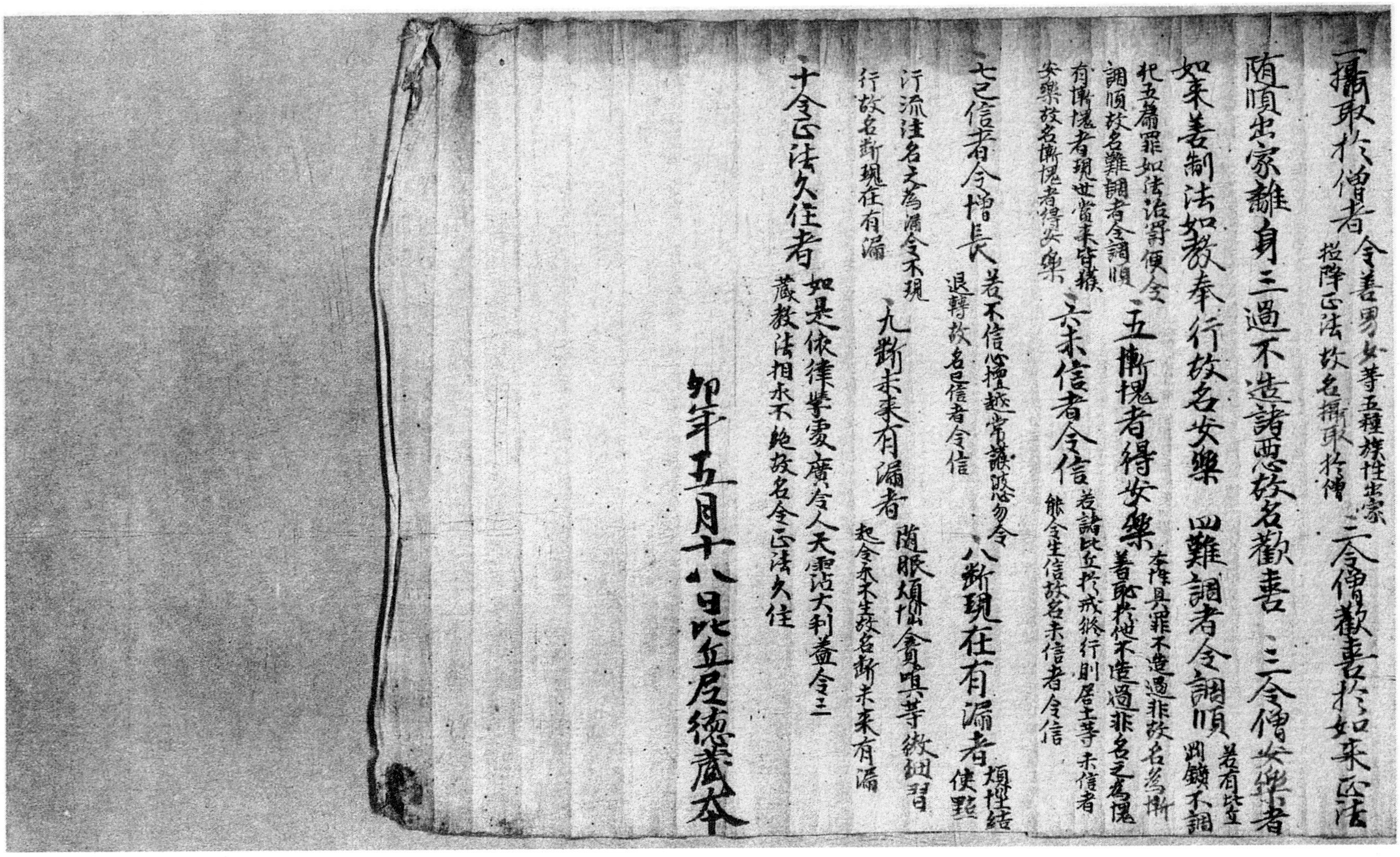

一攝取於僧者 令善男女等五種族姓出家
摧伏正法故名攝取於僧 二令僧歡喜於如來正法
隨順出家離身三過不造諸惡故名歡喜 三令僧安樂者
如來善制法如教奉行故名安樂 四難調者令調順 若有比丘毀犯不調
犯五篇罪如法治罰使令
調順故名難調者令調順
有慚愧者現世當來皆獲
安樂故名慚愧者得安樂
五慚愧者得安樂 本來具罪不造過非故名為慚 善恥於他不造過非名之為愧
六未信者令信 若諸比丘於戒修行則居士等未信者 能令生信故名未信者令信
七已信者令增長 若不信心擅越常識必令 退轉故名已信者令信
八斷現在有漏者 煩惱結使點
汙流注名之為漏令不現
行故名斷現在有漏
九斷未來有漏者 隨眠煩惱貪嗔等微細習 起令永不生故名斷未來有漏
十令正法久住者 如是依律業處廣令人天霑大利益令三 藏教法相承不絕故名令正法久住
卯年五月十八日比丘尼德藏本

BD14890 號　八波羅夷經附十利（擬）　　（3–3）

BD14890 號背　雜寫、紙簽　　（1–1）

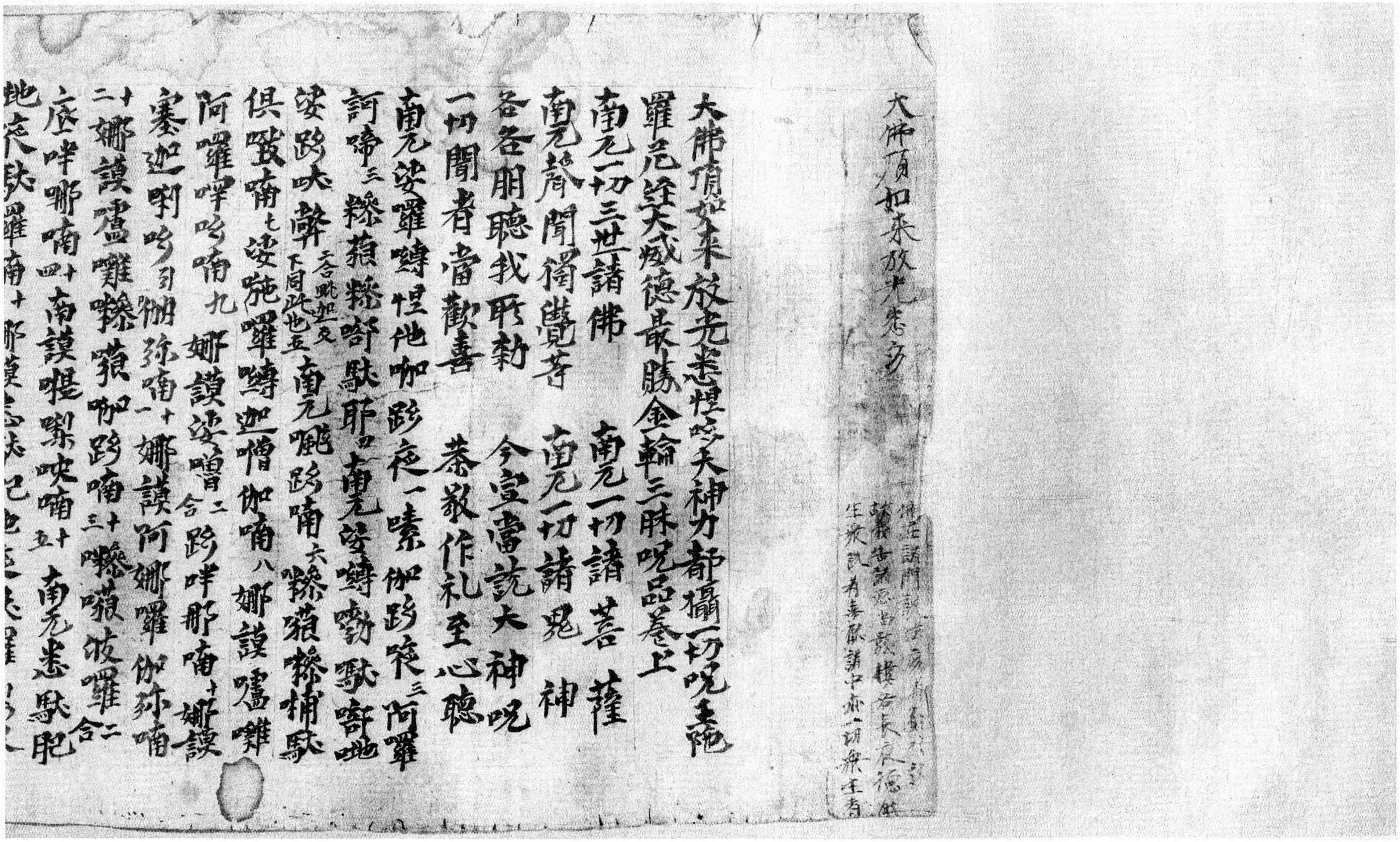

大佛頂如來放光悉多

大佛頂如來放光悉怛多大神力都攝一切呪王陁
羅尼經大威德最勝金輪三昧呪品卷上
南无一切三世諸佛　南无一切諸菩薩
南无聲聞獨覺等　南无一切諸鬼神
各各朋聽我所勅　今宣當說大神呪
一切聞者當歡喜　恭敬作礼至心聽
南无娑囉嚩怛他伽跢夜一 嗉伽跢鞞三 阿囉
訶嚓三 藐三菩陁寫四 南无薩嚩勃陁勃地
娑跢吠弊五 三合姚迦反 下同此也 南无颰跢喃六 藐三菩陁駄
俱胝喃七 娑施囉嚩迦憎伽喃八 娜謨盧雞
阿囉喝跢喃九 娜謨娑嚕二合 跢阿半那喃十 娜謨
塞迦唎吒多引 娜弥喃一十 娜謨阿娜囉伽弥喃
二十 娜謨盧雞三藐伽跢喃三十 三藐鉢囉二合
底半那喃四十 南謨惺娑吠喃五十 南无悉駄肥
地夜駄羅南十 ……

BD14891號　大佛頂如來密因修證了義諸菩薩萬行首楞嚴咒（加前頌本）（擬）　（9–1）

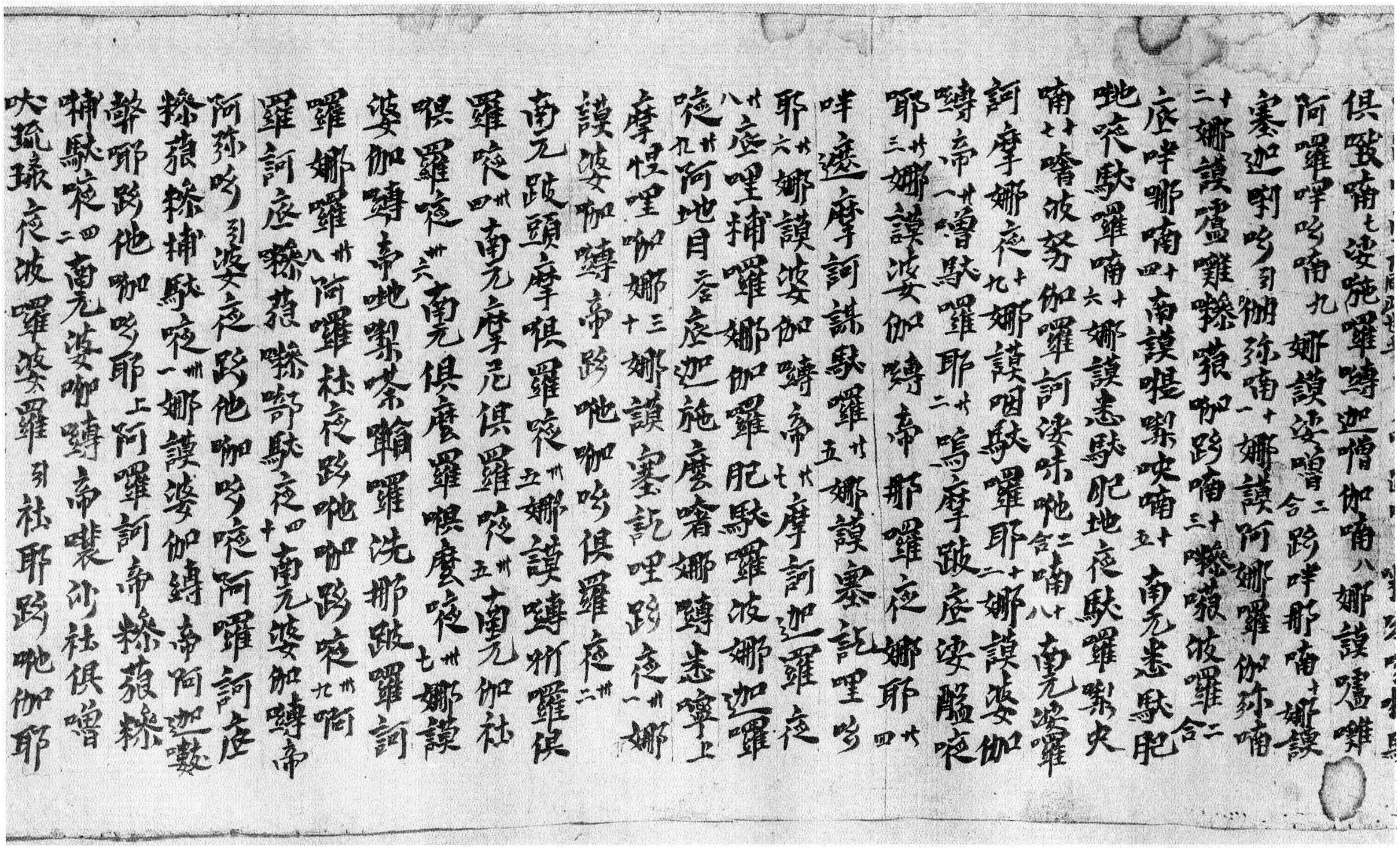

BD14891 號　大佛頂如來密因修證了義諸菩薩萬行首楞嚴咒（加前頌本）（擬）　（9–2）

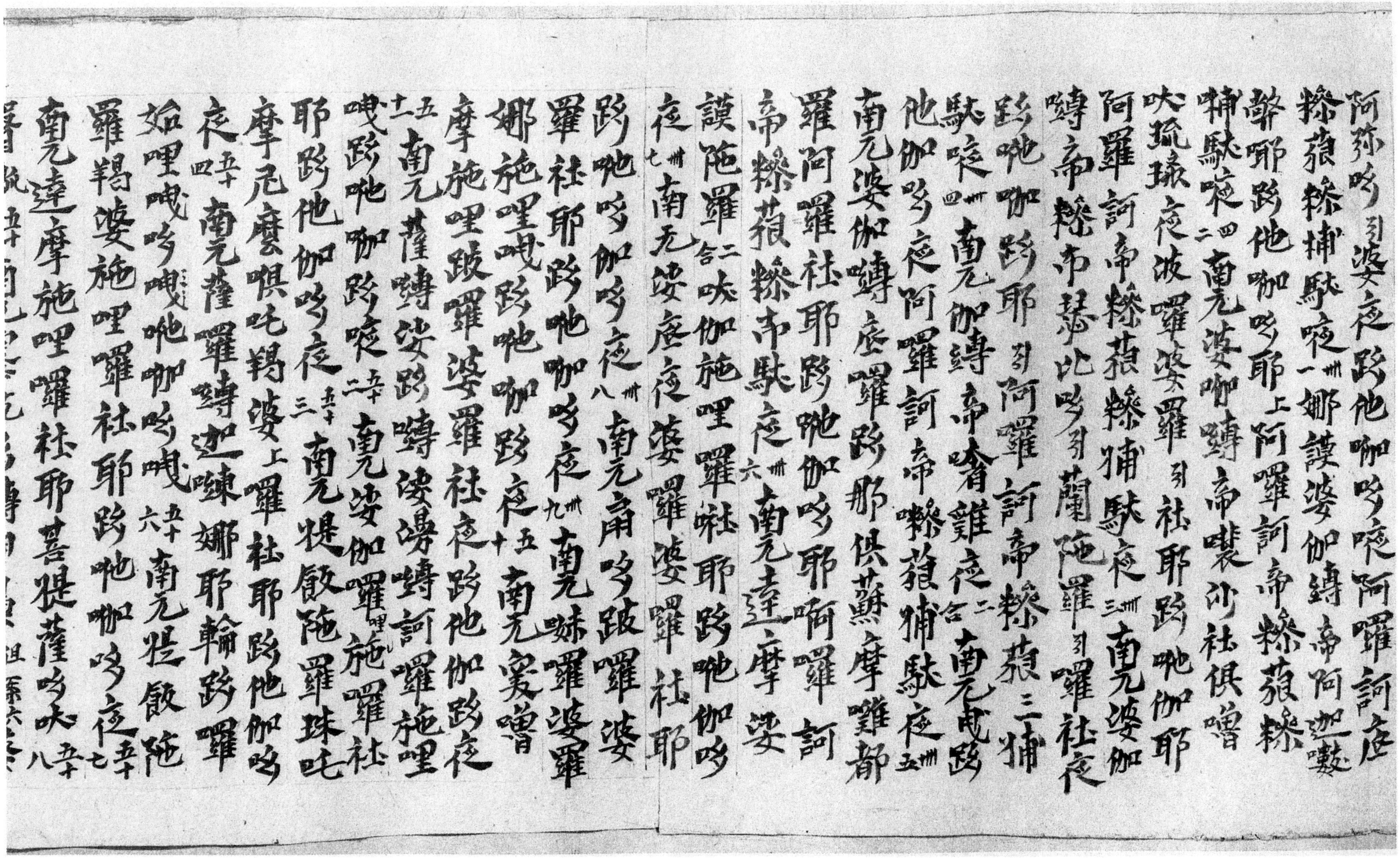

阿弥吟引婆夜路他伽吟喉阿囉訶底
𤙖薩𤙖捕馱喉一卌娜謨婆伽縛帝阿迦嚩
弊耶路他伽吟耶上阿囉訶帝𤙖薩𤙖
捕馱喉二卌南无婆伽嚩帝喉沙社俱嚕
吠琉璃夜波囉婆羅引社耶路他伽耶
阿羅訶帝𤙖薩𤙖捕馱夜三卌南无婆伽
嚩帝𤙖市瑟比吟引蘭陁羅引囉社夜
路他伽路耶引阿囉訶帝𤙖薩三𤙖捕
馱喉四卌南无伽縛帝嚕雞夜二合南无戌路
他伽吟夜阿囉訶帝𤙖薩𤙖捕馱夜五卌
南无婆伽嚩底囉路耶俱蘇摩難都
羅阿囉社耶路他伽吟耶喃阿囉訶
帝𤙖薩𤙖市馱夜六卌南无達摩婆
護陁羅二合吠伽施哩囉𠲿耶路他伽吟
夜七卌南无婆底夜婆囉婆囉社耶
路他吟伽吟夜八卌南无甫吟跋囉婆
羅社耶路他伽吟夜九卌南无𡁠囉婆羅
娜施哩哦路他伽路夜五十南无突嚕
摩施哩跋囉婆羅社夜路他伽路夜
一五十南无薩嚩婆路嚩婆嚩訶囉施哩
哦路他伽路喉二五十南无婆伽囉哩施囉社
耶路他伽吟夜三五十南无提餃陁羅珠吒
摩尼囉俱吒羯婆上囉社耶路他伽吟
夜四五十南无薩囉嚩迦𠻃娜耶輸路羅
始哩哦吟哦哋伽吟哦六五十南无提餃陁
羅羯婆施哩囉社耶路他伽吟夜七五十
南无達摩施哩囉社耶菩提薩吟吠八五十

BD14891 號　大佛頂如來密因修證了義諸菩薩萬行首楞嚴咒（加前頌本）（擬）　（9–3）

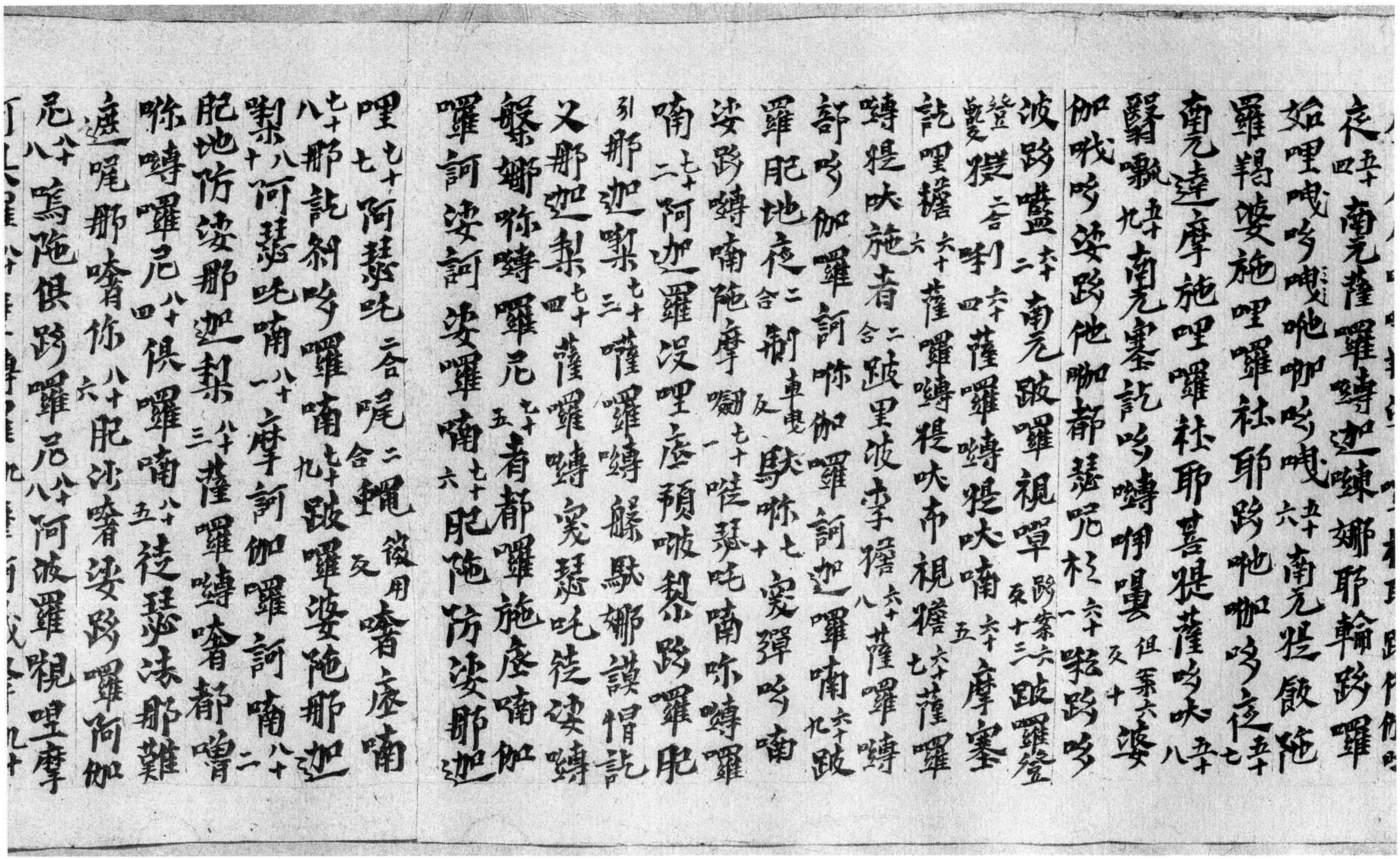

BD14891號　大佛頂如來密因修證了義諸菩薩萬行首楞嚴咒（加前頌本）（擬）　（9–4）

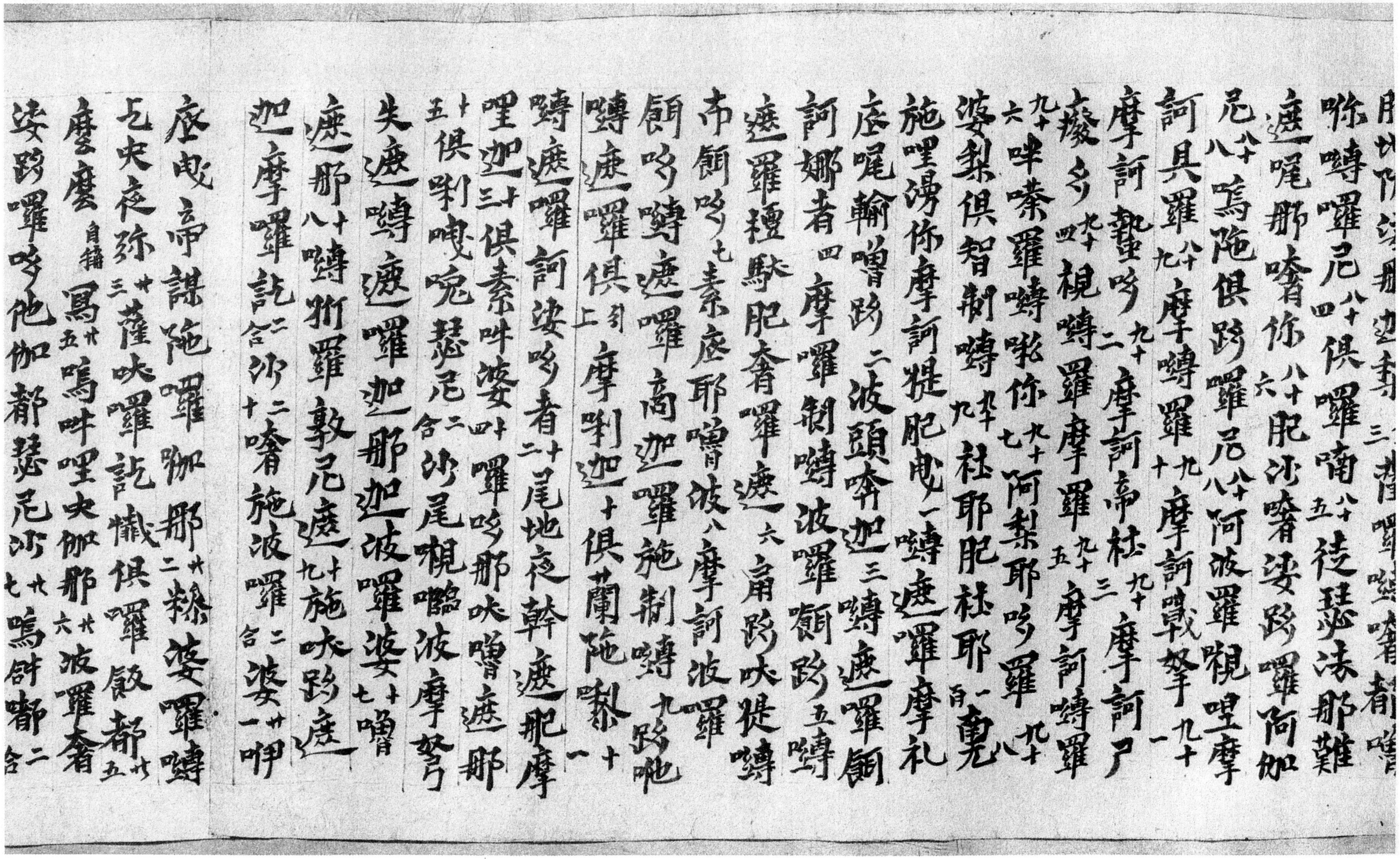

[illegible]
啄嚩囉尼八十四俱囉喃八十五徒瑟那難
遮嚂那嗜你八十六肥沙嗜婆路囉阿伽
尼八十七烏陁俱路囉尼八十八阿波羅覩哩摩
訶具羅八十九摩嚩羅九十摩訶戰拏九十一
摩訶磬吟九十二摩訶帝杜九十三摩訶尸
癡多九十四視嚩羅摩羅九十五摩訶嚩羅
九十六吽嗦羅嚩㗚你九十七阿梨耶吟羅九十八
婆梨俱智制嚩九十九社耶肥社耶一百兜
施哩湧你摩訶捉肥曳一嚩遮囉摩礼
座嚂輸嚕路二波頭蔘迦三嚩遮囉飼
訶娜者四摩囉制嚩波羅皤路五嚩
遮羅穜駄肥奢囉遮六扇路吠提嚩
市飼吟七素座耶嚕波八摩訶波囉
飼吟嚩遮囉高迦囉施制嚩九路咃
嚩遮囉俱引上摩唎迦十俱蘭陁唎十一
嚩遮囉訶娑吟者十二尾地夜幹遮肥摩
哩迦十三俱素吽婆十四囉吟那吠嚕遮那
十五俱唎嗔喨瑟尼十六沙尾覩嚧波摩拏
失遮嚩遮囉迦那迦波囉婆十七嚕
遮那十八嚩狝羅敦尼遮十九施吠路座
迦摩囉訖二合沙二十嗜施波羅二合婆二十一唧
座曳帝謀陁囉伽那二十二粽婆囉嚩
乞夾夜弥二十三薩吠囉訖㦸俱囉敵都二十四
摩麼自稱寫二十五烏吽哩夾伽那二十六波羅奢
婆路囉吟陁伽都瑟尼沙二十七烏尉嚩二合

BD14891號　大佛頂如來密因修證了義諸菩薩萬行首楞嚴咒（加前頌本）（擬）　（9–5）

㡳曳帝謀陁囉伽那廿二繗婆囉嚩
乞史底弥廿三薩吠囉訖幟俱囉啟都廿五
麼麼自稱寫廿五嗚吽哩央伽那廿六波囉奢
娑跢囉吒他伽都瑟尼沙廿七嗚㖿嚩二合
嚕吽廿八瞻婆那迦囉廿九嗚吽嚩二合嚕吽
三十婆儋婆那迦囉三十一嗚㖿都二合嚕吽嗚
訶那迦囉三十二嗚㖿都二合嚕吽摩他那迦
囉三十三嗚㖿嚩二合嚕吽卅四婆囉𡁠地夜繗
婆囉訖沙那迦囉卅五嗚吽都二合嚕吽
囉訖繗婆迦囉訶喃卅六𡁠駄防婆那迦囉卅七
六卅薩囉囉嚩嚨瑟吒喃娑𤙖婆那迦囉卅七
嗚㖿都二合嚕吽卅八薩囉上嚩藥訖沙阿二合
囉卅九嗚㖿二合都嚕吽四十一者都囉施㡳喃二卅
伽囉訶娑訶婆囉喃卅三𡁠駄防婆那迦
囉卌四嗚㖿都二合嚕吽阿瑟吒肖嫂乃反設㡳喃
那訖央跢囉喃卌六波囉婆駄那迦囉卌七嗚
㖿都二合嚕吽卌八阿瑟吒喃摩訶伽囉訶
喃𡁠駄防婆那訖哩五十阿叨訖沙十五一薄伽
梵娑吒他迦都嗚瑟泥沙五十二摩訶悉
怛吒鉢跢囉五十三摩訶嚩折嚕瑟墀沙
五十四摩訶波囉戣羅哩五十五摩訶娑訶
婆囉部二合𨁝五十六摩訶娑訶娑囉施囉
沙俱胝唵吒娑訶娑囉五十七嚀吒嗡阿癹
地曳𡁠𡁠嚩哩吒那吒迦上五十八摩訶嚩視
嚕陁囉五十九㡳哩二合部嚩那鼻嗏囉六十主
嗚㖿娑嚩悉㡳六十一娑嚩上都麼麼自稱寫

BD14891號　大佛頂如來密因修證了義諸菩薩萬行首楞嚴咒（加前頌本）（擬）　　（9–6）

沙俱胝唵吟娑訶娑囉五十七寧吟嗡阿弊
地曳覩嚩哩吟那吒迦五十八上摩訶嚩覩
嚕陁羅五十九底哩二合部嚩那舁嗉羅六十主
嗚飦娑嚩悉底六十一娑嚩上都麼麼自稱寫

羅杜婆耶吟六十二主囉婆耶六十四阿伽尼婆耶
六十五嗚陁伽婆耶六十六吠沙婆耶六十七舍婆路
羅婆耶六十八波羅斫迦囉婆耶六十九突嚕
辮訖二合又婆耶七十阿奢你婆耶七十一阿迦羅涅
哩底預婆耶七十二陁羅尼部弥劒波迦波迦
婆耶七十三烏勒迦波跢婆耶七十四羅杜彈
荼婆耶七十五那伽婆耶七十六嗢地揄婆耶七十七素
波羅尼婆耶七十八藥訖沙伽囉訶七十九阿羅
訖煞二合娑伽囉訶八十波哩跢伽囉訶八十一
比舍遮伽羅訶八十二部吟伽囉訶八十三鳩槃
荼伽羅訶八十四布單那伽囉訶八十五羯吒
布單那伽羅訶八十六塞建陁伽羅訶八十七
阿波娑上摩羅伽囉訶八十八烏檀摩馱
伽羅訶八十九車耶伽羅訶九十梨嚩底伽
羅訶九十一嗚杜訶羅泥九十二羯婆訶羅泥九十三杜
跢訶囉泥九十四覩吠吟訶羅泥九十五嚕地囉訶羅泥
九十六嚩娑訶羅泥九十七嵜娑訶羅泥九十八咩馱訶
九十九摩杜上訶羅泥一百梵路訶囉泥一阿輸遮
訶羅泥二舸質跢訶羅泥三帝衫薩大衫四薩
婆伽羅訶喃五嗢地耶六嗔陁耶弥七枳羅耶
弥八婆囉伐囉杜迦羅訖哩擔嗢地夜九嗔
馱耶弥十枳羅耶弥十一荼伽吒祁泥訖哩擔尾

沙俱胝唵吽婆訶婆囉五十七嚀吽嗡阿噼
地曳嘥𡂽嚩哩吽那吒迦上五十八摩訶嚩𡂽
嚕陁羅五十九底哩二合部嚩那毘嗪羅六十主
嗚𨅸娑嚩悉底六十一娑嚩上都麼麼白稱寫

羅杜婆耶吽六十二主囉婆耶六十四阿伽尼婆耶
六十五嗚陁伽婆耶六十六吠沙婆耶六十七奢婆路
羅婆耶六十八波羅斫迦囉婆耶六十九突嚕
𢹁訖二合叉婆耶七十阿奢你婆耶七十一阿迦羅湼
哩底須婆耶七十二陁羅尼部彌劍波迦波迦
婆耶七十三烏勒迦波路婆耶七十四羅社彈
荼婆耶七十五那伽婆耶七十六毘地揄婆耶七十七素
波羅尼婆耶七十八藥訖沙伽囉訶七十九阿羅
訖煞二合娑伽羅訶八十波哩路伽囉訶八十一
比舍遮伽羅訶八十二部吽伽囉訶八十三鳩槃
荼伽羅訶八十四布單那伽囉訶八十五羯吒
布單那伽羅訶八十六塞建陁伽羅訶八十七
阿波娑上摩羅伽囉訶八十八烏檀摩䭾
伽羅訶八十九車耶伽羅訶九十梨嚩底伽
羅訶九十一嗚杜訶羅泥九十二羯婆訶羅泥九十三杜
路訶囉泥九十四視吠吽訶羅泥九十五嚕地囉訶羅泥
九十六嚩娑訶羅泥九十七嗪娑訶羅泥九十八咩䭾訶
九十九摩杜上訶羅泥一百梵路訶囉泥一阿輸遮
訶羅泥二質路訶羅泥三帝釤薩吠四薩
婆伽羅訶喃五毘地耶六嗔陁耶彌七枳羅耶
彌八娑囉伐囉杜迦羅訖哩擔毘地夜九嗔
䭾耶彌十枳羅耶彌十一荼伽吒䄂泥訖哩擔尾

訶羅泥二 質路訶羅泥三 帝衫薩吠衫四薩
婆伽羅訶喃五 嚧地耶六 嗔陁耶弥七 吠羅耶
弥八 婆囉伐囉社伽羅訶哩𤛓嚧地夜九 嗔
馱耶弥十 㧙羅耶弥一十 棻伽吒祁泥訶訖哩𤛓尾
地夜二十 嗔馱夜弥三十 㧙羅耶弥四十 摩訶波輸跛
耶嚕陁羅五十 訖哩𤛓尾殺二合 棻嗔陁夜弥六十
㧙羅耶弥七十 娜羅耶娜訖哩𤛓尾殺二合 棻八十
㧙羅耶弥二十 路吃縛伽嚕嗦索䑛耶廿一 訖哩
𤛓尾殺二合 棻廿二 嗔陁耶弥廿三 㧙羅耶弥廿四 摩
訶迦羅摩怛路哩上 伽娜訖哩𤛓嚧殺二合
棻廿六 嗔馱夜弥廿七 㧙羅耶弥廿八 伽波哩迦訖
哩𤛓尾殺棻廿九 嗔陁耶弥卅 㧙羅耶弥卅一
摩度迦羅婆囉縛羅陁婆囉娜卅四 訖哩
𤛓嚧殺棻卅五 嗔陁耶弥卅六 㧙羅耶弥卅七 遏囉
哩知迦難地難施嚩囉卅八 伽那跛痤婆䑛耶
卅九 婆䑛耶訖哩𤛓嚧殺二合 棻四十 嗔陁耶弥卌一
㧙羅耶弥卌二 娜迦那陁羅縛羅卌三 訖哩𤛓
嚧二合 殺二合 棻卌四 嗔陁耶弥卌五 㧙羅耶弥卌六 阿蒡
陁羅訖哩𤛓尾殺棻卌八 嗔陁耶弥卌九 㧙羅耶
弥五十 摩怛哩伽那五十一 訖哩𤛓尾殺棻嗔陁
耶弥五十二 㧙羅耶弥五十三 阿囉罕路訖哩𤛓

BD14891號　大佛頂如來密因修證了義諸菩薩萬行首楞嚴咒（加前頌本）（擬）　（9–9）

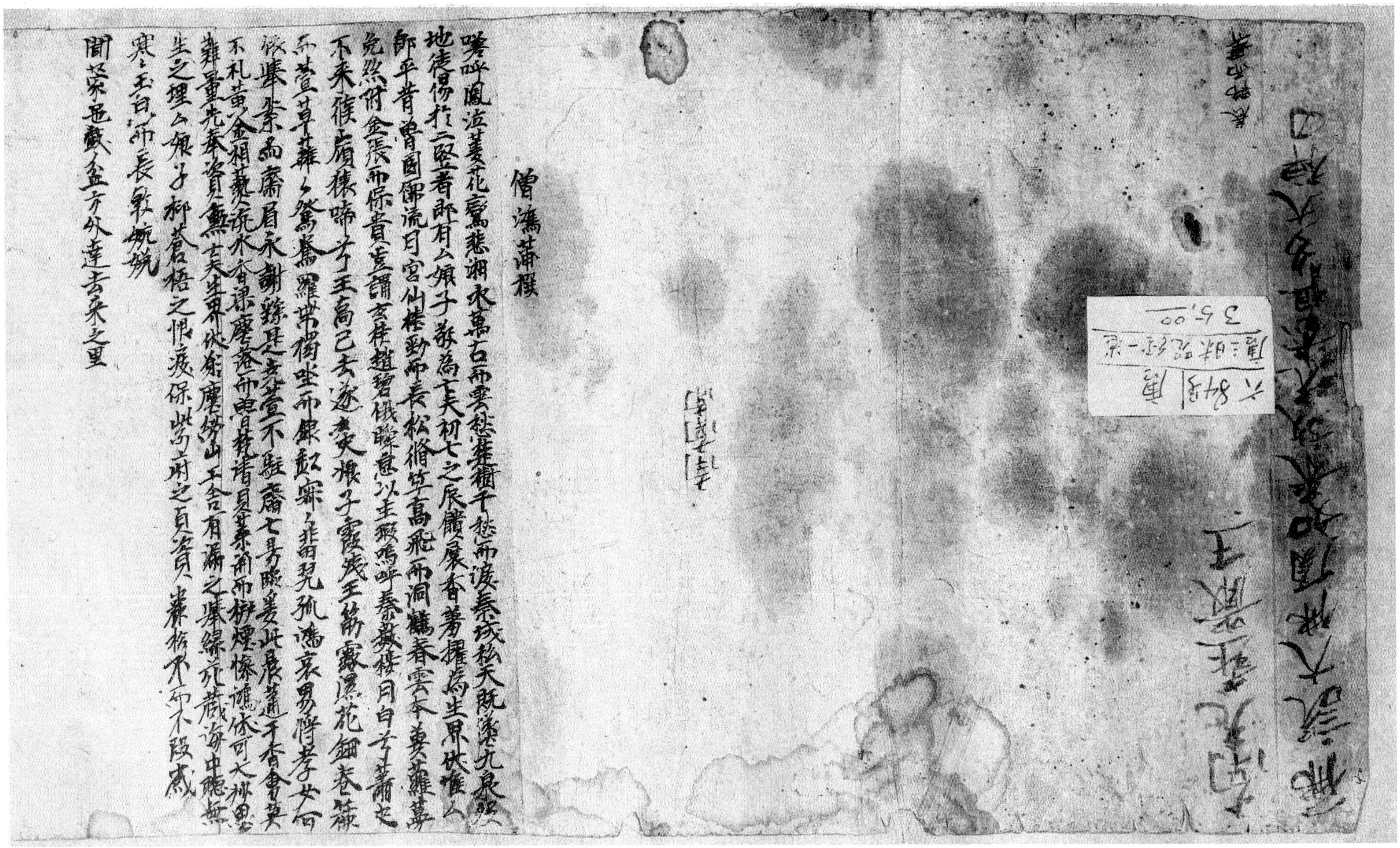

BD14891 號背　亡文稿（擬）　　　　（1–1）

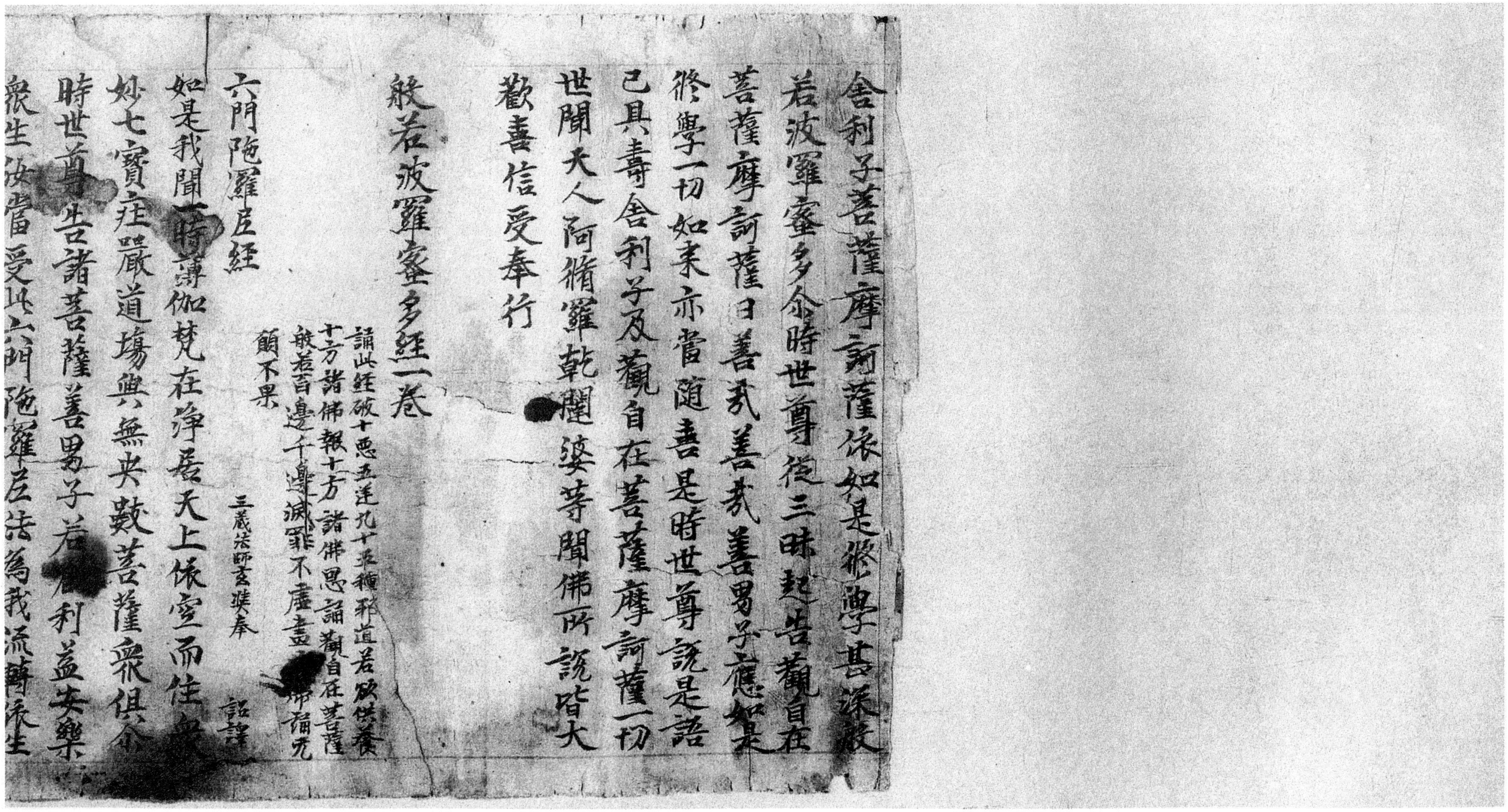
舍利子菩薩摩訶薩依如是修學甚深般
若波羅蜜多尒時世尊從三昧起告觀自在
菩薩摩訶薩曰善哉善哉善男子應如是
修學一切如來亦當隨喜是時世尊說是語
已具壽舍利子及觀自在菩薩摩訶薩一切
世間天人阿脩羅乾闥婆等聞佛所說皆大
歡喜信受奉行
般若波羅蜜多經一卷
誦此經破十惡五逆九十五種邪道若欲供養
十方諸佛報十方諸佛恩誦觀自在菩薩
般若百邊千邊滅罪不虛晝夜誦无
願不果
三藏法師玄奘奉　詔譯
六門陁羅尼經
如是我聞一時薄伽梵在淨居天上依空而住與
妙七寶莊嚴道場與無央數菩薩衆俱尒
時世尊告諸菩薩善男子若有利益安樂
衆生汝當受此六門陁羅尼法為我流轉衆生

BD14892 號 1　般若波羅蜜多心經（別譯）　　（2–1）

BD14892 號 2　六門陀羅尼經

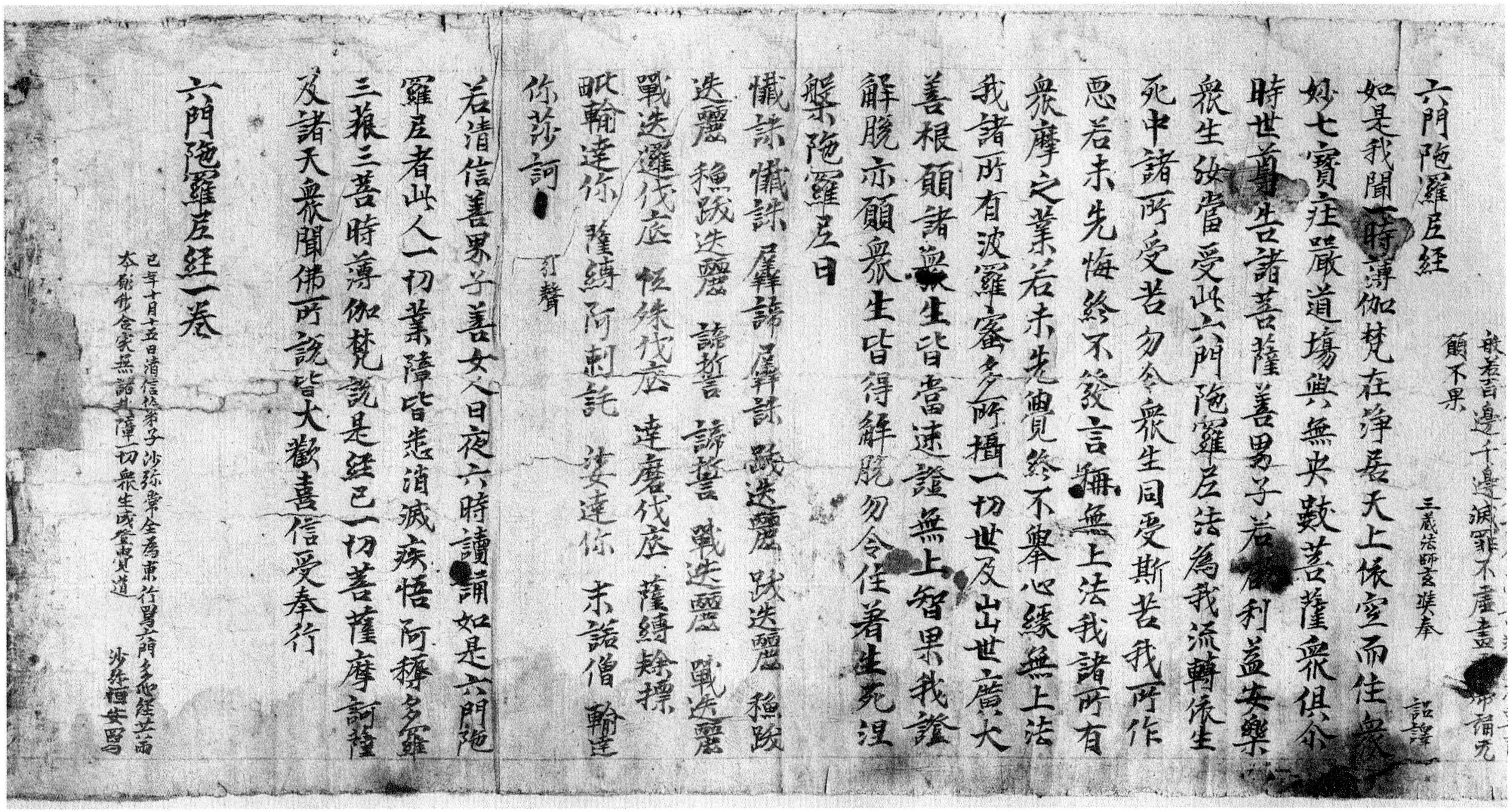

般若言邊千邊滅罪不虛盡……佛循无

願不果

三藏法師玄奘奉　詔譯

六門陁羅尼經

如是我聞一時薄伽梵在淨居天上依空而住衆
妙七寶莊嚴道場與無央數菩薩衆俱尒
時世尊告諸菩薩善男子若有利益安樂
衆生汝當受此六門陁羅尼法為我流轉依生
死中諸所受苦勿令衆生同受斯苦我所作
惡若未先悔終不發言無上法我諸所有
衆摩之業若未先曾覺終不舉心緣無上法
我諸所有波羅蜜多所攝一切世及出世廣大
善根願諸衆生皆當速證無上智果我證
解脫亦願衆生皆得解脫勿令住著生死涅
槃陁羅尼曰
懺謀 懺謀 羼韓諦 羼韓諦 跋迭麗 跋迭麗 穩跋
迭麗 穩跋迭麗 諦誓 諦誓 戰迭麗 戰迭麗
戰迭邏伐底 怛殊伐底 達磨伐底 薩縛賒摽
眠輸達你 薩縛阿剌託 娑達你 末諾僧 輸達
你莎訶 引聲

若清信善男子善女人日夜六時讀誦如是六門陁
羅尼者此人一切業障皆悉消滅疾悟阿耨多羅
三藐三菩提時薄伽梵說是經已一切菩薩摩訶薩
及諸天衆聞佛所說皆大歡喜信受奉行

六門陁羅尼經一卷

己年十月十五日清信弟子沙弥常全為東行寫六門多心經並函
本郎爺念常無諸障一切衆生咸登覺道
沙弥恒安寫

BD14892號2　六門陀羅尼經　（2–2）

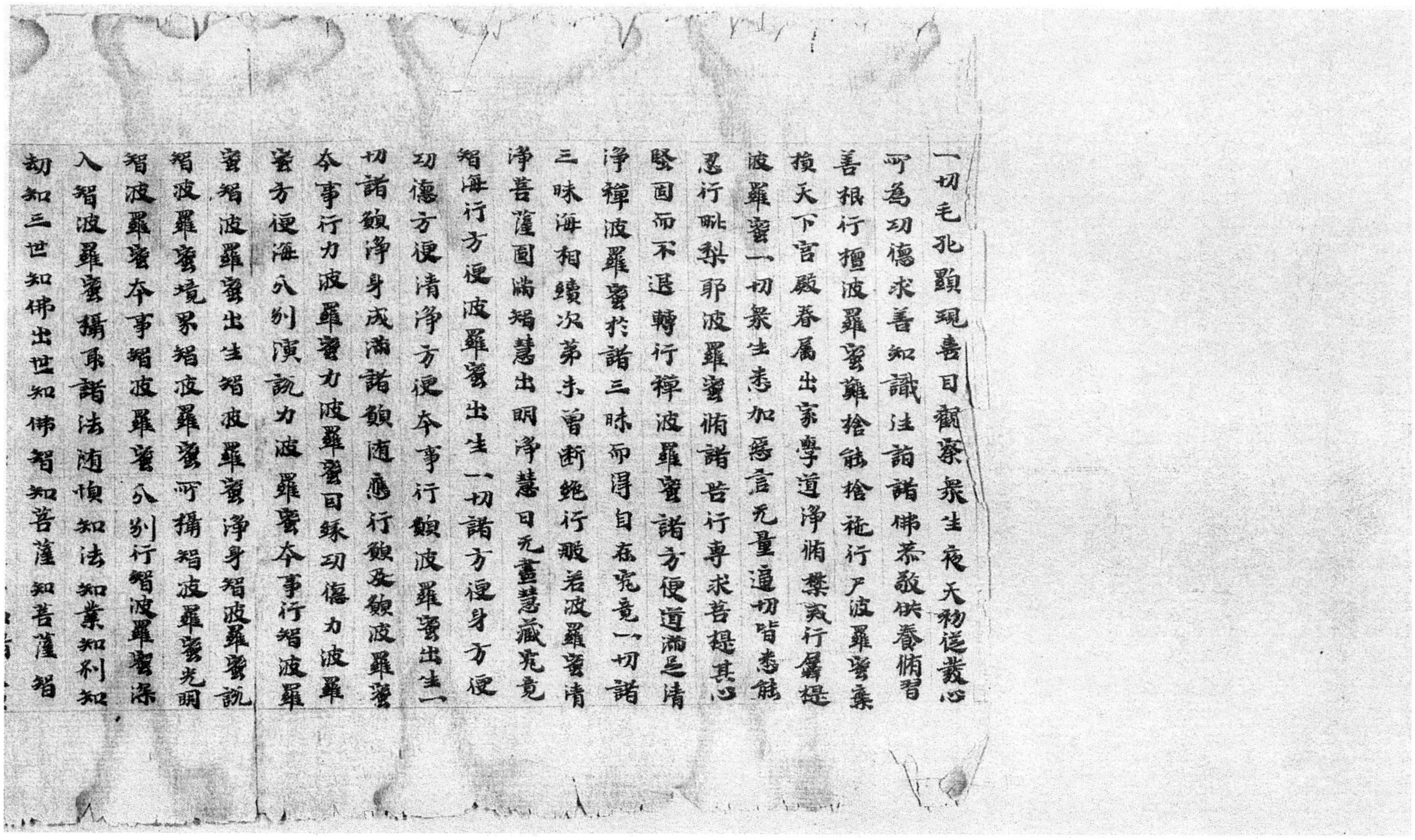
一切毛孔顯現善目觀察衆生夜天初發心
所爲功德求善知識往詣諸佛恭敬供養脩習
善根行檀波羅蜜難捨能捨施行尸波羅蜜棄
捨天下宮殿眷屬出家學道淨脩禁戒行羼提
波羅蜜一切衆生悉加惡言无量逼切皆悉能
忍行毗梨耶波羅蜜脩諸苦行專求菩提其心
堅固而不退轉行禪波羅蜜諸方便道滅惡清
淨禪波羅蜜於諸三昧而得自在究竟一切諸
三昧海相續次第未曾斷絶行般若波羅蜜清
淨菩薩圓滿智慧出明淨慧日无盡慧藏究竟
智海行方便波羅蜜出生一切諸方便身方便
功德方便清淨方便本事行願波羅蜜出生一
切諸願淨身成滿諸願隨應行願及願波羅蜜
本事行力波羅蜜力波羅蜜因緣功德力波羅
蜜方便海分別演說力波羅蜜本事行智波羅
蜜智波羅蜜出生智波羅蜜淨身智波羅蜜說
智波羅蜜境界智波羅蜜可稱智波羅蜜光明
智波羅蜜本事智波羅蜜分別行智波羅蜜深
入智波羅蜜攝取諸法隨順知法知業知剎知
劫知三世知佛出世知佛智知菩薩知菩薩智

BD14893 號　大方廣佛華嚴經（晉譯五十卷本異卷）卷四四　（18–1）

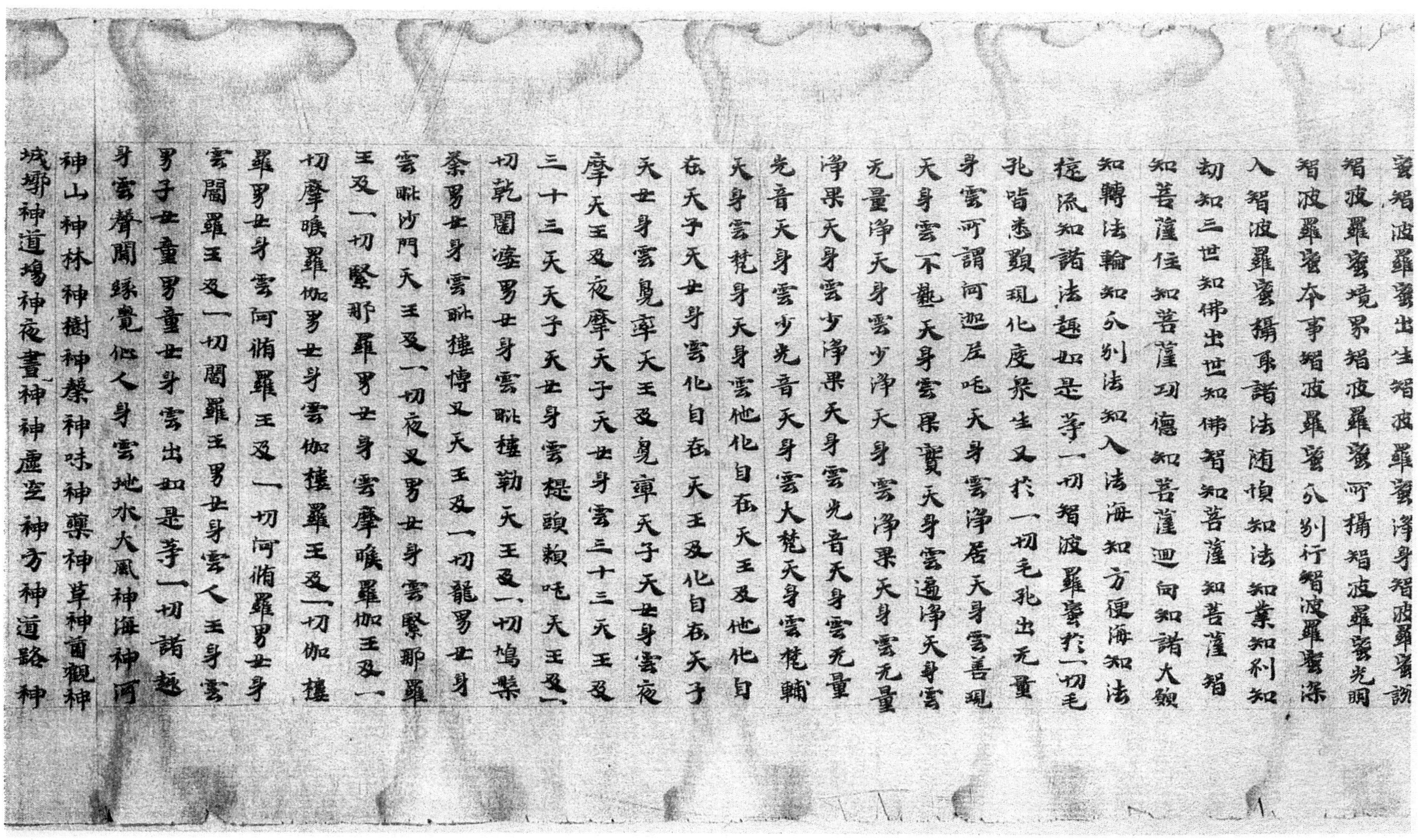
蜜智波羅蜜出生智波羅蜜淨身智波羅蜜說
智波羅蜜境界智波羅蜜可稱智波羅蜜光明
智波羅蜜本事智波羅蜜分別行智波羅蜜深
入智波羅蜜攝取諸法隨順知法知業知剎知
劫知三世知佛出世知佛智知菩薩知菩薩智
知菩薩住知菩薩功德知菩薩迴向知諸大願
知轉法輪知分別法知入法海知方便海知法
旋流知諸法趣如是等一切智波羅蜜於一切毛
孔皆悉顯現化度衆生又於一切毛孔出无量
身雲所謂阿迦尼吒天身雲淨居天身雲善現
天身雲不熱天身雲果實天身雲遍淨天身雲
无量淨天身雲少淨天身雲淨果天身雲无量
淨果天身雲少淨果天身雲光音天身雲无量
光音天身雲少光音天身雲大梵天身雲梵輔
天身雲梵身天身雲他化自在天王及他化自
在天子天女身雲化自在天王及化自在天子
天女身雲兜率天王及兜率天子天女身雲夜
摩天王及夜摩天子天女身雲三十三天王及
三十三天天子天女身雲提頭賴吒天王及一
切乾闥婆男女身雲毗樓勒天王及一切鳩槃
荼男女身雲毗樓博叉天王及一切龍男女身
雲毗沙門天王及一切夜叉男女身雲緊那羅
王及一切緊那羅男女身雲摩睺羅伽王及一
切摩睺羅伽男女身雲伽樓羅王及一切伽樓
羅男女身雲阿脩羅王及一切阿脩羅男女身
雲閻羅王及一切閻羅王男女身雲人王身雲
男子女童男童女身雲出如是等一切諸趣
身雲聲聞緣覺仙人身雲地水火風神海神河
神山神林神樹神穀神味神藥神草神苗稼神
城郭神道場神夜晝神神虛空神方神道路神

BD14893 號　大方廣佛華嚴經（晉譯五十卷本異卷）卷四四　（18–2）

羅男女身雲阿脩羅王及一切阿脩羅男女身
雲閻羅王及一切閻羅王男女身雲人王身雲
男子女童男童女身雲出如是等一切諸趣
身雲聲聞緣覺仙人身雲地水火風神海神河
神山神林神樹神檗神味神藥神草神首觀神
城墎神道場神夜晝神神虛空神方神道路神
身形神金剛力士神出如是等一切身雲充滿
十方一切世界法界爲一切衆生現喜目觀察
衆生夜天從初發心所行功德積集无量諸波
羅蜜次第受生死此生波及其名号近善知識
恒遇諸佛聞持正法行菩薩行得諸三昧次第
覩見一切佛剎及諸如來次第諸劫得淨智慧
深入法界觀察衆生海死此生波得淨天耳次
第悉聞一切音聲他知心智次第了知衆生心
念无依神足次第自在充滿十方得諸菩薩次
第法門究竟菩薩諸法門海菩薩自在菩薩精
進菩薩得證正趣離生衆生想菩薩想菩薩勝
妙清淨功德如是等類一切功德彼化身雲悉
爲衆生以諸音聲分別解脫開示顯現所謂風
輪音聲水輪音聲大炎音聲大海音聲大地震
動音聲山王相擊音聲天城震動音聲天音寶
聲諸天音聲龍王音聲夜叉王乾闥婆王阿脩
羅王伽樓羅王緊那羅王摩睺羅伽王等音聲
人王音聲梵王音聲天女歌頌音聲天樂音聲
摩尼寶王音聲如來音聲菩薩音聲如來化身
音聲以如是等種種音聲爲諸衆生分別說演
喜目觀察衆生夜天從初發心一切功德波一一
身雲說此法時念念中於一一方嚴淨不可說
不可說諸佛世界无量无邊衆生滅惡道苦无
量无邊衆生成就天樂无量无邊衆生度生死

BD14893號　大方廣佛華嚴經（晉譯五十卷本異卷）卷四四　（18–3）

音聲以如是等種種音聲爲諸衆生分別說演
喜目觀察衆生夜天從初發心一切功德波一一
身雲說此法時念念中於一一方嚴淨不可說
不可說諸佛世界无量无邊衆生滅惡道苦无
量无邊衆生成就天樂无量无邊衆生度生死
海无量无邊衆生安立聲聞辟支佛地无量无
邊衆生得菩薩不可思議喜幢自在法門於念
念中无量无邊衆生住如來地尒時善財童子
皆得見聞如上一切諸奇特事正念思惟觀察
分別深之言智安住平等何以故與波夜天同
行故佛護念故成就不可思議諸善根故具足
菩薩根故生佛家故得善知識力故一切諸佛
神力持故盧舍那佛本願力故善根熟故堪受
普賢菩薩行故尒時善財得菩薩歡喜淨光明
海得十方一切諸如來力得波夜天離垢喜幢
法門即恭敬合掌以偈讚嘆波夜天曰
无量无數劫　修學最勝法　隨應所受化　顯現妙色身
了知諸群生　愚癡顛倒惑　種種身方便　度脫衆生類
清淨妙色身　除滅煩惱熱　非二非有二　爲化衆生故
捨入及諸界　皆悉无所著　具行及色身　度脫一切衆
不著內外法　越度生死海　明淨智慧光　普照於一切
喜目天无著　除滅衆塵垢　衆生樂著世　爲現佛法力
无閡三昧力　一一毛孔中　出諸光身雲　供養十方佛
念念中出生　諸佛方便力　攝取諸衆生　究竟一切法
觀察諸有海　業行莊嚴身　演說无閡法　令衆清淨故
相好自莊嚴　猶如普賢身　隨應受化者　顯現无量身
尒時善財童子偈讚嘆已白言天神發阿耨多
羅三藐三菩提心爲幾時耶得此法門其已久
如尒時夜天以偈答言

BD14893號　大方廣佛華嚴經（晉譯五十卷本異卷）卷四四　（18–4）

相好自莊嚴　猶如普賢身　隨應變化者　顯現无量身
尒時善財童子偈讚嘆已白言天神發阿耨多
羅三藐三菩提心爲幾時耶淨此法門其已久
如尒時夜天以偈荅言
憶念過去世　无量刹塵劫　尒時有一劫　名曰寂靜音
有都名香水　其王名智慧　十二億百千　那由四天下
彼聖轉輪王　清淨妙色身　三十二相具　八十好莊嚴
妙身清淨藏　閻浮檀金色　光照明一切　庠步遊虛空
彼王有千子　勇猛身端政　大臣有一億　智慧賢悉明
采女有十億　端嚴如天后　大慈心柔濡　瞻奉給侍王
彼聖轉輪王　常以正法治　統領諸山地　一切四天下
我時爲寶女　具足淨梵音　身出金色光　圓照四万里
日光既已沒　中夜閑寂然　我當於尒時　神瑞淨善夢
見佛出世間　号日功德海　顯現自在力　充滿十方界
放大光明海　一切刹塵等　无量自在身　充滿於十方
大地六種動　自然出妙音　如來興出世　天人悉歡喜
一切毛孔中　出佛化身海　充滿十方界　隨應而說法
我夢見如是　如來自在力　聞說深妙法　其心大歡喜
一万夜天神　充滿虛空中　讚嘆彼如來　聞已即覺悟
彼天告我言　賢慧汝速起　佛以興世國　刧海難值遇
聞此音歡喜　即見明淨光　觀察從何來　道場樹王所
時見如來身　猶如寶山王　一切毛孔中　放大光明海
見佛自在力　其心大歡喜　即發大誓願　令我獲此德
我時覺大王　普及諸眷屬　見彼佛光明　歡喜心无量
我時與彼王　无量那由他　眷屬四種兵　往詣如來所
我於二万歲　供養彼如來　七寶四天下　一切悉奉施
時彼如來說　功德普雲經　大願海莊嚴　隨應度衆生
我發如是願　來世住夜天　諸有放逸者　悉令遠離之
尒時我初發　无上菩提心　生死有爲中　未曾有疲厭
從是後供養　十億那由佛　生死海受樂　饒益諸群生

BD14893號　大方廣佛華嚴經（晉譯五十卷本異卷）卷四四　（18–5）

我於二万歲　供養彼如來　七寶四天下　一切悉奉施
時彼如來說　功德普雲經　大願海莊嚴　隨應度衆生
我發如是願　來世住夜天　諸有放逸者　悉令遠離之
尒時我初發　无上菩提心　生死有爲中　未曾有疲厭
從是後供養　十億那由佛　生死海受樂　饒益諸群生
初佛功德海　第二功德燈　第三寶幢佛　第四虛空智
第五蓮華藏　六无閡音月　第七法月王　八圓滿智燈
第九寶炎佛　无上天人尊　第十化音聲　我已悉供養
如是等諸佛　十億那由他　猶未得慧眼　究竟生死海
次第復有劫　名曰天妙勝　世界名寶光　五百佛興世
初佛圓滿月　第二明淨日　第三光明佛　四須弥山王
第五華炎海　第六智慧海　第七燃燈佛　第八天德藏
九光明王幢　第十普智王
如是等諸佛　我已悉供養　未離樂五欲　非樂生樂想
次第復有劫　名莊嚴梵音　尒時有世界　名蓮華燈雲
彼有无量佛　及其大眷屬　我已悉供養　聞受持正法
初佛寶須弥　第二功德法　法界須弥幢　第四法須弥
第五法幢佛　第六法施佛　第七法力佛　第八虛空慧
第九光炎山　第十照明山
如是等諸佛　我已悉供養　猶未了真實　究竟諸法海
次第復有劫　名曰歡喜德　尒時有世界　名曰功德幢
彼劫有八十　那由他諸佛　无量供養具　奉彼諸最勝
初乾闥婆王　二壽命樹王　三功德須弥　第四寶眼佛
第五盧舍那　六光明莊嚴　第七法勝稱　第八眼淨德
第九世間主　十一切法王
如是等諸佛　我已悉供養　猶未得妙智　深入法界海
次第復有劫　名曰寂靜慧　尒時有世界　名普光明雲
有千佛興世　无量德莊嚴　除滅煩惱垢　一切衆清淨
初佛号无諍　第二无閡力　三法界光明　四一切燈王
五金幢那天　第六衆生歸　七思圓滿燈　八法具足燈

BD14893號　大方廣佛華嚴經（晉譯五十卷本異卷）卷四四　（18–6）

如是等諸佛 我已悉供養 猶未得妙智 深入法界海
次第復有劫 名曰寂靜慧 尒時有世界 名普光明雲
有千佛興世 无量德莊嚴 除滅煩惱垢 一切衆清淨
初佛号无諍 第二无閡力 三法界光明 四一切燈王
五蓮幢那天 第六衆生歸 七忍圓滿燈 八法具足燈
九光明嚴海 第十光明王
如是等諸佛 我已悉供養 猶未解真法 遊行一切剎
次第復有劫 名曰燈香雲 尒時有世界 名曰清淨起
一億佛興世 嚴淨一切劫 彼佛所說法 我悉聞受持
初佛无量稱 第二法海佛 第三勇猛王 四功德法王
第五勝法雲 第六天冠佛 第七智炎佛 第八虛空音
第九等勝起 第十妙德光 供彼諸佛已 成就八正道
次第復有劫 名明淨堅固 尒時有世界 名曰寶幢王
五百佛興世 彼諸如來等 我已悉供養 求无閡法門
初佛圓滿德 第二寂靜音 第三功德海 第四日王佛
第五功德王 第六須彌相 第七法王佛 第八功德王
第九須彌山 第十光明王 如是等諸佛 我已悉供養
我皆悉嚴淨 一切衆勝道 猶未得具足 究竟深法忍
次第復有劫 名曰為勝王 尒時有世界 名寂靜音聲
八十那由他 諸佛興出世 我已悉供養 於彼脩正道
初佛号華乘 第二海藏佛 第三功德起 第四天周羅
第五摩尼藏 第六金山佛 第七寶乘佛 第八寂靜幢
第九法幢佛 第十智王佛 如是等諸佛 我已悉供養
次第復有劫 名曰千功德 尒時有世界 名善化幢燈
六億那由他 諸佛興出世 我已悉供養 彼一切如來
初佛寂靜幢 第二智慧幢 第三百燈佛 四功德雲王
寂靜光明王 第六明淨日 第七法燈佛 第八光炎佛
九天功德藏 第十智慧燈
如是等諸佛 我已悉供養 未得无生忍 究竟諸法海
次第復有劫 名普莊嚴 尒時有世界 名无量勝光

BD14893號 大方廣佛華嚴經（晉譯五十卷本異卷）卷四四 （18–7）

初佛寂靜幢 第二智慧幢 第三百燈佛 四功德雲王
寂靜光明王 第六明淨日 第七法燈佛 第八光炎佛
九天功德藏 第十智慧燈
如是等諸佛 我已悉供養 未得无生忍 究竟諸法海
次第復有劫 名无著莊嚴 尒時有世界 名无量勝光
時有三十六 那由他佛出 是如等諸佛 我已悉供養
初功德須彌 第二虛空心 第三莊嚴智 第四莊嚴藏
五法音聲海 六持法音聲 第七化音聲 第八功德海
九功德海燈 第十功德幢 彼諸如來等 我皆悉值遇
功德幢如來 出興於世時 我為功德天 供養彼衆勝
時佛為我說 莊嚴大願海 陀羅尼念力 皆悉能受持
我得明淨眼 三昧陀羅尼 於一一念中 悉見衆勝海
出生大悲藏 深入方便雲 心淨如虛空 悉得諸佛力
觀察諸衆生 常樂我淨倒 愚癡闇所覆 煩惱起虛妄
耶見貪欲等 无量諸惡業 一切諸趣中 具受不善報
一切諸趣中 種種業受身 生老病死患 无量苦逼迫
我已无上心 安樂彼衆生 令至諸佛所 成滿如來力
滿足大願雲 常見一切佛 脩習於正道 具足諸功德
一向廣專求 无量功德雲 法門陀羅尼 充滿諸法界
佛子我尒時 即得普賢行 分別深法界 攝取一切法
成滿一切地 三世方便海 脩習无閡行 一念具佛智
善男子尒時智慧轉輪王者豈異人乎文殊師
利童子是也紹繼轉輪王姓諸如來種使不斷
絕時王賢慧寶女者我身是也尒時夜天覺悟
我者普賢菩薩所變化也我於尒時初發阿耨
多羅三藐三菩提心發道心已於佛剎微塵等
劫不墮惡道常生天人覩見諸佛乃至功德幢
佛所得光喜幢法門得此法門已饒益化度
无量衆生善男子我唯知此法門諸大菩薩於
念念中普詣一切諸如來所具足成就精進大

BD14893號 大方廣佛華嚴經（晉譯五十卷本異卷）卷四四 （18–8）

多羅三藐三菩提心發道心已於佛刹微塵等
劫不須惡道常生天人觀見諸佛乃至功德幢
佛所得光善幢法門得此法門已饒益化度
无量衆生善男子我唯知此法門諸大菩薩於
念念中普詣一切諸如來所具足成就精進大
海於念念中滿足一切諸大願海於念念中出
生一切未來劫菩薩諸行於一一菩薩行中出
生一切佛刹微塵等身彼一一身充滿一切諸法
界海於一一法界中顯現一切佛刹隨其所應現
菩薩行於一一佛刹中究竟一切佛刹微塵等諸
佛海於一一佛所究竟一切法界等如來自在
神力一一如來所分別過去諸劫行菩薩行一
一如來所守護受持一切法輪究竟三世如來
諸方便海我當云何能知能說彼功德行善男
子此佛衆中有一夜天名曰妙德救護衆生汝
詣彼問云何菩薩學菩薩行具菩薩行淨菩薩
行時善財童子頭面敬禮喜目觀察衆生夜天
足辭退而行尒時善財童子正念思惟善光喜
幢法門分別深入開發顯現隨順善知識教一
向專求見善知識身心諸根普遊方面求善知
識思念善知識道勇猛精進乃得値遇同善知
識一切善根具足成就深妙方便曰善知識出
生長養一切善根發諸大願於一切劫不離善
知識法詣妙德救護衆生夜天所尒時夜天爲
善財童子顯現菩薩教化一切世間法門境界
相好嚴身眉間白毫相中放大光明名曰普慧
炎燈淨幢无量光明以爲眷屬普照一切世界
照已入善財頂充滿其身尒時善財即得菩薩
離垢圓滿三昧得此三昧已於一地切水大風

BD14893號　大方廣佛華嚴經（晉譯五十卷本異卷）卷四四　（18–9）

善財童子顯現菩薩教化一切世間法門境界
相好嚴身眉間白毫相中放大光明名曰普慧
炎燈淨幢无量光明以爲眷屬普照一切世界
照已入善財頂充滿其身尒時善財即得菩薩
離垢圓滿三昧得此三昧已於一地切水大風
微塵衆寶微塵香微塵金剛微塵摩尼微塵碎
末微塵一切莊嚴具微塵一切境界微塵如是
等一一微塵中悉見佛刹微塵等世界成敗風
輪水輪金剛輪地輪種種莊嚴衆山圍遶无量
大海諸天宮殿諸雜寶樹種種莊嚴龍諸宮殿
夜叉乾闥婆阿脩羅迦樓羅緊那羅摩睺羅伽
人非人等城郭宮殿地獄餓鬼畜生閻羅王處
悉見五道衆生死此生彼分別了知彼諸世界
或有世界淨或有世界不淨或有世界趣淨或
有世界趣不淨或有世界淨不淨或有世界不
淨淨或有世界一向淨或有世界其形平正或有
世界其形如伏或有世界其形四方如是等一
切世界一切趣中見彼夜天於一切時普現一
切諸衆生前隨其所應而度脫之爲地獄衆生
滅諸楚毒爲諸畜生滅惱害畏爲餓鬼衆生除
餓鬼苦爲諸龍等滅一切畏爲欲界衆生除欲
界苦爲諸人類除闇冥畏不活畏惡名畏大衆
畏惡道畏死畏失根善畏失菩提心畏近惡知
識畏失善知識畏聲聞緣覺地畏生死畏不同
意畏非時受生畏生惡人家畏行惡業畏業鄣
畏煩惱鄣畏疑鄣畏諸貪著畏諸繫縛畏如
是等一切怖畏又復教化四生衆生所謂卵生
胎生濕生化生有色无色有想无想非有想非
无想衆生常現其前而教化之滿大願力故善

BD14893號　大方廣佛華嚴經（晉譯五十卷本異卷）卷四四　（18–10）

是等一切怖畏又復教化四生衆生所謂卵生
胎生濕生化生有色无色有想无想非有想非
无想衆生常現其前而教化之滿大願力故菩
薩三昧力故諸通明力故出生普賢菩薩行力
故出生長養大悲海故无閡大慈雲一切衆生
故安樂一切衆生故攝取一切衆生故深入菩
薩自在境界法門故普現一切諸佛刹中為嚴
淨故在一切法中智慧覺悟故在一切佛所恭
敬供養故在一切佛法中守護正法故在一切
衆生心海中度脫衆生故在一切衆生諸根中
調伏諸根在一切衆生欲海 中為除鄣閡
得清淨故在一切衆生愚癡闇中出生一切智
光明故尒時善財見夜天自在神力不可思
議菩薩境界一切世界教化衆生成就菩薩一
切法門自在神力歡喜无量頭面禮足恭敬合
掌於一面住一心觀察尒時夜天即捨相好妙
莊嚴身現夜天形而不捨離自在神力尒時
善財以偈頌曰
善財合掌住　諦觀无厭足　見无量神力　其心大歡喜
我見尊妙身　相好自莊嚴　清淨如虛空　一切莫能壞
所放殊勝光　无量刹塵等　種種微妙色　普照於十方
一一毛孔放　衆生等光明　一一光明端　出生寶蓮華
從華出化身　除滅衆生苦
放諸香光明　普勲十方界　而无量華雲　供養諸最勝
放无量寶光　一一如須彌　普照一切衆　除滅愚癡闇
口放淨光明　猶如无量日　普照盧舍那　无量之境界
明放淨光明　猶如无量月　普照群生類　除滅愚癡曀
妙相等衆生　出生化身海　充滿諸法界　度脫三有海
清淨微妙身　一切无不見　遠離水大賊　王等一切難

BD14893號　大方廣佛華嚴經（晉譯五十卷本異卷）卷四四　（18–11）

口放淨光明　猶如无量日　普照盧舍那　无量之境界
明放淨光明　猶如无量月　普照群生類　除滅愚癡曀
妙相等衆生　出生化身海　充滿諸法界　度脫三有海
清淨微妙身　一切无不見　遠離水大賊　王等一切難
善目觀察天　教我詣尊所　見尊白豪相　演出明淨光
普照十方海　除滅一切闇　顯現自在力　從我頂上入
光明入身已　舉體柔濡樂　即得離垢定　普見十方佛
悉能分別知　一切諸微塵　一一微塵中　普見十方刹
或有淨世界　或有不淨刹　不淨世界中　衆生受諸苦
不淨世界中　衆生受苦故　亦現三乘像　而往救度之
清淨佛國土　无量寶莊嚴　諸佛大菩薩　常樂於中住
一一微塵中　普見淨刹佛　盧舍那積劫　令彼土清淨
一一佛刹中　現坐菩提樹　得成等正覺　而轉淨法輪
我見妙德天　詣彼嚴淨刹　一切如來刹　恭敬而供養
尒時善財偈讚佛已白言天神甚奇甚特此菩
薩法門最為甚深此法門者名為何等得此法
門其已久如本脩何行而致之乎善男子此處
甚深一切人天聲聞緣覺所不能知何以故滿普
賢菩薩行者境界大悲菩薩藏境界救護一切
衆生菩薩境界除滅一切惡道諸難菩薩境界
一切佛刹中守護一切佛法令不斷絕菩薩境界
一切劫中滿菩薩行滿大願海菩薩境界具足
成就明淨慧光滅一切衆生愚癡闇鄣普照一
切菩薩境界於一念中明淨智慧普照三世諸方
便海菩薩境界善男子諦聽諦聽我當承佛神
力為汝解說佛子乃往古世過世界微塵等劫
有劫名離垢國滿世界名明淨妙德幢有須彌
山微塵等如來出現於世其佛世界七寶合成
衆寶莊嚴其土圓滿離垢清淨寶網羅覆金剛

BD14893號　大方廣佛華嚴經（晉譯五十卷本異卷）卷四四　（18–12）

便海菩薩境界善男子諦聽諦聽我當承佛神
力為汝解說佛子乃往古世過世界微塵等劫
有劫名離垢國滿世界名明淨妙德幢有須彌
山微塵等如來出現於世其佛世界七寶合成
衆寶莊嚴其土圓滿離垢清淨寶網羅覆金剛
圍山周迊圍遶有十万億那由他四域天下或
有天下清淨衆生亦淨或有天下不淨衆生不
淨或有天下淨不淨雜衆生亦雜或有天下清
清一切衆生善根具足无諸疾患或有天下嚴
淨殊勝但諸菩薩彼世界東際近金剛山有四
天下名華燈幢妙寶樓閣臺觀宮殿上味飲食
自然具足蘡蔔華普覆一切種種華香樹出妙
香雲諸寶蕊樹普雨蕊雲諸華樹雨不思議
衆妙華雲諸末香樹雨末香雲諸香王樹雨妙
香雲摩尼寶樹雨種種寶諸音樂樹微風吹動
出和雅音充滿虛空日月明淨妙寶光明普照
一切彼四天下有百万億那由他諸王京都一
一王都有千渠水微流迴映衆華普被自然演
出天音樂聲岸植寶樹行列莊嚴衆寶為地一
一水間有十億千城彼一一城有十億百千那
由他聚落圍遶彼一一城及一一聚落各有无
量億那由他妙寶樓閣而莊嚴之彼閻浮提有
一王都名寶華燈安隱豐樂人民熾盛此諸衆
生具足備行善業道時彼城中有轉輪王名
日明淨寶藏妙德為大法王治以正法從蓮華
生具三十二大人之相七寶成就王有千子端政
勇猛有十億大臣王有寶女名妙德成滿端嚴
殊妙目髮紺色身如天金梵音清淨身出光明
照千由旬彼有一女名妙德眼一切諸行皆悉
具足端政殊持觀者无厭有十億百千那由他

BD14893號　大方廣佛華嚴經（晉譯五十卷本異卷）卷四四　（18–13）

生具三十二大人之相七寶成就王有千子端政
勇猛有十億大臣王有寶女名妙德成滿端嚴
殊妙目髮紺色身如天金梵音清淨身出光明
照千由旬彼有一女名妙德眼一切諸行皆悉
具足端政殊持觀者无厭有十億百千那由他
諸采女衆皆與聖王同善根行身真金色一切
毛孔皆出妙香衆寶莊嚴超踰天女尒時衆生
壽命无量或有不定或有中夭形色不同長短
名号音聲善根精進方便亦悉不同有好有醜有
讚有毀尒時有人謂一人言我色端嚴汝形鄙
陋共相陵毀作惡業已壽命色力可愛伎樂皆
悉損減時彼城北有道場樹名普光明妙法音
幢衆寶為根无能壞者莖節枝葉衆寶合成皆
悉齊等出衆寶雲普覆一切放衆寶光普照十
方演妙音聲宣揚如來自在神力於其樹前有
香水池名寶華光明真法音雲衆寶為岸有十
億百千那由他寶樹圍遶彼一一樹如菩提樹寶
纓絡樹周迊垂下清淨妙寶以為莊嚴衆寶樓
閣无量无數周遍道場彼香池中有一蓮華名
三世一切佛莊嚴境界雲最初妙德幢佛於彼
華上成等正覺化衆生故放大光明名日万歲
衆生見者知後万歲佛當出世次後放光名一
切衆生離垢歡喜燈衆生見者知九千歲佛當
出世次後放光名離垢燈妙德藏衆生見者悉
觀妙色知八千歲佛當出世次後放光名一切
衆生業報音聲衆生見者分別了知自己業報
知七千歲佛當出世次後放光名起一切善根音
聲若有衆生諸根具觸斯光明皆悉具足知
六千歲佛當出世次後放光名日顯現不可思

BD14893號　大方廣佛華嚴經（晉譯五十卷本異卷）卷四四　（18–14）

衆生業報音聲衆生見者入別了知自己業報
知七千歲佛當出世次後放光名起一切善根音
聲若有衆生諸根具觸斯光明皆悉具足知
六千歲佛當出世次後放光名日顯現不可思
議諸佛境界音聲衆生見者悉嚴明淨自在之
心知五千歲佛當出世後次放光名日嚴淨一切
佛刹衆生見者見一切如來嚴淨佛刹智四千
歲佛當世出次後放光名一切佛不可壞境界
明淨燈衆生見者知佛自在无可不至知三千
歲佛當出世次後放光名普照三世一切諸佛
本事音聲衆生見者知一切如來過去本事无
量大海知二千歲佛當出世次後放光名離癡
曀智如來淨燈衆生見者平等淨眼普見一
切嚴淨佛刹一如切來一切衆生知一千歲佛當
出世次後放光名一切衆生見諸如來長養善根
衆生見者知後七日當出世次後放光名一
切衆生歡喜音聲衆生見者一心歡喜歎見如
來佛子彼佛於一万歲中放如是等无量光明
教化衆生滿七日已佛神力故一切世界六種
震動尒時衆生於念念中見一切佛刹皆悉清
淨衆寶莊嚴時彼世界衆生悉詣道場一切金
剛圍山須彌山王一切諸山一切變化一切音
聲一切大地一切城邑垣牆宮殿如是等一切
諸物出微妙音歌頌讚佛又出一切香雲一切
寶光明雲一切寶形像雲一切寶衣雲一切華
雲一切末香雲一切寶莊嚴雲一切如來圓滿
光雲一切如來大願聲雲一切如來妙音聲雲
一切如來諸相好雲顯現不可思議如來瑞應
相雲出生如是等一切妙雲供養如來時彼三世
一切佛莊嚴境界雲蓮華周遍出生十佛世界

BD14893號　大方廣佛華嚴經（晉譯五十卷本異卷）卷四四　（18–15）

光雲一切如來大願聲雲一切如來妙音聲雲
一切如來諸相好雲顯現不可思議如來瑞應
相雲出生如是等一切妙雲供養如來時彼三世
一切佛莊嚴境界雲蓮華周遍出生十佛世界
微塵等衆寶蓮華彼一一蓮華臺上有寶蓮
華藏師子之座彼師子座上十佛世界微塵等
菩薩摩訶薩尒時妙德幢佛於一切世界隨其所
應轉淨法輪令无量衆生離惡道苦无量衆生
生人天中立无量衆生於聲聞緣覺之地立无量
衆生於勇猛精進菩薩之行立无量衆生於離垢
幢精進菩薩之行立无量衆生於法光明菩薩之
行立无量衆生於清淨根菩薩之行立无量衆生
於平等諸力菩薩行之立无量衆生於一向專
求入正法城菩薩之行立无量衆生於至一切處
不可破壞神力自在菩薩之行立无量衆生於
一切方便菩薩之行立无量衆生出生菩薩三
昧安住菩提立无量衆生滿一切淨行安住菩
提立无量衆生發菩提心立无量衆生住菩薩
道立无量衆生清淨諸波羅蜜立无量衆生於
菩薩初地乃至立无量衆生於菩薩十地立无
量衆生於菩薩大願殊勝之行立无量衆生於
普賢菩薩清淨願行何以故如來轉不可思議
自在法輪故於念念中隨其所應以種種身種
種方便種種說法度脫无量衆生尒時普賢菩
薩知寶華燈城王鄰衆生自恃色很陵蔑他人
化現妙身端嚴殊特往諸彼城城放大光明普照
一切時彼聖王身之光明諸寶光明寶女光明
寶樹光明日月星宿光明映蔽猶如聚墨在
真金山普賢菩薩身色光明映蔽衆光亦復如
是尒時衆生各作是念今此光時悉蔽我等不

BD14893號　大方廣佛華嚴經（晉譯五十卷本異卷）卷四四　（18–16）

一切時波聖王身之光明諸寶光明寶女光明
寶樹光明日月星宿光明映蔽猶如聚墨在
真金山普賢菩薩身色光明映蔽眾光亦復如
是尒時眾生各作是念今此光時悉蔽我等不
復顯現為是梵天諸天光耶尒時普賢菩薩在
波聖王寶宮殿上於虛空中而告之言大王當
知佛興於世今在普光明妙法音幢菩提樹下
時波眾生見普賢菩薩相好嚴身无量光明聞
妙音聲歡喜无量發如是願令我等所住善根
淨此妙身相好莊嚴威儀无異神力自在除滅
一切眾生愚闇覺悟一切佛興于世起〻受生
願常不離此善知識時波聖王與其寶女及諸
眷屬千子大臣并四種兵上昇虛空放大光明
照四天下普為眾生以偈頌曰
如來出世間　普救諸羣生　汝等應速起　往詣導師所
无量无數劫　或有佛興世　演說深妙法　饒益一切眾
普見諸羣生　愚癡顛倒惑　流轉生死苦　於波起大悲
无量无數劫　脩習菩薩行　為化眾生故　起發无上悲
頭目手足等　難捨悉能施　无量无數劫　專求佛菩提
如來在道場　處佛正法坐　降伏一切魔　得成等正覺
觀察如來身　放演无量光　種種微妙色　除滅一切闇
一一毛孔中　放光不可議　除滅愚癡曀　令眾悉歡喜
各辦眾供具　發大精進心　滅詣如來所　恭敬設供養
尒時轉輪聖王讚嘆佛已以轉輪王功德善根
興十種雲普覆虛空注詣道場供養如來所謂
一切寶雲一切華雲一切衣雲一切寶衣雲一
切寶銅金鈴雲一切堅固香雲一切如意珠雲
一切妙寶幢雲一切寶宮殿雲一切莊嚴雲

BD14893號　大方廣佛華嚴經（晉譯五十卷本異卷）卷四四　（18–17）

尒時轉輪聖王讚嘆佛已以轉輪王功德善根
興十種雲普覆虛空注詣道場供養如來所謂
一切寶雲一切華雲一切衣雲一切寶衣雲一
切寶銅金鈴雲一切堅固香雲一切如意珠雲
一切妙寶幢雲一切寶宮殿雲一切莊嚴雲
普覆一切莊嚴虛空供養如來注詣佛所頭面
礼足遶无數匝退坐普照寶藏之坐尒時妙德
眼女昇辯身上諸莊嚴具奉散如來時莊嚴具
於虛空中變成寶蓋眾寶莊嚴悉與一切諸宮
殿等端嚴齊整十寶莊嚴金剛圍山周匝圍遶
其形猶如明淨樓閣眾寶莊嚴无量龍王悉共
執持寶樹圍遶妙香普熏於其蓋中有菩提樹
枝葉榮茂普覆法界以无量莊嚴而莊嚴之見
盧舍那佛坐此樹下與不可說佛剎微塵等大
菩薩俱皆悉具足普賢菩薩一切所行菩薩住
无能壞者又見一切世界諸王圍遶如來又見波
佛神力自在又見一切諸劫次第世界成敗又
見一切諸佛次第出世又見普賢菩薩在一切
佛所恭敬供養教化眾生又見波一一世界中
悉有佛剎微塵等世界種種安住種種莊嚴種
種清淨種種劫種如來出興于世種種三世
種種國土種種法界種種諸道種種入法界種
種虛空種種道場種種佛光種種諸佛莊嚴師
子之坐種種如來眷屬種種如來方便種種轉
法輪種種如來妙音說種種音聲海說脩多羅
雲時波女人見聞如是歡喜无量

BD14893號　大方廣佛華嚴經（晉譯五十卷本異卷）卷四四　（18–18）

處其二子
便語言兄[illegible]
王子等[illegible]啼[illegible]身衣裳置竹枝
上作是誓言我今為利諸衆生故證於最勝
无上道故大悲不動捨難捨故為求菩提智
所讚歎欲度三有諸衆生故欲滅生死怖惚
熱故是時王子作是誓已[illegible]即投身卧餓虎
前是時王子以大悲力故虎无能為王子復
作如是念言虎今羸瘦身无勢力不能得我
身血肉食即起求刀周遍求之了不能得即
以千竹刺頸出血於高山上投身虎前是時
大地六種震動日无精光如羅睺羅阿脩羅
王捉持鄣蔽又雨雜華種種妙香紛虛空中
有諸餘天見是事已心生歡喜嘆未曾有讚
言善哉善哉大士汝今真是行大悲者為衆

BD14894 號　金光明經卷四　（3–1）

以千竹刺頸出血於高山上投身虎前是時
大地六種震動日无精光如羅睺羅阿脩羅
王捉持鄣蔽又雨雜華種種妙香紛虛空中
有諸餘天見是事已心生歡喜嘆未曾有讚
言善哉善哉大士汝今真是行大悲者為衆
生故能捨難捨於諸學人第一勇健汝已為
得諸佛所讚常樂住處不久當證无惱无熱
清淨涅槃是虎爾時見血流出汙王子身即
便舐血食敢其肉唯留餘骨爾時第一王子
見地大動為第二王子而說偈言
振動大地　及以大海　日无精光　如有覆蔽
於上虛空　雨諸華香　必是我弟　捨所愛身
第二王子　復說偈言
彼虎產來　已經七日　七子圍遶　窮无飲食
氣力羸損　命不云遠　小弟大悲　知見窮悴
懼不堪忍　還食其子　恐定捨身　以救彼命
時二王子心大愁怖啼泣悲嘆容貌憔悴
共相將還至虎所見弟所著衣裳皆在
一竹枝之上骸骨髮爪布散狼藉流血處
處遍汙其地見已悶絕不自勝持投身骨上
良久乃悟即起舉手哮天而哭我弟幼稚才
能過人特為父母之所愛念奄忽捨身以餧
餓虎我今還宮父母若問當云何答我寧在
此并命一處不忍見是骸骨髮爪何心捨離
還見父母妻子眷屬朋友知識時二王子悲
嘷懊惱漸捨而去時小王子所將侍從各散

BD14894 號　金光明經卷四　（3–2）

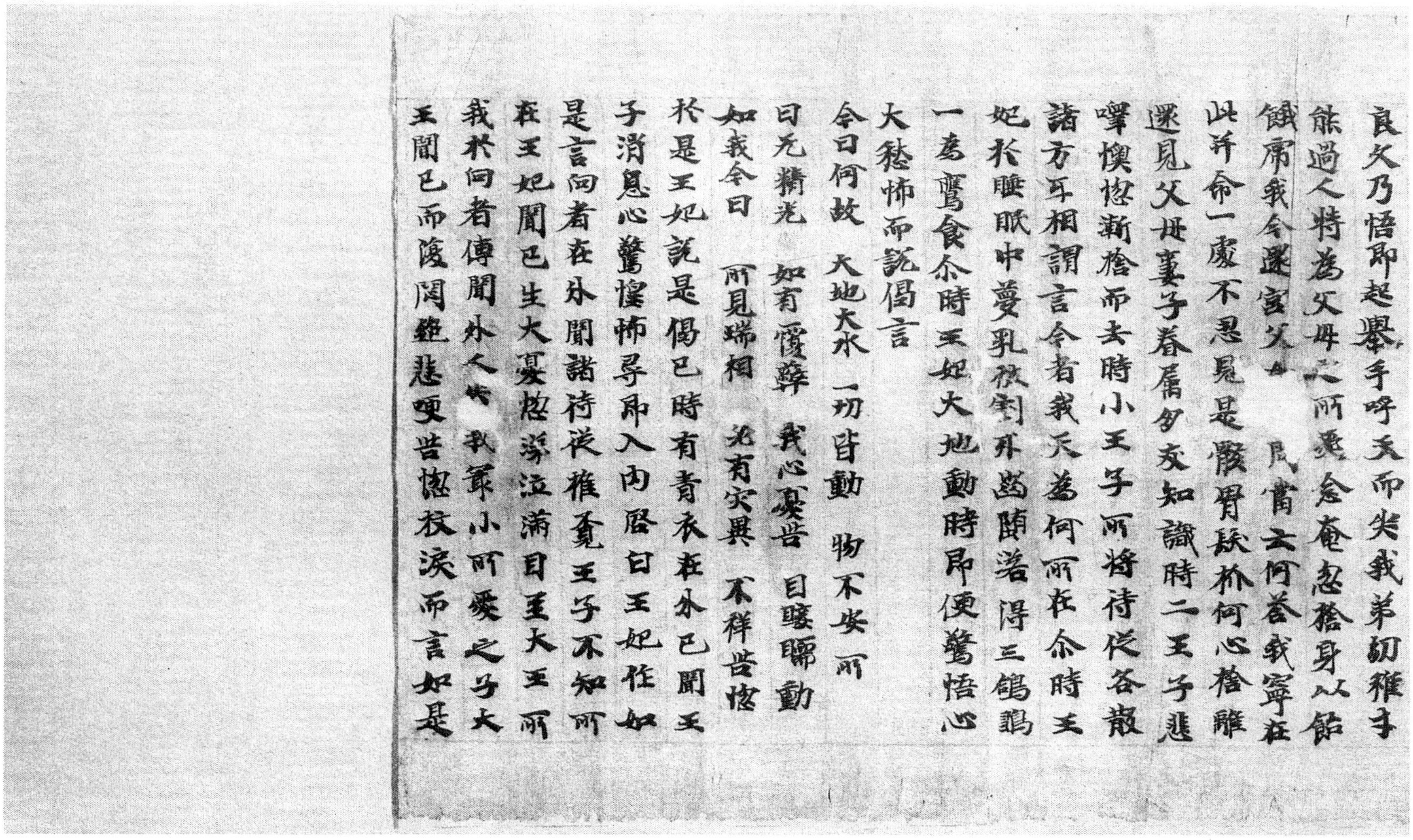
良久乃悟即起舉手呼天而哭我弟幼稚才
能過人特為父母之所愛念奄忽捨身以餧
餓虎我今還宮父母若問當云何答我寧在
此并命一處不忍見是骸骨狼藉何心捨離
還見父母妻子眷屬朋友知識時二王子悲
號懊惱漸捨而去時小王子所將侍從各散
諸方互相謂言今者我天為何所在爾時王
妃於睡眠中夢乳被割牙齒墮落得三鴿鶵
一為鷹食爾時王妃大地動時即便驚悟心
大愁怖而說偈言
今日何故　大地大水　一切皆動　物不安所
日無精光　如有覆蔽　我心憂苦　目瞼瞤動
如我今日　所見瑞相　必有災異　不祥苦惱
於是王妃說是偈已時有青衣在外已聞王
子消息心驚惶怖尋即入內啟白王妃作如
是言向者在外聞諸侍從推覓王子不知所
在王妃聞已生大憂惱涕泣滿目至大王所
我於向者傳聞外人失我最小所愛之子大
王聞已而復悶絕悲哽苦惱收淚而言如是

BD14894 號　金光明經卷四　（3–3）

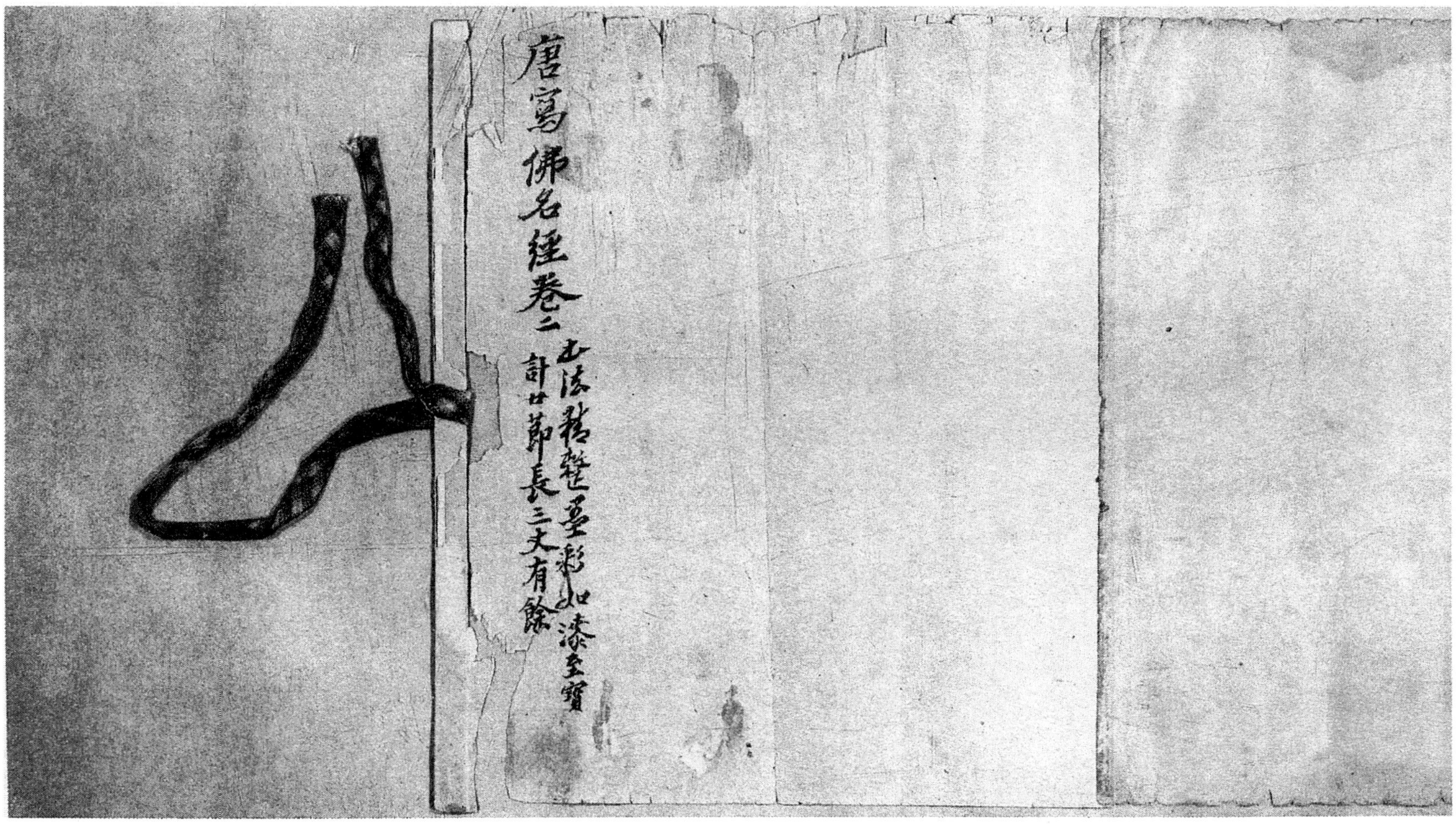
唐寫佛名經卷二
古法粧璜墨彩如漆至寶
計廿節長三丈有餘

BD14895 號背　現代護首　（1–1）

南无无盡慧佛　南无海慧佛
南无任慧佛　南无勝慧佛
南无滅諸惡慧佛　南无寂靜慧佛
南无脩行慧佛　南无蜜慧佛
南无堅慧佛　南无善清淨慧佛

BD14895 號　佛名經（十六卷本）卷二　（27–1）

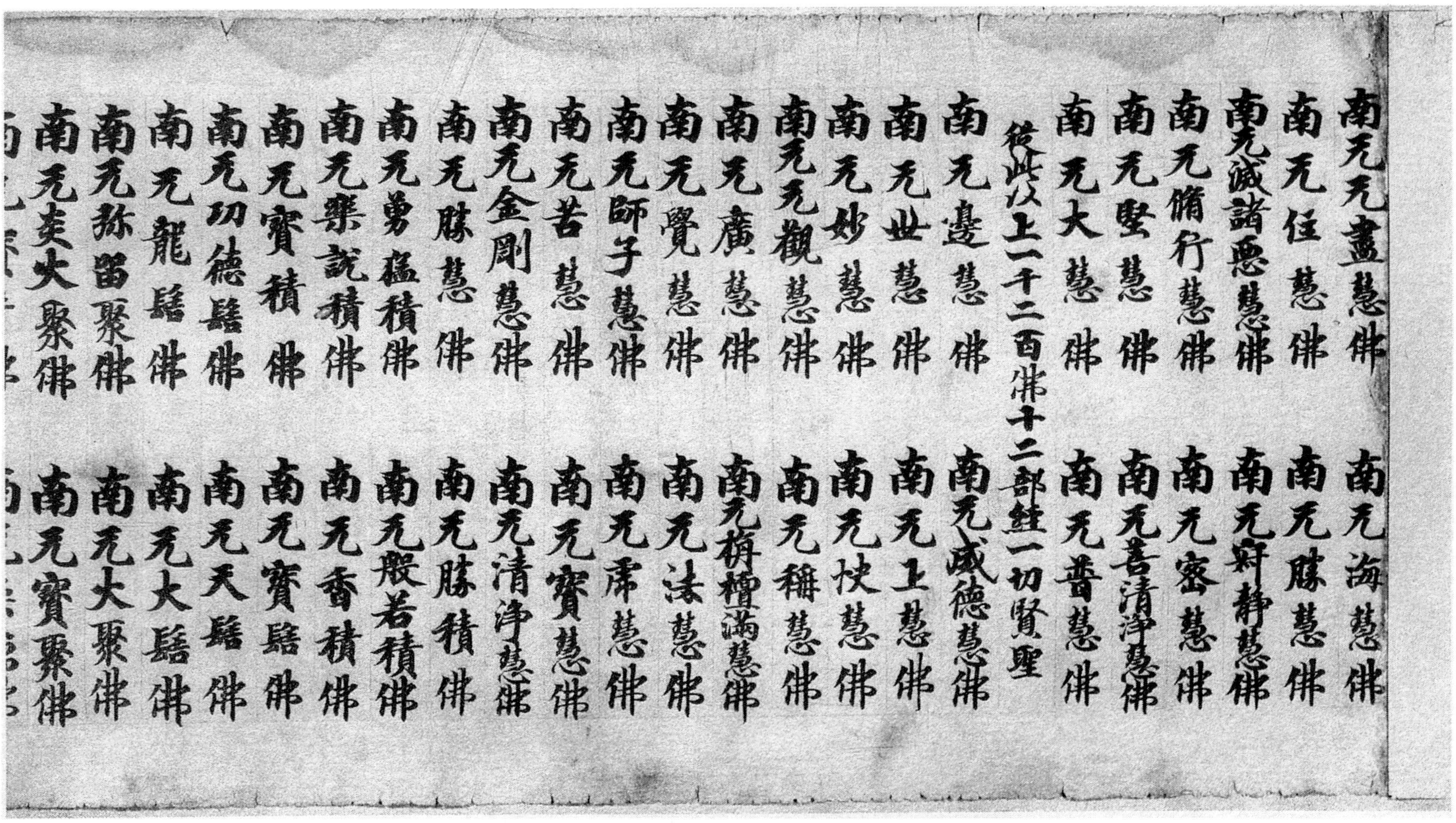
南无无盡慧佛　南无海慧佛
南无任慧佛　南无勝慧佛
南无滅諸惡慧佛　南无寂靜慧佛
南无脩行慧佛　南无蜜慧佛
南无堅慧佛　南无善清淨慧佛
南无大慧佛　南无普慧佛
從此以上一千二百佛十二部經一切賢聖
南无邊慧佛　南无威德慧佛
南无世慧佛　南无上慧佛
南无妙慧佛　南无快慧佛
南无无觀慧佛　南无稱慧佛
南无廣慧佛　南无栴檀滿慧佛
南无覺慧佛　南无法慧佛
南无師子慧佛　南无常慧佛
南无苦慧佛　南无寶慧佛
南无金剛慧佛　南无清淨慧佛
南无勝慧佛　南无勝積佛
南无勇猛積佛　南无般若積佛
南无樂說積佛　南无香積佛
南无寶積佛　南无寶髻佛
南无功德髻佛　南无天髻佛
南无龍髻佛　南无大髻佛
南无孫留聚佛　南无大聚佛
南无炎火聚佛　南无寶聚佛

BD14895 號　佛名經（十六卷本）卷二　（27–2）

南无功德髻佛　南无天髻佛
南无龍髻佛　南无大髻佛
南无弥留聚佛　南无大聚佛
南无炎火聚佛　南无寶聚佛
南无寶手佛　南无柔濡佛
南无寶印佛　南无寶光明奮迅惠佛
南无寶火圍遶佛　南无寶天佛
南无寶勝佛　南无寶高佛
南无寶堅佛　南无寶波頭摩佛
南无寶念佛　南无寶力佛
南无寶山佛　南无寶炎佛
南无寶火圍遶佛　南无寶照佛
南无放照佛　南无迭英花佛
南无妙說佛　南无月說佛
南无金剛說佛　南无寶說佛
南无寶杖佛　南无无量寶杖佛
南无无垢杖佛　南无无邊杖佛
南无法杖佛　南无寶蓋佛
南无均寶蓋佛　南无摩尼蓋佛
南无金蓋佛　南无奮迅王佛
南无增上火成就佛　南无增上勇猛佛
南无勇施佛　南无智施佛
南无然燈佛　南无然燈火佛
南无清淨燈佛　南无功德然燈佛
南无福德然燈佛　南无寶然燈佛
南无火然燈佛　南无无邊然燈佛

BD14895號　佛名經（十六卷本）卷二　（27–3）

南无[illegible]佛　南无[illegible]佛
南无然燈佛　南无然燈火佛
南无清淨燈佛　南无功德然燈佛
南无福德然燈佛　南无寶然燈佛
南无火然燈佛　南无无邊然燈佛
南无寶火然燈佛　南无普然燈佛
南无月然燈佛　南无日然燈佛
南无日月然燈佛　南无雲聲然燈佛
南无大海然燈佛　南无忍辱輪然燈佛
南无世然燈佛　南无光明遍十方然燈佛
南无照諸趣然燈佛　南无破諸闇然燈佛
南无一切世成就然燈佛　南无俱蘇摩見佛
南无不散佛　南无散花佛
南无不散花佛　南无放光明佛
南无千光明佛　南无六十光明佛
南无觀光明佛　南无无蓮張光明佛
從此以上一千三百佛十二部經一切賢聖
南无放淨光明佛　南无无邊光明佛
南无波頭摩光明佛　南无福德光明佛
南无智光明佛　南无月光明佛
南无日光明佛　南无无等光明佛
南无奮迅恭敬稱佛　南无无比佛
南无功德稱佛　南无寶稱佛
南无无垢稱佛　南无无垢无德佛
南无堅德佛　南无无憂德佛
南无勇猛德佛　南无華德佛

BD14895號　佛名經（十六卷本）卷二　（27–4）

南无日光明佛　南无[illegible]光明佛
南无善逝恭敬稱佛　南无无比佛
南无功德稱佛　南无寶稱佛
南无无垢稱佛　南无垢无德佛
南无堅德佛　南无无憂德佛
南无勇猛德佛　南无華德佛
南无歡喜德佛　南无龍德佛
南无功德海佛　南无淨德佛
南无淨天佛　南无供養佛
南无淨聲佛　南无淨妙聲養佛
南无出淨聲佛　南无普智輪光聲佛
南无光聲佛　南无雲勝聲佛
次禮十二部尊經大藏法輪
南无阿差末經　南无彌勒下生經
南无脩行經　南无无盡意經
南无大雲經　南无廣博嚴淨經
南无所行讚經　南无十住經
南无海龍王經　南无思益經
南无菩薩處胎經　南无禪行經
南无鴦掘魔羅經　南无菩薩本緣經
南无密迹金剛經　南无佛藏經
南无大樹緊那羅經　南无阿毗曇心經
南无大悲分陁利經　南无百喻經
南无大吉義呪經　南无淨度經
南无維摩詰經　南无菩薩本行經
南无寶蓮經　南无无明羅剎經

BD14895號　佛名經（十六卷本）卷二　（27–5）

南无大[illegible]　南无阿[illegible]心經
南无大悲分陁利經　南无百喻經
南无大吉義呪經　南无淨度經
南无維摩詰經　南无菩薩本行經
南无寶蓮經　南无无明羅剎經
南无集一切福德經　南无金光明經
次禮十方諸大菩薩
南无因陁羅德菩薩　南无海天菩薩
南无拔陁波羅菩薩　南无藥王菩薩
南无盧舍那菩薩　南无月光菩薩
南无波頭摩勝藏菩薩　南无智山菩薩
南无聖藏菩薩　南无不捨行菩薩
南无不空見菩薩　南无妙聲菩薩
南无妙聲吼菩薩　南无常發喜精根菩薩
南无波頭摩道勝菩薩　南无廣思菩薩
南无憂波羅眼菩薩　南无可供養菩薩
南无常憶菩薩　南无住一切悲見菩薩
南无斷一切惡法菩薩　南无住一切聲菩薩
南无住一切有菩薩　南无住佛聲菩薩
南无无垢菩薩　南无勇猛德菩薩
南无淨菩薩　南无寶勝菩薩
南无羅網光菩薩　南无斷諸蓋菩薩
南无能捨一切事菩薩　南无華莊嚴菩薩
南无月光明菩薩　南无寂勝意菩薩
南无堅意菩薩　南无自在天菩薩
南无勝意菩薩　南无淨意菩薩

BD14895號　佛名經（十六卷本）卷二　（27–6）

南无能捨一切事菩薩　南无華莊嚴菩薩
南无月光明菩薩　南无最勝意菩薩
南无堅意菩薩　南无自在天菩薩
南无勝意菩薩　南无淨意菩薩
從此以上一千四百佛十二部經一切賢聖
南无金剛意菩薩　南无增長意菩薩
南无善住菩薩　南无善道師菩薩
南无波頭摩藏菩薩　南无陀羅尼自在王菩薩
南无普行菩薩　南无覺王菩提菩薩
歸命如是等十方无量无邊菩薩
南无寶辟支佛　南无不可比辟支佛
南无歡喜辟支佛　南无喜辟支佛
南无隨喜辟支佛　南无十二婆羅墮辟支佛
南无十同名婆羅辟支佛　南无火身辟支佛
南无同菩提辟支佛　南无摩訶男辟支佛
南无心上辟支佛　南无歎淨辟支佛
歸命如是等无量无邊辟支佛
礼三寶已次復懺悔
衆等相與即今我身寂靜无謟无障正
是生善滅惡之時復應各起四種觀行以
為滅罪作前方便何等為四一者觀於因
緣二者觀於果報三者觀我自身四者
觀如來身第一觀因緣者知我此罪藉
以无明不善思惟无正觀力不識其過遠
離善友諸佛菩薩隨逐魔道行耶險逕如

BD14895號　佛名經（十六卷本）卷二　（27–7）

觀如來身第一觀因緣者知我此罪藉
以无明不善思惟无正觀力不識其過遠
離善友諸佛菩薩隨逐魔道行耶險逕如
魚吞鉤不知其患如蚕作繭自縈自縛如
蛾赴火自燒其爛以是因緣不能自出
第二觀於果報者所有諸惡不善之業三
世流轉苦果无窮沉溺无邊巨夜大海為
諸煩惱羅剎所食未來生死冥然无崖
設使報得轉輪聖王王四天下飛行自在
七寶具足命終之後不免惡趣四空果報
三界尊極福盡還作牛頭中虫況復其
餘无福德者而復懈怠不勤懺悔此亦
辟如抱石沉㴸求出良難
第三觀我自身雖有正因靈覺之性而為
煩惱黑闇叢林之所覆蔽无了因力不能
得顯我今應當發起勝心破裂无明顛倒
重障斷滅生死虛偽苦因顯發如來大明
覺慧建立无上涅槃妙果
第四觀如來身者无為寂照離四句絕百
非衆德具足湛然常住雖復方便入於滅
度慈悲救接未曾暫捨生如是心可謂滅
罪之良津除障之要行是故弟子今日至
誠稽首歸依
南无東方勝藏珠光佛
南无南方寶積示現佛

BD14895號　佛名經（十六卷本）卷二　（27–8）

度慈悲救接未曾輙捨生如是心可謂滅
罪之良津除障之要行是故弟子今日至
誠稽首歸依
南无東方勝藏珠光佛
南无南方寶積示現佛
南无西方法界智燈佛
南无北方寂勝降伏佛
南无東南方龍自在王佛
南无西南方轉一切生死佛
南无西北方无邊智自在佛
南无東北方无邊功德月佛
南无下方海智神通佛
南无上方一切勝王佛
如是十方盡虛空界一切三寶
弟子等无始以來至于今日長養煩惱
日滋自厚日滋日茂覆蓋慧眼令无所見
斷除衆善不得相續起障不得見佛不
聞正法不值聖僧煩惱起障不見過去未
來一切世間善惡業行之煩惱障受人天
尊貴之煩惱障生色无色界禪定福樂
之煩惱障不得自在神通飛騰隱顯遍
至十方諸佛淨土聽法之煩惱障學安那
般那數息不淨觀諸煩惱障學悲喜捨
因緣煩惱障學七方便三觀義煩惱障學
四念處煖頂忍煩惱障學聞思脩第一
法煩惱障學空平等中道觧煩惱障學

般那數息不淨觀諸煩惱障學悲喜捨
因緣煩惱障學七方便三觀義煩惱障學
四念處煖頂忍煩惱障學聞思脩第一
法煩惱障學空平等中道觧煩惱障學
八正道示相之煩惱障學七學支不示相
煩惱障學於道品因緣觀煩惱障學八觧
脫九空之煩惱障學於十智三三昧煩惱
障學三明六通四无礙煩惱障學六度四
等煩惱障學四攝法廣化之煩惱障學
大乘心四弘誓願煩惱障學十明十行之
煩惱障學十明十行之煩惱障學十迴向
十願之煩惱障學初地二地三地四地明觧
之煩惱障學五地六地七地諸知見煩惱障
學八地九地十地雙照之煩惱障如是乃
至障學佛果百万阿僧祇諸行上煩惱
如是行障无量无邊弟子今日至心稽顙
向十方佛尊法聖衆慙愧識悔願皆消滅
願弟子等藉此識悔障於諸行一切煩
惱願弟子等在在處處自在受生不爲
結業之所迴轉以如意通於一念頃遍
至十方淨諸佛土攝化衆生諸禪定
甚深境界及諸知見通達无导心能普
同切諸法樂說无窮而不染著得心自
在得法自在智慧自在方便自在令此
煩惱及无知結習畢竟永斷不復相續

至十方[illegible]諸佛土[illegible]
甚深境界及諸知見通達无㝵心能普
同切諸法樂說无窮而不染著得心自
在得法自在智慧自在方便自在令此
煩惱及无知結習畢竟永斷不復相續
无漏聖道朗然如日　礼一拜
南无安隱聲佛　南无樂聲佛
南无妙鼓聲佛　南无天聲佛
南无月聲佛　南无日聲佛
南无師子聲佛　南无波頭摩聲佛
南无福德聲佛　南无金剛聲佛
南无自在聲佛　南无慧聲佛
南无妙聲佛　南无選擇聲佛
南无甘露聲佛　南无淨幢佛
南无金剛幢佛　南无法幢佛
南无住持法佛　南无樂法佛
南无護法佛　南无曇无竭佛
南无法奮迅佛　南无法界華佛
南无護法眼佛　南无然法庭燎佛
南无法自在佛　南无人自在佛
南无功德自在佛　南无聲自在佛
南无世自在佛　南无觀世自在佛
南无无量自在佛　南无意住持佛
南无地住持佛　南无尼弥住持佛
南无器住持佛　南无功德住住持佛
南无勝色佛　南无轉發起佛
南无[illegible]

南无无量自在佛　南无意住持佛
南无地住持佛　南无尼弥住持佛
南无器住持佛　南无功德住住持佛
南无勝色佛　南无轉發起佛
南无一切觀形示佛　南无發一切无歇足佛
南无發成就佛　南无善讃佛
南无善思惟佛　南无善喜佛
南无善家佛　南无普禪佛
南无甘露功德佛　南无喜明佛
南无師子仙化佛　南无佛眼佛
南无合聚佛　南无疾智勇佛
南无善住佛　南无寶行佛
南无師子手佛　南无海滿佛
南无善思惟佛　南无稱王佛
南无住慈佛　南无善夜摩佛
南无善行佛　南无善功德佛
南无善色佛　南无善識佛
南无善心佛　南无善光佛
從此以上一千五百佛十二部經一切賢聖
南无師子月佛　南无不可勝佛
南无不可勝无畏佛　南无无量佛
南无速与佛　南无不動心佛
南无應稱佛　南无應不怯弱聲佛
南无不厭足藏佛　南无不盡佛
南无不可動佛　南无名无畏佛
南无名自在讃世間佛

[illegible]
南无應稱佛　南无應不怯弱聲佛
南无不歇足藏佛　南无不盡佛
南无不可動佛　南无名无畏佛
南无名自在讓世間佛
南无名龍自在聲佛
南无名法行廣慧佛
南无名勝自在相通稱佛
南无名妙勝自在勝佛
南无名樂法奮迅佛
南无名法界莊嚴佛
南无名大乘莊嚴佛
南无名寂靜王佛
南无解脫行佛
南无大海彌留起王佛
南无合聚耶羅迅王佛
南无散壞堅魔輪佛
南无精進根寶王佛
南无佛法波頭摩佛
南无得法眼分陁利佛
南无隨前覺佛
南无平等作佛
南无名初發心遠離一切驚怖无煩
惱起切德佛
南无教化菩薩佛
南无金剛奮迅佛
[illegible]

BD14895號　佛名經（十六卷本）卷二　（27-13）

南无名初發心遠離一切驚怖无煩
惱起切德佛
南无教化菩薩佛
南无金剛奮迅佛
南无名寶像光明釜奮迅佛
南无破壞魔輪佛
南无初發心成就不退勝輪佛
南无寶蓋起无畏光明佛
南无初發心念斷疑煩惱佛
南无名光明破昧起三昧王佛
善男子善女人若有得聞是諸名者永
離業障不墮惡道若无眼者誦必得眼
南无十千同名星宿佛
南无一切同名星宿佛
南无三十千同名釋迦牟尼佛
南无一切同名釋迦牟尼佛
南无二億同名拘隣佛
南无一切同名拘隣佛
南无十八億同名寶法決定佛
南无十切同名寶法決定佛
南无十八億同名日月燈佛
南无一切同名日月燈佛
南无千五百同名大威德佛
南无一切同名大威德佛
南无千五百同名日佛
南无一切同名日佛

BD14895號　佛名經（十六卷本）卷二　（27-14）

南无一切同名大威德佛
南无千五百同名日佛
南无一切同名日佛
南无同切同名面佛
南无四万四千同名面佛
南无万千同名堅固自在佛
南无一切同名堅固自在佛
南无万八千同名普護佛
南无一切同名普護佛
南无千八百同名舍摩他佛
南无一切同名舍摩他佛
劫名善眼彼劫中有七十二那由他如
來成佛我悉歸命彼諸如來
劫名善見彼劫中有七十二億如來成
佛我悉歸命彼諸如來
劫名淨讚嘆彼劫中有一万八千如來
成佛我悉歸命彼諸如來
劫名善行彼劫中有三万二千如來成
佛我悉歸命彼諸如來
劫名莊嚴彼劫中有八万四千如來成
佛我悉歸命彼諸如來
南无現在十方世界不捨命說諸法佛
所謂安樂世界中阿弥陀佛為上首
南无樂世界阿閦如來為上首
南无袈裟幢世界中碎金剛佛為上首

BD14895號　佛名經（十六卷本）卷二　（27–15）

所謂安樂世界中阿弥陀佛為上首
南无樂世界阿閦如來為上首
南无袈裟幢世界中碎金剛佛為上首
南无不退輪吼世界中清淨光波頭
摩花身如來為上首
南无无垢世界中法幢如來為上首
南无善燈世界中師子如來為上首
南无善住世界中盧舍那藏為上首
南无難過世界中功德華身如來為
上首
南无莊嚴慧世界中一切通光明如來
為上首
南无鏡輪光明世界中月慧智為上首
南无華勝世界中波頭摩勝如來為上
首
南无波頭摩勝世界中賢勝如來為
上首
南无不瞬世界中普賢如來為上首
南无普賢世界中自在王如來為上首
南无不可勝世界中成就一切義如來
為上首
南无娑婆世界中釋迦牟尼佛為上首
南无善說佛為上首
南无自在幢王佛
南无作大光佛

BD14895號　佛名經（十六卷本）卷二　（27–16）

南无娑婆世界中釋迦牟尼佛為上首
南无善說佛為上首
南无自在幢王佛
南无作大光佛
南无无畏觀佛
如是等上首諸佛我以身口意業遍滿十
方一時礼拜讚嘆供養彼諸如來所說法甚
深境界不可量境界不可思議境界无量
境界等我悉以身口意業遍滿十方礼拜
讚嘆供養彼佛世界中不退菩薩僧不退
聲聞僧我悉以身口意業遍滿十方頭面
礼足讚嘆供養
南无降伏魔人自在佛　南无降伏貪自在佛
南无降伏瞋自在佛　南无降伏癡見自在佛
南无降伏怨自在佛　南无降伏見自在佛
南无降伏諸戲自在佛　南无竹達法自在佛
南无得神通自在稱佛　南无得勝業自在稱佛
南无起施自在稱佛　南无起清淨戒自在稱佛
南无起忍辱人自在稱佛　南无起精進人自在稱佛
從此以上一千六百佛十二部經一切賢聖
南无起禪那人自在稱佛
南无福德清淨光明自在佛
南无起陁羅尼自在稱佛
南无高勝佛　南无光明勝佛
南无大勝佛　南无散香上佛
南无多寶勝佛　南无月上勝佛

BD14895號　佛名經（十六卷本）卷二　（27–17）

南无福德清淨光明自在佛
南无起陁羅尼自在稱佛
南无高勝佛　南无光明勝佛
南无大勝佛　南无散香上佛
南无多寶勝佛　南无月上勝佛
南无賢上勝佛　南无摩上勝佛
南无无量上勝佛　南无波頭摩上勝佛
南无三昧手上勝佛　南无善說名稱佛
南无大海深勝佛
南无阿僧祇精進住勝佛
南无樂說一切法莊嚴勝佛
南无寶輪威德上勝佛
南无日輪上光明勝佛
南无无量慚愧金色上勝佛
南无功德海流離金山金色光明勝佛
南无寶華普照勝佛
南无起无邊功德无垢勝佛
南无起多羅王勝佛　南无樹王吼勝佛
南无法海潮勝佛　南无寶清淨功德勝佛
南无樂劫大勝佛　南无不可思議光明勝佛
南无寶月光明勝佛　南无寶賢幢勝佛
南无成就義勝佛　南无寶成就勝佛
南无寶集勝佛　南无奮迅勝佛
南无不可勝佛　南无聞勝佛
南无海勝佛　南无住持勝佛
南无善行勝佛　南无龍勝佛

BD14895號　佛名經（十六卷本）卷二　（27–18）

南无成就義勝佛　南无寶威德勝佛
南无寶集勝佛　南无奮迅勝佛
南无不可勝佛　南无聞勝佛
南无海勝佛　南无住持勝佛
南无善行勝佛　南无龍勝佛
南无波頭摩勝佛　南无福德勝佛
南无智勝佛　南无妙勝佛
南无賢勝佛　南无勝賢勝佛
南无栴檀勝佛　南无勝栴檀勝佛
南无无量光明佛　南无无憂勝佛
南无離一切憂勝佛　南无寶杖如來
南无善寶杖佛　南无拘蘇摩勝佛
南无華勝佛　南无三昧奮迅勝佛
南无樹提勝佛　南无大勝佛
南无廣功德勝佛　南无衆勝佛
南无清淨光世界有佛号積清淨增
長上王佛
南无普光世界普光无畏王如來
南无普蓋世界名均寶莊嚴如來彼如
來授羅网光菩薩阿耨多羅三藐三
菩提記
南无一寶鎧世界名无量寶境界如來
彼如來授不空奮迅境界菩薩阿耨多
羅三藐三菩提記
南无相威德王世界名无量聲如來彼
如來授即發心轉法輪菩薩阿耨多羅

BD14895號　佛名經（十六卷本）卷二　（27–19）

彼如來授不空奮迅境界菩薩阿耨多
羅三藐三菩提記
南无相威德王世界名无量聲如來彼
如來授即發心轉法輪菩薩阿耨多羅
三藐三菩提記
南无名稱世界名須彌留聚集如來彼
如來授光明輪勝威德菩薩阿耨多羅三
藐三菩提記
南无善住世界名虛空寂如來彼如來授
月光菩薩阿耨多羅三藐三菩提記
南无地輪世界稱力王如來彼如來授智
稱菩薩阿耨多羅三藐三菩提記
南无月起光世界放光明如來彼如來授
光明輪菩薩阿耨多羅三藐三菩提記
南无袈裟幢世界名離袈裟如來彼如
來授无量寶發心起菩薩阿耨多羅三藐
三菩提記
南无波頭摩華世界種種花勝成就如來
彼如來授名无量精進菩薩阿耨多羅
三藐三菩提記
南无一蓋世界名遠離諸怖毛竪如來
彼如來授羅网光明菩薩阿耨多羅三
藐三菩提記
南无種種幢世界名須彌留聚如來彼如
來授大勝菩薩阿耨多羅三藐三菩提
記

BD14895號　佛名經（十六卷本）卷二　（27–20）

彼如來授羅㒺光明菩薩阿耨多羅三
藐三菩提記
南无種種幢世界名須弥留聚如來彼如
來授大勝菩薩阿耨多羅三藐三菩提
記
南无普光世界名无障礙眼如來彼如來
授名智勝菩薩阿耨多羅三藐三菩提
記
南无賢世界名栴檀屋如來彼如來授
名智功德幢菩薩阿耨多羅三藐三菩
提記
南无賢慧世界名合聚如來彼如來授名
妙智菩薩阿耨多羅三藐三菩提記
南无寶首世界名羅㒺光明如來彼如
來授名智功德菩薩阿耨多羅三藐三
菩提記
南无安樂世界名寶蓮華勝如來彼如來
授名波頭摩勝功德菩薩阿耨多羅三
藐三菩提記
南无稱世界名智花寶光明勝如來彼如
來授第一莊嚴菩薩阿耨多羅三藐三
菩提記
南无賢辟世界名起賢光明如來彼如來
授名寶光明菩薩阿耨多羅三藐三菩
提記
南无无畏世界名滅散一切怖畏如來彼

BD14895 號　佛名經（十六卷本）卷二　　（27–21）

菩提記
南无賢辟世界名起賢光明如來彼如來
授名寶光明菩薩阿耨多羅三藐三菩
提記
南无无畏世界名滅散一切怖畏如來彼
如來授名无畏菩薩阿耨多羅三藐三
菩提記
南无弥留幢世界名弥留序如來彼如來
授合聚菩薩阿耨多羅三藐三菩提記
南无遠離一切憂惱障礙世界名无畏王
如來彼如來授名多聲菩薩阿耨多羅三
藐三菩提記
南无法世界名作法如來彼如來授名智
作菩薩阿耨多羅三藐三菩提記
南无善住世界名百一十光明如來彼
如來授名勝光明菩薩阿耨多羅三藐
三菩提記
南无多伽羅世界名智光明如來彼如來
授名善眼菩薩阿耨多羅三藐三菩提
記
南无香世界名寶勝光明如來彼如來授
名无量光明菩薩阿耨多羅三藐三菩提
記
次礼十二部尊經大藏法輪
南无首楞嚴經　南无菩薩夢經
南无菩薩神通變化經　南无法界體性經

BD14895 號　佛名經（十六卷本）卷二　　（27–22）

次礼十二部尊經大藏法輪
南无首楞嚴經　南无菩薩夢經
南无菩薩神通變化經　南无法界體性經
南无蜜藏經　南无般舟經
從此以上一千七百佛十二部經一切賢聖
南无起日月經　南无中本起經
南无无量壽經　南无百論經
南无寶梁經　南无善王皇帝經
南无發菩薩心經　南无決罪福經
南无大乘方便經　南无法句經
南无蜜跡王經　南无虛空藏經
南无辟支佛縁經　南无淨業障經
南无溫室洗浴經　南无太子讚經
南无睒經　南无光瑞經
南无法句譬喻經　南无除恐災患經
南无三受經　南无三乘无當經
次礼十方諸大菩薩
南无妙光菩薩　南无无邊光菩薩
南无无量明菩薩　南无勇施菩薩
南无普賢菩薩　南无勇智菩薩
南无度難菩薩　南无濟神菩薩
南无關化菩薩　南无淨智菩薩
南无安神菩薩　南无尊道菩薩
南无无邊光菩薩　南无金剛慧菩薩
南无寶首菩薩　南无調慧菩薩

BD14895號　佛名經（十六卷本）卷二　（27-23）

南无關化菩薩　南无淨智菩薩
南无安神菩薩　南无尊道菩薩
南无无邊光菩薩　南无金剛慧菩薩
南无寶首菩薩　南无調慧菩薩
南无法藏菩薩　南无龍樹菩薩
南无淨藏菩薩　南无淨眼菩薩
南无大勢至菩薩　南无童真菩薩
南无成道菩薩　南无度難菩薩
南无弥陁羅菩薩
復次應禮辟支佛名
南无見人乘騰辟支佛　南无可波羅辟支佛
南无奈摩利辟支佛　南无月淨辟支佛
南无善智辟支佛　南无脩陁羅辟支佛
南无善法辟支佛　南无應求辟支佛
南无諸求辟支佛　南无大勢辟支佛
南无脩不善辟支佛　南无難捨辟支佛
歸命如是无量无邊辟支佛
礼三寶已次復懺悔
弟子等略識煩惱障竟今當次弟懺悔業
障夫業能莊飾世趣在在處處以是思
惟求離世解脫所以六道果報種種不同形
類各異當知皆是業力所作所以佛十力
中業力甚深凡夫之人多於此中好起疑
惑何以故尒現見世間行善之人觸向轗
軻為惡之者是事諧偶謂言天下善惡
无分如此計者皆是不能深達道理何以故

BD14895號　佛名經（十六卷本）卷二　（27-24）

中業力甚深凡夫之人多於此中好起疑
惑何以故今現見世間行善之人觸向轗
軻為惡之者是事諧偶謂言天下善惡
无分如此計者皆是不能深達道理何以故
今經中說言有三種業何等為三一者現
報二者生報三者後報現報業者現在作
善作惡現身受報生報業者此生作善
作惡來生受報後報業者或是過去无量
生中作善作惡或於此生中受或在未來
无量生中方受其報向者行惡之人現在
見好此是過去生報後報善業熟故所
以現在有此樂果豈關現在作諸惡業而
得好報行善之人現在見苦者是過去生
中生報後報惡業熟故現在善根力弱不
能排遣是故得此苦報豈關現在作善而招
惡報何以然現見世間為善之者為人所讚
數人所尊重故知未來必招樂果過去既有
如此惡業所以諸佛菩薩教令親近善行
共行懺悔善知識者於得道中則為全利
是故弟子等今日至誠歸依
南无東方无量離垢佛
南无南方樹根華王佛
南无西方蓮華自在佛
南无北方金剛能破佛
南无東南方慈檀叢勝佛

BD14895號　佛名經（十六卷本）卷二　（27–25）

南无西方蓮華自在佛
南无北方金剛能破佛
南无東南方慈檀叢勝佛
南无西南方金海自在王佛
南无西北方无邊法自在王佛
南无東北方无量香象王佛
南无下方无量慧幢佛
南无上方甘露上王佛
如是十方盡虛空界一切三寶
弟子等无始以來至於今日積惡如恒沙
造罪滿天地捨身与受身不覺亦不知或
作五逆深厚濁纏无間罪業或造一闡提
斷善根業輕誣佛語謗方等業破滅三
寶毀正法業不信罪福起十惡業迷真反
正癡惑之業不孝二親反戾之業輕慢師
長无禮敬業朋友不信不義之業或作四重
六重八重障聖道業毀犯五戒破八齋業五
篇七聚多缺犯業優婆塞戒輕重垢業
或菩薩戒不能清淨如說行業前後方便
汙梵行業月无六齋懈怠之業年三長齋
不常脩業三千威儀不如法業八万律儀
微細罪業不脩身戒心慧之業春秋八王
造衆罪業行十六種惡律儀業於苦衆生
无慈傷業不矜不念无矜愍業不拔不濟
无救護業心懷嫉忌无慶彼業於怨親境

BD14895號　佛名經（十六卷本）卷二　（27–26）

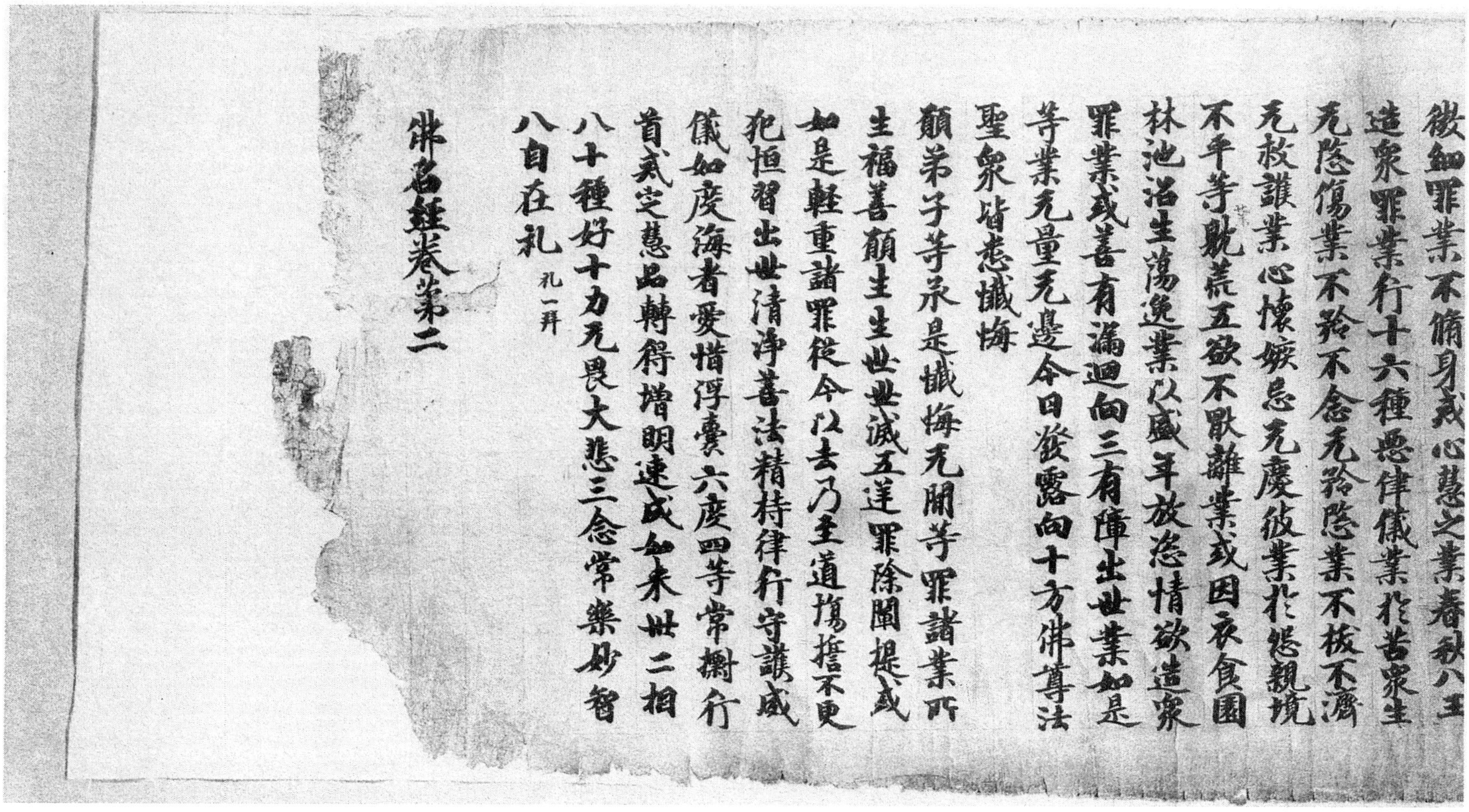

微細罪業不脩身戒心慧之業春秋八王
造衆罪業行十六種惡律儀業於苦衆生
无慈傷業不給不念无給慈業不拔不濟
无救讙業心懷嫉忌无慶彼業於怨親境
不平等業耽荒五欲不猒離業或因衣食園
林池沼生蕩逸業以盛年放恣情欲造衆
罪業或善有漏迴向三有障出世業如是
等業无量无邊今日發露向十方佛尊法
聖衆皆悉懺悔
願弟子等承是懺悔无閒等罪諸業所
生福善願生生世世滅五逆罪除闡提惑
如是輕重諸罪從今以去乃至道場誓不更
犯恒習出世清淨善法精持律行守護威
儀如度海者愛惜浮囊六度四等常標行
首戒定慧品轉得增明速成如來卅二相
八十種好十力无畏大悲三念常樂妙智
八自在 礼 礼一拜
佛名經卷第二

BD14895 號　佛名經（十六卷本）卷二　（27–27）

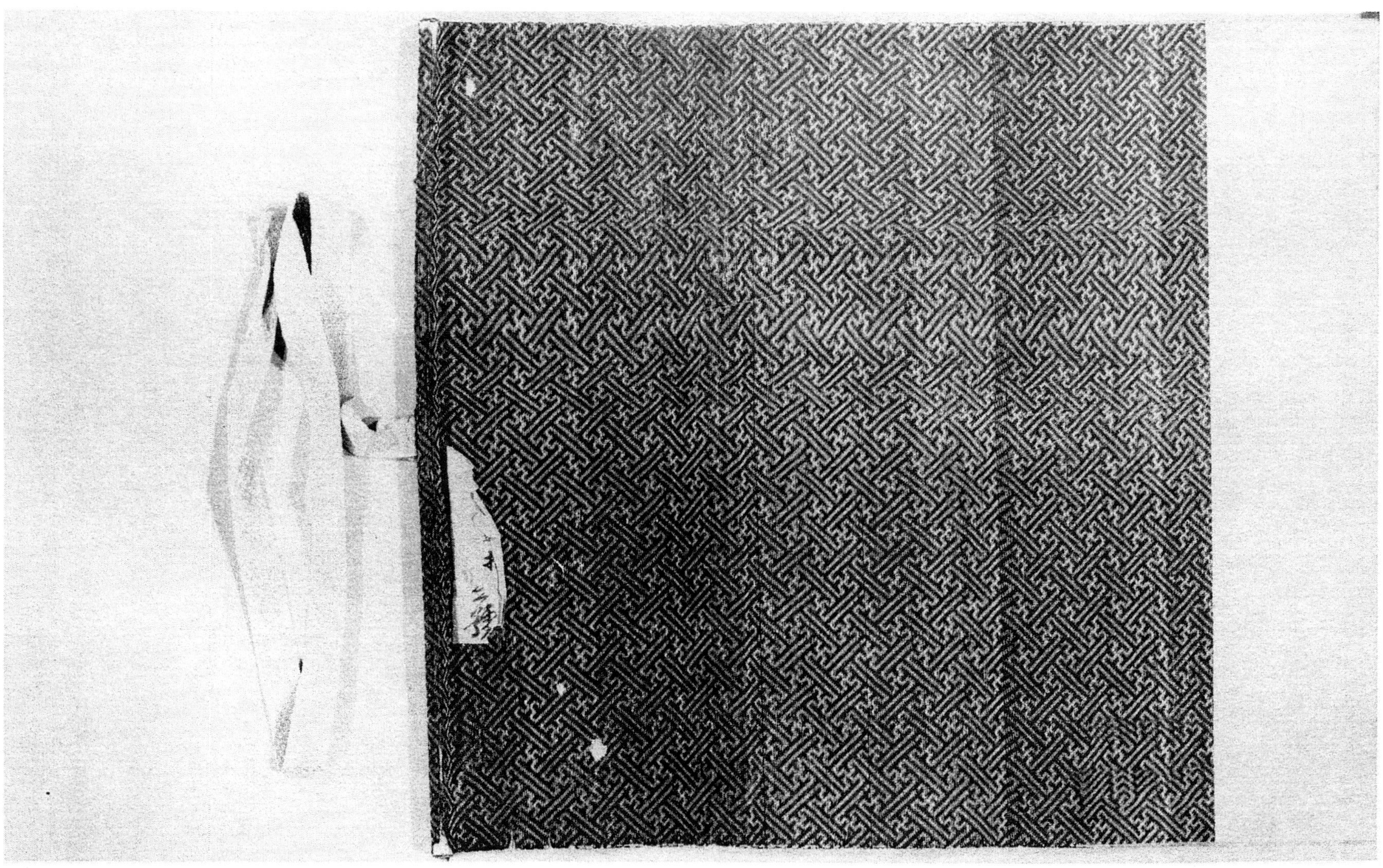

BD14896 號背　現代護首　（1–1）

大般涅槃經卷第三十九
尒時阿闍世王與諸外道徒衆眷屬往至佛
所頭面作礼右遶三帀脩敬已畢却住一面
白佛言世尊是諸外道欲隨意問難唯願如
來隨意荅之佛言大王且止我自知時尒時
衆中有婆羅門名闍提首那作如是言瞿曇
汝說涅槃是常法耶如是如是大婆羅門婆
羅門言瞿曇若說涅槃常者是義不然何以

BD14896號　大般涅槃經（北本　宮本）卷三九　（25-1）

來隨意荅之佛言大王且止我自知時尒時
衆中有婆羅門名闍提首那作如是言瞿曇
汝說涅槃是常法耶如是如是大婆羅門婆
羅門言瞿曇若說涅槃常者是義不然何以
故世間之法從子生果相續不斷如從泥出瓶
從縷得衣瞿曇常說脩无常想獲得涅槃
因是无常果云何常瞿曇又說解脫欲貪即
是涅槃解脫色貪及无色貪即是涅槃滅无
明等一切煩惱即是涅槃從欲乃至无明煩
惱皆是无常因是无常所得涅槃亦應无常
瞿曇又說從因故生天從因故地獄從因得解
脫是故諸法皆從因生若從因故得解脫者
云何言常瞿曇亦說色從緣生故名无常受
想行識亦復如是如是解脫若是色者當
知无常受想行識亦復如是若離五陰有解
脫者當知解脫即是虛空若是虛空不得說
言從因緣生何以故是常是一遍一切處瞿曇
亦說從因生者即是苦也若是苦者云何復
說解脫是樂瞿曇又說无常即苦苦即无我
若是无常苦无我者即是不淨一切從因所
生諸法皆无常苦无我不淨云何復說涅
槃即是常樂我淨若瞿曇說亦常无常亦
苦亦樂亦我无我亦淨不淨如是豈非是二
語耶我亦曾從先舊智人聞說是語佛若出
世言則无二瞿曇今者說於二語復言佛即我

BD14896號　大般涅槃經（北本　宮本）卷三九　（25-2）

槃即是常樂我淨若瞿曇說亦常无常亦
苦亦樂亦我无我亦淨不淨如是豈非是二
語耶我亦曾從先舊智人聞說是語佛若出
世言則无二瞿曇今者說於二語復言佛即我
身是也是義云何佛言婆羅門如汝所說我
今問汝隨汝意荅婆羅門言善哉瞿曇佛言
婆羅門汝性常耶是无常乎婆羅門言我性
是常婆羅門是性能作一切內外法之因耶
如是瞿曇佛言婆羅門云何作因瞿曇從性
生大從大生慢從慢生十六法所謂地水火
風空五知根眼耳鼻舌身五業根手腳口聲
男女二根心平等根是十六法從五法生色
聲香味觸是二十一法根本有三一者染二者
麁三者黑染者名愛麁者名瞋黑名无明瞿
曇是二十五法皆因性生婆羅門是大等法常
无常耶瞿曇我法性常大等諸法悉是无常
婆羅門如汝法中因常果无常然我法中因
雖无常果是常者有何等過婆羅門汝等
法中有二因不荅言有佛言云何有婆羅門
言一者生因二者了因佛言云何生因 云何
了因婆羅門言生因者如泥出瓶了因者如燈
照物佛言是二種因因性是一若是一者可
令生因作於了因可令了因作生因不不也
瞿曇佛言若使生因不作了因了因不作生
因可得說言是因相不婆羅門言雖不相作

BD14896號　大般涅槃經（北本　宮本）卷三九　（25–3）

了因婆羅門言生因者如泥出瓶了因者如燈
照物佛言是二種因因性是一若是一者可
令生因作於了因可令了因作生因不不也
瞿曇佛言若使生因不作了因了因不作生
因可得說言是因相不婆羅門言雖不相作
故有因相婆羅門了因所了即同了不不也
瞿曇佛言我法雖是无常穫得涅槃而非无
常婆羅門從了因得故常樂我淨從生因得
无常无樂无我无淨是故如來所說有二如
是二語无有二也是故如來名无二語如汝
所說曾從先舊智人邊聞佛出於世无有
二語是言善哉一切十三世諸佛所說无
差是故說言佛无二語云何无差有同說有
无同說无故名一義婆羅門如來世尊雖名
二語為了一語故云何二語了於一語如眼
色二語生識一語乃至意法亦復如是婆羅
門言瞿曇善能分別如是語義我今未解所
出二語了於一語尒時世尊即為宣說四真
諦法婆羅門言苦諦者亦二亦一乃至道諦
亦二亦一婆羅門言世尊我已知已佛言善
男子云何知已婆羅門言世尊苦諦一切凡夫
二是聖人一乃至道諦亦復如是佛言善哉
已解婆羅門言世尊我今聞法已得正見今
當歸依佛法僧寶唯願大慈聽我出家尒時
世尊告憍陳如汝當為是闍提首那剃除鬚

BD14896號　大般涅槃經（北本　宮本）卷三九　（25–4）

男子云何知已婆羅門言世尊若諦一切凡夫
二是聖人一乃至道諦亦復如是佛言善哉
已解婆羅門言世尊我今聞法已得正見今
當歸依佛法僧寶唯願大慈聽我出家尒時
世尊告憍陳如汝當為是闍提首那剃除鬚
髮聽其出家時憍陳如即受佛勅為其剃髮
即下手時有二種落一者鬚髮二者煩惱即
於坐處得阿羅漢果
復有梵志姓婆私吒復作是言瞿曇所說涅
槃常耶如是梵志婆私吒言瞿曇將不說无
煩惱為涅槃耶如是梵志婆私吒言瞿曇世
間四種名之為无一者未出之法名之為无
如瓶未出泥時名為无瓶二者已滅之法名
之為无如瓶壞已名為无瓶三者異相互无
名之為无如牛中无馬馬中无牛四者畢竟无
故名之為无如龜毛兔角瞿曇若以除煩惱
已名涅槃者涅槃即无若是无者云何言有
常樂我淨佛言善男子如是涅槃非是先
无同泥時瓶亦非滅无同瓶壞无亦非畢竟
无如龜毛兔角同於異无善男子如汝所言雖
牛中无馬不可說言牛亦是无雖馬中无牛
亦不可說馬亦是无涅槃亦尒煩惱中无涅
槃涅槃中无煩惱是故名為異相互无婆私
吒言瞿曇若以異无為涅槃者夫異无者无
常樂我淨瞿曇云何說言涅槃常樂我淨佛

BD14896號　大般涅槃經（北本　宮本）卷三九　（25–5）

牛中无馬不可說言牛亦是无雖馬中无牛
亦不可說馬亦是无涅槃亦尒煩惱中无涅
槃涅槃中无煩惱是故名為異相互无婆私
吒言瞿曇若以異无為涅槃者夫異无者无
常樂我淨瞿曇云何說言涅槃常樂我淨佛
言善男子如汝所說是異无者有三種无牛
馬恚是先無後有是名先无已有還无是名
壞无異相无者如汝所說善男子是三種无
涅槃中无是故涅槃常樂我淨如世病人一者
熱病二者風病三者冷病是三種病三藥能
治有熱病者蘇能治之有風病者油能治之有
冷病者蜜能治之是三種藥能治如是三種
惡病善男子風中无油油中无風乃至蜜中
无冷冷中无蜜是故能治一切衆生亦復如是
有三種病一者貪二者瞋三者癡如是三
病有三種藥不淨觀者能為貪藥慈心觀者
能為瞋藥觀因緣智能為癡藥善男子為除
貪故作非貪觀為除瞋故作非瞋觀為除癡
故作非癡觀三種病中无三種藥三種藥中
无三種病善男子三種病中无三種藥故无常
无我无樂无淨三種藥中无三種病是故得
稱常樂我淨婆私吒言世尊如來為我說常
无常云何為常云何无常佛言善男子色是
无常解脫色常乃至識是无常解脫識常善
男子若有善男子善女人能觀色乃至識是
无常者當知是人獲得常法婆私吒言世尊

BD14896號　大般涅槃經（北本　宮本）卷三九　（25–6）

種常樂我淨婆私吒言世尊如來為我說常
无常云何為常云何无常佛言善男子色是
无常解脫色常乃至識是无常解脫識常善
男子若有善男子善女人能觀色乃至識是
无常者當知是人獲得常法婆私吒言世尊
我今已知常无常法佛言善男子汝云何知
常无常法婆私吒言世尊我今知我色是无
常得解脫常乃至識亦復如是佛言善男子
汝今善哉已報是身告憍陳如是婆私吒已
證阿羅漢果汝可施其三衣鉢器時憍陳如
如佛所勑施其衣鉢時婆私吒受衣鉢已作
如是言大德憍陳如我今因是弊惡之身得
善果報唯願大德為我屈意至世尊所具宣
我心我既惡人觸犯如來稱瞿曇姓唯願為
我懺悔此罪我亦不能久住毒身今入涅槃
時憍陳如即往佛所作如是言世尊婆私吒
比丘生慚愧心自言頑嚚觸犯如來稱瞿曇
姓不能久住是毒虵身今欲滅身寄我懺悔
佛言憍陳如婆私吒比丘已於過去无量佛所
成就善根今受我語如法而住如法住故獲
得正果汝等應當供養其身尒時憍陳如從
佛聞已還其身所而設供養時婆私吒於
焚身時作種種神通諸外道輩見是事已高
聲唱言是婆私吒已得瞿曇沙門呪術是人
不久復當勝彼瞿曇沙門

BD14896號　大般涅槃經（北本　宮本）卷三九　（25–7）

佛聞已還其身所而設供養時婆私吒於
焚身時作種種神通諸外道輩見是事已高
聲唱言是婆私吒已得瞿曇沙門呪術是人
不久復當勝彼瞿曇沙門
尒時衆中復有梵志名曰先尼復作是言瞿
曇有我耶如來默然瞿曇无我耶如來默然
第二第三亦如是問佛皆默然先尼言瞿曇
若一切衆生有我遍一切處是一作者瞿曇何
故默然不荅佛言先尼汝說是我遍一切
處耶先尼荅言瞿曇不但我說一切智人亦
如是說佛言善男子若我周遍一切處者應
當五道一時受報若有五道一時受報汝等
梵志何因緣故不造衆惡為遮地獄脩諸善
法為受天身先尼言瞿曇我法中我則有二
種一作身我二者常身我為作身我脩離惡
法不久地獄脩諸善法生於天上佛言善男
子如汝說我遍一切處如是我者若作身中
當知无常若任身无云何言遍瞿曇我所立
我亦在作中亦是常法瞿曇如人失火燒舍
宅時其主出去不可說言舍宅被燒主亦被燒
我法亦尒而此作身雖是无常當无常時我
則出去是故我我亦遍亦常佛言善男子如
汝說我亦遍亦常是義不然何以故遍有二
種一者常二者无常復有二種一色二无色是
故若言一切有者亦常亦无常亦色亦无色

BD14896號　大般涅槃經（北本　宮本）卷三九　（25–8）

汝說我亦遍亦常是義不然何以故遍有二
種一者常二者无常復有二種一色二无色是
故若言一切有者亦常亦无常亦色亦无色
若言舍主得出不名无常是義不然何以
故舍不名主主不名舍異燒異出故得如是
我則不尒何以故我即是色色即是我无色
即我我即无色云何而言色无常時我則得
出善男子汝意若謂一切衆生同一我者如是
則違世出世法何以故世間法名父母子女若
我是一父即是子子即是父母即是女女即
是母怨即是親親即是怨此即是彼彼即是
此是故若說一切衆生同一我者是則違背
世出世法先尼言我亦不說一切衆生同於一
我乃說一人各有一我佛言善男子若言一人
各有一我是為多我是義不然何以故如汝
先說我遍一切若遍一切一切衆生業根應
同天得見時佛得亦見天得作時佛得亦
作天得聞時佛得亦聞一切諸法皆亦如是
若天得見非佛得見者不應說我遍一切處
若不遍者是則无常先尼言瞿曇一切衆
生我遍一切法與非法不遍一切以是義故
佛得作異天得作異是故瞿曇不應說言
佛得見時天得應見佛得聞時天得應聞佛
言善男子法與非法非業作耶先尼言瞿曇
是業所作佛言善男子若法非法是業作者

BD14896號　大般涅槃經（北本　宮本）卷三九　　（25–9）

生我遍一切法與非法不遍一切以是義故
佛得作異天得作異是故瞿曇不應說言
佛得見時天得應見佛得聞時天得應聞佛
言善男子法與非法非業作耶先尼言瞿曇
是業所作佛言善男子若法非法是業作者
即是同法云何言異何以故佛得業處有天得
我天得業處有佛得我是故佛得作時天得
亦作法與非法亦應如是善男子是故一切
衆生法與非法若如是者所得果報亦應不異
善男子從子出果是子終不思惟分別我唯
當作婆羅門果不與刹利毗舍首陁而作果
也何以故從子出果終不鄣㝵如是四姓法
與非法亦復如是不能分別我唯當與佛得
作果不與天得作果作天得果不作佛得果
何以故業平等故先尼言瞿曇譬如一室有
百千燈炷雖有異明則无差燈炷別異喻法
非法其明无差喻衆生我佛言善男子汝
說燈明以喻我者是義不然何以故室異燈
異是燈光明亦在炷邊亦遍室中汝所言我
若如是者法非法邊俱應有我我中亦應有
法非法若法非法无有我者不得說言遍一
切處若俱有者何得復以燈明爲喻善男子
汝意若謂炷之與明真實別異何因緣故炷
增明盛炷枯明滅是故不應以法非法喻於
燈炷光明无差喻於我也何以故法非法我

BD14896號　大般涅槃經（北本　宮本）卷三九　　（25–10）

切處若俱有者何得復以炷明為喻善男子
汝意若謂炷之與明真實別異何因緣故炷
增明減炷枯明滅是故不應以法非法喻於
燈炷光明无善喻於我也何以故法非法我
三事即一先尼言瞿曇汝引燈喻是事不吉
何以故燈喻若吉我已先引如其不吉何故
復說善男子我所引喻都亦不作吉以不吉
隨汝意說是喻亦說離炷有明即炷有明汝
心不等故說燈炷喻法非法明則喻我是故
情汝炷即是明離炷有明法即有我我即有
法非法即我我即非法非法汝今何故但受一邊
不受一邊如是喻者於汝不吉是故我今還
以破汝善男子如是喻者即是非喻是非喻
故於我則吉於汝不吉善男子汝意若謂若
我不吉汝亦不吉是義不然何以故見世間
人自刀自害自作他用汝所引喻亦復如是
於我則吉於汝不吉先尼言瞿曇汝先情我
心不平等今汝所說亦不平等何以故瞿曇
令者以吉向已不吉向我以是推之真是不
平徘言善男子如我不平能破汝不平是故
汝平我之不平即是吉也我之不平破汝不
平令汝得平即是我平何以故同諸聖人得
平等故先尼言瞿曇我常是平汝云何言
壞我不平一切衆生平等有我云何言我是
不平耶善男子汝亦說言當受地獄當受餓

BD14896號　大般涅槃經（北本　宮本）卷三九　　（25–11）

平等故先尼言瞿曇我常是平汝云何言
壞我不平一切衆生平等有我云何言我是
不平耶善男子汝亦說言當受地獄當受餓
鬼當受畜生當受人天我若先遍五道中
者云何方言當受諸趣汝亦說言父母和合
然後生子若子先有云何復言和合已有是
故一人有五趣身若是五處先有身者何因
緣故為身造業是故不平善男子汝意若謂
我是作者是義不然何以故若我作者何因
緣故自作苦事然今衆生實有受苦是故當
知我非作者若言是苦非我所作不從因生一
切諸法亦當如是不從因生何因緣故說我作
耶善男子衆生苦樂實從因緣如是苦樂能
作憂喜憂時无喜喜時无憂或喜或憂智
人云何說是常耶善男子汝說我常若是常者
云何說有十時別異常法不應有歌羅羅乃
至老時虛空常法尚无一時況有十時善男
子我者非是歌羅羅時乃至老時云何說有
十時別異善男子若我作者是我亦有盛時
衰時衆生亦有盛時衰時若我合者云何是
常善男子我若作者云何一人有利有鈍善
男子我若作者是我能作身業口業若
是我所作者云何口說无有我耶云何自疑
有耶无耶善男子汝意若謂離眼有見是義
不然何以故若離眼已別有見者何須此眼

BD14896號　大般涅槃經（北本　宮本）卷三九　　（25–12）

常善男子我若作者云何一人有利有鈍善
男子我若作者是我能作身業口業口業若
是我所作者云何口說无有我耶云何自疑
有耶无耶善男子汝意若謂離眼有見是義
不然何以故若離眼已别有見者何須此眼
乃至身根亦復如是汝意若謂我雖能見要
因眼見是亦不然何以故如有人言須曼那
華能燒大村云何能燒因火能燒汝立我見
亦復如是先尼言瞿曇如人執鎌則能刈草
我因五根見聞至觸亦復如是善男人鎌人
各異是故執鎌能有所作離根之外更无别
我云何說言我因諸根能有所作善男子汝
意若謂執鎌能刈我亦如是我有手耶為
无手耶若有手者何不自執若无手者云何
說言我是作者善男子能刈草者即是鎌也
非我非人若我人能何故因鎌善男子人有
二業一則執草二則執鎌是鎌唯有能斷之功
衆生見法亦復如是眼能見色從和合生若
從因緣和合見者智人云何說言有我善男
子汝意若謂身作我受是義不然何以故世間
不見天得作業佛得受果若言不是身作我
非因受汝等何故從於因緣求解脫耶汝先
是身非因緣生得解脫已亦應非因而更生
身如身一切煩惱亦應如是先尼言瞿曇我
有二種一者有知二者无知无知之我能得

BD14896號　大般涅槃經（北本　宮本）卷三九　（25–13）

不見天得作業佛得受果若言不是身作我
非因受汝等何故從於因緣求解脫耶汝先
是身非因緣生得解脫已亦應非因而更生
身如身一切煩惱亦應如是先尼言瞿曇我
有二種一者有知二者无知无知之我能得
於身有知之我能捨離身猶如坏瓶既被燒
已失於本色更不復生智者煩惱亦復如是既
滅壞已終不更生佛言善男子所言知者智
能知耶我能知乎若智能知何故說言我是
知也若我知者何故方便求於知汝意若
謂我因智同華喻壞善男子譬如刺樹
性自能刺不得說言執樹刺刺智亦如是
智自能智云何說言我執智知善男子如汝法
中我得解脫无知我得知我得耶若无知得
當知猶故具足煩惱若知得者當知已有五
情諸根何以故離根之外則更无知若具諸
根云何復名得解脫耶若言是我其性清淨
離於五根云何說言遍五道有以何因緣為
解脫故脩諸善法善男子譬如有人挍虛空
刺汝亦如是我若清淨云何復言斷諸煩惱汝
意若謂不從因緣獲得解脫一切畜生何
故不得先尼言瞿曇若无我者誰能憶念佛
告先尼若有我者何緣復忘善男子若念是
我者何因緣故念於惡念念所不念不念所
念先尼復言瞿曇若无我者誰見誰聞佛言
善男子內有六入外有六塵內外和合生六種

BD14896號　大般涅槃經（北本　宮本）卷三九　（25–14）

告先尼若有我者何緣復忘善男子若念是
我者何因緣故念於惡念念所不念不念所
念先尼復言瞿曇若无我者誰見誰聞佛言
善男子内有六入外有六塵内外和合生六種
識是六種識因緣得名善男子譬如一火因
木得故名為木火因草得故名為草火因糠
得故名為糠火因牛糞得名牛糞火衆生意
識亦復如是因眼因色因明因欲名為眼識善
男子如是眼識不在眼中乃至欲中四事和
合故生是識乃至意識亦復如是若是因緣
和合故生智不應說見即是我乃至觸即是
我善男子是故我說眼識乃至意識一切
諸法即是幻也云何如幻本无今有已有還
无善男子譬如蘇麵蜜薑胡椒蓽茇蒲桃胡
桃石榴桵子如是和合名歡喜丸離是和合
无歡喜丸内外六入是名衆生我人士夫離
内外入无別衆生我人士夫先尼言瞿曇若
无我者云何說言我見我聞我苦我樂我憂
我喜佛言善男子若言我見我聞名有我者何
因緣故世間復言汝所作罪非我見聞善男
子譬如四兵和合名軍如是四兵不名為一而
亦說言我軍勇健我軍勝彼是内外入和
合所作亦復如是雖不是一亦得說言我作
受我見我聞我苦我樂先尼言瞿曇如汝
所言内外和合誰出聲言我作我受佛言先尼

亦說言我軍勇健我軍勝彼是内外入和
合所作亦復如是雖不是一亦得說言我作
受我見我聞我苦我樂先尼言瞿曇如汝
所言内外和合誰出聲言我作我受佛言先尼
從愛无明因緣生業從業生有從有出生无
量心數心生覺觀覺觀動風風隨心觸喉舌
齒脣衆生想倒聲出說言我作我受我見我聞
善男子如幢頭鈴風因緣故便出音聲風大
聲大風小聲小无有作者善男子譬如熱鐵
投之水中出種種聲是中真實无有作者
善男子凡夫不能思惟分別如是事故說言
有我及有我所我作我受先尼言如瞿曇說
无我我所何緣復說常樂我淨佛言善男
子我亦不說内外六入及六意識常樂我淨我
乃宣說滅内外入所生六識名之為常以是
常故名之為我有常我故名之為樂常我樂
故名之為淨善男子衆生厭苦斷是苦因自
在遠離是名為我以是因緣我今宣說常樂
我淨先尼言世尊唯願大慈為我宣說我當
云何獲得如是常樂我淨佛言善男子一切
世間從本已來具足大憍能增長憍亦復造
作憍因憍業是故今者受憍果報不能遠離
一切煩惱得常樂我淨若諸衆生欲得遠離
一切煩惱先當離憍先尼言世尊如是如是
誠如所教我先有憍因憍因緣故稱如來衹

作惱因惱業是故今者受惱果報不能遠離
一切煩惱得常樂我淨若諸衆生欲得遠離
一切煩惱先當離惱先尼言世尊如是如是
誠如所教我先有惱因惱因緣故稱如來祢
瞿曇姓我今已離如是大惱是故誠心啓請
求法云何當得常樂我淨佛言善男子諦聽
諦聽今當為汝分別解說善男子若能非自
非他非衆生者遠離是法先尼言世尊我已
知解得正法眼佛言善男子汝云何言知已
解已得正法眼世尊所言色者非自非他非
諸衆生乃至識亦復如是我如是觀得正法
眼世尊我今甚樂出家脩道願見聽許佛言
善來比丘即得具足清淨梵行證阿羅漢果
外道衆中復有梵志姓迦葉氏復作是言瞿
曇身即是命身異命異如來黙然第二第三
亦復如是梵志復言瞿曇若人捨身未得後
身於其中間豈可不名身異命異若是異者
瞿曇何故黙然不荅善男子我說身命皆從
因緣非不因緣如身命一切法亦如是梵志復
言瞿曇我見世間有法不從因緣佛言梵志
汝云何見世間有法不從因緣梵志言我見
大火焚燒榛木風吹絶炎墮在餘處是豈
不名无因緣耶佛言善男子我說是火亦從
因生非不從因梵志言瞿曇絶炎去時不因
薪炭云何而言因於因緣佛言善男子雖无

BD14896號　大般涅槃經(北本　宮本)卷三九　(25-17)

大火焚燒榛木風吹絶炎墮在餘處是豈
不名无因緣耶佛言善男子我說是火亦從
因生非不從因梵志言瞿曇絶炎去時不因
薪炭云何而言因於因緣佛言善男子雖无
薪炭因風而去風因緣故其炎不滅瞿曇若
人捨身未得後身中間壽命誰為因緣佛言
梵志无明與愛而為因緣是无明愛二因緣
故壽命得住善男子有因緣故身即是命命
即是身有因緣故身異命異智者不應一向
而說身異命異梵志言世尊唯願為我分別
解說令我了了得知因果佛言梵志因即五
陰果亦五陰善男子若有衆生不然火者是
則无烟梵志言世尊我已知已我已解已佛
言善男子汝云何知汝云何解世尊火即煩惱
能於地獄餓鬼畜生人天燒然烟者即是煩
惱果報无常不淨臭穢可惡是故名烟若有
衆生不作煩惱是人則无煩惱果報是故如
來說不然火則无有烟世尊我已正見唯願
慈矜聽我出家尒時世尊告憍陳如聽是梵
志出家受戒時憍陳如受佛勅已和合衆僧
聽其出家受具足戒過五日已得阿羅漢果
外道衆中復有梵志名曰富那復作是言瞿
曇汝見世間是常法已說言常耶如是義
者實耶虛耶常无常亦常无常非常非无常
有邊无邊亦有邊亦无邊非有邊非无邊是

BD14896號　大般涅槃經(北本　宮本)卷三九　(25-18)

外道衆中復有梵志名曰冨那復作是言瞿
曇汝見世間是常法已說言常耶如是義
者實耶虗耶常无常亦常无常非常非无常
有邊无邊亦有邊亦无邊非有邊非无邊是
身是命身異命異如来滅後如去不如去亦如
去不如去非如去非不如去佛言冨那我不說
世間常虗實无常亦常无常非常非无常有
邊无邊亦有邊无邊非有邊非无邊是身
是命身異命異如来滅後如去不如去亦如
去不如去非如去非不如去冨那復言瞿曇
今者見何罪過不作是說佛言冨那若有人
說世間是常唯此爲實餘妄語者是名爲見
是所見處是名見行是名見業是名見者是
名見縛是名見苦是名見取是名見怖是名
見熱是名見纏冨那凡夫之人爲見所纏不
能遠離生老病死迴流六趣受无量苦乃至
非如去非不如去亦復如是冨那我見是見
有如是過是故不著不爲人說瞿曇若見如
是罪過不著不說瞿曇今者何見何著何所宣
說佛言善男子夫見著者名生死法如来已
離生死法故是故不著善男子如来名爲能
見能說不名爲著瞿曇云何能見云何能說
佛言善男子我能明見苦集滅道分別宣說
如是四諦我見如是故能遠離一切見一切愛
一切流一切慢是故我具清淨梵行无上寂
静獲得常身是身亦非東西南北冨那言瞿

BD14896號　大般涅槃經（北本　宮本）卷三九　　（25–19）

見能說不名爲著瞿曇云何能見云何能說
佛言善男子我能明見苦集滅道分別宣說
如是四諦我見如是故能遠離一切見一切愛
一切流一切慢是故我具清淨梵行无上寂
静獲得常身是身亦非東西南北冨那言瞿
曇何因緣故常身非是東西南北佛言善男
子我今問汝隨汝意荅於意云何善男子如
於汝前然大火聚當其然時汝知然不如是
瞿曇是火滅時汝知滅不如是瞿曇冨那若
有人問汝前火聚然從何来滅何所至當云
何荅瞿曇若有問者我當荅言是火生時頼
於衆緣本緣已盡新緣未至是火則滅若復
有問是火滅已至何方面復云何荅瞿曇我當
荅言緣盡故滅不至方所善男子如来亦尒若
有无常色乃至无常識因愛故然然者即
愛二十五有是故然時可說是火東西南北現
在愛滅二十五有果報不然以不然故不可說
有東西南北善男子如来已滅无常之色至
无常識是故身常身若是常不得說有東西
南北冨那言請說一喻唯願聽採佛言善
哉善哉隨意說之世尊如大村外有娑羅林
中有一樹先林而生足一百年是時林主灌
之以水隨時脩治其樹陳朽皮膚枝葉悉皆
脫落唯真實在如来亦尒所有陳故悉已除
盡唯有一切真實法在世尊我今甚樂出家

BD14896號　大般涅槃經（北本　宮本）卷三九　　（25–20）

[illegible]
之以水隨時脩治其樹陳朽皮膚枝葉悉皆
脫落唯真實在如來亦尒所有陳故悉已除
盡唯有一切真實法在世尊我今甚樂出家
脩道佛言善來比丘說是語已即時出家漏
盡證得阿羅漢果
復有梵志名曰清淨作如是言瞿曇一切衆
生不知何法見世間常无常亦常无常非有
常非无常乃至非如去非不如去佛言善男
子不知色故乃至不知識故見世間常乃至
非如去非不如去梵志言瞿曇衆生知何法
善男子知色故乃至知識故不見世間常乃
至非如去非不如去梵志言世尊唯願為我
分別解說世間常无常佛言善男子若人捨
故不造新業是人能知常與无常梵志言
世尊我已知解佛言善男子汝云何見汝云何
知世尊故名无明與愛新名取有若人遠
離是无明愛不作取是人真實知常无
常我今已得正法淨眼歸依三寶唯願如來
聽我出家佛告憍陳如聽是梵志出家受戒
時憍陳如受佛勅已將至僧中為作羯磨令
得出家十五日後諸漏永盡得阿羅漢果犢
子梵志復作是言瞿曇我今欲問能見聽不
如來默然第二第三亦復如是犢子復言瞿
曇我久與汝共為親友汝之與我義无有二
我欲諮問何故默然尒時世尊作是思惟如

得出家十五日後諸漏永盡得阿羅漢果犢
子梵志復作是言瞿曇我今欲問能見聽不
如來默然第二第三亦復如是犢子復言瞿
曇我久與汝共為親友汝之與我義无有二
我欲諮問何故默然尒時世尊作是思惟如
是梵志其性儒雅純善質直常為知故而來
諮啓不為惱亂彼若問者當隨意荅佛言犢
子善哉善哉隨所疑問吾當荅之犢子言
瞿曇世有善耶如是梵志有不善耶如是
梵志瞿曇願為我說令我得知善不善法
佛言善男子我能分別廣說其義今當為汝
簡略說之善男子欲名不善解脫欲者名之
為善瞋恚愚癡亦復如是煞名不善不煞名
善乃至耶見亦復如是善男子我今為汝已說
三種善不善法及說十種善不善法若我弟
子能作如是分別三種善不善乃至十種善
不善法當知是人能盡貪欲瞋恚愚癡一切
諸漏斷一切有梵志言瞿曇是佛法中頗有
一比丘能盡如是貪欲瞋癡一切諸漏一切
有不佛言善男子是佛法中非一二三乃至
五百乃有无量諸比丘等能盡如是貪欲恚
癡一切諸漏一切諸有瞿曇置一比丘是佛法
中頗有一比丘尼能盡如是貪欲瞋癡一切
諸漏一切有不佛言善男子是佛法中非一二
三乃至五百乃有无量諸比丘尼能斷如是
貪欲瞋癡一切諸漏一切諸有犢子言瞿曇

中頗有一比丘尼能盡如是貪欲瞋癡一切
諸漏一切有不佛言善男子是佛法中非一二
三乃至五百乃有无量諸比丘尼能斷如是
貪欲瞋癡一切諸漏一切諸有犢子言瞿曇
置一比丘一比丘尼是佛法中頗有一優婆塞
持戒精勤梵行清淨度疑彼岸斷疑网不
佛言善男子我佛法中非一二三乃至五百
乃有无量諸優婆塞持戒精勤梵行清淨斷
五下結得阿那含度疑彼岸斷於疑网犢子言
瞿曇置一比丘一比丘尼一優婆塞是佛法
中頗有一優婆夷持戒精勤梵行清淨度疑
彼岸斷疑网不佛言善男子我佛法中非一
二三乃至五百乃有无量諸優婆夷持戒精
勤梵行清淨斷五下結得阿那含度疑彼
岸斷於疑网犢子言瞿曇置一比丘一比丘
尼盡一切漏一優婆塞一優婆夷持戒精勤
梵行清淨斷於疑网是佛法中頗有優婆塞
受五欲樂心无疑网不佛言善男子是佛法
中非一二三乃至五百乃有无量諸優婆塞
斷於三結得須陀洹薄貪恚癡得斯陀含如
優婆塞優婆夷亦如是世尊我於今者樂說
譬喻佛言善哉樂說便說世尊譬如難陀婆難
陀龍王等降大雨如來法雨亦復如是平等
雨於優婆塞優婆夷世尊若諸外道欲來出
家不審如來幾月試之佛言善男子皆四月
試不必一種世尊若不一種唯願大慈聽我

BD14896號　大般涅槃經（北本　宮本）卷三九　（25–23）

陀龍王等降大雨如來法雨亦復如是平等
雨於優婆塞優婆夷世尊若諸外道欲來出
家不審如來幾月試之佛言善男子皆四月
試不必一種世尊若不一種唯願大慈聽我
出家尒時世尊告憍陳如聽是犢子出家受
戒時憍陳如受佛勅已立衆僧中為作羯磨
於出家後滿十五日得須陀洹果既得果已復
作是念若有智慧從學得者我今已得堪任
見佛即往佛所頭面作礼脩敬已畢却住一面
白佛言世尊諸有智慧從學得者我今已得
唯願為我重分別說令我獲得无學智慧佛
言善男子汝勤精進脩習二法一奢摩他二毗婆
舍那善男子若有比丘欲得須陀洹果亦當
勤脩如是二法若復欲得斯陀含果阿那含
果阿羅漢果亦當脩集如是二法善男子若
有比丘欲得四禪四无量心六神通八背捨八
勝處无諍智頂智畢竟智四无礙智金剛
三昧盡智无生智亦當脩集如是二法善男
子若欲得十住地无生法忍无相法忍不可
思議法忍聖行梵行天行菩薩行虛空三
昧智印三昧空无想无作三昧地三昧不退
三昧首楞嚴三昧金剛三昧阿耨多羅三藐
三菩提佛行亦當脩集如是二法犢子聞已
礼拜而出在娑羅林中脩是二法不久即得
阿羅漢果是時復有无量比丘欲往佛所犢

BD14896號　大般涅槃經（北本　宮本）卷三九　（25–24）

[illegible]
三昧首楞嚴三昧金剛三昧阿耨多羅三藐
三菩提佛行亦當脩集如是二法犢子聞已
礼拜而出在娑羅林中脩是二法不久即得
阿羅漢果是時復有无量比丘欲往佛所犢
子見已問言大德欲何所至諸比丘言欲往
佛所犢子復言諸大德若至佛所願為宣啓
犢子梵志脩二法已得无學智今報佛恩入
般涅槃時諸比丘至佛所已白佛言世尊犢
子比丘寄我等語世尊犢子梵志脩集二法
得无學智今報佛恩入於涅槃佛言善男子
犢子梵志得阿羅漢果汝等可往供養其身
時諸比丘受佛勅已還其屍所大設供養
大般涅槃經卷第卅九

BD14896號　大般涅槃經（北本　宮本）卷三九　　（25–25）

若菩薩摩訶薩學三解脫門是時能學五陰
相能學十二入相能學十八界相能學四聖
諦十二分因緣法能學內空外空乃至无
法有法空能學六波羅蜜四念處乃至八聖
道分能學佛十力四无所畏四无㝵智十八
不共法須菩提白佛言世尊云何菩薩摩訶
薩行般若波羅蜜能學五受陰相佛告須菩
提菩薩摩訶薩行般若波羅蜜知色相知色
生滅知色如云何知色相知色畢竟空內外
分異虛无實譬如水沫无堅固是為知色相
云何知色生滅色生時无所從來去无所至
若不來不去是為知色生滅相云何知色如是
色如不生不滅不來不去不增不減不垢不淨
是名知色如須菩提如名如實不虛如前後
中亦尒常不異是為知色如相云何知受相云
何知受生滅云何知受如菩薩知諸受相如
水中泡一起一滅是為知受相知受生滅者
是諸受无所從來去无所至是為知受生滅知
[illegible]不來不去不增不減

BD14897號 1　摩訶般若波羅蜜經卷二四　　（8–1）

色如不生不滅不來不去不增不減不垢不淨
是名知色如須菩提如名如實不虛如前後
中亦尒常不異是為知色如相云何知受相云
何知受生滅云何知受如菩薩知諸受相如
水中泡一起一滅是為知受相知受生滅者
是諸受无所從來去无所至是為知受生滅知
受如者是如不生不滅不來不去不增不減
不垢不淨是為知受如云何知想相云何知
想生滅云何知想如知想相者是想如炎水
不可得而妄生水想是為知想相知想生滅
者是想无所從來去无所至是為知想生滅
知想如者諸想如不生不滅不來不去不增
不減不垢不淨不轉於實相是為知想如云
何知行相云何知行生滅云何知行如知行
相者行如芭蕉葉葉除去不得堅實是為知行
相知行生滅者諸行生无所從來去亦无所
至是為知行生滅知行如者諸行不生不滅
不來不去不增不減不垢不淨是為知行如
云何知識相云何知識生滅云何知識如知
識相者如幻師幻作四種兵无有實識相亦
如是是為知識相知識生滅者是識生時无
所從來滅時无所去是為知識生滅知識如
者知識不生不滅不來不去不垢不淨不增
不減是為知識如云何知識入眼眼性空乃
至意意性空色色性空乃至法法性空云何
知眼界眼界空色界空眼識界眼識界空乃
至意識界亦如是云何知四聖諦知苦聖諦
時遠離二法知苦諦不二不別是名苦聖諦
集盡道亦如是云何知苦如苦聖諦即是如
如即是苦聖諦集盡道亦如是云何知十二

BD14897 號 1　摩訶般若波羅蜜經卷二四　（8–2）

至意識界亦如是云何知四聖諦知苦聖諦
時遠離二法知苦諦不二不別是名苦聖諦
集盡道亦如是云何知苦如苦聖諦即是如
如即是苦聖諦集盡道亦如是云何知十二
因緣知十二因緣不生相是名知十二因緣
須菩提白佛言世尊若菩薩摩訶薩行般若
波羅蜜時各各分別知識法將无以色性壞
法性乃至一切種智性壞法性耶佛告須菩
提若法性外更有法者應壞法性法性外法
不可得是故不壞何以故須菩提佛及佛弟
子知法性外法不可得不可得故不說法性
外有法如是須菩提菩薩摩訶薩行般若波
羅蜜應學法性須菩提白佛言世尊菩薩摩
訶薩若學法性為无所學佛告須菩提菩薩
摩訶薩學法性則學一切法何以故一切法
即是法性須菩提白佛言世尊何因緣故一
切法即是法性佛言一切法皆入无相无為
性中以是因緣故學法性則學一切法須菩
提白佛言世尊若一切法即是法性菩薩摩
訶薩何以學般若波羅蜜禪那波羅蜜毗梨
耶波羅蜜羼提波羅蜜尸羅波羅蜜檀那波
羅蜜菩薩摩訶薩何以學初禪第二第三第
四禪菩薩摩訶薩何以學慈悲喜捨何以學无
邊虛空處无邊識處无所有處非有想非无
想處何以學四念處四正懃四如意足五根
五力七覺分八聖道分何以學空无相无作
解脫門何以學八背捨九次第定佛十力四
无所畏四无导智十八不共法何以學六神通
何以學卅二相八十隨形好何以學生刹利
大姓婆羅門大姓居士大家何以學生四天王

BD14897 號 1　摩訶般若波羅蜜經卷二四　（8–3）

解脫門何以學八背捨九次第定佛十力四
无所畏四无导智十八不共法何以學六神通
何以學卅二相八十隨形好何以學生刹利
大姓婆羅門大姓居士大家何以學生四天王
天處卅三天夜磨天兜率陁天化樂天他化
自在天何以學生梵天王住處光音天遍淨
天廣果天无想天淨居天何以學生无邊空
處生无邊識處生无所有處生非有想非无
想處何以學初發意地第二第三第四第五
第六第七第八第九第十地何以故學聲聞
地辟支佛地菩薩法位何以故學成就衆生
淨佛國土何以學諸陁羅尼何以學樂說法
何以學阿耨多羅三藐三菩提學已得一切
種智知一切法世尊諸法法性中无是分別
世尊將无菩薩墮非道中何以故世尊法性
中无如是分別法性中无色无受想行識法
性尒不遠離色受想行識色即是法性法性
即是色受想行識尒如是一切法尒如是佛
告須菩提如是如是如汝所言色即是法性
受想行識即是法性須菩提若菩薩摩訶薩
行般若波羅蜜時若法性外見有法者為不
求阿耨多羅三藐三菩提菩薩摩訶薩行
般若波羅蜜時知一切法性即是阿耨多羅
三藐三菩提以是故菩薩摩訶薩行般若波
羅蜜時知一切法即是法性已以无名相之
法以名相說所謂是色是受想行識乃至是
阿耨多羅三藐三菩提須菩提譬如工幻師
若幻弟子多人處立幻作種種形色男女形
象馬端嚴園林及諸廬館流泉浴池衣服臥
具香華瓔珞餚饍飲食作衆伎樂以樂衆人

BD14897 號 1　摩訶般若波羅蜜經卷二四　（8–4）

法以名相說所謂是色是受想行識乃至是
阿耨多羅三藐三菩提須菩提譬如工幻師
若幻弟子多人處立幻作種種形色男女形
象馬端嚴園林及諸廬館流泉浴池衣服臥
具香華瓔珞餚饍飲食作衆伎樂以樂衆人
又復幻作人令布施若持戒若脩忍辱若精
進若禪定若脩智慧是幻師復幻作刹利大
姓婆羅門大姓居士大家四天王天處須弥
山卅三天夜磨天兜率陁天化樂天他化自在
天以示衆人復幻作梵衆天乃至非有想非
无想天又幻作須陁洹斯陁含阿那含阿羅
漢辟支佛菩薩摩訶薩從初發意行檀那波
羅蜜尸羅波羅蜜羼提波羅蜜毗梨耶波羅
蜜禪那波羅蜜般若波羅蜜行初地乃至行
十地入菩薩位遊戲神通成就衆生淨佛國
土遊戲諸禪背捨三昧行佛十力四无所畏四
无导智十八不共法大慈大悲具足佛身卅
二相八十隨形好以示衆人是中无智之人
歎未曾有是人多能巧為衆事娛樂衆人種
種形色乃至卅二相八十隨形好莊嚴佛身
其中有智之士思惟言未曾有也是中无有
實事而以无所有法娛樂衆人令有形相无
事事相无有有相如是須菩提菩薩摩訶薩
不見離法性有法行般若波羅蜜以方便力
故雖不可得衆生而自布施尒教人布施讚
歎施法歡喜讚歎行布施者自持戒尒教人
持戒自忍辱尒教人忍辱自精進尒教人精
進自行禪尒教人行禪自脩智慧尒教人脩
智慧讚嘆脩智慧法歡喜讚嘆脩智慧者自
行十善尒教他人行十善讚嘆行十善法歡
[illegible]

BD14897 號 1　摩訶般若波羅蜜經卷二四　（8–5）

持戒自忍辱然教人忍辱自精進然教人精
進自行禪然教人行禪自脩智慧然教人脩
智慧讚嘆脩智慧法歡喜讚嘆脩智慧者自
行十善然教他人行十善讚嘆行十善法歡
喜讚嘆行十善者自受行五戒然教他人受行
五戒讚嘆五戒法歡喜讚嘆受行五戒者自
受八戒齋然教他人受八戒齋讚嘆八戒齋
法歡喜讚嘆行八戒齋者自行初禪乃至自
行第四禪自行慈悲喜捨自行无邊空處乃
至非有想非无想處然教他人行自行四念
處乃至八聖道分自行三解脫門佛十力乃
至自行十八不共法然教他人行十八不共
法讚歎十八不共法歡喜讚嘆行十八不共
邊空處然教他人令行无邊空處乃至非有
想非无想處然如是自行四念處然教他人
令行四念處乃至八聖道分佛十力乃至八
十隨形好然如是自須陁洹果中生智慧然
不住是中然教他人令得須陁洹果乃至阿
羅漢然如是自辟支佛道中生智慧然不住
是中然教他人令得辟支佛道自生阿耨多
羅三藐三菩提道然教他人阿耨多羅三藐
三菩提道如是須菩提菩薩摩訶薩行菩薩
道時方便力故終不懈廢須菩提白佛言世
尊若諸法性常空常空中衆生不可得法非
法然不可得菩薩摩訶薩云何求一切種智
佛告須菩提如是如是如汝所言諸法性皆
空空中衆生不可得法非法然不可得須菩
提若一切法性不空菩薩摩訶薩不依性空成
阿耨多羅三藐三菩提為衆生說性空法須
菩提色性空受想行識性空菩薩摩訶薩行

BD14897 號 1　摩訶般若波羅蜜經卷二四　　（8–6）
BD14897 號 2　摩訶般若波羅蜜經卷二五

提若一切法性不空菩薩摩訶薩不依性空成
阿耨多羅三藐三菩提為衆生說性空法須
菩提色性空受想行識性空菩薩摩訶薩行
般若波羅蜜時說五陰性空法說十二入十
八界性空法說四禪四无量心四无色定四
念處乃至八聖道分性空法說三解脫門八
背捨九次第定佛十力四无所畏四无碍智
十八不共法大慈大悲卅二相八十隨形好
性空法說須陁洹果斯陁含果阿那含果阿
羅漢果辟支佛道一切種智斷煩惱習性空
法須菩提若內空性不空外空乃至无法有
法空性不空者則壞空性是性空不常不斷
何以故是性空无住處然无所從來然无所
從去須菩提是名法住相是中无法无聚无
散无增无減无生无滅无垢无淨是為諸法
相菩薩摩訶薩住是中發阿耨多羅三藐三
菩提心不見法有所發无發无住是名法住
相是菩薩摩訶薩行般若波羅蜜時見一切法
性空不轉阿耨多羅三藐三菩提何以故是
菩薩不見有法能鄣㝵當何處生疑是名阿
耨多羅三藐三菩提性空不得衆生不得我
不得人不得壽不得命乃至不得知者見者
性空中色不可得受想行識不可得乃至八
十隨形好不可得須菩提譬如佛化作四衆
比丘比丘尼優婆塞優婆夷常為是諸衆說
法千万億劫不斷佛告須菩提是諸化衆當
得須陁洹果斯陁含果阿那含果阿羅漢果
得阿耨多羅三藐三菩提記不須菩提言不
也世尊何以故是諸化衆无有根本實事故
一切諸法性空然无根本實事何等是衆生

BD14897 號 2　摩訶般若波羅蜜經卷二五　　（8–7）

法千万億劫不斷佛告須菩提是諸化衆當
得須陁洹果斯陁含果阿那含果阿羅漢果
得阿耨多羅三藐三菩提記不須菩提言不
也世尊何以故是諸化衆无有根本實事故
一切諸法性空亦无根本實事何等是衆生
得須陁洹果乃至阿羅漢果得阿耨多羅三
藐三菩提記須菩提菩薩摩訶薩亦如是為
衆生說性空法是衆生實不可得以衆生墮
顛倒故拔衆生令住不顛倒顛倒即是无顛
倒顛倒不顛倒雖一相而多顛倒少不顛倒
无顛倒處中則无我无衆生乃至无知者見
者无顛倒處亦无色无受想行識无十二入
乃至无阿耨多羅三藐三菩提是名諸法性
空菩薩摩訶薩住是中行般若波羅蜜時
於衆生相顛倒中拔出衆生所謂无衆生有
衆生相中拔出乃至知者見者相中拔出於
无色色相中无受想行識受想行識相中拔
出衆生十二入十八界乃至一切有漏法亦
如是須菩提亦有諸无漏法所謂四念處四
正懃四如意足五根五力七覺分八聖道分
如是等法雖无漏亦不如第一義相第一義
相者无作无為无生无相无說是名第一義
亦名性空亦名諸佛道是中不得衆生乃至
不得知者見者不得色受想行識乃至不得
八十隨形好何以故菩薩摩訶薩非為道法
[illegible]法實相

BD14897 號 2　摩訶般若波羅蜜經卷二五　（8–8）

羅蜜中諸天子今未發阿耨多羅三藐三菩
提心者應當發諸天子若入聲聞正位是人
不能發阿耨多羅三藐三菩提心何以故與
生死作鄣隔故是人若發阿耨多羅三藐三
菩提心者我亦隨喜所以者何上人應更求
上法我終不斷其功德憍尸迦何等是般若
波羅蜜菩薩摩訶薩應薩婆若心念色无常念
色苦念色空念色无我念色如病如敗癰創
如箭入身痛惱衰壞憂畏不安以无所得故
受想行識亦如是眼耳鼻舌身意地種水火
風空識種觀无常乃至憂畏不安是亦无所
得故觀色寂滅離不生不滅不垢不淨受想
行識亦如是觀地種乃至識種寂滅離不生
不滅不垢不淨亦无所得故復次憍尸迦菩
薩摩訶薩應薩婆若心觀无明緣諸行乃至

BD14898 號　摩訶般若波羅蜜經卷七　（4–1）

風空識種觀无常乃至憂患不安是亦无所
得故觀色寂滅離不生不滅不垢不淨受想
行識亦如是觀地種乃至識種寂滅離不生
不滅不垢不淨亦无所得故復次憍尸迦菩
薩摩訶薩應薩婆若心觀无明緣諸行乃至
老死因緣大苦聚集亦无所得故觀无明滅
故諸行滅乃至生滅故老死滅老死滅
故憂悲愁惱大苦聚滅以无所得故復次憍
尸迦菩薩摩訶薩應薩婆若心脩四念處以
无所得故乃至脩佛十力十八不共法以无
所得故復次憍尸迦菩薩摩訶薩應薩婆若
心行檀波羅蜜以无所得故行尸羅波羅蜜
羼提波羅蜜毗梨耶波羅蜜禪波羅蜜以无
所得故復次憍尸迦菩薩摩訶薩行般若
波羅蜜時作如是觀但諸法諸法共相因緣
潤益增長分別校計是中无我无我所菩薩
迴向心不在阿耨多羅三藐三菩提心中阿
耨多羅三藐三菩提心不在迴向心中迴向
心於阿耨多羅三藐三菩提心中不可得阿
耨多羅三藐三菩提心於迴向心中不可得
菩薩雖觀一切法亦无法可得是名菩薩摩
訶薩般若波羅蜜釋提桓因問大德須菩提
云何菩薩迴向心不在阿耨多羅三藐三菩
提心中云何阿耨多羅三藐三菩提心不在
於迴向心中云何迴向心於阿耨多羅三藐

BD14898 號　摩訶般若波羅蜜經卷七　（4–2）

訶薩般若波羅蜜釋提桓因問大德須菩提
云何菩薩迴向心不在阿耨多羅三藐三菩
提心中云何阿耨多羅三藐三菩提心不在
於迴向心中云何迴向心於阿耨多羅三藐
三菩提心中不可得云何阿耨多羅三藐三
菩提心於迴向心中不可得須菩提語釋提
桓因言憍尸迦迴向心阿耨多羅三藐三菩
提心非心是非心相非心相中不可迴向是
非心相常非心相不可思議相常不可思議
相是名菩薩摩訶薩般若波羅蜜尒時佛讚
須菩提言善哉善哉須菩提汝為諸菩薩摩
訶薩說般若波羅蜜安慰諸菩薩摩訶薩心
須菩提白佛言世尊我應報恩不應不報恩
過去諸佛及諸弟子為諸菩薩說六波羅蜜
示教利喜世尊尒時亦在中學得阿耨多羅
三藐三菩提我今亦當為諸菩薩說六波羅
蜜示教利喜令得阿耨多羅三藐三菩提尒
時須菩提語釋提桓因憍尸迦汝今當聽菩
薩摩訶薩般若波羅蜜中如所應住所不應
住憍尸迦色色空受想行識識空菩薩菩薩
空是色空菩薩空不二不別受想行識空菩
薩空不二不別憍尸迦菩薩摩訶薩般若波
羅蜜中應如是住復次眼眼空乃至意意空
菩薩菩薩空眼空乃至菩薩空不二不別六
塵亦如是地種地種空乃至識種識種空菩

BD14898 號　摩訶般若波羅蜜經卷七　（4–3）

非心相常非心相不可思議相常不可思議
相是名菩薩摩訶薩般若波羅蜜尒時佛讃
須菩提言善哉善哉須菩提汝為諸菩薩摩
訶薩說般若波羅蜜安慰諸菩薩摩訶薩心
須菩提白佛言世尊我應報恩不應不報恩
過去諸佛及諸弟子為諸菩薩說六波羅蜜
示教利喜世尊尒時亦在中學得阿耨多羅
三藐三菩提我今亦當為諸菩薩說六波羅
蜜示教利喜令得阿耨多羅三藐三菩提尒
時須菩提語釋提桓因憍尸迦汝今當聽菩
薩摩訶薩般若波羅蜜中如所應住所不應
住憍尸迦色色空受想行識識空菩薩菩薩
空是色空菩薩空不二不別受想行識空菩
薩空不二不別憍尸迦菩薩摩訶薩般若波
羅蜜中應如是住復次眼眼空乃至意意空
菩薩菩薩空眼空乃至菩薩空不二不別六
塵亦如是地種地種空乃至識種識種空菩
薩菩薩空憍尸迦地種空乃至識種空菩薩
空不二不別憍尸迦菩薩摩訶薩般若波羅

BD14898 號　摩訶般若波羅蜜經卷七　　（4–4）

業令我父母解脫厄難不遭患苦悉得生天
封受自然快樂无極得涅槃道
佛告長者汝一心諦聽我之所說汝前欲行
往至他方留財寶物汝之父母令汝父母脩諸
福德父母邪見欺誑於汝實不脩福妄言為
作脩諸福緣以慳貪故墮彼地獄長者聞佛
神口所說疑惑永除作如是言是我之過非
父母咎即於佛前代其父母悔過此罪慳貪
之殃長者父母於彼地獄小得休息佛語長
者今我借汝天眼使汝得見父母休息長者
於是承佛威神見其父母皆得休息那舍長
者又白佛言今者又當作何福業使我父母
解脫彼苦佛語長者今諸聖衆安居三月行
道欲意可還家中作百味飲食之具種種甘
美以好淨器盛持供養及好衣服種種華香
金銀珎寶雜碎供具以施於僧令汝得福使

BD14899 號　灌頂隨願往生十方淨土經　　（6–1）

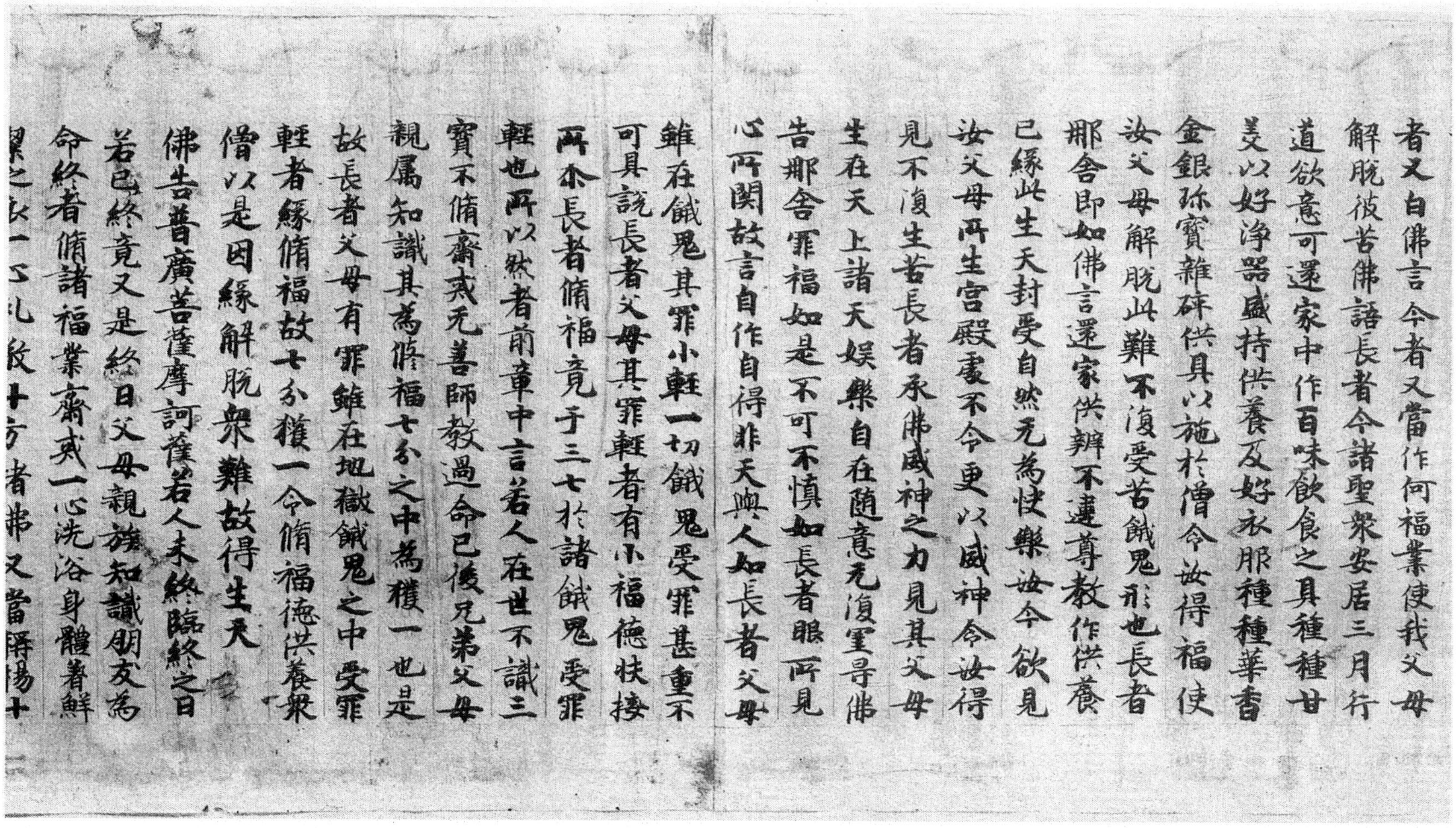

者又白佛言今者又當作何福業使我父母
解脫彼苦佛語長者今諸聖衆安居三月行
道欲意可還家中作百味飲食之具種種甘
美以好淨器盛持供養及好衣那種種華香
金銀珎寶雜碎供具以施於僧令汝得福使
汝父母解脫此難不復受苦餓鬼形也長者
那舍即如佛言還家供辦不違尊教作供養
已緣此生天封受自然无為快樂汝今欲見
汝父母所生宮殿處不令更以威神令汝得
見不復生苦長者承佛威神之力見其父母
生在天上諸天娛樂自在隨意无復罣㝵佛
告那舍罪福如是不可不慎如長者眼所見
心所聞故言自作自得非天與人如長者父母
雖在餓鬼其罪小輕一切餓鬼受罪甚重不
可具說長者父母其罪輕者有小福德扶接
所尒長者脩福竟于三七於諸餓鬼受罪
輕也所以然者前章中言若人在世不識三
寶不脩齋戒无善師教過命已後兄弟父母
親屬知識其為脩福七分之中為獲一也是
故長者父母有罪雖在地獄餓鬼之中受罪
輕者緣脩福故七分獲一令脩福德供養衆
僧以是因緣解脫衆難故得生天
佛告普廣菩薩摩訶薩若人未終臨終之日
若已終竟又是終日父母親族知識朋友為
命終者脩諸福業齋戒一心洗浴身體著鮮
潔之衣一心礼敬十方諸佛又當稱揚十

BD14899 號　灌頂隨願往生十方淨土經　（6–2）

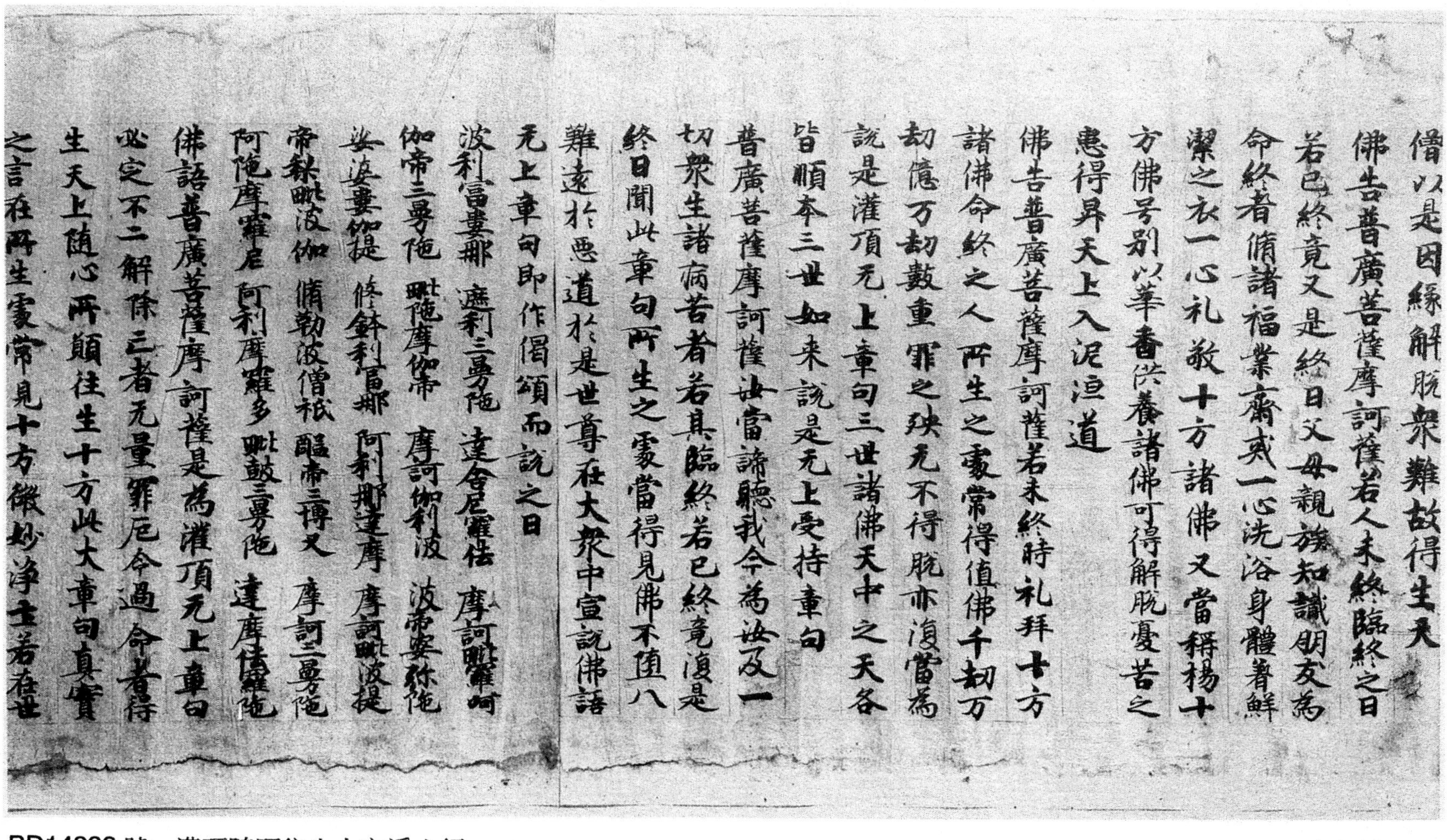

僧以是因緣解脫衆難故得生天
佛告普廣菩薩摩訶薩若人未終臨終之日
若已終竟又是終日父母親族知識朋友為
命終者脩諸福業齋戒一心洗浴身體著鮮
潔之衣一心礼敬十方諸佛又當稱揚十
方佛号別以華香供養諸佛可得解脫憂苦之
患得昇天上入泥洹道
佛告普廣菩薩摩訶薩若未終時礼拜十方
諸佛命終之人所生之處常得值佛千劫万
劫億万劫數重罪之殃无不得脫亦復當為
說是灌頂无上章句三世諸佛天中之天各
皆順本三世如来說是无上受持章句
普廣菩薩摩訶薩汝當諦聽我今為汝及一
切衆生諸病苦者若其臨終若已終竟復是
終日聞此章句所生之處當得見佛不墮八
難遠於悪道於是世尊在大衆中宣說佛語
无上章句即作偈頌而說之日
波利富婁那　遮利三曼陀　達舍尼羅佉　摩訶毗羅呵
伽帝三曼陀　毗陁摩伽帝　摩訶伽利波　波帝娑弥陁
娑婆婁迦提　修鉢利富那　阿利那達摩　摩訶毗波提
帝隸毗波伽　脩勒波僧祇　醖帝三博叉　摩訶三曼陀
阿陁摩羅尼　阿利摩羅多　毗皷三曼陀　達摩修羅陁
佛語普廣菩薩摩訶薩是為灌頂无上章句
必定不二解除三者无量罪厄命過命者得
生天上隨心所願往生十方與大章句真實
之言在所生處常見十方微妙淨土若在世

BD14899 號　灌頂隨願往生十方淨土經　（6–3）

阿陁摩羅启 阿利摩羅多 毗皷三婁陁 達摩佉羅陁
佛語普廣菩薩摩訶薩是爲灌頂无上章句
必定不二解除三者无量罪厄命過命者得
生天上隨心所願往生十方此大章句真實
之言在所生處常見十方微妙淨土若在世
時應當受生處常見十方微妙淨土在世時
應當受持如是章句齋戒一心爲過命者七
日七夜受行八禁長齋菜食礼敬十方諸佛
世尊當發大願擕我獲得僧那僧涅諸衆
生輩使向无上正真大道
尒時世尊説是語已告諸大衆善男子善女
人等及天龍八部一切鬼神汝等衆輩聞説
十方淨佛國土復聞説是那舍長者因緣罪
福生信心不普廣菩薩復從坐起白世尊言
説是十方諸佛淨土无量功德莊嚴快樂復
得聞是那舍因緣世尊又説衆事因緣甚
善大喜踊躍无量世尊説是多所利益後世
衆生緣此解脫以爲軌則不復貪惜資生之物聞
此經言但生施心无所愛惜隨意施與貧
之使足國土豐饒施心平等如是漸漸積功
累德悉成佛道
普廣菩薩摩訶薩又白佛言若四輩男女欲
修學是願生淨土灌頂經典有與事行得
此經法佛言普廣有十二事可得脩學是
經典也一者不信九十五種耶見之道二者
堅持禁戒至終不犯三者勤學禪定教未學

普廣菩薩摩訶薩又白佛言若四輩男女欲
修學是願生淨土灌頂經典有與事行得
此經法佛言普廣有十二事可得脩學是
經典也一者不信九十五種耶見之道二者
堅持禁戒至終不犯三者勤學禪定教未學
者四者忍辱不瞋見惡不惱五者常樂布施
愍念孤老六者常勤精進晝夜不懈七者若
行來出入朝拜塔像及諸尊長然後捨去八
者合集衆人爲作唱導普得信心九者不貪
世業衣服伎樂資生之物常好苦行依四依
法十者行此法時无所希望但欲利益諸衆
生輩不於其中希人利養十一者至終不諂耶命
自活十二者行此法時不擇富貴豪樂之人
貧苦求者等心看之无有異想是爲十二正化
之事普廣聞此心大歡喜我當奉行至終
不犯佛説經竟是諸大衆无不歡喜阿難因
從坐起演説法竟當何名之佛語阿難此
經名爲普廣所問十方淨土隨願往生亦名
那舍罪福因緣又名灌頂无上章句佛説是
經已四衆人民天龍八部聞佛所説作礼奉
行

佛説隨願往生經

生華不於其中希人利養十一者至終不謟耶命
自活十二者行此法時不擇富貴豪樂之人
貧苦求者等心看之无有異想是為十二正行
之事普廣聞此心大歡喜我當奉行至終
不犯佛說經竟是諸大衆无不歡喜阿難因
從坐起演說法竟當何名之佛語阿難此
經名為普廣所問十方淨土隨願往生亦名
那舍罪福因緣又名灌頂无上章句佛說是
經已四衆人民天龍八部聞佛所說作礼奉
行

佛說隨願往生經

BD14899 號　灌頂隨願往生十方淨土經　（6–6）

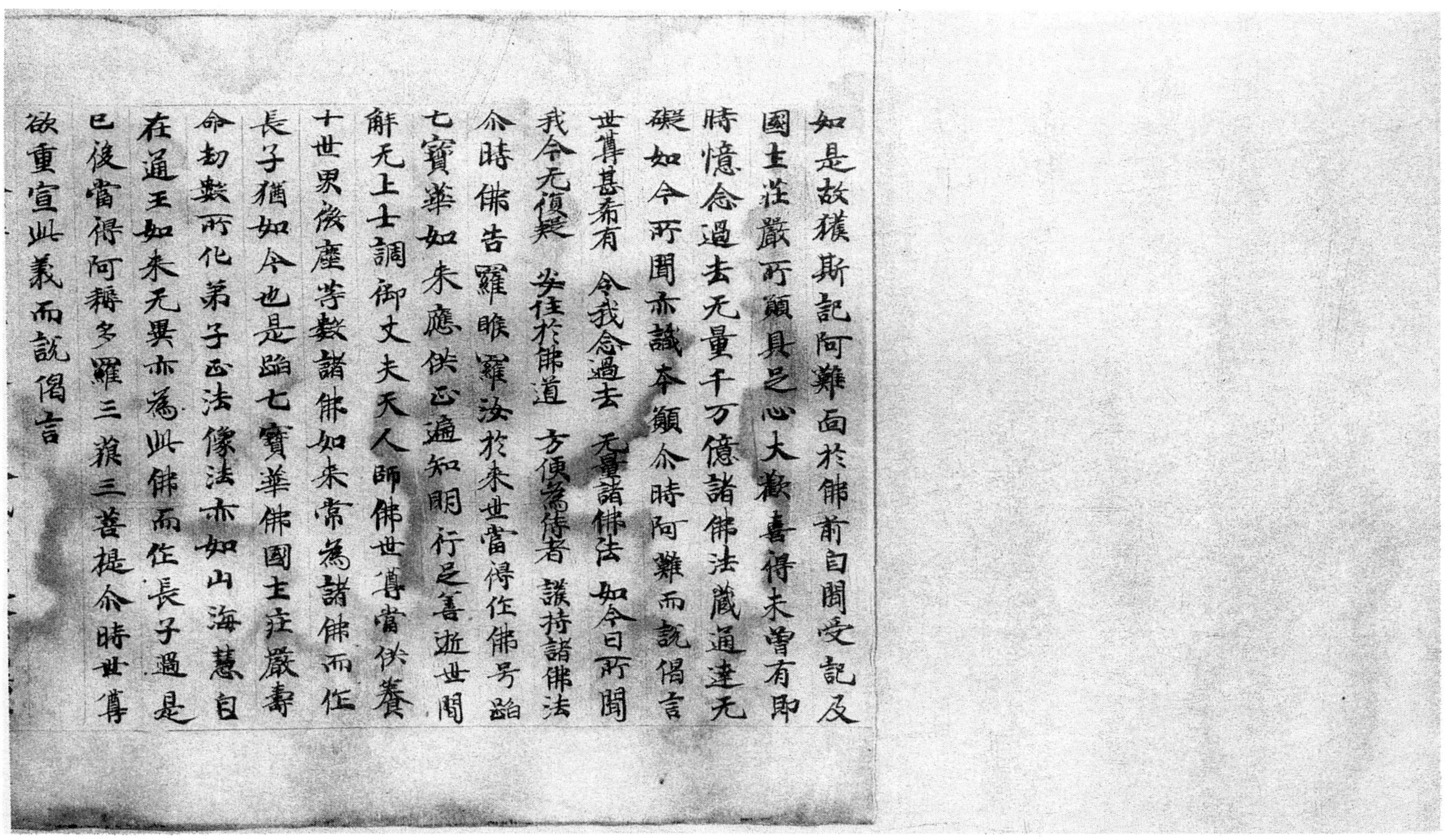

如是故獲斯記阿難面於佛前自聞受記及
國土莊嚴所願具足心大歡喜得未曾有即
時憶念過去无量千万億諸佛法藏通達无
礙如今所聞亦識本願尒時阿難而說偈言
世尊甚希有　令我念過去　无量諸佛法　如今日所聞
我今无復疑　安住於佛道　方便為侍者　護持諸佛法
尒時佛告羅睺羅汝於來世當得作佛号蹈
七寶華如來應供正遍知明行足善逝世間
解无上士調御丈夫天人師佛世尊當供養
十世界微塵等數諸佛如來常為諸佛而作
長子猶如今也是蹈七寶華佛國土莊嚴壽
命劫數所化弟子正法像法亦如山海慧自
在通王如來无異亦為此佛而作長子過是
已後當得阿耨多羅三藐三菩提尒時世尊
欲重宣此義而說偈言

BD14900 號　妙法蓮華經卷四　（11–1）

長子猶如今也是蹈七寶華佛國土莊嚴壽
命劫數所化弟子正法像法亦如山海慧自
在通王如來无異亦為此佛而作長子過是
已後當得阿耨多羅三藐三菩提尒時世尊
欲重宣此義而說偈言
我為太子時　羅睺為長子　我今成佛道　受法為法子
於未來世中　見无量億佛　皆為其長子　一心求佛道
羅睺羅密行　唯我能知之　現為我長子　以示諸衆生
无量億千万　功德不可數　安住於佛法　以求无上道
尒時世尊見學无學二千人其意柔軟寂然
清淨一心觀佛佛告阿難汝見是學无學二
千人不唯然已見阿難是諸人等當供養五
十世界微塵數諸佛如來恭敬尊重護持法
藏末後同時於十方國各得成佛皆同一号
名曰寶相如來應供正遍知明行足善逝世
間解无上士調御丈夫天人師佛世尊壽命
一劫國土莊嚴聲聞菩薩正法像法皆悉同
等尒時世尊欲重宣此義而說偈言
是二千聲聞　今於我前住　悉皆與受記　未來當成佛
所供養諸佛　如上說塵數　護持其法藏　後當成正覺
各於十方國　悉同一名号　俱時坐道場　以證无上慧
皆名為寶相　國土及弟子　正法與像法　悉等无有異
咸以諸神通　度十方衆生　名聞普周遍　漸入於涅槃
尒時學无學二千人聞佛授記歡喜踊躍而
說偈言

BD14900號　妙法蓮華經卷四　（11–2）

皆名為寶相　國土及弟子　正法與像法　悉等无有異
咸以諸神通　度十方衆生　名聞普周遍　漸入於涅槃
尒時學无學二千人聞佛授記歡喜踊躍而
說偈言
世尊慧燈明　我聞授記音　心歡喜充滿　如甘露見灌
妙法蓮華經法師品第十
尒時世尊因藥王菩薩告八万大士藥王汝
見是大衆中无量諸天龍王夜叉乾闥婆阿
脩羅迦樓羅緊那羅摩睺羅伽人與非人及
比丘比丘尼優婆塞優婆夷求聲聞者求辟
支佛者求佛道者如是等類咸於佛前聞妙
法華經一偈一句乃至一念隨喜者我皆與
受記當得阿耨多羅三藐三菩提佛告藥
王又如來滅度之後若有人聞妙法華經乃至
一偈一句一念隨喜者我亦與授阿耨多羅
三藐三菩提記若復有人受持讀誦解說書
寫妙法華經乃至一偈於此經卷敬視如佛
種種供養華香瓔珞末香塗香燒香繒蓋幢
幡衣服伎樂乃至合掌恭敬藥王當知是諸人
等已曾供養十万億佛於諸佛所成就大
願愍衆生故生此人間藥王若有人問何等
衆生於未來世當得作佛應示是諸人等於
未來世必得作佛何以故若善男子善女人
於法華經乃至一句受持讀誦解說書寫種
種供養經卷華香瓔珞末香塗香燒香繒蓋

BD14900號　妙法蓮華經卷四　（11–3）

衆生於未來世當得作佛應亦是諸人等於
未來世必得作佛何以故若善男子善女人
於法華經乃至一句受持讀誦解說書寫種
種供養經卷華香瓔珞末香塗香燒香繒蓋
幢幡衣服伎樂合掌恭敬是人一切世間所
應瞻奉應以如來供養而供養之當知此人
是大菩薩成就阿耨多羅三藐三菩提哀愍
衆生願生此間廣演分別妙法華經何況盡
能受持種種供養者藥王當知是人自捨清
淨業報於我滅度後愍衆生故生於惡世廣
演此經若是善男子善女人我滅度後能竊
為一人說法華經乃至一句當知是人則如
來使如來所遣行如來事何況於大衆中廣
為人說藥王若有惡人以不善心於一劫中
現於佛前常毀罵佛其罪尚輕若人以一惡
言毀呰在家出家讀誦法華經者其罪甚重
藥王其有讀誦法華經者當知是人以佛莊
嚴而自莊嚴則為如來肩所荷擔其所至方
應隨向礼一心合掌恭敬供養尊重讚歎華
香瓔珞末香塗香燒香繒蓋幢幡衣服餚饌
作諸伎樂人中上供而供養之應持天寶而
以散之天上寶聚應以奉獻所以者何是人
歡喜說法須臾聞之即得究竟阿耨多羅三
藐三菩提故爾時世尊欲重宣此義而說
偈言

BD14900號　妙法蓮華經卷四　（11–4）

歡喜說法須臾聞之即得究竟阿耨多羅三
藐三菩提故爾時世尊欲重宣此義而說
偈言
若欲住佛道　成就自然智　常當勤供養　受持法華者
其有欲疾得　一切種智慧　當受持是經　并供養持者
若有能受持　妙法華經者　當知佛所使　愍念諸衆生
諸有能受持　妙法華經者　捨於清淨土　愍衆故生此
當知如是人　自在所欲生　能於此惡世　廣說無上法
應以天華香　及天寶衣服　天上妙寶聚　供養說法者
吾滅後惡世　能持是經者　當合掌禮敬　如供養世尊
上饌衆甘美　及種種衣服　供養是佛子　冀得須臾聞
若能於後世　受持是經者　我遣在人中　行於如來事
若於一劫中　常懷不善心　作色而罵佛　獲無量重罪
其有讀誦持　是法華經者　須臾加惡言　其罪復過彼
有人求佛道　而於一劫中　合掌在我前　以無數偈讚
由是讚佛故　得無量功德　歎美持經者　其福復過彼
於十八億劫　以最妙色聲　及與香味觸　供養持經者
如是供養已　若得須臾聞　則應自欣慶　我今獲大利
藥王今告汝　我所說諸經　而於此經中　法華最第一
爾時佛復告藥王菩薩摩訶薩我所說經典
無量千億已說今說當說而於其中此法華
經最為難信難解藥王此經是諸佛祕要之
藏不可分布妄授與人諸佛世尊之所守護
從昔已來未曾顯說而此經者如來現在猶
多怨嫉況滅度後藥王當知如來滅後其能
書持讀誦供養為他人說者如來則為以衣

BD14900號　妙法蓮華經卷四　（11–5）

經爲難信難解藥王此經是諸佛秘要之
藏不可分布妄授與人諸佛世尊之所守護
從昔已來未曾顯說而此經者如來現在猶
多怨嫉況滅度後藥王當知如來滅後其能
書持讀誦供養爲他人說者如來則爲以衣
覆之又爲他方現在諸佛之所護念是人有
大信力及志願力諸善根力當知是人與如
來共宿則爲如來手摩其頭藥王在在處處
若說若讀若誦若書若經卷所住處皆應
起七寶塔極令高廣嚴飾不須復安舍利所
以者何此中已有如來全身此塔應以一切華
香瓔珞繒蓋幢幡伎樂歌頌供養恭敬尊
重讚歎若有人得見此塔礼拜供養當知是
等皆近阿耨多羅三藐三菩提藥王多有人
在家出家行菩薩道若不能得見聞讀誦
書持供養是法華經者當知是人未善行菩
薩道若有得聞是經典者乃能善行菩薩之道
欲捨諸懈怠　應當聽此經　是經難得聞　信受者亦難
如人渴須水　穿鑿於高原　猶見乾燥土　知去水尚遠
漸見濕土泥　決定知近水　藥王汝當知　如是諸人等
不聞法華經　去佛智甚遠　若聞是深經　決了聲聞法
是諸經之王　聞已諦思惟　當知此人等　近於佛智慧
若人說此經　應入如來室　著於如來衣　而坐如來座
處衆无所畏　廣爲分別說　大慈悲爲室　柔和忍辱衣
諸法空爲座　處此爲說法　若說此經時　有人惡口罵
加刀杖瓦石　念佛故應忍　我千万億土　現淨堅固身

BD14900 號　妙法蓮華經卷四　（11–6）

人說此經　應入如來室　著於如來衣　而坐如來座
處衆无所畏　廣爲分別說　大慈悲爲室　柔和忍辱衣
諸法空爲座　處此爲說法　若說此經時　有人惡口罵
加刀杖瓦石　念佛故應忍　我千万億土　現淨堅固身
於无量億劫　爲衆生說法　若我滅度後　能說此經者
我遣化四衆　比丘比丘尼　及清信士女　供養於法師
引導諸衆生　集之令聽法　若人欲加惡　刀杖及瓦石
則遣變化人　爲之作衛護　若說法之人　獨在空閑處
寂漠无人聲　讀誦此經典　我尒時爲現　清淨光明身
若忘失章句　爲說令通利　若人具是德　或爲四衆說
空處讀誦經　皆得見我身　若人在空閑　我遣天龍王
夜叉鬼神等　爲作聽法衆　是人樂說法　分別无罣礙
諸佛護念故　能令大衆喜　若親近法師　速得菩薩道
隨順是師學　得見恒沙佛
妙法蓮華經見寶塔品第十一
尒時佛前有七寶塔高五百由旬縱廣二百
五十由旬從地踊出住在空中種種寶物而
莊校之五千欄楯龕室千万无數幢幡以爲
嚴飾垂寶瓔珞寶鈴万億而懸其上四面皆
出多摩羅跋栴檀之香充遍世界其諸幡蓋
以金銀琉璃車𤦲馬瑙真珠玫瑰七寶合成
高至四天王宮三十三天雨天曼陁羅華供
養寶塔餘諸天龍夜叉乾闥婆阿修羅迦樓
羅緊那羅摩睺羅伽人非人等千万億衆以
一切華香瓔珞幡蓋伎樂供養寶塔恭敬尊
重讚歎尒時寶塔中出大音聲歎言善哉善

BD14900 號　妙法蓮華經卷四　（11–7）

養寶塔餘諸天龍夜叉乾闥婆阿修羅迦樓
羅緊那羅摩睺羅伽人非人等千万億衆以
一切華香瓔珞幡蓋伎樂供養寶塔恭敬尊
重讃歎尒時寶塔中出大音聲歎言善哉善
哉釋迦牟尼世尊能以平等大慧教菩薩法
佛所護念妙法華經為大衆說如是如是釋
迦牟尼世尊如所說者皆是真實尒時四衆
見大寶塔住在空中又聞塔中所出音聲皆
得法喜恠未曾有從座而起恭敬合掌却住
一面尒時有菩薩摩訶薩名大樂說知一切
世間天人阿修羅等心之所疑而白佛言世尊
以何因緣有此寶塔從地踊出又於其中
發是音聲尒時佛告大樂說菩薩此寶塔中
有如來全身乃往過去東方无量千万億阿
僧祇世界國名寶淨彼中有佛号曰多寶其
佛行菩薩道時作大誓願若我成佛滅度之
後於十方國土有說法華經處我之塔廟為
聽是經故踊現其前為作證明讃言善哉彼
佛成道已臨滅度時於天人大衆中告諸比
丘我滅度後欲供養我全身者應起一大塔
其佛神通願力十方世界在在處處若有說
法華經者彼之寶塔皆踊出其前全身在於
塔中讃言善哉善哉大樂說今多寶如來塔
聞說法華經故從地踊出讃言善哉善哉是
時大樂說菩薩以如來神力故白佛言世尊

BD14900號　妙法蓮華經卷四　（11–8）

法華經者彼之寶塔皆踊出其前全身在於
塔中讃言善哉善哉大樂說今多寶如來塔
聞說法華經故從地踊出讃言善哉善哉是
時大樂說菩薩以如來神力故白佛言世尊
我等願欲見此佛身佛告大樂說菩薩摩訶
薩是多寶佛有深重願若我寶塔為聽法華
經故出於諸佛前時其有欲以我身示四衆
者彼佛分身諸佛在於十方世界說法盡還
集一處然後我身乃出現耳大樂說我分身
諸佛在於十方世界說法者今應當集大樂
說白佛言世尊我等亦願欲見世尊分身諸
佛禮拜供養尒時佛放白毫一光即見東方
五百万億那由他恒河沙等國土諸佛彼諸
國土皆以頗梨為地寶樹寶衣以為莊嚴无
數千万億菩薩充滿其中遍張寶幔寶網羅
上彼國諸佛以大妙音而說諸法及見无量
万億菩薩遍滿諸國為衆說法南西北方四
維上下白毫相光所照之處亦復如是尒時
十方諸佛各告衆菩薩言善男子我今應往
娑婆世界釋迦牟尼佛所并供養多寶如來
寶塔時娑婆世界即變清淨琉璃為地寶樹
莊嚴黄金為繩以界八道无諸聚落村營城
邑大海江河山川林藪燒大寶香曼陀羅華
遍布其地以寶網幔羅覆其上懸諸寶鈴唯
留此會衆移諸天人置於他土是時諸佛各

BD14900號　妙法蓮華經卷四　（11–9）

莊嚴黄金爲繩以界八道无諸聚落村營城
邑大海江河山川林藪燒大寶香曼陁羅華
遍布其地以寶網幔羅覆其上懸諸寶鈴唯
留此會衆移諸天人置於他土是時諸佛各
將一大菩薩以爲侍者至娑婆世界各到寶
樹下一一寶樹高五百由旬枝葉華菓次第
莊嚴諸寶樹下皆有師子之座高五由旬亦
以大寶而校飾之尒時諸佛各於此座結加
趺坐如是展轉遍滿三千大千世界而於釋
迦牟尼佛一方所分之身猶故未盡時釋迦
牟尼佛欲容受所分身諸佛故八方各更變
二百万億那由他國皆令清淨无有地獄餓
鬼畜生及阿修羅又移諸天人置於他土所
化之國亦以琉璃爲地寶樹莊嚴樹高五百
由旬枝葉華菓次第嚴飾樹下皆有寶師子
座高五由旬種種諸寶以爲莊校亦无大海
江河及目真隣陁山摩訶目真隣陁山鐵圍
山大鐵圍山須弥山等諸山王通爲一佛國
土寶地平正寶交露幔遍覆其上懸諸幡
蓋燒大寶香諸天寶華遍布其地釋迦牟尼
佛爲諸佛當來坐故復於八方各變二百万
億那由他國皆令清淨无有地獄餓鬼畜生
及阿修羅又移諸天人置於他土所化之國
亦以琉璃爲地寶樹莊嚴樹高五百由旬枝
葉華菓次第莊嚴樹下皆有寶師子座高五由

及阿修羅又移諸天人置於他土所化之國
亦以琉璃爲地寶樹莊嚴樹高五百由旬枝
葉華菓次第莊嚴樹下皆有寶師子座高五由
旬亦以大寶而校飾之亦无大海江河及目
真隣陁山摩訶目真隣陁山鐵圍山大鐵圍
山須弥山等諸山王通爲一佛國土寶地平
正寶交露幔遍覆其上懸諸幡蓋燒大寶香
諸天寶華遍布其地尒時東方釋迦牟尼所
分之身百千万億那由他恒河沙等國土中
諸佛各各說法來集於此如是次第十方諸
佛皆悉來集坐於八方尒時一一方四百万
億那由他國土諸佛如來遍滿其中是時諸
佛各在寶樹下坐師子座皆遣侍者問訊釋
迦牟尼佛各賫寶華滿掬而告之言善男子
汝往詣耆闍崛山釋迦牟尼佛所如我辭曰
少病少惱氣力安樂及菩薩聲聞衆悉安隱
不以此寶華散佛供養而作是言彼某甲佛
與欲開此寶塔諸佛遣使亦復如是尒時釋
迦牟尼佛見所分身佛悉已來集各各坐於
師子之座皆聞諸佛與欲同開寶塔即從座
起住虛空中一切四衆起立合掌一心觀佛

言一切諸法空若方便說則言无我是二種
說法皆入般若波羅蜜相中以是故佛經中
說涅槃道皆同一向无有異道復次有我
有法多爲在家者說有父毋罪福大小業報

BD14901 號　大智度論（異卷）卷二七　（13–1）

言一切諸法空若方便說則言无我是二種
說法皆入般若波羅蜜相中以是故佛經中
說涅槃道皆同一向无有異道復次有我
有法多爲在家者說有父毋罪福大小業報
所以者何在家人多不求涅槃故著於後果
報爲出[illegible]我无法所以者何出家
人多向涅槃故求涅槃者不受一切法故自
然臧是涅槃復次有人信等諸根未成就故
先求有所得然後能捨爲是人故佛說諸善
法捨諸惡法有人信等諸根成就故於諸法
不求有所得但求遠離生死道爲是人故佛
說諸法[illegible]二皆實如无名指亦長
亦討觀中指則討觀小指則長長討皆實有
說无說亦如是說有或時是世俗或時是第
一義說无或時是俗或時是第一義佛說是
有我无我皆是實問曰若是二事皆實佛何
以故多讚歎空而毀呰有答曰空无所有是
十方諸佛一切賢聖法藏如般若波羅蜜囑
累品中說般若波羅蜜是三世十方諸佛法
藏般若波羅蜜即是无所有空佛或時說有
法爲教化衆生故又後皆當入无所有法藏
中間曰若尒者云何般若波羅蜜若觀五陰
空无所[illegible]非是道答曰是般若波羅蜜中說
有无皆无如長爪梵志經中說三種耶見一
者一切有二者一切无三者半有半无佛告

BD14901 號　大智度論（異卷）卷二七　（13–2）

法為教化衆生故久後皆當入无所有法藏
中間曰若尒者云何般若波羅蜜若觀五陰
空无所有作是道荅曰是般若波羅蜜中說
有无皆无如長抓梵志經中說三種耶見一
者一切有二者一切无三者半有半无佛告
長抓梵志是一切有見為欲深為瞋恚愚癡所
縛一切无見為不深不癡不瞋不著不縛半
有半无有者同上有縛无者同上无縛於三
種見中弟子作是念若我受一切有見則
與二人共諍所謂一切无者半有半无者若
我受一切无見亦與二人共諍所謂一切有
者半有半无者諍若我受半有半无者亦與
二人共諍所謂一切无者一切有者鬪諍故
相謗相謗故致惱見是諍謗惱故捨是先見
餘見亦不受不受故即入道若不著一切諸
法空心不起諍但除結使是名為實智若取
諸法空相起諍不滅諸結使依止是智慧是
為非實智如佛所說為度衆生故有所說无
不是實但衆生於中有著不著故有實不實
如是種種因緣故佛身口意業无有過失是
故說佛身口意先知然後隨智慧行問曰初
說身无失口无失念无失今復說身口意業
隨智慧行義有何差別荅曰先三種无失不
說因緣今說因緣隨智慧行故不失若先不
籌量而起身口意業則有失佛先以智慧身
口意業故无失復次佛成就三種寂靜業三
不護業有人疑言佛何因緣成就如是業以

隨智慧行義有何差別荅曰先三種无失不
說因緣今說因緣隨智慧行故不失若先不
籌量而起身口意業則有失佛先以智慧身
口意業故无失復次佛成就三種寂靜業三
不護業有人疑言佛何因緣成就如是業以
是故佛言我一切身口意業先以智慧然後
隨智慧行佛以智慧知過去未來現在世通
達无㝵者此三種智慧於三世通達无㝵故
三業隨智慧行問曰過去諸法已滅已盡无
所復有未來世諸法今不來不生未和合現
在乃至一念中无住時云何能知三世通達
无㝵荅曰佛說過去未來現在通達无㝵此
言豈虛復次若无過去未來但有現在一念
頃佛亦不㝵成就无量功德如十種智是十
是時亦不得一心有十智若尒者佛亦不得
具足十力以是因緣故知有過去未來問曰
若過去未來現在有者何等是无佛說四諦
苦諦觀无常等相无常名生滅敗壞不可得
若過去非今實有不名為无常敗壞不可得
復次若過去未來現在皆有者便隨常何以
故是法在未來世中定有轉來現在從現在
轉入過去如人從一房入一房不名失人荅
曰若不失有有何咎問曰若无无常无罪无
福无生无死无縛无解罪名數等十不善道
若无无常无數等罪如分別耶見中說刀在
身七分中過无所惱害福名不數十善道无

曰若不失有有何咎問曰若无无常无罪无
福无生无死无縛无解罪名敎等十不善道
若无无常无敎等罪如分別耶見中說刀在
身七分中過无所惱害福名不敎十善道无
常名分別生死若无无常无生死亦无縛亦
无解如是等无量過咎答曰諸法三世各各
有相過去法有過去相未來法有未來相現
在法有現在相若過去未來有現在相者應
有是難而今過去未來現在各自有相復次
若實无過去未來亦无出家律儀所以者何
若現在惡心中住過去復无戒是爲非比丘
又賢聖人心在世俗中是時應當是凡夫无
過去未來[illegible][illegible]故如是亦无五逆等諸罪所以
者何是五道罪業已過去及死時入地獄是
五逆罪未來无業故无報現在身不爲逆罪
若无過去則无逆罪若无罪何有餘罪福亦
如是若无罪福是爲耶見與禽獸无異復次
我不說過去未來如現在相有我說過去雖
滅可生憶想能生心心數法昨日火滅今
日可生想憶念不可以憶想念故火便有
若見積薪知當然火亦生心想念明日火如
過去火不可以今心念火火便有未來世事
地中攝皆是善皆是无漏法四色法二緣生
因緣增上緣餘殘四緣生四无緣十四有緣
四隨心行不與心相應十三與心相應六隨
心行一不與心相應六不隨心行如是等種

BD14901號　大智度論(異卷)卷二七　(13–5)

因緣增上緣餘殘四緣生四无緣十四有緣
四隨心行不與心相應十三與心相應六隨
心行一不與心相應六不隨心行如是等種
種阿毗曇分別說初如是分別入般若波羅
蜜諸法實相中盡皆一相所謂无相入佛心
皆一寂滅相

摩訶般若波羅蜜憂波提舍中大慈大悲品第卅六

大慈大悲當習行般若波羅蜜大慈大悲者
四无量心中已分別今當更略說大慈與一
切衆生樂大悲拔一切衆生苦大慈以喜樂
因緣與衆生大悲以離苦因緣與衆生譬如有
人諸子繫在牢獄當受大辟其父慈惻以若
干方便令得勉苦是大悲得離苦已以五所
欲給與諸子是大慈如是等種種差別問曰
大慈大悲如是何等是小慈小悲因此小而
名爲大答曰四无量心中慈悲名爲小此中
十八不共法次第說大慈悲名爲大復次諸
佛心中慈悲名爲大餘人心中名爲小問曰
若介者何以言菩薩行大慈大悲答曰菩薩
大慈者於佛爲小於二乘爲大此是假名爲
大佛大慈大悲真實最大復次小慈但心念
與樂實无樂事小悲名觀衆生種種身苦心
苦憐愍而已不能令脫大慈者念令衆生得
樂亦與樂事大悲憐愍衆生苦亦能令脫苦
復次凡夫人聲聞辟支佛菩薩慈悲名爲小

BD14901號　大智度論(異卷)卷二七　(13–6)

大佛大慈大悲真實寅大復次小慈但心念
與樂實无樂事小悲名觀衆生種種身苦心
苦憐愍而已不能令脫大慈者念令衆生得
樂久與樂事大悲憐愍衆生苦亦能令脫苦
復次凡夫人聲聞辟支佛菩薩慈悲名為小
諸佛慈悲乃名為大復次大慈從大人心中
生十力四无所畏四无导智十八不共法大
法中出能破三惡道大苦能與三種大樂天
樂人樂涅槃樂復次是大慈遍滿十方三世
衆生乃至蜫虫慈徹骨髓心不捨離若三千
大千世界衆生墮三惡道若人一一皆代受
其苦得脫苦已以五所欲樂禪定樂世間寅
上樂自恣與之皆令滿足比佛慈悲千万分
中不及一分何以故世間樂欺誑不實不離
生死故問曰法在佛心中一切皆大何以故
但說慈悲為大荅曰佛所有功德法應皆大
問曰若尒者何以但說慈悲為大荅曰慈悲
是佛道之根本所以者何菩薩見衆生老病
死苦心苦身苦今世後世苦等諸苦所惱生
大慈悲救如是苦然後發心求阿耨多羅三
藐三菩提亦以大慈悲力故於无量阿僧祇
世生死中心不猒沒以大慈悲力故久應得
涅槃而不取證以是故一切諸佛法中慈悲
為大若无大慈大悲便早入涅槃復次得佛
道時成就无量甚深禪定解脫諸三昧生清
淨樂棄捨不受入聚落城邑中種種譬喻因

涅槃而不取證以是故一切諸佛法中慈悲
為大若无大慈大悲便早入涅槃復次得佛
道時成就无量甚深禪定解脫諸三昧生清
淨樂棄捨不受入聚落城邑中種種譬喻因
緣說法變現其身无量音聲將迎一切忍辱
衆生罵詈誹謗乃至自作伎樂皆是大悲大
悲力復次大慈大悲名非佛所作衆生名之
譬如師子㕵力不自言力大皆是衆獸名之
衆生聞佛種種妙法知佛為祐利衆生故於
无量阿僧祇劫難行能行衆生聞見是事而
名此法為大慈大悲譬如一人有二親友以
罪事因緣故繫之囹圄一人恭給所須一人
代死衆人言能代死者是為大慈大悲佛亦
如是世世為一切衆生頭目髓腦盡為一切
衆生聞見是事即共名之為大慈大悲如尸
毗王為救鴿故盡以身肉代之猶不與鴿等
復以手扠稱欲身代之是時地為六種振動
海水波蕩諸天香華供養於王衆生稱言為
一小鳥所感乃尒真是大慈大悲佛因緣生
所名故言大慈大悲如是等无量本生是中
悲應廣說問曰禪定等諸餘功德人不知故
不名為大智慧說法等能令人得道何以不
稱言大荅曰佛智慧所能无有遍知者大慈
大悲故世世不惜身命捨禪定樂救護衆生
人皆知之於佛智慧可比類知不能了了知
慈悲心眼見耳聞處處變化大師子吼是故

稱言大答曰佛智慧所能无有遍知者大慈
大悲故世世不惜身命捨禪定樂救護衆生
人皆知之於佛智慧可比類知不能了了知
慈悲心眼見耳聞處處變化大師子吼是故
可知復次佛智慧細妙諸菩薩舍利弗等尚
不能知何況餘人慈悲相可眼見耳聞故人
能信受智慧深妙不可測知復次是大慈大
悲一切衆生所愛樂譬如美藥人所樂服智
慧如服苦藥人多不樂人多不樂故稱慈悲
為大復次智慧者得道乃能信受大慈悲想
一切雜類皆能生信如見像若聞說皆能信
受多所利益故名為大慈大悲復次大智慧
名捨相違離相大慈大悲為憐愍利益相是
憐愍利益法一切衆生所愛樂以是故名為
大慈大悲如持心經中說大慈大悲有三十
二種於衆生中行是大慈大悲攝相緣如四
无量心說復次佛大慈大悲等功德不應一
切如迦旃延法中分別求其相上諸論議師
雖用迦旃延法分別顯示不應盡信受所以
者何迦旃延說大慈大悲一切智慧是有漏
法繫法世間法是事不尒何以故大慈大悲
名為一切佛法之根本云何是有漏法繫
法世間法問曰大慈大悲雖是佛法根本
故是有漏如汙泥中生蓮華不得言泥亦
應妙大慈悲亦如是雖佛法根本不應是无
漏答曰菩薩未得佛時大慈悲若言有漏其

BD14901號　大智度論（異卷）卷二七　（13–9）

名為一切佛法之根本云何是有漏法繫
法世間法問曰大慈大悲雖是佛法根本
故是有漏如汙泥中生蓮華不得言泥亦
應妙大慈悲亦如是雖佛法根本不應是无
漏答曰菩薩未得佛時大慈悲若言有漏其
失猶可今佛得无㝵解脫智故一切諸法皆
清淨一切煩惱及習盡聲聞辟支佛不得无㝵
解脫智煩惱習不盡處處中疑不斷故心應有
漏諸佛无是事何以說佛大慈悲應是有漏
問曰我不敢不敬佛以慈悲心為衆生故生
應是有漏答曰諸佛力勢不可思議諸聲聞
辟支佛不能離衆生想而生慈悲諸佛能離
衆生想而生慈悲所以者何諸阿羅漢辟支
佛十方衆生相不可得而取衆生相生慈悲
令諸佛十方求衆生不可得亦不取衆生相
而能生慈悲如无盡意經中說有三種慈悲
衆生緣法緣无緣復次一切衆生中唯佛盡
行不誑法若佛於衆生中取相而行慈悲心
不名行不誑法何以故衆生畢竟不可得故
聲聞辟支佛不名為盡行不誑法故聲聞辟
支佛於衆生於法若取相若不取相不應難
不惓行不誑法故一切智能斷一切諸漏能
從一切有漏法中出能作无漏因緣是法云
何自是有漏問曰无漏智各各有所緣无有
能惓緣一切法者雖有世俗智能緣一切法
以是故說一切智是有漏相答曰汝法中有

BD14901號　大智度論（異卷）卷二七　（13–10）

不惑行不誹法故一切智能斷一切諸漏能
從一切有漏法中出能作无漏因緣是法云
何自是有漏問曰无漏智各各有所緣无有
能悉緣一切法者雖有世俗智能緣一切法
以是故說一切智是有漏相荅曰汝法中有
是說非佛法中所說如人自持斗入市不與
官斗相應无有人用者汝亦如是自用汝法
不與佛法相應无人用者无漏智慧何以故
不能緣一切法有漏智是假名虛誑勢力少故
不應真緣一切法汝法中自說能緣一切法
復次是聲聞法中十智摩訶衍法中有十一
智名為如實相智是十智入是如實智中都
為一智所謂无漏智如十方水入大海水中
都為一味是大慈大悲佛三昧王三昧師子
遊戲三昧所攝如是略說大慈大悲議
菩薩摩訶薩欲得具足道種慧當習行般若
波羅蜜者道名一道一向趣涅槃於善法中
一心不放逸道隨身念道復有二道惡道善
道世間道出世間道定道慧道有漏道无漏
道見道脩道隨脩學道无學道信行道法行
道向道果道无导道解脫道信解道見得道
慧解脫道俱解脫道如是无量二道門復有
三道地獄道畜生道餓鬼道三種地獄熱地
獄寒地獄黑闇地獄三種畜生道地行水行
空行三種鬼道餓鬼食不淨鬼神鬼三種善
道人道天道涅槃道人有三種人作罪者作

BD14901 號　大智度論（異卷）卷二七　（13–11）

三道地獄道畜生道餓鬼道三種地獄熱地
獄寒地獄黑闇地獄三種畜生道地行水行
空行三種鬼道餓鬼食不淨鬼神鬼三種善
道人道天道涅槃道人有三種人作罪者作
福者求涅槃者復有三種人受欲行惡者受
欲不行惡者不受欲不行惡者天有三種欲
天色天无色天涅槃道有三種聲聞道辟支
佛道佛道聲聞道有三種學道无學道非學
非无學道辟支佛亦如是佛道有三種波羅
蜜道方便道淨國土道佛復有三道物發意
道行諸善道成就衆生道復有三道戒道定
道慧道如是等无量三道門復有四種道凡
夫道聲聞道辟支佛道佛道復有四種道聲
聞道辟支佛道菩薩道佛道聲聞道有四種
苦道集道滅道道道復有四沙門果道復有
四種道觀身實相道觀受心法實相道復有
四種道為斷未生惡不善令不生道為斷生
惡令疾滅道為未生善法令生道為已生善
法令增長道復有四種道欲增上道精進增
上道心增上道慧增上道復有四聖種道不
擇衣食臥具樂斷苦脩定復有四行道苦難
道苦易道樂難道樂易道復有四脩道為今
世樂脩道二生死智脩道三為漏盡故脩道
四分別慧脩道復有四天道所謂四禪復有
四種道天道梵道聖道佛道如是等无量四
道門復有五種道地獄畜生餓鬼人天道復

BD14901 號　大智度論（異卷）卷二七　（13–12）

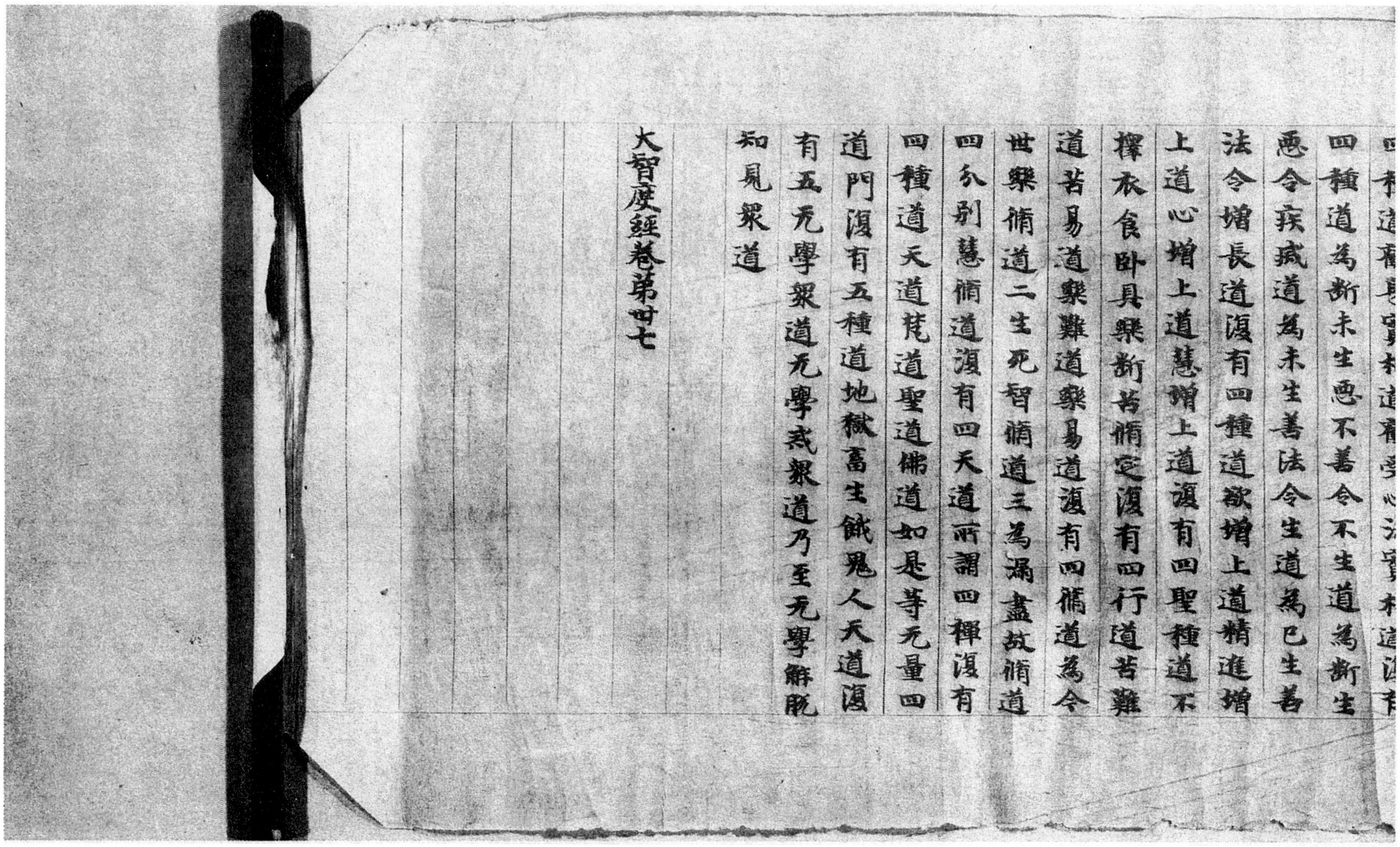
四種道爲斷未生惡不善令不生道爲斷生
惡令疾滅道爲未生善法令生道爲已生善
法令增長道復有四種道欲增上道精進增
上道心增上道慧增上道復有四聖種道不
擇衣食卧具樂斷苦樂脩定復有四行道苦難
道苦易道樂難道樂易道復有四脩道爲令
世樂脩道二生死智脩道三爲漏盡故脩道
四分別慧脩道復有四天道所謂四禪復有
四種道天道梵道聖道佛道如是等无量四
道門復有五種道地獄畜生餓鬼人天道復
有五无學衆道无學戒衆道乃至无學解脫
知見衆道

大智度經卷第廿七

BD14901號　大智度論（異卷）卷二七　　（13–13）

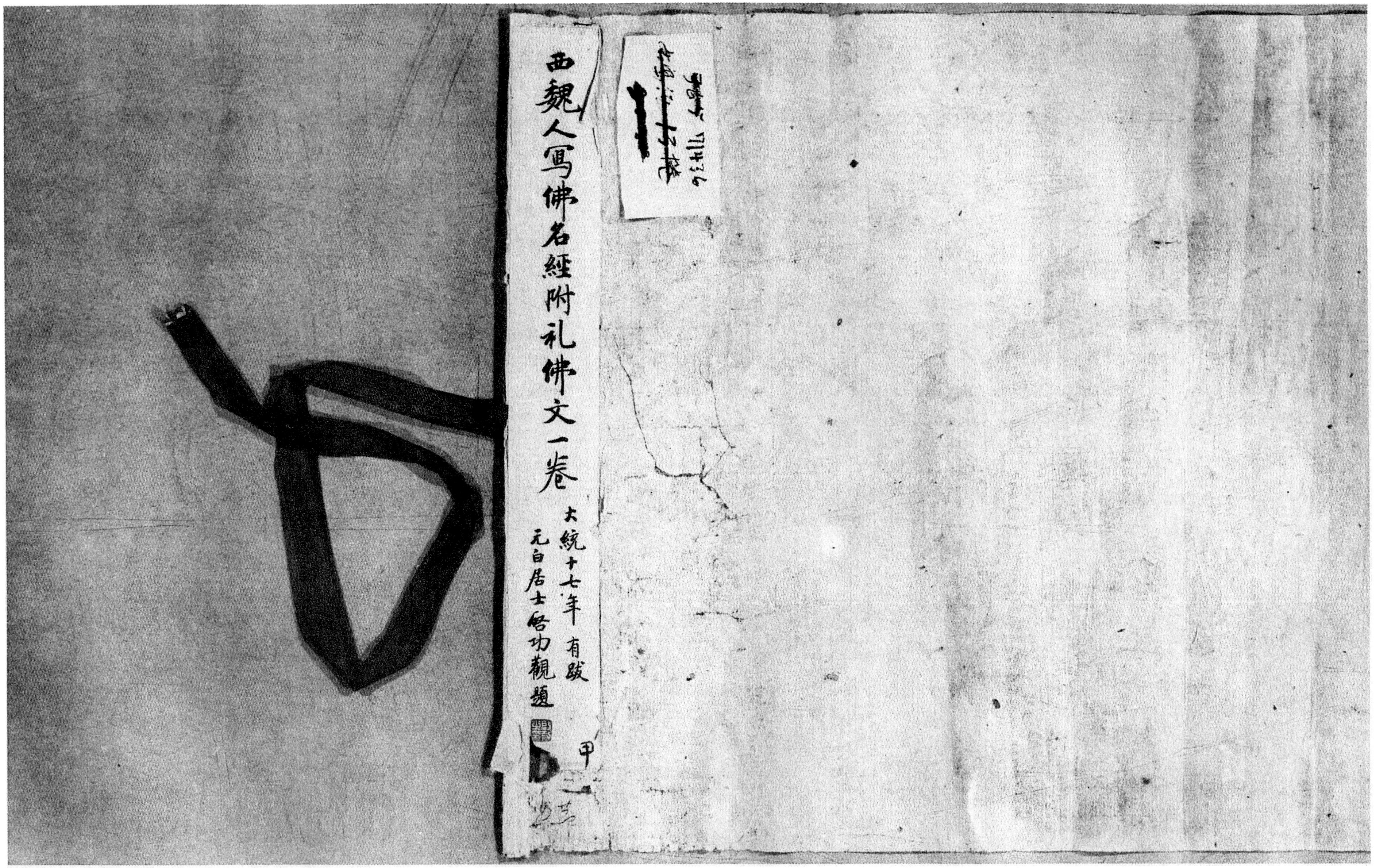

BD14902 號背　現代護首　（1–1）

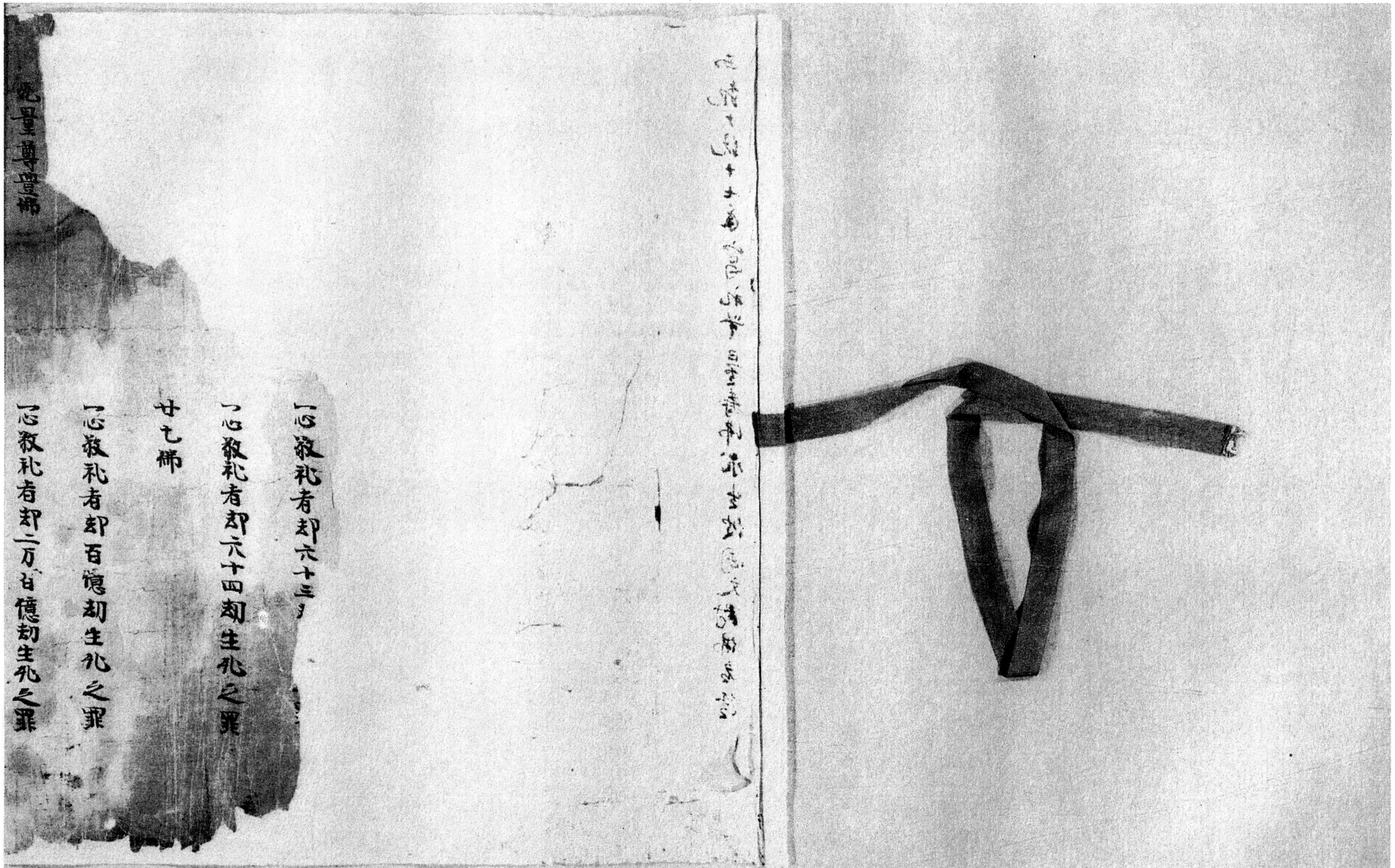
一心敬礼者却六十三
一心敬礼者却六十四劫生死之罪
廿七佛
一心敬礼者却百億劫生死之罪
一心敬礼者却二万〃百億劫生死之罪
无量尊豐佛

BD14902號　禮十方佛滅罪經(擬)　(4–1)

一心敬禮者卻六十四劫生死之罪

廿七佛

一心敬禮者卻百億劫生死之罪

无量尊豐佛　一心敬禮者卻二万百億劫生死之罪

德首佛　一心敬禮者卻五十億劫生死之罪

无發精進興豐佛　一心敬禮者卻三百億劫生死之罪

无言勝佛　一心敬禮者卻五百劫生死之罪

无過豐佛　一心敬禮者卻万億劫生死之罪

月英豐佛　一心敬禮者卻二百九十一億劫生死之罪

无量光豐佛　一心敬禮者卻十万五千億劫生死之罪

遠空光明佛　一心敬禮者卻八百一千劫生死之罪

眾清淨无量幡佛　一心敬禮者卻六十八劫生死之罪

好誦住淮王佛　一心敬禮者卻九十一劫生死之罪

成就一切諸剎豐佛　一心敬禮者卻四百億劫生死之罪

淨慧德豐佛　一心敬禮者卻卌六億劫生死之罪

淨輪幡佛　一心敬禮者卻百八十億劫生死之罪

流離光眾豐佛　一心敬禮者卻万億劫生死之罪

寶德步佛　一心敬禮者卻二万億劫生死之罪

眾清淨德住寶佛　一心敬禮者卻万億劫生死之罪

淨輪幡佛　一心敬礼者却百八十億劫生死之罪
流離光眾豊佛　一心敬礼者却万億劫生死之罪
寶德步佛　一心敬礼者却二万億劫生死之罪
眾清淨德住寶佛　一心敬礼者却万億劫生死之罪
度寶光明烙佛　一心敬礼者却十万六千劫生死之罪
无量慚愧金眾豊佛　一心敬礼者却卅劫生死之罪
蓮華尊豊佛　一心敬礼者却卅六万劫生死之罪
淨寶興豊佛　一心敬礼者却卅劫生死之罪
電燈幡王佛　一心敬礼者却能令人離八難處
法空燈佛　一心敬礼者却九十劫生死之罪
一切眾德成佛　一心敬礼者却八百劫生死之罪
賢幡幢王佛　一心敬礼者却十劫生死之罪
一切寶色持佛　一心敬礼者却六百劫生死之罪
下方佛名　有七佛
斷疑拔欲除冥佛　一心敬礼者却卅六億劫生死之罪
意无怨懼威毛不竪佛　一心敬礼者却八万劫生死之罪
師子佛　一心敬礼者却十万億劫生死之罪
名稱遠聞佛　一心敬礼者却八万億劫生死之罪
法名号佛　一心敬礼者却七十二劫生死之罪
奉法佛　一心敬礼者却八十二万三千劫生死之罪

BD14902號　禮十方佛滅罪經（擬）　（4–3）

斷疑拔欲除實佛　一心敬礼者却卅六億劫生死之罪

意无怨懼威毛不竪佛　一心敬礼者却八万劫生死之罪

師子佛　一心敬礼者却十万億劫生死之罪

名稱遠聞佛　一心敬礼者却八万億劫生死之罪

法名号佛　一心敬礼者却七十二劫生死之罪

奉法佛　一心敬礼者却八十二万三千劫生死之罪

法幢佛　一心敬礼者却十二万三千百億劫生死之罪

有六菩薩應當稱名　一心敬礼必得无量无邊功德除一切罪

師子遊戲菩薩　一心敬礼者却百億劫生死之罪

師子奮迅菩薩　一心敬礼者却八百億劫生死之罪

師子幡菩薩　一心敬礼者却六十劫生死之罪

師子作菩薩　一心敬礼者却六百七十劫生死之罪

堅勇精菩薩　一心敬礼者却億劫生死之罪

金剛慧菩薩　一心敬礼者却百億劫生死之罪

見麁重過失　論曰於四念住所修事謂不善巧障於四正斷所修懈怠障
於四神足所修三摩地滅二事障一於圓滿欲勤心觀隨滅一故二於修
習八斷行中隨減故於五根所修不植圓滿順解脫分勝善根障於五力
所修羸劣性障謂即五根由障所雜有羸劣性於七等覺支所修過失障
此是見道所顯示故於八聖道支所修麁重過失障此是修道所顯
示故於修彼時所別障者頌曰　障富貴善趣　不捨諸有情　於失
德減增　令趣入解脫　障施等諸善　無盡亦無間　所作善決定　受
用法成熟　論曰此說十種波羅蜜多所得果障以顯十種波羅蜜多自性
之障謂布施波羅蜜多說富貴自在障於淨戒波羅蜜多說善趣障於
安忍波羅蜜多說不捨有情障於精進波羅蜜多說減過失增功德障於
靜慮波羅蜜多說令所化趣入法障於般若波羅蜜多說解脫
障於方便善巧波羅蜜多說施等善無窮盡障由此迴向無上菩提
令施等善無窮盡故於願波羅蜜多說一切生善無間轉障由大
願力攝受順善法生故於力波羅蜜多說所作善得決定障由
思擇力及修習力能伏彼障非彼伏故於智波羅蜜多說自他受用
法成熟障不如聞言而覺義故於地地功德有別障者頌曰　遍行與最
勝　勝流及無攝　相續無差別　無雜染清淨　種種法無別　及不增不減
并無分別等　四自在依義　於斯十法界　有不染無明　障十地功德
故說為十障　論曰於遍行等十法界中有不染無知障十地功德如次
建立為十地障謂初地中所證法界名遍行義由通達此證得自

BD14903號　辯中邊論卷上

（2–1）

願力攝受順善法生故於力波羅蜜多說所作善得決定障由
思擇力及修習力能伏彼障非彼伏故於智波羅蜜多說自他受用
法成熟障不如聞言而覺義故於地地功德有別障者頌曰　遍行與最
勝　勝流及無攝　相續無差別　無雜染清淨　種種法無別　及不增不減
并無分別等　四自在依義　於斯十法界　有不染無明　障十地功德
故說為十障　論曰於遍行等十法界中有不染無知障十地功德如次
建立為十地障謂初地中所證法界名遍行義由通達此證得自
他平等法性第二地中所證法界名最勝義由通達此作是思惟我
今於同出離一切行相應遍修治是為勤修相應出離第三地中所證法界名勝
流義謂求此法設有火坑量等三千大千世界投身而趣不以為難第
四地中所證法界名無攝受義由通達此乃至法愛亦皆轉滅第五地中所證
法界名相續無差別義由通達此得十意樂平等淨心第六地中
所證法界名無雜染無清淨義由通達此知緣起法無染無淨第七
地中所證法界名種種法無差別義由通達此知法無相不行契經
等種種法相中第八地中所證法界名不增不減義由通達此圓滿證
得無生法忍於諸清淨雜染法中不見一法有增有減有四自在一無
分別自在二淨土自在三智自在四業自在法界為此四種所依名四自
在所依止義第八地中唯能通達初二自在所依止義第九地中亦能通達
智自在所依義圓滿證得無礙解故第十地中復能通達業自在
所依義隨欲化作種種利樂有情事故復略頌曰　斷諸煩惱　及諸所
知障　許此二盡故　一切障解脫　論曰由此二種攝一切障故許此盡時一切
障解脫　此障總義有十一種　一廣大障謂具分障　二狹小障謂一分障　三加
行障謂增減障　四至得障謂平等障　五殊勝障謂趣種生死障　六正
行障謂九煩惱障　七因障謂於善等十能作障　八入真實障
謂覺分障　九無上淨障謂到彼岸障　十此差別趣障謂十地障　十一攝障謂
略二障

辯中邊論一卷

BD14903號　辯中邊論卷上

（2–2）

彼便不轉是名依他起自性真〻實相於有非有所為增益及損減故若知此故彼便不轉
是名圓成實自性真〻實 相此根本真〻實相中无顛倒故名相真〻實 无顛倒
真〻實者謂无常苦空无我性由此對治彼常等四顛倒應知此无常等依
彼根本真〻實立耶 頌曰 无性與生滅 垢淨无三常 所取及事相 和合苦三種
空亦有三種 謂无異自性 无相及異相 自相三无我 如次四種 於根本真實 論曰 无常三
者一性无常謂遍計所執永无故 二生滅无常謂依他起有起盡故 三垢淨无常謂
圓成實位轉變故 苦三種者一所取苦謂遍計所執是補特伽羅法執所取故
二事相苦謂依他起 三苦相故 三和合苦謂圓成實苦相合故 空有三者一无
性空謂遍計所執此无理趣可說為有由此非有說為空故 二異性空謂依他起
起如妄所執不如是有非一切種性全无故 三自性空謂圓成實二空所顯為自
性故 无我三者一无相无我謂遍計所執此相本无故名无相即此无相說為无
我 二異相无我謂依他起此相雖有而不如彼遍計所執故名異相即此異相
說為无我 三自相无我謂圓成實无我所顯以為自相即此自相說為无我
如是所說无常苦空无我四種如其所應依根本真〻實各分為三種 四如前應
知因果真實謂四聖諦云何依根本真〻實頌曰 苦三相以說 集知有三種
謂習氣等起 及相未離繫 自性二不生 垢寂二滅諦 遍知及永斷 證得三道諦
論曰 苦諦有三謂无常等四各有三相如前已說 集諦三者一習氣集謂遍計
所執自性執習氣 二等起集謂業煩惱 三未離繫集謂未離障真如 滅諦
三者一自性滅謂自性不生故 二二取滅謂所取能取二不生故 三本性滅謂垢寂二謂擇滅

BD14904 號　辯中邊論卷中　（2–1）

如是所說无常苦空无我四種如其所應依根本真實各分為三種四如前應
知因果真實謂四聖諦云何依根本真〻實頌曰 苦三相以說 集知有三種
謂習氣等起 及相未離繫 自性二不生 垢寂二滅諦 遍知及永斷 證得三道諦
論曰 苦諦有三謂无常等四各有三相如前已說 集諦三者一習氣集謂遍計
所執自性執習氣 二等起集謂業煩惱 三未離繫集謂未離障真如 滅諦
三者一自性滅謂自性不生故 二二取滅謂所取能取二不生故 三本性滅謂垢寂二謂擇滅
及真如 道諦三者一遍知道 二永斷道 三證得道 應知此中於遍計所執唯有
遍知 於依他起有遍知及永斷 於圓成實有遍知及證得故依此三建立
道諦 應知真實謂世俗勝義諦云何依根本真實立此二諦頌曰 應知世俗諦 差別有三種
謂假行顯了 如次依本三 勝義諦亦三 謂義得正行 依本一无變
无倒二圓實 論曰世俗諦有三種 一假世俗 二行世俗 三顯了世俗 如其次第
依三根本真實建立 勝義諦亦三種 一義勝義謂真如勝智境名勝義故
二得勝義謂涅槃此是勝果亦義利故 三正行勝義謂聖道以勝法為義故此三
勝義應知但依三根本中圓成實 總有二種 无為有為有差別故 无為總攝
真如涅槃无變異故名圓成實 有為總攝一切聖道於境无倒故亦名圓成
實 極成真實略有二種 一者世間極成真實 二者道理極成真實 云何此二依
彼根本真〻實立耶 頌曰 世極成依一 理極成依三 論曰若事世間共所安立串習隨
入覺慧所取 一切世間同執此事是地非火色非聲等 是名世間極成真實 此於根
本三真〻實中但依遍計所執而立 理義聰叡賢善能尋思者依止三量證成道
理施設建立是名道理極成真實 此依根本三真〻實立 淨所行真實亦略二種 一煩惱
障淨智所行真〻實 二所知障淨智所行真〻實 云何此二依彼根本真〻實而立
頌曰 淨所行有二 依一圓成實 論曰 煩惱所知二障淨智所行真〻實唯依根本三真〻實中
圓成實立 餘二非此淨智境故 云何應知相名分別真如正智攝在根本三真〻實
耶 頌曰 名遍計所執 相分別依他 真如及正智 圓成實所攝 論曰 相等五事隨其所應
應攝在根本三種真〻實 謂名攝在遍計所執 相及分別攝在依他 圓成實攝
真如正智 差別真〻實略有七種 一流轉真〻實 二實相真〻實 三唯識真〻實
四安立真〻實 五邪行真〻實 六清淨真〻實 七正行真〻實 云何應知此七
真〻實依三根本真〻實立耶 頌曰 流轉與安立 邪行依初二 實相唯識淨
正行依後一 流轉 論曰流轉等七隨其所應攝在根本

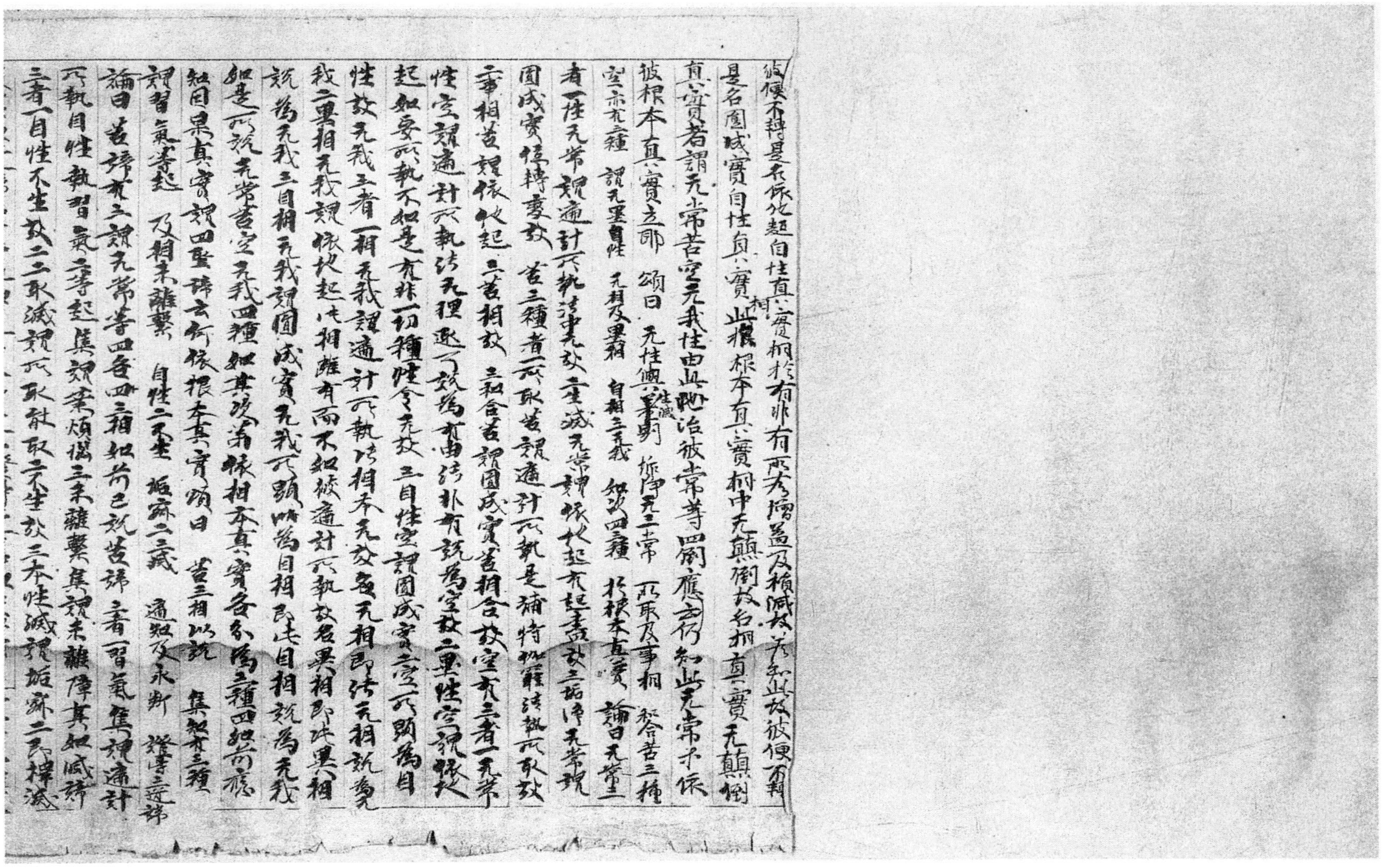

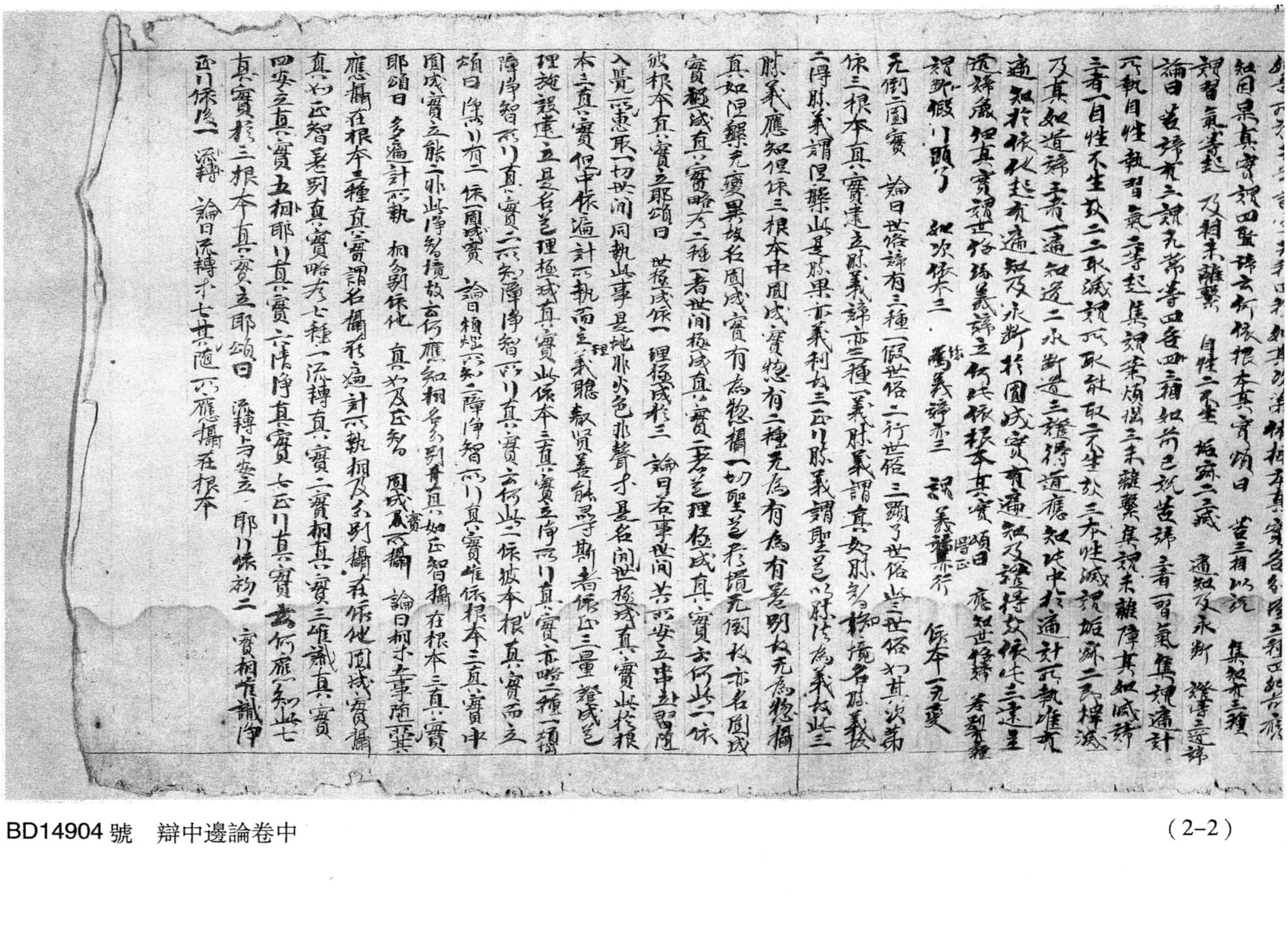

BD14904 號　辯中邊論卷中　（2–2）

復次常精進若善男子善女人受持是經若
讀若誦若解說若書寫得千二百舌功德若
好若醜若美若不美及諸苦澀物在其舌根
皆變成上味如天甘露无不美者若以舌根
於大眾中有所演說出深妙聲能入其心皆
令歡喜快樂又諸天子天女釋梵諸天聞是深
妙音聲有所演說言論次第皆悉來聽及諸
龍龍女夜叉夜叉女乾闥婆乾闥婆女阿脩
羅阿脩羅女迦樓羅迦樓羅女緊那羅緊那
羅女摩睺羅伽摩睺羅伽女為聽法故皆來
親近恭敬供養及比丘比丘尼優婆塞優婆
夷國王王子群臣眷屬小轉輪王大轉輪王
七寶千子內外眷屬乘其宮殿俱來聽法以
是菩薩善說法故婆羅門居士國內人民盡
其形壽隨侍供養又諸聲聞辟支佛菩薩諸
佛常樂見之是人所在方面諸佛皆向其處
說法悉能受持一切佛法又能出於深妙法
音尒時世尊欲重宣此義而說偈言
是人舌根淨　終不受惡味　其有所食噉　悉皆成甘露
以深淨妙聲　於大眾說法　以諸因緣喻　引導眾生心

BD14905號　妙法蓮華經卷六　（2–1）

羅阿脩羅女迦樓羅迦樓羅女緊那羅緊那
羅女摩睺羅伽摩睺羅伽女為聽法故皆來
親近恭敬供養及比丘比丘尼優婆塞優婆
夷國王王子群臣眷屬小轉輪王大轉輪王
七寶千子內外眷屬乘其宮殿俱來聽法以
是菩薩善說法故婆羅門居士國內人民盡
其形壽隨侍供養又諸聲聞辟支佛菩薩諸
佛常樂見之是人所在方面諸佛皆向其處
說法悉能受持一切佛法又能出於深妙法
音尒時世尊欲重宣此義而說偈言
是人舌根淨　終不受惡味　其有所食噉　悉皆成甘露
以深淨妙聲　於大眾說法　以諸因緣喻　引導眾生心
聞者皆歡喜　設諸上供養　諸天龍夜叉　及阿脩羅等
皆以恭敬心　而共來聽法　是說法之人　若欲以妙音
遍滿三千界　隨意即能至　大小轉輪王　及千子眷屬
合掌恭敬心　常來聽受法　諸天龍夜叉　羅剎毗舍闍
亦以歡喜心　常樂來供養　梵天王魔王　自在大自在
如是諸天眾　常來至其所　諸佛及弟子　聞其說法音
常念而守護　或時為現身
復次常精進若善男子善女人受持是經若
讀若誦若解說若書寫[illegible]八百身功德得淨

BD14905號　妙法蓮華經卷六　（2–2）

善聽當為汝說舍利弗言唯然世尊願樂欲
聞佛告舍利弗如是妙法諸佛如來時乃說
之如優曇鉢華時一現耳舍利弗汝等當信
佛之所說言不虛妄舍利弗諸佛隨宜說法
意趣難解所以者何我以无數方便種種因
緣譬喻言辞演說諸法是法非思量分別之
所能解唯有諸佛乃能知之所以者何諸佛
世尊唯以一大事因緣故出現於世舍利弗
云何名諸佛世尊唯以一大事因緣故出現於
世諸佛世尊欲令衆生開佛知見使得清淨
故出現於世欲示衆生佛之知見故出現於
世欲令衆生悟佛知見故出現於世欲令衆
生入佛知見道故出現於世舍利弗是為諸
佛以一大事因緣故出現於世佛告舍利弗
諸佛如來但教化菩薩諸有所作常為一
事唯以佛之知見示悟衆生舍利弗如來但
以一佛乘故為衆生說法无有餘乘若二若
三舍利弗一切十方諸佛法亦如是舍利弗
過去諸佛以无量无數方便種種因緣譬喻
言辞而為衆生演說諸法是法皆為一佛乘

BD14906號　妙法蓮華經卷一　（2–1）

世尊唯以一大事因緣故出現於世舍利弗
云何名諸佛世尊唯以一大事因緣故出現於
世諸佛世尊欲令衆生開佛知見使得清淨
故出現於世欲示衆生佛之知見故出現於
世欲令衆生悟佛知見故出現於世欲令衆
生入佛知見道故出現於世舍利弗是為諸
佛以一大事因緣故出現於世佛告舍利弗
諸佛如來但教化菩薩諸有所作常為一
事唯以佛之知見示悟衆生舍利弗如來但
以一佛乘故為衆生說法无有餘乘若二若
三舍利弗一切十方諸佛法亦如是舍利弗
過去諸佛以无量无數方便種種因緣譬喻
言辞而為衆生演說諸法是法皆為一佛乘
故是諸衆生從諸佛聞法究竟皆得一切種
智舍利弗未來諸佛當出於世亦以无量无
數方便種種因緣譬喻言辞而為衆生演說
諸法是法皆為一佛乘故是諸衆生從佛聞
法究竟皆得一切種智舍利弗現在十方无
量百千万億佛土中諸佛世尊多所饒益安
樂衆生是諸佛亦以无量无數方便種種因
緣譬喻言辞而為衆生演說諸法是法皆為

BD14906號　妙法蓮華經卷一　（2–2）

無所取捨則為一相則無有相以者何其
無相法無所出法法有生者則為欲令法界
出生其無相法有所生者則為欲令本無出
生其無相法則無所生欲令生者則為欲令
真本際生其有欲令無相生者則為欲令不
可思議法界出生其有欲令無相法生則為
欲令專精行而出生其有欲令無相法生則
便欲令斷界出生取要言之須菩提則為欲
令離欲界生其有欲令無相法生者則為欲
令滅度界生須菩提彼為欲令寂然空無而
出生矣其有欲令色痛痒思想生死識無相
法生者則為欲令有相法生所以者何色則
為空從三界生住薩芸若痛痒思想生死識
亦無有空從三界生薩芸若者則無所住所
以者何若解色者色則為空解痛痒思想生
死識者識則為空眼耳鼻口身心亦空欲令
生者則為欲令虛空出生眼色識耳聲識鼻
香識口味識身更識意欲識此十八種因緣
所見則為空無欲令生者則為欲令無相法
生所以者何須菩提眼之所視悉皆為空耳
鼻口身意亦如是習皆空須菩提三界為空

BD14907 號　光讚般若波羅蜜經卷八　　　　（1–1）

可得見何況得聞亦難得說難得書寫亦難
得讀文殊師利若有男子女人能信是經受
持讀誦書着竹帛復能為他人解說中義此
皆先世以發道意今復得聞此微妙法開化
十方無量衆生當知此人必當得至無上正
真道也
佛告阿難我作佛以來從生死復至生死勤
苦累劫無所不更無所不歷無所不作無所
不為如是不可思議況復瑠璃光佛本願功
德者乎汝所以有疑者亦復如是阿難汝聞
佛所說汝諦信之莫作疑惑佛語至誠無有
虛僞亦無二言佛言為信者施不為疑者說
也阿難汝莫作小疑以毀大乘之業汝却後
亦當發摩訶衍行莫以小道毀汝功德也阿
難唯天中天我從今日以去無復余心唯佛
自當知我心耳
佛告阿難七[illegible]者天宮[illegible]三[illegible]起寺

BD14908 號　灌頂章句拔除過罪生死得度經　　　　（2–1）

佛告阿難我作佛以来從生死復更生死勤
苦累劫無所不更無所不歴無所不作無所
不為如是不可思議況復瑠璃光佛本願功
德者乎汝所以有疑者亦復如是阿難汝聞
佛所說汝諦信之莫作疑惑佛語至誠無有
虛僞亦無二言佛言為信者施不為疑者說
也阿難汝莫作小疑以毀大乘之業汝却後
亦當發摩訶衍行莫以小道毀汝功德也阿
難唯天中天我從今日以去無復尒心唯佛
自當知我心耳
佛語阿難此經能照諸天宮宅若三灾起時
中有天人發心念此瑠璃光佛本願功德經
者皆得離於彼處之難是經能除水澗不調
是經能除他方逆賊悉令斷滅四方羌狄各
還正治不相燒惱國主交通人民歡喜是經
能除穀貴飢凍是經能滅惡星變恠是經能
除疫毒之病是經能救三惡道苦地獄餓鬼
畜生等苦若人得聞此經典者無不解脫厄
難者也
尒時衆中有一菩薩名曰救脫從坐而起整
衣服叉手合掌而白佛言我等今日聞佛世
尊演說過東方恒河沙世界有佛號瑠璃光一

BD14908 號　灌頂章句拔除過罪生死得度經　（2–2）

諸天龍神　人及非人　香華伎樂　常以供養
文殊師利　諸佛子等　為供舍利　嚴飾塔廟
國界自然　殊特妙好　如天樹王　其華開敷
佛放一光　我及衆會　見此國界　種種殊妙
諸佛神力　智慧希有　放一淨光　照无量國
我等見此　得未曾有　佛子文殊　願決衆疑
四衆欣仰　瞻仁及我　世尊何故　放斯光明
佛子時荅　決疑令喜　何所饒益　演斯光明
佛坐道場　所得妙法　為欲說此　為當授記
示諸佛土　衆寶嚴淨　及見諸佛　此非小緣
文殊當知　四衆龍神　瞻察仁者　為說何等
尒時文殊師利語弥勒菩薩摩訶薩及諸大
士善男子等如我惟忖今佛世尊欲說大法
雨大法雨吹大法螺擊大法鼓演大法義諸

BD14909 號　妙法蓮華經卷一　（1–1）

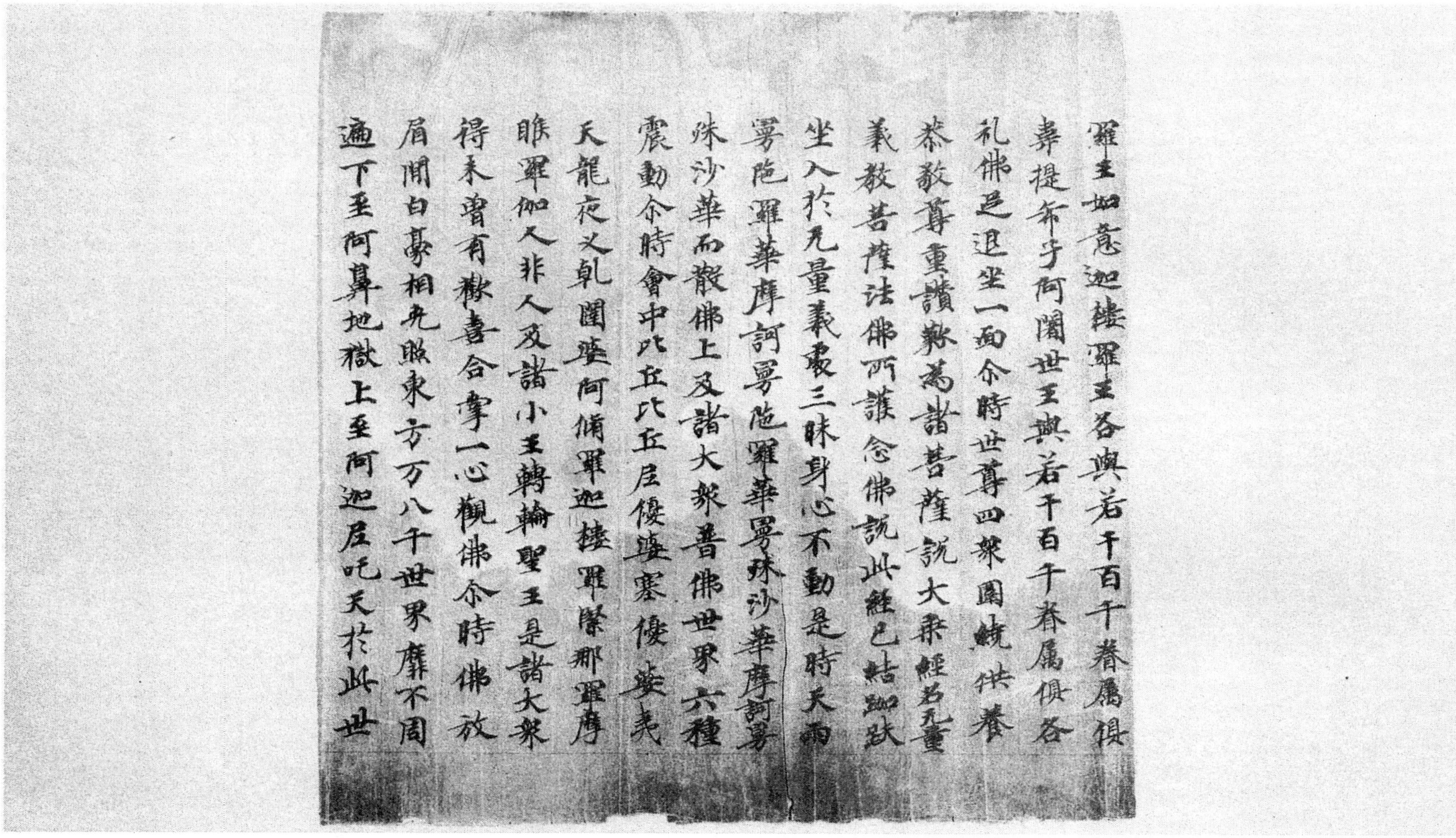

羅王如意迦樓羅王各與若干百千眷屬俱
韋提希子阿闍世王與若干百千眷屬俱各
礼佛足退坐一面尒時世尊四衆圍繞供養
恭敬尊重讚歎爲諸菩薩說大乘經名无量
義教菩薩法佛所護念佛說此經已結跏趺
坐入於无量義處三昧身心不動是時天雨
曼陁羅華摩訶曼陁羅華曼殊沙華摩訶曼
殊沙華而散佛上及諸大衆普佛世界六種
震動尒時會中比丘比丘尼優婆塞優婆夷
天龍夜叉乾闥婆阿脩羅迦樓羅緊那羅摩
睺羅伽人非人及諸小王轉輪聖王是諸大衆
得未曾有歡喜合掌一心觀佛尒時佛放
眉間白毫相光照東方万八千世界靡不周
遍下至阿鼻地獄上至阿迦尼吒天於此世

BD14910 號　妙法蓮華經卷一　（1–1）

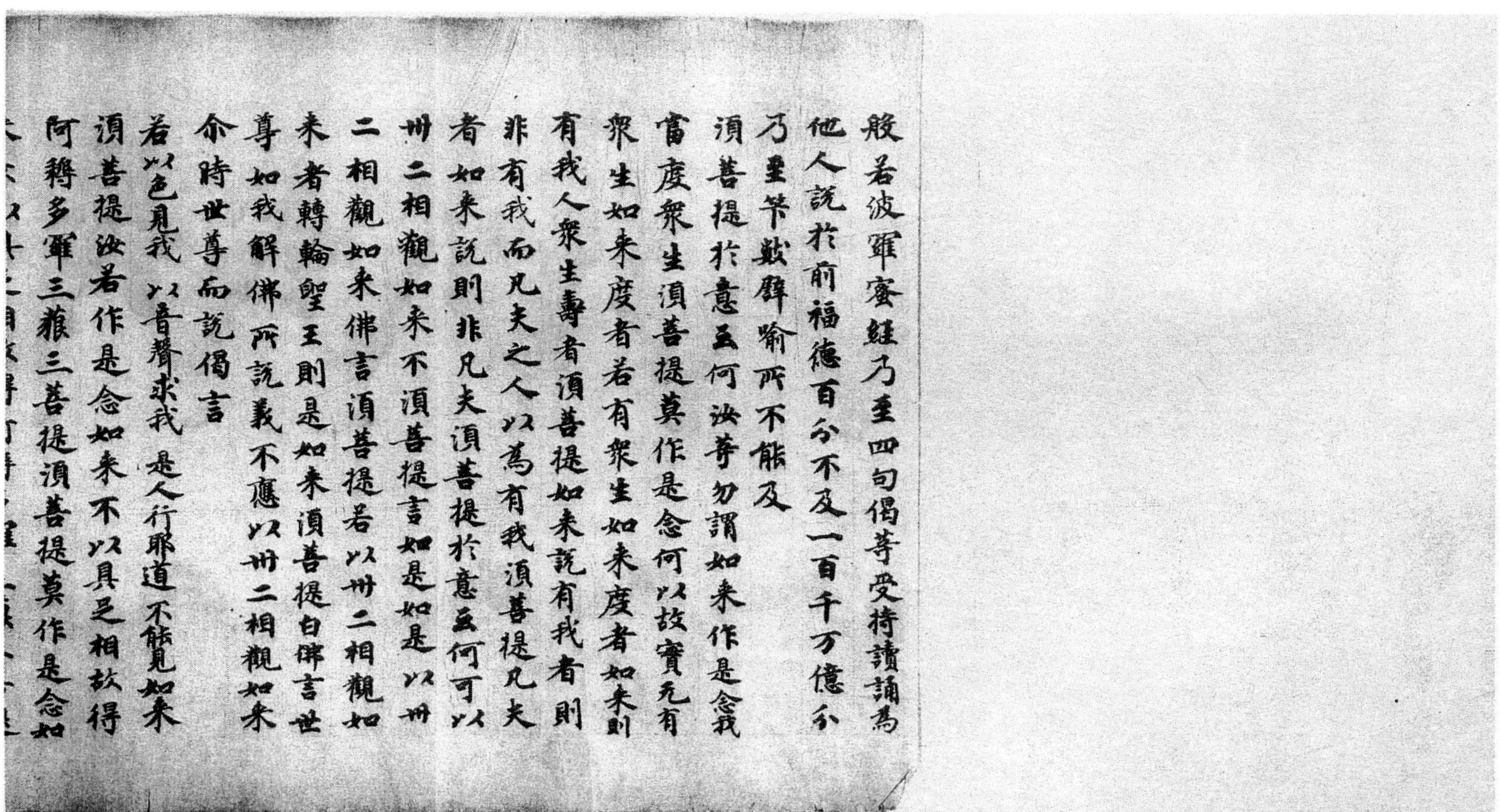

般若波羅蜜經乃至四句偈等受持讀誦爲
他人說於前福德百分不及一百千万億分
乃至筭數譬喻所不能及
須菩提於意云何汝等勿謂如來作是念我
當度衆生須菩提莫作是念何以故實无有
衆生如來度者若有衆生如來度者如來則
有我人衆生壽者須菩提如來說有我者則
非有我而凡夫之人以爲有我須菩提凡夫
者如來說則非凡夫須菩提於意云何可以
卅二相觀如來不須菩提言如是如是以卅
二相觀如來佛言須菩提若以卅二相觀如
來者轉輪聖王則是如來須菩提白佛言世
尊如我解佛所說義不應以卅二相觀如來
尒時世尊而說偈言
若以色見我　以音聲求我　是人行邪道　不能見如來
須菩提汝若作是念如來不以具足相故得
阿耨多羅三藐三菩提須菩提莫作是念如

BD14911 號　金剛般若波羅蜜經　（2–1）

二相觀如來佛言須菩提若以卅二相觀如
來者轉輪聖王則是如來須菩提白佛言世
尊如我解佛所說義不應以卅二相觀如來
尒時世尊而說偈言
若以色見我　以音聲求我　是人行邪道　不能見如來
須菩提汝若作是念如來不以具足相故得
阿耨多羅三藐三菩提須菩提莫作是念如
來不以具足相故得阿耨多羅三藐三菩提
須菩提汝若作是念發阿耨多羅三藐三菩
提者說諸法斷滅相莫作是念何以故發阿耨
多羅三藐三菩提者於法不說斷滅相須菩
提若菩薩以滿恒河沙等世界七寶布施若
復有人知一切法无我得成於忍此菩薩勝
前菩薩所得功德須菩提以諸菩薩不受福
德故須菩提白佛言世尊云何菩薩不受福
德須菩提菩薩所作福德不應貪著是故說
不受福德須菩提若有人言如來若來若去
若坐若卧是人不解我所說義何以故如來

BD14911 號　金剛般若波羅蜜經　（2–2）

子曰一切言教心相是
相是體身相為實尋教會理
真心生住滅名為尋教會理文字耶解
用者[illegible]根真照真照圓寂寂照照寂同塵
无漏名為文字耶解既用
鑒照菩薩摩訶薩前白佛言世尊大聖圓覺軌
法備學而成等覺等覺圓具還說真軌自得
令他得同入正智乘乘於乘而究竟之由[illegible]
故如來今日說道心相是言教身相是文
字[illegible]相是言教者一切衆生具足言教若
身相是文字者一切衆生具足文字言教復
具文字復具道教自有何用在大聖會所而
聽法字軌心為則軌身為用則法成用久來解
說何文[illegible]說[illegible]字即為解說用

BD14912 號　究竟大悲經卷三　（2–1）

无漏名為文字耶解脫用
鑒照菩薩摩訶薩前白佛言世尊大聖圓覺軌
法脩學而成等覺等覺圓具還說真軌自得
令他得同入正智乘乘於乘而究竟之由何
故如來今日說道心相是言教身相是文
字若心相是言教者一切衆生具足言教若
身相是文字者一切衆生具足文字言教復
具文字復具道教自有何用在大聖會所而
聽法字軌心為則軌身為用則法成用久來解
脫何故今日說言文字耶為解脫用
佛告鑒照菩薩摩訶薩曰若如汝所問心相言
教身相非文字者十方諸佛无量菩薩一切
聖衆離心之与身而有言教者无有是處譬
如外求九十五道離頼鬼神入人身內遂起
惡見而要大聖若離身心及与善惡苦樂
果報而有言說我當信受若不然者所有言說
皆道我身是頑銅心是癡源教我學其頑
癡之法我定不從大聖復語汝若如是要請
之求何不離身心善惡苦樂果報而要於我
外求之人即便吾大聖言曰我實離之大聖
復問汝若離身心而要請者汝今所問為是

BD14912 號　究竟大悲經卷三　（2–2）

斯諸菩薩亦能勞謙以无量大悲生是佛土
維摩詰言此土菩薩於諸衆生大悲堅固誠
如所言然其一世饒益衆生多於彼國百千
劫行所以者何此娑婆世界有十事善法諸
餘淨土之所无有何等為十以布施攝貧窮
以淨戒攝毀禁以忍辱攝瞋恚以精進攝懈
怠以禪定攝亂意以智慧攝愚癡說除難法
度八難者以大乘法度樂小乘者以諸善根
濟无德者常以四攝成就衆生是為十彼菩
薩曰菩薩成就幾法於此世界行无瘡疣生
于淨土維摩詰言菩薩成就八法於此世界
行无瘡疣生于淨土何等為八饒益衆生而
不望報代一切衆生受諸苦惱所作功德盡
以施之等心衆生謙下无礙於諸菩薩
視之如佛所未聞經聞之不疑不與聲聞而
相違背不嫉彼供不高己利而於其中調伏
其心常省己過不訟彼短恒以一心求諸功
德是為八維摩詰文殊師利於大衆中說是
法時百千天人皆發阿耨多羅三藐三菩提
心十千菩薩得无生法忍

BD14913 號　維摩詰所說經卷下　（1–1）

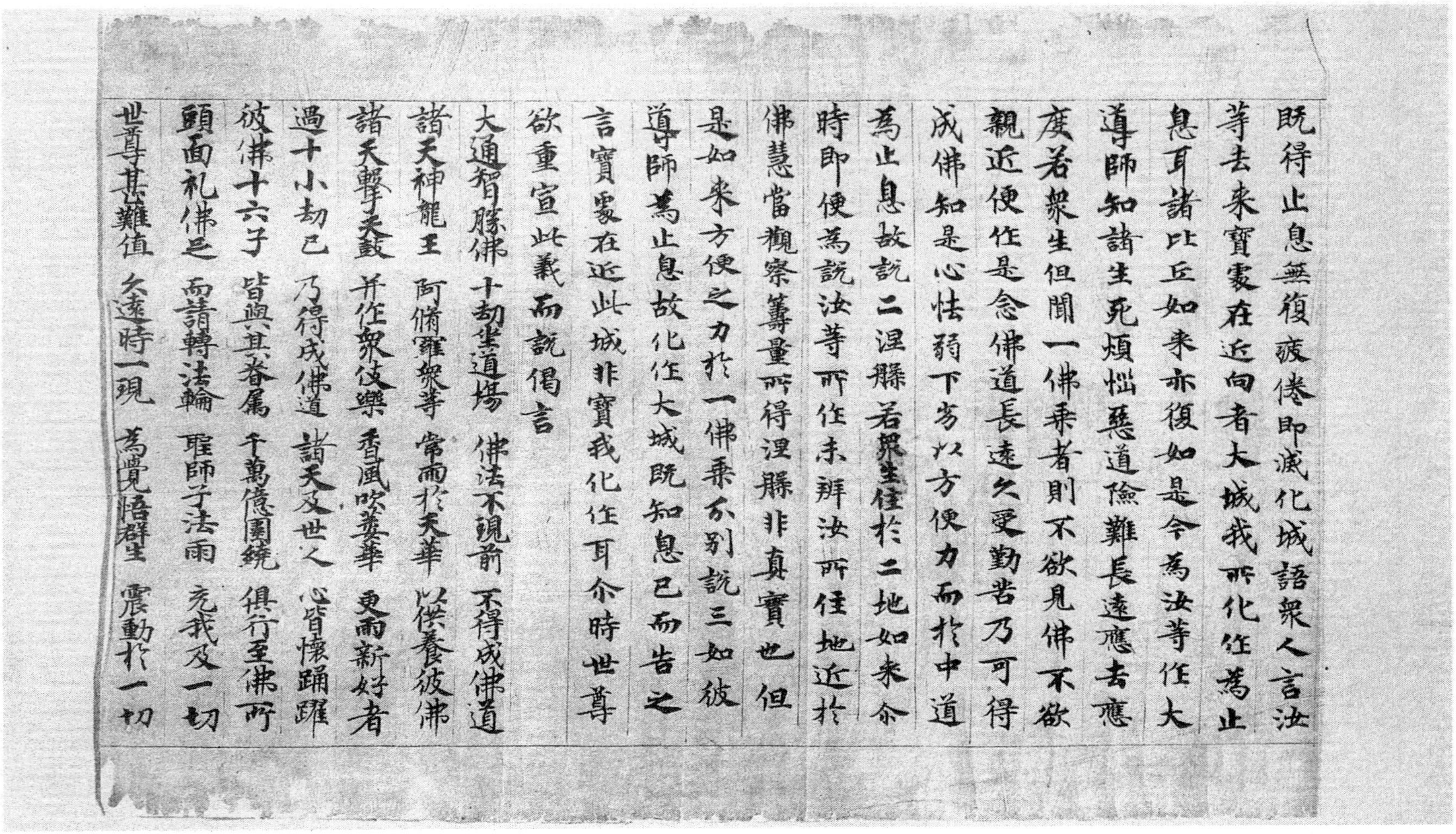
既得止息無復疲倦即滅化城語衆人言汝
等去來寶處在近向者大城我所化作為止
息耳諸比丘如來亦復如是今為汝等作大
導師知諸生死煩惱惡道險難長遠應去應
度若衆生但聞一佛乘者則不欲見佛不欲
親近便作是念佛道長遠久受勤苦乃可得
成佛知是心怯弱下劣以方便力而於中道
為止息故說二涅槃若衆生住於二地如來尒
時即便為說汝等所作未辦汝所住地近於
佛慧當觀察籌量所得涅槃非真實也但
是如來方便之力於一佛乘分別說三如彼
導師為止息故化作大城既知息已而告之
言寶處在近此城非實我化作耳尒時世尊
欲重宣此義而說偈言
大通智勝佛　十劫坐道場　佛法不現前　不得成佛道
諸天神龍王　阿脩羅衆等　常雨於天華　以供養彼佛
諸天擊天鼓　并作衆伎樂　香風吹萎華　更雨新好者
過十小劫已　乃得成佛道　諸天及世人　心皆懷踊躍
彼佛十六子　皆與其眷屬　千萬億圍繞　俱行至佛所
頭面礼佛足　而請轉法輪　聖師子法雨　充我及一切
世尊甚難值　久遠時一現　為覺悟群生　震動於一切

BD14914 號　妙法蓮華經卷三　(1–1)

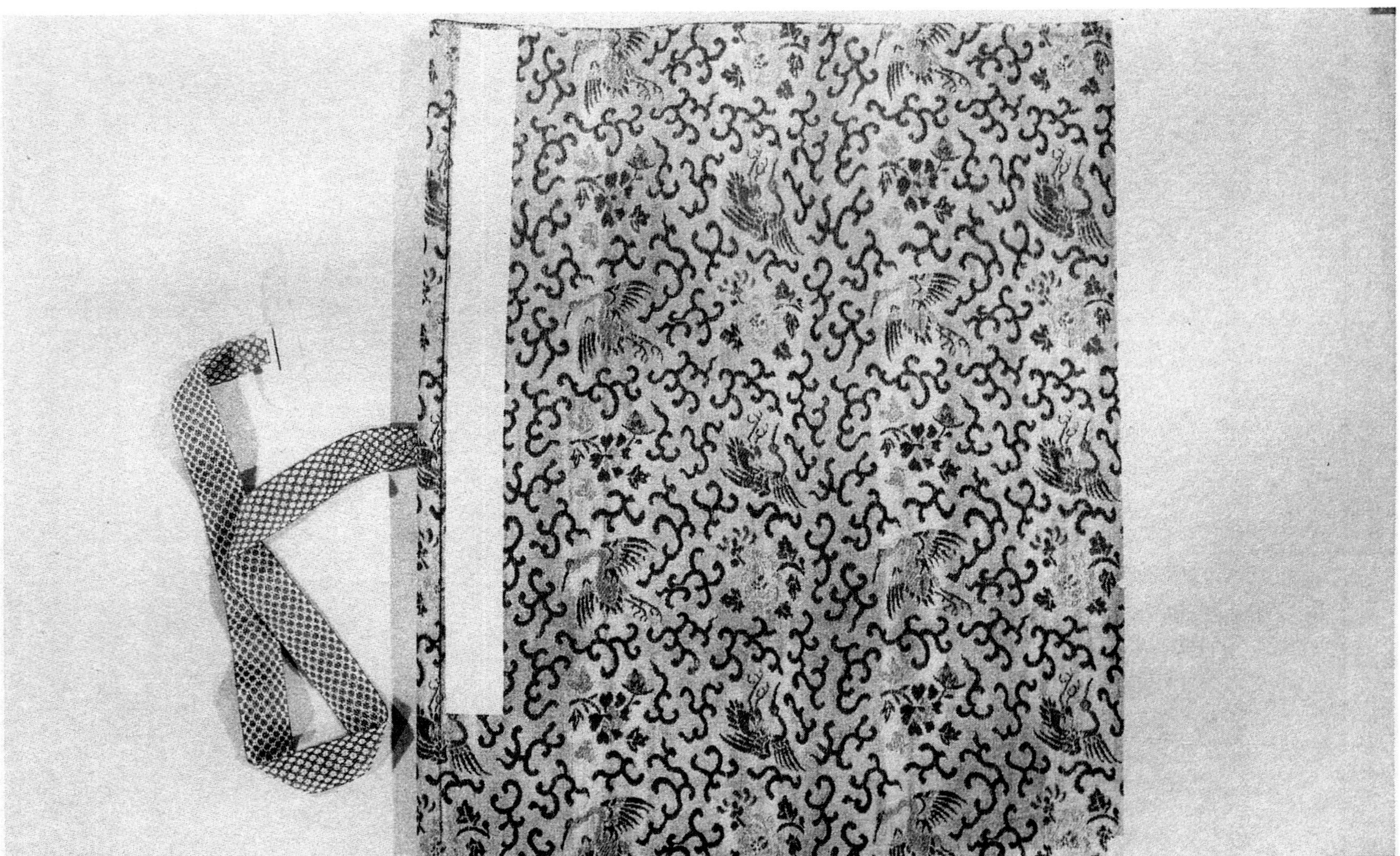

BD14915 號背　現代護首　(1–1)

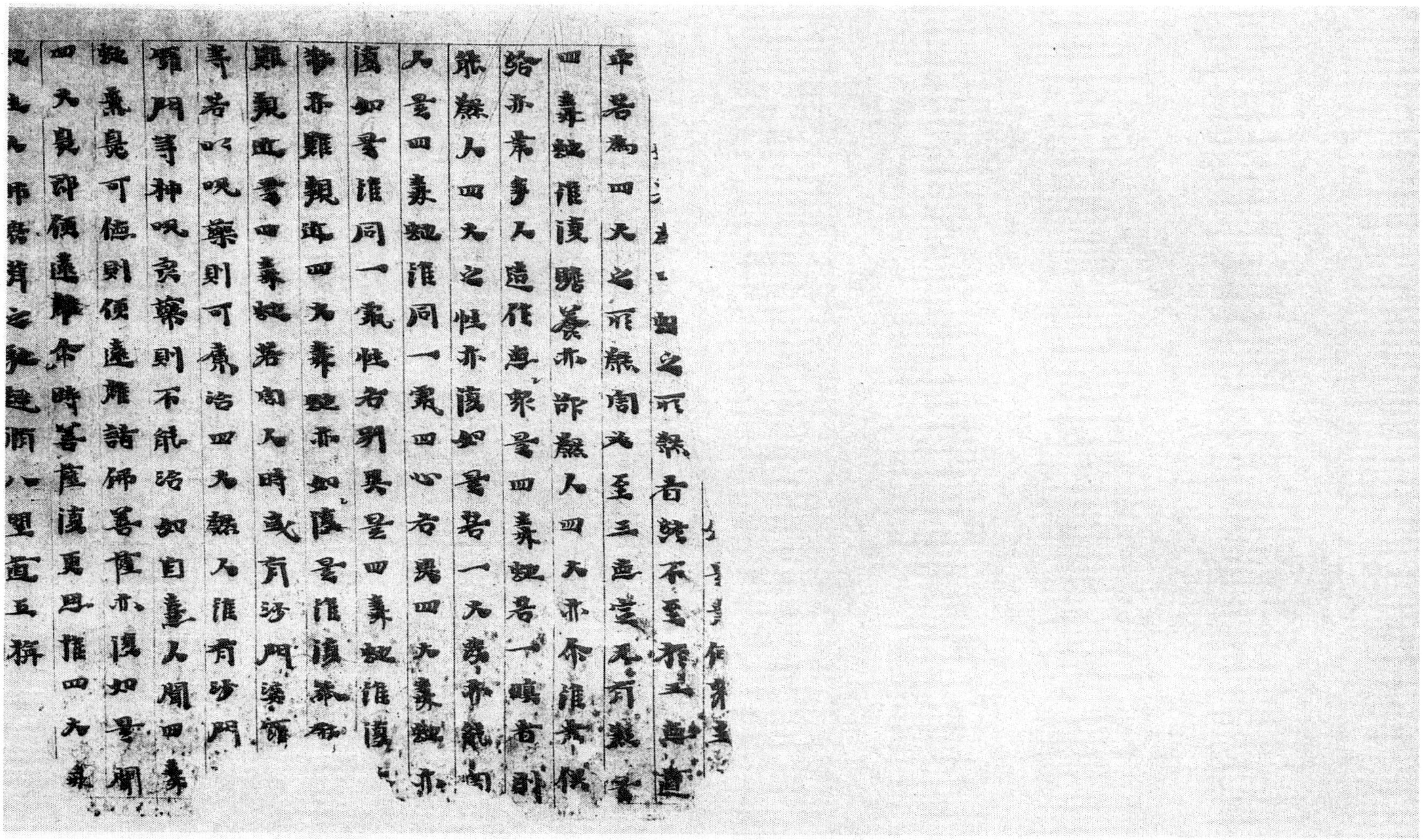
之所煞者終不至於三惡道
平若為四大之所煞害至三惡道无有救者
四毒虵雖復瞻養亦欲煞人四大亦尒雖常供
給亦常牽人造作衆惡四毒虵者一瞋者則
能煞人四大之性亦復如是若一大發亦能煞
人是四毒虵雖同一處四心各異四大毒虵亦
復如是雖同一處性各別異是四毒虵雖復
恭亦難親近四大毒虵雖亦如是亦難
難親近四毒虵若害人時或有沙門婆羅
等若以呪藥則可療治四大煞人雖有沙門
羅門等神呪良藥則不能治如有智人聞四毒
虵氣臭可惡則便遠離諸佛菩薩亦復如是聞
四大臭即便遠離尒時菩薩復更思惟四大
毒虵生大怖畏背之馳走脩八聖道五旃

BD14915 號 A　大般涅槃經（北本）卷二三　（8–1）

等若以呪藥則可療治四大煞人雖有沙門
羅門等神呪良藥則不能治如有智人聞四毒
虵氣臭可惡則便遠離諸佛菩薩亦復如是聞
四大臭即便遠離尒時菩薩復更思惟四大
毒虵生大怖畏背之馳走脩八聖道五旃
是五陰云何菩薩觀於五陰如旃陀〻羅〻者常
令人恩愛別離怨憎集會五陰亦尒令人貪近
不善之法遠離一切純善之法復次善男子如
旃陀羅種〻器仗以自莊嚴若刀若楯若弓若箭
若鎧若矟能害於人五陰亦尒以諸煩惱牢固
莊嚴害諸癡人令墮諸有善男子如旃陀羅有
過之人得便害之五陰亦尒有諸結過常能害
人以是故菩薩深觀五陰如旃陀羅復次菩薩
觀察五陰如旃〻陀〻羅〻人无慈愍心怨親俱害五
陰亦尒无慈愍心善惡俱害如旃陀羅一切
人五陰亦尒以諸煩惱常害一切生死衆生是
故菩薩觀於五陰如旃陀羅復次菩薩觀察五
陰如旃〻陀〻羅〻人常懷害心五陰亦尒常懷諸煩
惱諸害之心如人无足无刀扶侍當知必為旃
陀羅人之所煞害衆生亦尒无足无刀无有侍
從則為五陰之所賊害足名為善刀名為慧侍
從名為善知識也无此三事故為五陰之所賊
害是故菩薩觀於五陰如旃陀羅復次善男子善
薩摩訶薩觀察五陰過旃陀羅何以故衆生若
五旃陀羅之所煞者不墮地獄為五陰煞者則
墮地獄以是故菩薩觀陰過旃陀羅作是觀已
言氣牢終非

BD14915 號 A　大般涅槃經（北本）卷二三　（8–2）

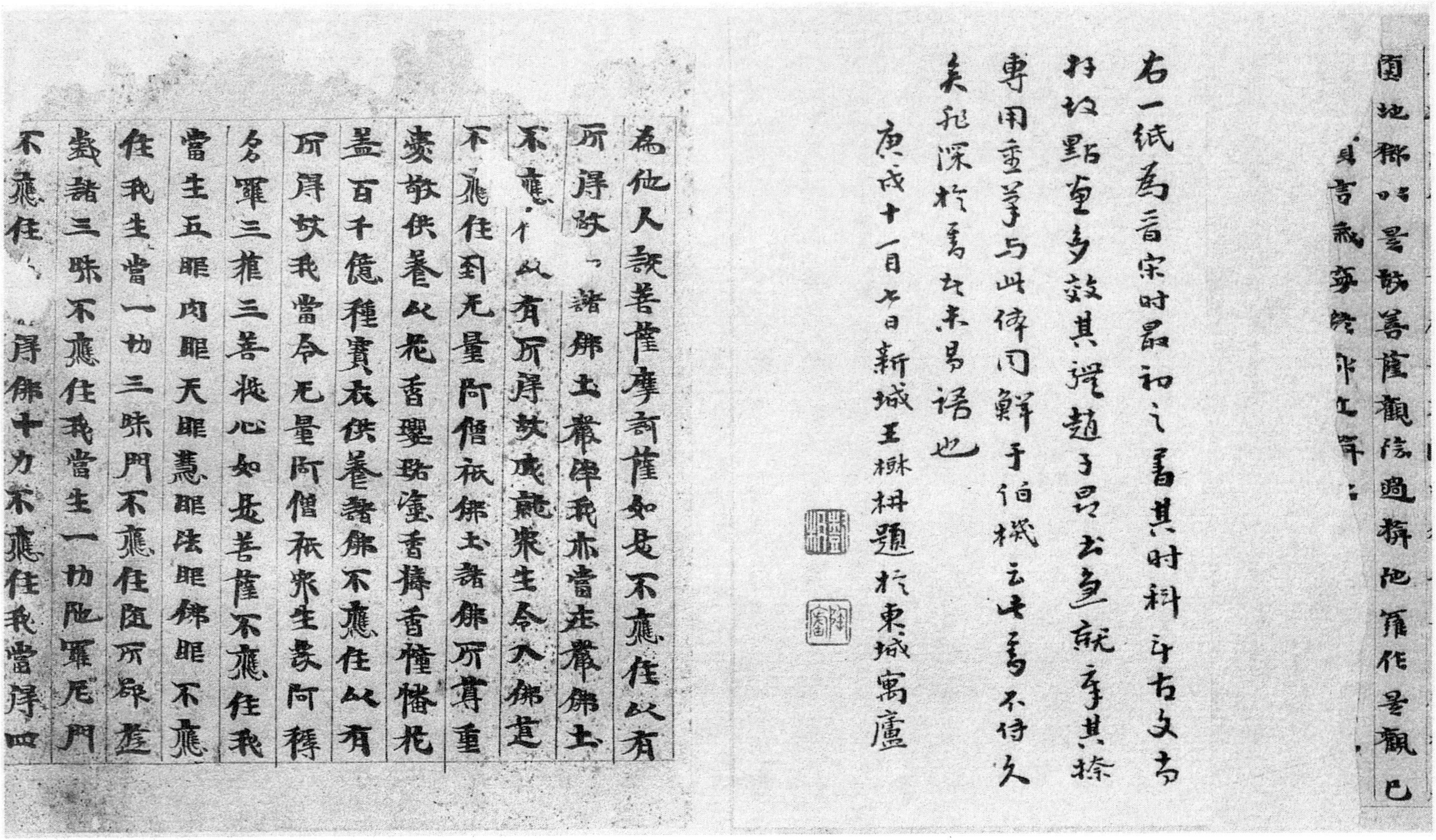

為他人說菩薩摩訶薩如是不應住以有
所得故。諸佛土嚴淨我亦當莊嚴佛土
不應住。亦以有所得故成熟衆生令入佛道
不應住到无量阿僧祇佛土諸佛所尊重
讚歎供養以花香瓔珞塗香擣香幢幡花
蓋百千億種寶衣供養諸佛不應住以有
所得故我當令无量阿僧祇衆生發阿耨
多羅三藐三菩提心如是菩薩不應住我
當生五眼肉眼天眼慧眼法眼佛眼不應
住我生當一切三昧門不應住隨所欲遊
戲諸三昧不應住我當生一切陀羅尼門
不應住[illegible]得佛十力不應住我當得四

右一紙為晉宋時最初之書其时科斗古文方
抒故點畫多效其體趙子昂云魚豕亥其捺
專用重筆與此俾同鮮于伯機云此書不傳久
矣非深於書者未易語也
庚戌十一月廿日新城王樹枏題於東城寓廬

BD14915 號 A　大般涅槃經（北本）卷二三　（8–3）
BD14915 號 B　摩訶般若波羅蜜經卷七

多羅三藐三菩提心如是菩薩不應住我
當生五眼肉眼天眼慧眼法眼佛眼不應
住我生當一切三昧門不應住隨所欲遊
戲諸三昧不應住我當生一切陀羅尼門
不應住[illegible]得佛十力不應住我當得四
无[illegible]无㝵智十八不共法不應住我
當具足大慈大悲不應住我當具足卅二
相不應住我當具足八十隨形好不應住
以有所得故是八人是信行人是法行人
如是不應住須陀洹極七世生不應住家
家不應住須陀洹命終盡不應住須陀
洹中間入涅槃不應住是人向斯陀含果
證不應住是人斯陀含一來入涅槃不應
住是人向斯陀含果證不應住斯陀含意
[illegible]不住是[illegible]阿那含欲間入涅槃不應住是
[illegible]證不應住是人阿羅漢[illegible]
[illegible]餘涅槃不應住是辟支佛不應
住過聲聞辟支佛地我當住菩薩地不應
住道種智中不應以有所得故一切種一
切法知已斷煩惱及習不應住佛得阿耨
多羅三藐三菩提當轉法輪不應住

燉煌石室出寫經殘頁　吾鄉同年[illegible]

BD14915 號 B　摩訶般若波羅蜜經卷七　（8–4）

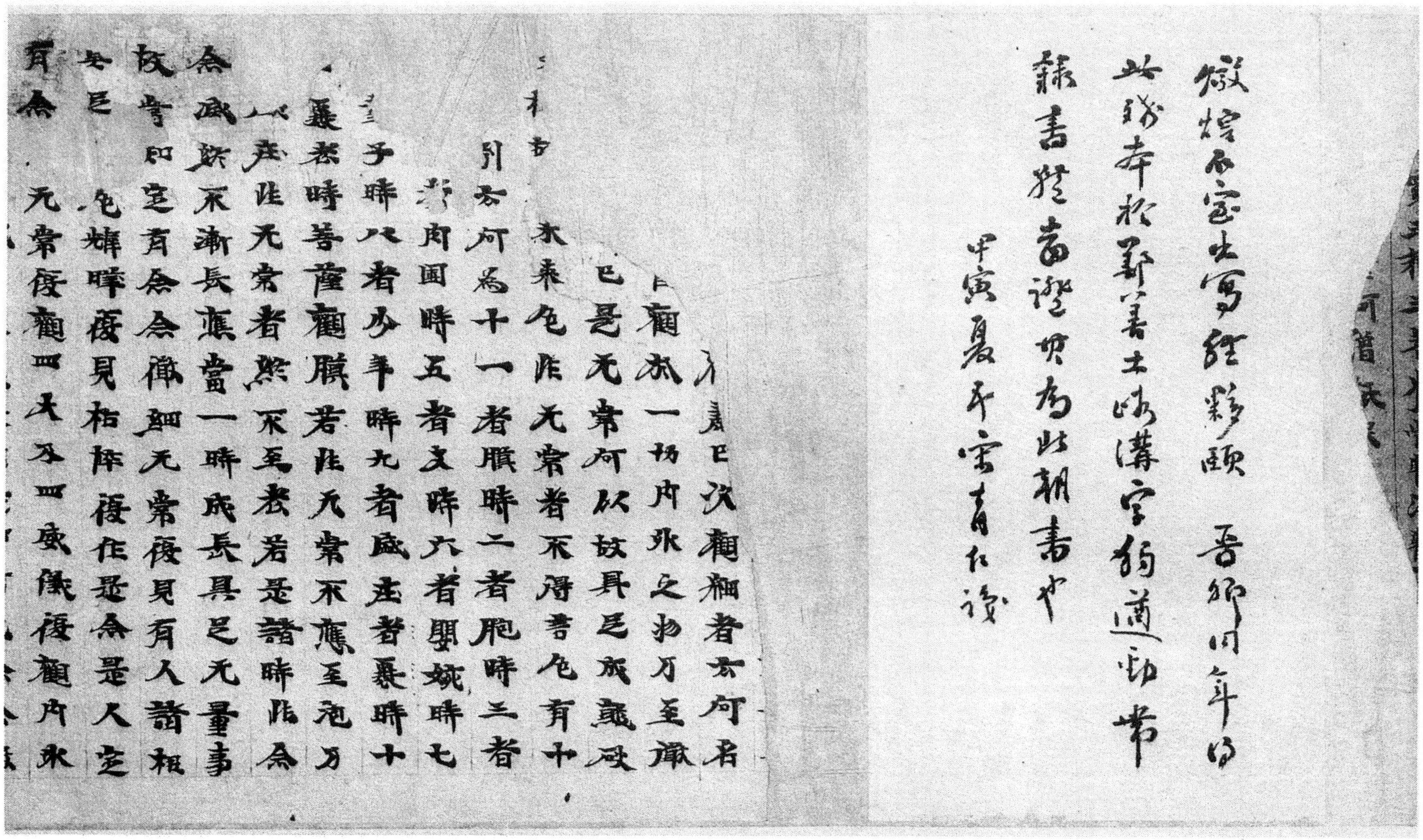

BD14915 號 B　摩訶般若波羅蜜經卷七　（8–5）
BD14915 號 C　大般涅槃經（北本）卷三八

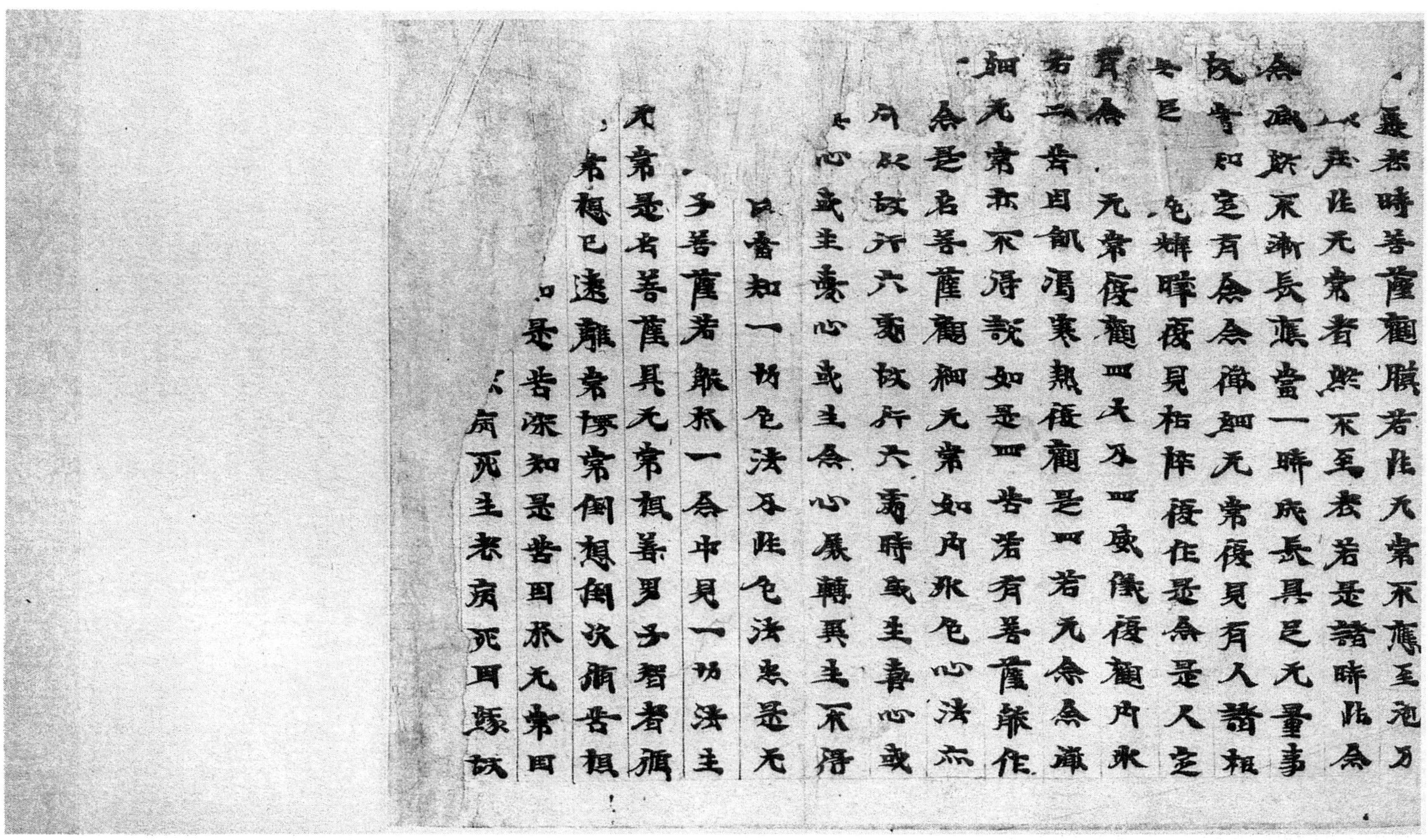

BD14915 號 C　大般涅槃經（北本）卷三八　（8–6）

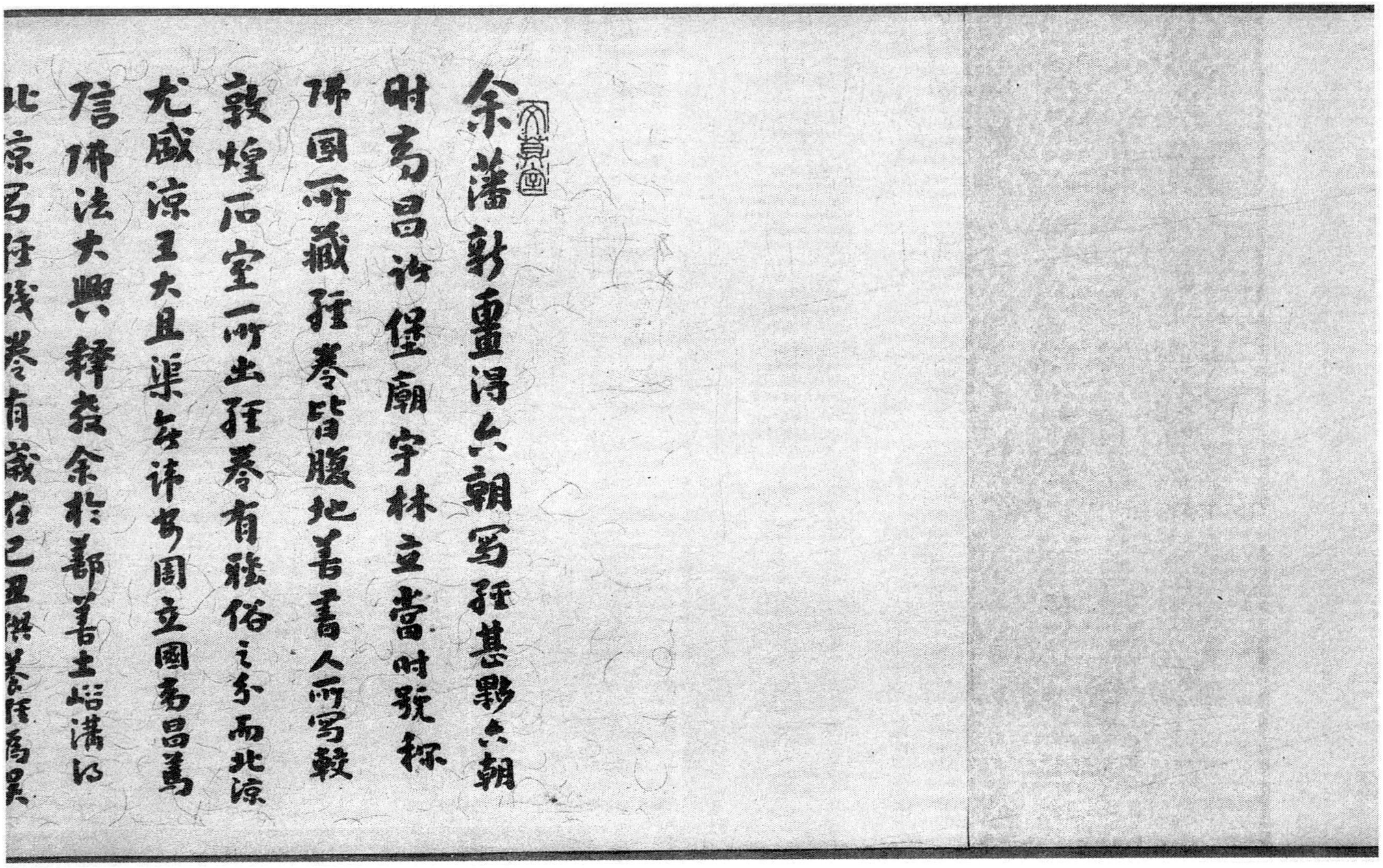

余藩新疆得六朝寫經甚夥六朝
時高昌治堡廟宇林立當時號稱
佛國所藏經卷皆腹地善書人所寫較
敦煌石室所出經卷有雅俗之分而北涼
尤盛涼王大且渠無諱安周立國高昌篤
信佛法大興釋教余於鄯善土峪溝得
北涼寫經殘卷有歲在己丑供養經爲吳

BD14915 號 C　大般涅槃經（北本）卷三八　（8–7）

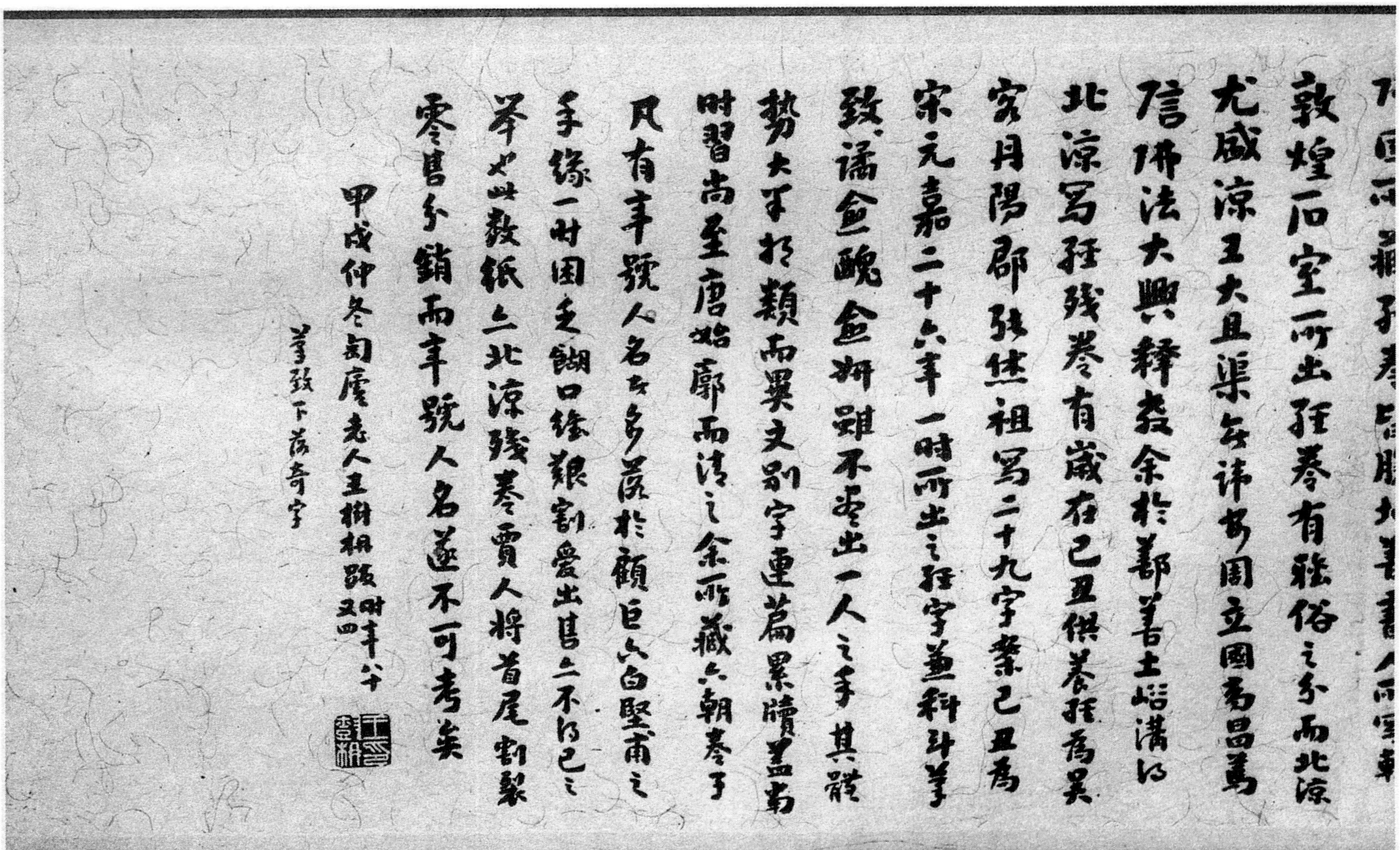

佛國所藏經卷皆腹地善書人所寫較
敦煌石室所出經卷有雅俗之分而北涼
尤盛涼王大且渠無諱安周立國高昌篤
信佛法大興釋教余於鄯善土峪溝得
北涼寫經殘卷有歲在己丑供養經爲吳
客丹陽郡張烋祖寫二十九字案己丑爲
宋元嘉二十六年一時所出之經字兼科斗筆
致譎詭奇醜奇斑雜不盡出一人之手其體
勢大半於類而異文別字連篇累牘蓋當
時習尚至唐始廓而清之余所藏六朝卷子
凡有年號人名者多藏於顧巨六白堅甫之
手緣一時困乏餬口維艱割愛出售亦不得已之
舉也此數紙亦北涼殘卷賈人將首尾割裂
零售分銷而年號人名遂不可考矣
甲戌仲冬陶廬老人王樹枏跋時年八十又四
筆致下簽奇字

BD14915 號 C　大般涅槃經（北本）卷三八　（8–8）

BD14916 號背　現代護首　　（1–1）

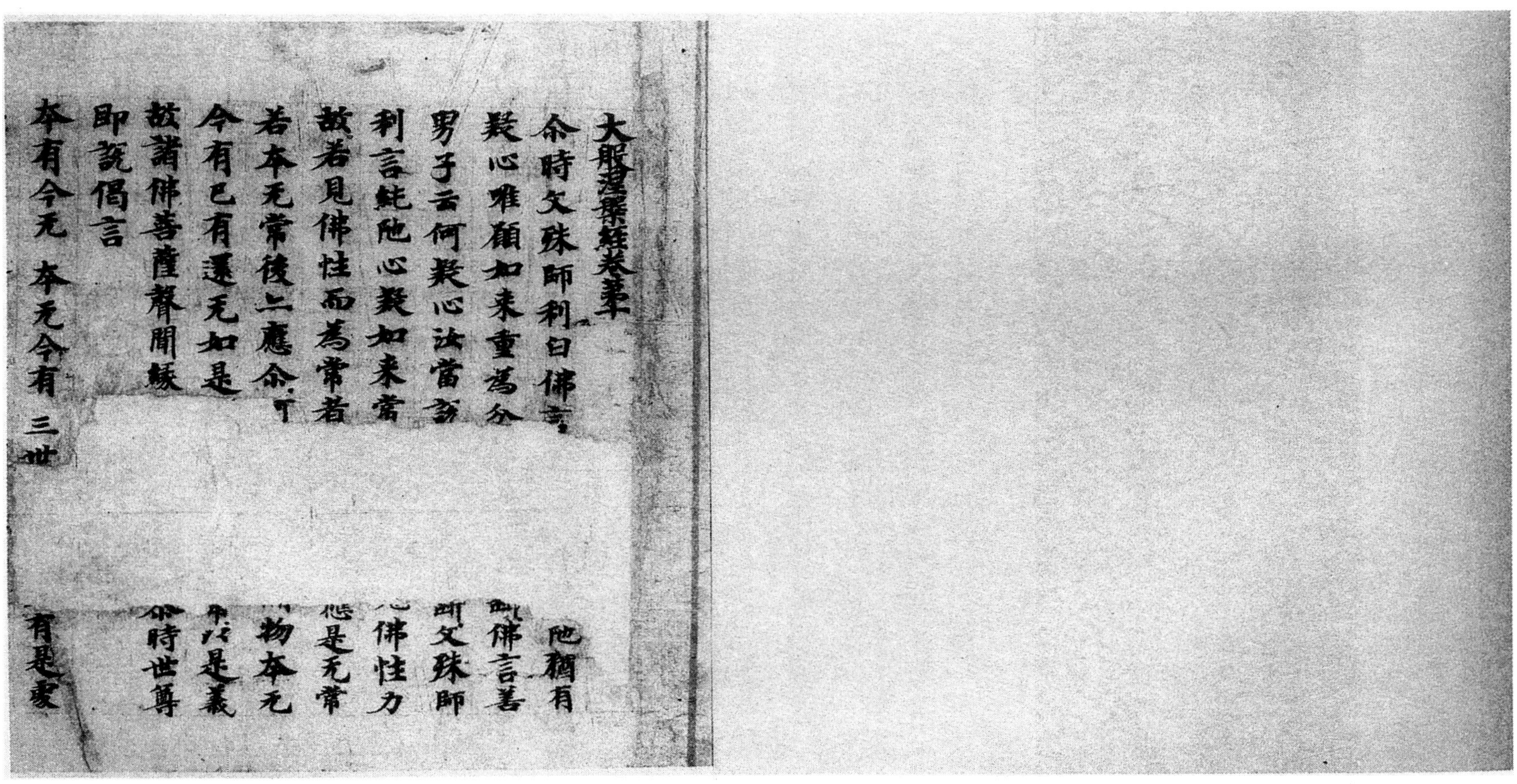
大般涅槃經卷第十
尒時文殊師利白佛言……他稠有
疑心唯願如來重為分……佛言善
男子云何疑心汝當說……文殊師
利言純陀心疑如來常……佛性力
故若見佛性而為常者……是无常
若本无常後亦應尒……物本无
今有已有還无如是……是義
故諸佛菩薩聲聞緣……時世尊
即說偈言
本有今无　本无今有　三世……有是處

BD14916 號　大般涅槃經（北本）卷一〇　　（23–1）

今有已有還无如是　以是義
故諸佛菩薩聲聞緣　尒時世尊
即說偈言
本有今无　本无今有　三世　有是處
善男子以是義故諸佛菩薩聲聞緣覺亦有
差別亦无差別文殊師利讚言善哉誠如聖
教我今始解諸佛菩薩聲聞緣覺亦有差別
亦无差別迦葉菩薩白佛言世尊如佛所說
諸佛菩薩聲聞緣覺性无差別唯願如來分
別廣說利益安樂一切衆生佛言善男子諦
聽諦聽當為汝說善男子辟如長者若長者
子多畜乳牛有種種色常令一人守護將養
是人有時為祀祠故盡攦諸牛著一器中見
其乳色同一白色尋便驚怪牛色各異其乳
云何皆同一色是人思惟如此皆是一切衆
生業報因緣令乳色一善男子聲聞緣覺菩
薩亦尒同一佛性猶如彼乳所以者何同盡
漏故而諸衆生言佛菩薩聲聞緣覺而有差
別有諸聲聞凡夫之人疑於三乘云何无別
是諸衆生久後自解一切三乘同一佛性猶
如彼人悟解乳相由業因緣復次善男子辟
如金卝陶鍊滓穢然後消融成金之後價直
无量善男子聲聞緣覺菩薩亦尒皆得成就
同一佛性何以故除煩惱故如彼金卝除諸
滓穢以是義故一切衆生同一佛性无有差
別以其先聞如來密藏後成佛時自然得知
如彼長者知乳一相何以故以斷无量煩

BD14916號　大般涅槃經（北本）卷一〇　（23–2）

无量善男子聲聞緣覺菩薩亦尒皆得成就
同一佛性何以故除煩惱故如彼金卝除諸
滓穢以是義故一切衆生同一佛性无有差
別以其先聞如來密藏後成佛時自然得知
如彼長者知乳一相何以故以斷无量億煩
惱故迦葉菩薩白佛言世尊若一切衆生有
佛性者佛與衆生有何差別如是說者多有
過咎若諸衆生皆有佛性何因緣故舍利弗
等以小涅槃而般涅槃緣覺之人於中涅槃
而般涅槃菩薩之人於大涅槃而般涅槃如
是等人若同佛性何故不同如來涅槃而般
涅槃善男子諸佛世尊所得涅槃非諸聲聞
緣覺所得以是義故大般涅槃名為善有世
若无佛非无二乘得二涅槃迦葉復言是義
云何佛言无量无邊阿僧祇劫乃有一佛出
現於世開示三乘善男子如汝所言菩薩二
乘无差別者我先於此如來密藏大涅槃中
已說其義諸阿羅漢无有善有何以故諸阿
羅漢悉當得是大涅槃故以是義故大般涅
槃有畢竟樂是故名為大般涅槃迦葉言如
佛說者我今始知差別之義无差別義何以
故一切菩薩聲聞緣覺未來之世皆當歸於
大般涅槃辟如衆流歸於大海是故聲聞緣
覺之人悉名為常非是无常以是義故亦有
差別亦无差別迦葉言云何性差別佛言善
男子聲聞如乳緣覺如酪菩薩之人如生甦

BD14916號　大般涅槃經（北本）卷一〇　（23–3）

故一切菩薩聲聞緣覺未來之世皆當歸於
大般涅槃譬如衆流歸於大海是故聲聞緣
覺之人悉名為常非是无常以是義故亦有
差別亦无差別迦葉言云何性差別佛言善
男子聲聞如乳緣覺如酪菩薩之人如生熟
蘇諸佛世尊猶如醍醐以是義故大涅槃中
說四種性而有差別迦葉復言一切衆生性
相云何佛言善男子如牛新產乳血未別凡
夫之性雜諸煩惱亦復如是迦葉復言拘尸
那城有旃陀羅名曰歡喜佛記是人由一發
心當於此界千佛數中速成无上正真之道
以何等故如來不記尊者舍利弗目揵連等
速成佛道佛言善男子或有聲聞緣覺菩薩
作誓願言我當久久護持正法然後乃成无
上佛道以發速願故与速記復次善男子譬
如商人有无價寶詣市賣之愚人見已不識
輕咲寶主唱言我此寶珠價直无數聞已復
咲各各相謂此非真寶是頗梨珠善男子聲
聞緣覺亦復如是若聞速記則便懈怠輕咲
薄賤如彼愚人不識真寶於未來世有諸比
丘不能勤懃脩習善法貧窮困苦飢饉所逼
因是出家長養其身心志輕躁邪命諂曲若
聞如來授諸聲聞速疾記者便當大咲輕慢
毀呰當知是等即是破戒自言已得過人之
法以是義故隨發速願故与速記護正法者
為授遠記迦葉菩薩復白佛言世尊菩薩摩訶

聞如來授諸聲聞速疾記者便當大咲輕慢
毀呰當知是等即是破戒自言已得過人之
法以是義故隨發速願故与速記護正法者
為授遠記迦葉菩薩復白佛言世尊菩薩摩訶
薩云何當得不壞眷屬佛告迦葉若諸菩薩
勤加精進欲護正法以是因緣所得眷屬不
可沮壞迦葉菩薩復白佛言世尊何因緣故
衆生得此脣口乾焦佛告迦葉若有不識三
寶常存以是因緣脣口乾焦如人口爽不知
甜苦辛酢醎淡六味差別一切衆生愚癡无
智不識三寶是長存法是故名為脣口乾焦
復次善男子若有衆生不知如來是常住者
當知是人則為生盲若知如來是常住者如
是之人雖有宍眼我說是等名為天眼復次
善男子若有能知如來是常當知是人久已
脩習如是經典我說是等亦名天眼雖有天
眼而不能知如來是常我說斯等名為肉眼
是人乃至不識自身手脚支節亦復不能令
他識知以是義故名為肉眼復次善男子如
來常為一切衆生而作父母所以者何一切
衆生種種形類二足四足多足无足佛以一
音而為說法彼彼異類各自得解各各歎言
如來今日為我說法以是義故名為父母復
次善男子如人生子始十六月雖復語言未
可解了而彼父母欲教其語先同其音漸漸
教之是父母語可不正耶不也世尊善男子

如来今日為我說法以是義故名為父母復
次善男子如人生子始十六月雖復語言未
可解了而彼父母欲教其語先同其音漸漸
教之是父母語可不正耶不也世尊善男子
諸佛如来亦復如是隨諸衆生種種音聲而
為說法為令安住於正法故隨所應見而為
示現種種形像如来如是同彼語言可不正
耶不也世尊何以故如来所說如師子吼隨
順世間種種音聲而為衆生演說妙法

大般涅槃經一切大衆所問品第五

尒時世尊從其面門放種種色青黃赤白紅
紫光明照純陁身純陁遇已与諸眷屬持諸
餚饍疾往佛所欲奉如来及比丘僧最後供
養種種器物充滿具足持至佛前尒時有大
威德天人而遮其前周匝圍遶謂純陁言且
住純陁勿便奉施當尒之時如来復放无量
无邊種種光明諸天大衆遇斯光已尋聽純
陁前至佛所奉其所施尒時天人及諸衆生
各各自取所持供養至於佛前長跪白佛唯
願如来聽諸比丘受此飲食時諸比丘知是
時故執持衣鉢一心安詳尒時純陁為佛及
僧布置種種師子寶坐懸繒幡蓋香華瓔珞
尒時三千大千世界莊嚴微妙猶如西方安
樂國土尒時純陁住於佛前憂悲悵悢重白
佛言唯願如来猶見哀愍住壽一劫若減一
劫佛告純陁汝欲令我久住世者宜當速奉
最後具足檀波羅蜜尒時一切菩薩摩訶薩

BD14916號　大般涅槃經（北本）卷一〇　（23-6）

尒時三千大千世界莊嚴微妙猶如西方安
樂國土尒時純陁住於佛前憂悲悵悢重白
佛言唯願如来猶見哀愍住壽一劫若減一
劫佛告純陁汝欲令我久住世者宜當速奉
最後具足檀波羅蜜尒時一切菩薩摩訶薩
天人雜類異口同音唱如是言奇哉純陁成
大福德能令如来受取最後无上供養而我
等輩无福所致所設供具則為唐捐尒時世
尊欲令一切衆望滿足於自身上一一毛孔
化无量佛一一諸佛各有无量諸比丘僧是
諸世尊及无量衆悉皆示現受其供養釋迦
如来自受純陁所奉設者尒時純陁所持粳
粱成熟之食摩伽陁國滿足八斛以佛神力
皆悉充足一切大會尒時純陁見是事已心
生歡喜踊躍无量一切大衆亦復如是尒時
大衆承佛聖旨各作是念如来今已受我等
施不久便當入於涅槃作是念已心生悲喜
尒時樹林其地狹小以佛神力如針鋒處皆
有无量諸佛世尊及其眷屬等坐而食所食
之物亦无差別是時天人阿脩羅等涕泣悲
歎而作是言如来今日已受我等最後供養
受供養已當般涅槃我等當復更供養誰我
今永離无上調御盲无眼目尒時世尊為欲
慰喻一切大衆而說偈言
汝等莫悲歎　諸佛法應尒　我入於涅槃　已逕无量劫
常受最勝樂　永處安隱處　汝今至心聽　我當說涅槃

BD14916號　大般涅槃經（北本）卷一〇　（23-7）

慰喻一切大衆而說偈言
汝等莫悲歎　諸佛法應尒　我入於涅槃　已逕无量劫
常受最勝樂　永處安隱處　汝今至心聽　我當說涅槃
我已離食想　終无飢渴患　我今當爲汝　說其隨順願
令諸一切衆　咸得安隱樂　汝聞應脩行　諸佛法常住
假使烏角鵄　同共一樹棲　猶如親兄弟　尒乃永涅槃
如來視一切　猶如羅睺羅　常爲衆生尊　云何永涅槃
假使虵鼠狼　同處一穴遊　相愛如兄弟　尒乃永涅槃
如來視一切　猶如羅睺羅　常爲衆生尊　云何永涅槃
假使七葉華　轉爲婆師香　迦檏迦葉樹　轉爲鎮頭菓
如來視一切　猶如羅睺羅　云何捨慈悲　永入於涅槃
假使一闡提　現身成佛道　永處第一樂　尒乃入涅槃
如來視一切　皆如羅睺羅　云何捨慈悲　永入於涅槃
假使一切衆　一時成佛道　遠離諸過惡　尒乃入涅槃
如來視一切　皆如羅睺羅　云何捨慈悲　永入於涅槃
假使蚉子尿　浸壞於大地　諸山及百川　大海悉盈滿
若有如是事　尒乃入涅槃　悲心視一切　皆如羅睺羅
常爲衆生尊　云何永涅槃　以是故汝等　應深樂正法
不應生憂惱　號泣而涕哭　若欲自正行　應脩如來常
常觀如是法　長存不變易　復應生是念　三寶皆常住
是則獲大護　如呪枯生菓　是名爲三寶　四衆應善聽
聞已應歡喜　即發菩提心　若能計三寶　常住同眞諦
此則是諸佛　最上之誓願
若有比丘比丘尼優婆塞優婆夷能以如來
最上誓願而發願者當知是人无有愚癡堪
受供養以此願力功德果報於世最勝如阿

BD14916號　大般涅槃經（北本）卷一〇　（23-8）

若有比丘比丘尼優婆塞優婆夷能以如來
最上誓願而發願者當知是人无有愚癡堪
受供養以此願力功德果報於世最勝如阿
羅漢若有不能如是觀了三寶常者是旃陀
羅若有能知三寶常住實法因緣離苦安樂
无有嬈害能留難者尒時人天大衆阿脩羅
等聞是法已心生歡喜踊躍无量其心調柔
善滅諸蓋心无高下威德清淨顏貌怡悅知
佛常住是故施設諸天供養散種種華末香
塗香鼓天伎樂以供養佛尒時佛告迦葉菩
薩言善男子汝見是衆希有事不迦葉荅言
已見世尊見諸如來无量无邊不可稱計受
諸大衆人天所奉飲食供養又見諸佛其身
殊大所坐之處如一針鋒多衆圍繞不相障
㝵復見大衆悉發誓願說十三偈亦知大衆
各心念言如來今者獨受我供假使純陀所
奉飯食碎如微塵一塵一佛猶不周遍以佛
神力悉皆充足一切大衆唯諸菩薩摩訶薩
及文殊師利法王子等能知如是希有事耳
悉是如來方便示現聲聞大衆及阿脩羅等
皆知如來是常住法尒時世尊告純陀言汝
今所見爲是希有奇特事不實尒世尊我先
所見无量諸佛三十二相八十種好莊嚴其身
今悉見爲菩薩摩訶薩體貌瓌異殊大殊妙
唯見佛身喻如藥樹爲諸菩薩摩訶薩等之
所圍繞佛告純陀汝先所見无量佛者是我

BD14916號　大般涅槃經（北本）卷一〇　（23-9）

所見无量諸佛三十二相八十種好莊嚴其身
今悉見為菩薩摩訶薩體貌瓌異姝大殊妙
唯見佛身喻如藥樹為諸菩薩摩訶薩等之
所圍繞佛告純陁汝先所見无量佛者是我
所化為欲利益一切衆生令得歡喜如是菩
薩摩訶薩等所可脩行不可思議能作无量
諸佛之事純陁汝今皆已成就菩薩摩訶薩
行得住十地菩薩所行具足成辨迦葉菩薩
白佛言世尊如是如是如佛所說純陁所脩
成菩薩行我〻隨喜今者如來欲為未來无
量衆生作大明故說是大乘大涅槃經世尊
一切契經說有餘義无餘義也善男子我所
說者〻有餘義〻无餘義純陁白佛言世尊
如佛所說
所有之物　布施一切　唯可讃嘆　无可毀損
世尊是義云何持戒毀戒有何差別佛言唯
除一人餘一切施皆可讃嘆純陁問言云何
名為唯除一人佛言如此經中所說破戒純
陁復言我今未解唯願說之佛言純陁言破
戒者謂一闡提其餘在所一切布施皆可讃
嘆獲大果報純陁復問一闡提者其義云何
佛言純陁若有比丘及比丘尼優婆塞優婆
夷發麁惡言誹謗正法造是重業永不改悔
心无慙愧如是等人名為趣向一闡提道若
犯四重作五逆罪自知定犯如是重事而心
初无怖畏慙愧不肯發露於彼正法永无護
惜建立之心毀呰輕賤言多過咎如是等人

夷發麁惡言誹謗正法造是重業永不改悔
心无慙愧如是等人名為趣向一闡提道若
犯四重作五逆罪自知定犯如是重事而心
初无怖畏慙愧不肯發露於彼正法永无護
惜建立之心毀呰輕賤言多過咎如是等人
〻名趣向一闡提道若復說言无佛法僧如
是等人〻名趣向一闡提道唯除如此一闡
提輩施其餘者一切讃嘆尒時純陁復白佛
言世尊所言破戒其義云何荅言純陁若犯
四重及五逆罪誹謗正法如是等人名為破
戒純陁復問如是破戒可拔濟不荅言純陁
有因緣故則可拔濟若被法服猶未捨遠其
心常懷慙愧恐怖而自考責咄我何為犯斯
重罪何其怪哉造斯苦業其心改悔生護法
心欲建正法有護法者我當供養若有讀誦
大乘典者我當諮問受持讀誦既通利已復
當為他分別廣說我說是人不為破戒何以
故善男子譬如日出能除一切塵翳闇冥是
大涅槃微妙經典出興於世〻復如是能除
衆生无量劫中所作衆罪是故此經說護正
法得大果報拔濟破戒若有毀謗是正法者
能自改悔還歸於法自念所作一切不善如
人自害心生恐怖驚懼慙愧除此正法更无
救護是故應當還歸正法若能如是如說歸
依布施是人得福无量〻名世間應受供養
若犯如上惡業之罪若經一月或十五日不

人自害心生恐怖驚懅慚愧除此正法更无
救護是故應當還歸正法若能如是如說歸
依布施是人得福无量亦名世間應受供養
若犯如上惡業之罪若經一月或十五日不
生歸依發露之心若施是人果報甚少犯五
逆者亦復如是能生悔心內懷慚愧今我所
作不善之業甚為大苦我當建立護持正法
是則不名五逆罪也若施是人得福无量犯
逆罪已不生護法歸依之心有施是者福不
足言又善男子犯重罪者汝今諦聽我當為
汝分別廣說應生是心謂正法者即是如來
微密之藏是故我當護持建立施是人者得
勝果報善男子譬如女人懷任垂產值國荒
亂逃至他土在一天廟即便產生聞其舊邦
安隱豐熟携持其子欲還本土中路值河水
長暴急荷負是兒不能得渡即自念言我今
寧與一處并命終不捨棄而獨渡也念已母
子俱共沒命命終之後尋生天中以慈念子
欲令得渡而是女人本性弊惡以愛子故得
生天中犯四重禁五无間罪生護法心亦復
如是雖復先為不善之業以護法故得為世
間无上福田是護法者有如是等无量果報
純陁復言世尊若一闡提能自改悔恭敬供
養讃嘆三寶施如是人得大果不佛言善男
子汝今不應作如是說善男子譬如有人食
菴羅菓吐核著地而復念言是菓核中應有

BD14916號　大般涅槃經（北本）卷一〇　　（23–12）

純陁復言世尊若一闡提能自改悔恭敬供
養讃嘆三寶施如是人得大果不佛言善男
子汝今不應作如是說善男子譬如有人食
菴羅菓吐核著地而復念言是菓核中應有
甘味即復還取破而嘗之其味極苦心生悔
恨恐失菓種即還收拾種之於地懃加脩治
以蘇油乳隨時溉灌於意云何寧可生不不
也世尊假使天降无上甘雨猶亦不生善男
子彼一闡提亦復如是燒滅善根當於何處
而得除罪善男子若生善心是則不名一闡
提也善男子以是義故一切所施所得果報
非无差別何以故施諸聲聞所得報異施辟
支佛得報亦異唯施如來獲无上果是故說
言一切所施非无差別純陁復言何故如來
而說此偈佛言純陁有因緣故我說此偈王
舍城中有優婆塞心无淨信奉事尼乾而來
問我布施之義以是因緣故說斯偈亦為菩
薩摩訶薩等說秘藏義如斯偈者其義云何
一切者少分一切當知菩薩摩訶薩人中之
雄攝取持戒施其所須捨棄破戒如除稊稗
復次善男子如我昔日所說偈言
一切江河　必有迴曲　一切藂林　必名樹木
一切女人　必多諂曲　一切自在　必受安樂
尒時文殊師利菩薩摩訶薩即從坐起偏袒
右肩右膝著地前礼佛足而說偈言
非一切河　必有迴曲　非一切林　悉名樹木
非一切女　必懷諂曲　一切自在　不必受樂

BD14916號　大般涅槃經（北本）卷一〇　　（23–13）

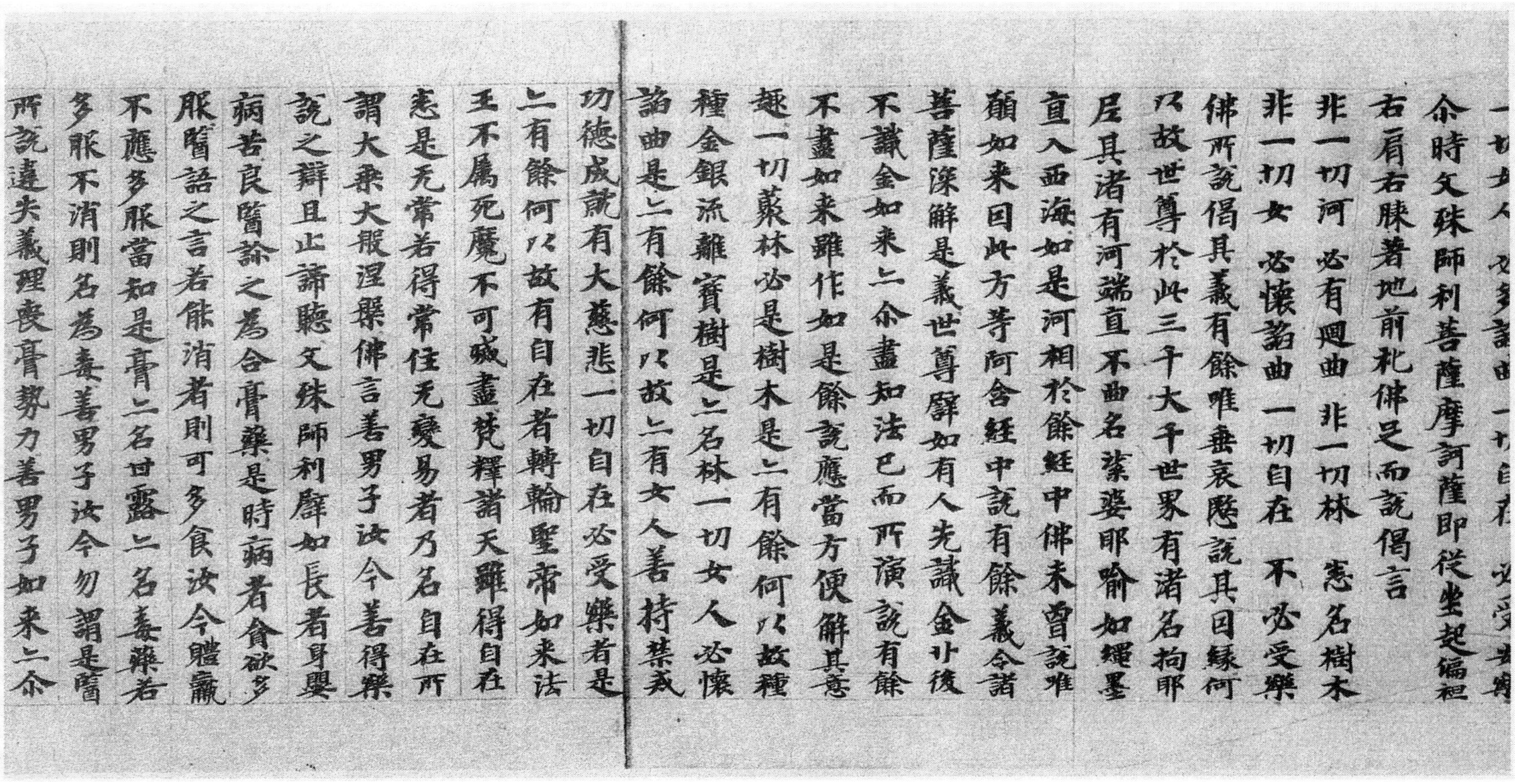
一切女人 必多諂曲 一切自在 必受安樂
尒時文殊師利菩薩摩訶薩即從坐起偏袒
右肩右膝著地前礼佛足而說偈言
非一切河 必有迴曲 非一切林 悉名樹木
非一切女 必懷諂曲 一切自在 不必受樂
佛所說偈其義有餘唯垂哀愍說其因緣何
以故世尊於此三千大千世界有諸名拘耶
尼其諸有河端直不曲名娑婆耶喻如繩墨
直入西海如是河相於餘經中佛未曾說唯
願如來因此方等阿含經中說有餘義令諸
菩薩深解是義世尊譬如有人先識金卝後
不識金如來亦尒盡知法已而所演說有餘
不盡如來雖作如是餘說應當方便解其意
趣一切叢林必是樹木是亦有餘何以故種
種金銀流離寶樹是亦名林一切女人必懷
諂曲是亦有餘何以故亦有女人善持禁戒
功德成就有大慈悲一切自在必受樂者是
亦有餘何以故有自在者轉輪聖帝如來法
王不屬死魔不可滅盡梵釋諸天雖得自在
悉是无常若得常住无變易者乃名自在所
謂大乘大般涅槃佛言善男子汝今善得樂
說之辯且止諦聽文殊師利譬如長者身嬰
病苦良醫診之為合膏藥是時病者貪欲多
服醫語之言若能消者則可多食汝今體羸
不應多服當知是膏亦名甘露亦名毒藥若
多服不消則名為毒善男子汝今勿謂是醫
所說違失義理喪膏勢力善男子如來亦尒

BD14916號 大般涅槃經（北本）卷一〇 （23–14）

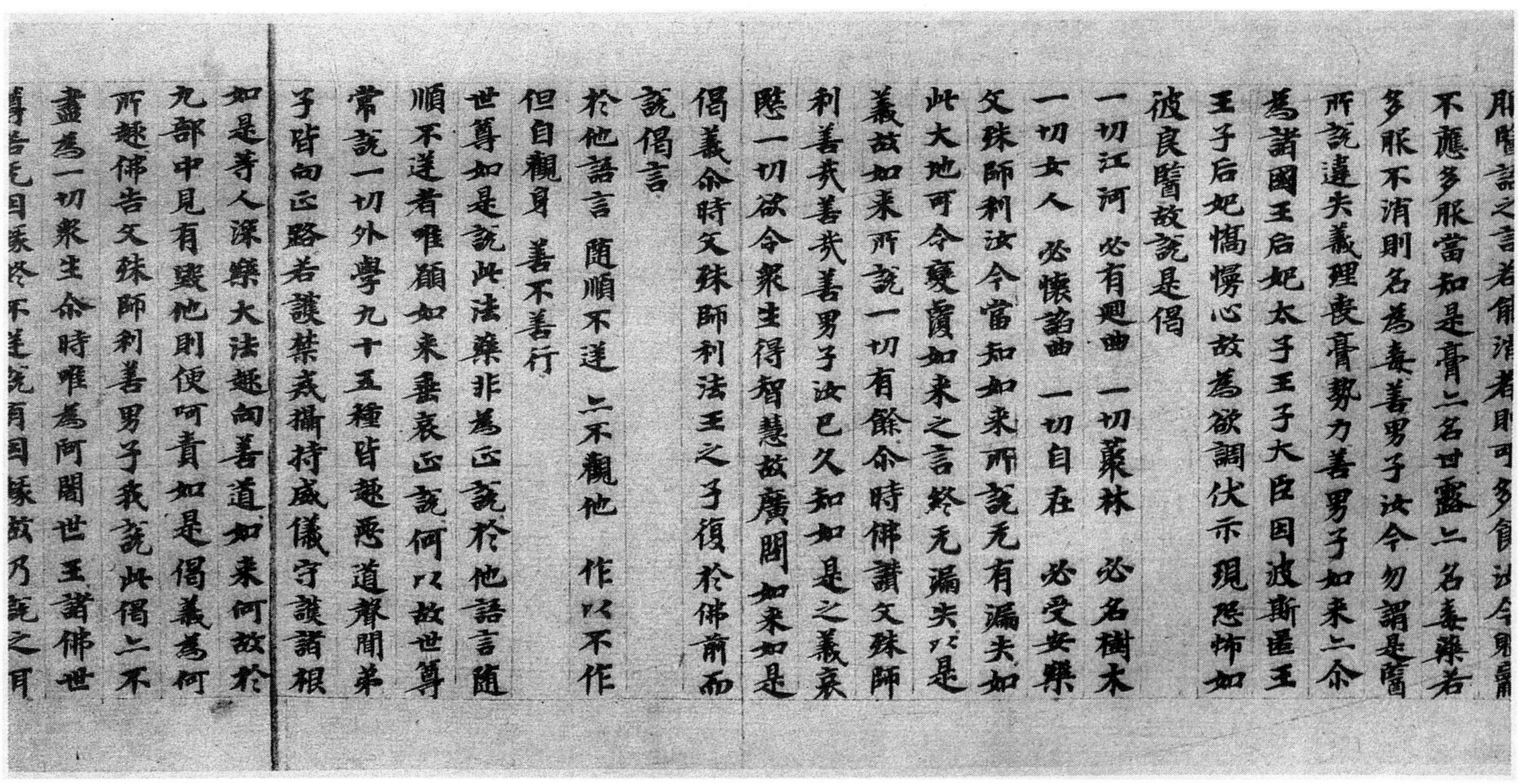
服醫語之言若能消者則可多食汝今體羸
不應多服當知是膏亦名甘露亦名毒藥若
多服不消則名為毒善男子汝今勿謂是醫
所說違失義理喪膏勢力善男子如來亦尒
為諸國王后妃太子王子大臣因波斯匿王
王子后妃憍慢心故為欲調伏示現恐怖如
彼良醫故說是偈
一切江河 必有迴曲 一切叢林 必名樹木
一切女人 必懷諂曲 一切自在 必受安樂
文殊師利汝今當知如來所說无有漏失如
此大地可令變實如來之言終无漏失以是
義故如來所說一切有餘尒時佛讚文殊師
利善哉善哉善男子汝已久知如是之義哀
愍一切欲令衆生得智慧故廣問如來如是
偈義尒時文殊師利法王之子復於佛前而
說偈言
於他語言 隨順不逆 亦不觀他 作以不作
但自觀身 善不善行
世尊如是說此法藥非為正說於他語言隨
順不逆者唯願如來垂哀正說何以故世尊
常說一切外學九十五種皆趣惡道聲聞弟
子皆向正路若護禁戒攝持威儀守護諸根
如是等人深樂大法趣向善道如來何故於
九部中見有毀他則便呵責如是偈義為何
所趣佛告文殊師利善男子我說此偈亦不
盡為一切衆生尒時唯為阿闍世王諸佛世
尊若无因緣終不逆說有因緣故乃說之耳

BD14916號 大般涅槃經（北本）卷一〇 （23–15）

如是等人深樂大法毀呰善道如来何故於
九部中見有毀他則便呵責如是偈義為何
所趣佛告文殊師利善男子我說此偈亦不
盡為一切衆生尒時唯為阿闍世王諸佛世
尊若无因緣終不逆說有因緣故乃說之耳
善男子阿闍世王害其父已来至我所欲折
伏我作如是問云何世尊有一切智非一切
智耶若一切智提婆達往昔无量世中常懷
惡心隨逐如来欲為殺害云何如来聽其出
家善男子以是因緣我為是王而說此偈
於他語言　隨順不逆　亦不觀他　作以不作
但自觀身　善不善行
佛告大王汝今害父已作逆罪冣重无間應
當發露以求清淨何緣乃更見他過咎善男
子以是義故我為彼王而說是偈復次善男
子亦為護持不毀禁戒成就威儀見他過者
而說是偈若復有人受他教誨遠離衆惡復
教他人令遠衆惡如是之人則我弟子尒時
世尊為文殊師利而說偈言
一切畏刀杖　无不愛壽命　恕己可為喻　勿殺勿行杖
尒時文殊師利復於佛前而說偈言
非一切畏杖　非一切愛命　恕己可為喻　勤作善方便
如来說是法句之義亦是未盡何以故如阿
羅漢轉輪聖王玉女象馬主藏大臣若諸天
人及阿脩羅執持利劒能害之者无有是處
勇士烈女馬王獸王持戒比丘雖復對至而

羅漢轉輪聖王玉女象馬主藏大臣若諸天
人及阿脩羅執持利劒能害之者无有是處
勇士烈女馬王獸王持戒比丘雖復對至而
不恐怖以是義故如来說偈亦是有餘若言
恕己可為喻者是亦有餘何以故若使羅漢
以己喻彼則有我想及以命想若有我想及
以命想則應擁護凡夫亦應見阿羅漢悉是
行人若如是者即是耶見若有耶見命終之
時即應生於阿鼻地獄又復羅漢設於衆生
生害心者无有是處无量衆生亦復无能害
羅漢者佛言善男子言我想者謂於衆生生
大悲心无殺害想謂阿羅漢平等之心勿謂
世尊无有因緣而逆說也昔日於此王舍城
中有大獦師多殺麞鹿請我食肉我於是時
雖受彼請於諸衆生生慈悲心如羅睺羅而
說偈言
當令汝長壽　久久住於世　受持不害法　猶如諸佛壽
是故我說偈　一切畏刀杖　无不愛壽命　恕己可為喻
勿殺勿行杖
佛言善哉善哉文殊師利為諸菩薩摩訶薩
故諮問如来如是密教尒時文殊師利復說
是偈
云何敬父母　隨順而尊重　云何脩此法　墮於无間獄
於是如来復以偈答文殊師利
若以貪愛母　无明以為父　隨順尊重者　則墮无間獄
尒時如来復為文殊師利菩薩重說偈言

是偈
云何敬父母　隨順而尊重　云何脩此法　墮於无間獄
於是如来復以偈荅文殊師利
若以貪愛母　无明以爲父　隨順尊重者　則墮无間獄
尒時如来復爲文殊師利菩薩重說偈言
一切屬他　則名爲苦　一切由己　自在安樂
一切憍慢　勢極暴惡　賢善之人　一切愛念
尒時文殊師利菩薩摩訶薩白佛言世尊如
来所說是亦不盡唯願如来復垂哀愍說其
因緣何以故如長者子從師學時爲屬師不
若屬師者義不成就若不屬師亦不成就若
得自在亦不成就是故如来所說有餘復次
世尊譬如王子无所綜習觸事不成是亦自
在愚闇常苦如是王子若言自在義亦不成
若言屬他義亦不成以是義故佛所說義名
曰有餘是故一切屬他不必受苦一切自在
不必受樂一切憍慢勢極暴惡是亦有餘世
尊如諸烈女憍慢心故出家學道護持禁戒
威儀成就守攝諸根不令馳散是故一切憍
慢之結不必暴惡賢善之人一切愛念是亦
有餘如人內犯四重禁已不捨法服堅持威
儀護持法者見已不愛是人命終必墮地獄
若有賢人犯重禁已護法見之即駈令出罷
道還俗以是義故一切賢善何必悉愛尒時
佛告文殊師利有因緣故如来於此說有餘
義又有因緣諸佛如来而說是法時王舍城
有一女人名曰善賢還父母家因至我所歸

BD14916號　大般涅槃經（北本）卷一〇　（23-18）

若有賢人犯重禁已護法見之即駈令出罷
道還俗以是義故一切賢善何必悉愛尒時
佛告文殊師利有因緣故如来於此說有餘
義又有因緣諸佛如来而說是法時王舍城
有一女人名曰善賢還父母家因至我所歸
依於我及法衆僧而作是言一切女人勢不
自由一切男子自在无㝵我於尒時知是女
心即爲宣說如是偈頌文殊師利善哉善哉
汝今能爲一切衆生問於如来如是密語文
殊師利復說偈言
一切諸衆生　皆依飲食存　一切有大力　其心无嫉妬
一切因飲食　而多得病苦　一切脩淨行　而得受安樂
如是世尊今受純陁飲食供養将无如来有
恐怖耶尒時世尊復爲文殊而說偈言
非一切衆生　盡依飲食存　非一切大力　心皆无嫉妬
非一切因食　而致病苦患　非一切淨行　悉得受安樂
文殊師利汝若得病我亦如是應得病苦何
以故諸阿羅漢及辟支佛菩薩如来實无所
食但欲化彼示現受用无量衆生所施之物
令其具足檀波羅蜜拔濟地獄畜生餓鬼若
言如来六年苦行身羸瘠者无有是處諸佛
世尊獨拔諸有不同凡夫云何而得身羸劣
耶諸佛世尊精懃脩習獲金剛身不同世人
危脆之身我諸弟子亦復如是不可思議不
依於食一切大力无嫉妬者亦有餘義如世
間人終身永无嫉妬之心而亦无力一切病
苦因食得者亦有餘義亦見有人得客病者

BD14916號　大般涅槃經（北本）卷一〇　（23-19）

危脆之身我諸弟子亦復如是不可思議不
依於食一切大力无嫉妬者亦有餘義如世
間人終身永无嫉妬之心而亦无力一切病
苦因食得者亦有餘義亦見有人得客病者
所謂刺刺刀劍牟稍一切淨行受安樂者是
亦有餘世間亦有外道之人脩於梵行多受
苦惱以是義故如来所說一切有餘是名如
来非无因緣而說此偈有因故說昔日於此
優禪尼國有婆羅門名羖羝得来至我所欲
受第四八戒齋法我於尒時為說是偈尒時
迦葉菩薩白佛言世尊何等名為无餘義耶
云何復名一切義也善男子一切者唯除助
道常樂善法是名一切亦名无餘其餘諸法
亦名有餘亦名无餘欲令樂法諸善男子知
此有餘及无餘義迦葉菩薩心大歡喜踊躍
无量前白佛言甚奇世尊等視衆生如羅睺
羅尒時佛讃迦葉菩薩善哉善哉汝今所見
微妙甚深迦葉菩薩白佛言世尊唯顧如来
說是大乘大涅槃經所得功德佛告迦葉善
男子若有得聞是經名字所得功德非諸聲
聞辟支佛等所能宣說唯佛能知何以故不
可思議是佛境界何況受持讀誦通利書寫
經卷尒時諸天世人及阿脩羅即於佛前異
口同音而說偈言

諸佛難思議　法僧亦復然　是故今勸請　唯顧小停住

尊者大迦葉　及以阿難等　二衆之眷屬　且待須臾至

可思議是佛境界何況受持讀誦通利書寫
經卷尒時諸天世人及阿脩羅即於佛前異
口同音而說偈言

諸佛難思議　法僧亦復然　是故今勸請　唯顧小停住

尊者大迦葉　及以阿難等　二衆之眷屬　且待須臾至

并及摩伽主　阿闍世大王　至心敬信佛　猶故未来此

唯顧於如来　小垂哀愍住　於此大衆中　斷我諸疑网

尒時如来為諸大衆而說偈言

我法最長子　是名大迦葉　阿難勤精進　能斷一切疑

汝等當諦觀　阿難多聞士　自然能解了　是常及无常

以是故不應　心懷於憂惱

尒時大衆以種種物供養如来供養佛已即
發阿耨多羅三藐三菩提心无量无邊恒河
沙等諸菩薩輩得住初地尒時世尊與文殊
師利迦葉菩薩及以純陁而受記莂受記莂
已說如是言諸善男子自脩其心慎莫放逸
我今背疾舉體皆痛我今欲卧如彼小兒及
常患者汝等文殊當為四部廣說大法今以
此法付囑於汝乃至迦葉阿難等来復當付
囑如是正法尒時如来說是語已為欲調伏
諸衆生故現身有病右脅而卧如彼病人

大般涅槃經卷第十

嘱如是正法爾時如來說是語已為欲調伏
諸眾生故現身有病右脅而卧如彼病人
大般涅槃經卷第十

BD14916 號　大般涅槃經（北本）卷一〇　（23–22）

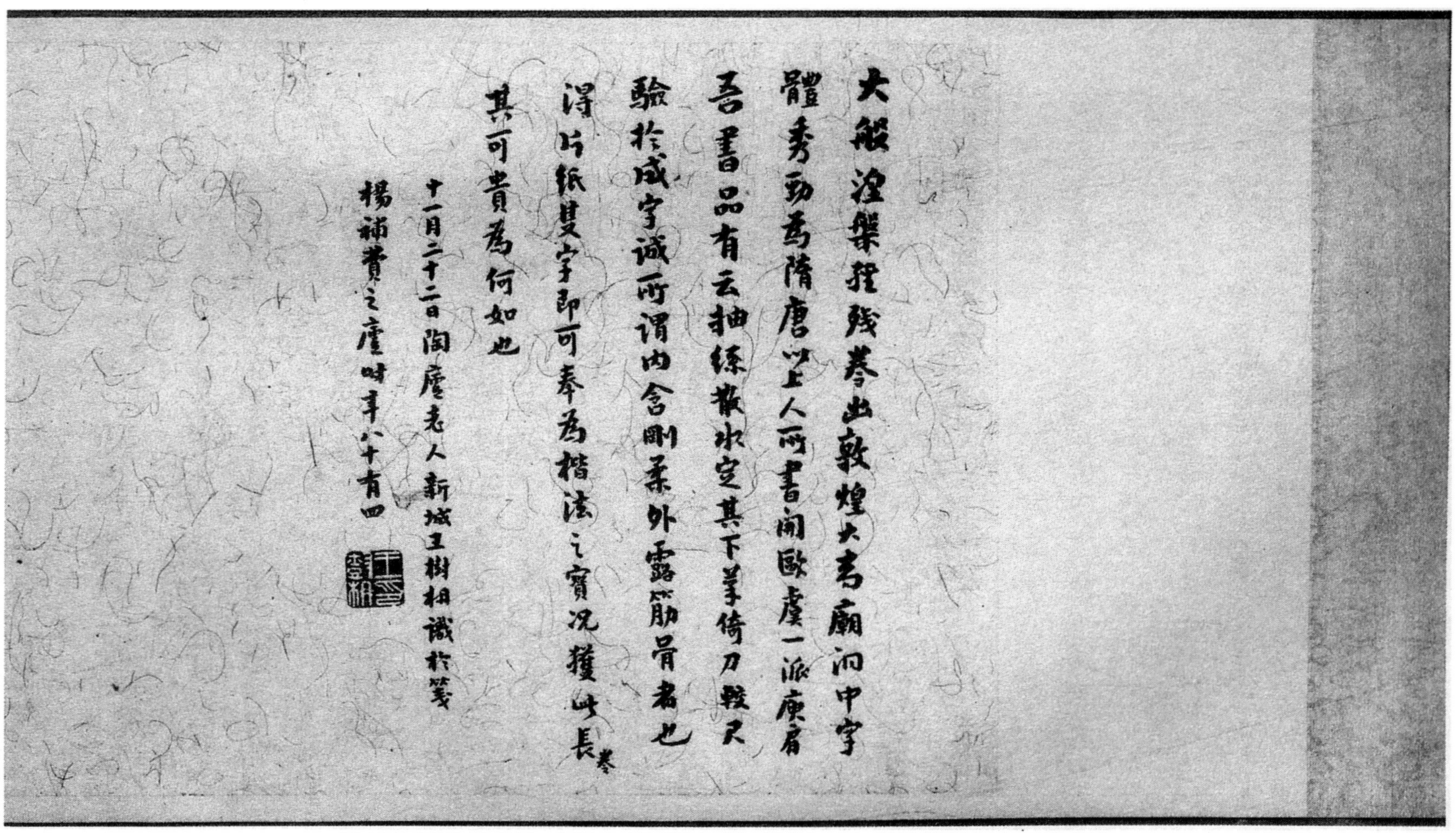
大般涅槃經殘卷出敦煌大壽廟而中字
體秀勁為隋唐以上人所書開歐虞一派庚眉
吾書品有云抽絲散水定其下筆倚刀較尺
驗於成字識所謂內含剛柔外露筋骨者也
得片紙隻字即可奉為楷法之寶況獲此長卷
其可貴為何如也
十一月二十二日陶廬老人新城王樹枏識於
楊補贊之廬時年八十有四

BD14916 號　大般涅槃經（北本）卷一〇　（23–23）

BD14917 號　藏文（無量壽宗要經乙本）　　（8–1）

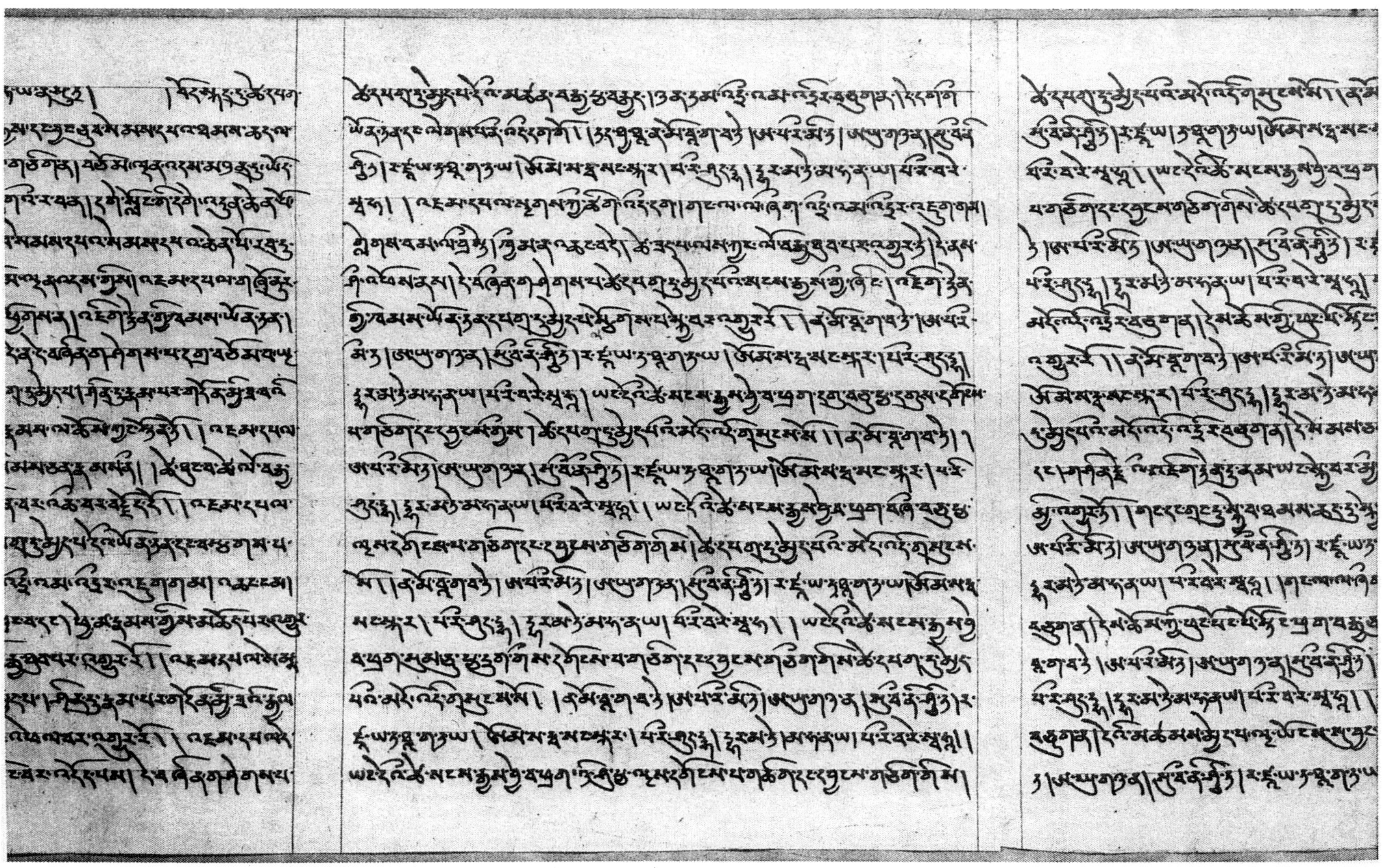

BD14917 號　藏文（無量壽宗要經乙本）　　（8–2）

BD14917 號　藏文（無量壽宗要經乙本）　　（8–3）

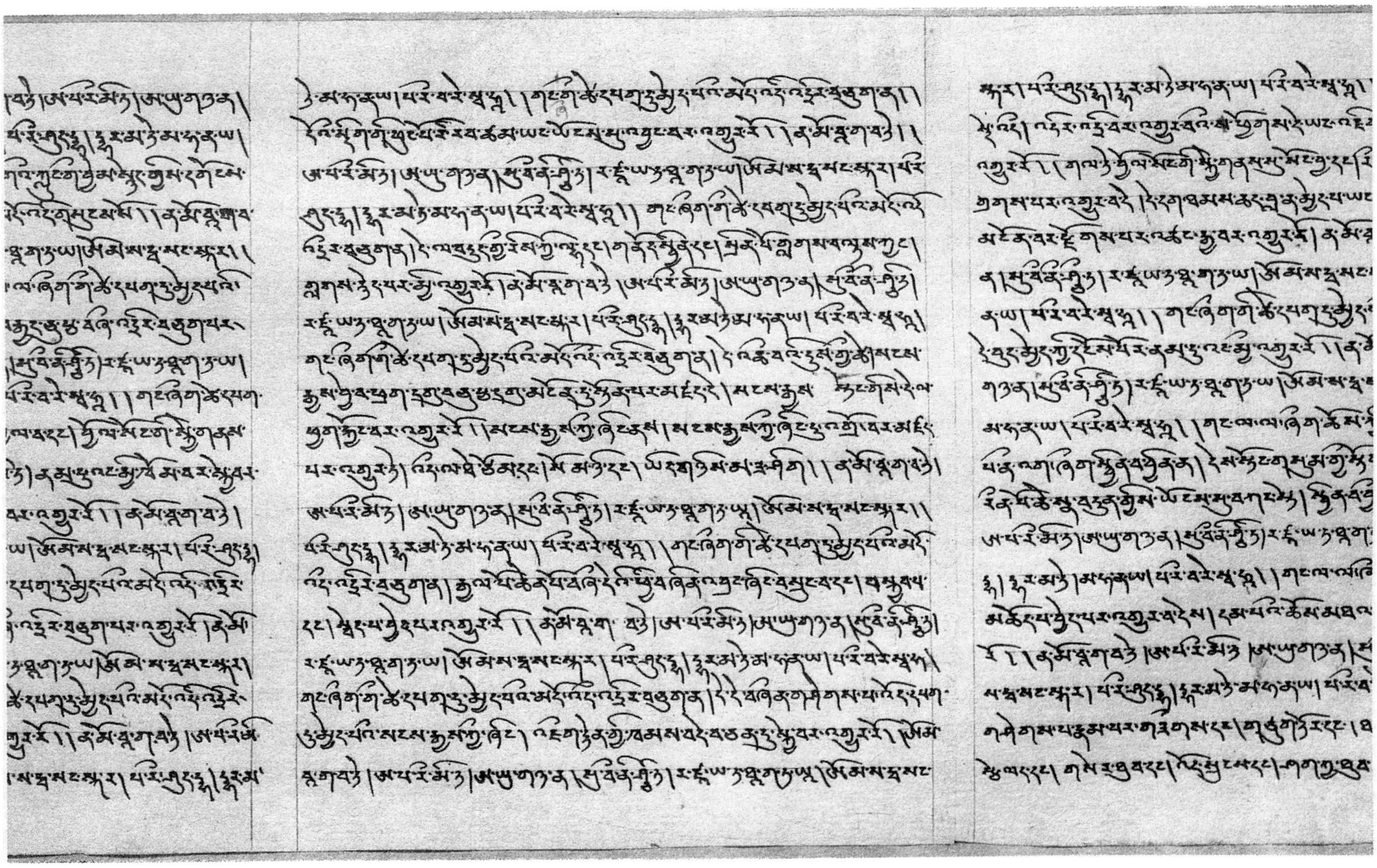

BD14917 號　藏文（無量壽宗要經乙本）　　（8–4）

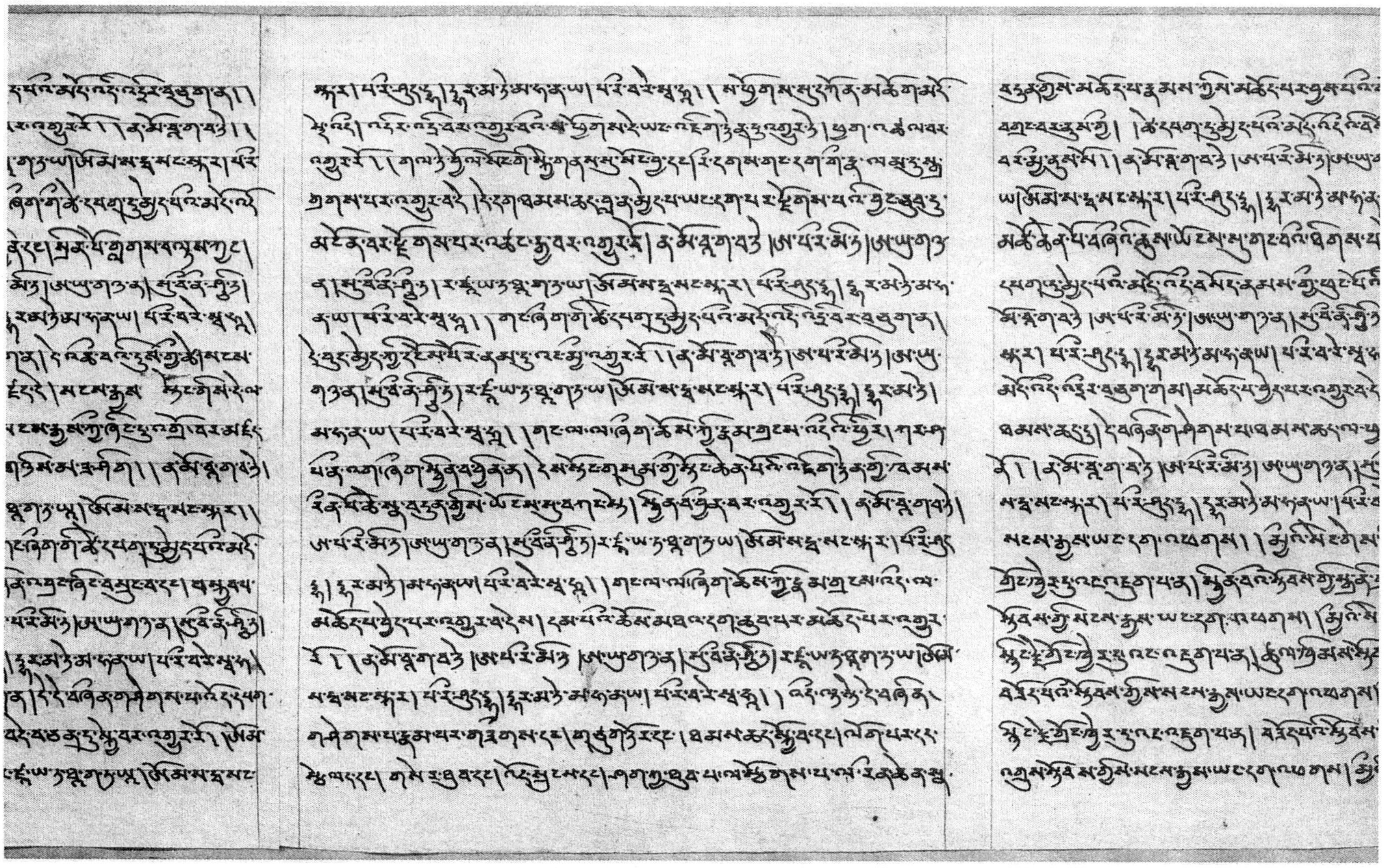

BD14917 號　藏文（無量壽宗要經乙本）　（8–5）

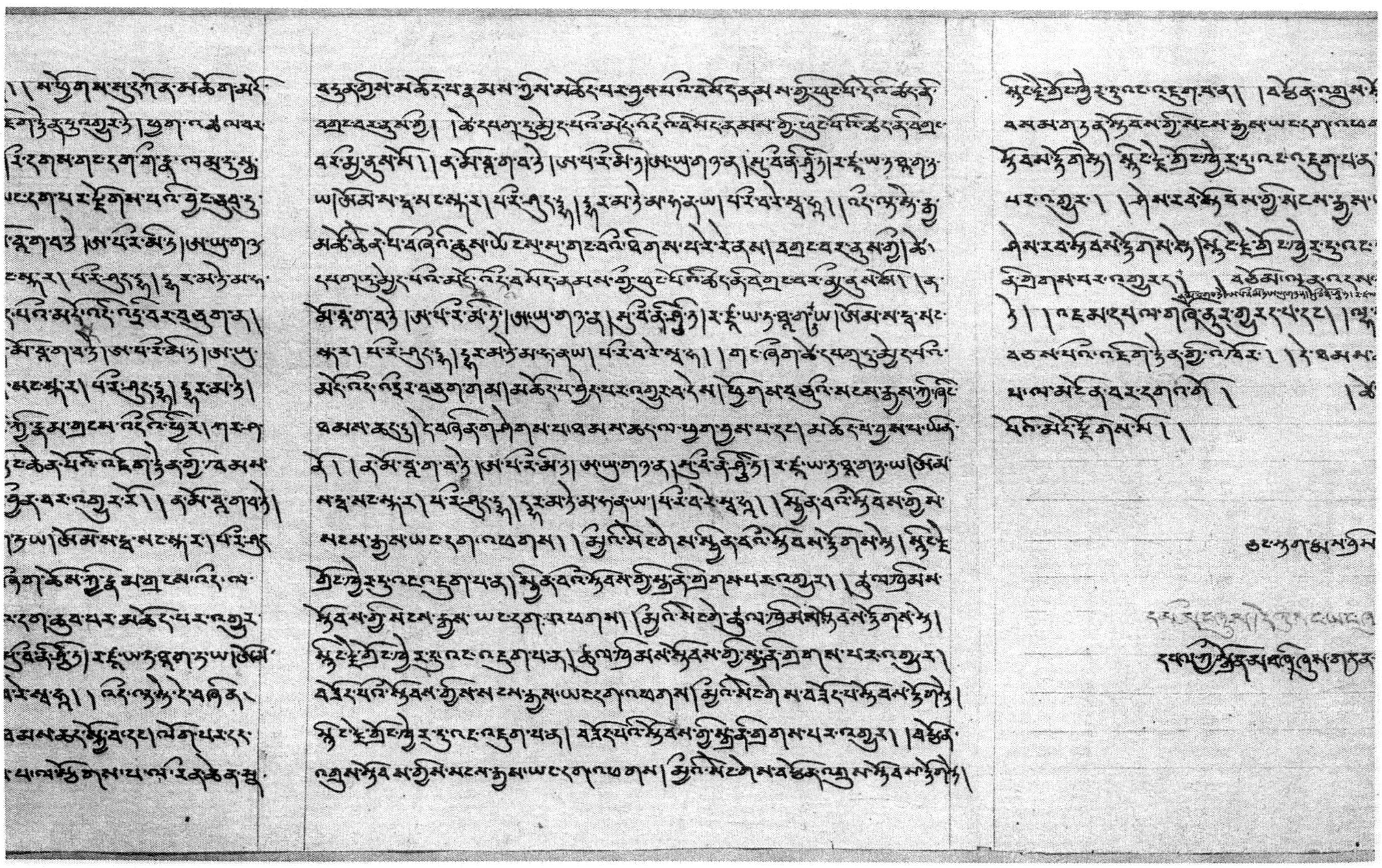

BD14917 號　藏文（無量壽宗要經乙本）　（8–6）

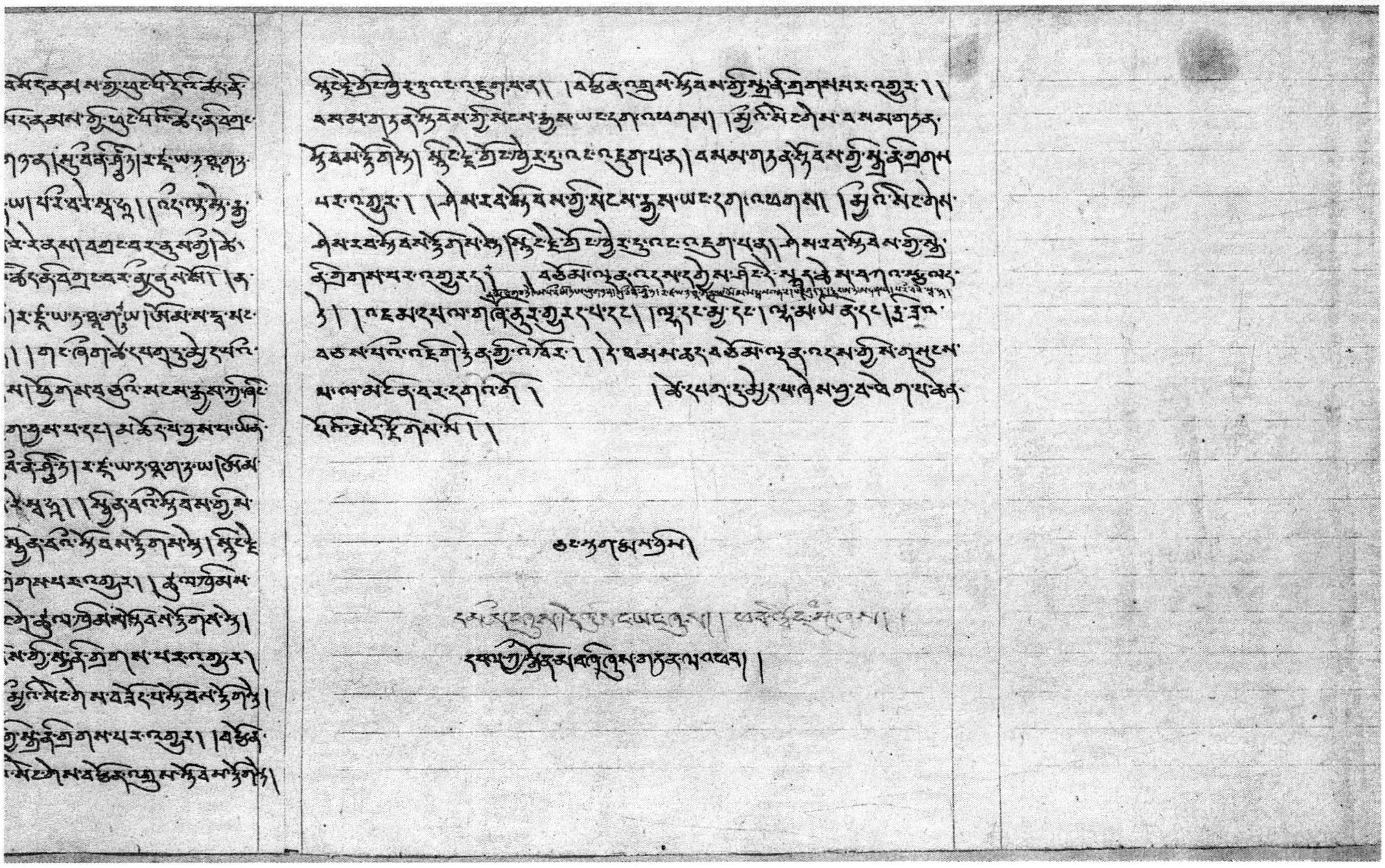

BD14917 號　藏文（無量壽宗要經乙本）　（8–7）

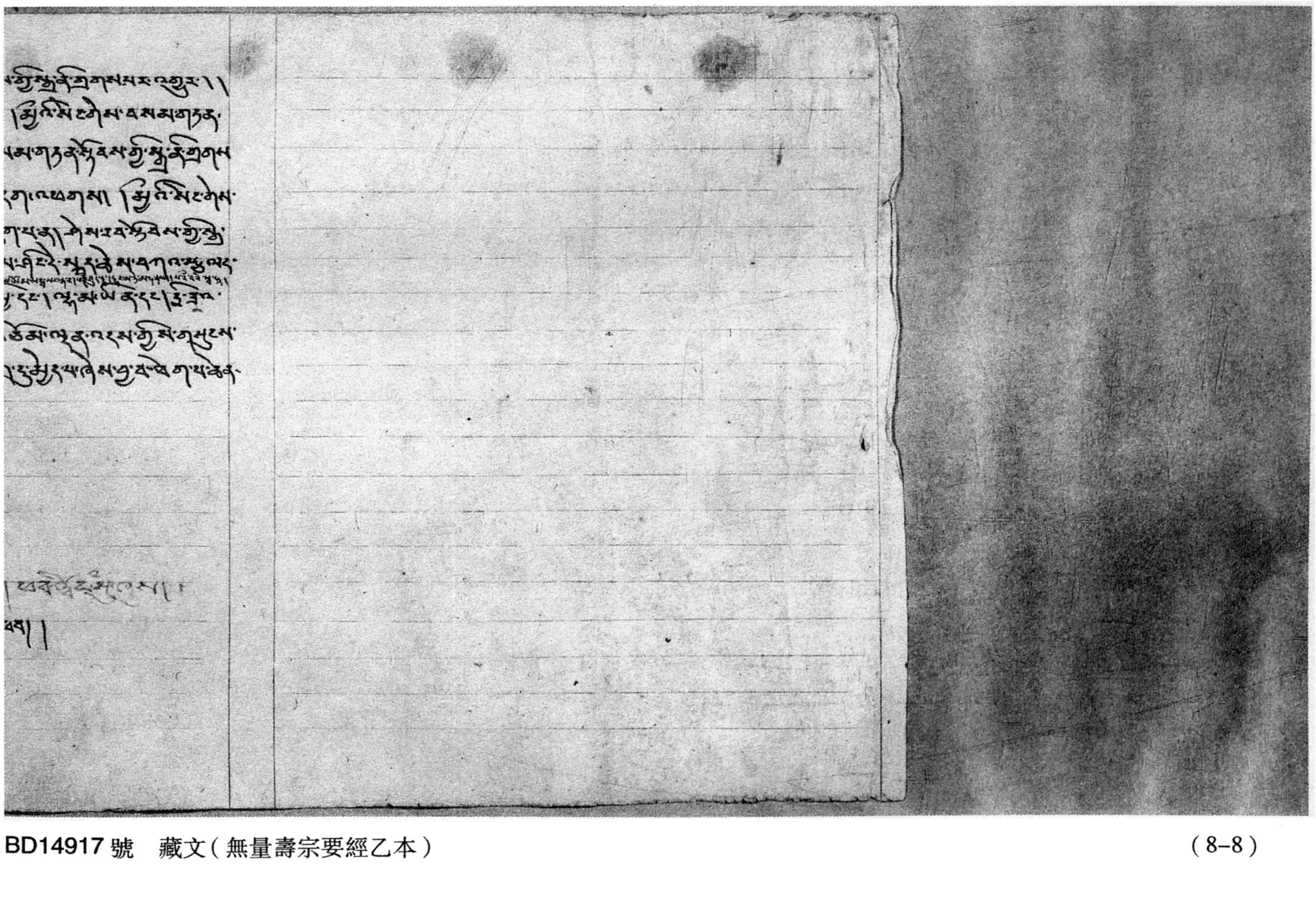

BD14917 號　藏文（無量壽宗要經乙本）　（8–8）

BD14918 號　藏文（無量壽宗要經乙本）　（7–1）

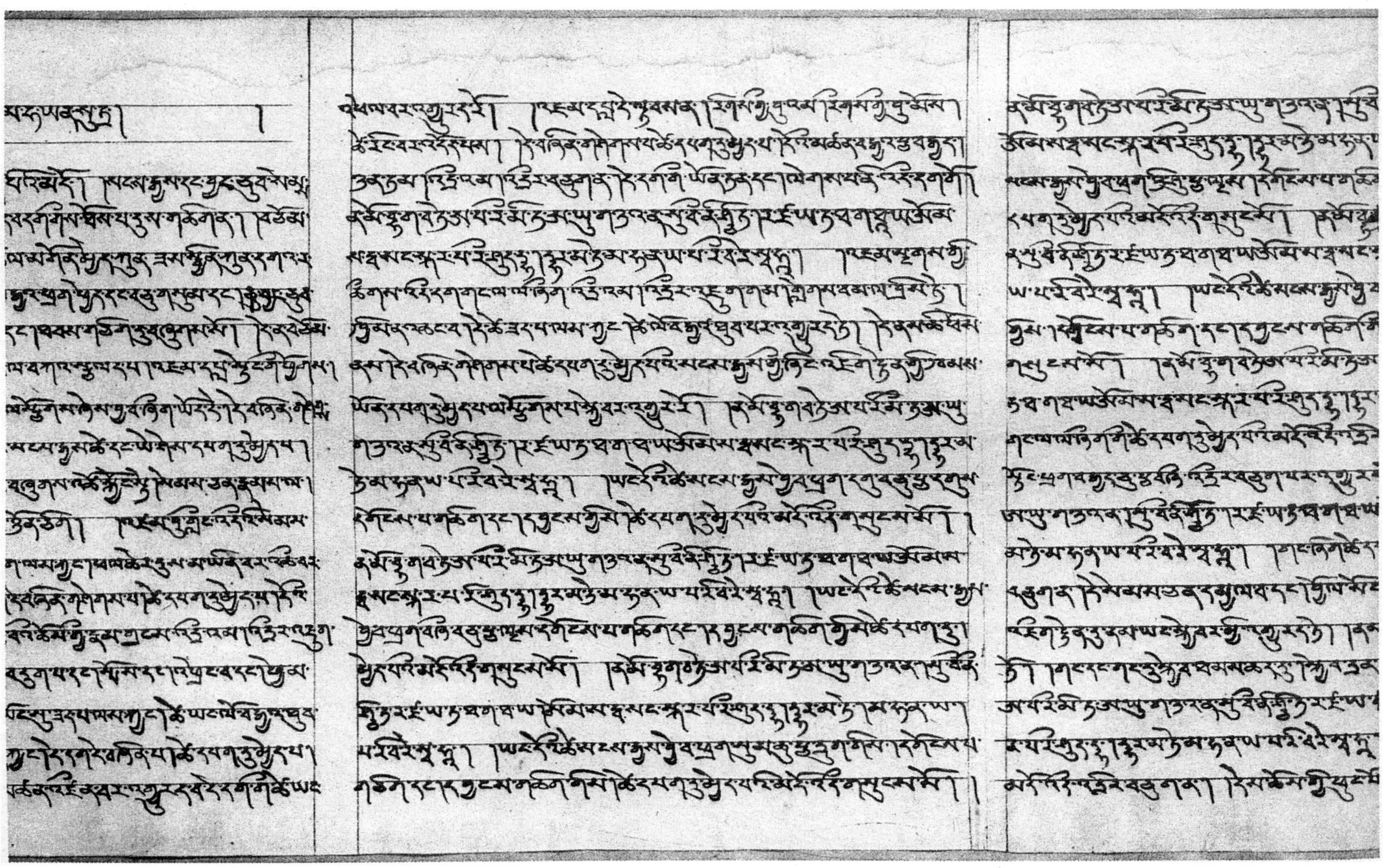

BD14918 號　藏文（無量壽宗要經乙本）　（7–2）

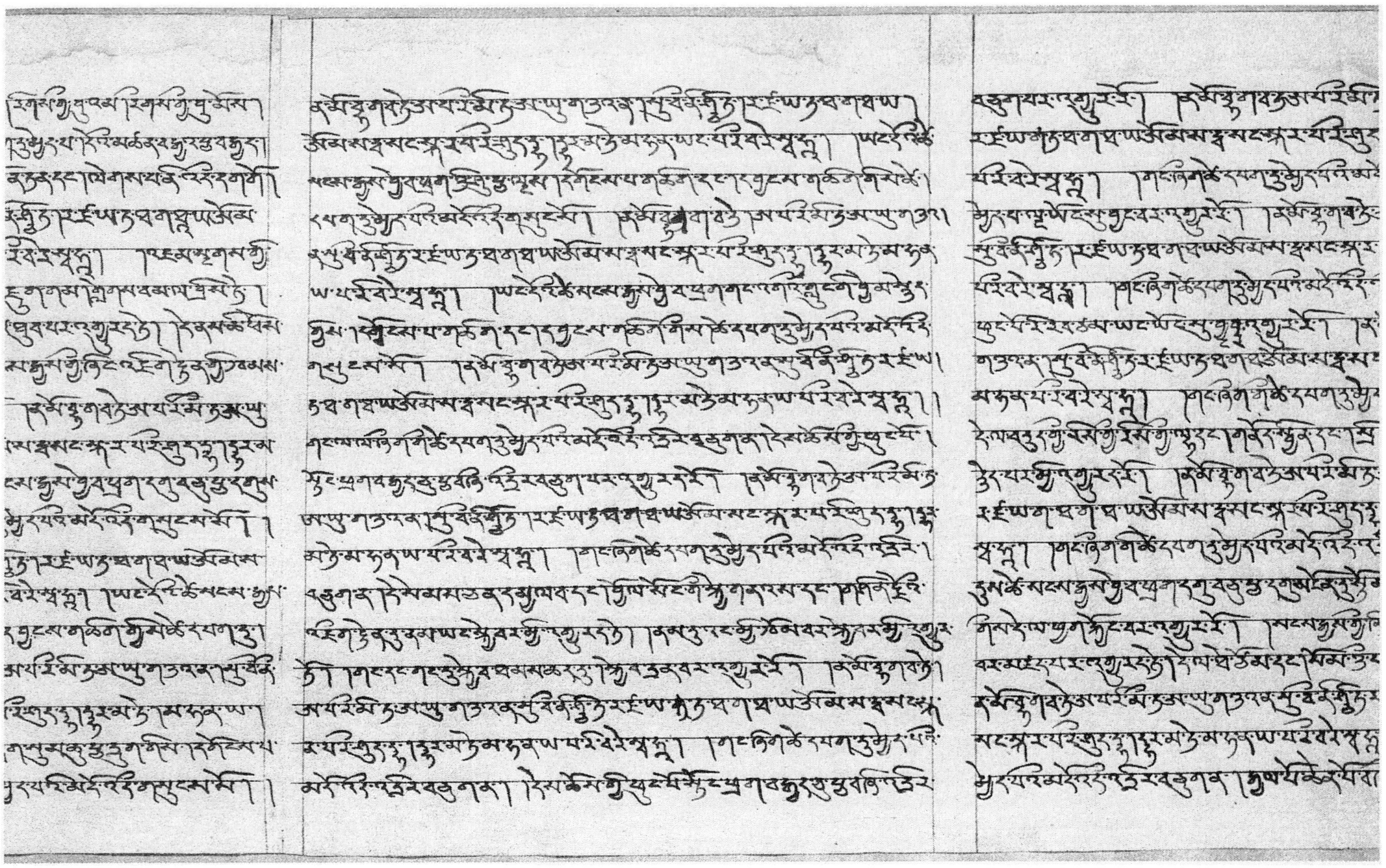

BD14918 號　藏文（無量壽宗要經乙本）　　（7–3）

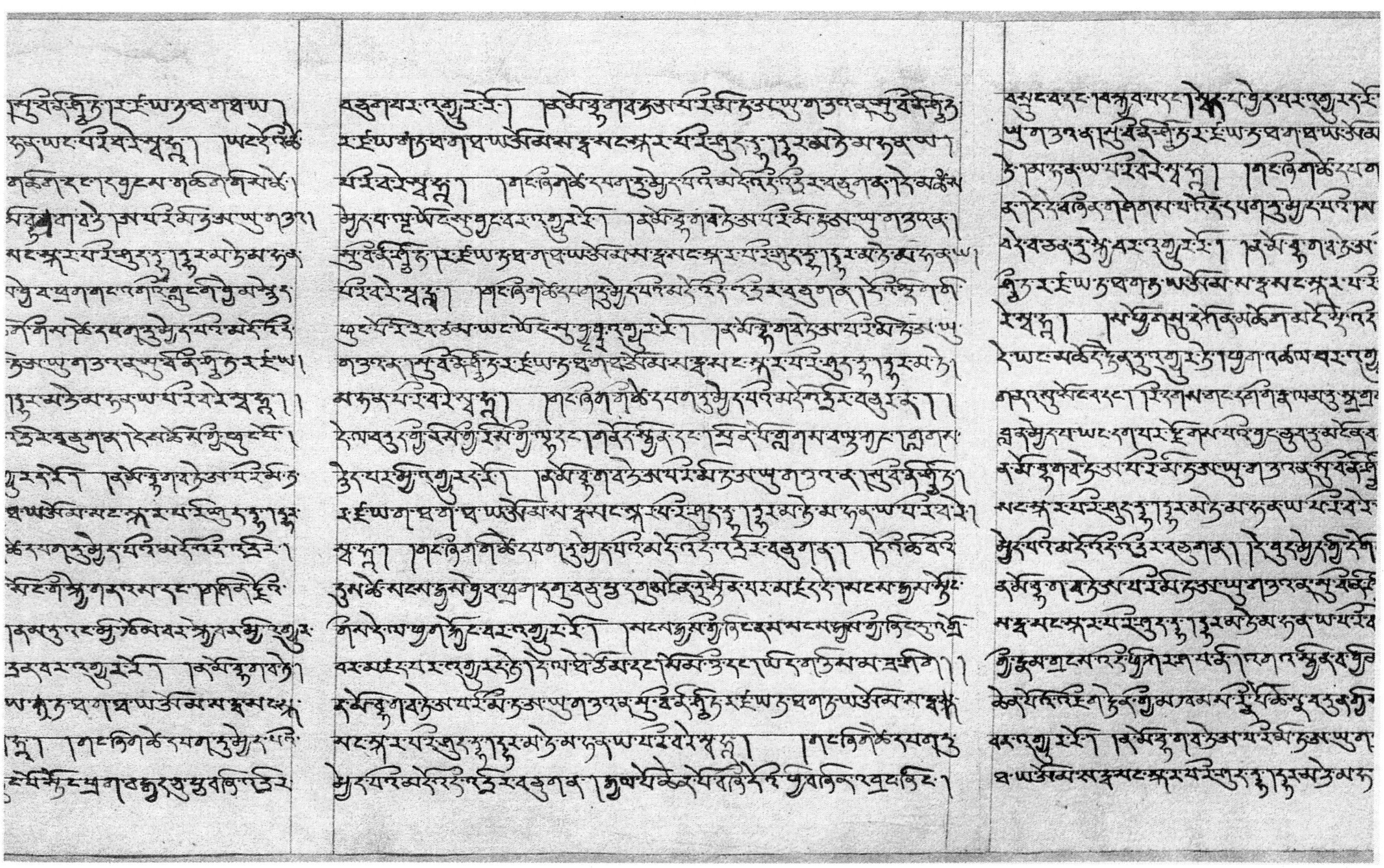

BD14918 號　藏文（無量壽宗要經乙本）　　（7–4）

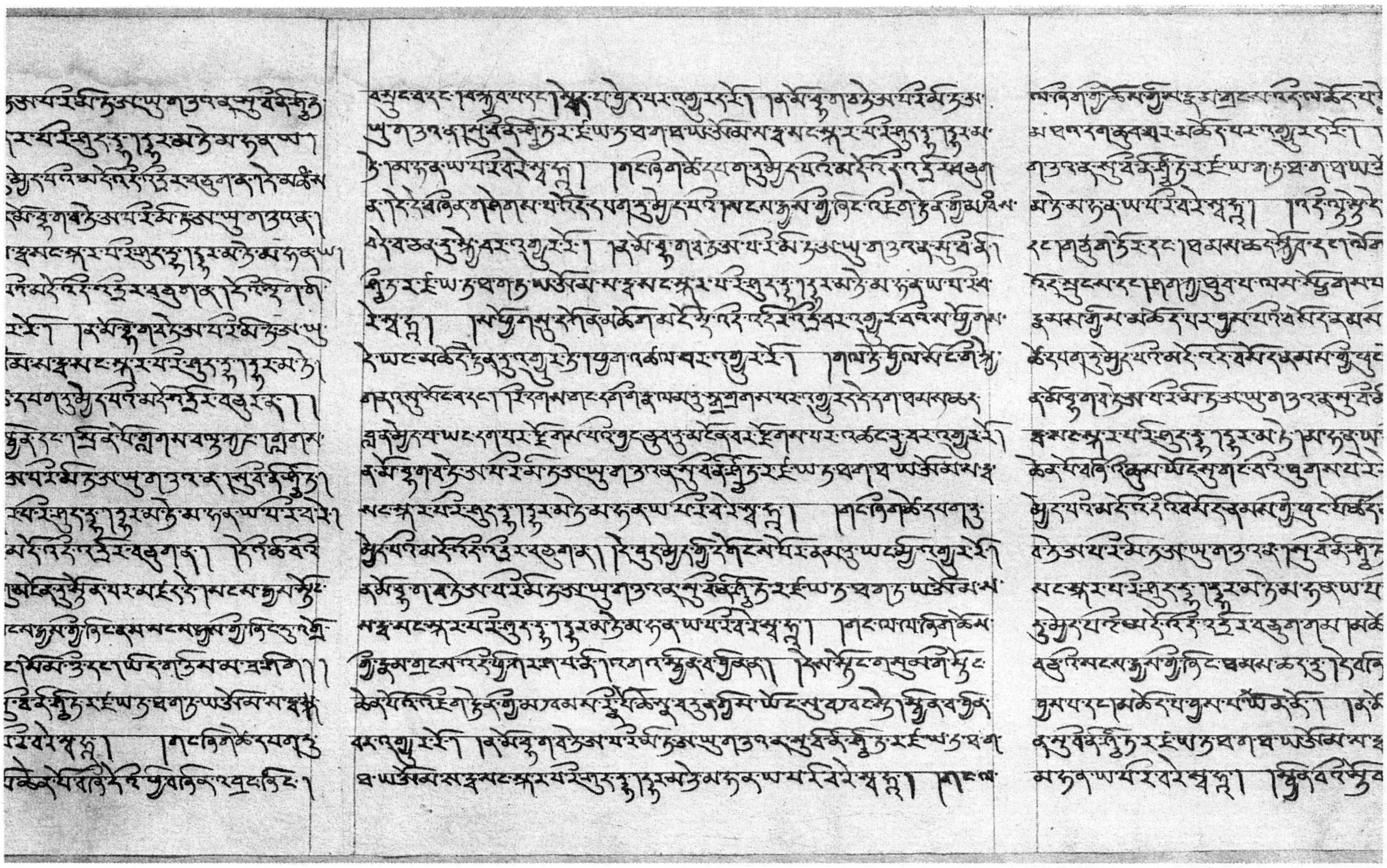

BD14918 號　藏文（無量壽宗要經乙本）　（7–5）

BD14918 號　藏文（無量壽宗要經乙本）　（7–6）

BD14918 號　藏文（無量壽宗要經乙本）　　（7–7）

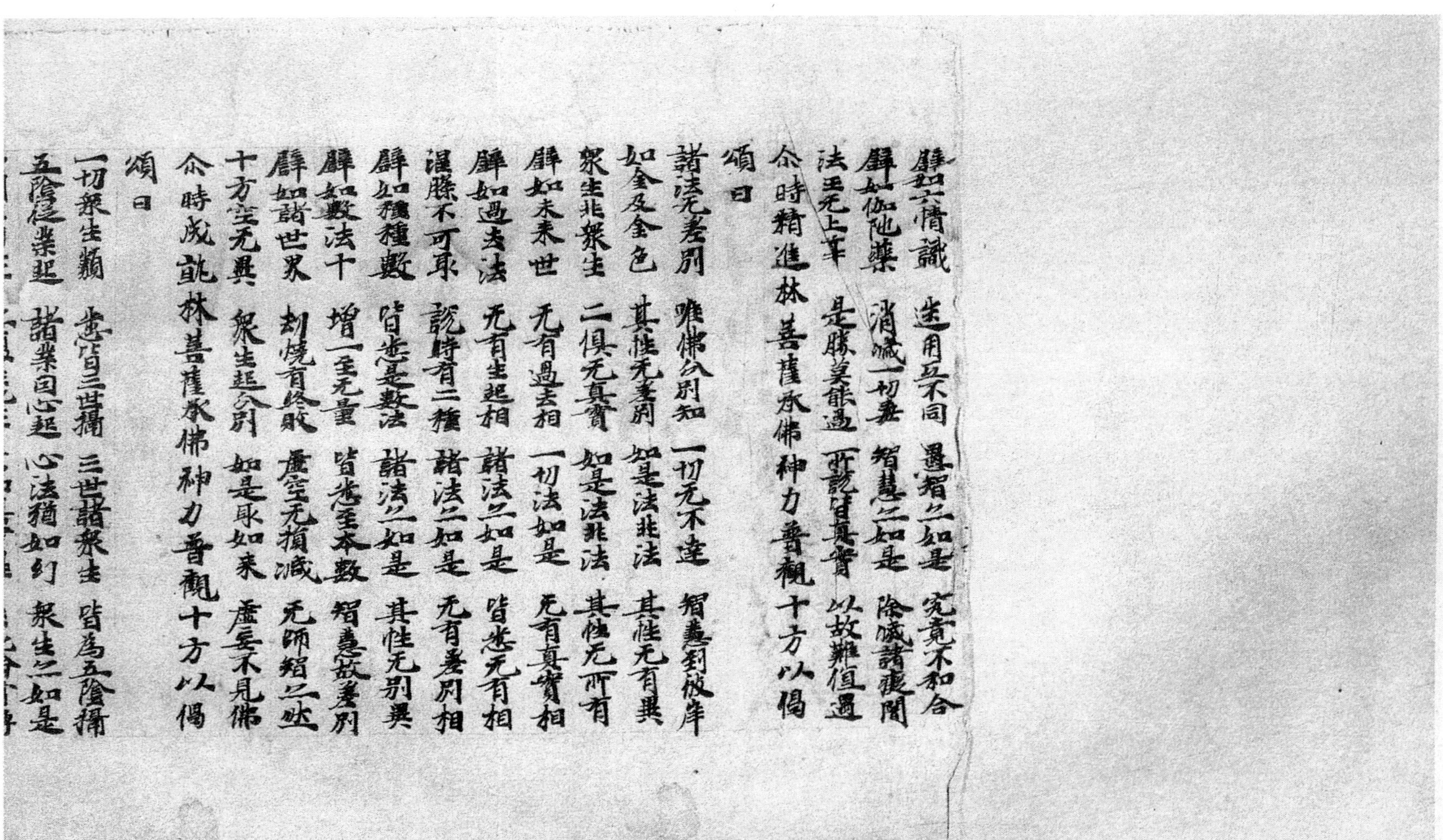
譬如六情識　迭用互不同　愚智亦如是　究竟不和合
譬如伽陁藥　消滅一切毒　智慧亦如是　除滅諸癡闇
法王无上尊　是勝莫能過　所說皆真實　以故難值遇
尒時精進林菩薩承佛神力普觀十方以偈
頌曰
諸法无差別　唯佛分別知　一切无不達　智慧到彼岸
如金及金色　其性无差別　如是法非法　其性无有異
衆生非衆生　二俱无真實　如是法非法　其性无所有
譬如未來世　无有過去相　一切法如是　无有真實相
譬如過去法　无有生起相　諸法亦如是　皆悉无有相
涅槃不可取　說時有二種　諸法亦如是　无有差別相
譬如種種數　皆悉是數法　諸法亦如是　其性无別異
譬如數法十　增一至无量　皆悉至本數　智慧故差別
譬如諸世界　劫燒有終敗　虛空无損減　无師智亦然
十方空无異　衆生起分別　如是取如來　虛妄不見佛
尒時成就林菩薩承佛神力普觀十方以偈
頌曰
一切衆生類　悉皆三世攝　三世諸衆生　皆為五陰攝
五陰從業起　諸業因心起　心法猶如幻　衆生亦如是

BD14919 號　大方廣佛華嚴經（晉譯六十卷本　聖本）卷一二　　（8–1）

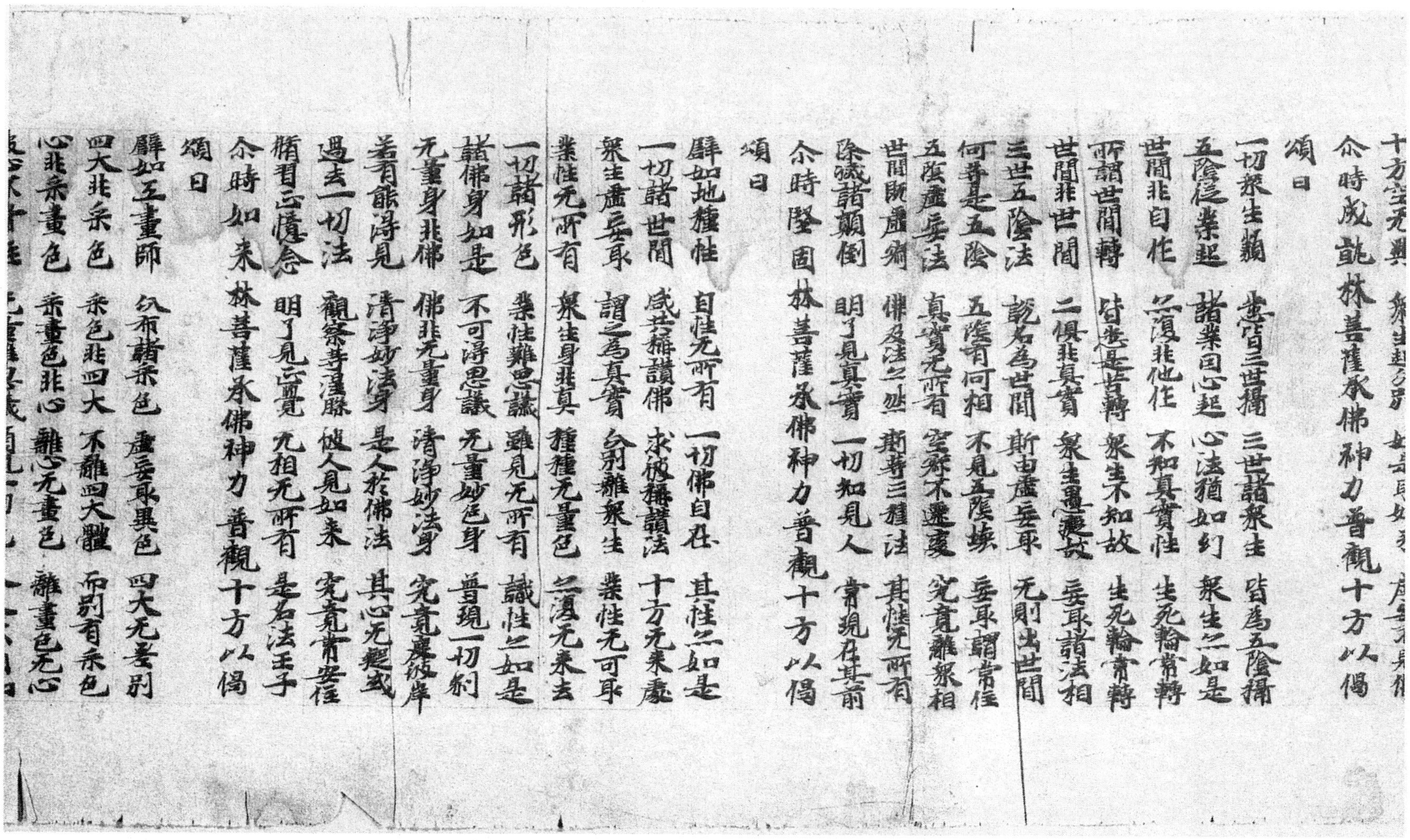

十方空无異　衆生起分別　如是取如來……

尒時威德林菩薩承佛神力普觀十方以偈

頌曰

一切衆生類　悉皆三世攝　三世諸衆生　皆爲五陰攝

五陰從業起　諸業因心起　心法猶如幻　衆生亦如是

世間非自作　亦復非他作　不知真實性　生死輪常轉

所謂世間轉　皆悉是苦轉　衆生不知故　生死輪常轉

世間非世間　二俱非真實　衆生愚癡故　妄取諸法相

三世五陰法　說名爲世間　斯由虛妄取　无則出世間

何等是五陰　五陰有何相　不見五陰緣　妄取謂常住

五陰虛妄法　真實无所有　空寂不遷變　究竟離衆相

世間所虛偽　佛及法亦然　斯等三種法　其性无所有

除滅諸顛倒　明了見真實　一切知見人　常現在其前

尒時堅固林菩薩承佛神力普觀十方以偈

頌曰

譬如地種性　自性无所有　一切佛自在　其性亦如是

一切諸世間　咸共稱讚佛　求彼稱讚法　十方无來處

衆生盡妄取　謂之爲真實　分別離衆生　業性无可取

業性无所有　衆生身非真　種種无量色　亦復无來去

一切諸形色　業性難思議　雖見无所有　識性亦如是

諸佛身如是　不可得思議　无量妙色身　普現一切剎

无量身非佛　佛非无量身　清淨妙法身　究竟度彼岸

若有能得見　清淨妙法身　是人於佛法　其心无疑惑

過去一切法　觀察等涅槃　彼人見如來　究竟常安住

脩習正憶念　明了見正覺　无相无所有　是名法王子

尒時如來林菩薩承佛神力普觀十方以偈

頌曰

譬如工畫師　分布諸彩色　虛妄取異色　四大无差別

四大非彩色　彩色非四大　不離四大體　而別有彩色

心非彩畫色　彩畫色非心　離心无畫色　離畫色无心

彼心不常住　无量難思議　顯現一切……

BD14919 號　大方廣佛華嚴經（晉譯六十卷本　聖本）卷一二　（8–2）

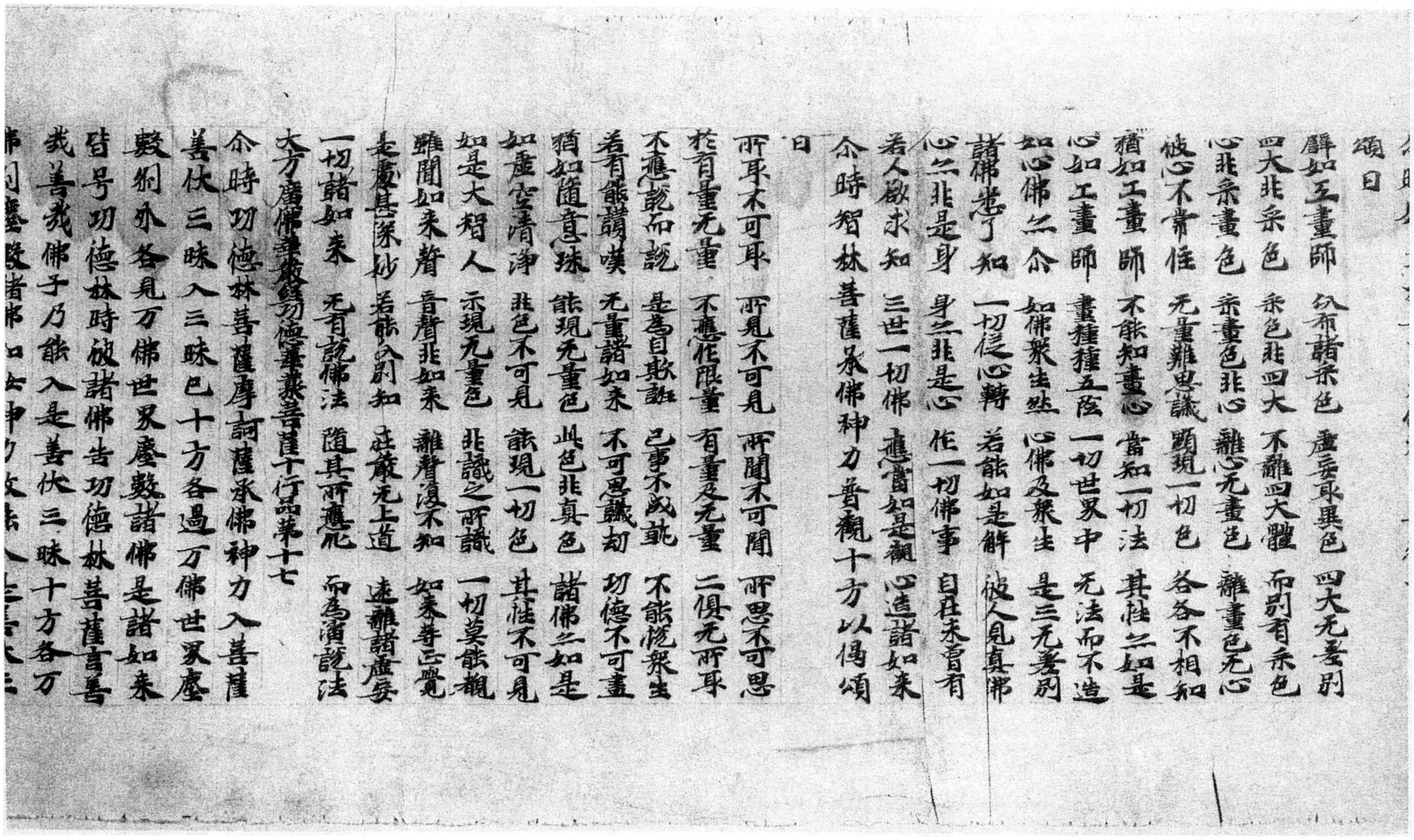

頌曰

譬如工畫師　分布諸彩色　虛妄取異色　四大无差別

四大非彩色　彩色非四大　不離四大體　而別有彩色

心非彩畫色　彩畫色非心　離心无畫色　離畫色无心

彼心不常住　无量難思議　顯現一切色　各各不相知

猶如工畫師　不能知畫心　當知一切法　其性亦如是

心如工畫師　畫種種五陰　一切世界中　无法而不造

如心佛亦尒　如佛衆生然　心佛及衆生　是三无差別

諸佛悉了知　一切從心轉　若能如是解　彼人見真佛

心亦非是身　身亦非是心　作一切佛事　自在未曾有

若人欲求知　三世一切佛　應當如是觀　心造諸如來

尒時智林菩薩承佛神力普觀十方以偈頌

日

所取不可取　所見不可見　所聞不可聞　所思不可思

於有量无量　不應作限量　有量及无量　二俱无所取

不應說而說　是爲自欺誑　已事不成就　不能悅衆生

若有能讚嘆　无量諸如來　不可思議劫　功德不可盡

猶如隨意珠　能現无量色　此色非真色　諸佛亦如是

如虛空清淨　非色不可見　能現一切色　其性不可見

如是大智人　示現无量色　非識之所識　一切莫能觀

雖聞如來聲　音聲非如來　離聲復不知　如來等正覺

是處甚深妙　若能分別知　莊嚴无上道　遠離諸虛妄

一切諸如來　无有說佛法　隨其所應化　而爲演說法

大方廣佛華嚴經功德華聚菩薩十行品第十七

尒時功德林菩薩摩訶薩承佛神力入善薩

善伏三昧入三昧已十方各過万佛世界塵

數剎外各見万佛世界塵數諸佛是諸如來

皆号功德林時彼諸佛告功德林菩薩言善

哉善哉佛子乃能入是善伏三昧十方各万

佛剎塵數諸佛……

BD14919 號　大方廣佛華嚴經（晉譯六十卷本　聖本）卷一二　（8–3）

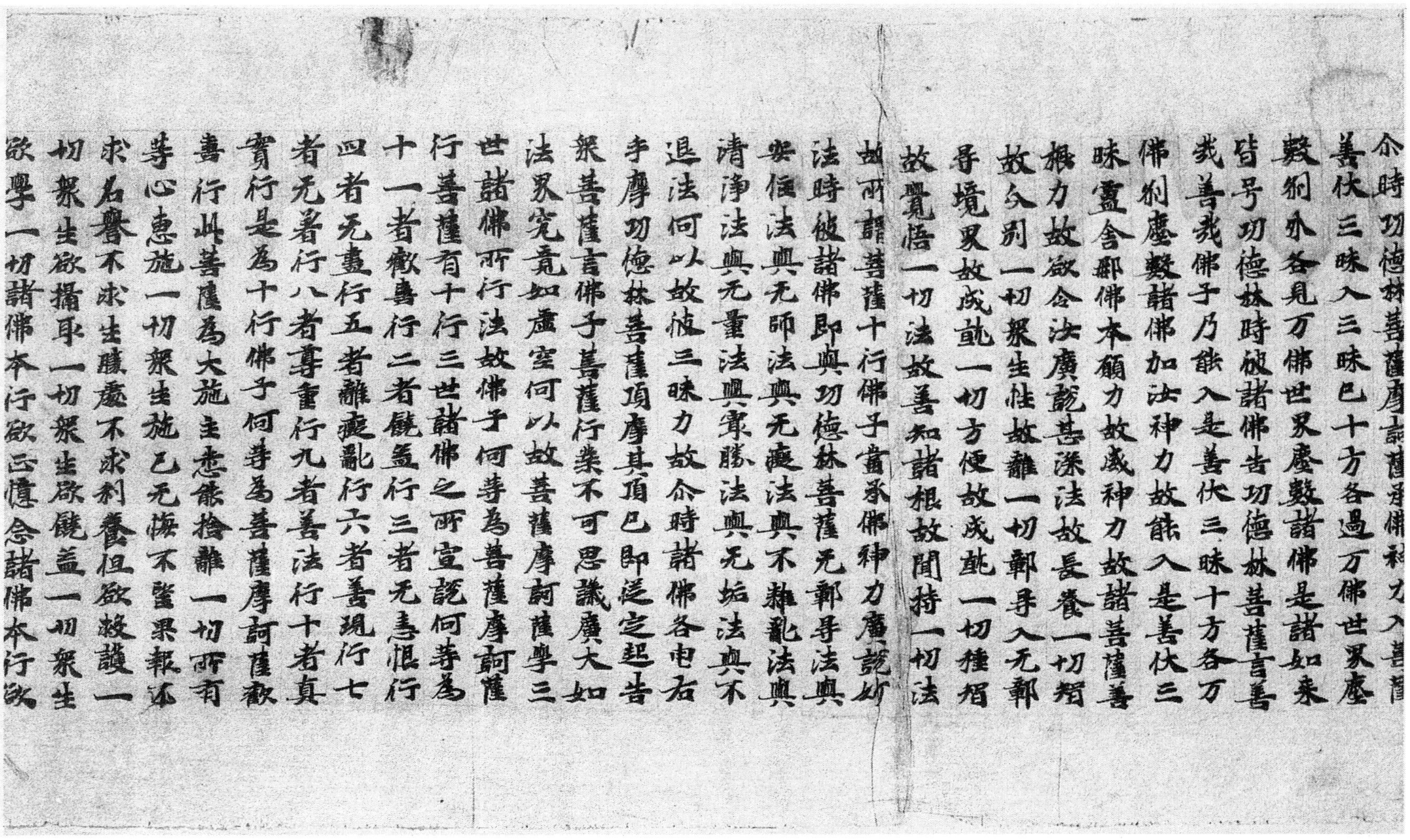

尒時功德林菩薩摩訶薩承佛神力入菩薩
善伏三昧入三昧已十方各過万佛世界塵
數剎外各見万佛世界塵數諸佛是諸如來
皆号功德林時彼諸佛告功德林菩薩言善
哉善哉佛子乃能入是善伏三昧十方各万
佛剎塵數諸佛加汝神力故能入是善伏三
昧盧舍那佛本願力故威神力故諸菩薩善
根力故欲令汝廣說甚深法故長養一切智
故分別一切衆生性故離一切鄣得入无鄣
㝵境界故成就一切方便故成就一切種智
故覺悟一切法故善知諸根故聞持一切法
故所謂菩薩十行佛子當承佛神力廣說妙
法時彼諸佛即與功德林菩薩无鄣㝵法與
安住法與无師法與无癡法與不雜亂法與
清淨法與无量法與衆勝法與无垢法與不
退法何以故彼三昧力故尒時諸佛各申右
手摩功德林菩薩頂摩其頂已即從定起告
衆菩薩言佛子菩薩行業不可思議廣大如
法界究竟如虛空何以故菩薩摩訶薩學三
世諸佛所行法故佛子何等為菩薩摩訶薩
行菩薩有十行三世諸佛之所宣說何等為
十一者歡喜行二者饒益行三者无恚恨行
四者无盡行五者離癡亂行六者善現行七
者无著行八者尊重行九者善法行十者真
實行是為十行佛子何等為菩薩摩訶薩歡
喜行此菩薩為大施主悉能捨離一切所有
等心惠施一切衆生施已无悔不望果報不
求名譽不求生處不求利養但欲救護一
切衆生欲攝取一切衆生欲饒益一切衆生
欲學一切諸佛本行欲正憶念諸佛本行欲

BD14919號　大方廣佛華嚴經（晉譯六十卷本　聖本）卷一二　（8–4）

喜行此菩薩為大施主悉能捨離一切所有
等心惠施一切衆生施已无悔不望果報不
求名譽不求生處不求利養但欲救護一
切衆生欲攝取一切衆生欲饒益一切衆生
欲學一切諸佛本行欲正憶念諸佛本行欲
得清淨諸佛本行欲得受持諸佛本行欲顯
現諸佛本行欲廣說諸佛本行欲令一切離苦
得樂是名菩薩摩訶薩歡喜行菩薩脩歡喜
行時一切衆生歡喜愛敬隨諸方土有貧窮處
菩薩願往生彼豪貴大富財寶无盡於念念
中有无量无邊无數衆生詣菩薩所白言仁
者我等貧窮靡所資贍願垂慈救得濟生命
菩薩念念應其所須悉令滿足靡不歡喜善
薩不以求索煩重而生憂惱但發无上大慈
悲心施无猒之欲令常來來已稱慶倍復歡
喜作如是念我等善利此等衆生是我福田
是我善友不請不求自來教誨發起我心脩
行佛道我今應當如是脩學普令衆生悉得
歡喜我於三世所脩功德願速成就清淨法
身神力自在悉令衆生隨其所脩皆得歡喜
以此功德令諸衆生悉成正覺度脫无量衆
生悉令究竟无餘涅槃我當先令一切衆生滿
足諸願然後我當成等正覺離諸我想衆生
想我所想壽命想種種想福伽羅想作者想
法界衆生界空无差別離欲法非真實法无
所有法非堅固法非待怙法非所作法菩薩
如是觀時不見施者不見受者不見財物不
見福田不見業不見報不見果不見大果不
見小果菩薩觀察三世衆如是念哀哉衆生
為愚癡所覆煩惱所纏常流生死輪迴苦海

BD14919號　大方廣佛華嚴經（晉譯六十卷本　聖本）卷一二　（8–5）

所有法非堅固法非持怙法非所作法菩薩
如是觀時不見施者不見受者不見財物不
見福田不見業不見報不見果不見大果不
見小果菩薩觀察三世衆生如是念衰哉衆生
為愚癡所覆煩惱所纏常流生死輪迴苦海
於不堅固法不得堅固我當盡學諸佛所學
饒益衆生成等正覺開悟一切皆令清淨隨
順寂滅觀三世法是名菩薩摩訶薩初歡喜
行佛子何等為菩薩摩訶薩第二饒益行此
菩薩持戒清淨於色聲香味觸法心无染著
廣為衆生說无染法不求生於人天勝處尊貴
之家不求利養不求端政不求帝王但堅持
淨戒作如是念我持淨戒離一切纏煩惱熾
火憂悲苦惱不負衆生諸佛歡喜究竟成就
无上菩提菩薩如是持淨戒時於一日中若
有无量无數阿僧祇諸大魔王一一魔王各
將无量无數阿僧祇諸天女衆皆悉端政顏
貌殊妙姿容妖豔傾惑人心又復賫持一切
樂具欲來惑亂菩薩道意尒時菩薩作如是
念此五欲者是鄣道法乃能鄣导无上菩提
是故菩薩乃至不生一念欲心心淨如佛除
其方便教化衆生而不離菩薩一切種智堅
固正念不為五欲因緣故起一惡念惱亂衆
生寧捨身命不加惡於人若加惡於人无有
是處菩薩自見佛已來未曾有心起一欲想
何況從事若或從事无有是處尒時菩薩作
如是念衆生長夜在生死中憶念五欲貪著
五欲愛樂五欲心常流轉五欲境界永沒五
欲莫之能出我今應當作如是學令諸魔王
天女眷屬及一切衆生立无上戒立淨戒已

是處菩薩自見佛已來未曾有心起一欲想
何況從事若或從事无有是處尒時菩薩作
如是念衆生長夜在生死中憶念五欲貪著
五欲愛樂五欲心常流轉五欲境界永沒五
欲莫之能出我今應當作如是學令諸魔王
天女眷屬及一切衆生立无上戒立淨戒已
又教令得不退轉地一切種智成等正覺乃
至究竟无餘涅槃何以故此是我業一切諸
佛皆如是學離諸非行計我无智觀一切佛
平等深法得一切智為衆生說法斷除顛倒
不離衆生而有顛倒不離顛倒而有衆生顛
倒內无衆生衆生內无顛倒顛倒非衆生衆
生非顛倒顛倒非內法顛倒非外法衆生非
內法衆生非外法一切諸法但是虛妄无有
真實須臾不住无有堅固猶如幻化欺誑愚
夫悟一切法如夢如電如是解者能達生死
究竟菩提未度者度未脫者脫未調伏者令
得調伏未寂靜者令得寂靜未安隱者令得
安隱未離垢者令得離垢未清淨者令得清
淨未涅槃者令得涅槃未快樂者令得快樂
我當捨離世間衆事令諸如來皆悉歡喜具
足成就一切佛法安住无上最勝法中平等
正觀一切衆生分別了知一切諸法遠離諸
惡永捨虛妄除滅一切煩惱習氣成就出要
勝妙方便悉得无量无邊辯才成就甚深空
寂智慧是名菩薩摩訶薩第二饒益行佛子
何等為菩薩摩訶薩第三无恚恨行此菩薩
常能脩習忍辱之法謙卑恭敬和顏愛語不
自害不害他二不俱害不自舉不舉他二不

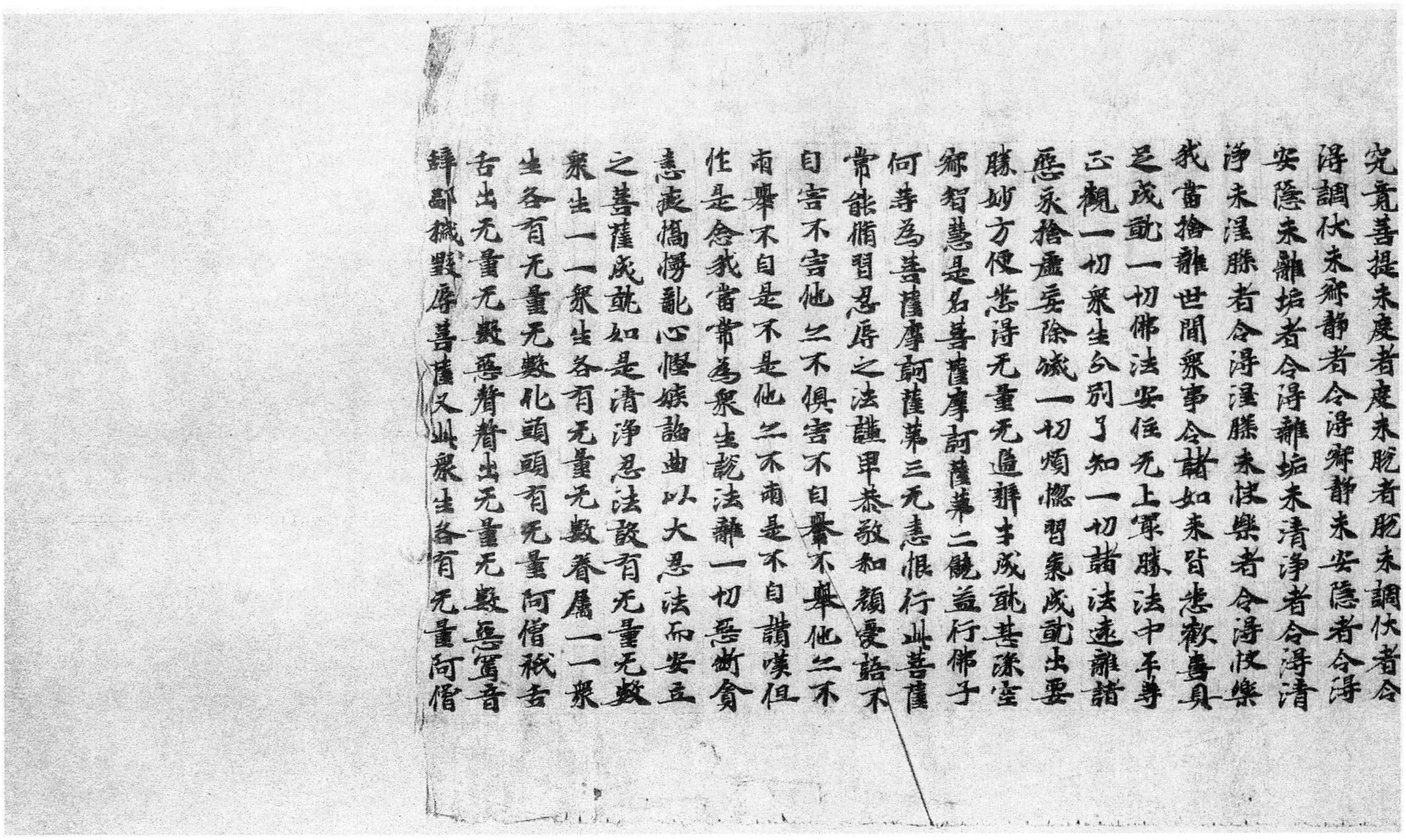
究竟菩提未度者度未脫者脫未調伏者令得調伏未寂靜者令得寂靜未安隱者令得安隱未離垢者令得離垢未清淨者令得清淨未湼槃者令得湼槃未快樂者令得快樂我當捨離世間衆事令諸如來皆悉歡喜具足成就一切佛法安住无上最勝法中平等正觀一切衆生分別了知一切諸法遠離諸惡永捨虛妄除滅一切煩惱習氣成就出要勝妙方便悉得无量无邊辯才成就甚深空寂智慧是名菩薩摩訶薩第二饒益行佛子何等為菩薩摩訶薩第三无恚恨行此菩薩常能脩習忍辱之法謙卑恭敬和顏愛語不自害不害他亦不俱害不自舉不舉他亦不俱舉不自是不是他亦不俱是不自讚嘆但作是念我當常為衆生說法離一切惡斷貪恚癡憍慢亂心慳嫉諂曲以大忍法而安立之菩薩成就如是清淨忍法設有无量无數衆生一一衆生各有无量无數眷屬一一衆生各有无量无數化頭頭有无量阿僧祇舌舌出无量无數惡聲聲出无量无數惡罵音辭鄙穢毀辱菩薩又此衆生各有无量阿僧

BD14919 號　大方廣佛華嚴經（晉譯六十卷本　聖本）卷一二　（8–8）

BD14920 號　藏文（無量壽宗要經甲本）　（6–1）

BD14920 號　藏文（無量壽宗要經甲本）　　（6–2）

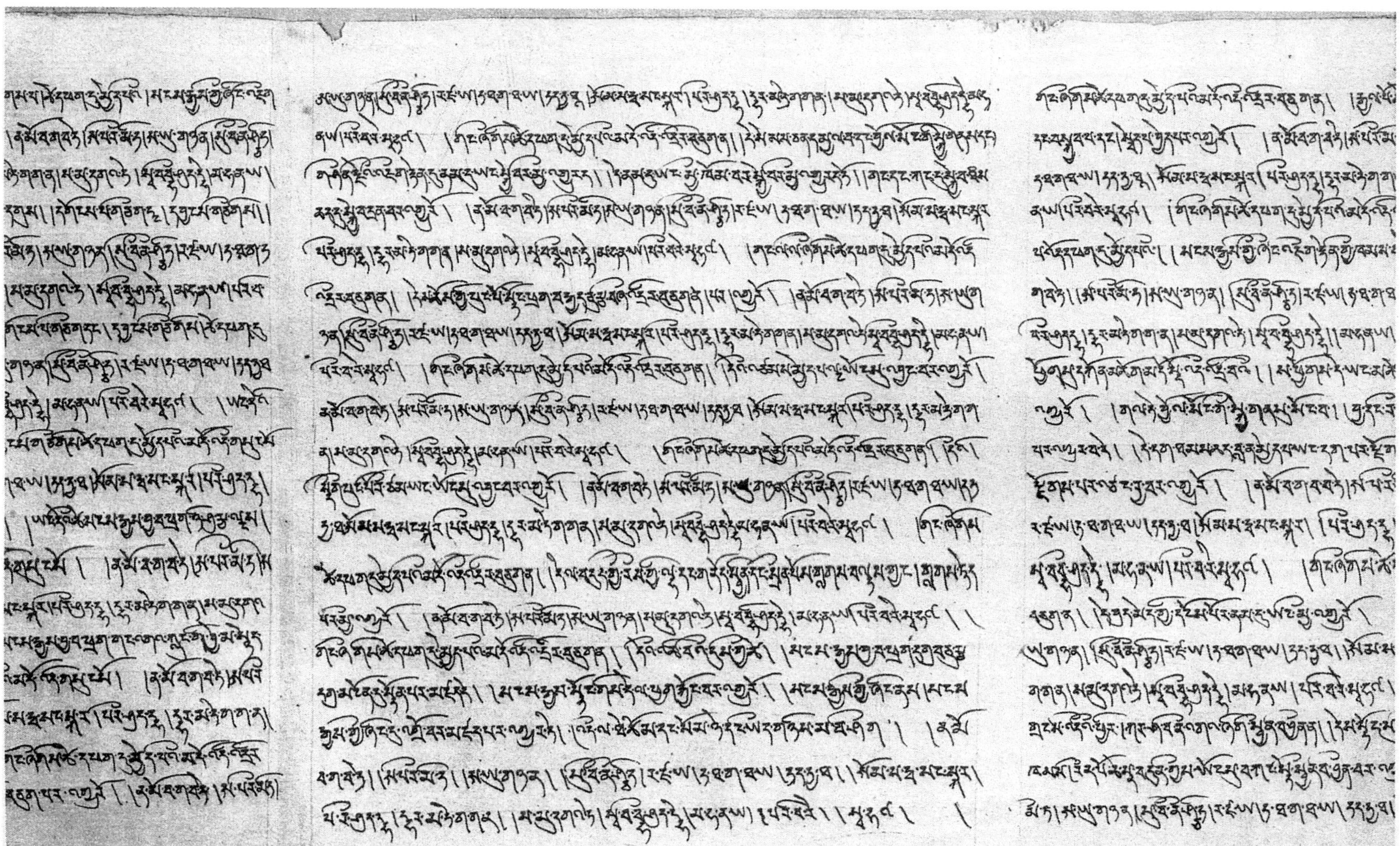

BD14920 號　藏文（無量壽宗要經甲本）　　（6–3）

BD14920 號　藏文（無量壽宗要經甲本）　　（6–4）

BD14920 號　藏文（無量壽宗要經甲本）　　（6–5）

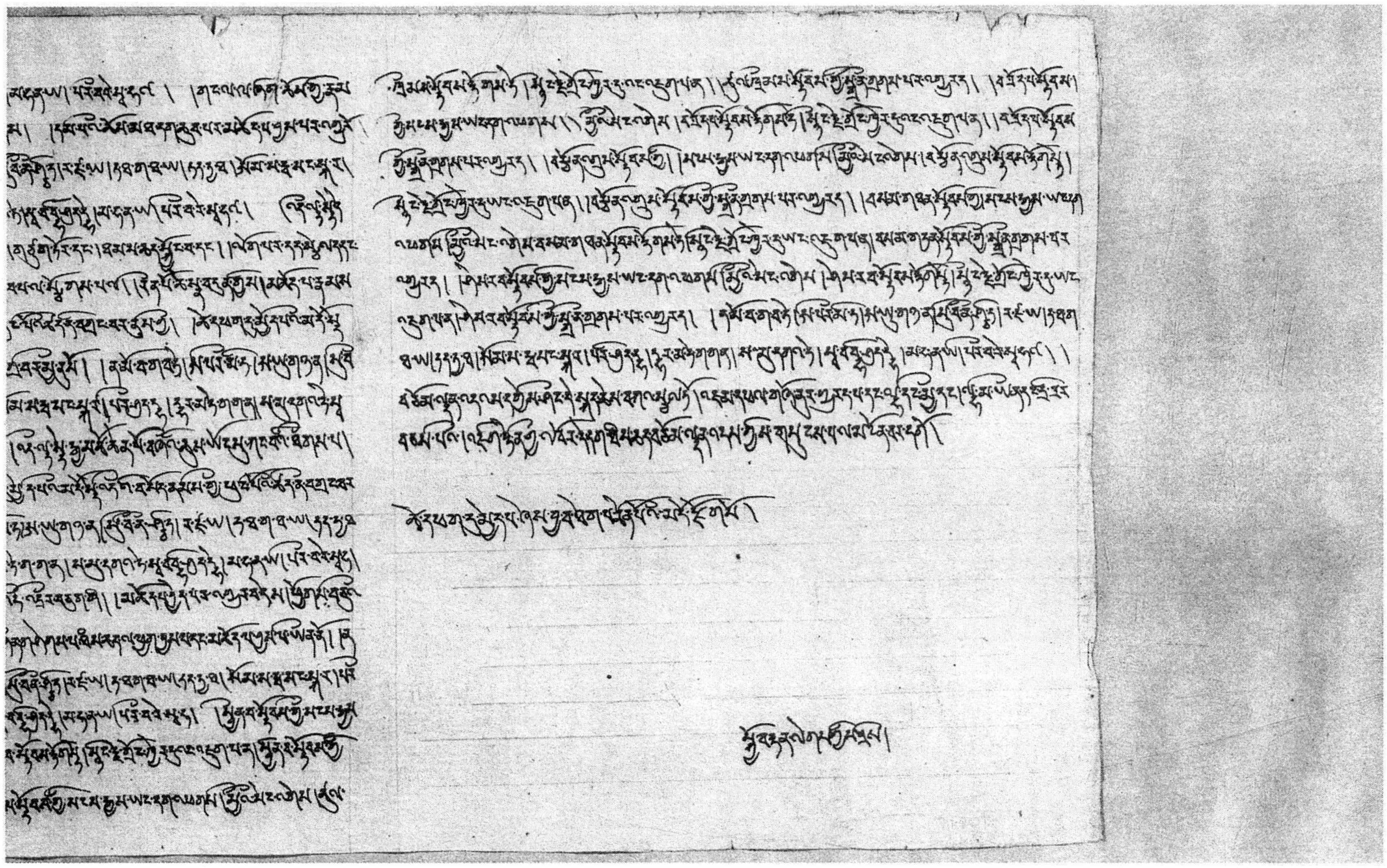

BD14920 號　藏文（無量壽宗要經甲本）　（6–6）

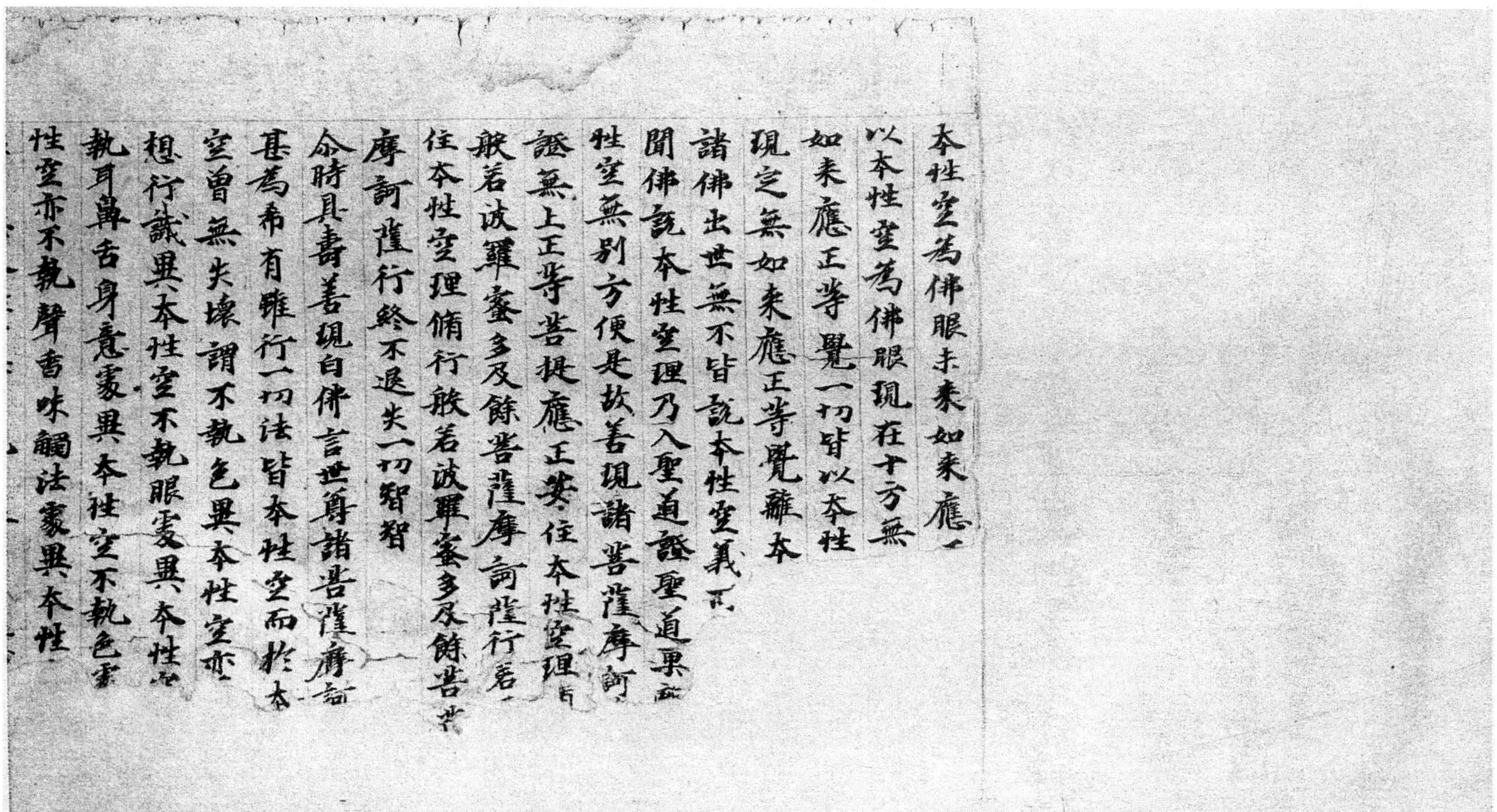

本性空爲佛眼未來如來應
以本性空爲佛眼現在十方無
如來應正等覺一切皆以本性
現定無如來應正等覺離本
諸佛出世無不皆說本性空義正
聞佛說本性空理乃入聖道證聖道果應
性空無別方便是故善現諸菩薩摩訶
證無上正等菩提應正安住本性空理皆
般若波羅蜜多及餘菩薩摩訶薩行若
住本性空理脩行般若波羅蜜多及餘菩
摩訶薩行終不退失一切智智
尒時具壽善現白佛言世尊諸菩薩摩訶
甚爲希有雖行一切法皆本性空而於本
空曾無失壞謂不執色異本性空亦
想行識異本性空不執眼處異本性空
執耳鼻舌身意處異本性空不執色處
性空亦不執聲香味觸法處異本性

BD14921 號　大般若波羅蜜多經卷三八八　（20–1）

命時具壽善現白佛言世尊諸菩薩摩訶
甚為希有雖行一切法皆本性空而於本
空曾無失壞謂不執色與本性空亦
想行識與本性空不執眼處與本性空
執耳鼻舌身意處與本性空不執色處
性空亦不執聲香味觸法處與本性
眼界與本性空亦不執耳鼻舌身意
性空不執色界與本性空亦不執聲香味觸
法界與本性空不執眼識界與本性空亦不
執耳鼻舌身意識界與本性空不執眼觸
與本性空亦不執耳鼻舌身意觸與本性空
不執眼觸為緣所生諸受與本性空亦不執耳
鼻舌身意觸為緣所生諸受與本性空不執
地界與本性空亦不執水火風空識界與本
性空不執因緣與本性空亦不執等無間緣
所緣緣增上緣與本性空不執從緣所生諸
法與本性空不執無明與本性空亦不執行
識名色六處觸受愛取有生老死愁歎苦憂
惱與本性空不執布施波羅蜜多與本性空
亦不執淨戒安忍精進靜慮般若波羅蜜多
與本性空不執內空與本性空亦不執外空
內外空空空大空勝義空有為空無為空畢
竟空無際空散空無變異空自相空共相空
一切法空不可得空無性空自性空無性自
性空與本性空不執四念住與本性空亦不
執四正斷四神足五根五力七等覺支八聖
道支與本性空不執苦聖諦與本性空亦不

BD14921 號　大般若波羅蜜多經卷三八八　（20–2）

竟空無際空散空無變異空自相空共相空
一切法空不可得空無性空自性空無性自
性空與本性空不執四念住與本性空亦不
執四正斷四神足五根五力七等覺支八聖
道支與本性空不執苦聖諦與本性空亦不
執集滅道聖諦與本性空不執四靜慮與本
性空亦不執四無量四無色定與本性空不
執八解脫與本性空亦不執八勝處九次第
定十遍處與本性空不執一切陁羅尼門與本
性空亦不執一切三摩地門與本性空不執
空解脫門與本性空亦不執無相無願解脫
門與本性空不執極喜地與本性空亦不執
離垢地發光地焰慧地極難勝地現前地遠
行地不動地善慧地法雲地與本性空不執
五眼與本性空亦不執六神通與本性空不
執佛十力與本性空亦不執四無所畏四無
礙解大慈大悲大喜大捨十八佛不共法與
本性空不執三十二大士相與本性空亦不
執八十隨好與本性空不執無忘失法與本
性空亦不執恒住捨性與本性空不執一切
智與本性空亦不執道相智一切相智與本
性空不執預流果與本性空亦不執一來不
還阿羅漢果獨覺菩提與本性空不執一切
菩薩摩訶薩行與本性空亦不執諸佛無上
正等菩提與本性空
世尊色即是本性空本性空即是色受想行
識即是本性空本性空即是受想行識眼處

BD14921 號　大般若波羅蜜多經卷三八八　（20–3）

還阿羅漢果獨覺菩提與本性空不執一切
菩薩摩訶薩行與本性空亦不執諸佛無上
正等菩提與本性空
世尊色即是本性空本性空即是色受想行
識即是本性空本性空即是受想行識眼處
即是本性空本性空即是眼處耳鼻舌身意
處即是本性空本性空即是耳鼻舌身意處
色處即是本性空本性空即是色處聲香味
觸法處即是本性空本性空即是聲香味觸
法處眼界即是本性空本性空即是眼界耳
鼻舌身意界即是本性空本性空即是耳鼻
舌身意界色界即是本性空本性空即是色
界聲香味觸法界即是本性空本性空即是
聲香味觸法界眼識界即是本性空本性空
即是眼識界耳鼻舌身意識界即是本性空
本性空即是耳鼻舌身意識界眼觸即是本
性空本性空即是眼觸耳鼻舌身意觸即是
本性空本性空即是耳鼻舌身意觸眼觸爲
緣所生諸受即是本性空本性空即是眼觸
爲緣所生諸受耳鼻舌身意觸爲緣所生諸
受即是本性空本性空即是耳鼻舌身意觸
爲緣所生諸受地界即是本性空本性空即
是地界水火風空識界即是本性空本性空
即是水火風空識界因緣即是本性空本性
空即是因緣等無間緣所緣緣增上緣即是
本性空本性空即是等無間緣所緣緣增上
緣從緣所生諸法即是本性空本性空即是

BD14921號　大般若波羅蜜多經卷三八八　（20-4）

是地界水火風空識界即是本性空本性空
即是水火風空識界因緣即是本性空本性
空即是因緣等無間緣所緣緣增上緣即是
本性空本性空即是等無間緣所緣緣增上
緣從緣所生諸法即是本性空本性空即是
從緣所生諸法無明即是本性空本性空即
是無明行識名色六處觸受愛取有生老死
愁歎苦憂惱即是本性空本性空即是行乃
至老死愁歎苦憂惱布施波羅蜜多即是本
性空本性空即是布施波羅蜜多淨戒安忍
精進靜慮般若波羅蜜多即是本性空本性
空即是淨戒安忍精進靜慮般若波羅蜜多
內空即是本性空本性空即是內空外空內
外空空空大空勝義空有爲空無爲空畢竟
空無際空散空無變異空自相空共相空一
切法空不可得空無性空自性空無性自性
空即是本性空本性空即是外空乃至無性
自性空四念住即是本性空本性空即是四
念住四正斷四神足五根五力七等覺支八聖
道支即是本性空本性空即是四正斷乃
至八聖道支苦聖諦即是本性空本性空即
是苦聖諦集滅道聖諦即是本性空本性空
即是集滅道聖諦四靜慮即是本性空本性
空即是四靜慮四無量四無色定即是本性
空本性空即是四無量四無色定八解脫即
是本性空本性空即是八解脫八勝處九次
第定十遍處即是本性空本性空即是八勝

BD14921號　大般若波羅蜜多經卷三八八　（20-5）

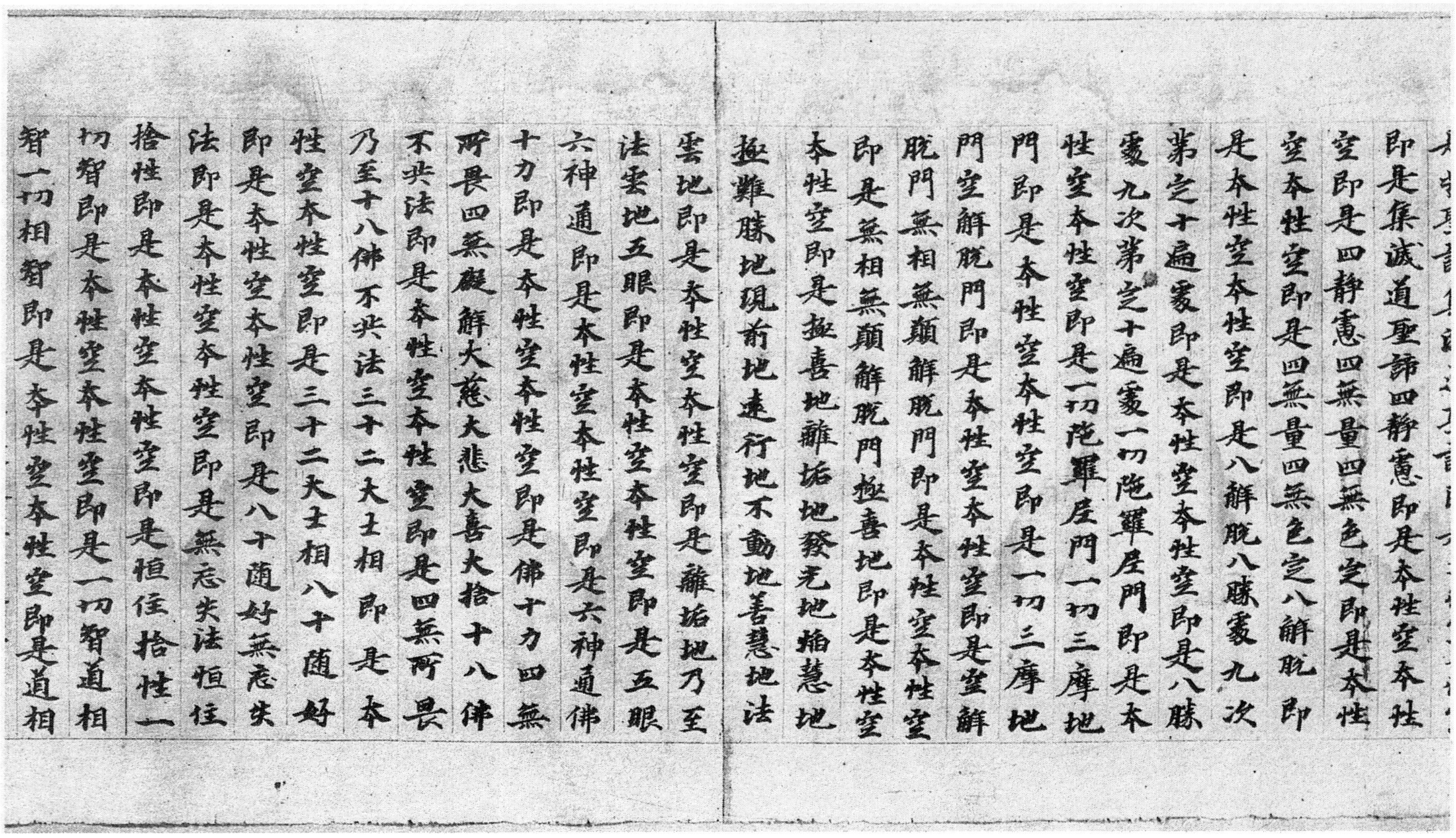
即是集滅道聖諦四靜慮即是本性空本性
空即是四靜慮四無量四無色定即是本性
空本性空即是四無量四無色定八解脫即
是本性空本性空即是八解脫八勝處九次
第定十遍處即是本性空本性空即是八勝
處九次第定十遍處一切陁羅尼門即是本
性空本性空即是一切陁羅尼門一切三摩地
門即是本性空本性空即是一切三摩地
門空解脫門即是本性空本性空即是空解
脫門無相無願解脫門即是本性空本性
空即是無相無願解脫門極喜地即是本性空
本性空即是極喜地離垢地發光地焰慧地
極難勝地現前地遠行地不動地善慧地法
雲地即是本性空本性空即是離垢地乃至
法雲地五眼即是本性空本性空即是五眼
六神通即是本性空本性空即是六神通佛
十力即是本性空本性空即是佛十力四無
所畏四無礙解大慈大悲大喜大捨十八佛
不共法即是本性空本性空即是四無所畏
乃至十八佛不共法三十二大士相即是本
性空本性空即是三十二大士相八十隨好
即是本性空本性空即是八十隨好無忘失
法即是本性空本性空即是無忘失法恒住
捨性即是本性空本性空即是恒住捨性一
切智即是本性空本性空即是一切智道相
智一切相智即是本性空本性空即是道相

BD14921 號　大般若波羅蜜多經卷三八八　（20–6）

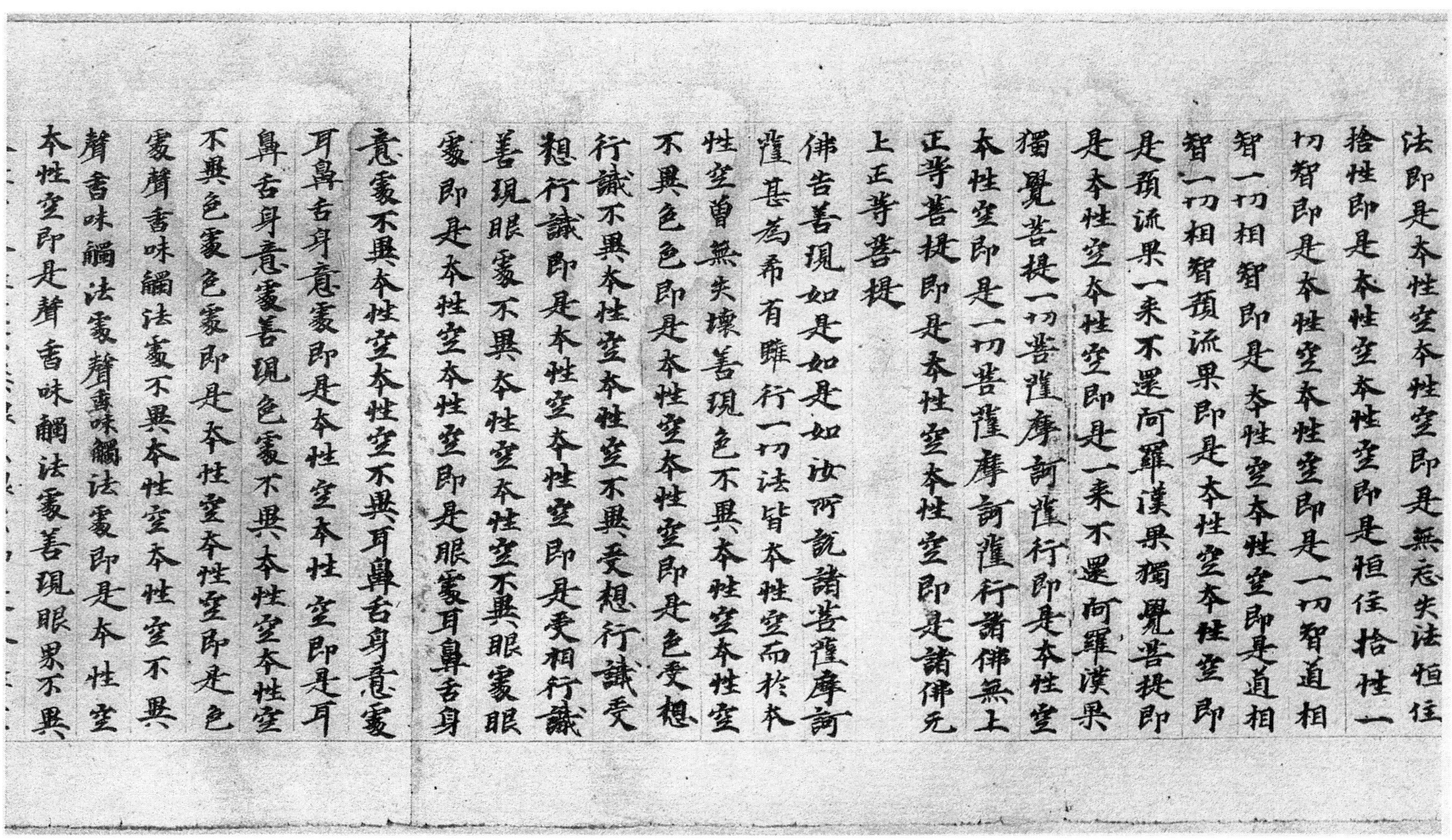
法即是本性空本性空即是無忘失法恒住
捨性即是本性空本性空即是恒住捨性一
切智即是本性空本性空即是一切智道相
智一切相智即是本性空本性空即是道相
智一切相智預流果即是本性空本性空即
是預流果一來不還阿羅漢果獨覺菩提即
是本性空本性空即是一來不還阿羅漢果
獨覺菩提一切菩薩摩訶薩行即是本性空
本性空即是一切菩薩摩訶薩行諸佛無上
正等菩提即是本性空本性空即是諸佛无
上正等菩提
佛告善現如是如是如汝所說諸菩薩摩訶
薩甚為希有雖行一切法皆本性空而於本
性空曾無失壞善現色不異本性空本性空
不異色色即是本性空本性空即是色受想
行識不異本性空本性空不異受想行識受
想行識即是本性空本性空即是受想行識
善現眼處不異本性空本性空不異眼處眼
處即是本性空本性空即是眼處耳鼻舌身
意處不異本性空本性空不異耳鼻舌身意處
耳鼻舌身意處即是本性空本性空即是耳
鼻舌身意處善現色處不異本性空本性空
不異色處色處即是本性空本性空即是色
處聲香味觸法處不異本性空本性空不異
聲香味觸法處聲香味觸法處即是本性空
本性空即是聲香味觸法處善現眼界不異

BD14921 號　大般若波羅蜜多經卷三八八　（20–7）

不異色處色處即是本性空本性空即是色
處聲香味觸法處不異本性空本性空不異
聲香味觸法處聲香味觸法處即是本性空
本性空即是聲香味觸法處善現眼界不異
本性空本性空不異眼界眼界即是本性空
本性空即是眼界耳鼻舌身意界不異本性
空本性空不異耳鼻舌身意界耳鼻舌身意
界即是本性空本性空即是耳鼻舌身意界
善現色界不異本性空本性空不異色界色
界即是本性空本性空即是色界聲香味觸
法界不異本性空本性空不異聲香味觸法
界聲香味觸法界即是本性空本性空即是
聲香味觸法界善現眼識界不異本性空本性
空不異眼識界眼識界即是本性空本性空
即是眼識界耳鼻舌身意識界不異本性空
本性空不異耳鼻舌身意識界耳鼻舌身意
識界即是本性空本性空即是耳鼻舌身意
識界善現眼觸不異本性空本性空不異眼
觸眼觸即是本性空本性空即是眼觸耳鼻
舌身意觸不異本性空本性空不異耳鼻舌
身意觸耳鼻舌身意觸即是本性空本性空
即是耳鼻舌身意觸善現眼觸為緣所生諸
受不異本性空本性空不異眼觸為緣所生
諸受眼觸為緣所生諸受即是本性空本性
空即是眼觸為緣所生諸受耳鼻舌身意觸
為緣所生諸受不異本性空本性空不異耳

BD14921號　大般若波羅蜜多經卷三八八　（20–8）

諸受眼觸為緣所生諸受即是本性空本性
空即是眼觸為緣所生諸受耳鼻舌身意觸
為緣所生諸受不異本性空本性空不異耳
鼻舌身意觸為緣所生諸受耳鼻舌身意觸
為緣所生諸受即是本性空本性空即是耳
鼻舌身意觸為緣所生諸受善現地界不異
本性空本性空不異地界地界即是本性空
本性空即是地界水火風空識界不異本性
空本性空不異水火風空識界水火風空識、
界即是本性空本性空即是水火風空識界
善現因緣不異本性空本性空不異因緣因
緣即是本性空本性空即是因緣等無間緣
所緣緣增上緣不異本性空本性空不異等
無間緣所緣緣增上緣等無間緣所緣緣增
上緣即是本性空本性空即是等無間緣所
緣緣增上緣善現從緣所生諸法不異本性
空本性空不異從緣所生諸法從緣所生諸
法即是本性空本性空即是從緣所生諸法善
現無明不異本性空本性空不異無明無明
即是本性空本性空即是無明行識名色六
處觸受愛取有生老死愁歎苦憂惱不異本
性空本性空不異行乃至老死愁歎苦憂惱行
識名色六處觸受愛取有生老死愁歎苦憂
惱即是本性空本性空即是行乃至老死愁
歎苦憂惱
善現布施波羅蜜多不異本性空本性空不

BD14921號　大般若波羅蜜多經卷三八八　（20–9）

識名色六處觸受愛取有生老死愁歎苦憂
惱即是本性空本性空即是行乃至老死愁
歎苦憂惱
善現布施波羅蜜多不異本性空本性空不
異布施波羅蜜多布施波羅蜜多即是本性
空本性空即是布施波羅蜜多淨戒安忍精
進靜慮般若波羅蜜多不異本性空本性空
不異淨戒安忍精進靜慮般若波羅蜜多淨
戒安忍精進靜慮般若波羅蜜多即是本性
空本性空即是淨戒安忍精進靜慮般若波
羅蜜多善現內空不異本性空本性空不異
內空內空即是本性空本性空即是內空
外空內外空空空大空勝義空有為空無為
空畢竟空無際空散空無變異空自相空共
相空一切法空不可得空無性空自性空無
性自性空不異本性空本性空不異外空乃
至無性自性空外空內外空空空大空勝義
空有為空無為空畢竟空無際空散空無變
異空自相空共相空一切法空不可得空無
性空自性空無性自性空即是本性空本性
空即是外空乃至無性自性空善現四念住
不異本性空本性空不異四念住四念住即
是本性空本性空即是四念住四正斷四神
足五根五力七等覺支八聖道支不異本性
空本性空不異四正斷乃至八聖道支四正
斷四神足五根五力七等覺支八聖道支即
是本性空本性空即是四正斷乃至八聖道

BD14921號　大般若波羅蜜多經卷三八八　（20–10）

足五根五力七等覺支八聖道支不異本性
空本性空不異四正斷乃至八聖道支四正
斷四神足五根五力七等覺支八聖道支即
是本性空本性空即是四正斷乃至八聖道
支善現苦聖諦不異本性空本性空不異苦
聖諦苦聖諦即是本性空本性空即是苦聖
諦集滅道聖諦不異本性空本性空不異集
滅道聖諦集滅道聖諦即是本性空本性空
即是集滅道聖諦善現四靜慮不異本性空
本性空不異四靜慮四靜慮即是本性空本
性空即是四靜慮四無量四無色定不異本
性空本性空不異四無量四無色定四無量
四無色定即是本性空本性空即是四無量
四無色定善現八解脫不異本性空本性空
不異八解脫八解脫即是本性空本性空即
是八解脫八勝處九次第定十遍處不異本
性空本性空不異八勝處九次第定十遍處
八勝處九次第定十遍處即是本性空本性
空即是八勝處九次第定十遍處善現陀羅
尼門不異本性空本性空不異陀羅尼門陀
羅尼門即是本性空本性空即是陀羅尼門
三摩地門不異本性空本性空不異三摩地
門三摩地門即是本性空本性空即是三摩
地門善現空解脫門不異本性空本性空不
異空解脫門空解脫門即是本性空本性空
即是空解脫門無相無願解脫門不異本性

BD14921號　大般若波羅蜜多經卷三八八　（20–11）

門三摩地門即是本性空本性空即是三摩
地門善現空解脫門不異本性空本性空不
異空解脫門空解脫門即是本性空本性空
即是空解脫門無相無願解脫門不異本性
空本性空不異無相無願解脫門無相無願
解脫門即是本性空本性空即是無相無願
解脫門善現極喜地不異本性空本性空不
異極喜地極喜地即是本性空本性空即是
極喜地離垢地發光地焰慧地極難勝地現
前地遠行地不動地善慧地法雲地不異本
性空本性空不異離垢地乃至法雲地離垢
地發光地焰慧地極難勝地現前地遠行地
不動地善慧地法雲地即是本性空本性空
即是離垢地乃至法雲地
善現五眼不異本性空本性空不異五眼五
眼即是本性空本性空即是五眼六神通不
異本性空本性空不異六神通六神通即是
本性空本性空即是六神通善現佛十力不
異本性空本性空不異佛十力佛十力即是
本性空本性空即是佛十力四無所畏四無
礙解大慈大悲大喜大捨十八佛不共法不
異本性空本性空不異四無所畏乃至十八
佛不共法四無所畏四無礙解大慈大悲大
喜大捨十八佛不共法即是本性空本性空
即是四無所畏乃至十八佛不共法善現三
十二大士相不異本性空本性空不異三十

BD14921號　大般若波羅蜜多經卷三八八　（20–12）

異本性空本性空不異四無所畏乃至十八
佛不共法四無所畏四無礙解大慈大悲大
喜大捨十八佛不共法即是本性空本性空
即是四無所畏乃至十八佛不共法善現三
十二大士相不異本性空本性空不異三十
二大士相三十二大士相即是本性空本性
空即是三十二大士相八十隨好不異本性
空本性空不異八十隨好八十隨好即是本
性空本性空即是八十隨好善現無忘失法
不異本性空本性空不異無忘失法無忘失
法即是本性空本性空即是無忘失法恒住
捨性不異本性空本性空不異恒住捨性恒
住捨性即是本性空本性空即是恒住捨性
善現一切智不異本性空本性空不異一切
智一切智即是本性空本性空即是一切智
道相智一切相智不異本性空本性空不異道
相智一切相智道相智一切相智即是本性
空本性空即是道相智一切相智善現預流
果不異本性空本性空不異預流果預流果即
是本性空本性空即是預流果一來不還阿羅
漢果獨覺菩提不異本性空本性空不異一
來不還阿羅漢果獨覺菩提一來不還阿羅
漢果獨覺菩提即是本性空本性空即是一
來不還阿羅漢果獨覺菩提善現一切菩薩摩
訶薩行不異本性空本性空不異一切菩薩
摩訶薩行一切菩薩摩訶薩行即是本性空
本性空即是一切菩薩摩訶薩行諸佛無上

BD14921號　大般若波羅蜜多經卷三八八　（20–13）

訶薩行不異本性空本性空不異一切菩薩
摩訶薩行一切菩薩摩訶薩行即是本性空
本性空即是一切菩薩摩訶薩行諸佛無上
正等菩提不異本性空本性空不異諸佛無
上正等菩提諸佛無上正等菩提即是本性
空本性空即是諸佛無上正等菩提
復次善現若色異本性空本性空異色色非
本性空本性空非色受想行識異本性空本
性空異受想行識受想行識非本性空本性
空非受想行識善現若眼處異本性空本性
空異眼處眼處非本性空本性空非眼處耳
鼻舌身意處異本性空本性空異耳鼻舌身
意處耳鼻舌身意處非本性空本性空非耳
鼻舌身意處善現若色處異本性空本性空
異色處色處非本性空本性空非色處聲香
味觸法處異本性空本性空異聲香味觸法
處聲香味觸法處非本性空本性空非聲香
味觸法處善現若眼界異本性空本性空異
眼界眼界非本性空本性空非眼界耳鼻舌
身意界異本性空本性空異耳鼻舌身意界
耳鼻舌身意界非本性空本性空非耳鼻舌
身意界善現若色界異本性空本性空異色
界色界非本性空本性空非色界聲香味觸
法界異本性空本性空異聲香味觸法界聲
香味觸法界非本性空本性空非聲香味觸
法界善現若眼識界異本性空本性空異眼

BD14921號　大般若波羅蜜多經卷三八八　（20–14）

界色界非本性空本性空非色界聲香味觸
法界異本性空本性空異聲香味觸法界聲
香味觸法界非本性空本性空非聲香味觸
法界善現若眼識界異本性空本性空異眼
識界眼識界非本性空本性空非眼識界耳
鼻舌身意識界異本性空本性空異耳鼻舌
身意識界耳鼻舌身意識界非本性空本性
空非耳鼻舌身意識界善現若眼觸界異本
性空本性空異眼觸眼觸非本性空本性空非眼
觸耳鼻舌身意觸異本性空本性空異耳鼻舌
身意觸耳鼻舌身意觸非本性空本性空非耳
鼻舌身意觸善現若眼觸為緣所生諸受異
本性空本性空異眼觸為緣所生諸受眼觸為
緣所生諸受非本性空本性空非眼觸為緣
所生諸受善現若地界異本性空本性空異
地界地界非本性空本性空非地界水火風空識
界異本性空本性空異水火風空識界水火風
空識界非本性空本性空非水火風空識界
善現若因緣異本性空本性空異因緣因緣
非本性空本性空非因緣等無間緣所緣緣
增上緣異本性空本性空異等無間緣所緣
緣增上緣等無間緣所緣緣增上緣非本性空
本性空非等無間緣所緣緣增上緣善現若
從緣所生諸法異本性空本性空異從緣所
生諸法從緣所生諸法非本性空本性空非
從緣所生諸法善現若無明異本性空本非

BD14921號　大般若波羅蜜多經卷三八八　（20–15）

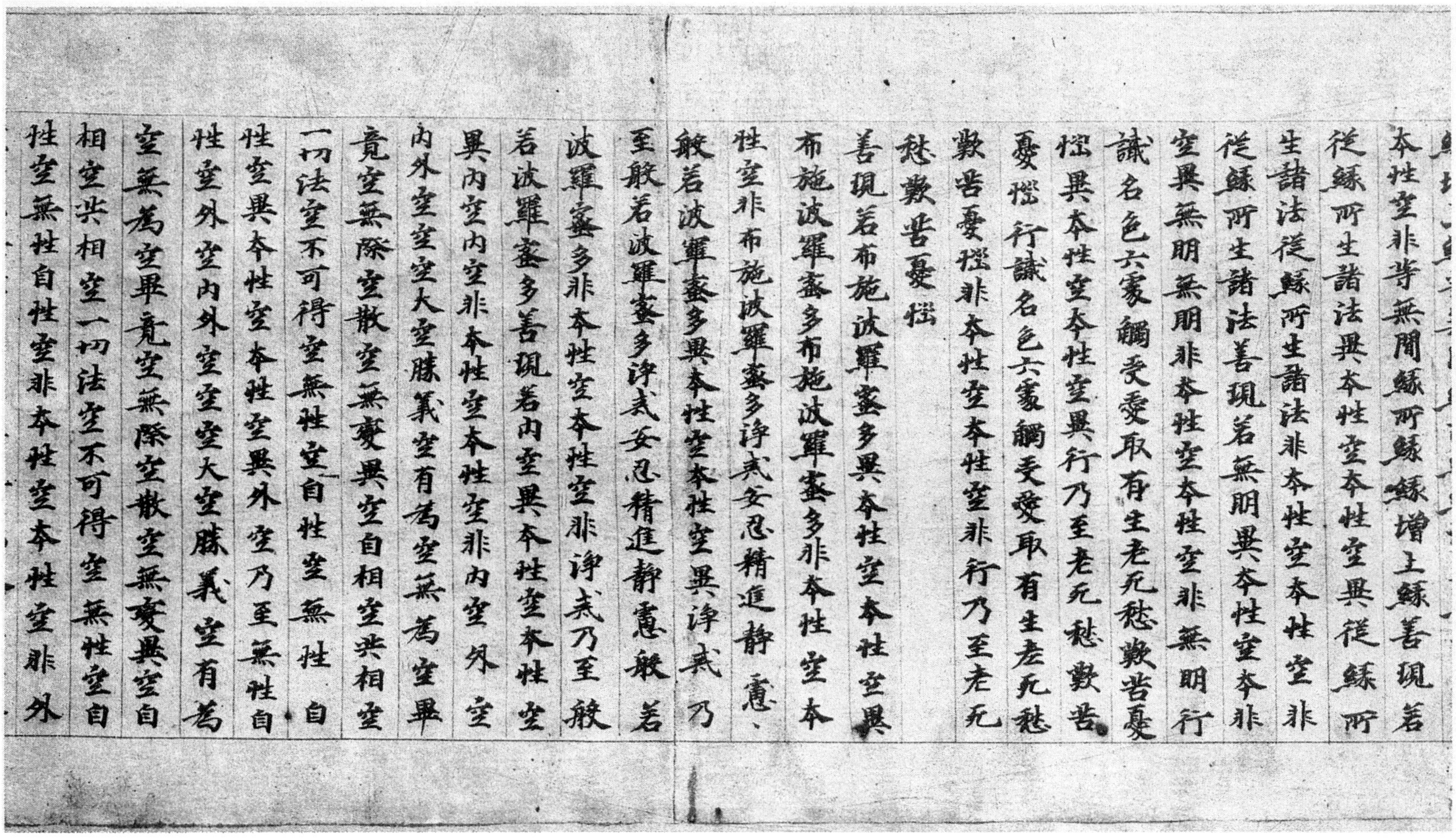

本性空非等無間緣所緣緣增上緣善現若
從緣所生諸法異本性空異從緣所
生諸法從緣所生諸法非本性空本性空非
從緣所生諸法善現若無明異本性空本非
空異無明無明非本性空本性空非無明行
識名色六處觸受愛取有生老死愁歎苦憂
惱異本性空本性空異行乃至老死愁歎苦
憂惱行識名色六處觸受愛取有生老死愁
歎苦憂惱非本性空本性空非行乃至老死
愁歎苦憂惱
善現若布施波羅蜜多異本性空本性空異
布施波羅蜜多布施波羅蜜多非本性空本
性空非布施波羅蜜多淨戒安忍精進靜慮、
般若波羅蜜多異本性空本性空異淨戒乃
至般若波羅蜜多淨戒安忍精進靜慮般若
波羅蜜多非本性空本性空非淨戒乃至般
若波羅蜜多善現若內空異本性空本性空
異內空內空非本性空本性空非內空外空
內外空空空大空勝義空有為空無為空畢
竟空無際空散空無變異空自相空共相空
一切法空不可得空無性空自性空無性自
性空異本性空本性空異外空乃至無性自
性空外空內外空空空大空勝義空有為
空無為空畢竟空無際空散空無變異空自
相空共相空一切法空不可得空無性空自
性空無性自性空非本性空本性空非外

BD14921號　大般若波羅蜜多經卷三八八　（20–16）

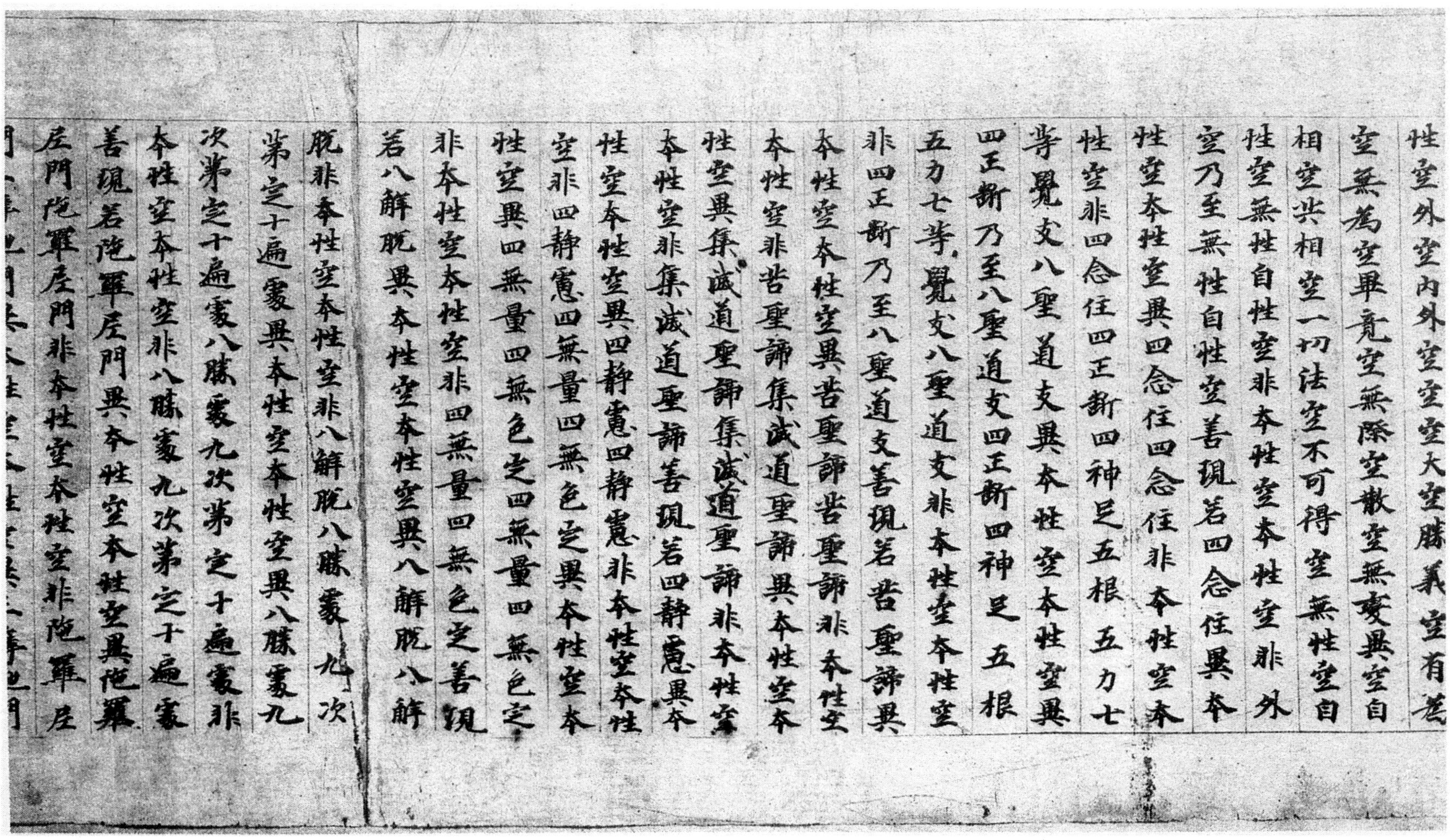

性空外空內外空空空大空勝義空有為
空無為空畢竟空無際空散空無變異空自
相空共相空一切法空不可得空無性空自
性空無性自性空非本性空本性空非外
空乃至無性自性空善現若四念住異本
性空本性空異四念住四念住非本性空本
性空非四念住四正斷四神足五根五力七
等覺支八聖道支異本性空本性空異
四正斷乃至八聖道支四正斷四神足五根
五力七等覺支八聖道支非本性空本性空
非四正斷乃至八聖道支善現若苦聖諦異
本性空本性空異苦聖諦苦聖諦非本性空
本性空非苦聖諦集滅道聖諦異本性空本
性空異集滅道聖諦集滅道聖諦非本性空
本性空非集滅道聖諦善現若四靜慮異本
性空本性空異四靜慮四靜慮非本性空本性
空非四靜慮四無量四無色定異本性空本
性空異四無量四無色定四無量四無色定
非本性空本性空非四無量四無色定善現
若八解脫異本性空本性空異八解脫八解
脫非本性空本性空非八解脫八勝處九次
第定十遍處異本性空本性空異八勝處九
次第定十遍處八勝處九次第定十遍處非
本性空本性空非八勝處九次第定十遍處
善現若陀羅尼門異本性空本性空異陀羅
尼門陀羅尼門非本性空本性空非陀羅尼

BD14921號　大般若波羅蜜多經卷三八八　（20–17）

本性空本性空非八勝處九次第定十遍處
善現若陁羅尼門異本性空本性空異陁羅
尼門陁羅尼門非本性空本性空非陁羅尼
門三摩地門異本性空本性空異三摩地門
三摩地門非本性空本性空非三摩地門善
現若極喜地異本性空本性空異極喜地極
喜地非本性空本性空非極喜地離垢地發
光地焰慧地極難勝地現前地遠行地不動
地善慧地法雲地異本性空本性空異離垢
地乃至法雲地離垢地發光地焰慧地極難
勝地現前地遠行地不動地善慧地法雲地
非本性空本性空非離垢地乃至法雲地善
現若五眼異本性空本性空異五眼五眼非
本性空本性空非五眼六神通異本性空本
性空異六神通六神通非本性空本性空非
六神通善現若佛十力異本性空本性空異
佛十力佛十力非本性空本性空非佛十力四
無所畏四無礙解大慈大悲大喜大捨十
八佛不共法異本性空本性空異四無所畏
乃至十八佛不共法四無所畏四無礙解大
慈大悲大喜大捨十八佛不共法非本性空
本性空非四無所畏乃至十八佛不共法善
現若三十二大士相異本性空本性空異三
十二大士相三十二大士相非本性空本性
空非三十二大士相八十隨好異本性空本
性空異八十隨好八十隨好非本性空本性
空非八十隨好善現若無忘失法異本性空

BD14921 號　大般若波羅蜜多經卷三八八　（20–18）

現若三十二大士相異本性空本性空異三
十二大士相三十二大士相非本性空本性
空非三十二大士相八十隨好異本性空本
性空異八十隨好八十隨好非本性空本性
空非八十隨好善現若無忘失法異本性空
本性空異無忘失法無忘失法非本性空本
性空非無忘失法恒住捨性異本性空本性
空異恒住捨性恒住捨性非本性空本性空
非恒住捨性善現若一切智異本性空本性
空異一切智一切智非本性空本性空非一
切智道相智一切相智異本性空本性空異
道相智一切相智道相智一切相智非本性
空本性空非道相智一切相智善現若預流
果異本性空本性空異預流果預流果非本
性空本性空非預流果一來不還阿羅漢果
獨覺菩提異本性空本性空異一來不還阿
羅漢果獨覺菩提一來不還阿羅漢果獨覺
菩提非本性空本性空非一來不還阿羅漢
果獨覺菩提善現若一切菩薩摩訶薩行異
本性空本性空異一切菩薩摩訶薩行一切
菩薩摩訶薩行非本性空本性空非一切菩
薩摩訶薩行諸佛無上正等菩提異本性空本
性空異諸佛無上正等菩提諸佛無上正等菩
提非本性空本性空非諸佛無上正等菩提
者則諸菩薩摩訶薩脩行般若波羅蜜
多時不應觀一切法皆本性空證得無上正
等菩提

BD14921 號　大般若波羅蜜多經卷三八八　（20–19）

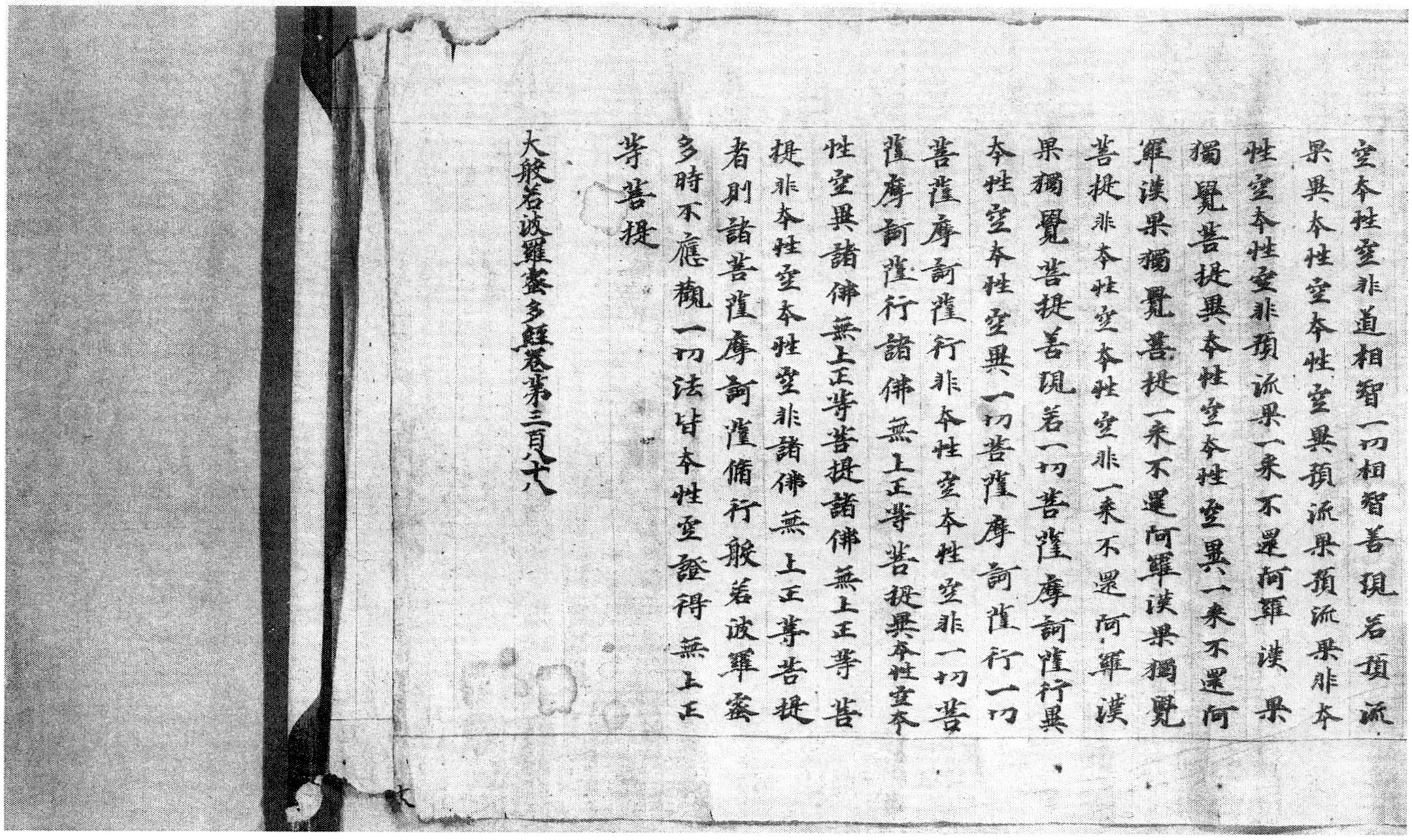

空本性空非道相智一切相智善現若預流
果異本性空本性空異預流果預流果非本
性空本性空非預流果一來不還阿羅漢果
獨覺菩提異本性空本性空異一來不還阿
羅漢果獨覺菩提一來不還阿羅漢果獨覺
菩提非本性空本性空非一來不還阿羅漢
果獨覺菩提善現若一切菩薩摩訶薩行異
本性空本性空異一切菩薩摩訶薩行一切
菩薩摩訶薩行非本性空本性空非一切菩
薩摩訶薩行諸佛無上正等菩提異本性空本
性空異諸佛無上正等菩提諸佛無上正等菩
提非本性空本性空非諸佛無上正等菩提
者則諸菩薩摩訶薩脩行般若波羅蜜
多時不應觀一切法皆本性空證得無上正
等菩提

大般若波羅蜜多經卷第三百八十八

BD14921 號　大般若波羅蜜多經卷三八八　（20–20）

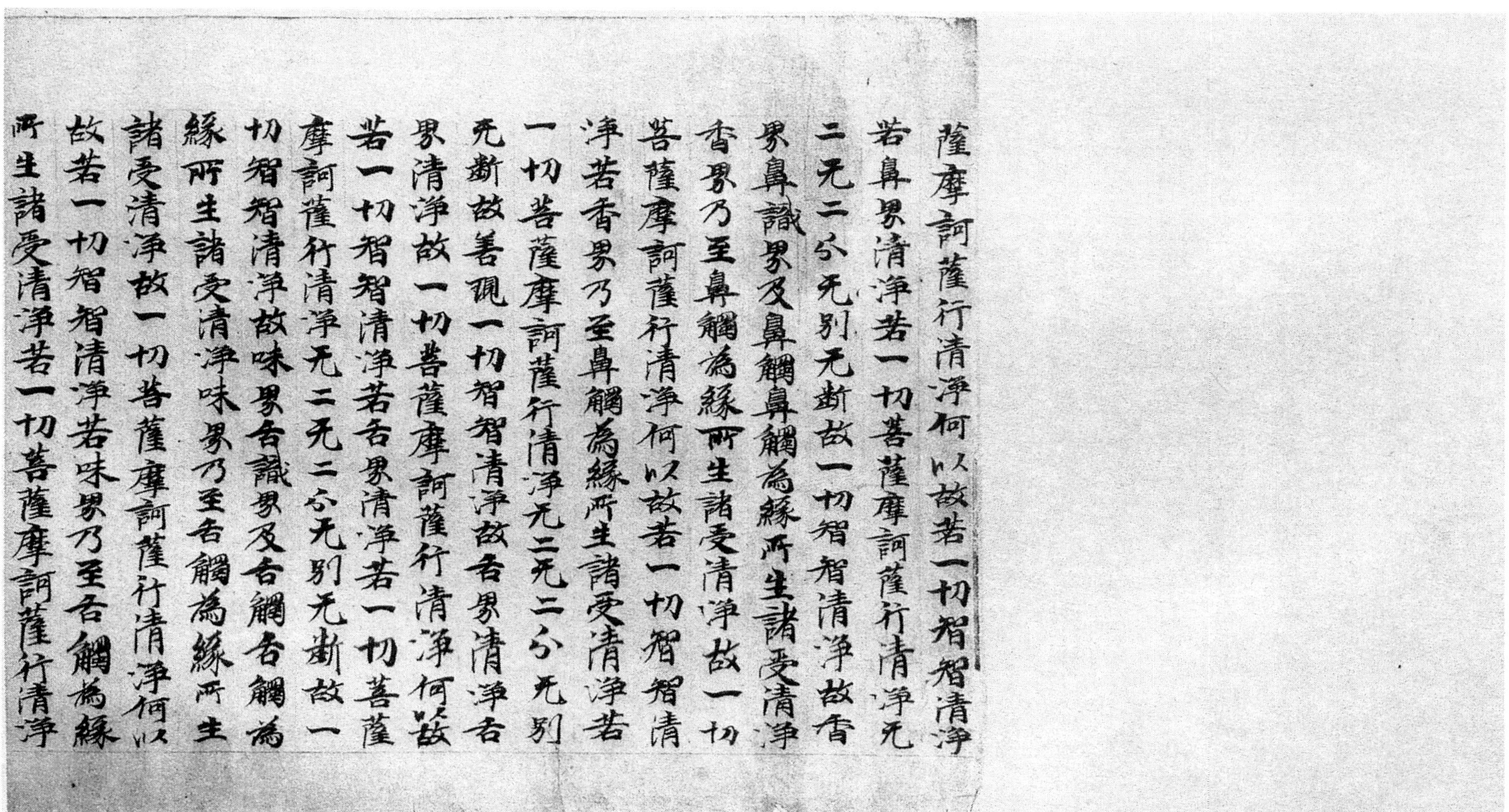

薩摩訶薩行清淨何以故若一切智智清淨
若鼻界清淨若一切菩薩摩訶薩行清淨无
二无二分无別无斷故一切智智清淨故香
界鼻識界及鼻觸鼻觸為緣所生諸受清淨
香界乃至鼻觸為緣所生諸受清淨故一切
菩薩摩訶薩行清淨何以故若一切智智清
淨若香界乃至鼻觸為緣所生諸受清淨若
一切菩薩摩訶薩行清淨无二无二分无別
无斷故善現一切智智清淨故舌界清淨舌
界清淨故一切菩薩摩訶薩行清淨何以故
若一切智智清淨若舌界清淨若一切菩薩
摩訶薩行清淨无二无二分无別无斷故一
切智智清淨故味界舌識界及舌觸舌觸為
緣所生諸受清淨味界乃至舌觸為緣所生
諸受清淨故一切菩薩摩訶薩行清淨何以
故若一切智智清淨若味界乃至舌觸為緣
所生諸受清淨若一切菩薩摩訶薩行清淨

BD14922 號　大般若波羅蜜多經卷二八四　（4–1）

緣所生諸受清淨味界乃至舌觸爲緣所生
諸受清淨故一切菩薩摩訶薩行清淨何以
故若一切智智清淨若味界乃至舌觸爲緣
所生諸受清淨若一切菩薩摩訶薩行清淨
无二无二分无別无斷故善現一切智智清
淨故身界清淨身界清淨故一切菩薩摩訶
薩行清淨何以故若一切智智清淨若身界
清淨若一切菩薩摩訶薩行清淨无二无二
分无別无斷故一切智智清淨故觸界身識
界及身觸身觸爲緣所生諸受清淨觸界乃
至身觸爲緣所生諸受清淨故一切菩薩摩
訶薩行清淨何以故若一切智智清淨若觸
界乃至身觸爲緣所生諸受清淨若一切菩
薩摩訶薩行清淨无二无二分无別无斷故
善現一切智智清淨故意界清淨意界清淨
故一切菩薩摩訶薩行清淨何以故若一切
智智清淨若意界清淨若一切菩薩摩訶薩
行清淨无二无二分无別无斷故一切智智
清淨故法界意識界及意觸意觸爲緣所生
諸受清淨法界乃至意觸爲緣所生諸受清
淨故一切菩薩摩訶薩行清淨何以故若一
切智智清淨若法界乃至意觸爲緣所生諸
受清淨若一切菩薩摩訶薩行清淨无二无
二分无別无斷故善現一切智智清淨故地
界清淨地界清淨故一切菩薩摩訶薩行清
淨何以故若一切智智清淨若地界清淨若

BD14922 號　大般若波羅蜜多經卷二八四　（4–2）

受清淨若一切菩薩摩訶薩行清淨无二无
二分无別无斷故善現一切智智清淨故地
界清淨地界清淨故一切菩薩摩訶薩行清
淨何以故若一切智智清淨若地界清淨若
一切菩薩摩訶薩行清淨无二无二分无別
无斷故一切智智清淨故水火風空識界清
淨水火風空識界清淨故一切菩薩摩訶薩
行清淨何以故若一切智智清淨若水火風
空識界清淨若一切菩薩摩訶薩行清淨无
二无二分无別无斷故善現一切智智清淨
故无明清淨无明清淨故一切菩薩摩訶薩
行清淨何以故若一切智智清淨若无明清
淨若一切菩薩摩訶薩行清淨无二无二分
无別无斷故一切智智清淨故行識名色六
處觸受愛取有生老死愁歎苦憂惱清淨行
乃至老死愁歎苦憂惱清淨故一切菩薩摩
訶薩行清淨何以故若一切智智清淨若行
乃至老死愁歎苦憂惱清淨若一切菩薩摩
訶薩行清淨无二无二分无別无斷故
善現一切智智清淨故布施波羅蜜多清淨
布施波羅蜜多清淨故一切菩薩摩訶薩行
清淨何以故若一切智智清淨若布施波羅
蜜多清淨若一切菩薩摩訶薩行清淨无二
无二分无別无斷故一切智智清淨故淨戒
安忍精進靜慮般若波羅蜜多清淨淨戒乃
至般若波羅蜜多清淨故一切菩薩摩訶薩

BD14922 號　大般若波羅蜜多經卷二八四　（4–3）

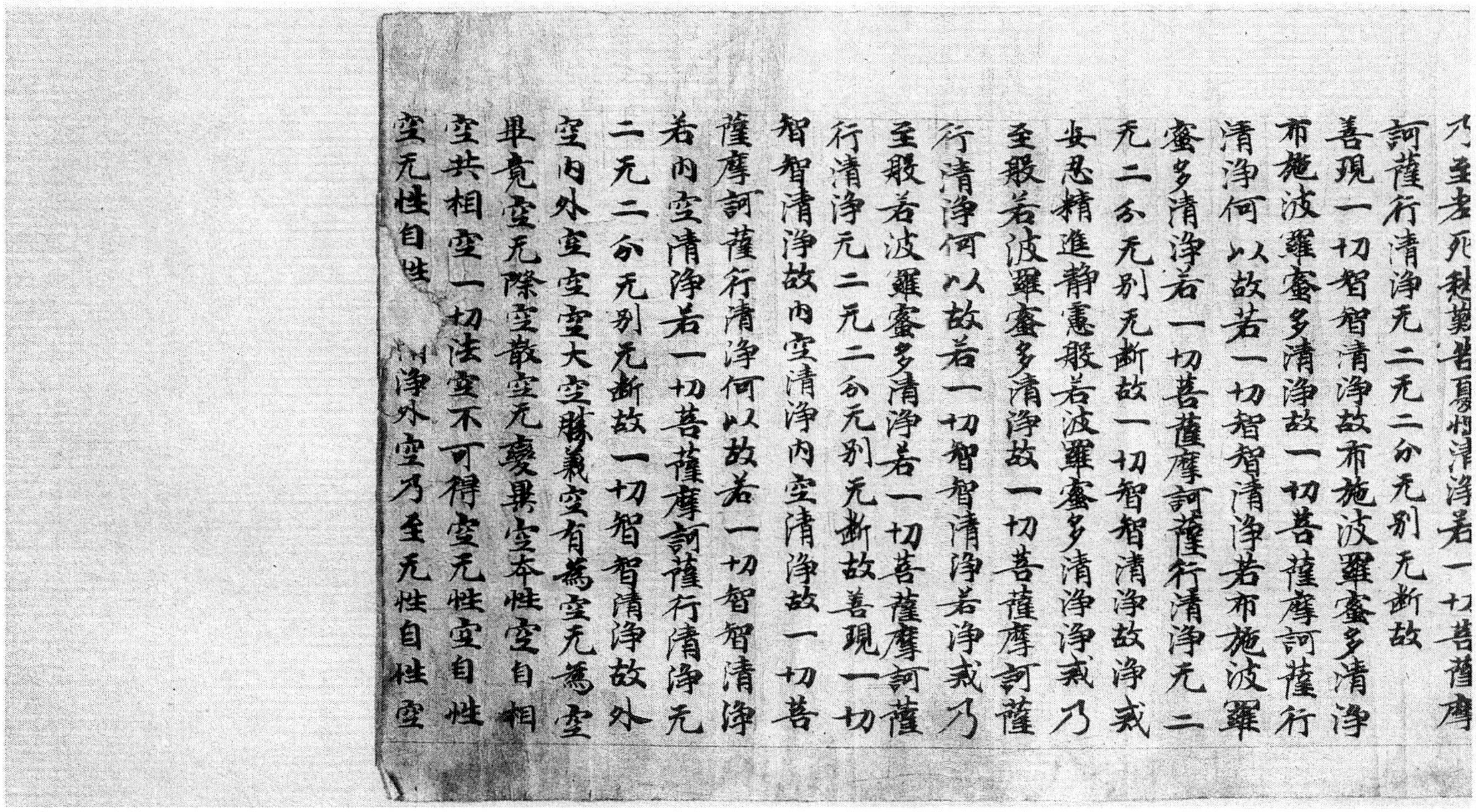
乃至老死愁歎苦憂惱清淨若一切菩薩摩
訶薩行清淨无二无二分无別无斷故
善現一切智智清淨故布施波羅蜜多清淨
布施波羅蜜多清淨故一切菩薩摩訶薩行
清淨何以故若一切智智清淨若布施波羅
蜜多清淨若一切菩薩摩訶薩行清淨无二
无二分无別无斷故一切智智清淨故淨戒
安忍精進靜慮般若波羅蜜多清淨淨戒乃
至般若波羅蜜多清淨故一切菩薩摩訶薩
行清淨何以故若一切智智清淨若淨戒乃
至般若波羅蜜多清淨若一切菩薩摩訶薩
行清淨无二无二分无別无斷故善現一切
智智清淨故內空清淨內空清淨故一切菩
薩摩訶薩行清淨何以故若一切智智清淨
若內空清淨若一切菩薩摩訶薩行清淨无
二无二分无別无斷故一切智智清淨故外
空內外空空空大空勝義空有為空无為空
畢竟空无際空散空无變異空本性空自相
空共相空一切法空不可得空无性空自性
空无性自性空清淨外空乃至无性自性空

BD14922 號　大般若波羅蜜多經卷二八四　（4–4）

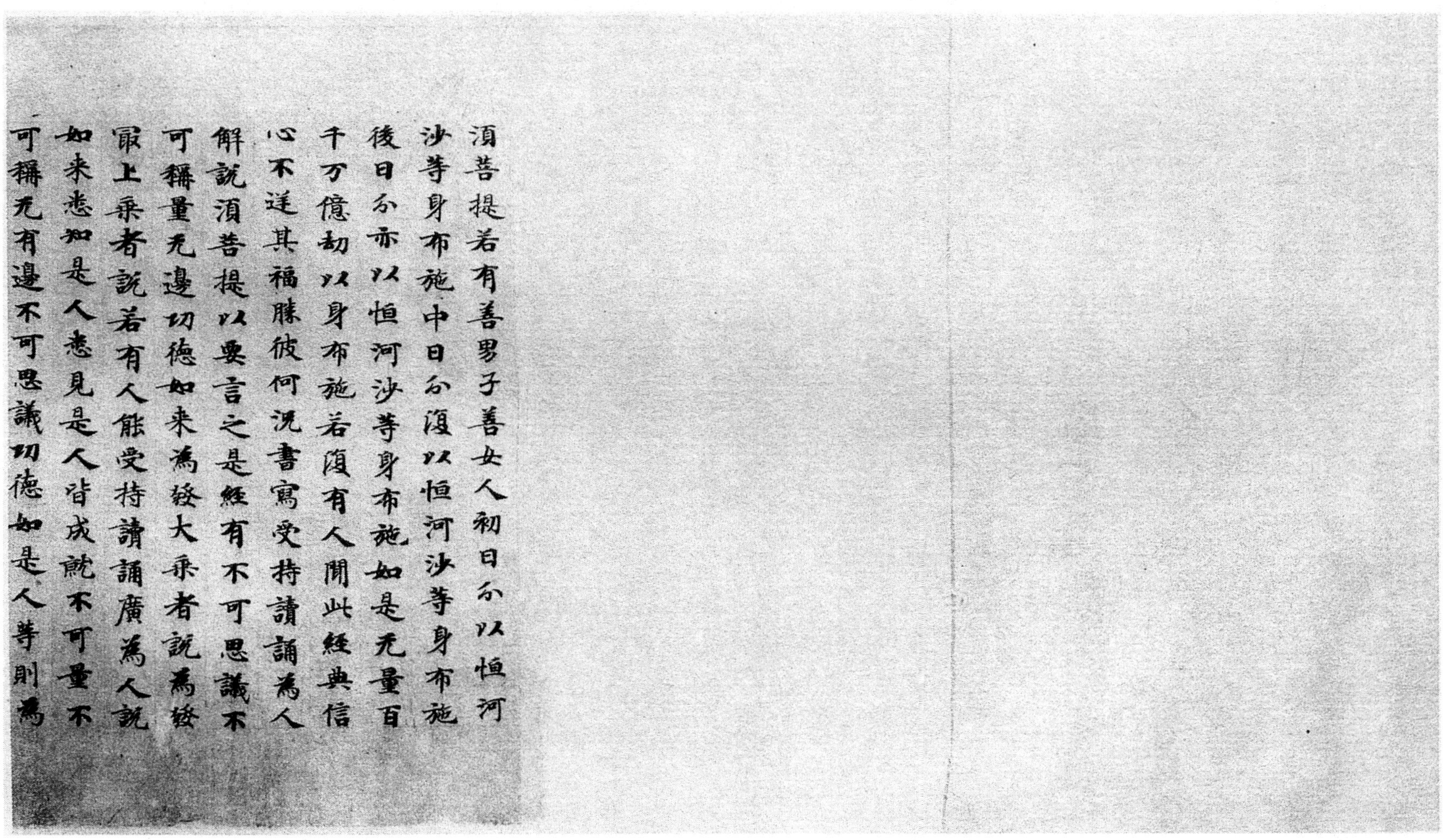
須菩提若有善男子善女人初日分以恒河
沙等身布施中日分復以恒河沙等身布施
後日分亦以恒河沙等身布施如是无量百
千万億劫以身布施若復有人聞此經典信
心不逆其福勝彼何況書寫受持讀誦為人
解說須菩提以要言之是經有不可思議不
可稱量无邊功德如來為發大乘者說為發
最上乘者說若有人能受持讀誦廣為人說
如來悉知是人悉見是人皆成就不可量不
可稱无有邊不可思議功德如是人等則為

BD14923 號 A　金剛般若波羅蜜經　（15–1）

解說須菩提以要言之是經有不可思議不可稱量无邊功德如来為發大乘者說為發取上乘者說若有人能受持讀誦廣為人說如来悉知是人悉見是人皆成就不可量不可稱无有邊不可思議功德如是人等則為荷擔如来阿耨多羅三藐三菩提何以故須菩提若樂小法者著我見人見衆生見壽者見則於此經不能聽受讀誦為人解說須菩提在在處處若有此經一切世間天人阿修羅所應供養當知此處則為是塔皆應恭敬作礼圍繞以諸華香而散其處

復次須菩提善男子善女人受持讀誦此經若為人輕賤是人先世罪業應墮惡道以今世人輕賤故先世罪業則為消滅當得阿耨多羅三藐三菩提須菩提我念過去无量阿僧祇劫於然燈佛前得值八百四千万億那由他諸佛悉皆供養承事无空過者若復有人於後末世能受持讀誦此經所得功德於我所供養諸佛功德百分不及一千万億分乃至筭數譬喻所不能及須菩提若善男子善女人於後末世有受持讀誦此經所得功德我若具說者或有人聞心則狂亂狐疑不信須菩提當知是經義不可思議果報亦不可思議

尒時須菩提白佛言世尊善男子善女人發阿耨多羅三藐三菩提心云何應住云何降伏其心佛告須菩提善男子善女人發阿耨多羅三藐三菩提者當生如是心我應滅度

BD14923號A　金剛般若波羅蜜經　（15–2）

尒時須菩提白佛言世尊善男子善女人發阿耨多羅三藐三菩提心云何應住云何降伏其心佛告須菩提善男子善女人發阿耨多羅三藐三菩提者當生如是心我應滅度一切衆生滅度一切衆生已而无有一衆生實滅度者何以故若菩薩有我相人相衆生相壽者相則非菩薩所以者何須菩提實无有法發阿耨多羅三藐三菩提者須菩提於意云何如来於然燈佛所有法得阿耨多羅三藐三菩提不不也世尊如我解佛所說義佛於然燈佛所无有法得阿耨多羅三藐三菩提佛言如是如是須菩提實无有法如来得阿耨多羅三藐三菩提須菩提若有法如来得阿耨多羅三藐三菩提者然燈佛則不

與我受記汝於来世當得作佛号釋迦牟尼以實无有法得阿耨多羅三藐三菩提是故然燈佛與我受記作是言汝於来世當得作佛号釋迦牟尼何以故如来者即諸法如義若有人言如来得阿耨多羅三藐三菩提須菩提實无有法佛得阿耨多羅三藐三菩提須菩提如来所得阿耨多羅三藐三菩提於是中无實无虛是故如来說一切法皆是佛法須菩提所言一切法者即非一切法是故名一切法須菩提譬如人身長大須菩提言世尊如来說人身長大則為非大身是名大身須菩提菩薩亦如是若作是言我當滅度无量衆生則不名菩薩何以故須菩提實无有法名為菩薩是故佛說一切法无我无人

BD14923號A　金剛般若波羅蜜經　（15–3）

名一切法須菩提譬如人身長大須菩提言
世尊如来說人身長大則為非大身是名大
身須菩提菩薩亦如是若作是言我當滅度
无量衆生則不名菩薩何以故須菩提實无
有法名為菩薩是故佛說一切法无我无人
无衆生无壽者須菩提若菩薩作是言我當
莊嚴佛土是不名菩薩何以故如来說莊嚴
佛土者即非莊嚴是名莊嚴須菩提若菩薩
通達无我法者如来說名真是菩薩
須菩提於意云何如来有肉眼不如是世尊
如来有肉眼須菩提於意云何如来有天眼
不如是世尊如来有天眼須菩提於意云何
如来有慧眼不如是世尊如来有慧眼須菩
提於意云何如来有法眼不如是世尊如来
有法眼須菩提於意云何如来有佛眼不如
是世尊如来有佛眼須菩提於意云何恒河
中所有沙佛說是沙不如是世尊如来說是
沙須菩提於意云何如一恒河中所有沙有
如是等恒河是諸恒河所有沙數佛世界如
是寧為多不甚多世尊佛告須菩提尒所國
土中所有衆生若干種心如来悉知何以故
如来說諸心皆為非心是名為心所以者何
須菩提過去心不可得現在心不可得未来
心不可得須菩提於意云何若有人滿三千
大千世界七寶以用布施是人以是因緣得
福多不如是世尊此人以是因緣得福甚多
須菩提若福德有實如来不說得福德多以
福德无故如来說得福德多

BD14923 號 A　金剛般若波羅蜜經　（15–4）

須菩提過去心不可得現在心不可得未来
心不可得須菩提於意云何若有人滿三千
大千世界七寶以用布施是人以是因緣得
福多不如是世尊此人以是因緣得福甚多
須菩提若福德有實如来不說得福德多以
福德无故如来說得福德多
須菩提於意云何佛可以具足色身見不不
也世尊如来不應以具足色身見何以故如
来說具足色身即非具足色身是名具足色
身須菩提於意云何如来可以具足諸相見
不不也世尊如来不應以具足諸相見何以
故如来說諸相具足即非具足是名諸相具
足須菩提汝勿謂如来作是念我當有所說
法莫作是念何以故若人言如来有所說法
即為謗佛不能解我所說故須菩提說法者
无法可說是名說法須菩提白佛言世尊佛
得阿耨多羅三藐三菩提為无所得耶如是
如是須菩提我於阿耨多羅三藐三菩提乃
至无有少法可得是名阿耨多羅三藐三菩
提復次須菩提是法平等无有高下是名阿
耨多羅三藐三菩提以无我无人无衆生无
壽者修一切善法則得阿耨多羅三藐三菩
提須菩提所言善法者如来說非善法是名
善法須菩提若三千大千世界中所有諸須
弥山王如是等七寶聚有人持用布施若人
以此般若波羅蜜經乃至四句偈等受持為
他人說於前福德百分不及一百千万億分
乃至算數譬喻所不能及

BD14923 號 A　金剛般若波羅蜜經　（15–5）

弥山王如是等七寶聚有人持用布施若人
以此般若波羅蜜經乃至四句偈等受持為
他人說於前福德百分不及一百千万億分
乃至筭數譬喻所不能及
須菩提於意云何汝等勿謂如來作是念我
當度衆生須菩提莫作是念何以故實无有
衆生如來度者若有衆生如來度者如來則
有我人衆生壽者須菩提如來說有我者則
非有我而凡夫之人以為有我須菩提凡夫
者如來說則非凡夫須菩提於意云何可以
卅二相觀如來不須菩提言如是如是以卅
二相觀如來佛言須菩提若以卅二相觀如
來者轉輪聖王則是如來須菩提白佛言世
尊如我解佛所說義不應以卅二相觀如來
尒時世尊而說偈言
若以色見我　以音聲求我　是人行邪道　不能見如來
須菩提汝若作是念如來不以具足相故得
阿耨多羅三藐三菩提須菩提莫作是念如
來不以具足相故得阿耨多羅三藐三菩提
須菩提汝若作是念發阿耨多羅三藐三菩
提者說諸法斷滅相莫作是念何以故發阿
耨多羅三藐三菩提者於法不說斷滅相須
菩提若菩薩以滿恒河沙等世界七寶布施
若復有人知一切法无我得成於忍此菩薩
勝前菩薩所得功德須菩提以諸菩薩不受
福德故須菩提白佛言世尊云何菩薩不受
福德須菩提菩薩所作福德不應貪著是故
說不受福德須菩提若有人言如來若

BD14923 號 A　金剛般若波羅蜜經　（15–6）

若復有人知一切法无我得成於忍此菩薩
勝前菩薩所得功德須菩提以諸菩薩不受
福德故須菩提白佛言世尊云何菩薩不受
福德須菩提菩薩所作福德不應貪著是故
說不受福德須菩提若有人言如來若
去若坐若卧是人不解我所說義何以故如
來者无所從來亦无所去故名如來
須菩提若善男子善女人以三千大千世界
碎為微塵於意云何是微塵衆寧為多不甚
多世尊何以故若是微塵衆實有者佛則不
說是微塵衆所以者何佛說微塵衆則非微
塵衆是名微塵衆世尊如來所說三千大千
世界則非世界是名世界何以故若世界實
有者則是一合相如來說一合相則非一合
相是名一合相須菩提一合相者則是不可
說但凡夫之人貪著其事須菩提若人言佛
說我見人見衆生見壽者見須菩提於意云
何是人解我所說義不世尊是人不解如來
所說義何以故世尊說我見人見衆生見壽
者見即非我見人見衆生見壽者見是名我
見人見衆生見壽者見須菩提發阿耨多羅
三藐三菩提心者於一切法應如是知如是
見如是信解不生法相須菩提所言法相者
如來說即非法相是名法相須菩提若有人
以滿无量阿僧祇世界七寶持用布施若有
善男子善女人發菩薩心者持於此經乃至
四句偈等受持讀誦為人演說其福勝彼云
何為人演說不取於相如如不動可以故

BD14923 號 A　金剛般若波羅蜜經　（15–7）

如來說即非法相是名法相須菩提若有人
以滿无量阿僧祇世界七寶持用布施若有
善男子善女人發菩薩心者持於此經乃至
四句偈等受持讀誦為人演說其福勝彼云
何為人演說不取於相如如不動何以故
一切有為法　如夢幻泡影　如露亦如電　應作如是觀
佛說是經已長老須菩提及諸比丘比丘尼
優婆塞優婆夷一切世間天人阿修羅聞佛
所說皆大歡喜信受奉行
金剛般若波羅蜜經

妙法蓮華經妙音菩薩第廿四
尒時釋迦牟尼佛放大人相肉髻光明及放眉
間白豪相光遍照東方百八万億那由他
恒河沙等諸佛世界過是數已有世界名淨
莊嚴其國有佛号淨華宿王智如來應供
正遍知明行足善逝世間解无上士調御
丈夫天人師佛世尊為无量无邊菩薩大衆恭
敬圍遶而為說法釋迦牟尼佛白豪光明遍

BD14923 號 A　金剛般若波羅蜜經　（15–8）
BD14923 號 B　妙法蓮華經（八卷本）卷七

恒河沙等諸佛世界過是數已有世界名淨
莊嚴其國有佛号淨華宿王智如來應供
正遍知明行足善逝世間解无上士調御
丈夫天人師佛世尊為无量无邊菩薩大衆恭
敬圍遶而為說法釋迦牟尼佛白豪光明遍
照其國尒時一切淨光莊嚴國中有一菩薩
名曰妙音久已殖衆德本供養親近无量百千
万億諸佛而悉成就甚深智慧得妙幢相三
昧法華三昧淨德三昧宿王戲三昧无緣三昧
智印三昧解一切衆生語言三昧集一切功
德三昧清淨三昧神通遊戲三昧慧炬三昧
莊嚴王三昧淨光明三昧淨藏三昧不共三
昧日旋三昧得如是等百千万億恒河沙等
諸大三昧釋迦牟尼佛光照其身即白淨
華宿王智佛言世尊我當往詣娑婆世界礼
拜親近供養釋迦牟尼佛及見文殊師利法王
子菩薩藥王菩薩勇施菩薩宿王華菩薩
上行意菩薩莊嚴王菩薩藥上菩薩
尒時淨華宿王智佛告妙音菩薩汝莫輕彼
國生下劣想善男子彼娑婆世界高下不平
土石諸山穢惡充滿佛身卑小諸菩薩衆其
形亦小而汝身四万二千由旬我身六百八十
万由旬汝身第一端正百千万福光明殊妙
是故汝往莫輕彼國若佛菩薩及國土衆
生下劣想妙音菩薩白其佛言世尊我今
詣娑婆世界皆是如來之力如來神通遊戲如
來功德智慧莊嚴於是妙音菩薩不起于座
身不動搖而入三昧以三昧力於耆闍崛山去

BD14923 號 B　妙法蓮華經（八卷本）卷七　（15–9）

生下劣想妙音菩薩白其佛言世尊我今
詣娑婆世界皆是如来之如来神通遊戲如
来功德智慧莊嚴於是妙音菩薩不起于座
身不動揺而入三昧以三昧力於耆闍崛山去
法座不遠化作八万四千衆寶蓮華閻浮檀
金為茎白銀為葉金剛為鬚甄叔迦寶以
為其臺尒時文殊師利法王子見是蓮華而
白佛言世尊是何因緣先現此瑞有若千千
万蓮華閻浮檀金為茎白銀為葉金剛為鬚
甄叔迦寶以為其臺
尒時釋迦牟尼佛告文殊師利是妙音菩薩
摩訶薩欲從淨華宿王智佛國與八万四千
菩薩圍遶而来至此娑婆世界供養親近
礼拜於我亦欲供養聽法華經文殊師利白
佛言世尊是菩薩種何善本脩何功德而能
有是大神通力行何三昧願為我等説是三昧
名字我等亦欲勤脩行之行此三昧乃能見
是菩薩色相大小威儀進止唯願世尊以神
通力彼菩薩来令我得見尒時釋迦牟尼佛
告文殊師利此久滅度多寶如来當為汝等
而現其相時多寶佛告彼菩薩善男子来
文殊師利法王子欲見汝身
于時妙音菩薩於彼國沒與八万四千菩薩
俱共發来所經諸國六種震動皆悉雨於七
寶蓮華百千天樂不鼓自鳴是菩薩目如廣
大青蓮華葉政使和合百千万月其面貌端
正復過於此身真金色无量百千功德莊嚴
威德熾盛光明照耀諸相具足如那羅延堅
固之身入七寶臺上昇虚空去地七多羅樹

BD14923 號 B　妙法蓮華經（八卷本）卷七　（15-10）

寶蓮華百千天樂不鼓自鳴是菩薩目如廣
大青蓮華葉政使和合百千万月其面貌端
正復過於此身真金色无量百千功德莊嚴
威德熾盛光明照耀諸相具足如那羅延堅
固之身入七寶臺上昇虚空去地七多羅樹
諸菩薩衆恭敬圍遶而来詣此娑婆世界
耆闍崛山到已下七寶臺以價直百千瓔珞
持至釋迦牟尼佛所頭面礼足奉上瓔珞而白
佛言世尊淨華宿王智佛問訊世尊少病少
惱起居輕利安樂行不四大調和不世事可
忍不衆生易度不无多貪欲瞋恚愚癡嫉
妬慳慢不无不孝父母不敬沙門邪見不善
心不攝五情不世尊衆生能降伏諸魔怨不
久滅度多寶如来在七寶塔中来聽法不又
問訊多寶如来安隱少惱堪忍久住不世尊
我今欲見多寶佛身唯願世尊示我令見尒
時釋迦牟尼佛語多寶佛是妙音菩薩欲
得相見時多寶佛告妙音言善哉善哉能
為供養釋迦牟尼佛及聽法華經并見文殊
師利等故来至此
尒時華德菩薩白佛言世尊是妙音菩薩
種何善根脩何功德有是神力佛告華德
菩薩過去有佛名雲雷音王多陁阿伽度
阿羅訶三藐三菩陁國名現一切世間劫名
喜見妙音菩薩於万二千歳以十万種伎樂供
養雲雷音王佛并奉上八万四千七寶鉢以是
因緣果報今生淨華宿王智佛國有是神力
華德於汝意去何尒時雲雷音王佛所妙
音菩薩伎樂供養奉上寶器者豈異人乎今

BD14923 號 B　妙法蓮華經（八卷本）卷七　（15-11）

阿羅訶三藐三菩陁國名現一切世間劫名
喜見妙音菩薩於万二千歲以十万種伎樂供
養雲雷音王佛并奉上八万四千七寶鉢以是
因緣果報今生淨華宿王智佛國有是神力
華德於汝意云何尒時雲雷音王佛所妙
音菩薩伎樂供養奉上寶器者豈異人乎今
此妙音菩薩摩訶薩是華德是妙音菩薩已
曾供養親近无量諸佛久殖德本又值恒河沙
等百千万億那由他佛
華德汝但見妙音菩薩其身在此而是菩薩
現種種身處處為諸眾生說是經典或現梵
王身或現帝釋身或現自在天身或現大自
在天身或現天大將軍身或現毗沙門天王身
或現轉輪聖王身或現諸小王身或現長者
身或現居士身或現宰官身或現婆羅門身
者居士婦女身或現。
四行重
在天身或現天大將軍身或現毗沙門天王身
或現轉輪聖王身或現諸小王身或現長者
身或現居士身或現宰官身或現婆羅門身
或現比丘比丘尼優婆塞優婆夷身或現長
者居士婦女身或現宰官婦女身或現婆羅
門婦女身或現童男童女身或現天龍夜叉
乾闥婆阿脩羅迦樓羅緊那羅摩睺羅伽
人非人等身而說是經諸有地獄餓鬼畜生
及眾難處皆能救濟乃至於王後宮變為女
身而說是經華德是妙音菩薩能救護娑
婆世界諸眾生者是妙音菩薩如種變化
現身在此娑婆國土為諸眾生說是經典
今神通變化智慧无所損減是菩薩以若干

BD14923 號 B　妙法蓮華經（八卷本）卷七　（15–12）

及眾難處皆能救濟乃至於王後宮變為女
身而說是經華德是妙音菩薩能救護娑
婆世界諸眾生者是妙音菩薩如種變化
現身在此娑婆國土為諸眾生說是經典
於神通變化智慧无所損減是菩薩以若干
智慧明照娑婆世界令一切眾生各得所知於十
方恒河沙世界中亦復如是若應以聲聞形
得度者現聲聞形而為說法應以辟支佛形
得度者現辟支佛形而為說法應以菩薩形
得度者現菩薩形而為說法應以佛形得度
者即現佛形而為說法如是種種隨所應度
而為現形乃至應以滅度而得度者示現滅
度華德妙音菩薩摩訶薩成就大神通智
慧之力其事如是
尒時華德菩薩白佛言世尊是妙音菩薩
深種善根世尊是菩薩住何三昧而能如是在
所變現度脫眾生佛告華德菩薩善男子
其三昧名現一切色身妙音菩薩住是三昧
中能如是饒益无量眾生說是妙音菩薩品
與妙音菩薩俱來者八万四千人皆得現一切
色身三昧此娑婆世界无量菩薩亦得是三
昧及陁羅尼尒時妙音菩薩摩訶薩供養
釋迦牟尼佛及多寶佛塔已還歸本土所經
諸國六種震動雨寶蓮華作百千万億種
種伎樂既到本國與八万四千菩薩圍遶至
淨華宿王智佛所白佛言世尊我到娑婆世
界饒益眾生見釋迦牟尼佛及見多寶佛塔禮
拜供養又見文殊師利法王子菩薩及見樂

BD14923 號 B　妙法蓮華經（八卷本）卷七　（15–13）

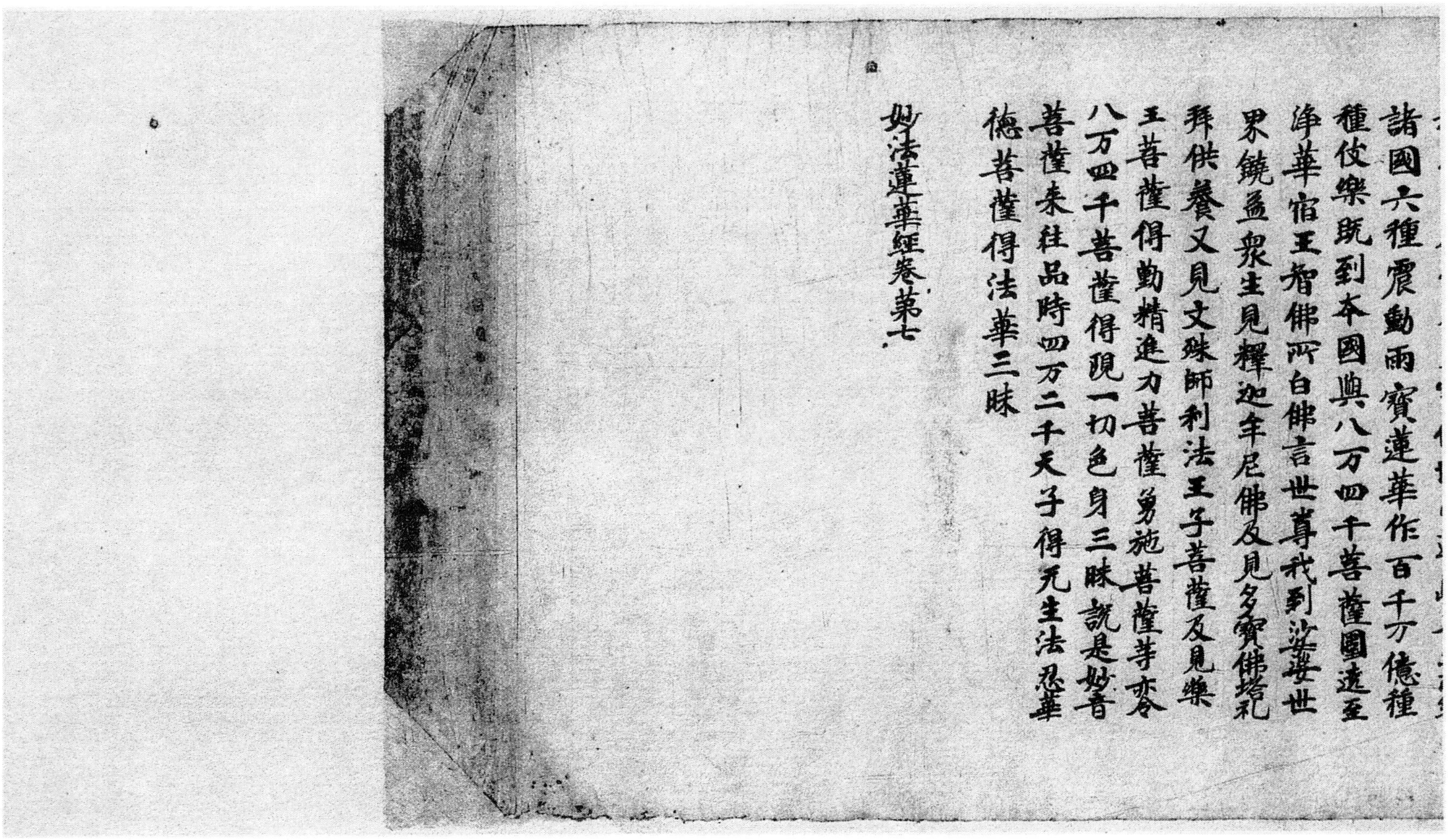
諸國六種震動雨寶蓮華作百千万億種
種伎樂既到本國與八万四千菩薩圍遶至
淨華宿王智佛所白佛言世尊我到娑婆世
界饒益衆生見釋迦牟尼佛及見多寶佛塔礼
拜供養又見文殊師利法王子菩薩及見藥
王菩薩得勤精進力菩薩勇施菩薩等亦令
八万四千菩薩得現一切色身三昧說是妙音
菩薩來往品時四万二千天子得无生法忍華
德菩薩得法華三昧

妙法蓮華經卷第七

BD14923 號 B　妙法蓮華經（八卷本）卷七　（15–14）

菩薩來往品時四万二千天子得无生法忍華
德菩薩得法華三昧

妙法蓮華經卷第七

BD14923 號 B　妙法蓮華經（八卷本）卷七　（15–15）

法輪故涅槃白淨法句者如經[illegible]故弟
子成就畢竟功德者亦能受持二種白淨
法門故成就自利益行故顯現如來快說法
門功德故如經度阿若憍陳如故度須跋陀
羅故此二句脩多羅亦八種成就故云何為
八謂二種受持成就故二種白淨法門成就
故二種自利益行成就故二種快說法門功
德成就故大揔相成就畢竟功德者二八成
就揔故如經所應度者皆已度訖故因果自
相成就畢竟功德者有四種自相一因自相
如經娑羅雙樹間故二因共果自相如經將
入涅槃故三揔自相如經是時中夜故四果
自相如經寂然无聲故於中揔自相者遠離
二邊故成就二種中道故一者正覺中道二
者離正覺中道是中離正覺中道者即果自
相應知此果有二種一者自性无說離念涅
槃果二者遠離覺觀涅槃果故分別揔相成

BD14924號　遺教經論　（35–1）

入涅槃[illegible]
自相如經寂然无聲故於中揔自相者遠離
二邊故成就二種中道故一者正覺中道二
者離正覺中道是中離正覺中道者即果自
相應知此果有二種一者自性无說離念涅
槃果二者遠離覺觀涅槃果故分別揔相成
就畢竟功德者分別人法位差別故人位差
別者上首眷屬差別故如經為諸弟子故法
位差別者世間出世間法等故如經略說法
要故已說序分次說脩集世間功德分此功
德有三種一者脩集對治耶業功德二者脩
集對治心苦功德三者脩集對治煩惱功
德對治耶業功德者
經曰汝等比丘於我滅後當尊重珎敬波羅
提木叉如闇遇明貧人得寶當知此則是汝
大師若我住世无異此也
論曰此脩多羅中每說比丘者亦現遠離相
故復示摩訶衍方便道與二乘共故又於四衆
亦同遠離行故於我滅後者此言亦現遺
教義故不盡滅法故以不盡法清淨法身常
為世間作究竟度故如經當尊重珎敬波羅
提木叉故此木叉亦是毗尼相順法故復是
諸行調伏義故依如來不滅法身自體解脫
說波羅提木叉依此法身得度二種鄣故一
者有煩惱障鄣二者空无善根鄣得度煩惱

BD14924號　遺教經論　（35–2）

提木叉故此木叉亦是毗尼相慎法故復是
諸行調伏義故依如來不滅法身自體解脫
說波羅提木叉依此法身得度二種鄣故一
者有煩惱障鄣二者空无善根鄣得度煩惱
瞎鄣者如盲得眼相似法故如經如闇遇明
故得度空无善根鄣者滿足財寶相似法故
如經貧人得寶故餘者示現波羅提木叉是
脩行大師故如經當知此則是汝大師故又
示住持利益人法相似故如經若我住世无
異此也故依根本清淨戒已說次說方便遠
離清淨戒
經曰持淨戒者不得販賣貿易安置田宅畜
養人民奴婢畜生一切種殖及諸財寶皆當
遠離如避火坑不得斬伐草木墾土掘地合
和湯藥占相吉凶仰觀星宿推步盈虛歷數
筭計皆所不應節身時食清淨自活不得參
豫世事通致使命呪術仙藥結好貴人親厚
媟慢皆不應作當自端心正念求度不得苞
藏瑕疵顯異惑眾於四供養知量知足趣得
供事不應畜積
論曰此中方便遠離淨者護根本淨戒故如
經持淨戒者故云何護根本何者是根本護
根本者今說二種何等為二一者不同凡夫
增過護二者不同外道損智護不同凡夫增

論曰此中方便遠離淨者護根本淨戒故如
經持淨戒者故云何護根本何者是根本護
根本者今說二種何等為二一者不同凡夫
增過護二者不同外道損智護不同凡夫增
過護者有十一事一者方便求利增過如經
不得販故二者現前求利增過如經不得賣
故三者交易求利增過如經不得貿易故若
依世價无求利心不犯賣買法戒如毗尼中
廣說四者所居業處求多安隱增過如經不
得安置田宅故五者眷屬增過如經不得畜
養人民故此亦外眷屬非同意者何故不但
言人而復說民者以其同在人中於善法不
了畜之生漏故六者難生卑下心增過如經
不得畜奴婢故七者養生求利增過如經不
得畜生故八者多事增過如經不得一切種
殖故九者積聚增過如經及諸財寶故十者
不慎威儀及損眾生增過如經不得斬伐草
木墾土掘地故此十一種麤過事脩行菩薩
宜速遠離不應親近避大大聚相似法故
如經皆當遠離如避火坑故不同外道損智
護者謂世間分別見故此分別見有五句
十種分別如經合和湯藥乃至皆所不應
故遮異見故何者是根本者此亦根本有二
種一者行法根本故二者行處根本故行法
根本者波羅提木叉故行處根本者身口意

十種分別如經合和湯藥乃至皆邪不應
故遮異見故何者是根本者此亦根本有二
種一者行法根本故二者行處根本故行法
根本者波羅提木叉故行處根本者身口意
故於身口意行處行波羅提木叉故節身時
食等示現身口意行處波羅提木叉故脩行
菩薩當知三處決波羅提木叉无復有餘解
脫故身處波羅提木叉有五種解脫三種鄣
對治二種不應作不作故一者他求扶逆鄣此
鄣對治如經節身故二者內貪无猒足鄣此
鄣對治如經時食故三者共相退求鄣此鄣
對治如經清淨自活故四者自性心多事如
經不得參豫世事故五者自性尊重不作輕
賤事如經不得通致使命故後二句示現不
應作不作云何五種身解脫一者外緣身解
脫二者內緣身解脫三者自相緣身解脫四
者眾事緣身解脫五者遠離異方便緣身解
脫解脫中初句惣餘句別應知口處波羅提
木叉者有二種邪語不應作不作一者依邪
法語有二種不應作一邪術惚眾生語二依
邪藥作世辯不正語如經呪術仙藥故二者
依邪人語亦二種不應作一者與族姓同好
多作鄙褻語二者親近族姓多作我慢語如
經結好貴人親厚媟慢皆不應作故意處波
羅提木叉者有六句說三種鄣對治三種不

BD14924 號　遺教經論　　（35–5）

依邪人語亦二種不應作一者與族姓同好
多作鄙褻語二者親近族姓多作我慢語如
經結好貴人親厚媟慢皆不應作故意處波
羅提木叉者有六句說三種鄣對治三種不
應作不作一者多見他過鄣犯自淨心故此
對治如經當自端心故二者邪思惟鄣不能
自度下地故此對治如經正念求度故三者
於受用眾具中无限无猒足鄣此對治第五
句於四供養知量知足故此供養有二種一
者於身分中供養謂飲食衣服卧具湯藥供
養身分故二者於心分中供養謂不共心供
養无猒足心供養二事相違心供養等分心
供養此四種心供養癡亂眾生常受用故不
知節量故若入三昧分者知量故若入道分
者知足故三種不應作不作者一不德淨戒
不受持心諂故如經不得苞藏瑕疵故二者
遠離无緣顯己勝行令他不正解故如經顯
異惑眾故三者遠離貪覆心貯積眾具故如
經趣得供事不應畜積故已說從根本戒次
說根本戒與從戒俱解脫能生諸功德故
經曰此則略說持戒之相戒是正順解脫之
本故名波羅提木叉依因此戒得生諸禪定
及滅苦智慧
論曰從戒是戒相故不可廣說顯示略說應

BD14924 號　遺教經論　　（35–6）

經曰此則略説持戒之相戒是正順解脱之
本故名波羅提木叉依因此戒得生諸禪定
及滅苦智慧
論曰從戒是戒相故不可廣説顯示略説應
知如經此則略説持戒之相故戒是正順者
此言示現從戒義故於此彼處説從有二種
一者從根本戒二者從根本邪起成就戒從
根本戒者示現順根本无作波羅提木叉如
向已説故從根本邪起成就戒者示現後際
解脱因中際從戒生故如經解脱之本故戒
是解脱體能正度故如經故名波羅提木叉
故此言示現能度身口意惡彼岸成三業解
脱故能生諸功德者示現有色解脱功德无
色解脱功德彼二相順相違解脱功德皆從
彼生故如經依因此戒得生諸禪定及滅苦
智慧故次説勸脩戒利益故
經曰是故比丘當持淨戒勿令毀缺若人能
持淨戒是則能有善法若无淨戒諸善功德
皆不得生是以當知戒為第一安隱功德住
處
論曰云何勸脩戒利益於中有五種勸一者
勸不失自體如經當持淨戒故二者勸不捨
方便如經勿令毀缺故三者勸遠離諸過身
口意業常集功德故如經若人能持淨戒是
則能有善法故四者勸知多過惡於身口意

論曰云何勸脩戒利益於中有五種勸一者
勸不失自體如經當持淨戒故二者勸不捨
方便如經勿令毀缺故三者勸遠離諸過身
口意業常集功德故如經若人能持淨戒是
則能有善法故四者勸知多過惡於身口意
中一切時不能生功德故如經若无淨戒諸
善功德皆不得生故五者顯示持戒菩薩於
邪脩行三種戒中有如是得失者我當住安
隱處不住不安隱處故如經是以當知戒為
第一安隱功德住處故此言正示現勸脩利
益勝義故已説脩集對治邪業功德次説對
治脩集正苦功德是中苦有三種一者根欲
放逸苦二者多食苦三者懈怠睡眠苦是三
種苦三昧樂門對治應知云何根欲放逸苦
對治
經曰汝等比丘已能住戒當制五根勿令放
逸入於五欲譬如牧牛之人執杖視之不令
縱逸犯人苗稼若縱五根非唯五欲將无崖
畔不可制也亦如惡馬不以轡制將當牽人
墜於坑陷如被劫害苦止一世五根賊禍殃
及累世為害甚重不可不慎是故智者制而
不隨持之如賊不令縱逸假令縱之皆亦不
久見其磨滅
論曰根放逸苦者是苦因果故依戒淨三昧
又勸念對治故如經已能住戒當制五根

墮於壞墮如被劫害苦亡一世五根賊禍殃
及累世為害甚重不可不慎是故智者制而
不隨持之如賊不令縱逸假令縱之皆亦不
久見其磨滅
論曰根放逸苦者是苦因果故依戒淨三昧
方便攝念對治故如經已能住戒當制五根
故何故但說五根示現色非色別故復示意
根中有五根二種對治故云何二種一者動
念對治故二者不動對治故戒念護根利益
相似法故如經勿令放逸乃至犯人苗稼故
身戒清淨故種種色不放逸牧牛相似法
故正念成就故種種心不行執杖相似法故
以戒念成就故三昧方便及正受功德無滅
無失故不犯苗稼相似法故復示無戒念失
上上損心故氣分成就難對治故如經若縱
五根非唯五欲將無崖畔不可制也故次說
無對治難對治惡馬相似法故如經亦如惡
馬不以轡制將當牽人墜於坑陷故復示遇
重相似不相似又因果深苦無量世故示現
光際中慎故如經如被劫害苦亡一世五根
賊禍殃及累世為害甚重不可不慎故向說
戒念護令說智護故智者三昧觀故彼是三
味重鄣故如經是故智者制而不隨故護彼
如害命者相似法故如經持之如賊不令縱
逸故重者既如是輕者云何制是中輕者謂

賊禍殃
戒念護令說智護故智者三昧觀故彼是三
味重鄣故如經是故智者制而不隨故護彼
如害命者相似法故如經持之如賊不令縱
逸故重者既如是輕者云何制是中輕者謂
細相習鄣故於此處有時則有無時則無故
不作意起故如經假令縱之故勢無自立故
如經皆亦不久故性是無對不相見故如經
見其磨滅故是中云何立見示現依見時說
故彼無見故滅見故次說欲放逸苦對治
經曰此五根者心為其主是故汝等當好制
心心之可畏甚於毒蛇惡獸怨賊大火越逸
未足喻也動轉輕躁但觀於蜜不見深坑譬
如狂象無鉤猨猴得樹騰躍踔躑難可禁制
當急挫之無令放逸縱此心者喪人善事制
之一處無事不辦是故比丘當懃精進折伏
汝心
論曰是中欲苦者心性差別故亦是苦因苦
果故示現種種色苦依彼如有故如經此五
根者心為其主故應知自他生過故懃遮故
如經是故汝等當好制心故何故懃遮示現
此心三昧鄣法故何者是三昧相云何鄣法
相三昧相者有三種一者無念三昧相二者
調柔不動三昧相三者起多功德三昧相故
鄣法相者亦有三種一者心性差別鄣二者

此心三昧鄣法故何者是三昧相云何鄣法
相三昧相者有三種一者无念三昧相二者
調柔不動三昧相三者起多功德三昧相故
鄣法相者亦有三種一者心性差別鄣二者
輕動不調鄣三者失諸功德鄣心性差別鄣
者如經心之可畏甚於毒虵惡獸怨賊大火
越逸未足喻也故是中差別者貪等四種差
別故循无二念三昧者於此差別處可畏應
知四種譬喻相似法故復示不相似法大可
畏故輕動不調鄣者如經動轉輕躁如是等
故於中動轉者示現諸根中轉識動故復速
疾故獼猴相似法故但觀於審者示現有噎
不見未來故深墜者鄣尋義故是鄣尋有
二種一者生處鄣尋二者循一切行時因苦不
能成就鄣尋狂象相似法故急性者示現抑
入无動處故无令放逸者顯示攝入調伏眾
故失諸功德鄣者如縱此心者喪人善事
故无二念三昧相者如經制之一處故起多
功德三昧相者如經无事不辦故調柔不動
三昧相者如經當懃精進折伏汝心故已謂
根欲苦對治次說多食苦對治
經曰汝等比丘受諸飲食當如服藥於好於
惡勿生增減趣得支身以除飢渴如蜂採花
但取其味不損色香比丘亦尒受人供養趣
自除惱无得多求壞其善心譬如智者籌量

根欲苦對治次說多食苦對治
經曰汝等比丘受諸飲食當如服藥於好於
惡勿生增減趣得支身以除飢渴如蜂採花
但取其味不損色香比丘亦尒受人供養趣
自除惱无得多求壞其善心譬如智者籌量
牛力所堪多少不令過分以竭其力
論曰多食者三昧鄣故食有二種何等為二
一者身食二者心心數法食若多長食難心
息故去禪定遠故是心心數法食者欲果相
違法中方便對治故復有苐一義心三昧中
盡故成就无食三昧故如是二種三昧有六
種功德成就何等為六一者受用對治功德
成就二者平等觀功德成就三者究竟對治
功德成就四者顯示平等觀功德相似成就
五者不虛受功德成就六者知時功德成就
此六種功德顯示成就二種三昧苐一苐五
苐六功德成就顯示少食三昧故餘者三種
功德成就顯示无食三昧故受用對治功德
成就者如經汝等比丘受諸飲食當如服藥
故平等觀功德成就者如經於好於惡勿生
增減故究竟對治功德成就者如經趣得支
身以除飢渴故此示平等法身攝平等觀究
竟无飢渴故顯示平等觀功德相似成就者
如經如蜂採花但取其味不損色香比丘亦
尒故是中不損者示現非壞法觀故不盡受

[illegible]
身以除飢渴故此亦平等法身攝平等觀究
竟无飢渴故顯示平等觀功德相似成就者
如經如蜂採花但取其味不損色香比丘亦
尒故是中不損者亦現非壞法觀故不盡愛
功德成就者如經受人供養趣自除惱故知
時功德成就者如經无得多求壞其善心故
多求者亦現心心數法多三昧功德不現前
故籌量牛力等亦知時相似法故亦現知時
有二種一者方便時計校故二者成就時相
應故亦不多食過故已說多食苦對治次說
懈怠睡眠苦對治
經曰汝等比丘晝則懃心修集善法无令失
時初夜後夜亦勿有廢中夜誦經以自消息
无以睡眠因緣令一生空過无所得也當念无
常之火燒諸世間早求自度勿睡眠也諸煩
惱賊常伺煞人甚於怨家安可睡眠不自驚
悟煩惱毒虵睡在汝心譬如黑蚖在汝室睡
當以持戒之鉤早屏除之睡虵既出乃可安
眠不出而眠是无慚人慚恥之服於諸莊嚴
最為第一慚如鐵鉤能制人非法是故比丘
常當慚恥勿得暫替若離慚恥則失諸功
德有愧之人則有善法若无愧者與諸禽獸
无相異也
論曰懈怠睡眠苦對治者不疲惓思惟對治

常當慚恥勿得暫替若離慚恥則失諸功
德有愧之人則有善法若无愧者與諸禽獸
无相異也
論曰懈怠睡眠苦對治者不疲惓思惟對治
故是中何故懈怠睡眠共說鄣法示現懈怠
者謂心懶墮故睡眠者身悶重故此二相傾
共成一苦故五種定鄣中共說故於中起睡
眠有三種一從食起二從時節起三從心起
若從食及時節起者是阿羅漢眠以彼不從
心生故无所蓋故是三種睡眠中初二種以
精進對治无有時節故无始來未曾斷故復
示聖道難得故如經汝等比丘晝則懃心修
習善法无令失時初夜後夜亦勿有廢中夜
誦經以自消息无以睡眠因緣令一生空過
无所得也故自餘修多羅示現第三從心起
睡眠對治故是中對治有二種一者思惟觀
察對治觀諸生滅壞五陰故如經當念无常
之火燒諸世間故復示求禪定智慧度所度
故如經早求自度勿睡眠也故復次觀察陰
界入等常害故是中可畏求自正覺故如經
諸煩惱賊常伺煞人甚於怨家安可睡眠不
自驚悟故二者淨戒對治謂禪定相應心戒
故六種境界心安住自心故可畏如虵相似
法故如經煩惱毒虵睡在汝心譬如黑蚖在
汝室睡故淨心戒對治故如經當以持戒之鉤

故六種境界心安住自心故可畏如虵相似
法故如經煩惱毒虵睡在汝心譬如黑蚖在
汝室睡故淨心戒對治故如經當以持戒之鉤
早并除之故復示遠離故安隱故如經睡虵
既出乃可安眠故次說下地相似安隱无對
治故如經不出而眠是无慚人故又示治法
勝能令自地清淨莊嚴亦令他地无過故
如經慚恥之服於諸莊嚴最為第一慚如鐵
鉤能制人非法故是中最為第一者示現勝
餘戒莊嚴故是故比丘等為明何義示現勸
脩勝莊嚴故常脩故復示遠離者惰自地故
如經若離慚恥則失諸功德故復示有无得
失故如經應知已說脩集對治心苦功德次
說脩集對治瞋煩惱功德於中有三種鄣對
治示道義應知
經曰汝等比丘若有人來節節支解當自攝
心不令瞋恨亦當護口勿出惡言若縱恚心
則自妨道失功德利忍之為德持戒苦行所
不能及能行忍者乃可名為有力大人若其
不能歡喜忍受惡罵之毒如飲甘露者不名
入道智慧人也所以者何瞋恚之害破諸善
法壞好名聞今世後世人不喜見當知瞋心
甚於猛火常當防護无令得入劫功德賊无
過瞋恚白衣受欲非行道人无法自制瞋猶
可恕出家行道无欲之人而懷瞋恚甚不可

BD14924號　遺教經論　（35–15）

入道智慧人也所以者何瞋恚之害破諸善
法壞好名聞今世後世人不喜見當知瞋心
甚於猛火常當防護无令得入劫功德賊无
過瞋恚白衣受欲非行道人无法自制瞋猶
可恕出家行道无欲之人而懷瞋恚甚不可
也譬如清冷雲中霹靂起火非所應也
論曰是中初鄣對治者瞋恚煩惱鄣對治故
示現堪忍道故脩行菩薩住堪忍地中能忍
種種諸苦惱故无輕重對治故如經汝等比
丘若有人來節節支解當自攝心无令瞋恨
故此示幻化法身成就故又復口行清淨常
作濡語故如經亦當護口勿出惡言故復說
自他利道德鄣法故如經若縱恚心則自防
道失功德利故顯示功德智慧二種心行淨
故校量勝諸眷屬行故如經忍之為德持戒
苦行所不能及故於中行者三昧功德苦對
治故三種業清淨及校量勝相示行安苦道
應知次說真如觀清淨顯示安樂道故成就
觀智大人力故如經能行忍者乃可名為有
力大人故又顯示不入丈夫力成就者无智
慧觀故依相違顯勝應知如經若其不能歡
喜忍受乃至智慧人也故是中不歡喜者无
信入觀故惡罵之毒者示无生法門相中不
如法受故甘露者示无生法自體相相似法
故於中道者示智慧自體故復說過患事常

BD14924號　遺教經論　（35–16）

喜忍受乃至智慧人也故是中不歡喜者无
信入觀故惡罵之毒者示无生法門相中不
如法受故甘露者示无生法自體相相似法
故於中道者示智慧自體故復說過患事常
譏故如經所以者何如是等故於中諸善法
者自利智慧相故好名聞者利他善法名稱
功德故人不憙見者自他世无可樂果報故
於中防譏有二種何等為二一者譏自善法
如防火相似法故二者譏利他功德防譏賊
相似法故復示世間功德違慎法中有受用
故未畢竟相違故如經白衣受欲非行道人
无法自制瞋猶可恕故於中无法者无白淨
法對治故次示出世間道於世間受用二法
中一向相違故如經出家行道无欲之人而
懷瞋恚甚不可也故餘者顯示道分中不應
有相似法故如經譬如清冷雲中霹靂起火
非所應也故次說第二煩惱鄣對治道

經曰汝等比丘當自摩頭已捨飾好著懷色
衣執持應器以乞自活自見如是若起憍慢
當疾滅之增長憍慢尚非世俗白衣所宜何
況出家入道之人為解脫故自降其身而行
乞也
論曰第二煩惱鄣對治道者示現自无尊勝
心成就輕賤身心行故遠離貢高煩惱故於

況出家入道之人為解脫故自降其身而行
乞也
論曰第二煩惱鄣對治道者示現自无尊勝
心成就輕賤身心行故遠離貢高煩惱故於
中有七句行遠離一者於上上尊勝處家先
折伏故常應自知故如經汝等比丘當自摩
頭故二者於餘處莊嚴不受用故如經已捨
飾好故三者於衣服處對治為好心故如經
著懷色衣故四者自已受用具常自持故如
經執持應器故五者於內外受用事不作餘
生過方便故及自調伏故如經以乞自活故
六者智慧成就常自觀察故如經自見如是
故七者對治成就遠離傲起故如經若起憍
慢當疾滅之故餘者明何義故示現救量自
降伏者不應起憍慢故鄣尋先後除功德故
如經增長憍慢尚非世俗如是等故次說第
三鄣對治

經曰汝等比丘諂曲之心與道相違是故宜
應質直其心當知諂曲但為欺誑入道之人
則无是處是故汝等宜當端心以質直為本
論曰第三鄣對治者示現根本直心遠離諂
曲煩惱鄣故於口意中自違違彼故如經汝
等比丘諂曲之心與道相違故復示違道鄣
對治故如經是故宜應質直其心故又復相
違去道分時中不應有故如經當知諂曲但為

則无是處是故汝等宜當端心以質直為本
論曰第三鄣對治者示現根本直心遠離諂
曲煩惱鄣故於口意中自違違彼故如經汝
等比丘諂曲之心與道相違故復示違道鄣
對治故如經是故宜應質直其心故又復相
違法道分時中不應有故如經當知諂曲但為
欺誑入道之人則无是處故是中欺誑者
心口俱時不實用故餘者示現直心是道心
本故如經是故汝等宜當端心以質直為本
故已說脩集世間功德不次說脩集出世間
大人功德分大人功德有八種一切大人常
用此以自覺察故長養成就方便畢竟功德
經曰汝等比丘當知多欲之人多求利故苦
惱亦多少欲之人无求无欲則无此患直尒
少欲尚應脩集何況少欲能生諸功德少欲
之人則无諂曲以求人意亦復不為諸根所
牽行少欲者心則坦然无所憂畏觸事有餘
常无不足有少欲者則有涅槃是名少欲
論曰是中第一大人成就无求功德知覺多
欲過故於中說所知覺有五種相一者知覺
鄣相謂煩惱業苦三種鄣故如經汝等比丘
當知多欲之人多求利故苦惱亦多故此示
迴轉不息故二者知覺治相成就遠離三種
妄想故如經少欲之人无求无欲則无此患
故三者知覺因果集起相成就无量行故如

BD14924 號　遺教經論　（35–19）

當知多欲之人多求利故苦惱亦多故此示
迴轉不息故二者知覺治相成就遠離三種
妄想故如經少欲之人无求无欲則无此患
故三者知覺因果集起相成就无量行故如
經直尒少欲尚應脩集何況少欲能生諸功
德故四者知覺无諸鄣畢竟相三鄣畢竟故
如經少欲之人則无諂曲以求人意亦復不
為諸根所牽故五者知覺果成就相般若等
三種功德果成就故如經行少欲者心則坦
然无所憂畏觸事有餘常无不足有少欲者
則有涅槃是名少欲故復次說第二大人知
覺功德
經曰汝等比丘若欲脫諸苦惱當觀知足知
足之法即是富樂安隱之處知足之人雖臥
地上猶為安樂不知足者雖處天堂亦不稱
意不知足者雖富而貧知足之人雖貧而富
不知足者常為五欲所牽為知足者之所憐
愍是名知足
論曰第二大人知覺功德者成就知足行故
對治苦因果故如經汝等比丘若欲脫諸苦
惱當觀知足故是中惱者示現煩惱過從苦
生故復說清淨因果成就治法故如經知足
之法即是富樂安隱之處故若如是者二種
知覺云何差別此中示現麁知覺者遠離他
覺界事故知足者於自事中遠離故復次有

BD14924 號　遺教經論　（35–20）

惚當觀知足故是中惚者示現煩惚過從苦
生故復說清淨因果成就治法故如經知足
之法即是冨樂安隱之處故若如是者二種
知覺云何差別此中示現利知覺者遠離他
境界事故知足者於自事中遠離故復次有
三種差別示現知足不知足故一者於何等
何等處受用差別故二者於何等何等事受
用差別故三者於何等何等法中无自利有
自他利差別故如經知足之人雖卧地上如
是等如經應知次說第三大人遠離功德
經曰汝等比丘若求寂靜无為安樂當離憒
丙獨處閑居靜處之人帝釋諸天所共敬重
是故當捨已衆他衆空閑獨處思滅苦本若
樂衆者則受衆惚辟如大樹衆鳥集之則有
枯折之患世間縛著沒於衆苦如老象溺溼
不能自出是為遠離
論曰第三大人遠離功德於中三門攝義應
知一者自性遠離門體出故二者脩習遠離
門方便出故三者受用諸見門常縛故自性
遠離門者示現四種對治一者我相執著鄣
此鄣對治如經汝等比丘若求寂靜无為安
樂故於中寂靜者示法无我空故无為者无
相空故安樂者无取捨顛空故二者我所鄣
五衆乱起无次第故此鄣對治如經當離憒
丙故三者破二无相鄣此鄣對治如經獨處

此鄣對治如經汝等比丘若求寂靜无為安
樂故於中寂靜者示法无我空故无為者无
相空故安樂者无取捨顛空故二者我所鄣
五衆乱起无次第故此鄣對治如經當離憒
丙故三者破二无相鄣此鄣對治如經獨處
閑居故四者无為首功德鄣以其无可重法
故此鄣對治如經靜處之人帝釋諸天所共
敬重故脩習遠離門者遠離我我所不復集
生故如經是故當捨已衆他衆故方便慧成
就如法如住故如經空閑獨處故善擇智成
就遠離起因故如經思滅苦本故受用諸見
門者樂集我我所生起自他心境相惚故如
經若樂衆者則受衆惚故諸見集生生已自
害大樹相似法故如經辟如大樹衆鳥集之
則有枯折之患故復示无出離相煩惚業染
生故老象溺溼相似法故如經世間縛著沒
於衆苦如老象溺溼不能自出是為遠離故
次說第四大人不疲惓功德
經曰汝等比丘若懃精進則事无難者是故汝
等當懃精進辟如小水常流則能穿石若
行者之心數數懈癈辟如鑽火未熱而息雖
欲得火火難可得是名精進
論曰是中不疲惓者示現不同外道精進故
於一切法一切行善趣故成就不退轉故如
經汝等比丘若懃精進則事无難者故以能

欲得火火難可得是名精進
論曰是中不疲惓者示現不同外道精進故
於一切法一切行善趣故成就不退轉故如
經汝等比丘若懃精進則事无難者故以能
成就不退須脩習長養故如經是故汝等當
懃精進故復以譬喻顯示不休息精進成就
有力故如經譬如小水常流則能穿石故次
說懈怠過不能常精進念處退失不成就心
慧故依譬喻顯示應知如經若行者之心數
數懈廢如是等故次說第五大人不忘念功
德
經曰汝等比丘求善知識求善護助无如不
忘念者若有不忘念者諸煩惱賊則不能入
是故汝等常當攝念在心若失念者則失諸
功德若念力堅強雖入五欲賊中不為所害
譬如著鎧入陣則无所畏是名不忘念
論曰第五大人不忘念功德者示現是一切
行上首故能破无始重怨故於中一切行者
略說三種一者求聞法行如經汝等比丘求
善行識故二者內善思惟行如經求善護故
三者求如法脩行行如經求善助故復示此
等行中為首為勝故如經无如不忘念者故
能遮无始重怨不害三種善根故如經若有
不忘念者諸煩惱賊則不能入故煩惱者示

善行識故二者內善思惟行如經求善護故
三者求如法脩行行如經求善助故復示此
等行中為首為勝故如經无如不忘念者故
能遮无始重怨不害三種善根故如經若有
不忘念者諸煩惱賊則不能入故煩惱者示
心相中或亂故賊者從外集生過故復示勸
脩令勤處念成就示現遮无始心故如經是
故汝等常當攝念在心故无始終失成就多
過故如經若失念者則失諸功德故又成就
多功德隨順世間門集諸行故如經若念力
堅強雖入五欲賊中不為所害故念力強故
勇健无畏入陣相似法故如經譬如著鎧入
陣則无所畏是名不忘念故次說第六大人
禪定功德
經曰汝等比丘若攝心者心則在定心在定
故能知世間生滅法相是故汝等常當精懃
脩集諸定若得定者心則不散譬如惜水之
家善治隄塘行者為智慧水故善脩禪定
令不漏失是名為定
論曰大人禪定功德者謂八種禪定等因攝
念生故如經汝等比丘若攝心者心則在定
故云何攝心能生禪定示現攝伏所行處心
行對治緣故次及中濡取事心行對治緣故
此三種緣處對治成時則近禪定故禪定成
就有方便果用故如經心在定故能知世間

故云何攝心能生禪定示現攝偏所行處心
行對治緣故次及中滿取事心行對治緣故
此三種緣處對治成時則近禪定故禪定成
就有方便果用故如經心在定故能知世間
生滅法相故又懈怠无脩集方便鄣故如經
是故汝等常當精懃脩集諸定故是中懈怠
有三種一者不安隱懈怠二者无味懈怠三
者不知恐怖懈怠云何脩集一一對治示現
精進脩集節量食臥及調阿那波那故精懃
脩集覺知諸定有道慧功德及盡苦原故大
希有事故精進脩集觀察生老病死苦及四
惡趣苦我未能離故是三鄣對治故復脩習
功德成就无所對治故如經若得定者心則
不散故又以譬喻示善脩功德上上增長故
如經應知次說第七大人智慧功德
經曰汝等比丘若有智慧則无貪著常自省
察不令有失是則於我法中能得解脫若不
尒者既非道人又非白衣无所名也實智慧
者則是度老病死海堅牢船也亦是无明黑
暗大明燈也一切病者之良藥也伐煩惱樹
之利斧也是故汝等當以聞思脩慧而自增
益若人有智慧之照雖是肉眼而是明見人
也是為智慧
論曰是中智慧功德者於真實義處鄣及世

BD14924號　遺教經論　（35-25）

之利斧也是故汝等當以聞思脩慧而自增
益若人有智慧之照雖是肉眼而是明見人
也是為智慧
論曰是中智慧功德者於真實義處鄣及世
間事處鄣能遠離故如經汝等比丘若有智
慧則无貪著故於一切時常脩心慧故以其
難得故如經常自省察不令有失故復示難
得能得於第一義處遠離故如經是則於我
法中能得解脫故復示非自性慧不入出世
及世間中故非施設故如經若不尒者既非
道人又非白衣无所名也故又以四種譬喻
顯示四種功德聞思脩證故如經應知言實
智慧者示實能對治故於四種功德中第四
功德自利益家勝義故又四種脩學功德於
分內處而有覺照故如經若人有智慧之照
雖是肉眼而是明見人也是為智慧故已說
長養方便功德次說大人成就畢竟功德
經曰汝等比丘若種種戲論其心則亂雖復
出家猶未得脫是故比丘當急捨離亂心戲
論若汝欲得寂滅樂者唯當速滅戲論之患
是名不戲論
論曰大人成就畢竟功德者示現自性遠離
非對治法故四種差別智鄣法分別可分別
故如經汝等比丘若種種戲論其心則亂故
脩道智非自性故如經雖復出家猶未得脫

BD14924號　遺教經論　（35-26）

論曰大人成就畢竟功德者示現自性遠離
非對治法故四種差別智鄣法分別可分別
故如經汝等比丘若種種戲論其心則亂故
脩道智非自性故如經雖復出家猶未得脫
故餘者二句勸脩遠離成就无戲論故一者
有對相遠離有彼彼功德相故如經是故比
丘當急捨離亂心戲論故二者无對相遠離
无彼彼功德相故如經若汝欲得寂滅樂者
唯當速滅戲論之患故示現行成就體性果
故如經是名不戲論故已說成就出世間大
人功德分次說顯示畢竟甚深功德分
經曰汝等比丘於諸功德常當一心捨諸放
逸如離怨賊大悲世尊所欲利益皆已究竟
汝等但當懃而行之若於山間若空澤中若
在樹下閑處靜室念所受法勿令忘失常當
自勉精進脩之无為空死後致有悔我如良
醫知病說藥服與不服非醫咎也又如善導
導人善道聞之不行非導過也
論曰顯示畢竟甚深功德者有二種畢竟顯
示二種甚深功德故一者如來分別說法畢
竟功德顯示非分別說法甚深功德常說故
二者脩行菩薩脩世間功德畢竟顯示餘者
甚深功德常脩故此二種脩行功德如上一
一種中各脩二種功德應知是中常脩功德

BD14924號　遺教經論　（35–27）

竟功德顯示非分別說法甚深功德常說故
二者脩行菩薩脩世間功德畢竟顯示餘者
甚深功德常脩故此二種脩行功德如上一
一種中各脩二種功德應知是中常脩功德
者第一義心脩故如經汝等比丘於諸功德
常當一心故遠離一心相似相違行如怨故
如經捨諸放逸如離怨賊故无限齊大悲常
利益限齊畢竟故如經大悲世尊所欲利益
皆已究竟故次復廣說常脩功德有七種脩
相一者云何脩示現常懃行故如經汝等但
當懃而行之故二者於何處脩示无事處故
如經若於山間若空澤中若在樹下閑處靜
室故三者何所脩示脩真實无二念法故如
經念所受法故四者何故脩脩令現前故如
經勿令忘失故五者以何方便脩如經常當
自勉精進脩之故六者於相似法處蘇息遠
離上上心故如經无為空死故七者於晚時
自知有餘悔不及事故如經後致有悔故次
廣說如來分別說法功德畢竟示現二種畢
竟相一者說化法畢竟相應无餘故如經我
如良醫知病說藥服與不服非醫咎也故二
者與念畢竟度法相應无餘故如經又如善
導導人善道聞之不行非導過也故是中服
與不服等示現如來於二種畢竟中无過失

BD14924號　遺教經論　（35–28）

如良醫知病說藥服與不服非醫咎也故二
者與念畢竟度法相應无餘故如經又如善
導導人善道聞之不行非導過也故是中服
與不服等示現如來於二種畢竟中无過失
故不負衆生世間法故次說顯示入證決定
分
經曰汝等若於苦等四諦有所疑者可疾問
之无得懷疑不求決也尒時世尊如是三唱
人无問者所以者何衆无疑故時阿㝹樓䭾
觀察衆心而白佛言世尊月可令熱日可令
冷佛說四諦不可令異佛說苦諦實苦不可
令樂集真是因更无異因苦若滅者即是因
滅因滅故果滅滅苦之道實是真道更无餘
道世尊是諸比丘於四諦中決定无疑
論曰入證決定者示現於所證法中成就決
定无所疑故是中有三門攝義示現決定无
疑一者方便顯發門二者滿足成就門三者
分別說門方便顯發門者示現於諸實法處
顯發故以彼法是修行者當觀察及依之起
行故如經汝等若於苦等四諦故於四諦中
有作无作法示現有疑无疑分齊故如經有
所疑者可疾問之无得懷疑不求決也故疾
問者示二種將畢竟故如向已說二種畢竟
事故无得懷疑者於見有作无作諦處及修
作有作諦處彼二相違處皆不得疑故滿足

有作无作法示現有疑无疑分齊故如經有
所疑者可疾問之无得懷疑不求決也故疾
問者示二種將畢竟故如向已說二種畢竟
事故无得懷疑者於見有作无作諦處及修
作有作諦處彼二相違處皆不得疑故滿足
成就門者有三種示現一者示現法輪滿足
成就三轉實法故如經尒時世尊如是三唱
故二者示現證法滿足成就如經人无問者
故三者示現斷功德滿足成就如經所以者
何衆无疑故分別說門者示現彼衆上首知
大衆心行成就決定復了知所證實義故分
別說彼彼事荅如來故如經時阿㝹樓䭾觀
察衆心如是等故日月冷熱者示於四諦中遍
順觀行不可異故實苦不可令樂者以佛
說故苦樂各實不變異故更无異因者示苦
滅各自因故復示滅道同是自性觀故決定
者苦樂因果入行決定故无疑者无異无餘
義故已說顯示入證決定分次說分別未入
上上證為斷疑分
經曰於此衆中所作未辨者見佛滅度當有
悲感若有初入法者聞佛所說即皆得度辟
如夜見電光即得見道若所作已辨已度苦
海者但作是念世尊滅度一何疾哉
論曰分別未入上上證者有三種分別顯示
未入上上法故一者於有作諦修分時中未

如夜見電光即得見道若所作已辦已度苦
海者但作是念世尊滅度一何疾哉
論曰分別未入上上證者有三種分別顯示
未入上上法故一者於有作諦脩分時中未
入上上法故如經於此衆中所作未辦者見
佛滅度當有悲感故二者於无作諦見道時
中速決定故示現不同脩分法故未上上法
轉遠故如經若有初入法者聞佛所說即皆
得度故復以譬喻示現見道速決定義應知
如經譬如夜見電光即得見道故三者於彼
二相違无功用无學道中於上上法累有微
細疑故復有異義於自地中見佛速滅故如
經若所作已辦已度苦海者但作是念世尊
滅度一何疾哉故次說爲斷彼彼疑故
經曰阿㝹樓陁雖說衆中皆悉了達四聖諦
義世尊欲令此諸大衆皆得堅固以大悲心
復爲衆說汝等比丘勿懷悲惱若我住世一劫
會亦當滅會而不離終不可得自利利人法
皆具足若我久住更无所益應可度者若天
上人間皆悉已度其未度者皆亦已作得度
因緣自今已後我諸弟子展轉行之則是如
來法身常在而不滅也
論曰是中斷疑者斷彼勝分疑故於自地中
先所成就故如經阿㝹樓陁雖說衆中皆悉

經

因緣自今已後我諸弟子展轉行之則是如
來法身常在而不滅也
論曰是中斷疑者斷彼勝分疑故於自地中
先所成就故如經阿㝹樓陁雖說衆中皆悉
了達四聖諦義故復令上上成就於彼所得
究竟不退故是如來悲心淳至故不護上上
法故如經世尊欲令此諸大衆皆得堅固以
大悲心復爲衆說故云何說說有爲功德自
他俱滅故自他者說聽差別故如經汝等比
丘勿懷悲惱若我住世一劫會亦當滅會而
不離終不可得故復說法門常住不滅故如
經自利利人法皆具足故又說他利事畢竟
无復所作故如經若我久住更无所益故又
說於彼彼衆中自利事畢竟无復所作故如
經應可度者若天上人間皆悉已度故又說
未脩集者依不滅法門能作得度因緣故如
經其未度者皆亦已作得度因緣故復有異
義於上上法中未得度者住常住法門度故
又說住持不壞功德於中有二種一者於因
分中住持不壞常脩故不斷脩故如經自今
已後我諸弟子展轉行之故二者於果分中
住持不壞常顯故如經則是如來法身常在
而不滅也故此二種住持不壞功德示現上
上法能斷疑應知次重說有爲功德无常相

已後我諸弟子展轉行之故二者於果分中
住持不壞常顯故如經則是如來法身常在
而不滅也故此二種住持不壞功德亦現上
上法能斷疑應知次重說有為功德无常相
故
經曰是故當知世皆无常會必有離勿懷憂
也世相如是當懃精進早求解脫以智慧明
滅諸癡暗世實危脆无牢强者我今得滅如
除惡病此是應捨罪惡之物假名為身沒在
老病生死大海何有智者得除滅之如煞怨
賊而不歡喜
論曰是中何故重說有為功德无常相者亦
現於此處勸循世間生猒離行故於有為相
中得脫故如經是故當知世皆无常乃至早
求解脫故又亦无我如實觀成就能滅我我
所見根本故如經以智慧明滅諸癡暗故除
等諸法實不實故如經世實危脆无牢强者
故又亦如來是度世大師爲成可患故如經
我今得滅如除惡病故又說異可猒患相唯
智能滅故亦現勸循智滅對故得无對法現
前故如經此是罪惡之物如是等故次說離
種種自性清淨无我分
經曰汝等比丘常當一心懃求出道一切世
間動不動法皆是敗壞不安之相汝等且心
勿得復語時將欲過我欲滅度是我冣後之

種種自性清淨无我分
經曰汝等比丘常當一心懃求出道一切世
間動不動法皆是敗壞不安之相汝等且心
勿得復語時將欲過我欲滅度是我冣後之
所教誨
論曰是中種種自性者於五陰法中作種種
見患故忘想自性鄣故此鄣對治如經汝等
比丘常當一心故復以一心如實慧難可得
故如經懃求出道故又亦除如實慧所有相
對對法患无常故亦現名相等法應知如經
一切世間動不動法皆是敗壞不安之相故
於中動不動者謂三界相静乱差別故清淨
无我者亦現於甚深冣滅法中冣滅故如經
汝等且止如是等故且止勿語者勸亦三業
无動動故是冣滅无我相應器故冣後教誨
者已顯遺教義故是遺教義於住持法中
勝以其遺教故

遺教經論

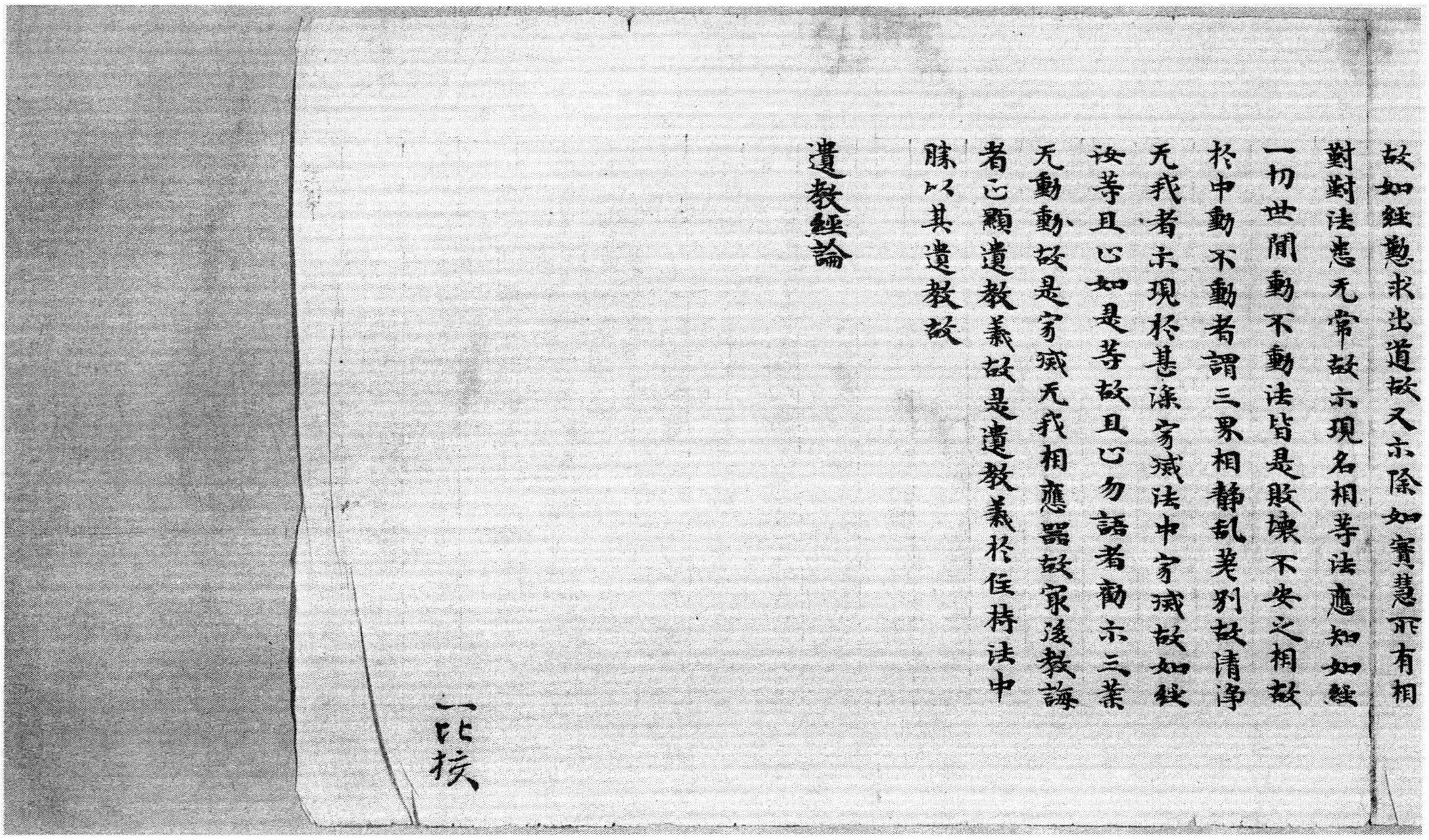

故如經懃求出道故又亦除如實慧所有相
對對法悉无常故亦現名相等法應知如經
一切世間動不動法皆是敗壞不安之相故
於中動不動者謂三界相靜亂差別故清淨
无我者亦現於甚深分別法中分別故如經
汝等且止如是等故且止勿語者勸亦三業
无動動故是分別无我相應器故最後教誨
者已顯遺教義故是遺教義於住持法中
勝以其遺教故

遺教經論

一比挍

BD14924號　遺教經論　（35–35）

BD14924號背　勘記　（1–1）

大方等大集經卷第廿六
尒時西方過卅恒河沙等諸佛世界有佛世
界名曰堅幢具足五濁其土有佛名高貴德
王如來應供正遍知明行足善逝世間解无
上士調御丈夫天人師佛世尊今現在宣說
法要教化衆生彼大衆中有一菩薩名光密
功德御聽虚空見諸菩薩從西方來趣於東
方見已白佛言世尊何因緣故无量菩薩從
西方來趣於東方佛言善男子東方去此卅
恒河沙等世界彼有世界名曰娑婆具足五
濁釋迦如來以是因緣為諸衆生宣說妙法
名曰大集久別三乘為不斷絕三寶性故破
魔界故堅法幢故一切十方无量諸佛悉集
彼國咸共宣說寶幢陁羅尼說已各各還本住
處釋迦如來為諸菩薩及聲聞衆敷揚宣說
四无导智清淨梵行善男子汝今願欲詣彼

BD14925號　大方等大集經（異卷）卷二六　（22–1）

名曰大集久別三乘為不斷絕三寶性故破
魔界故堅法幢故一切十方无量諸佛悉集
彼國咸共宣說寶幢陁羅尼說已各各還本住
處釋迦如來為諸菩薩及聲聞衆敷揚宣說
四无导智清淨梵行善男子汝今願欲詣彼
世界見彼佛不我今亦欲与彼佛俱所謂斷
業陁羅尼隨无願定成就具足无量功德能
斷欲貪色无色貪憍慢慢慢我慢乃至盡得
无生智得阿耨多羅三藐三菩提尒時世尊
即說此陁羅尼句
舍那舍嗏　摩舍那舍嗏　阿嗏叉舍嗏　叉𨪀舍嗏
遮𨪀舍嗏　輸晝多舍嗏　其泯那舍嗏　視毗舍嗏
迦蚰舍嗏　摩那舍嗏　叉嗏郯蚰　遮𨪀畢利㡧
𣳚叉嗏　其泯那泯祇叉嗏　視毗嗏由叉嗏　迦蚰其羅
摩叉嗏　摩那烏那闍叉嗏　阿踏迦若蚰叉嗏　頻闍散
君羅摩叉嗏　安矾羅都伽叉嗏　三摩流波脾蚰　叉嗏
舍摩迦闍叉嗏　叉蚰羅婆叉嗏　肩多脾婆羅叉嗏
那奴那　遥那奴那　阿嗏遥那奴那　那蚰波那蚰　那奴那
伊槃都　豆㭬罵多呵
尒時佛告光密功德言善男子汝持是持至彼
世界先問起居少惱說之時諸菩薩白佛言世
尊我已受持是陁羅尼我雖欲住此生衰相向
以故曾從佛聞彼土衆生悉見成就多貪恚癡
隨世人語能速告作阿鼻獄業佛言善男子
此非彼土諸四天下二界中間廿一日大金
翅鳥恐怖大海六万四千億諸大龍王令得
歸依佛法僧寶發菩提心耶世尊實如聖教
善男子國土免畢此非鳥龍金翅鳥龍於七日

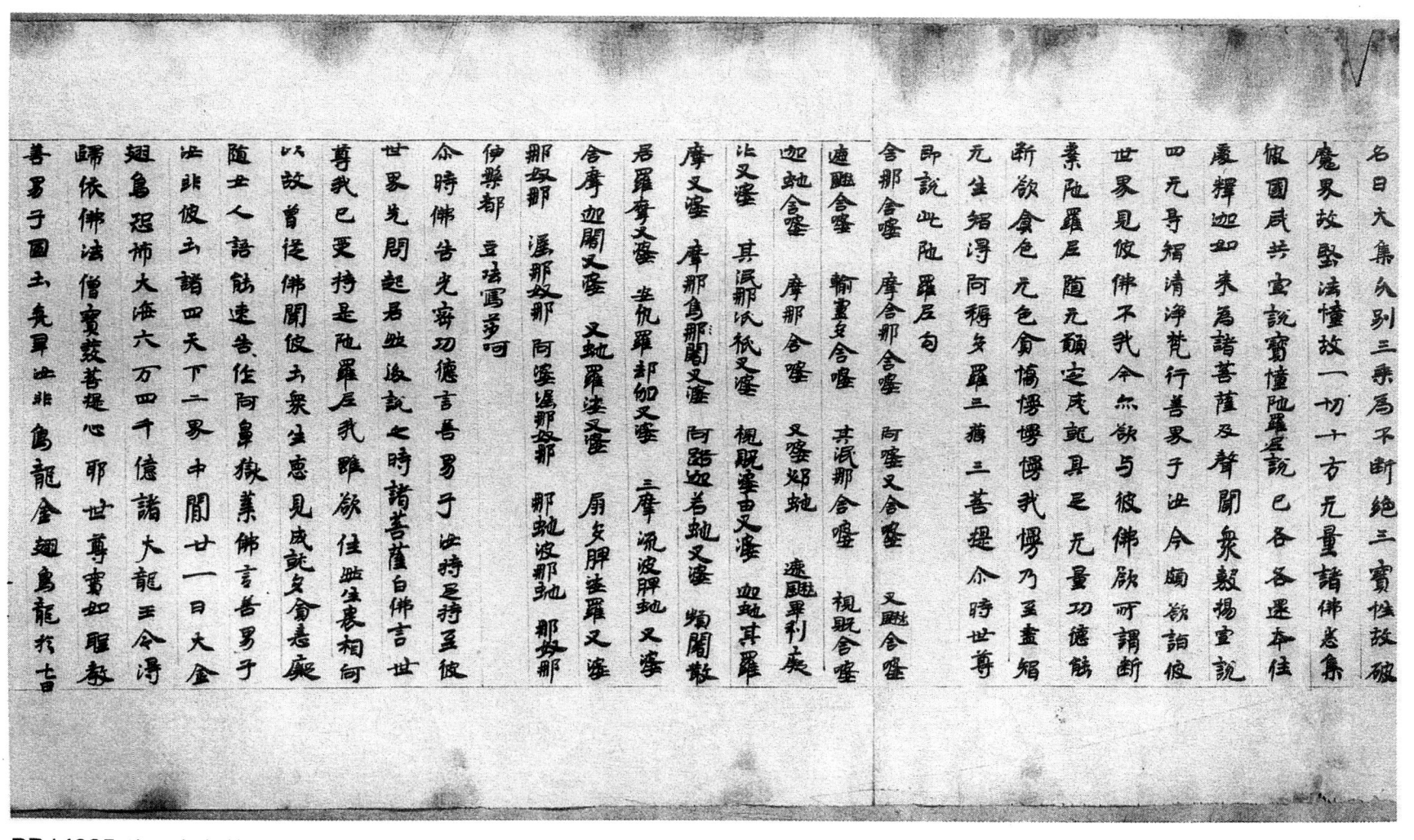

BD14925號　大方等大集經（異卷）卷二六　（22–2）

隨[illegible]
此非彼土諸四天下二界中間廿一日大金
翅鳥怨怖大海六万四千億諸大龍王令得
歸依佛法僧寶發菩提心爾世尊讚如聰叡
善男子國土竟畢此非鳥龍金翅鳥龍於吉
中降伏大而令諸惡龍生怨怖爾世尊贊
如所言善男子此於如是諸惡龍中猶不生
畏何緣而生怖畏爾世尊譬如智人聞於他
處多有寶藏是人即往以掘把之把已漸見
心生歡喜意无疲猒我亦如是因聞如來得
聞如是實語實語因聞是語得大勢力能覩
佛印調伏彼土佛言善哉善哉善男子我當
施此大神良呪能淨諸業淨於因緣淨於調
伏淨於欲淨增長淨平等淨惡風淨行淨无
明淨生死淨一切煩惱淨一切三界有爲之
法淨於此彼是名日呪善男子如是神呪彼
國聞已上中下結皆悉淡薄色无色有亦復
如是皆得超越恒河沙等劫中諸業一切五
有身口意惡皆能令淨善男子若有人能聽
受是呪持諷誦讀乃至七日至心不忘當知
是人一切惡罪皆悉消滅除五逆罪謗方等
經毀呰聖人犯四重禁是人所求乃至菩提
隨意即得若欲脩行檀波羅蜜亦得成就乃
至般若波羅蜜亦復如是善男子娑婆世界
所有衆生无有因緣得可責法何以故十方
世界所可債違諸惡衆生皆往生彼娑婆世
界是故能作五逆惡罪謗方等經毀此聖人
犯四重禁是人以是業因緣故多生惡道受
无量苦既受苦又不能得十善之法以是因

[illegible]
所有衆生无有因緣得可責法何以故十方
世界所可債違諸惡衆生皆往生彼娑婆世
界是故能作五逆惡罪謗方等經毀此聖人
犯四重禁是人以是業因緣故多生惡道受
无量苦既受苦又不能得十善之法以是因
緣復還生於娑婆世界是人若本脩集信根
乃至慧根終不生於弊惡國土以脩如是惡
法因緣故生於惡國諸根殘缺不具人身无
有念心飲食衣被敷具醫藥叢身資生所須
難得壽命促短不得安眠智慧善根福德不
具吉事尠少无有慈心樂行惡業樂脩惡見
樂讀耶書樂信惡友樂發惡願多諸病苦多
惡壞髮常喜增長三惡道法敬事耶神受性
弊惡調戲婬姤具足成就諸不善業樂謗三
寶樂行三惡道善男子是惡衆生聞是呪已
於生死法而生悔心離三惡道脩集信根乃
至慧根亦樂脩行六波羅蜜清淨梵行增壽
益第除惡病苦智慧熾盛親厚无損一切善
法无有耗減具足成就十善之法長益三寶
樂脩法行令諸衆生具足如是无量善法善
男子釋迦如來娑婆世界若有衆生受持禁
戒敬信三寶諮啟妙法讀誦書寫得歡喜心
以是因緣即得過於三惡道業若有未來重
惡之罪即現在受苦過頭痛若失財物眷屬
離壞惡名遠聞若被打罵則得除滅善男子
離是神呪成就具足无量功德能壞一切所
有惡業能爲衆生作大利益能究衆生无量
[illegible]

以是因緣即得過於三惡道業若有未來重
惡之罪即現在受苦遇頭痛若失財物眷屬
離壞惡名遠聞若被打罵則得除滅善男子
離是神咒成就具足无量功德能壞一切可
有惡業能爲衆生作大利益能浣衆生无量
惡心作天光明得大念心作大寂靜是人常
爲十方諸佛菩薩聲聞緣覺諸天龍鬼人三
之所擁護是人臨死得見十方无量諸佛聞
佛所說諸佛讃言善哉善哉善男子汝來生
我妙淨國土我能令汝速住十地是人爾時
生歡喜心歡喜心故則得深信以是因緣即
得生於淨妙國土生已即階十住正位得阿
耨多羅三藐三菩提善男子汝等可受持如
是陀羅尼讀誦通利向娑婆世界先住問訊
釋迦如來然後宣說爾時世尊即說此陀羅
尼
郁伽波利車陀　昭婆叉斯　娟婆吟　郊陀波羅婆伽叉
叉婆俞岐　波羅提呵吟　舍摩那思伽緹　三摩呼伽叉薩
阿毗那泜　叉婆婆祇　尼陀那闍薩　三摩那闍薩　阿陀
舍毗闍薩　比波羅闍薩　斯叉闍薩　斯若闍婆闍薩
婆利羅仇呵闍薩　沙羅仇呵闍薩　癩婆那拘拖
婆陀那拘濘　思婆陀那緹　比婆波羅羅泜　優波若羅
摩那緹　阿那婆夂　婆羅吟　婆羅堤君羅呼那
婆伽咃拖　婆晝遮那婆殄君羅咃陀吟　伽摩婆拖
阿舍郁岐　那毗罩祇　郊陀婆濘　其離那婆濘
留遮婆濘　婆呼摩伽吟　舍利毗嗻尼　摩伽闍薩
阿利拘那婆　那毗那目哈　婆羅叉拘醉　那毗那叉吟
因陀羅婆婆濘　鳥呵阿婆阿　阿羅婆阿　嚧羅

BD14925號　大方等大集經（異卷）卷二六　（22-5）

阿舍郁岐　那毗罩祇　郊陀婆濘　其離那婆濘
留遮婆濘　婆呼摩伽吟　舍利毗嗻尼　摩伽闍薩
阿利拘那婆　那毗那目哈　婆羅叉拘醉　那毗那叉吟
因陀羅婆婆濘　鳥呵阿婆阿　阿羅婆阿　嚧羅
阿婆邏　婆呼伽豆咕尼緹　羅濕槃帝　莎呵
爾時彼佛說此陀羅尼已時彼會中復有无
量菩薩大衆同聲讃言善哉善哉我等今者
亦欲往彼彼佛告言宜知是時汝若往者一
切變身那羅延像皆言如是世尊爾時光密
菩薩与諸大衆一切化爲那羅延像俱共發
來至娑婆界既至此已於虛空中雨細金沙
持以供養釋迦如來既供養已從空而下頭
面敬礼右遶三迊却住一面爾時北方過於
八万恒河沙等諸佛世界彼有世界名香
身具足五濁是中有佛号德華密如來應供
正遍知明行足善逝世間解无上士調御丈
夫天人師佛世尊今現在爲諸衆生宣說法
化彼大衆中有一菩薩名虛空密在會聽法
仰瞻虛空見諸菩薩其數无量從北方來趣
於南方即白佛言世尊何因緣故无量菩薩
從北方來趣於南方佛言善男子南方過於
八万恒河沙等諸佛世界彼有世界名曰娑
婆具足五濁有佛世尊名釋迦牟尼今現在
爲諸衆生宣說妙法分別三乘竪大法幢廣
說法聚十方諸佛悉集彼國爲諸菩薩解說
寶幢陀羅尼已各各還歸本所住處釋迦如
來故爲大衆菩薩聲聞重說法要多有秘密

BD14925號　大方等大集經（異卷）卷二六　（22-6）

為諸眾生宣說妙法分別三乘堅大法幢廣
說法聚十方諸佛悉集彼國為諸菩薩解說
寶幢陀羅尼已各各還歸本所住處釋迦如
來故為大眾菩薩聲聞宣說法要多有秘密
甘露之語若欲聽者可往彼國釋迦如來常
發大願若有十方諸菩薩等來聽我語即得
十八不共之法
又復願言我成佛已願我土地具足上味
彼佛世界所有菩薩有大念心精進持戒智
慧具足猶如諸佛清淨世界脩集禪定成就
具足若入禪定其身放光或如一燈或如百
千无量日月悉共集會聽佛說法若有十方
諸菩薩等來至彼者皆從定起往至彼國覲
見釋迦牟尼如來及其大會聽陀羅尼遊戲
神通善男子汝欲往娑婆世界彼土眾生受
命短促多諸惡病智慧善根福德善行皆悉
薄少於三惡道不生怖畏貪着財物心不清
淨多懷嫉妬无有慚愧樂行十惡是諸眾生
或有雜行捨是身已即於其國作大惡鬼乃
至作惡迦耶富單那作惡鬼已收取地味乃
至一切藥穀米草木等味若有食者身
得惡病无有勢力是諸惡鬼常圖眾生初生長
大能斷其命是故其土眾生短壽善男子我
本脩集菩提道時亦常發願願我來世常懃
精進不休不息恭敬供養无量諸佛聽受正
法問難深義我當云何護處胎者令其母子
產生安隱若天龍鬼若羅刹鬼若阿脩羅若
迦樓羅若緊那羅若摩睺羅伽若拘辯荼若

本脩集菩提道時亦常發願願我來世常懃
精進不休不息恭敬供養无量諸佛聽受正
法問難深義我當云何護處胎者令其母子
產生安隱若天龍鬼若羅刹鬼若阿脩羅若
迦樓羅若緊那羅若摩睺羅伽若拘辯荼若
茘蘘多若毗舍遮若富單那若迦多富單那
若憂多羅若阿儞朱羅若一行乃至四行若
起死屍鬼若毒治道若惡藥若鎮身心如是
等事不能為是母子作惡乃至生已乳餔飲
食長養大時不能作惡令其心濁乃至夢中
亦復如是常行十善樂施樂戒於三惡道心
生怖畏世尊有何呪藥能辯是事時无量佛
即時施我淨陀羅尼以是持力令我於往无
量世中調伏无量无數眾生勸之令行六波
羅蜜我於无量无數世中常念何處有是住
身諸女人等防遮惡鬼乃至惡藥是故我住
无數〻三〻歸〻已一切惡眾及諸毒藥无
能加害是兒生已常得善心智慧具足身軆
无數若遊行時常為无量善神擁護面貌端
政眾生樂見樂脩慈悲布施持戒忍辱精進
處在寂靜樂脩禪定近善知識具足智慧壞
諸苦惱一切天鬼樂為供養散離生死甘露
涅槃若發无上菩提之心即得阿耨多羅三
藐三菩提若發辟支佛心即得辟支佛道若
發聲聞心即得如實忍是諸眾生永離惡趣
常行善道善男子我以如是无量方便調伏
眾生為阿耨多羅三藐三菩提善男子若有

獲三菩提若發辟支佛心即得辟支佛道若
發聲聞心即得如實忍是諸衆生永離惡趣
常行善道善男子我以如是无量方便調伏
衆生爲阿耨多羅三藐三菩提善男子若有
衆生遇大重病求師子皮以呪之持与病者
如其无皮若宍若骨若无宍骨若取畫除及
屎處土若无糞土以呪結索或作符書以与
病者病即除愈若樹无葉以呪而水持以
溉灌便得華葉若亢旱時求覓龜心五反呪
之置龍泉中則降大雨若多雨時壞敗穀麦
城邑聚落赤蜥蜴皮七反呪之置龍泉中淋
而則止若其國土多有恠異惡風惡星
日月應於七日中淨自洗浴服食乳糜七日
之中讀誦是呪諸異惡恠尋即消滅善男子
若有人聞是陁羅尼所有煩惱尋即薄少入
正定聚善男子我以如是无量方便調伏衆
生令得脩集六波羅蜜乃至得阿耨多羅三
藐三菩提善男子是陁羅尼能爲衆生作大
利益能斷一切諸惡重病能護一切任身之
及處胎者滅一切結知陰入界摧伏四魔所
有覺界能令一切諸天歡喜令諸惡鬼生知
足想能令惡龍心大怖畏能壞一切惡耶諸
論令諸四姓心生歡喜能令女人貪心除息
令多聞者念心堅牢坐禪之人心得善寂能
壞一切國土惡相令三寶種无有斷絶能令
法界增長无減能令佛法廣善流布能壞一
切无明癡聚能得盡智及无生智尒時世尊
即說此陁羅尼句

BD14925號　大方等大集經(異卷)卷二六　(22–9)

壞一切國土惡相令三寶種无有斷絶能令
法界增長无減能令佛法廣善流布能壞一
切无明癡聚能得盡智及无生智尒時世尊
即說此陁羅尼句
摩那叉　阿婆叉　伽羅婆叉　闍羅叉　摩摩那叉　叉婆叉
摩陁叉　那荼叉　那荼羅休　比婆那吒　却伽那吒
阿吒那吒　究那吒　波利究婆那吒　那荼那吒　富利迦那吒
優多羅那吒　迦比那吒　毘闍那吒　阿摩呿那吒　遮凡婆羅
那吒　却鼣婆羅那吒　沸迦羅那吒　希婆那吒　三摩羅虵
那吒　尸利拘婆那吒　檇多吒　多荼羅婆　摩留多却婆
提休叉　婆提羅酬　埵摩那羅酬　婆呵那富吒
散提羅闍婆　阿摩摩闍婆　摩休羅伽闍　阿濕那
阿濕那邏婆　阿濕那叉　阿婆呵求力伽濕那叉　伊槃都
豆呿寫　莎呵
畢竟盡苦是名爲呪說是呪時彼大衆中六
万億人得如法忍復有大万人入正定聚善
男子我今以是淨陁羅尼与彼佛欲法當受
持諷誦讀寫時虛空密菩薩摩訶薩敬承佛
教受持讀寫是陁羅尼与无量菩薩俱共發
來至娑婆界爲自變身爲轉輪王以種種寶
供養如來頭面敬礼右遶三匝却坐一面
大方等大集經日密分別說欲品第三
尒時頻婆娑羅王見无量菩薩或作梵像及
帝釋像那羅延像轉輪王像從坐而起敬意
合掌在一面立尒時日密菩薩摩訶薩即於
佛前以偈讃嘆
於諸之中最殊勝　施諸惡見大光明

BD14925號　大方等大集經(異卷)卷二六　(22–10)

帝釋像那羅延像轉輪王像從坐而起敬意
合掌在一面立尒時日密菩薩摩訶薩即於
佛前以偈讚嘆
於諸惡中最殊勝　施諸惡見大光明
行正道者施法印　摧滅惡龍及四魔
堅鞏法幢施解脫　以大法炬壞衆闇
親近善友脩集定　憐衆生故說福田
佛法僧寶甚難得　人身信心亦復難
雖得人身善友難　得善友者壞煩惱
衆生闇行沒結河　如來船師能拔濟
四方諸佛遣我來　今於大會說与欲
日密菩薩說是偈讚已如本佛土所教戒事
悉皆說之尒時世尊告舍利弗是阤羅尼四
方諸佛所与欲也為欲利益此土衆生舍利
弗汝當受持讀誦書寫是阤羅尼於四衆中
廣分別說時虛空密菩薩摩訶薩以復偈讚
於佛
如來真實知法界　示魔衆生正真道
若有真實生信心　是則能破三惡道
供養如來一香華　无量世受无上樂
无量世中身具足　亦得无上真智慧
若能一聞是總持　即能摧滅諸煩惱
一切人天所供養　獲得无生及盡智
大方等大集經日密分中品第四
尒時世尊告四大菩薩善男子汝若樂住此
世界者隨意脩集所有善法時四菩薩及其
大衆即便各各隨意入定既入定已身出光
明猶如一燈乃至猶如无量日月尒時大德

一切人天所供養　獲得无生及盡智
大方等大集經日密分中品第四
尒時世尊告四大菩薩善男子汝若樂住此
世界者隨意脩集所有善法時四菩薩及其
大衆即便各各隨意入定既入定已身出光
明猶如一燈乃至猶如无量日月尒時大德
阿若憍陳如承佛神力即住是念我今若聞
如來一義如來因是或當分別廣說如是四
阤羅尼如來說時其聲必聞娑婆世界衆生
聞已起同心壞於向法中得大光明度於彼
岸到正定聚不墮惡道一切惡行就善之法
住是念已即從坐起敬意嘿然合掌而立佛
告阿若憍陳如汝將不欲問大義耶如是世
尊實欲諮啟唯願聽許佛言憍陳如汝今知
時我當破壞一切疑網憍陳如言如佛經中
說有二種所謂愛与士夫行於生死云何名
愛云何名士夫何故如來說是二種行於生死
佛言善哉善哉憍陳如使蘇斯問能大利益
无量衆生是知時問是如善問諦聽諦聽吾
當為汝分別解說憍陳如愛有三種所謂欲
愛色愛无色愛復有三種所謂有愛斷愛法愛
憍陳如云何欲愛所言愛欲者名為放逸放逸
因緣則為貪身以身因緣則生樂樂想想因
緣則憔身心憔身心故樂行十惡因緣則能
增長三惡苦名受人身貧窮困苦貪因緣故
五道受生生在羊中多受苦惱離受是苦心
无慚愧不生悔恨若因少善還得人身憂心
增長憂增長故身口不淨造作无量諸重惡

增長三惡苦若受人身貧窮困苦貪因緣故
五道受生生死羊中多受苦惱離受是苦心
无慚愧不生悔恨若因少善還得人身憂心
增長憂增長故身口不淨造作无量諸重惡
業乃至五逆以是因緣墮於地獄受大苦惱
一切憂苦皆因愛心是故如來為愛解脫宣
說正法呵責欲法若有衆生得聞如是呵責
欲已觀欲如糞如火毒樹毒氣行廁如刀如
賊如旃陀羅如熱鐵丸如惡雹雨如惡暴風
毒蛇怨家空野羅刹如蘇害人如糞如塚若
有人能作如是觀是人所有愛之与貪愛賊
愛著愛毛愛熱愛增等法尋即除滅滅已念
法樂法學法愛法取法愍求於法財法藏法
淨法行法歸依於法是人臨死獲得法念因
法念故尋得聞於十方諸佛宣說法要教化
衆生既聞法已心生歡喜故即得覩見諸佛
色身是人捨身生淨國土无三惡道常与善
人遊止共俱具足智慧捨施精進脩集慈悲
調伏衆生斷煩惱習具足无量无邊功德辟
如香篋以藏衣、服、皆香篋香不滅憍陳
如若諸衆生善願力故生淨國土共善衆生
同其事業而復如是自增諸善彼善无滅憍
陳如是故善男子善女人若欲自利利他共
利當勤懃求依於善友憍陳如若人能作如是
觀察欲性之相當知是人不久當得阿耨多
羅三藐三菩提世尊云何善友憍陳如夫善
友者所謂諸佛菩薩阿羅漢又善友者即
……一切衆生能說諸

BD14925號　大方等大集經（異卷）卷二六　（22–13）

同其事業而復如是自增諸善彼善无滅憍
陳如是故善男子善女人若欲自利利他共
利當勤懃求依於善友憍陳如若人能作如是
觀察欲性之相當知是人不久當得阿耨多
羅三藐三菩提世尊云何善友憍陳如夫善
友者所謂諸佛菩薩阿羅漢又善友者即
我身是何以故我常憐愍一切衆生能說諸
欲所有過患是故大衆應受我語我所出語
終无有二言不虛妄不兩舌語非无義語非
麁惡語所言咸實慈語悲語安衆生語我今
說諸欲罪過汝等應當一心受持即受持已
脫三惡道疾得阿耨多羅三藐三菩提尒時
娑婆世界一切衆生同發聲言世尊唯願宣
說欲之罪過我等今當至心受持佛言諸善
男子有四種欲一者色欲二者形欲三者天
欲四者欲欲是名為四云何色欲四大造色
凡夫不見无我衆生生顛倒想見男女相上
下色相是色可愛是色可德因是顛倒見女人
相故令貪欲未生便生生已增長是人因
是遠離善根及善知識不能善護身口意業
是故名為惡法之聚何以故不能觀察欲解
脫故以是義故增三惡道受於地獄餓鬼畜
生身无量世中受大苦惱皆由貪欲貪欲因
緣令欲增長諸有智者觀察女色見不淨相
皮膚肌宍筋骨血脉見已心樂脩集是相如女
身男身亦尒如近遠亦如是如此彼亦如是
如他自亦如是是人若能脩集是心即於貪
愛疾得解脫觀是身骨筋節相連心隨身行

BD14925號　大方等大集經（異卷）卷二六　（22–14）

皮膚肌宍筋骨血脉見已心樂脩集是相如是
身男身亦尒如近遠亦如是如此彼亦如是
如他自亦如是是人若能脩集是心即於貪
婬痴得解脫觀是身骨筋節相連心隨身行
尒時係心在於額上如來許處心樂脩集如
是相已身得寂靜不見恚相不見恚事不見
恚緣是則名為奢摩他名心寂靜云何復名
身寂靜也是人入定滅於入息既无入息何
有出息是則名為身心寂靜身心寂靜即舍摩
他之因緣也是人觀身所有骨節離散如沙為風
所吹見已即生空无物相觀於虛空是則名
為身心寂靜是名因於舍摩他定而得解脫世
尊虛空相者是有為相不憍陳如是有為
相世尊虛空若是有為相者為是自相是他
相耶憍陳如若能觀察一切法界及有為界
是名為自相何以故若能觀察色寂靜者即
見佛身所以者何若人觀骨能令如沙為風
所吹是人能破色貪色欲能深觀察色之實
性是人所見皆如虛空十方諸色空如派離
於中復見无量諸佛乃至十方亦復如是復
見如來卅二相八十種好十方世界亦復如
是是人若得悟生死法即自思惟我當問佛
如是虛空誰之所作當云何滅作是念已我
已問已我已知已虛空之性无有作者當何
所滅言虛空者无有覺觀无物无點无有相
狠无出无滅一切諸法亦復如是作是觀時
得阿那含果是阿那含悉斷一切貪欲之心

BD14925 號　大方等大集經（異卷）卷二六　（22–15）

已問已我已知已虛空之性无有作者當何
所滅言虛空者无有覺觀无物无點无有相
狠无出无滅一切諸法亦復如是作是觀時
得阿那含果是阿那含悉斷一切貪欲之心
唯有五事未能除斷一者色愛二者无色愛
三悼四憍五者无明是人若得見如來身僮
作是念我當知點是人尒時觀少見少觀多
見多復作是念如是諸佛從何處來復作是
念如是諸佛无所從來去无所至我三界心
是心因身我隨覺觀欲多見多欲少見少
欲諸佛如來即是我心何以故隨心見故心
即我身即虛空我因覺觀見无量佛我以覺
心見佛知佛心不見心心不知心我觀法界
性无堅牢一切諸法皆從覺觀因緣而生是
故一切所有性相即是虛空虛空之性亦復
是空若有初發菩提心者當觀无量諸法因
緣是人若發求聲聞心尒時即得无相三昧
令彼无明永滅寂靜亦復獲得隨順空忍是
人若見虛空是空尒時即得身心寂靜是則
名為空解脫門求向羅漢則為不難若復脩
行滅定解脫為滅无量諸法因緣說是法時
九万九千億眾生得脩定忍八万四千眾生
得脩空忍六万眾生得空三昧解脫門二万
眾生悉得現見諸佛三昧八万四千眾生得
阿羅漢果无量眾生得須陁洹果復次憍陳
如若有比丘自觀己身作不淨想不能調伏
自己心者是人次應諦觀死屍若青色若爛
壞若赤色若膖脹若離散若骨白如貝當深

BD14925 號　大方等大集經（異卷）卷二六　（22–16）

衆生悉得現見諸佛三昧八万四千衆生得
阿羅漢果无量衆生得須陁洹果復次憍陳
如若有比丘自觀己身作不淨想不能調伏
自己心者是人次應諦觀死屍若青色若爛
壞若赤色若腫脹若離散若骨白如貝當深
觀心樂住何處知已即取如觀外色自身亦
尒若青色乃至如貝如晝夜尒如是如夜晝
尒如是如去來尒如是如來去尒如是尒時
若見外物樹木人畜雜物皆作骨相作是觀
已乃至命終不生貪心是人現在能離於欲
他世未能是人若能獲得俻空陁羅尼者即
能觀骨作離散相如沙微塵若自若他不見
色相如一微塵即時獲得虛空之相見一切
色如青琉璃見已復觀虛空黃色能觀黃色
赤色白色雜色琉璃色若見地水亦如琉璃
是人能觀一切大地如四指許若欲動者即
以足指躡之令動隨意久近乃至大地樹木
山河悉爲之動若觀諸水作種ゝ色或入陁
利華優鉢羅華拘物頭華波頭摩華於一切
水行住坐臥觀一切山作種ゝ色其形細滑
如兜羅綿而於其中行住坐臥又自觀身輕
猶如風作是觀已能遊虛空行住坐臥是人
復入火光三昧身放種種妙色光明又復遊
入奕摩伽定身上出水身下出火作如是等
大神變已復作是念我當云何得見諸佛尒
時隨其所觀方面悉得見佛多觀多見少觀
少見見已復念諸佛世尊无所從來去无
所至我三界心是心因身我隨覺觀欲多見

BD14925號　大方等大集經(異卷)卷二六　(22-17)

復入火光三昧身放種種妙色光明又復遊
入奕摩伽定身上出水身下出火作如是等
大神變已復作是念我當云何得見諸佛尒
時隨其所觀方面悉得見佛多觀多見少觀
少見見已復念諸佛世尊无所從來去无
所至我三界心是心因身我隨覺觀欲多見
多欲少見少欲諸佛如來即是我心何以故
隨心見故心即我身即是虛空我因覺觀見
无量佛我以覺心見佛知佛心不見心心不
知心我觀法界性无堅牢一切諸皆法從覺
觀因緣而生是故法性即是虛空虛空之性
亦復是空我因是心見青黃赤白雜色虛空
作神變已所見如風无有真實是則名爲共
凡夫人如實陁羅尼是人復作是念若有虛
空即是无取无有覺觀不可宣說如我心離
觀虛空相亦觀心相不作遠離ゝ一切作不
作菝ゝ心設菝尋滅以心緣滅故是心便滅淨
身口意俻集滅定是人長夜係心定在從滅
定起捨其壽命入於涅槃是名不共凡夫如
實陁羅尼云何名爲共凡夫人如實陁羅尼
若有能作如是思惟我隨意觀色即是見色
即我心我心即色如我遠離一切色相觀虛
空相是人尒時俻虛空相是則名爲共凡夫
人如實陁羅尼若有能作如是觀色即是虛
空我以如是色因緣故得觀虛空虛空之性
名无郭㝵是風住處如是風者因四大生我
是色者亦復如是因四大起虛空風色等无
差別一切法性性自空寂諸自他性亦復如

BD14925號　大方等大集經(異卷)卷二六　(22-18)

人如實陁羅尼若有能作如是觀
空我以如是色因緣故得觀虛空虛空之性
名无鄣㝵是風住處如是風者因四大生我
是色者亦復如是因四大起虛空風色等无
差別一切法性性自空寂諸自他性亦復如
是虛空者即是无生无滅作是觀時係念如
來作是念已見虛空中有无量佛即時獲得
阿那含果是名不共凡夫如實陁羅尼也復
作是念言虛空者即是我也即是淨我即是
我心我者无色如空无邊我亦如是是名共
凡夫如實陁羅尼若有能觀一切法中无我
无我所言處空者即是无色无有我若念如
來若觀如來即是我也我見佛已得沙門果
乃至阿羅漢果是名不共凡夫如實陁羅尼
也若觀淨我者即是空處空即我心若能永
斷一切煩惱即是淨心若能修集八直正道
是名淨心能如是修即能獲得須陁洹果乃
至阿羅漢是名不共凡夫如實陁羅尼復有
觀色相者即分別相分別相者即是瞋相瞋
恚相者即生死相我今為斷死生相故觀心
相空是名共凡夫如實陁羅尼又復觀我即
是寂靜我今亦永斷於貪觀若我觀我我如
虛空我我者即是苦苦所從生即名為集如
是苦集是可斷法是名為滅觀苦集是滅名
為道得須陁洹果乃至阿羅漢是名不共凡
夫如實陁羅尼又復念言我何以故觀於虛
空空者即我我我若遠離虛空觀者次觀識
處如虛空觀識觀亦尒如空无邊心亦如是

BD14925號　大方等大集經（異卷）卷二六　（22–19）

為道得須陁洹果乃至阿羅漢是名不共凡
夫如實陁羅尼又復念言我何以故觀於虛
空空者即我我我若遠離虛空觀者次觀識
處如虛空觀識觀亦尒如空无邊心亦如是
是名共凡夫人如實陁羅尼若能觀識即是
苦者如苦所從名之為集苦集可斷是名為
滅觀苦集滅是名為道得須陁洹果乃至阿
羅漢果是名不共凡夫如實陁羅尼若觀識
處即是覺觀創疾煩惱如我遠離空處識處
修无想處是人修无想已得无想定是共名
凡夫人如實陁羅尼若觀識處即是創疾苦
惱之法如我遠離觀於識相次觀无想相言
无想者即是无我无我所相作是觀已即得
須陁洹果乃至阿羅漢果是名不共凡夫如
實陁羅尼若有能觀无想處者即是細想如
我遠離是无想處觀非有想非无想處是名
共凡夫人如實陁羅尼若觀非想非〻想處
即是大苦是處可斷可得解脫作是觀時得
須陁洹果乃至阿羅漢果永斷一切欲貪色
貪離凡夫名得聖人号永斷一切三惡道因
是名如實陁羅尼也是彼諸佛之所晝來日
密菩薩所責特欲能斷一切諸結煩惱一切
恚見我見取見戒見常見斷見命見作見仕
夫見受見色見聲見出見四大見能斷如是
等見是陁羅尼善能了達陰入界等能淨諸
見能令受者永受坐禪妲壞衆魔調伏恚龍
令諸天喜壞阿脩羅調迦樓羅能善制利婆

BD14925號　大方等大集經（異卷）卷二六　（22–20）

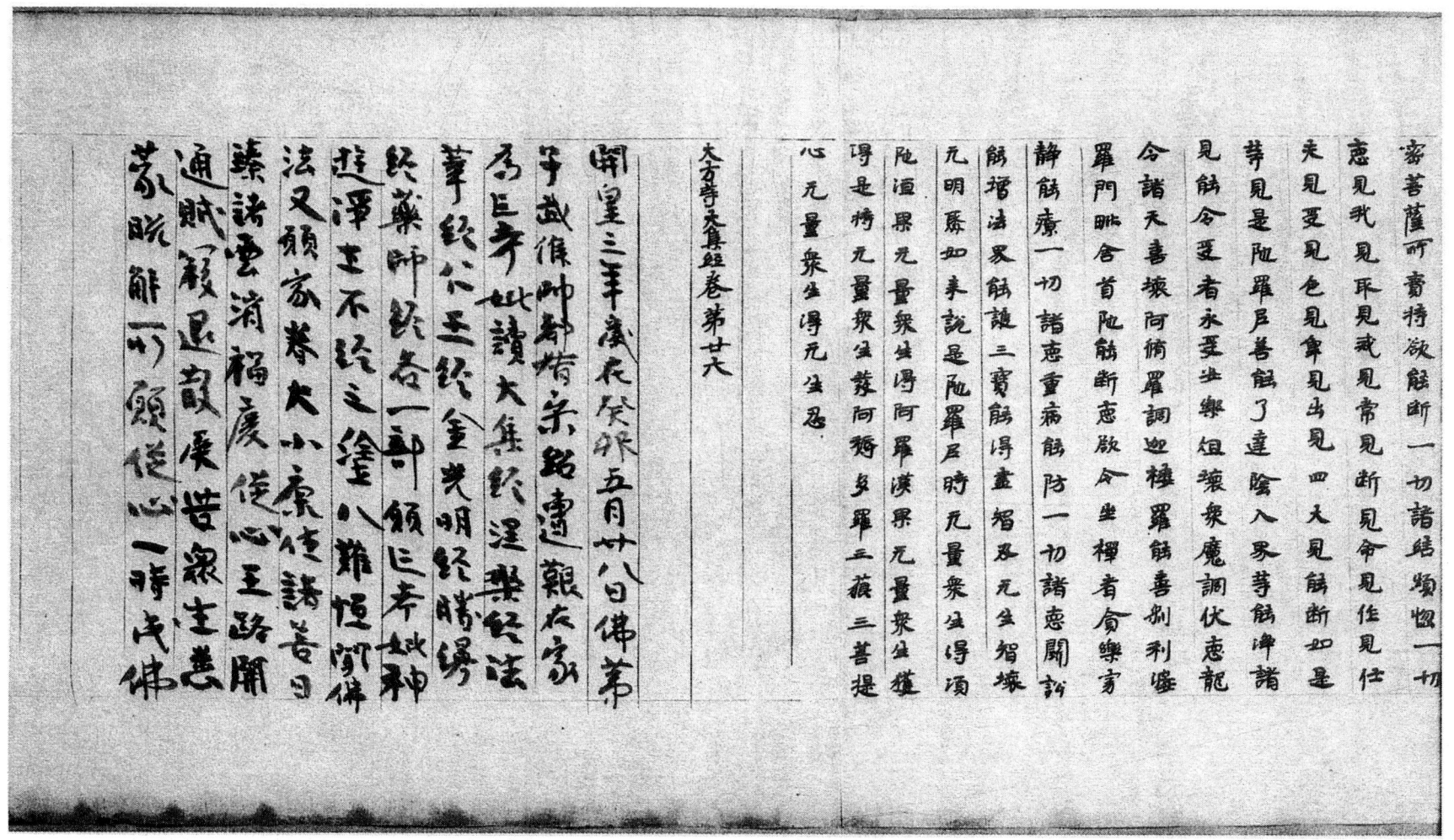

家菩薩所當持欲能斷一切諸結煩惱一切
惡見我見取見戒見常見斷見命見作見
夫見受見色見衆見生見四大見能斷如是
等見是陁羅尼善能了達陰入界等能淨諸
見能令受者永受坐樂俎壞衆魔調伏惡龍
令諸天喜壞阿脩羅調迦樓羅能善剎利婆
羅門毗舍首陁能斷惡欲令坐禪者貪樂寂
靜能療一切諸惡重病能防一切諸惡鬪諍
能增法界能護三寶能得盡智及无生智壞
无明縣如來說是陁羅尼時无量衆生得須
陁洹果无量衆生得阿羅漢果无量衆生獲
得是持无量衆生發阿耨多羅三藐三菩提
心无量衆生得无生忍

大方等大集經卷第廿六

開皇三年歲在癸卯五月廿八日佛弟
子武候帥都督前宗路遭艱在家
為亡考妣讀大集經涅槃經法
華經仁王經金光明經勝鬘
經藥師經各一部願亡考妣神
遊淨土不經三塗八難恒聞佛
法又願家眷大小康佳諸善日
臻諸灾消福慶從心王路開
通賊寇退散廣世衆生普
蒙既能一切願從心一時成佛

BD14925號　大方等大集經（異卷）卷二六　　（22–21）

心无量衆生得无生忍

大方等大集經卷第廿六

開皇三年歲在癸卯五月廿八日佛弟
子武候帥都督前宗路遭艱在家
為亡考妣讀大集經涅槃經法
華經仁王經金光明經勝鬘
經藥師經各一部願亡考妣神
遊淨土不經三塗八難恒聞佛
法又願家眷大小康佳諸善日
臻諸灾消福慶從心王路開
通賊寇退散廣世衆生普
蒙既能一切願從心一時成佛

BD14925號　大方等大集經（異卷）卷二六　　（22–22）

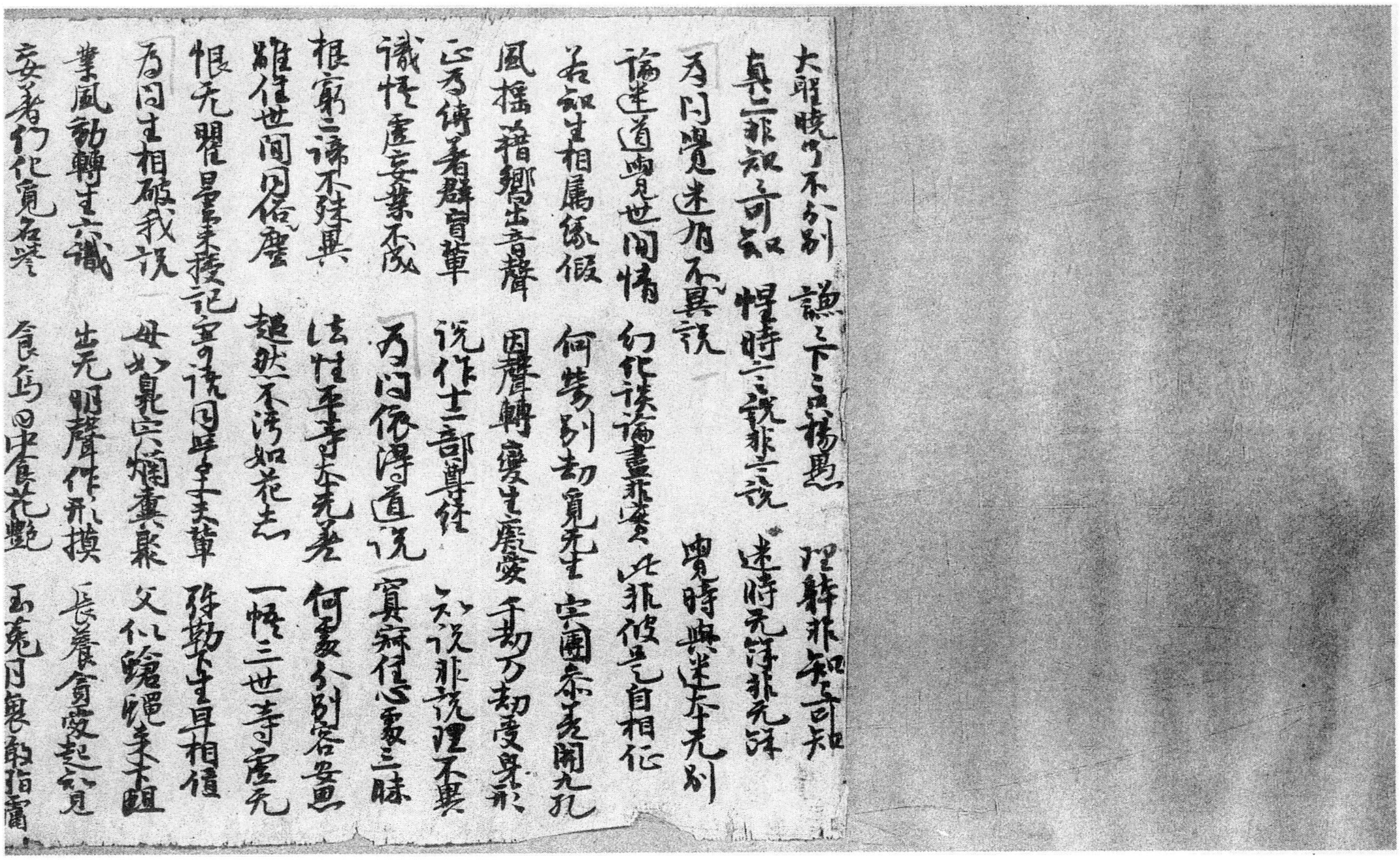

大聖曉了不分別　說之下三句標愚　理解非知可知
真亡二非知可知　悟時亦說非亦說　迷時無淨非無淨
為問覺迷有不異說　覺時與迷本無別
論迷道覺世間情　幻化談論盡非虛　此非彼是自相侵
若知生相屬緣假　何勞別劫覓無生　寶圖參差開九孔
風搖猶響出音聲　因聲轉變生愛憂　千劫萬劫受身形
正為傳看聲聞輩　說作十二部尊經　亦說非說理不異
識悟虛妄業不成　為問依淨道說　真寂住心處三昧
根窮二諦不殊異　法性平等本無老　何處分別容安置
雖住世間同俗塵　趣然不染如花去　一悟三世等虛無
恨無瞿曇來授記　寶の讀同早生夫輩　弥勒下生早相值
為問生相破我說　母如梟兒燭盡衆　父似蛇繩來去回
業風動轉生六識　出無明聲作形模　長養貪愛起六覺
妄著行化覓名聲　食烏口中食花艷　玉兔月泉第脂膚

BD14926 號　禪偈（擬）　（4–1）

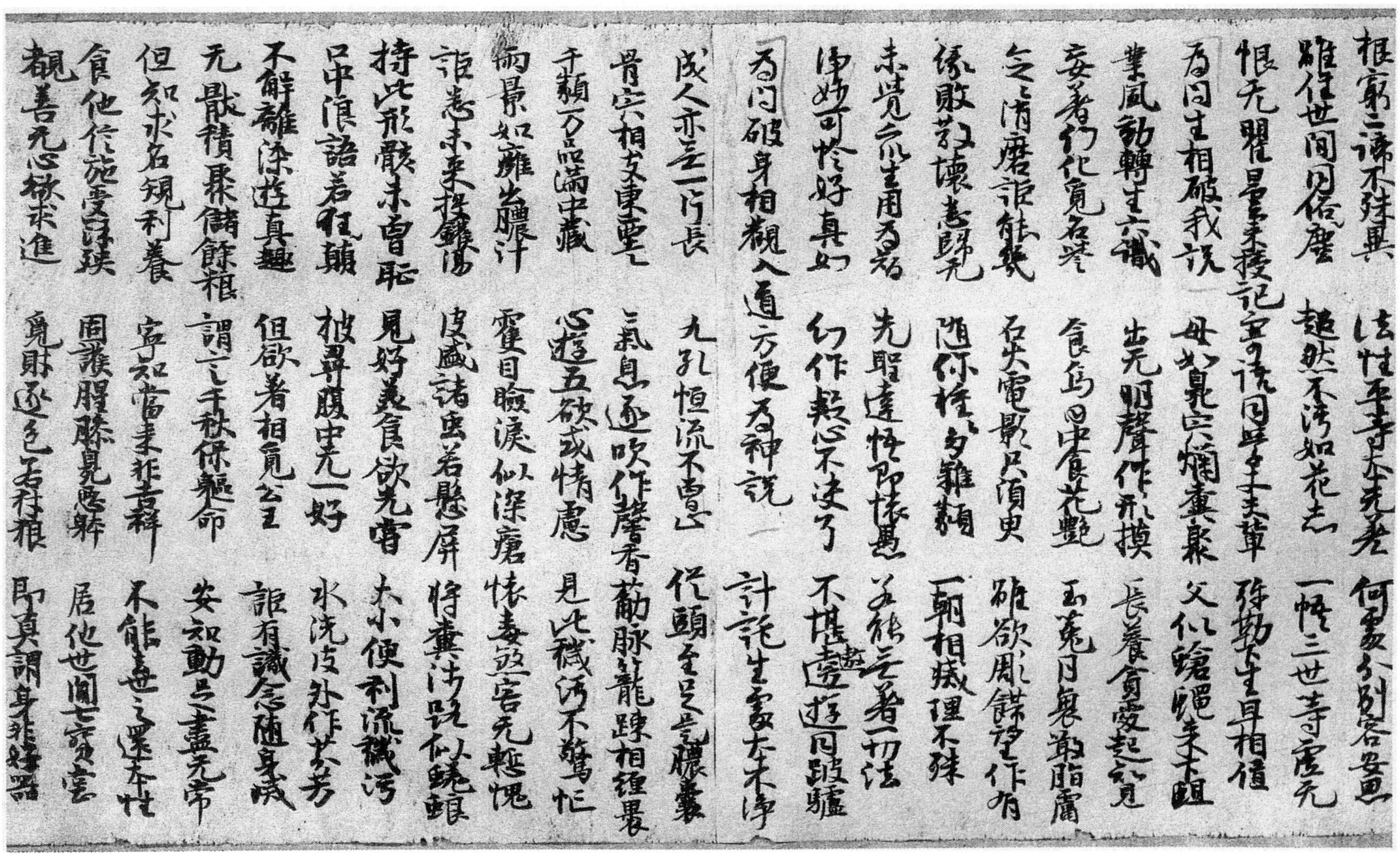

根窮二諦不殊異　法性平等本無老　何處分別容安置
雖住世間同俗塵　趣然不染如花去　一悟三世等虛無
恨無瞿曇來授記　寶の讀同早生夫輩　弥勒下生早相值
為問生相破我說　母如梟兒燭盡衆　父似蛇繩來去回
業風動轉生六識　出無明聲作形模　長養貪愛起六覺
妄著行化覓名聲　食烏口中食花艷　玉兔月泉第脂膚
之之消磨誰能覺　石火電影只須臾　雖欲周餘之作有
緣散散壞盡歸無　隨你惶惶多雜類　一朝相殘理不殊
未覺亦生用為惹　先聖達悟即懷愚　若能亡著一切法
淨妙可於好真如　幻作疑心不決了　不堪遮遊同路驢
為問破身相觀入道方便為神說　計託生處大不淨
成人亦至一丈長　九孔恒流不淨出　從頭至足是膿囊
骨實相支連　氣息逆吹作聲香　筋脈龍蹤相纏裹
千類萬品滿中藏　心逐五欲或情慮　見此穢污不驚忙
兩景如癰出膿汁　露目瞼淚似深瘡　悵妻兒害無慚愧
誰悉未來投鑊湯　皮盛諸蟲若懸屏　將糞汙騃似蛇蛆
持此形骸未曾恥　見好美食欲先嘗　大小便利流穢污
口中浪語若狂顛　被尋腹中無一好　水洗皮外作芬芳
不解離染遊真趣　但欲著相覓公王　誰有識念隨身滅
無厭積聚儲餘糧　謂言千秋保軀命　安知動足盡無常
但知求名規利養　寧知當來非吉祥　不能無世之業本性
食他信施受得殃　因護腥臊見惡躲　居他世間亡寶室
觀善無心欲求進　覓財逐色不存根　即真謂身非好器

BD14926 號　禪偈（擬）　（4–2）

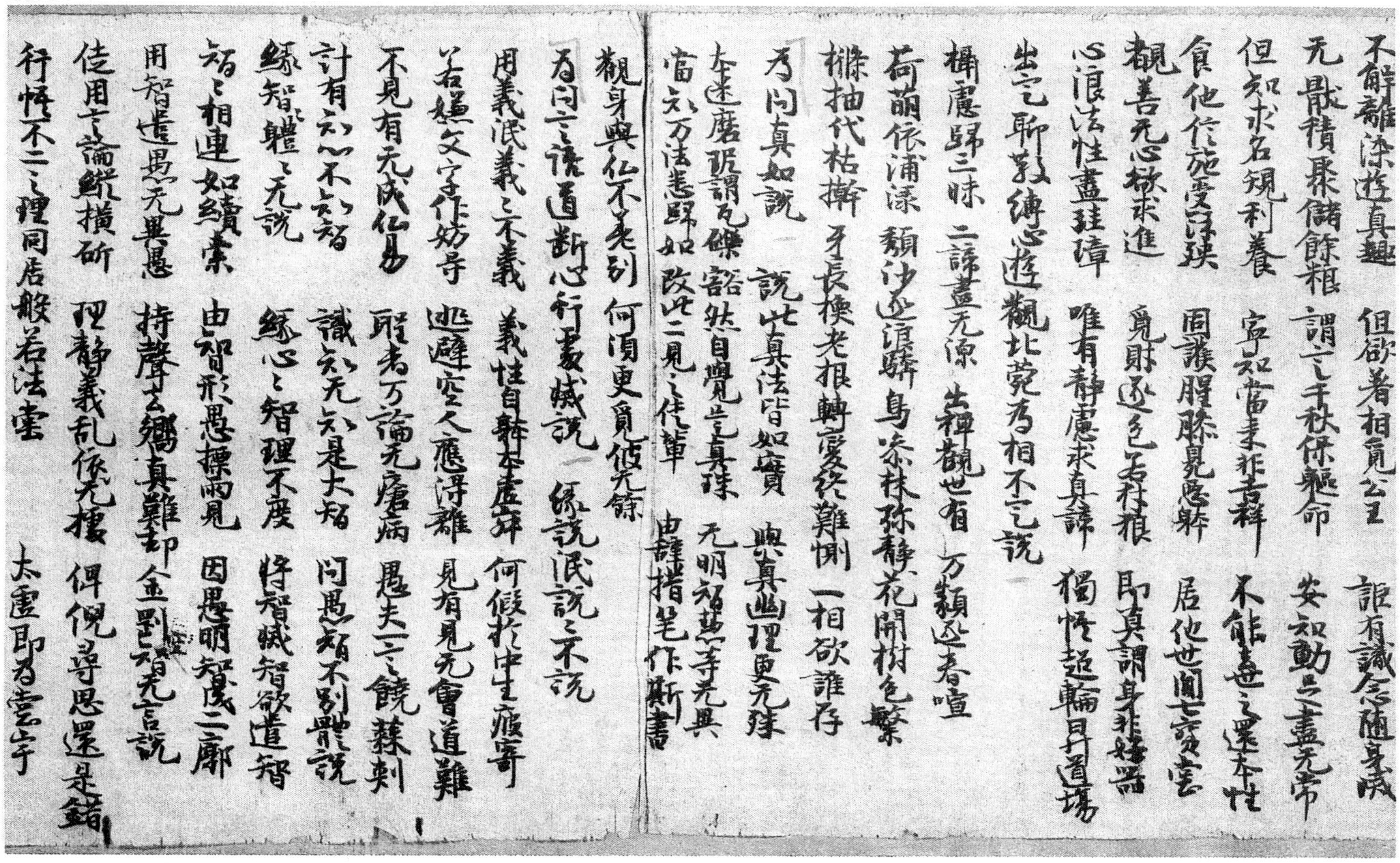
不解離染遊真趣　但欲着相覓公王　詎有識念隨身滅
无散積聚儲餘粮　謂言千秋保軀命　安知動念盡无常
但知求名規利養　寧知當來非吉祥　不能出世還本性
貪他作施受口味　周護腥膝見愚騎　居他世間七寶室
觀善无心將求進　覓財逐色不存粮　即真謂身非妹器
心退法性盡歸瘴　唯有靜處求真諦　獨悟超輪日月道場
出意聊戲縛心遊　觀比競為相不言說
攝慮歸三昧　二諦盡无源　出禪觀世有　万類逐春喧
荷萌依浦渌　類沙逐浪驕　鳥添林弥靜　花開樹色繁
櫞抽代枯擲　牙長換老根　轉變終難恻　一相欲誰存
為問真如說　說此真法皆如寶　與真幽理更无殊
本迷磨琢謂瓦礫　豁然自覺是真珠　无明智慧等无異
當知万法悉歸如　改此二見之作輩　由韓揩筆作斷書
觀身與佛不差別　何須更覓彼无餘　緣說泯說説不說
為問言詮道　斷心行處滅說
用義泯義之不義　義性自離本虛寂　何假於中生瘕寄
若撮文字作妨导　逃避空人應得離　見有見无會道難
不見有无成佛易　眼者万論无瘡病　愚夫二之饒蕀刺
計有知心不知智　識知无知是大智　問愚智不別體說
緣智體之无說　緣心之智理不度　將智滅智欲遣智
智之相連如續索　由智形愚擇兩見　因愚明智成二廓
用智遣愚无異愚　持聲去響真難却　金剛智无言說
徒用言論縱橫斫　理靜義乱依无樓　俾倪尋思還是錯
行悟不二之理同居般若法堂　太虛即為壹宇

BD14926號　禪偈（擬）　（4–3）

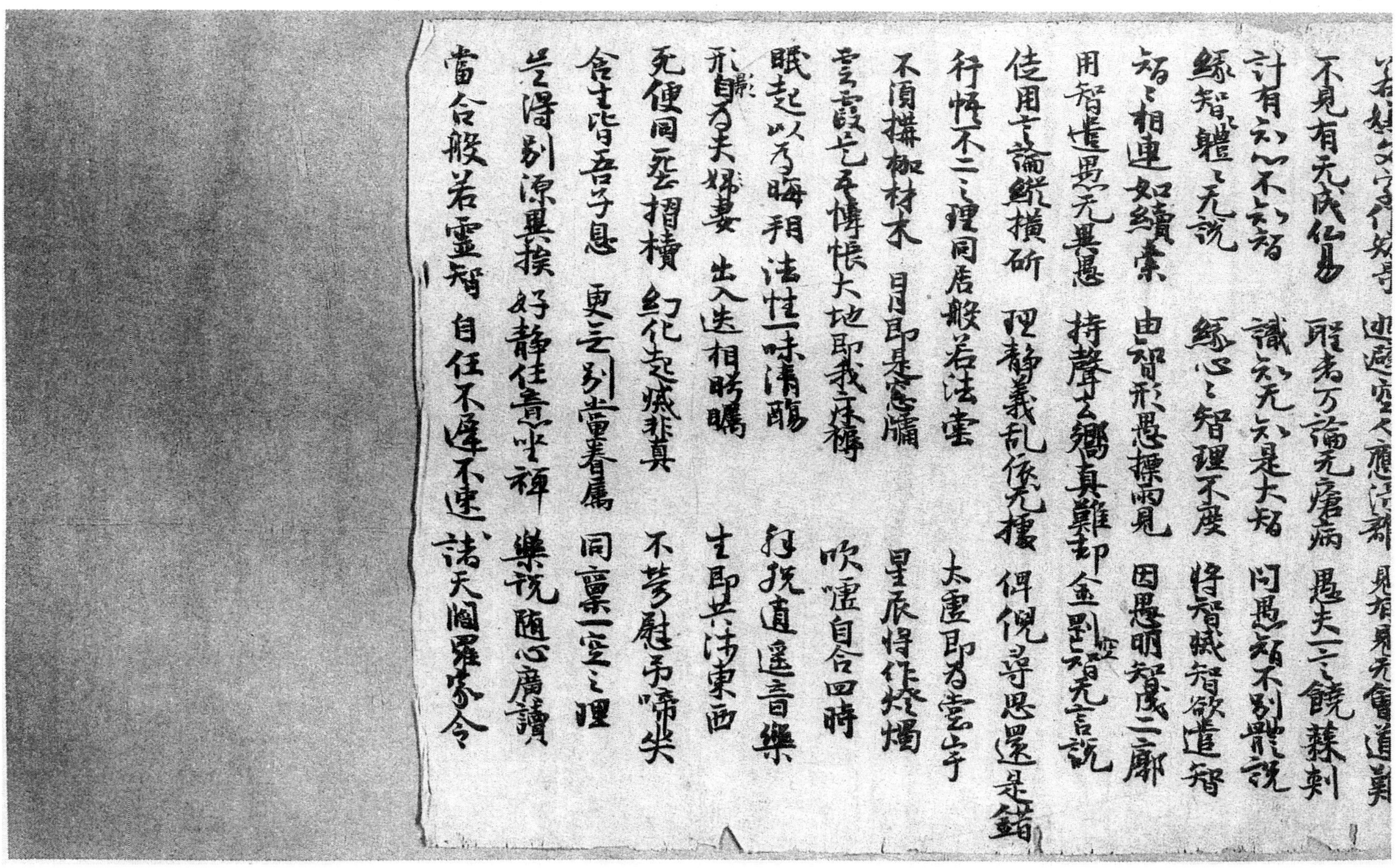
若撮文字作妨导　逃避空人應得離　見有見无會道難
不見有无成佛易　眼者万論无瘡病　愚夫二之饒蕀刺
計有知心不知智　識知无知是大智　問愚智不別體說
緣智體之无說　緣心之智理不度　將智滅智欲遣智
智之相連如續索　由智形愚擇兩見　因愚明智成二廓
用智遣愚无異愚　持聲去響真難却　金剛智无言說
徒用言論縱橫斫　理靜義乱依无樓　俾倪尋思還是錯
行悟不二之理同居般若法堂　太虛即為壹宇
不須攝枷材木　日月即是窓牖　星辰將作燈燭
雲霞已爲帳帳　大地即我床褥　吹噓自合四時
眠起以爲晦朔　法性一味清醐　努脫道遙音樂
形影自為夫婦妻　出入迭相眄矚　生即共淸東西
无便同至搢槓　幻化起滅非真　不勞慰弔啼哭
含生皆吾子息　更无別當眷屬　同稟一空之理
豈得別源異族　好靜住意坐禪　樂說隨心廣讀
當合般若靈智　自任不遲不速　諸天閻羅家令

BD14926號　禪偈（擬）　（4–4）

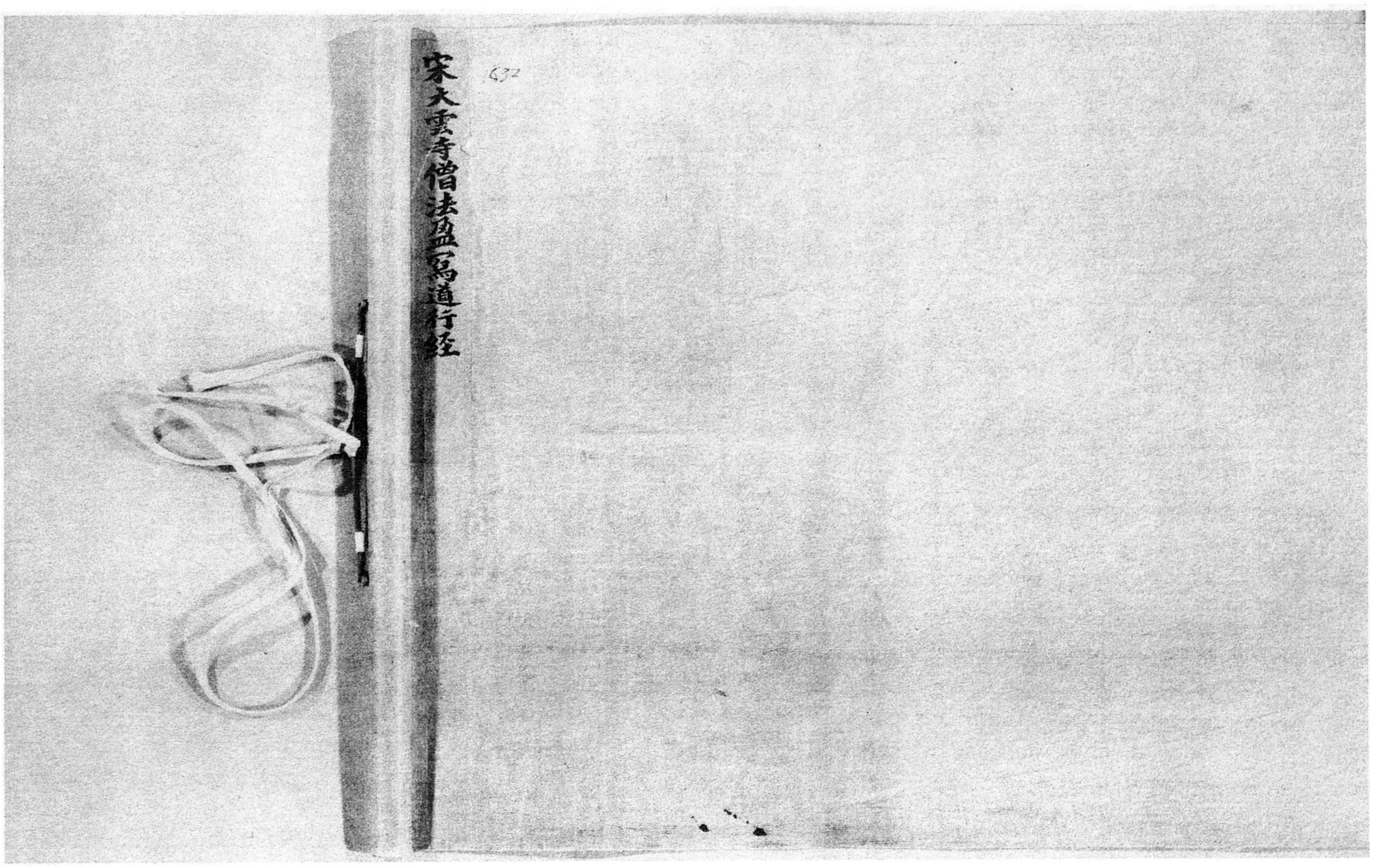

BD14927 號背　現代護首　　　　（1–1）

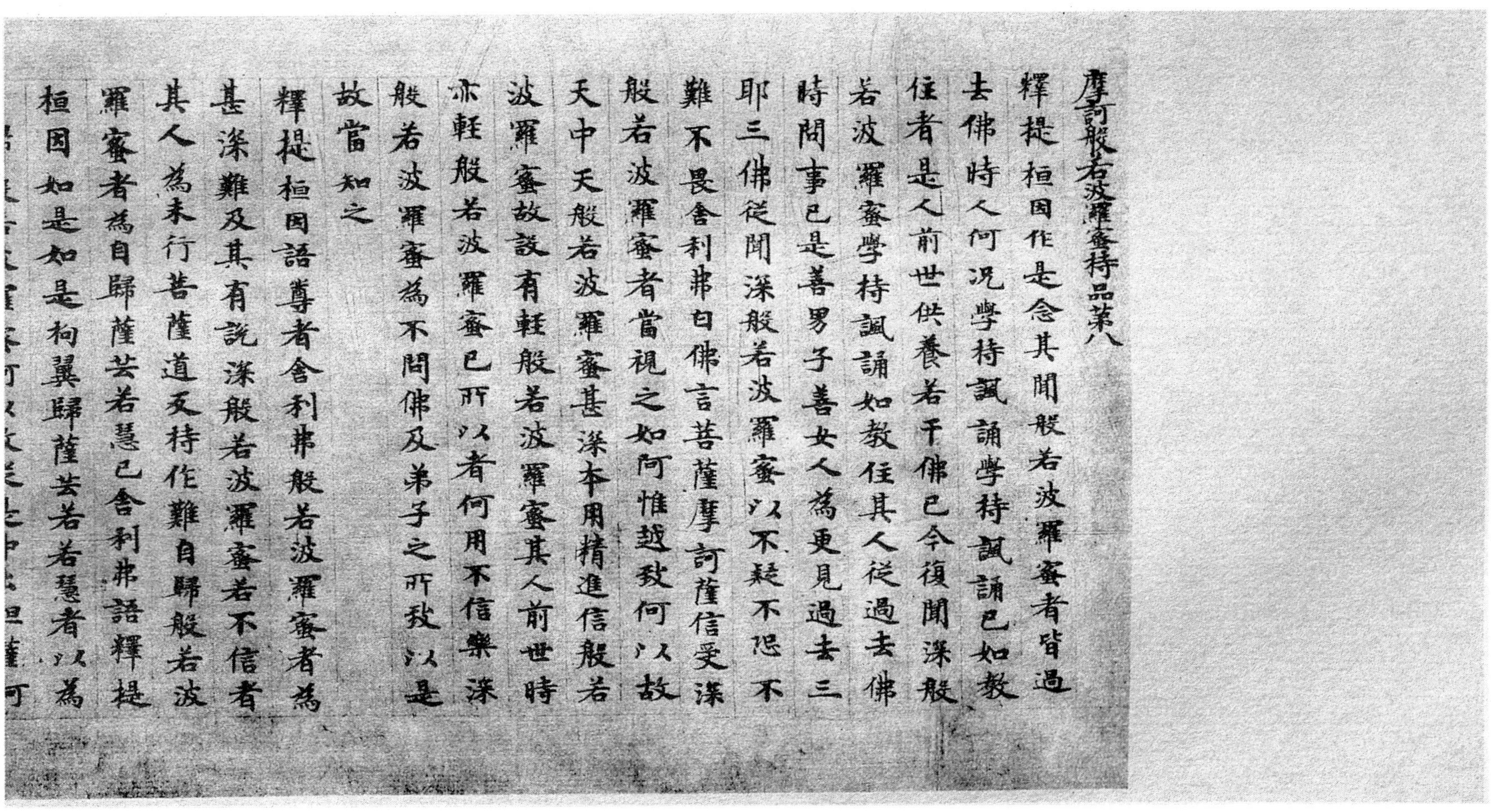
摩訶般若波羅蜜持品第八
釋提桓因作是念其聞般若波羅蜜者皆過
去佛時人何況學持諷誦學持諷誦已如教
住者是人前世供養若干佛已今復聞深般
若波羅蜜學持諷誦如教住其人從過去佛
時聞事已是善男子善女人爲更見過去三
耶三佛從聞深般若波羅蜜以不疑不恐不
難不畏舍利弗白佛言菩薩摩訶薩信受深
般若波羅蜜者當視之如阿惟越致何以故
天中天般若波羅蜜甚深本用精進信般若
波羅蜜故設有輕般若波羅蜜其人前世時
亦輕般若波羅蜜已所以者何用不信樂深
般若波羅蜜爲不問佛及弟子之所致以是
故當知之
釋提桓因語尊者舍利弗般若波羅蜜者爲
甚深難及其有說深般若波羅蜜若不信者
其人爲未行菩薩道反持作難自歸般若波
羅蜜者爲自歸薩芸若慧已舍利弗語釋提
桓因如是如是拘翼歸薩芸若若慧者以爲

BD14927 號　道行般若經卷四　　　　（18–1）

釋提桓因語尊者舍利弗般若波羅蜜者為
甚深難及其有說深般若波羅蜜若不信者
其人為未行菩薩道反持作難自歸般若波
羅蜜者為自歸薩芸若慧已舍利弗語釋提
桓因如是如是枸翼歸薩芸若若慧者以為
自歸般若波羅蜜何以故從是中出怛薩阿
竭阿羅呵三耶三佛薩芸若薩芸若慧者是
般若波羅蜜之所照明於般若波羅蜜中住
者无不解慧
釋提桓因白佛言菩薩摩訶薩芸若何行
般若波羅蜜云何於般若波羅蜜中住云何
解般若波羅蜜中慧佛言善哉善哉枸翼乃
作是問令蒙汝者皆佛威神之所致若菩薩
摩訶薩行般若波羅蜜者不住色中如色不
住者即為行於痛痒思想生死識中不住如
是識不是即為行於色中不究竟如色不究
竟者尒故不於色中住痛痒思想生死識不
究竟如識不究竟者尒故不於識中住舍利
弗白佛言般若波羅蜜者甚深者天中天般
若波羅蜜者難得見遏愊天中天佛語舍利
弗色亦甚深不住如色甚深不住如是色甚
深不住者是即為解痛痒思想生死識甚深
不住如識甚深不住如是識甚深不住者色
亦甚深不随如是色甚深者不随如是色甚
深不住如色甚深不住如色甚深不住是為

若波羅蜜者難得見遏愊天中天佛語舍利
弗色亦甚深不住如色甚深不住如是色甚
深不住者是即為解痛痒思想生死識甚深
不住如識甚深不住如是識甚深不住者色
亦甚深不随如是色甚深者不随如是色甚
深不住如色甚深不住如色甚深不住是為
色甚深不随痛痒思想生死識甚深不随如
是識甚深不随如是識甚深不随是識甚深
不住是為識甚深不随舍利弗白佛言般若
波羅蜜甚深天中天當於阿惟越致菩薩前
說之聞是慧法不疑亦不癡之釋提桓因問
舍利弗菩薩摩訶薩未受決者於前說之將
有何等異舍利弗言是菩薩求佛已来大久
遠為已受決若未受決聞之便於中受決亦
復不久若見一佛若見兩佛便受決作阿耨
多羅三耶三菩菩薩摩訶薩未受決者聞是
恐畏即捨還去佛語舍利弗如是如是菩薩
摩訶薩求佛道以来大久遠若受決未受決
者聞深般若波羅蜜舍利弗白佛言我亦樂
喜聞是語天中天樂人令得安隱佛語舍利
弗若樂者於我前說之舍利弗言辟若是菩
薩摩訶薩天中天自見於夢中坐佛坐知今
近阿耨多羅三耶三菩成至阿惟三佛如是
天中天菩薩摩訶薩得聞深般若波羅蜜者
是菩薩摩訶薩學已来大久遠今受決不復

薩摩訶薩天中天自見於夢中坐佛坐知今
近阿耨多羅三耶三菩成至阿惟三佛如是
天中天菩薩摩訶薩得聞深般若波羅蜜者
是菩薩摩訶薩學已來大久遠今受決不復
久其功德欲成滿菩薩摩訶薩當作是知其
得深般若波羅蜜者其功德欲成滿佛言善
哉善哉舍利弗乃樂作是說皆佛威神之所
致舍利弗白佛言譬如男子行万里天中天
若數万里者到大空澤中是人逢相見牧牛
者若牧羊者若見界若見盧舍若見聚樹作
是想念如見郡如見縣如見聚落若欲見聞
作是想稍稍前行旦欲近之不復畏盜賊菩
薩摩訶薩得深般若波羅蜜者亦如是天中
天今受決不復久亦不畏當墮阿羅漢辟支
佛道地何以故上頭有想以聞見得深般若
波羅蜜譬若男子欲見大海天中天便行之
大海若見樹有樹想若見有山想當知大海
尚遠稍稍前行不見樹亦无樹想不見山亦
无山想心亦念知大海旦至亦不久於中道
无復有樹亦无樹想无復山亦无山想是男
子尚未見大海是應且欲為至是菩薩摩訶
薩當作是知天中天若聞得深般若波羅蜜
雖不見佛從受決者是為今作佛不久若聞
得深般若波羅蜜者譬若如春時樹天中天
其葉稍稍欲生知是不久當有華實何以故

BD14927 號　道行般若經卷四　（18–4）

子尚未見大海是應且欲為至是菩薩摩訶
薩當作是知天中天若聞得深般若波羅蜜
雖不見佛從受決者是為今作佛不久若聞
得深般若波羅蜜者譬若如春時樹天中天
其葉稍稍欲生知是不久當有華實何以故
是樹本之瑞想知不久當有葉若華實閻浮
利人者皆大歡喜曾見是樹想知不久葉
華實當成熟如是天中天菩薩摩訶薩得見
深般若波羅蜜者其功德欲成滿今於般若
波羅蜜中自致成就是菩薩摩訶薩當知之
過去世時學般若波羅蜜其功德欲成滿之
所致以是故復得聞深般若波羅蜜天上諸
天无不代喜者想見過去菩薩摩訶薩受決
時知是菩薩摩訶薩今復受決不久作阿耨
多羅三耶三菩譬如如婦人有軀天中天稍
稍腹大身重不如本故所作不便飲食欲少
行步不能稍稍有痛語言濡遲卧起不安其
痛欲轉當知是婦人今產不久菩薩摩訶薩
亦如是天中天其功德欲成滿若得聞見深
般若波羅蜜其念行者當知是菩薩摩訶薩
今受決不久得作阿耨多羅三耶三菩佛言
善哉善哉舍利弗若所說者悉佛威神之所
致須菩提白佛言難及也天中天怛薩阿竭
阿羅呵三耶三佛悉豫了了署菩薩摩訶薩
佛語須菩提菩薩摩訶薩晝夜念世間悉使

BD14927 號　道行般若經卷四　（18–5）

令受決不久得作阿耨多羅三耶三菩佛言
善哉善哉舍利弗若所說者悉佛威神之所
致須菩提白佛言難及也天中天怛薩阿竭
阿羅呵三耶三佛悉豫了了署菩薩摩訶薩
佛語須菩提菩薩摩訶薩晝夜念世間悉使
得安隱傷念天中天下上以是故自致阿耨
多羅三耶三菩成作佛時悉為說法
須菩提白佛言如是菩薩摩訶薩天中天行
般若波羅蜜者當云何行得成就佛語須菩
提菩薩摩訶薩行般若波羅蜜者不觀色過
為行般若波羅蜜不觀痛痒思想生死識過
為行般若波羅蜜不觀色无過為行般若波
羅蜜不觀痛痒思想生死識无過為行般若
波羅蜜不見是法為行般若波羅蜜亦不見
非法為行般若波羅蜜須菩提白佛言天中
天所說不可訶佛語須菩提色亦不可痛痒
思想生死識亦不可計不知色者是為行般
若波羅蜜不知痛痒思想生死識者是為行
般若波羅蜜須菩提白佛言誰當信是者天
中天是為菩薩摩訶薩行佛謂須菩提何所
為行正使菩薩摩訶薩行者為得字耳是菩
薩摩訶薩行般若波羅蜜者於力无所近於
四事无所畏亦无所近於佛法亦无所近於
薩芸若亦无所近何以故力者不可計四事
无所畏亦不可計佛法亦不可計薩芸若亦
不可計色亦不可計痛痒思想生死識亦不

BD14927 號　道行般若經卷四　（18–6）

薩摩訶薩行般若波羅蜜者於力无所近於
四事无所畏亦无所近於佛法亦无所近於
薩芸若亦无所近何以故力者不可計四事
无所畏亦不可計佛法亦不可計薩芸若亦
不可計色亦不可計痛痒思想生死識亦不
可計諸法亦不可計心亦不可計正使菩薩
摩訶薩作是行者為无所行是為行般若波
羅蜜正使作是行者得字耳
須菩提白佛言般若波羅蜜者甚深珎寶中
王天中天般若波羅蜜者大將中王天中天
般若波羅蜜與空共鬪无能勝者天中天從
是中不得斷佛言如是如是須菩提欲疾書
是經者至一歲乃至竟何以故是善男子於
珎寶中多有起因緣至使中斷須菩提言於
般若波羅蜜中弊魔常使欲斷佛語須菩提
正使弊魔欲斷是經者會不能得勝菩薩摩
訶薩舍利弗問佛言持誰威神恩弊魔不能
中道斷之佛告舍利弗皆佛威神及十方阿
僧祇刹土現在諸佛復假威神之恩諸佛悉
共念之悉共授之悉共護之菩薩摩訶薩已
為得護佛所授者舍利弗弊魔不能中得道
斷之何以故十方阿僧祇刹土現在諸佛皆
共護般若波羅蜜若有念說誦者若有學受
書者皆是諸佛威神之所致舍利弗白佛言
菩薩摩訶薩若有念誦者若持學書者以為
者佛威神之所擁護佛語舍利弗皆是諸佛

BD14927 號　道行般若經卷四　（18–7）

共護般若波羅蜜若有念說誦者若有學受
書者皆是諸佛威神之所致舍利弗白佛言
菩薩摩訶薩若有念誦者若持學書者以為
諸佛威神之所擁護佛語舍利弗皆是諸佛
威神恩是菩薩摩訶薩學般若波羅蜜者當
知之為護佛所護舍利弗言若有學持誦般
若波羅蜜者佛以眼悉視之佛語舍利弗怛
薩阿竭以佛眼視學持誦般若波羅蜜者冣
後若書持經名者當知是輩悉為怛薩阿竭
眼所見已佛語舍利弗菩薩至德之人學受
持是經者是菩薩摩訶薩令近佛坐為阿耨
多羅三耶三菩冣後若有書持是經者是輩
人極尊得大功德如是舍利弗怛薩阿竭去
後是般若波羅蜜當在南天竺其有學已從
南天竺當轉至西天竺其有學已當從西天
竺轉至到北天竺其有學者當學之佛語舍
利弗却後經法且欲斷絕時我悉知持般若
波羅蜜者若冣後有書者佛悉豫見其人稱
譽說之
舍利弗問佛冣後世時是般若波羅蜜當到
北天竺耶佛言當到北天竺其在彼者當聞
般若波羅蜜復行問之當知是菩薩摩訶薩
作行已來大久遠以故復受般若波羅蜜舍
利弗言北天竺當有幾所菩薩摩訶薩學般
若波羅蜜者佛語舍利弗北天竺亦甚多菩

BD14927號　道行般若經卷四　（18–8）

北天竺耶佛言當到北天竺其在彼者當聞
般若波羅蜜復行問之當知是菩薩摩訶薩
作行已來大久遠以故復受般若波羅蜜舍
利弗言北天竺當有幾所菩薩摩訶薩學般
若波羅蜜者佛語舍利弗北天竺亦甚多菩
薩摩訶薩少有學般若波羅蜜者若有說者
聞之不恐不難不畏是人前世時問怛薩阿
竭阿羅呵三耶三佛以是菩薩至德之人持
淨戒完具欲為一切人作本多所度脫是輩
人索佛道者我知是善男子善女人令近薩
芸若作是學者在所生處常學是法俗行阿
耨多羅三耶三菩是善男子善女人為極尊
貴魔終无那何不能動還令捨阿耨多羅三
耶三菩是善男子善女人聞是波羅蜜者以
得極尊勸樂摩訶衍功德還近阿耨多羅三
耶三菩是善男子善女人雖不見我後世得
深般若波羅蜜者為已面見佛說是語无異
是為菩薩行當所施行其有若干百人若千
千人索阿耨多羅三耶三菩者當共教之當
共歡樂之當為說法皆令勸善學佛道佛語
舍利弗我勸助是善男子善女人至得學菩
薩道有作是教者心心展轉相明是善男子
善女人有代勸助者是輩欲行菩薩道者若
千百人若千千人索阿耨多羅三耶三菩者
當共教之當共勸樂之當令勸善學佛道是

BD14927號　道行般若經卷四　（18–9）

薩道有作是教者心心展轉相明是善男子
善女人有代勸助者是輩欲行菩薩道者若
千百人若千千人索阿耨多羅三耶三菩者
當共教之當共勸樂之當令勸書學佛道是
輩善男子善女人心中踊躍歡喜者願生他
方佛刹以生異方者便面見佛說法復聞波
羅蜜皆悉了了知之復於彼刹教若千千人
皆行佛道舍利弗白佛言難及也天中天以
過去當来今現在法无所不了悉知當来菩
薩摩訶薩行令是輩不懈精進學入六波羅
蜜中佛言是善男子善女人有行是法者所
求者必得若所不求會復自得是善男子善
女人本願之所致不離是法雖不有所索者
自得六波羅蜜
舍利弗問佛從是波羅蜜中可出經名那佛
語舍利弗是善男子善女人深入般若波羅
蜜者於是中自解出一一深法以為經名何
以故舍利弗其有如阿耨多羅三耶三菩教
者便能教一切人勸助之為說法皆令勸書
學佛道是善男子善女人自復學是法用是
故所生處轉得六波羅蜜
摩訶般若波羅蜜覺品第九
須菩提聞佛言善男子善女人於學中當有
效驗天中天當何以學其難佛語須菩提心
不樂書者當覺知魔為菩薩摩訶薩心本妄

BD14927 號　道行般若經卷四　（18–10）

摩訶般若波羅蜜覺品第九
須菩提聞佛言善男子善女人於學中當有
效驗天中天當何以學其難佛語須菩提心
不樂書者當覺知魔為菩薩摩訶薩心本妄
起者覺知魔為菩薩摩訶薩書是經時若有
雷電畏怖當覺知魔為菩薩摩訶薩書是經
時展轉調戲當覺知魔為菩薩摩訶薩書是
經時展轉相形當覺知魔為菩薩摩訶薩書
是經時左右顧視當覺知魔為菩薩摩訶薩
書經是時心耶念不一當覺知魔為菩薩摩
訶薩心不在經上數從坐起當覺知魔為菩
薩摩訶薩自念我未受決在般若波羅蜜中
心亂便起去當覺知魔為菩薩摩訶薩自念
我自不在般若波羅蜜中心不喜樂當覺知
魔為菩薩摩訶薩自念我鄉里郡國縣邑不
聞般若波羅蜜及所生處了不聞是其意欲
悔便即捨去其人却後當復更劫數乃有所
得甫當於若干劫中書學餘經不住薩芸若
垂捨深般若波羅蜜去若學餘經者為以捨
本取其末有學般若波羅蜜者亦知俗法復
知道法辟若茍子從大家得食不肯食之反
從作豫者索食如是須菩提當来有菩薩垂
深般若波羅蜜反索摳般若波羅蜜為隨果
經術便隨聲聞辟支佛道地辟若男子得象
觀其脚於須菩提意云何是男子為黠不須

BD14927 號　道行般若經卷四　（18–11）

知道法譬若苟子從大家得食不肯食之反
從作㨾者索食如是須菩提當来有菩薩棄
深般若波羅蜜反索掖般若波羅蜜為隨果
經術便隨聲聞辟支佛道地譬若男子得象
觀其脚於須菩提意云何是男子為黠不須
菩提言為不黠佛言是菩薩有徳之人為二
華中有棄深般若波羅蜜去反循學餘經得
阿羅漢辟支佛道於須菩提意云何是菩薩
為黠不須菩提言為不黠佛言如是當覺知
魔為佛語須菩提譬若男子欲見大海者常
未見大海若見大波池水便言是水將无是
大海於須菩提意云何是男子為黠不須菩
提言為不黠佛言如是菩薩有徳之人棄般
若波羅蜜去反學餘經隨聲聞辟支佛道地
於須菩提意云何是菩薩摩訶薩為黠不須
菩提言為不黠佛言是菩薩摩訶薩當覺知
魔為譬若絶工之師能作殿舍意欲揆作如
日月宮殿令高无不見者於須菩提意乃能
作不須菩提言日月宮殿甚高終不能作佛
言於須菩提意云何是男子為黠不須菩提
言為不黠佛言如是須菩提當来行菩薩道
者得聞深般若波羅蜜不可意便棄捨去反
明聲聞辟支佛法於中求薩芸若於須菩提
意云何是菩薩為黠不須菩提言為不黠佛
言是菩薩摩訶薩當覺知魔為譬若男子欲
見遮迦越羅見未見遮迦越羅反見小王想

者得聞深般[illegible]
明聲聞辟支佛法於中求薩芸若於須菩提
意云何是菩薩為黠不須菩提言為不黠佛
言是菩薩摩訶薩當覺知魔為譬若男子欲
見遮迦越羅見未見遮迦越羅反見小王想
其形容被服諦熟觀之便呼言是為遮迦越
羅於須菩提意云何是男子為黠不須菩提
言為不黠佛言如是須菩提甫當来有菩薩
得聞深般若波羅蜜反不可意便棄去入聲
聞法中欲求薩芸若於須菩提意云何是菩
薩為黠不須菩提言為不黠佛言是菩薩摩
訶薩當覺知魔為譬若男子大飢得百味之
食不肯食之更食六十味之食於須菩提意
云何是男子為黠不須菩提言為不黠佛言
如是須菩提甫當来有菩薩摩訶薩得聞深
般若波羅蜜而不可意便棄捨去入聲聞法
中求薩芸若欲得作佛於須菩提意云何是
菩薩摩訶薩為黠不須菩提言為不黠佛言
是菩薩摩訶薩當覺知魔為譬如男子得无
買摩尼珠持水精比之欲令合同於須菩提
意云何是男子為黠不須菩提言為不黠佛
言如是甫當来有行菩薩道者得聞深般若
波羅蜜反持比聲聞法於聲聞法中欲得薩
芸若作佛於須菩提意云何是菩薩摩訶薩
為黠不須菩提言為不黠佛言是菩薩摩訶
薩當覺知魔為

言如是[illegible]
波羅蜜又持比聲聞法於聲聞法中欲得薩
芸若作佛於須菩提意云何是菩薩摩訶薩
為黠不須菩提言為不黠佛言是菩薩摩訶
薩當覺知魔為
復次須菩提書般若波羅蜜時若有財利起
聞是言便棄捨去是菩薩摩訶薩為自
作留難須菩提聞佛如是得書成般若波
羅蜜不佛言不能得書成之是善男子當覺
知魔為佛語須菩提若善男子多少書是經
者其言我書般若波羅蜜於是中想聞其決
欲有所得當覺知魔為其作想求者為隨魔
界
復次須菩提書般若波羅蜜時意念鄉里若
念異方若念異國若念王者若念有賊若念
兵若念闘意念父母兄弟姉妹親屬復有餘
念魔復益其念乱菩薩摩訶薩意為作留難
難當覺知魔為復次須菩提若有財利起震
越衣服飲林臥具病瘦醫藥悉具足來聞菩
薩耳令意乱不得學誦書成般若波羅蜜當
覺知魔為復次須菩提有佛深法魔從次行
乱之令菩薩摩訶薩不復樂欲得漚惒拘
舍羅便不可意問般若波羅蜜佛言我廣説
菩薩摩訶薩事其欲學漚惒拘舍羅者當從
般若波羅蜜索之其不可般若波羅蜜便棄
捨去為又於聲聞道中索漚惒拘舍羅於須

BD14927號　道行般若經卷四　（18–14）

[illegible]
舍羅便不可意問般若波羅蜜佛言我廣説
菩薩摩訶薩事其欲學漚惒拘舍羅者當從
般若波羅蜜索之其不可般若波羅蜜便棄
捨去為又於聲聞道中索漚惒拘舍羅於須
菩提意云何是菩薩為黠不須菩提言
為不黠佛言如是菩薩摩訶薩當覺知
魔為
復次須菩提若受經之人欲聞般若波羅蜜
法師身得不安如是菩薩摩訶薩當覺知魔
為復次須菩提法師適安欲與般若波羅蜜
其受經者欲復轉去兩不和合亦不得書成
般若波羅蜜如是菩薩摩訶薩當知覺魔為
復次須菩提學經之人来欲受般若波羅蜜
其心歡悦法師欲至他方如是兩不和合不
得學書成般若波羅蜜如是菩薩摩訶薩當
覺知魔為復次須菩提法師意欲有所若得
若衣服財利受經之人亦无與心兩不和合不
得學成般若波羅蜜如是菩薩摩訶薩當覺
知魔為復次須菩提受經之人无所愛惜在
所索者不逆其意法師所有經卷而不肯現
亦不憤解其受經者便不歡樂兩不和合不
得學書成般若波羅蜜如是菩薩摩訶薩當
覺知魔為復次須菩提法師適欲有所説其
受經之人不欲聞知如是兩不和合亦不得聞
般若波羅蜜如是菩薩摩訶薩當知魔為

BD14927號　道行般若經卷四　（18–15）

得學書成般若波羅蜜如是菩薩摩訶薩當
覺知魔為復次須菩提法師適欲有所說其
受經之人不欲聞知如是兩不和合亦不得聞
般若波羅蜜如是菩薩摩訶薩當知魔為
復次須菩提法師若身疲極卧欲不起不樂
有所說受經之人欲得聞般若波羅蜜如是
兩不和合不得聞般若波羅蜜如是菩薩摩
訶薩當覺知魔為復次須菩提若欲書般若
波羅蜜若欲說時於衆中儻有来者又說誹
謗用是為學多負懃苦言泥犁禽狩薜荔甚
大懃苦語人言當早斷生死根如是者菩薩
摩訶薩當覺知魔為復次須菩提若欲書般
若波羅蜜若欲說時其有来人坐於衆中稱
譽天上快樂王所欲恣可自恣其作禪者可
得在色天中天念空者可得在得无色之天
是皆无常懃苦之法不如於是索須陁洹道
斯陁含阿那含阿羅漢道便不復與生死從
事如是須菩提菩薩摩訶薩當覺知魔為復
次須菩提法師念我是尊貴有来恭敬自歸
者我與般若波羅蜜若有不恭敬自歸者我
不與之受經之人自歸作礼恭敬不避處難
法師意悔不欲與弟子經聞異國中聲貴語
受經人言善男子知不能與我俱至彼聞不
諦自念之莫得後悔弟子聞其所言甚大愁
毒即自念言我悉見經已不肯與我當奈之

法師意悔不欲與弟子經聞異國中聲貴語
受經人言善男子知不能與我俱至彼聞不
諦自念之莫得後悔弟子聞其所言甚大愁
毒即自念言我悉見經已不肯與我當奈之
何如是兩不和合不得學書成般若波羅蜜
如是須菩提菩薩摩訶薩當覺知魔為復
次須菩提法師欲到極劇之處語受經人言
善男子能知不其處无穀有虎狼多賊工空
澤我樂往至彼閑諦自思議能隨我忍是懃
苦不復以深好語與共語弟子悉當厭已心
不復樂稍稍賜還如是須菩提乃作是爭不
得學般若波羅蜜如是菩薩摩訶薩當覺知
魔為復次須菩提法師健行乞匃多有方略
珠不肯與弟子經又欲態隨捨去便語受經
人言善男子知不我當有所至則有所問言
如是兩不和合不得學書成般若波羅蜜如
是菩薩摩訶薩當覺知魔為復次須菩提弊
魔常索其方便不欲令有學誦受般若波羅
蜜者須菩提問佛弊魔何曰常索其方便不
欲令有學誦受般若波羅蜜者佛語須菩提
弊魔王行誹謗是非波羅蜜言我有一一深
經快不可言是故為波羅蜜如是須菩提弊
魔王行誹謗之令新學菩薩華心為狐疑便
不復學誦書是經菩薩摩訶薩當覺知魔為
復次須菩提魔事一起時令深學菩薩為本

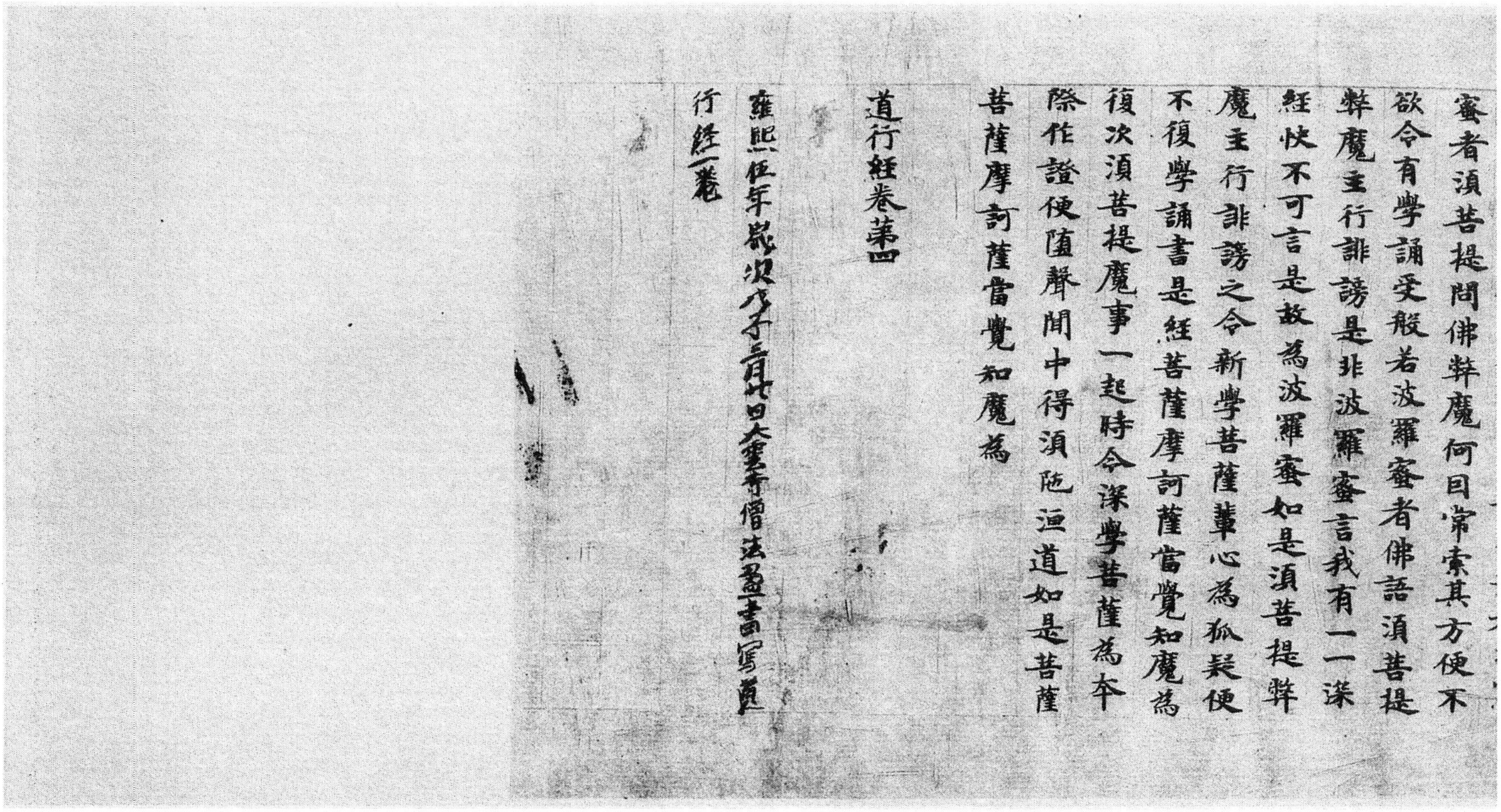

蜜者須菩提問佛弊魔何因常索其方便不
欲令有學誦受般若波羅蜜者佛語須菩提
弊魔主行誹謗是非波羅蜜言我有一一深
經快不可言是故為波羅蜜如是須菩提弊
魔主行誹謗之令新學菩薩華心為狐疑便
不復學誦書是經菩薩摩訶薩當覺知魔為
復次須菩提魔事一起時令深學菩薩為本
際作證使隨聲聞中得須陁洹道如是菩薩
菩薩摩訶薩當覺知魔為

道行經卷第四

雍熙伍年歲次戊子三月廿日大雲寺僧法盈書寫竟
行經一卷

BD14927 號　道行般若經卷四　（18–18）

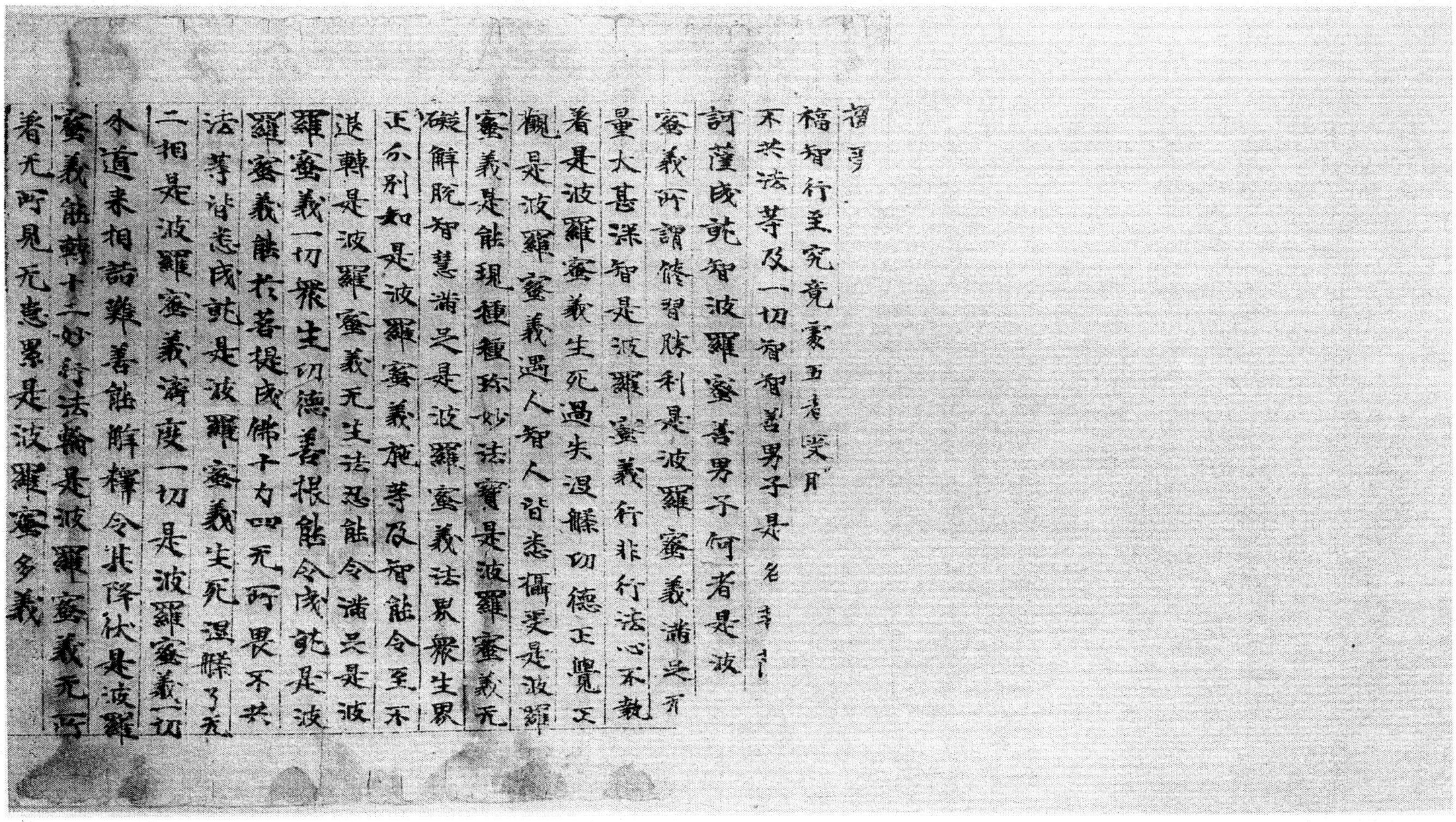

福智行至究竟處五者受用
不共法等及一切智智善男子是名
訶薩成就智波羅蜜善男子何者是波
蜜義所謂修習勝利是波羅蜜義滿足无
量大甚深智是波羅蜜義行非行法心不執
着是波羅蜜義生死過失涅槃功德正覺正
觀是波羅蜜義愚人智人皆悉攝受是波羅
蜜義是能現種種珍妙法寶是波羅蜜義无
礙解脫智慧滿足是波羅蜜義法界衆生界
正分別如是波羅蜜義施等及智能令至不
退轉是波羅蜜義无生法忍能令滿足是波
羅蜜義一切衆生功德善根能令成就是波
羅蜜義能於菩提成佛十力四无所畏不共
法等皆悉成就是波羅蜜義生死涅槃了知
二相是波羅蜜義濟度一切是波羅蜜義一切
外道來相詰難善能解釋令其降伏是波羅
蜜義能轉十二妙行法輪是波羅蜜義无所
著无所見无患累是波羅蜜多義

BD14928 號　金光明最勝王經卷四　（12–1）

羅蜜義一切衆生功德善根能令成就是波
羅蜜義能於菩提成佛十力四无所畏不共
法等皆悉成就是波羅蜜義生死涅槃了无
二相是波羅蜜義濟度一切是波羅蜜義一切
外道來相詰難善能解釋令其降伏是波羅
蜜義能轉十二妙行法輪是波羅蜜義无所
著无所見无患累是波羅蜜多義
善男子初地菩薩是相先現三千大千世界
无量无邊種種寶藏无不盈滿菩薩悉見善
男子二地菩薩是相先現三千大千世界地
平如掌无量无邊種種妙色清淨珍寶莊嚴
之具菩薩悉見善男子三地菩薩是相先現
自身勇健甲仗莊嚴一切怨賊皆能摧伏菩
薩悉見善男子四地菩薩是相先現四方風
輪種種妙花悉皆散灑充布地上菩薩悉見
善男子五地菩薩是相先現有妙寶女衆寶
瓔珞周遍嚴身首冠名花以爲其飾菩薩悉
見善男子六地菩薩是相先現七寶花池有
四階道金沙遍布清淨无穢八功德水皆悉
盈滿嗢鉢羅花拘物頭花分陁利花隨處莊
嚴於花池所遊戲快樂清涼无比菩薩悉見
善男子七地菩薩是相先現於菩薩前有諸
衆生應墮地獄以菩薩力便得不墮无有損
傷亦无恐怖菩薩悉見善男子八地菩薩是
相先現於身兩邊有師子王以爲衛護一切
衆獸悉皆怖畏菩薩悉見善男子九地菩薩
是相先現轉輪聖王无量億衆圍遶供養頂
上白蓋无量衆寶之所莊嚴菩薩悉見善
男子十地菩薩是相先現如來之身金色晃
耀无量淨光悉皆圓滿有无量億梵王圍
遶恭敬供養轉於无上微妙法輪菩薩悉見

BD14928號　金光明最勝王經卷四　（12–2）

是相先現轉輪聖王无量億衆圍遶供養頂
上白蓋无量衆寶之所莊嚴菩薩悉見善
男子十地菩薩是相先現如來之身金色晃
耀无量淨光悉皆圓滿有无量億梵王圍
遶恭敬供養轉於无上微妙法輪菩薩悉見
善男子云何初地名爲歡喜謂初證得出世
之心昔所未得而今始得於大事用如其所
願悉皆成就生極喜樂是故最初名爲歡喜
諸微細垢犯戒過失皆得清淨是故二地名
爲无垢无量智慧三昧光明不可傾動无能
摧伏聞持陁羅尼以爲根本是故三地名爲
明地以智慧火燒諸煩惱增長光明修行覺
品是故四地名爲焰地修行方便勝智自在
極難得故見修煩惱難伏能伏是故五地名
爲難勝行法相續了了顯現无相思惟皆悉
現前是故六地名爲現前无漏无間无相思
惟解脫三昧遠修行故是地清淨无有障礙
是故七地名爲遠行无相思惟修得自在諸
煩惱行不能令動是故八地名爲不動說一
切法種種差別皆得自在无患无累增長智
慧自在无礙是故九地名爲善慧法身如虛
空智慧如大雲皆能遍滿覆一切故是故第
十名爲法雲
善男子執著有相我法无明怖畏生死惡趣
无明此二无明障於初地微細學處誤犯无
明發起種種業行无明此二无明障於二地
未得令得愛著无明能障殊勝惣持无明此
二无明障於三地味著等至喜悅无明微妙
淨法愛樂无明此二无明障於四地欲背
生死无明希趣涅槃无明此二无明障於五地
觀行流轉无明麁相現前无明此二无明障
於六地微細諸相現行无明作意欣樂无相

BD14928號　金光明最勝王經卷四　（12–3）

明發起種種業行无明此二无明障於二地
未得令得愛著无明能障殊勝惣持无明此
二无明障於三地味著等至喜悅无明微妙
淨法愛樂无明此二无明障於四地欲背
生死无明希趣涅槃无明此二无明障於五地
觀行流轉无明麤相現前无明此二无明障
於六地微細諸相現行无明作意欣樂无相
无明此二无明障於七地於无相觀功用无明
執相自在无明此二无明障於八地於所說
義及名句文此二无量未能善巧无明於詞辯
才不隨意无明此二无明障於九地於大神
通未得自在變現无明微細祕密未能悟解
事業无明此二无明障於十地於一切境微
細所知障礙无明極細煩惱麤重无明此二
无明障於佛
善男子菩薩摩訶薩於初地中行施波羅蜜
於第二地行戒波羅蜜於第三地行忍波羅
蜜於第四地行勤波羅蜜於第五地行定波
羅蜜於第六地行慧波羅蜜於第七地行方
便勝智波羅蜜於第八地行願波羅蜜於第
九地行力波羅蜜於第十地行智波羅蜜善
男子菩薩摩訶薩初發心攝受能妙寶
三摩地第二發心攝受能生可愛樂三摩地
第三發心攝受能生難動三摩地第四發心
攝受能生不退轉三摩地第五發心攝受能
生寶花三摩地第六發心攝受能生日圓光
焰三摩地第七發心攝受能生一切願如意成
就三摩地第八發心攝受能生現前證住三
摩地第九發心攝受能生智藏三摩地第十
發心攝受能生勇進三摩地善男子是名菩
薩摩訶薩十種發心善男子菩薩摩訶薩於

焰三摩地第七發心攝受能生一切願如意成
就三摩地第八發心攝受能生現前證住三
摩地第九發心攝受能生智藏三摩地第十
發心攝受能生勇進三摩地善男子是名菩
薩摩訶薩十種發心善男子菩薩摩訶薩於
此初地得陁羅尼名依功德力尒時世尊
即說呪曰
怛姪他　晡䏑你曇奴喇剃
獨虎獨虎獨虎　耶䟦褸利瑜
阿婆婆薩底丁里反下皆同　耶䟦旃達羅
調怛底　多䟦達路叉滸
憚荼鉢喇訶藍　矩嚕莎訶
善男子此陁羅尼是過一恒河沙數諸佛所
說為護初地菩薩故若有誦持此陁羅尼
呪者得脫一切怖畏所謂虎狼師子惡獸
之類一切惡鬼人非人等怨賊災橫及諸苦
惱解脫五障不忘念初地
善男子菩薩摩訶薩於第二地得陁羅尼名
善安樂住
怛姪他　嗢篅入聲下同　里
質里質里　嗢篅羅篅羅引喃
繕覩繕覩嗢篅里　虎嚕虎嚕莎訶
善男子此陁羅尼是過二恒河沙數諸佛所
說為護二地菩薩故若有誦持此陁羅尼呪
者脫諸怖畏惡獸惡鬼人非人等怨賊災橫
及諸苦惱解脫五障不忘念二地
善男子菩薩摩訶薩於第三地得陁羅尼名
難勝力
怛姪他　憚宅枳　般宅枳
羯喇檄　高喇檄　雞由哩憚檄里莎訶
善男子此陁羅尼是過三恒河沙諸佛所

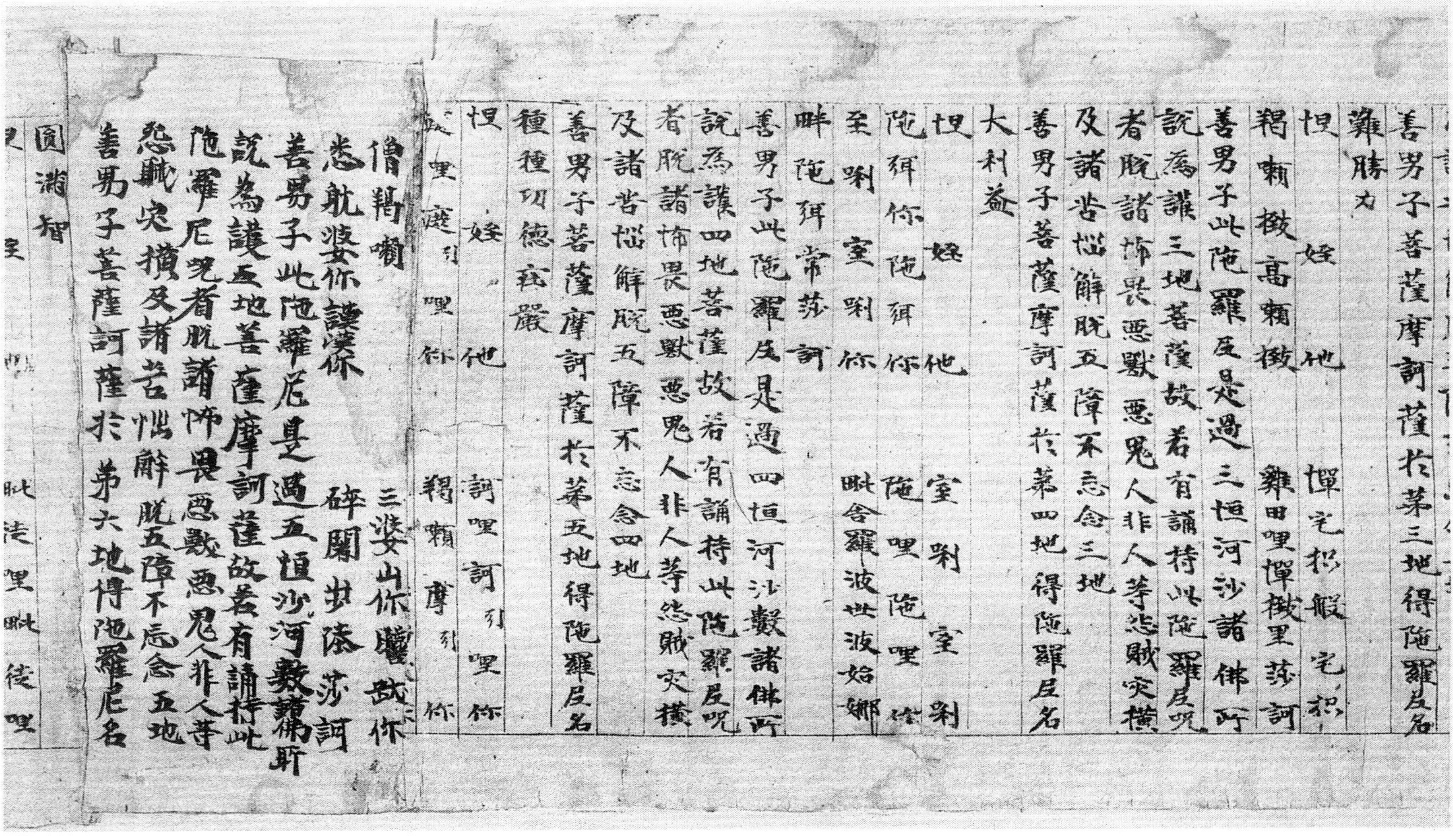

善男子菩薩摩訶薩於苐三地得陁羅尼名
難勝力
怛姪他 憚宅枳 般宅枳
羯喇撥 高喇撥 雞田哩 憚撥里 莎訶
善男子此陁羅尼是過三恒河沙諸佛所
說為護三地菩薩故若有誦持此陁羅尼呪
者脱諸怖畏悪獸悪鬼人非人等怨賊灾横
及諸苦惱觧脱五障不忘念三地
善男子菩薩摩訶薩於苐四地得陁羅尼名
大利益
怛姪他 室唎 室唎
陁弭你 陁弭你 陁哩 陁哩 你
室唎 室唎 你 毗舍羅波世波始娜
畔陁弭 常莎訶
善男子此陁羅尼是過四恒河沙數諸佛所
說為護四地菩薩故若有誦持此陁羅尼呪
者脱諸怖畏悪獸悪鬼人非人等怨賊灾横
及諸苦惱觧脱五障不忘念四地
善男子菩薩摩訶薩於苐五地得陁羅尼名
種種功德莊嚴
怛姪他 訶哩 訶哩 你
遮哩 遮哩 你 羯喇摩 你
僧羯喇 三婆山你 矅跋你
悉航婆你謨漢你 碎闌步陀莎訶
善男子此陁羅尼是過五恒沙河數諸佛所
說為護五地菩薩摩訶薩故若有誦持此
陁羅尼呪者脱諸怖畏悪獸悪鬼人非人等
怨賊灾横及諸苦惱觧脱五障不忘念五地
善男子菩薩摩訶薩於苐六地得陁羅尼名
圓滿智

BD14928 號 金光明最勝王經卷四 （12–6）

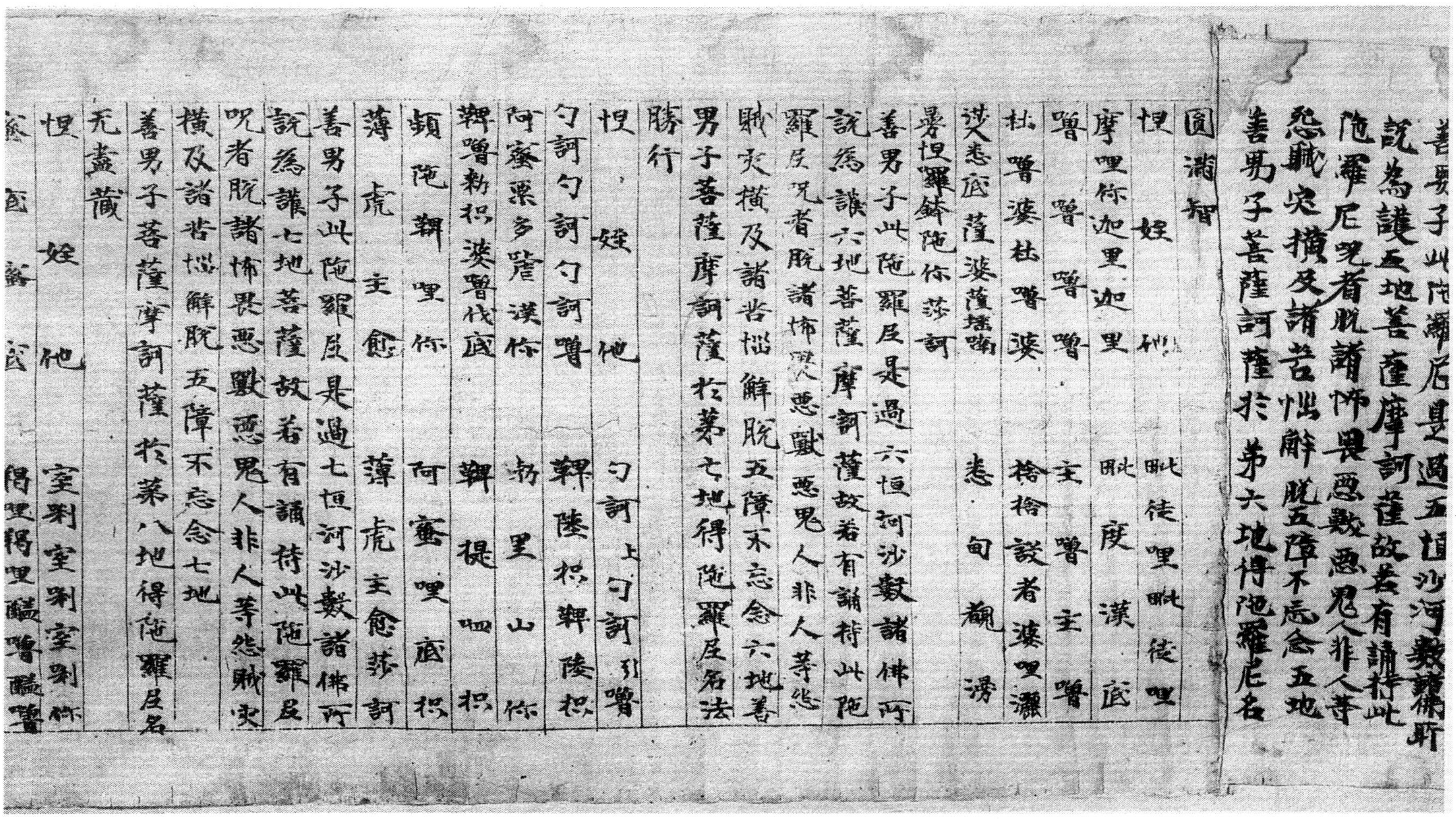

善男子此陁羅尼是過五恒沙河數諸佛所
說為護五地菩薩摩訶薩故若有誦持此
陁羅尼呪者脱諸怖畏悪獸悪鬼人非人等
怨賊灾横及諸苦惱觧脱五障不忘念五地
善男子菩薩摩訶薩於苐六地得陁羅尼名
圓滿智
怛姪他 毗徒哩 毗徒哩
摩哩你 迦里 迦里 毗度漢底
嚕嚕 嚕嚕 主嚕 主嚕
杜嚕婆 杜嚕婆 捨捨 設者婆哩灑
莎悉底 薩婆薩埵喃 悉甸覩
曼怛羅 鉢陁你 莎訶
善男子此陁羅尼是過六恒河沙數諸佛所
說為護六地菩薩摩訶薩故若有誦持此陁
羅尼呪者脱諸怖畏悪獸悪鬼人非人等怨
賊灾横及諸苦惱觧脱五障不忘念六地善
男子菩薩摩訶薩於苐七地得陁羅尼名法
勝行
怛姪他 勺訶 上勺訶 引嚕
勺訶 勺訶 勺訶嚕 鞞陸枳 鞞陸枳
阿蜜栗多 薩漢你 勃里 山 你
鞞嚕勑枳 婆嚕伐底 鞞提 咀枳
頞陁鞞哩你 阿蜜哩底 枳
薄虎主愈 薄虎主愈 莎訶
善男子此陁羅尼是過七恒河沙數諸佛所
說為護七地菩薩故若有誦持此陁羅尼
呪者脱諸怖畏悪獸悪鬼人非人等怨賊灾
横及諸苦惱觧脱五障不忘念七地
善男子菩薩摩訶薩於苐八地得陁羅尼名
无盡藏
怛姪他 室唎 室唎 室唎你

BD14928 號 金光明最勝王經卷四 （12–7）

呪者脫諸怖畏惡獸惡鬼人非人等怨賊災
橫及諸苦惱解脫五障不忘念七地
善男子菩薩摩訶薩於第八地得陁羅尼名
无盡藏
怛姪他 室唎 室唎 室唎你
蜜底 蜜底 羯哩羯哩 醯嚕醯嚕
主嚕 主嚕 畔陁弭 莎訶
善男子此陁羅尼過八恒河沙數諸佛所說
為護八地菩薩故若有誦持此陁羅尼呪者
脫諸怖畏惡獸惡鬼人非人等怨賊災橫及
諸苦惱解脫五障不忘念八地
善男子菩薩摩訶薩於第九地得陁羅尼名
无量門
怛姪他 訶哩 旃荼哩枳
俱藍婆喇 體疊反 都剌 死
拔吒拔吒死 室唎室唎 迦室哩迦必室唎
莎蘇活反 悉底 薩婆薩埵 莎訶
善男子此陁羅尼是過九恒河沙數諸佛所
說為護九地菩薩故若有誦持此陁羅尼呪
者脫諸怖畏惡獸惡鬼人非人等怨賊災橫
及諸苦惱解脫五障不忘念九地
善男子菩薩摩訶薩於第十地得陁羅尼
破金剛山
怛姪他 悉提去 蘇悉提去
謨折你 木察你 毗木底 菴末麗
毗末麗 涅末麗 忙揭麗
呬蘭若揭鞞 遏喇怛娜揭鞞
三曼多䟦姪麗 薩婆頞他娑憚你
摩捺斯 莫訶摩捺斯 頞步底
頞咥步底 阿喇誓 毗喇揩
頞主底 菴蜜栗底 阿喇誓 毗喇誓

BD14928號 金光明最勝王經卷四 （12–8）

毗末麗 涅末麗 忙揭麗
呬蘭若揭鞞 遏喇怛娜揭鞞
三曼多䟦姪麗 薩婆頞他娑憚你
摩捺斯 莫訶摩捺斯 頞步底
頞咥步底 阿喇誓 毗喇揩
頞主底 菴蜜栗底 阿喇誓 毗喇誓
䟦囕謎 䟦羅䟦合麼莎麗
晡喇你 晡喇娜 曼奴喇剃 莎訶
善男子此陁羅尼灌頂吉祥句是過十恒
河沙數諸佛所說為護十地菩薩故若有誦
持此陁羅尼呪者脫諸怖畏惡獸惡鬼人非
人等怨賊災橫一切毒害皆悉除滅解脫五
障不忘念十地
尒時師子相无礙光焰菩薩聞佛說此不可
思議陁羅尼即從座起偏袒右肩右膝著
地合掌恭敬頂礼佛足以頌讚佛
敬礼无譬喻 甚深无相法 眾生失正知 唯佛能濟度
如來明慧眼 不見一法相 復以正法眼 普照不思議
不生於一法 亦不滅一法 由斯平等見 得至无上處
不壞於生死 亦不住涅槃 不著於二邊 是故證圓寂
於淨不淨品 世尊知一味 由不分別故 獲得最清淨
世尊无邊身 不說於一字 令諸弟子眾 法雨皆充滿
佛觀眾生相 一切種皆无 然於苦惱者 常興於救護
苦樂常无常 有我无我等 不一亦不異 不生亦不滅
如是眾多義 隨說有差別 譬如空谷響 唯佛能了知
法界无分別 是故无異乘 為度眾生故 分別說有三
尒時大自在梵天王亦從座起偏袒右肩右
膝著地合掌恭敬頂礼佛足而白佛言世尊
此金光明最勝王經希有難量初中後善文
義究竟皆能成就一切佛法若受持者是人
則為報諸佛恩佛言善男子如是如是如汝所

BD14928號 金光明最勝王經卷四 （12–9）

法界无分別　是故无異乘　爲度衆生故　分別說有三
尒時大自在梵天王亦從座起偏袒右肩右
膝著地合掌恭敬頂禮佛足而白佛言世尊
此金光明最勝王經於有難量初中後善文
義究竟皆能成就一切佛法若受持者是人
則爲報諸佛恩佛言善男子如是如是如汝所
說善男子若得聽聞是經典者皆不退於阿
〻多羅三藐三菩提何以故善男子是能成
熟不退地菩薩殊勝善根是第一法印是衆
經王故應聽聞受持讀誦何以故善男子若
一切衆生未種善根未成熟善根未親近諸
佛者不能聽聞是微妙法若善男子善女人
能聽受者一切罪障皆悉除滅得最清淨常
得見佛不離諸佛及善知識勝行之人恒聞
妙法住不退地獲得如是勝陀羅尼門无盡
无減所謂海印出妙功德陀羅尼无盡无減
通達衆生意行言〻陀羅尼无盡无減日圓
无垢相光陀羅尼无盡无減滿月相光陀羅
尼无盡无減能伏諸〻〻演功德流陀羅尼无
盡无減破金剛山陀羅尼无盡无減說不可
說義因緣藏陀羅尼无盡无減通達實語法
則音聲陀羅尼无盡无減虛空无垢心行印
陀羅尼无盡无減无邊佛身皆能顯現陀羅
尼无盡无減
善男子如是等无盡无減諸陀羅尼門得成
就故是菩薩摩訶薩能於十方一切佛土化
作佛身演說无上種種正法於法真如不動
不住不來不去善能成熟一切衆生善根亦
不見一衆生可成熟者雖說種種諸法於言
詞中不動不住不去不來能於生滅證无生
滅以何因緣說諸行法无有去來由一切法

BD14928號　金光明最勝王經卷四　（12–10）

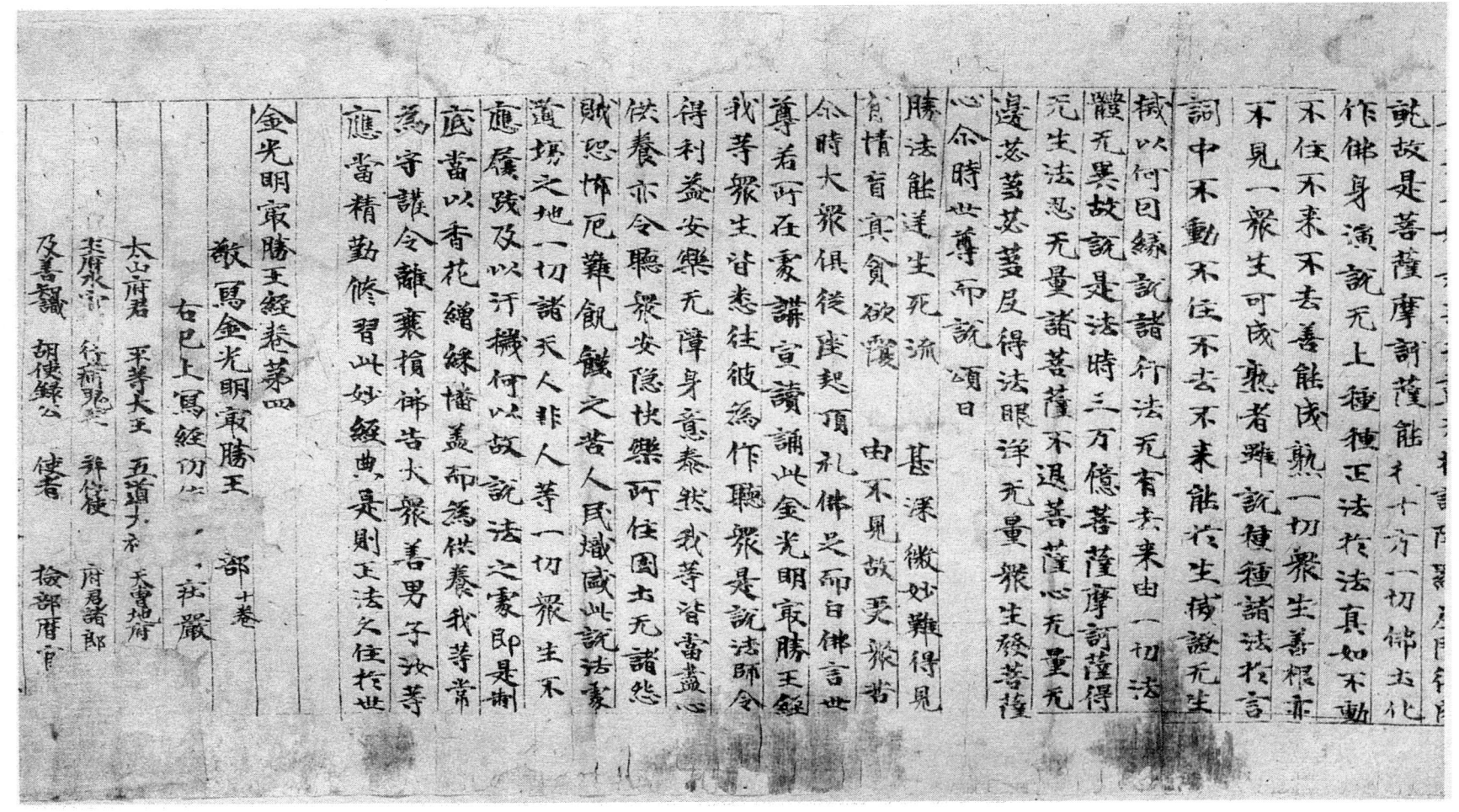

就故是菩薩摩訶薩能於十方一切佛土化
作佛身演說无上種種正法於法真如不動
不住不來不去善能成熟一切衆生善根亦
不見一衆生可成熟者雖說種種諸法於言
詞中不動不住不去不來能於生滅證无生
滅以何因緣說諸行法无有去來由一切法
體无異故說是法時三万億菩薩摩訶薩得
无生法忍无量諸菩薩不退菩薩心无量无
邊苾芻苾芻尼得法眼淨无量衆生發菩薩
心尒時世尊而說頌曰
勝法能逆生死流　甚深微妙難得見
有情盲冥貪欲覆　由不見故受衆苦
尒時大衆俱從座起頂禮佛足而白佛言世
尊若所在處講宣讀誦此金光明最勝王經
我等衆生皆悉往彼爲作聽衆是說法師令
得利益安樂无障身意泰然我等皆當盡心
供養亦令聽衆安隱快樂所住國土无諸怨
賊恐怖厄難飢饉之苦人民熾盛此說法處
道場之地一切諸天人非人等一切衆生不
應履踐及以汙穢何以故說法之處即是制
底當以香花繒綵幡蓋而爲供養我等常
爲守護令離衰損佛告大衆善男子汝等
應當精勤修習此妙經典是則正法久住於世
金光明最勝王經卷第四
敬寫金光明最勝王　部十卷
右已上寫經功德　並莊嚴
太山府君　平等大王　五道大神　天曹地府
[illegible]府水官　行病鬼王　并役使　府君諸郎
及善知識　胡使録公　使者　檢部曆官

BD14928號　金光明最勝王經卷四　（12–11）

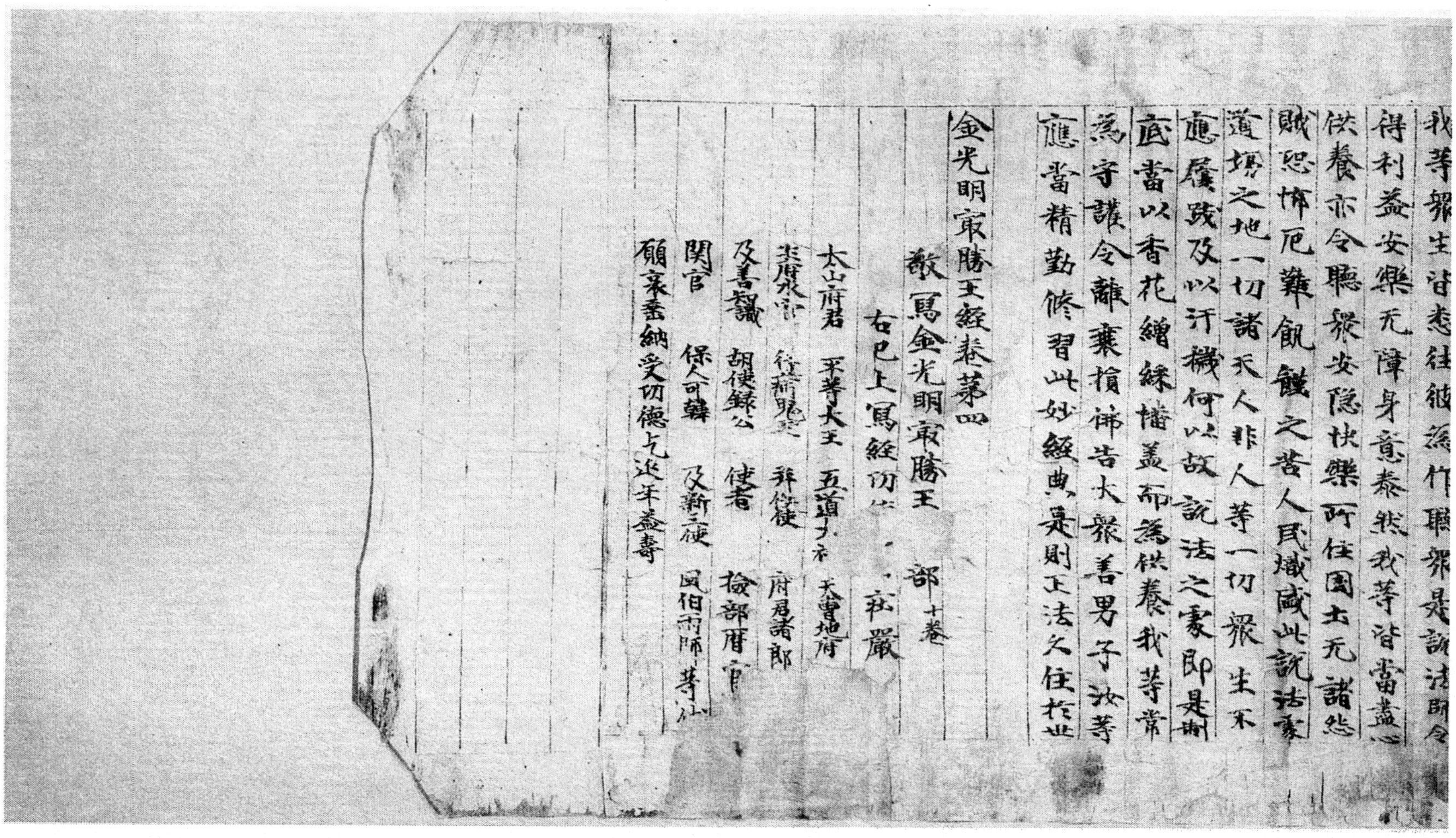
我等衆生皆悉往彼為作聽衆是說法師令
得利益安樂无障身意泰然我等皆當盡心
供養亦令聽衆安隱快樂所住國土无諸怨
賊恐怖厄難飢饉之苦人民熾盛此說法處
道場之地一切諸天人非人等一切衆生不
應履踐及以汙穢何以故說法之處即是制
底當以香花繒綵幡蓋而為供養我等常
為守護令離衰損佛告大衆善男子汝等
應當精勤修習此妙經典是則正法久住於世
金光明最勝王經卷第四
敬寫金光明最勝王　部十卷
右已上寫經功德　莊嚴
太山府君　平等大王　五道大神　天曹地府
土府水官　行病鬼王　并從使　府君諸郎
及善知識　胡使録公　使者　檢部曹官
關官　保人可韓　及新三使　風伯雨師　等
願家丞納受功德乞延年益壽

BD14928號　金光明最勝王經卷四　（12–12）

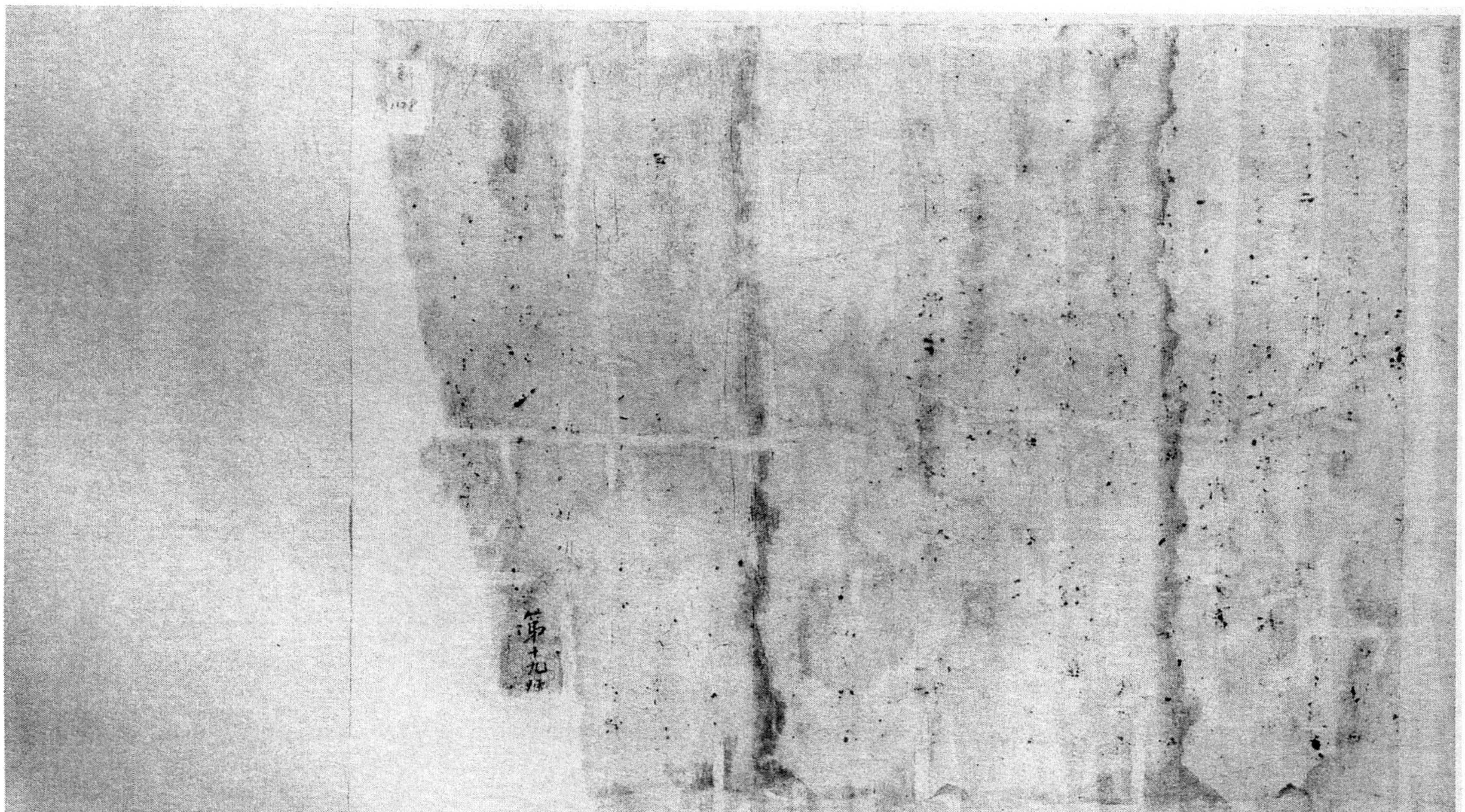

BD14928號背　勘記、印章、雜寫　（2–1）

BD14928 號背　勘記、印章、雜寫　（2–2）

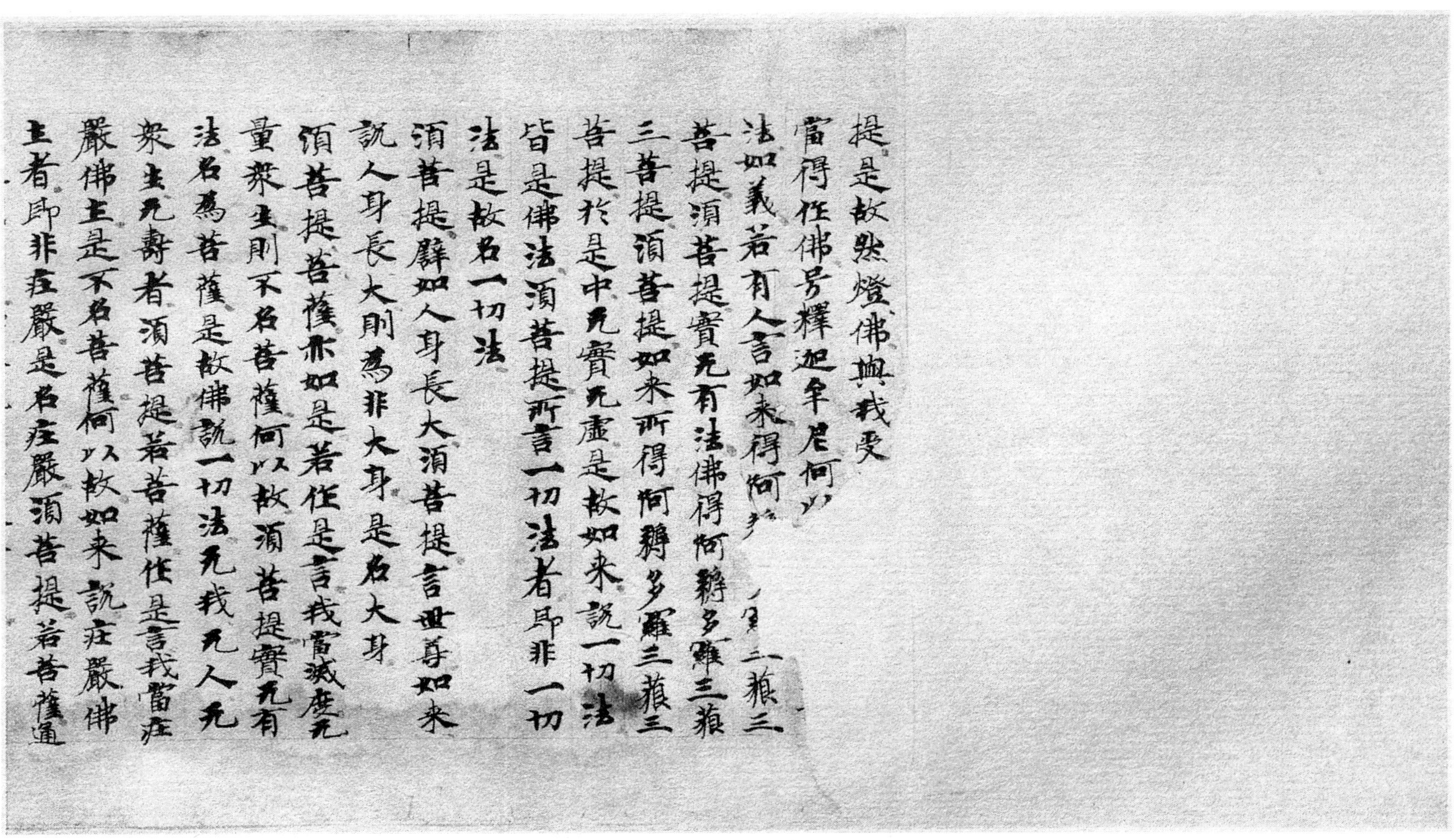

提是故然燈佛與我受
當得作佛号釋迦牟尼何以
法如義若有人言如來得阿耨　三藐三
菩提須菩提實无有法佛得阿耨多羅三藐
三菩提須菩提如來所得阿耨多羅三藐三
菩提於是中无實无虛是故如來說一切法
皆是佛法須菩提所言一切法者即非一切
法是故名一切法
須菩提譬如人身長大須菩提言世尊如來
說人身長大則為非大身是名大身
須菩提菩薩亦如是若作是言我當滅度无
量衆生則不名菩薩何以故須菩提實无有
法名為菩薩是故佛說一切法无我无人无
衆生无壽者須菩提若菩薩作是言我當莊
嚴佛土是不名菩薩何以故如來說莊嚴佛
土者即非莊嚴是名莊嚴須菩提若菩薩通

BD14929 號　金剛般若波羅蜜經　（6–1）

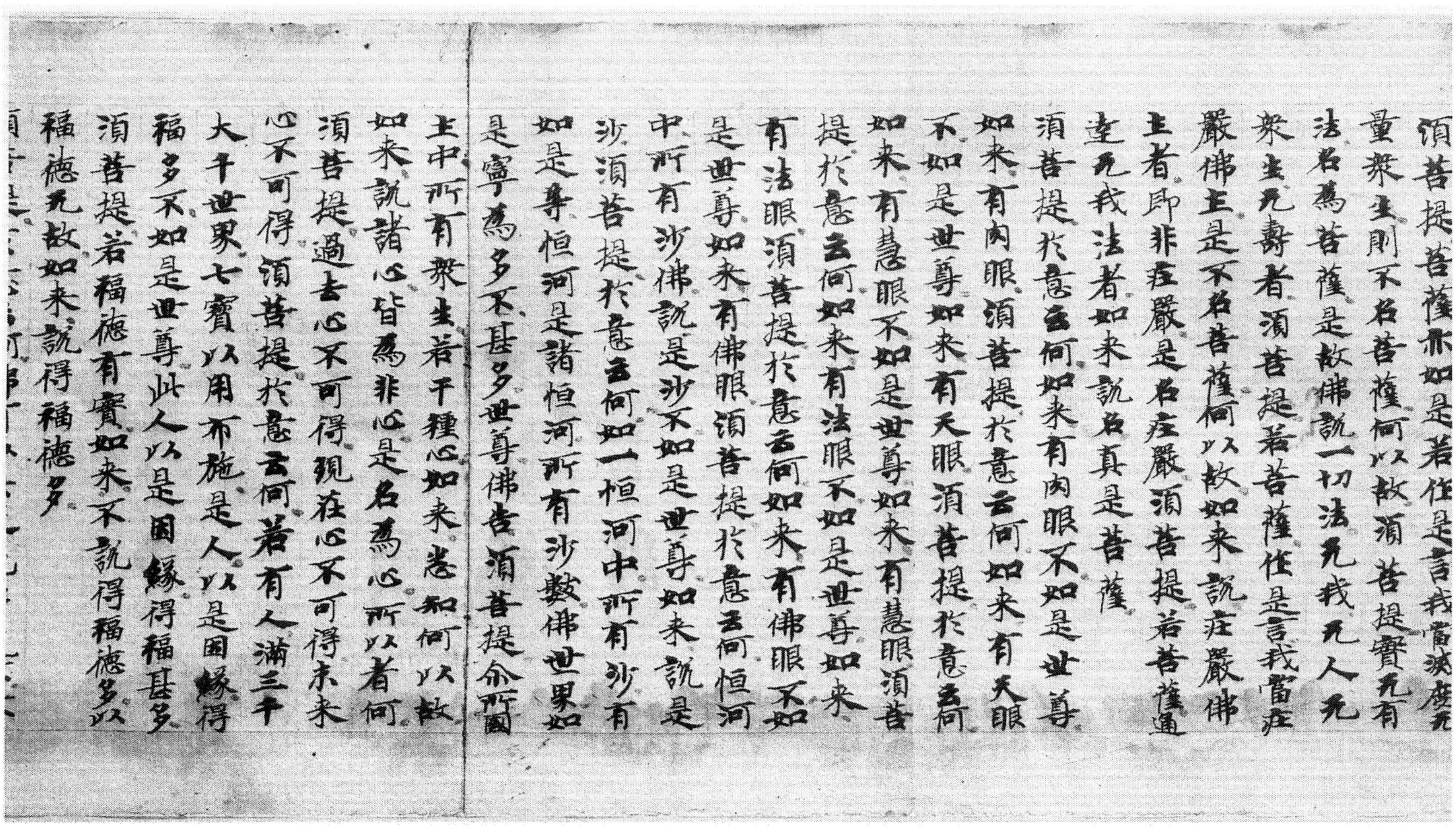

須菩提菩薩亦如是若作是言我當滅度无
量衆生則不名菩薩何以故須菩提實无有
法名爲菩薩是故佛說一切法无我无人无
衆生无壽者須菩提若菩薩作是言我當莊
嚴佛土是不名菩薩何以故如来說莊嚴佛
土者即非莊嚴是名莊嚴須菩提若菩薩通
達无我法者如来說名真是菩薩
須菩提於意云何如来有肉眼不如是世尊
如来有肉眼須菩提於意云何如来有天眼
不如是世尊如来有天眼須菩提於意云何
如来有慧眼不如是世尊如来有慧眼須菩
提於意云何如来有法眼不如是世尊如来
有法眼須菩提於意云何如来有佛眼不如
是世尊如来有佛眼須菩提於意云何恒河
中所有沙佛說是沙不如是世尊如来說是
沙須菩提於意云何如一恒河中所有沙有
如是等恒河是諸恒河所有沙數佛世界如
是寧爲多不甚多世尊佛告須菩提尒所國
土中所有衆生若干種心如来悉知何以故
如来說諸心皆爲非心是名爲心所以者何
須菩提過去心不可得現在心不可得未来
心不可得須菩提於意云何若有人滿三千
大千世界七寶以用布施是人以是因緣得
福多不如是世尊此人以是因緣得福甚多
須菩提若福德有實如来不說得福德多以
福德无故如来說得福德多
[illegible]

BD14929 號　金剛般若波羅蜜經　（6–2）

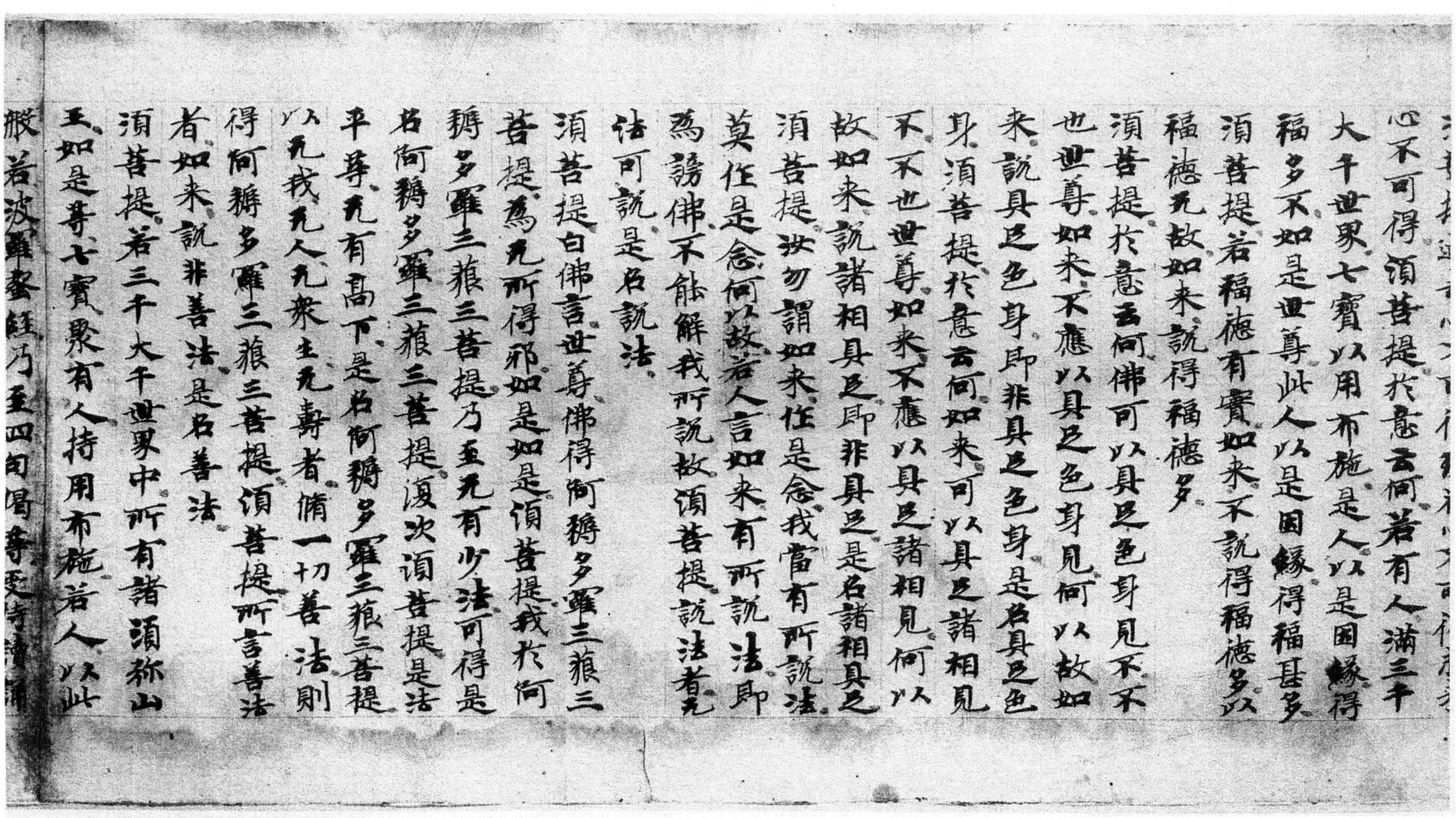

[illegible]
心不可得須菩提於意云何若有人滿三千
大千世界七寶以用布施是人以是因緣得
福多不如是世尊此人以是因緣得福甚多
須菩提若福德有實如来不說得福德多以
福德无故如来說得福德多
須菩提於意云何佛可以具足色身見不不
也世尊如来不應以具足色身見何以故如
来說具足色身即非具足色身是名具足色
身須菩提於意云何如来可以具足諸相見
不不也世尊如来不應以具足諸相見何以
故如来說諸相具足即非具足是名諸相具足
須菩提汝勿謂如来作是念我當有所說法
莫作是念何以故若人言如来有所說法即
爲謗佛不能解我所說故須菩提說法者无
法可說是名說法
須菩提白佛言世尊佛得阿耨多羅三藐三
菩提爲无所得耶如是如是須菩提我於阿
耨多羅三藐三菩提乃至无有少法可得是
名阿耨多羅三藐三菩提復次須菩提是法
平等无有高下是名阿耨多羅三藐三菩提
以无我无人无衆生无壽者脩一切善法則
得阿耨多羅三藐三菩提須菩提所言善法
者如来說非善法是名善法
須菩提若三千大千世界中所有諸須弥山
王如是等七寶聚有人持用布施若人以此
般若波羅蜜經乃至四句偈等受持讀誦

BD14929 號　金剛般若波羅蜜經　（6–3）

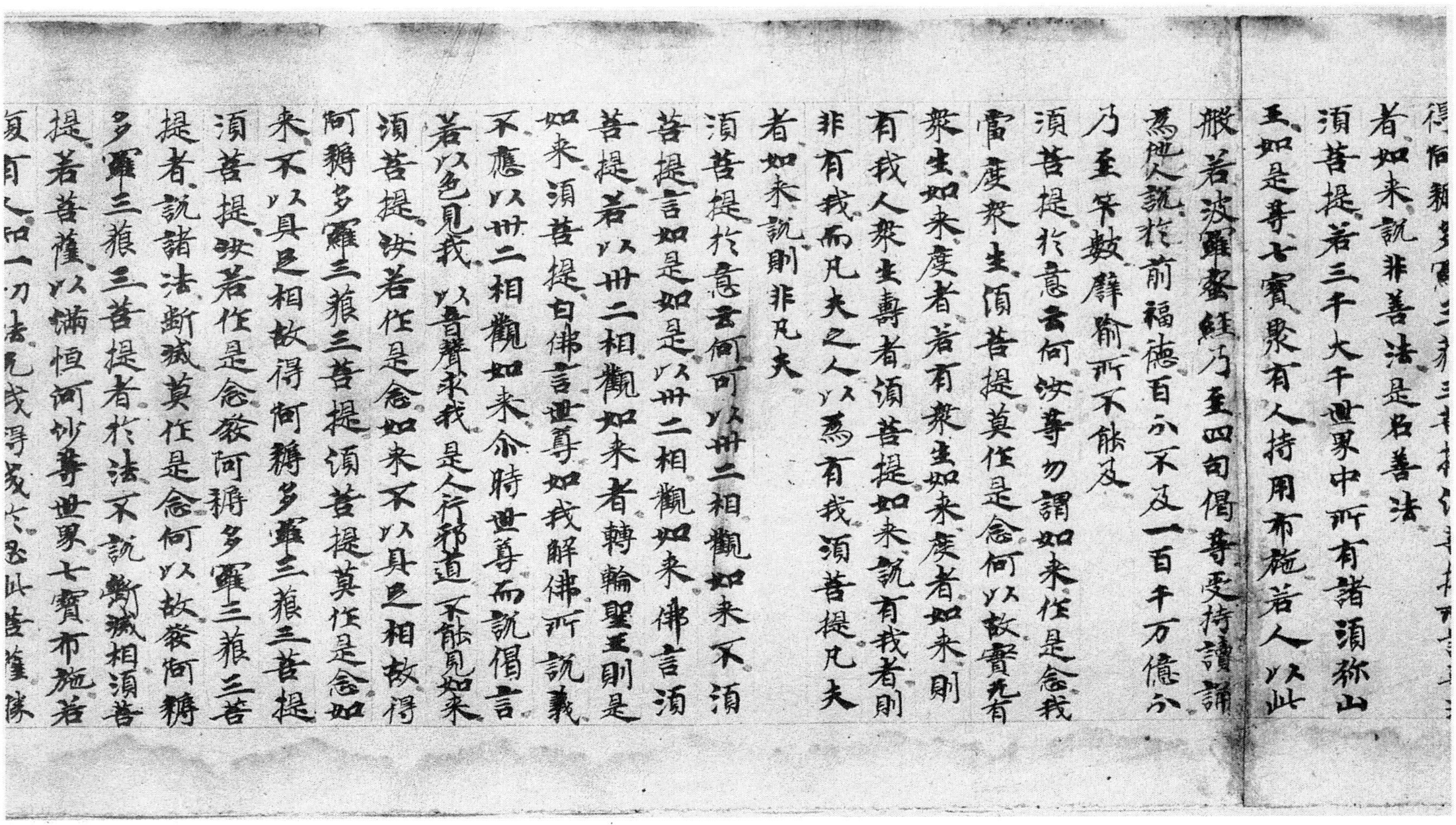

者如来說非善法是名善法
須菩提若三千大千世界中所有諸須弥山
王如是等七寶聚有人持用布施若人以此
般若波羅蜜經乃至四句偈等受持讀誦
為他人說於前福德百分不及一百千万億分
乃至筭數譬喻所不能及
須菩提於意云何汝等勿謂如来作是念我
當度衆生須菩提莫作是念何以故實无有
衆生如来度者若有衆生如来度者如来則
有我人衆生壽者須菩提如来說有我者則
非有我而凡夫之人以為有我須菩提凡夫
者如来說則非凡夫
須菩提於意云何可以卅二相觀如来不須
菩提言如是如是以卅二相觀如来佛言須
菩提若以卅二相觀如来者轉輪聖王則是
如来須菩提白佛言世尊如我解佛所說義
不應以卅二相觀如来尒時世尊而說偈言
若以色見我　以音聲求我　是人行邪道　不能見如来
須菩提汝若作是念如来不以具足相故得
阿耨多羅三藐三菩提須菩提莫作是念如
来不以具足相故得阿耨多羅三藐三菩提
須菩提汝若作是念發阿耨多羅三藐三菩
提者說諸法斷滅莫作是念何以故發阿耨
多羅三藐三菩提者於法不說斷滅相須菩
提若菩薩以滿恒河沙等世界七寶布施若
復有人知一切法无我得成於忍此菩薩勝

BD14929號　金剛般若波羅蜜經　（6–4）

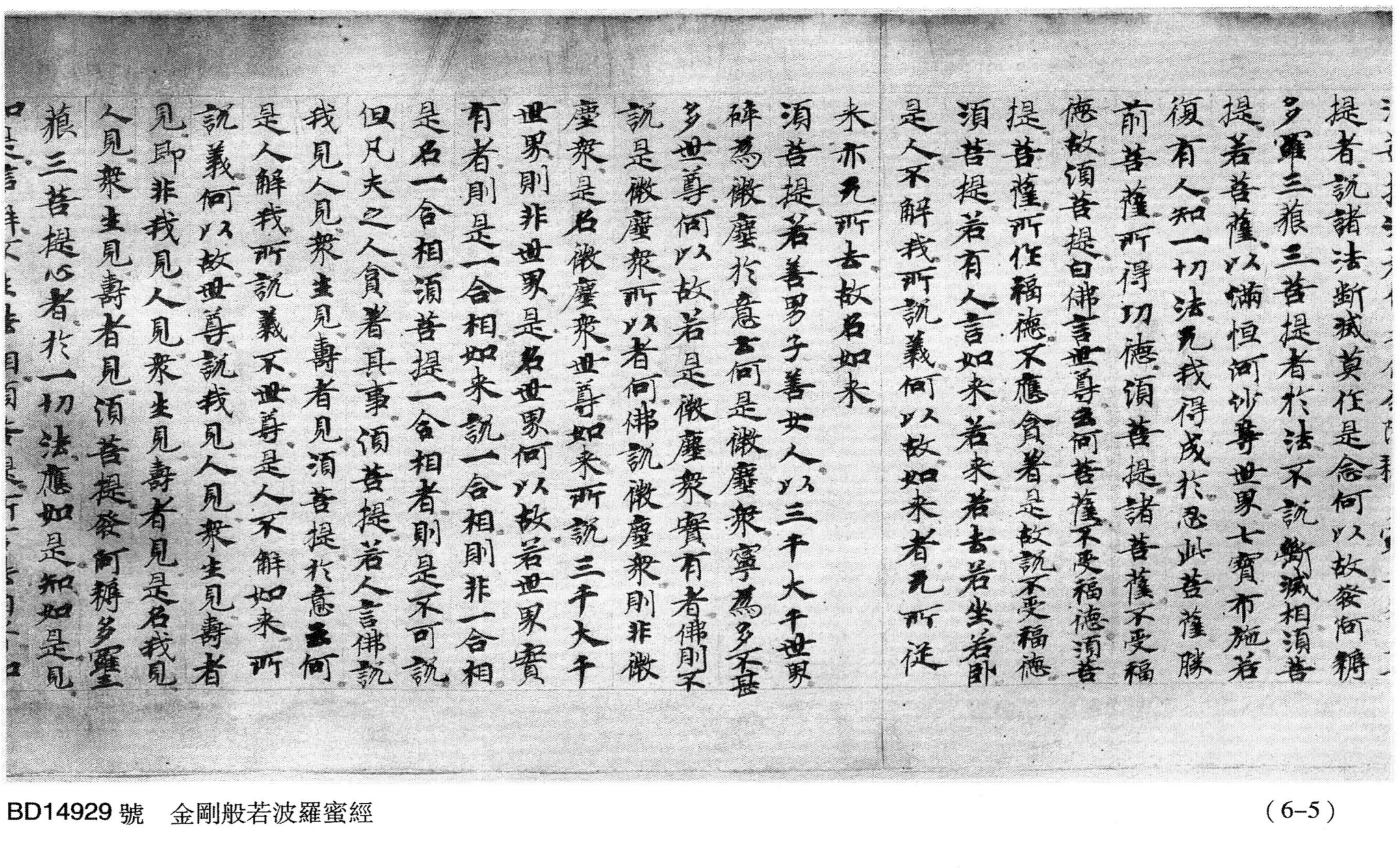

提者說諸法斷滅莫作是念何以故發阿耨
多羅三藐三菩提者於法不說斷滅相須菩
提若菩薩以滿恒河沙等世界七寶布施若
復有人知一切法无我得成於忍此菩薩勝
前菩薩所得功德須菩提諸菩薩不受福
德故須菩提白佛言世尊云何菩薩不受福德須菩
提菩薩所作福德不應貪著是故說不受福德
須菩提若有人言如来若来若去若坐若卧
是人不解我所說義何以故如来者无所從
来亦无所去故名如来
須菩提若善男子善女人以三千大千世界
碎為微塵於意云何是微塵衆寧為多不甚
多世尊何以故若是微塵衆實有者佛則不
說是微塵衆所以者何佛說微塵衆則非微
塵衆是名微塵衆世尊如来所說三千大千
世界則非世界是名世界何以故若世界實
有者則是一合相如来說一合相則非一合相
是名一合相須菩提一合相者則是不可說
但凡夫之人貪著其事須菩提若人言佛說
我見人見衆生見壽者見須菩提於意云何
是人解我所說義不世尊是人不解如来所
說義何以故世尊說我見人見衆生見壽者
見即非我見人見衆生見壽者見是名我見
人見衆生見壽者見須菩提發阿耨多羅
藐三菩提心者於一切法應如是知如是見

BD14929號　金剛般若波羅蜜經　（6–5）

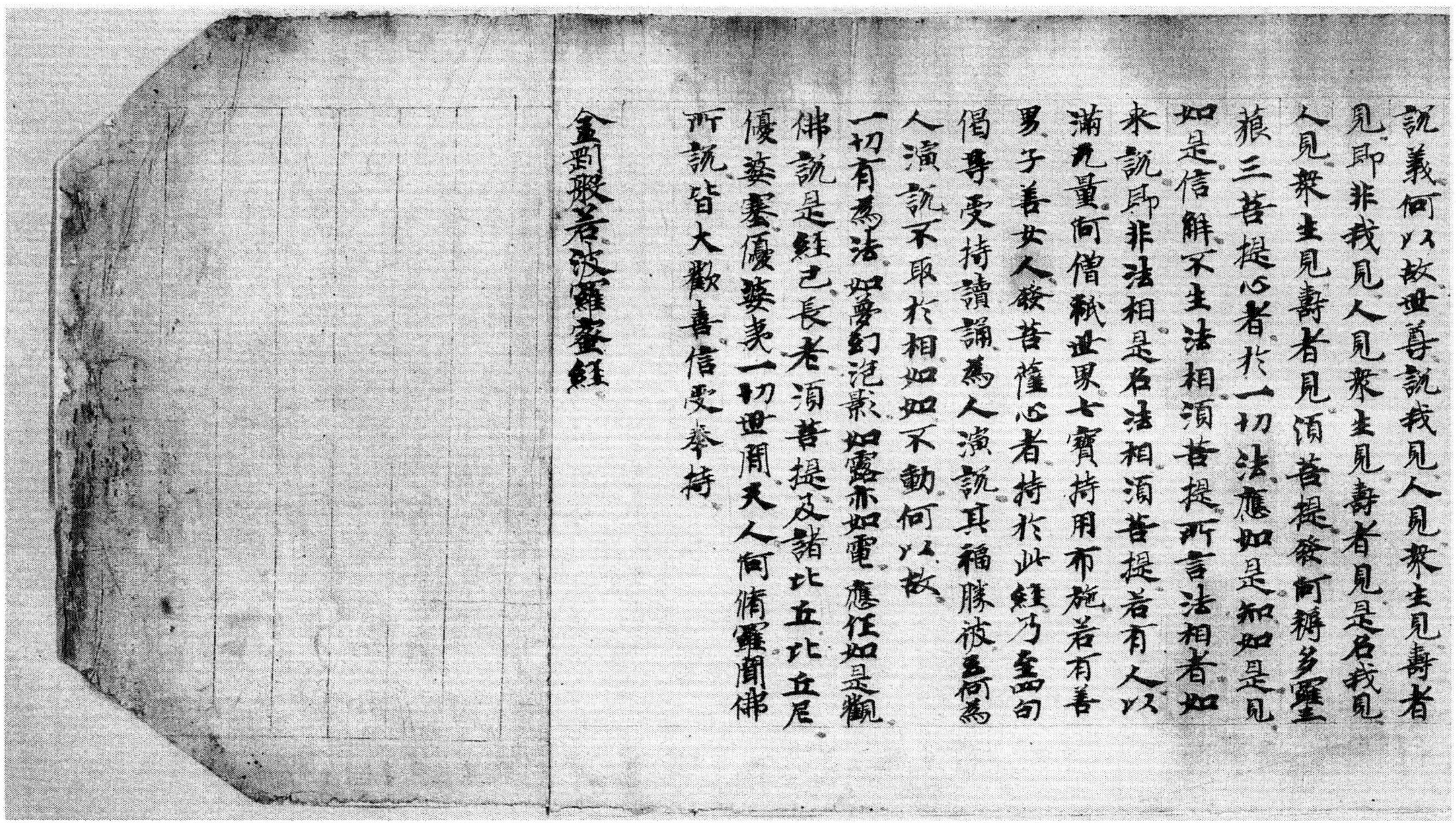

BD14929 號　金剛般若波羅蜜經　　（6–6）

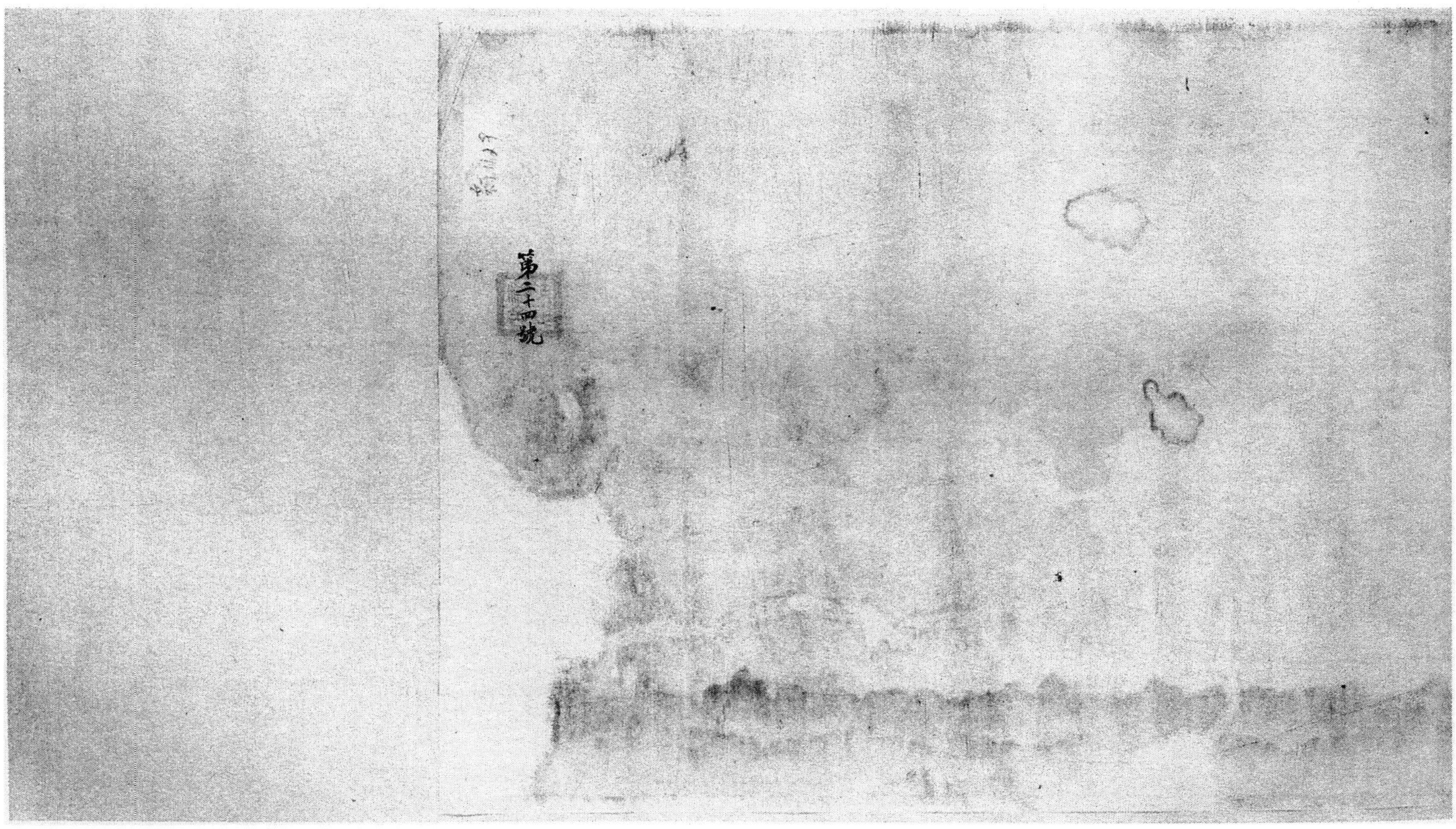

BD14929 號背　勘記、印章　　（1–1）

木叉僧一
黙然故
當知諸阿梨耶清淨如一一比丘尼問荅是
比丘尼衆中三唱亦如是若有比丘尼如是
比丘尼衆中第二第三唱憶有罪者不發露
得故妄語罪妄語罪佛說鄣道法比丘尼於
是中欲求清淨憶有罪應發露發露則安隱
不發露罪益深諸阿梨耶已說波羅提木叉
序今問諸阿梨耶是中清淨不第二第三如
是問諸阿梨耶是中清淨黙然故是事如是
持
諸阿梨耶是八波羅夷法半月半月波羅提
木叉中說若比丘尼於和合二部僧中受具
戒不還戒戒羸不出相行婬法乃至畜生是
比丘尼得波羅夷不應共住

諸阿梨耶是八波羅夷法半月半月波羅提
木叉中說若比丘尼於和合二部僧中受具
戒不還戒戒羸不出相行婬法乃至畜生是
比丘尼得波羅夷不應共住
若比丘尼於聚落空地不與取隨盜物王或
捉或繫或縛或儐出言咄女人汝賊汝癡耶
比丘尼如是不與取者波羅夷不應共住
若比丘尼自手奪人命求持刀與教者教死
歎死咄人用惡活爲死勝生作如是意如是
想方便嘆譽死快令彼人死非餘是比丘尼
波羅夷不應供住
若比丘尼未知未了自稱得過人法聖知見殊
勝如是知如是見彼於後時若檢校若不檢
校犯罪欲求清淨故便作是言阿梨耶我不
知言知不見言見虛誑不實語除增上慢是
比丘尼得波羅夷不應共住
若比丘尼漏心漏心男子邊肩以下膝以上
摩摸受樂者是比丘尼波羅夷不應共住
若比丘尼漏心漏心男子申手內住共語受
捉手捉衣來歡喜請坐曲身就共期去是比
丘尼波羅夷不應共住
若比丘尼知他犯罪不向人說是比丘尼若
離處若死若罷道後作是言我先知是比丘
尼犯重罪不向人說不欲令他知是比丘尼
波羅夷不應共住

丘尼波羅夷不應共住
若比丘尼知他犯罪不向人說是比丘尼若
離處若死若罷道後作是言我先知是比丘
尼犯重罪不向人說不欲令他知是比丘尼
波羅夷不應共住
若比丘尼知僧和合如法比尼与比丘作舉
羯磨未作如法莫隨順諸比丘尼應諫是比
丘尼阿梨耶是比丘僧和合如法比尼作舉
羯磨未作如法莫隨順是比丘尼諸比丘尼
諫時作是語我不隨順誰當隨順諸比丘尼
如是第二第三諫捨是事好若不捨者比丘
尼波羅夷不應共住
諸阿梨耶已說八波羅夷法若比丘尼犯一一
法是比丘尼不得共住如前後亦如是是比
丘尼得波羅夷罪不應共住今問阿梨耶是
中清淨不第二第三亦如是問諸阿梨耶是
中清淨嘿然故是事如是持
諸阿梨耶是十九僧伽婆尸沙法半月半月
波羅提木叉中說若比丘尼受行和合男女
若婦若私通乃至須臾頃是法初罪僧伽婆
尸沙
若比丘尼瞋恨不喜故於清淨无罪比丘尼
无根波羅夷謗欲破彼比丘尼淨行彼於後
時若檢校若不檢校便作是言是事无根我

尸沙
若比丘尼瞋恨不喜故於清淨无罪比丘尼
无根波羅夷謗欲破彼比丘尼淨行彼於後
時若檢校若不檢校便作是言是事无根我
住瞋恨故作是語是法初罪僧伽婆尸沙
若比丘尼瞋恨不喜故以異分中小小事非
波羅夷比丘尼波羅夷法謗欲破彼梵行彼
於後時若檢校若不檢校以異分中小小事
是比丘尼住瞋恨故是法初罪僧伽婆尸沙
若比丘尼諍訟相言若俗人若出家人晝曰
須臾乃至与國民沙弥共鬪相言是法初罪
僧伽婆尸沙
若比丘尼无比丘尼伴行不得出聚落界除
餘時餘時者不欲病是名餘時是法初罪僧
伽婆尸沙
若比丘尼離比丘尼一夜宿除餘時餘時者
若病時賊乱國城時是名餘時是法初罪僧
伽婆尸沙
若比丘尼其主不聽而度是法初罪僧伽婆
尸沙
若比丘尼知犯罪女衆親欲治而度除餘時
餘時者先外道度是名餘時是法初罪僧伽
婆尸沙
若比丘尼於船度處獨度河者是法初罪僧

若比丘尼知犯罪女衆親欲治而度除餘時
餘時者先外道度是名餘時是法初罪僧伽
婆尸沙
若比丘尼於船度處獨度河者是法初罪僧
伽婆尸沙
若比丘尼知比丘尼僧和合如法比尼作舉
羯磨未作如法先不語僧自与捨是法初罪
僧伽婆尸沙
若比丘尼无漏心漏心男子邊取衣鉢飲食
疾病湯藥者是法初罪僧伽婆尸沙
若比丘尼語比丘尼作是語可取此男子施
漏不漏心何豫汝事但汝莫漏心可取施已
隨因緣用諸比丘尼應諫是比丘尼莫作是
語應取是施男子漏心不漏心何豫人事但
使汝无漏心可取施已從因緣用如是應第
二第三諫捨是事好若不捨者是法僧伽婆
尸沙
若比丘尼欲破和合僧故執持破僧事共諍
比丘尼應語是比丘尼阿梨耶莫破和合僧
懃方便執破僧事共諍當与僧同事何以故
僧和合歡喜不諍共一學如水乳合如法說
安樂住是比丘尼諸比丘尼諫時堅持不捨
者應第二第三諫捨者好若不捨者是法乃
至三諫僧伽婆尸沙
諸比丘尼同意相助若一若二若衆多同語

僧和合歡喜不諍共一學如水乳合如法說
安樂住是比丘尼諸比丘尼諫時堅持不捨
者應第二第三諫捨者好若不捨者是法乃
至三諫僧伽婆尸沙
諸比丘尼同意相助若一若二若衆多同語
同見欲破和合僧是比丘尼諸比丘尼諫時
是同意比丘尼言阿梨耶莫說是比丘尼好
惡何以故是法語比丘尼律語比丘尼是比
丘尼所說皆是我等所欲是比丘尼所見欲
忍可事我等亦欲忍可是比丘尼知說非不
知說諸比丘尼應諫是同意比丘尼阿梨耶
莫作是語法語比丘尼律語比丘尼何以故
此非法語比丘尼律語比丘尼阿梨耶莫助
破僧事當樂和合僧何以故僧和合歡喜不
諍共學如水乳合如法說安樂住是比丘尼
諸比丘尼諫時堅持不捨者應第二第三諫
捨是事善若不捨是法乃至三諫僧伽婆尸
沙
若比丘尼瞋恚非理謗僧作是言僧隨愛隨
瞋隨怖隨癡僧依愛瞋怖癡是故呵責是比
丘尼諸比丘尼應諫作是言阿梨耶莫作是
語僧隨愛隨瞋隨怖隨癡僧依愛瞋怖癡何
以故僧不隨愛瞋怖癡汝莫瞋非理謗僧是
比丘尼諸比丘尼諫時堅持不捨者應第二
第三諫捨是事好若不捨是法乃至三諫僧

語僧隨愛隨瞋隨怖隨癡僧隨愛瞋怖癡
以故僧不隨愛瞋怖癡汝莫瞋非理謗僧是
比丘尼諸比丘尼諫時堅持不捨者應第二
第三諫捨是事好若不捨是法乃至三諫僧
伽婆尸沙
若比丘尼自用戾語諸比丘尼共法中如法
如教便自用意作是語汝莫語我若好若醜
我亦不語汝若好若惡諸比丘尼應諫彼比
丘尼言阿梨耶諸比丘尼共法中如法律教
汝莫自用諸比丘尼教汝汝當信受汝應如
法律教諸比丘尼何以故如來弟子中展轉
相諫共罪中出故善法得增長是比丘尼諸
比丘尼諫時堅持不捨者應第二第三諫捨
是事善若不捨是法乃至三諫僧伽婆尸沙
若二比丘尼習近住迭相覆過諸比丘尼言
阿梨耶莫習近住迭相覆罪習近住不生善
法是比丘尼諸比丘尼諫時堅持不捨應第
二第三諫捨是事善若不捨是法乃至三諫
僧伽婆尸沙
若比丘尼見相遠住便勸作是言當習近住
迭相藏過莫相遠住不妨生長善法餘人亦
有如是相近住者僧不能遮輕易汝故禁
制耳諸比丘尼應諫是比丘尼言阿梨耶某
甲某甲相遠住莫勸習近住迭相覆過習近
住不妨生善法莫作是語餘人亦有習近住

迭相
有如是相近住者僧不能遮輕易汝故禁
制耳諸比丘尼應諫是比丘尼言阿梨耶某
甲某甲相遠住莫勸習近住迭相覆過習近
住不妨生善法莫作是語餘人亦有習近住
僧不遮輕易汝故禁制耳是比丘尼諸比丘
尼諫時故堅持不捨應第二第三諫捨者善
若不捨者是法乃至三諫僧伽婆尸沙
若比丘尼瞋恚欲捨戒作是言我捨佛捨法
捨僧捨說捨共住共食捨經論捨沙門尼釋
種用是沙門尼釋種為更有勝處我於彼中
脩梵行諸比丘尼應諫是比丘尼言阿梨耶
莫瞋恚捨戒作是言我捨佛捨法乃至捨沙
門尼釋種捨佛者不善諸比丘尼如是諫時
故堅持不捨應第二第三諫捨是事好若不
捨是法乃至三諫僧伽婆尸沙
阿梨耶僧聽已說十九僧伽婆尸沙十二初
罪七三諫若比丘尼犯一一罪半月二部眾
行摩那埵次到阿浮呵那二十眾二部僧應
出罪稱可眾人意廿人若少一人此比丘尼不
名出罪諸比丘尼應呵責是名時是中清淨
不第二第三亦如是問諸阿梨耶是中清淨
嘿然故是事如是持
諸阿梨耶是卅尼薩耆波夜提法半月半月
波羅提木叉中說

不第二第三亦如是問諸阿梨耶是中清淨
嘿然故是事如是持
諸阿梨耶是卅尼薩耆波夜提法半月半月
波羅提木叉中說
若比丘尼衣已竟迦絺那衣已捨若得長衣
得至十日畜過十日者尼薩耆波夜提
若比丘尼衣已竟迦絺那衣已捨若五衣中
若離二衣餘處一宿除僧羯磨尼薩耆波夜
提
若比丘尼衣已竟迦絺那衣已捨若得非時
衣比丘尼須衣應取疾作衣受若不足者有
望處為滿故聽一月畜若過畜者足不足尼
薩耆波夜提
若比丘尼自手捉生色似色若使人捉舉貪
著者尼薩耆波夜提
若比丘尼種種買賣尼薩耆波夜提
若比丘尼從非親理居士居士婦乞衣尼薩
耆波夜提除時因緣時因緣者失衣是名餘
時
若比丘尼失衣時得從非親里居士非親里
居士婦乞衣者非親里居士居士婦自恣多
与衣是比丘尼得取上下衣過是受者尼薩
耆波夜提
為比丘尼故若居士居士婦為辦衣賈如是

居士婦乞衣者非親里居士居士……
与衣是比丘尼得取上下衣過是受者尼薩
耆波夜提
為比丘尼故若居士居士婦為辦衣賈如是
言我辦如是如是衣賈買如是如是衣与其
甲比丘尼是比丘尼先不自恣請為好故便
到居士所作如是言為我作如是衣為好故
若得衣者尼薩耆波夜提
為比丘尼故若二居士居士婦各各辦衣賈
如是言我等辦如是如是賈買如是如是衣
與其甲比丘尼是比丘尼先不自恣請為好
衣故便到居士所言為我各各辦如是如是
衣賈共作一衣与我為好故若得是衣尼薩
耆波夜提
為比丘尼故若王若大臣遣使送衣直与比
丘尼使到比丘尼所白言阿梨耶是衣直若
王若大臣所送阿梨耶受是衣賈是比丘尼
應語使如是言諸比丘尼法不應受衣賈我
須衣時得清淨衣者得自手受作比丘尼衣
畜使語比丘尼阿梨耶有執事人常為諸比
丘尼執事不是比丘尼應示使執事人若園
民若優婆塞應語使言是人等能為諸比丘
尼執事使到執事人所語言善哉執事如是
如是衣賈買如是如是衣与其甲比丘尼是
比丘尼須衣時當來當与衣是使若自勸喻

丘尼執事不是[illegible]
民若優婆塞應語使言是人等能為諸比丘
尼執事使到執事人所語言善哉執事如是
如是衣賈買如是如是衣与某甲比丘尼是
比丘尼須衣時當來當与衣是使若自勸喻
若使人勸喻已還到比丘尼所白言阿梨耶
所示執事人我已勸喻作衣阿梨耶須衣時
往取當与阿梨耶衣須衣比丘尼應到執事
所索衣應作是言我須衣我須衣第二第三
亦如是索若得衣者好若不得第四第五第
六應在執事前嘿然立若得衣者好若不得
為得衣故過是求若得是衣尼薩耆波夜提
若不得衣隨衣賈來處若自去若遣使應作
是言汝為甲比丘尼送衣賈是比丘尼竟不
得用汝自知財莫失是事法尒
若比丘尼為牀蓐乞而自作衣鉢飲食疾病
湯藥者尼薩耆波夜提
若比丘尼人為作是興而作彼用者尼薩耆
波夜提
若比丘尼為食乞作衣鉢飲食湯藥受用者
尼薩耆波夜提
若比丘尼畜長鉢尼薩耆波夜提
若比丘尼畜長衣尼薩耆波夜提
若比丘尼於住心處棄故僧伽梨唱言有欲
取者取後還奪者尼薩耆波夜提

若比丘尼畜長鉢尼薩耆波夜提
若比丘尼畜長衣尼薩耆波夜提
若比丘尼於住心處棄故僧伽梨唱言有欲
取者取後還奪者尼薩耆波夜提
若比丘尼故僧伽梨若自擿若使人擿過五
六日不自縫不使人縫除病尼薩耆波夜提
若比丘尼語式叉摩尼言与我衣當与汝受
具足取衣已不与受具足者尼薩耆婆夜提
若比丘尼過四羯利沙槃市重衣尼薩耆波
夜提
若比丘尼過兩羯利沙槃半市細輕衣者尼
薩耆波夜提
若比丘尼長鉢得畜十日若過者尼薩耆波
夜提
若比丘尼所用鉢減五綴更乞新鉢為好故
尼薩耆波夜提是鉢應僧中捨比丘尼衆中
最下鉢應与應如是敎汝比丘尼受是鉢乃
至破是事法尒
比丘尼病所應服藥蘇油蜜石蜜生脂如是
病比丘尼聽畜七日服過七日殘不捨而服
尼薩耆波夜提
若比丘尼與比丘尼衣後瞋恚不喜若自奪
若使人奪作是言比丘尼還我衣來不与汝
得衣者尼薩耆波夜提
若比丘尼種種販賣生色似色尼薩耆波夜提

若比丘尼與比丘尼衣後瞋恚不喜若自奪
若使人奪作是言比丘尼還我衣來不与汝
得衣者尼薩耆波夜提
若比丘尼種種販賣生色似色尼薩耆波夜提
若比丘尼自行乞縷使織師織者尼薩耆波
夜提
若居士居仕婦使織師為比丘尼織作衣是
比丘尼先不請便往勸織師言汝知不此衣
為我作汝好織令長廣當与汝錢直食直是
比丘尼如是勸与錢直食直得衣者尼薩耆
波夜提
十日未滿夏三月得急施衣比丘尼須者得
自手取畜至衣時若過時畜者尼薩耆波夜
提
若比丘尼知物向僧自迴向已尼薩耆波夜
提
諸阿梨耶已說三十尼薩耆波夜提今問諸
阿梨耶是中清淨不第二第三亦如是問諸
阿梨耶是中清淨嘿然故是事如是持
諸阿梨耶是百卌一波夜提法半月半月波
羅提木叉中說
若比丘尼知而妄語波夜提
若比丘尼種類形相語波夜提
若比丘尼兩舌者波夜提
若比丘尼知僧如法律滅諍已還更發起作

BD14930號　摩訶僧祇比丘尼戒本　（32–13）

羅提木叉中說
若比丘尼知而妄語波夜提
若比丘尼種類形相語波夜提
若比丘尼兩舌者波夜提
若比丘尼知僧如法律滅諍已還更發起作
是言此羯磨不了當更作如是因緣不異
者波夜提
若比丘尼故奪畜生命波夜提
若比丘尼教未受具戒人說句法波夜提
若比丘尼自稱得過人法我如是知如是見
說實者波夜提
若比丘尼知他比丘尼麤罪向未具戒人說
除僧羯磨波夜提
若比丘尼僧應分物先和合聽与後還遮者
波夜提
若比丘尼半月誦波羅提木叉經時作如是
言阿梨耶用半月誦雜碎戒為使諸比丘尼
生疑悔作如是輕呵戒者波夜提　十
若比丘尼壞種子破鬼村者波夜提
若比丘尼異語惱他波夜提
若比丘尼嫌責波夜提
若比丘尼僧住處露地卧牀坐牀蓐枕若自
敷若使人敷去時不自舉不使人舉波夜提
若比丘尼內房處自敷牀蓐若使人敷去時

BD14930號　摩訶僧祇比丘尼戒本　（32–14）

若比丘尼懶惰波夜提
若比丘尼僧住處露地卧牀坐牀蓐枕若自
敷若使人敷去時不自舉不使人舉波夜提
若比丘尼內覆處自敷牀蓐若使人敷去時
不自舉不使舉波夜提
若比丘尼在僧房內若自牽出若使牽出乃
至言比丘尼汝出去作是語者波夜提
若比丘尼知他比丘尼先敷置牀蓐後來欲
擾亂故敷置不樂者自當出去作如是因緣
不異者波夜提
若比丘尼在閣屋上敷尖脚牀若坐若卧波
夜提
若比丘尼知虫水澆草泥若使人澆波夜提
若比丘尼故令他比丘尼起疑悔須臾不樂
波夜提　二十
若比丘尼施一食處不病比丘尼應一食過
者波夜提
若比丘尼處處食除餘時波夜提餘時者病
時衣時是名餘時
若比丘尼与比丘比丘尼式叉摩尼沙弥沙
弥尼衣後不捨而受用者波夜提
若比丘尼知彼食已足離坐不作殘食欲惱
故勸食者波夜提
若比丘尼不与取著口中除水及齒木波夜
提

弥尼衣後不捨而受用者波夜提
若比丘尼知彼食已足離坐不作殘食欲惱
故勸食者波夜提
若比丘尼不与取著口中除水及齒木波夜
提
若比丘尼非時食波夜提
若比丘尼停食食波夜提
若比丘尼往白衣家自恣与餅麨得受兩三鉢
出外共不病比丘尼食若過受出外不共不
病比丘尼食者波夜提
若比丘尼藏他衣鉢尼師檀鍼筒乃至戲咲
波夜提
若比丘尼別衆食波夜提
若比丘尼无病自為燃火草木牛屎若自燃
若使人燃波夜提除因緣
若比丘尼與未受具戒人同屋過三宿者波
夜提
若比丘尼与欲已後瞋恚不喜作是言我不
與欲不好與羯磨不成就我與此欲波夜提
若比丘尼語比丘尼作如是言共入聚落到
彼當與汝食若自與若使人與後欲駈故作
是言汝去共汝共住共語不樂我獨住獨語樂
作是因緣不異駈者波夜提
若比丘尼作是語阿梨耶世尊說法我知世
尊說鄣道法習此法不能鄣道者比丘尼應

伴當與汝飲食若自與若[illegible]
是言汝去共汝共住共語不樂我獨住獨語樂
作是因緣不異駈者波夜提
若比丘尼作是語阿梨耶世尊說法我知世
尊說鄣道法習此法不能鄣道諸比丘尼應
諫是比丘尼作是言阿梨耶汝莫謗世尊謗
世尊者不善世尊不作是語世尊說鄣道
法實鄣道汝捨此惡事諸比丘尼諫是比丘
尼故堅持不捨如是第二第三諫捨者善若
不捨僧與作舉羯磨已得波夜提
若比丘尼知是比丘尼作惡見不捨僧作舉
羯磨未作如法共食共同室住波夜提
若沙弥尼作如是言如來說婬欲鄣道法我
解知習婬欲不能鄣道諸比丘尼應諫沙弥
尼作是言汝沙弥尼莫謗世尊謗世尊者不
善世尊說習婬欲實鄣道汝捨此惡見比丘
尼諫是沙弥尼故不捨者應如是第二第三
諫若捨者善若不捨諸比丘尼應作是言
從今日汝沙弥尼不應言佛是我師 不
得共比丘尼三宿汝去不得此中住若比
丘尼知沙弥尼惡見不捨駈出來作如法謗
喚畜養共食共同室共住波夜提
若比丘尼得新衣當三種壞色若一一壞色
青黑木蘭若不作三種一一壞色受用者波
夜提

BD14930 號　摩訶僧祇比丘尼戒本　（32–17）

丘尼知沙弥尼惡見[illegible]
喚畜養共食共同室共住波夜提
若比丘尼得新衣當三種壞色若一一壞色
青黑木蘭若不作三種一一壞色受用者波
夜提
若比丘尼若寶若名寶園內若自取若使人
取除餘時波夜提餘時者比丘尼若寶若名
寶若自取若使人取作是念有主求者与是
名餘時
若比丘尼恐怖他比丘尼波夜提
若比丘尼知水有虫而飲者波夜提　卌
若比丘尼无衣外道出家男女自手與食波
夜提
若比丘尼知食家婬處坐者波夜提
若比丘尼知食家屏處坐者波夜提
若比丘尼觀軍發行波夜提
若比丘尼有因緣到軍中三宿若過者波夜
提
若比丘尼有事緣軍中三宿若觀軍發行牙
旗諍鬪勢力者波夜提
若比丘尼打比丘尼者波夜提
若比丘尼掌刀擬比丘尼者波夜提
若比丘尼水中戲波夜提
若比丘尼以指相指波夜提
若比丘尼与賊期共道行乃至聚落波夜提

BD14930 號　摩訶僧祇比丘尼戒本　（32–18）

若比丘尼掌刀擬比丘尼者波夜提
若比丘尼水中戲波夜提
若比丘尼以指相指波夜提
若比丘尼与賊期共道行乃至聚落波夜提
若比丘尼自手掘地若使人掘若指語掘波
夜提
若比丘尼四月別自恣請應受若過受波夜
提除更請長自恣請
若比丘尼教語當學莫犯五衆罪若作是言
我今不隨汝語若見餘阿梨耶家根多聞持
法深解我當諮問彼有所說我當受行作是
語者波夜提
比丘尼欲得法利者應學之應問餘比丘尼
若比丘尼飲酒石蜜酒波夜提
若比丘尼輕他波夜提
若比丘尼諸比丘尼諍訟時嘿然立聽彼有
說者我當憶持作是因緣不異者波夜提
若比丘尼僧欲斷事嘿然起去不白比丘尼
波夜提
若比丘尼半月說波羅提木叉時作是言我今
始知是法入脩多羅半月波羅提木叉中說
諸比丘尼知彼比丘尼本若二若三說波羅
提木叉中坐況復多彼比丘尼不以不知故
得脫隨所犯罪如法治應呵言阿梨耶汝失

若比丘尼半月說波羅提木叉時作是言我今
始知是法入脩多羅半月波羅提木叉中說
諸比丘尼知彼比丘尼本若二若三說波羅
提木叉中坐況復多彼比丘尼不以不知故
得脫隨所犯罪如法治應呵言阿梨耶汝失
善利半月說波羅提木叉汝不尊重不一念
不攝耳聽法呵已波夜提
若比丘尼同食處食前食後不白比丘尼行
至餘家除餘時波夜提餘時者衣時是名餘
時
若比丘尼入剎利灌頂王宮夫人寶未藏入
過門限波夜提
若比丘尼牙骨角作鍼筒破已波夜提
若比丘尼作牀腳應量作長脩伽陀八指除
入陛若過量截已波夜提
若比丘尼自己兜羅衬蓐若坐若臥拖出已
波夜提
若比丘尼作尼師檀應量作長二脩伽陀搩
手廣一搩手半益一搩手若過作截已波夜
提
若比丘尼作覆創衣應量作長四脩伽陀搩
手廣二搩手半若過作截已波夜提
若比丘尼效如來衣量作衣若過截已波夜
提
如來衣量長九脩伽陀搩手廣六搩手是名

手廣二磔手半若過作截已波夜提
若比丘尼效如来衣量作衣若過截已波夜
提
如来衣量長九脩伽陁磔手廣六磔手是名
如来衣量
若比丘尼瞋恨不喜无根僧伽婆尸沙法謗
波夜提
若比丘尼知物向僧迴向餘人波夜提 同式竟
若比丘尼不語主而著他衣波夜提
若比丘尼自手與俗人外道沙門衣波夜提
若比丘尼作安陁會應量作長四脩伽陁磔
手廣二磔手若過作截已波夜提
若比丘尼僧祇支應量作長四脩伽陁磔手
廣兩磔手若過作截已波夜提
若比丘尼作雨浴衣應量作長四脩伽陁磔
手廣二磔手若過作截已波夜提
若比丘尼諂不能辨家為僧乞迦絺那衣波
夜提
若比丘尼不病所受持衣不隨身者波夜提
若比丘尼得佉陁尼食滿閣尼食更景使人
景更麨使人麨更煎使人煎不病比丘尼波
夜提
若比丘尼比丘食以扇供給波夜提
若比丘尼食蒜波夜提

BD14930號　摩訶僧祇比丘尼戒本　（32–21）

若比丘尼得佉陁尼食滿閣尼食更景使人
景更麨使人麨更煎使人煎不病比丘尼波
夜提
若比丘尼比丘食以扇供給波夜提
若比丘尼食蒜波夜提
若比丘尼作醫師活命波夜提
若比丘尼俗人外道自手與食波夜提 卆
若比丘尼授俗人外道醫方者波夜提
若比丘尼為俗人作波夜提
若比丘尼知食家先不語而入者波夜提
若比丘尼與俗人外道習近住若竟日若須
臾下至園民沙彌波夜提
若比丘尼自呪誓呪他者波夜提
若比丘尼自打而啼泣出淚波夜提
若比丘尼諸比丘尼作是言阿梨耶共住具
甲家彼於後不忍具比丘尼无因緣不審諦
聞而呵嘖者波夜提
若比丘尼慳嫉心護他家者波夜提
若比丘尼對面呵罵比丘者波夜提
若比丘尼減十二雨畜弟子者波夜提
若比丘尼滿十二雨十法不具足而畜弟子
者波夜提
若比丘尼十法具足不羯磨而畜弟子者波
夜提
若比丘尼知犯式提戶拘關房戶共男子住

BD14930號　摩訶僧祇比丘尼戒本　（32–22）

若比丘尼滿十
者波夜提
若比丘尼十法具足不羯磨而畜弟子者波
夜提
若比丘尼知犯式提尸拘關房戶共男子住
與受具足者波夜提
若比丘尼與減十二雨童女受具足者波夜
提
若比丘尼滿廿歲童女不與學戒而受具足
者波夜提
若比丘尼受學戒不滿學与受具足者波夜
提
若比丘尼學戒滿不羯磨与受具足波夜提
若比丘尼適他婦減十二雨与受具足者波
夜提
若比丘尼適他婦滿十二雨不學戒与受具　一百
足者波夜提
若比丘尼已適他婦學戒不滿与受具足者
波夜提
若比丘尼已適他婦學戒滿不羯磨与受具
足波夜提
若比丘尼与弟子受具足已應二年教誡若
不者波夜提
若比丘尼受具足已應二年供給隨逐和上
尼若不供給隨逐波夜提

BD14930號　摩訶僧祇比丘尼戒本　（32–23）

若比丘尼与弟子受具足已應二年教誡若
不者波夜提
若比丘尼受具足已應二年供給隨逐和上
尼若不供給隨逐波夜提
若比丘尼年年畜弟子波夜提
若比丘尼一衆清淨亭宿受具足波夜提
若比丘尼度弟子有事不自送不使人送下
至五六由旬波夜提
若比丘尼語比丘尼作是語阿梨耶十法不具
度弟子應教誡而反慊憤者波夜提
若比丘尼語式叉摩尼言學戒滿當与汝受
具足後不与受不使人受又不遣去波夜提
若比丘尼不病載乘者波夜提
若比丘尼不病持傘蓋著革屣者波夜提
若比丘尼過量作咽牀蓐若坐卧波夜提
若比丘尼同敷蓐牀卧波夜提
若比丘尼僧房牀蓐不捨而去波夜提
若比丘尼先不白入比丘僧伽藍波夜提
若比丘尼知食家嫉處宿除餘時波夜提
餘時者風時雨時尊命時傷梵行時是名餘
時
若比丘尼无商人伴向異國行波夜提
若比丘尼自境內觀薗林故墟波夜提
若比丘尼共一比丘空靜處坐波夜提

BD14930號　摩訶僧祇比丘尼戒本　（32–24）

時
若比丘尼无商人伴向異國行波夜提
若比丘尼自境内觀薗林故墟波夜提
若比丘尼共一比丘空靜處坐波夜提
若比丘尼与丈夫屏處坐者波夜提　一百廿
若比丘尼与男子申手内住若語耳語波夜
提
若比丘尼知闇中男子坐无燈而入波夜提
若比丘尼觀伎樂行波夜提
若比丘尼諍闘不和合住衆主不斷理斷滅
者波夜提
若比丘尼俗人婦女塗香油揩摩洗浴除病
時波夜提
若比丘尼不病使比丘尼揩摩洗浴者波夜提
若比丘尼不病令沙彌尼揩摩者波夜提
若比丘尼不病令式叉摩尼揩摩者波夜提
若比丘尼不病令俗人婦女揩摩者波夜提
若比丘尼半月清淨布薩不恭敬者波夜提
若比丘尼半月僧教誡而不恭敬作波夜提
若比丘尼膝已上肩已下隱處有癰創先不
白聽男子破洗者波夜提
若比丘尼安居中遊行者波夜提
若比丘尼安居竟不遊行者波夜提
若比丘尼語比丘尼作是語阿梨耶此處安
居後憔呵憔觸波夜提

BD14930號　摩訶僧祇比丘尼戒本　（32–25）

白聽男子破洗者波夜提
若比丘尼安居中遊行者波夜提
若比丘尼安居竟不遊行者波夜提
若比丘尼語比丘尼作是語阿梨耶此處安
居後憔呵憔觸波夜提
若比丘尼知比丘尼先安居已後来若自譏
乱使人譏乱波夜提
若比丘尼陽牖不觀擲棄不淨波夜提
若比丘尼生草上大小行波夜提
若比丘尼水中大小便波夜提
若比丘尼知衆剎迴與衆波夜提　一百卌
諸阿梨耶已說百四十一波夜提法今問諸
阿梨耶是中清淨不第二第三亦如是問諸
阿梨耶是中清淨嘿然故是事如是持
諸阿梨耶是八波羅提提舍尼法半月半月
波羅提木叉中說
若比丘尼不病為身白衣家乞蘇若使人乞
若噉食是比丘尼應向餘比丘尼悔過如是言
阿梨耶我墮可呵法此悔過是波羅提提舍尼
法如是二油三蜜四石蜜五乳六酪七魚八
宍
諸阿梨耶已說八波羅提提舍尼法今問諸
阿梨耶是中清淨不第二第三亦如是問諸
阿梨耶是中清淨嘿然故是事如是持
諸阿梨耶是衆學法半月半月波羅提木叉

BD14930號　摩訶僧祇比丘尼戒本　（32–26）

諸阿梨耶已說八波羅提提舍尼法今問諸
阿梨耶是中清淨不第二第三亦如是問諸
阿梨耶是中清淨嘿然故是事如是持
諸阿梨耶是衆學法半月半月波羅提木叉
中說
不下著內衣應當學　不高著內衣
不參差著內衣　不百襵著內衣
不石留葉著內衣　不麦飯團著內衣
不魚尾著內衣　不多羅樹葉著內衣
不鳥鼻著內衣　齊整著內衣應當學
不下披衣　不高披衣
不婆羅天披衣　不婆藪天披衣
齊整披衣應當學　好覆身入家內應當學
諦視入家內應當學　小聲入家內應當學
不得笑入家內應當學　不得覆頭入家內應當學
不得反抄衣入家內應當學　不得腳指行入家內應當學
不得叉腰入家內應當學　不得搖身入家內應當學
不得搖頭入家內應當學　不得挑臂入家內應當學
好覆身入家內坐應當學　諦視家內坐應當學
小聲坐家內應當學　不得笑坐家內應當學
不得覆頭家內坐應當學　不反抄衣坐家內應當學
不得抱膝坐家內應當學　不得叉腳家內坐應當學
不叉腰坐家內應當學　不得動手足坐家內應當學
一心受食應當學　羹飯等受應當學

BD14930號　摩訶僧祇比丘尼戒本　（32–27）

不得抱膝坐家內應當學　不得叉腳家內坐應當學
不叉腰坐家內應當學　不得動手足坐家內應當學
一心受食應當學　羹飯等受應當學
不得偏刳食應當學　不得口中迴食食應當學
不吐舌食應當學　不得大團飯食應當學
不張口待飯食應當學　不得挑團食應當學
不得嚙半食應當學　不含食語應當學
不得指抆鉢食應當學　不得舐手食應當學
不得齧指食應當學　不得嚃喋作聲食應當學
不得吸食食應當學　不得全吞食應當學
不得落飯食應當學　不得振手食應當學
不得慊心看比坐鉢應當學　端心觀鉢食應當學
比丘尼不病不得為己索食應當學
不得以飯覆羹更望得應當學
不得以膩手受食器應當學
不得以鉢中殘食棄地應當學
人坐比丘尼立不得說法除病應當學
人卧比丘尼坐不得為說法除病應當學
人在高床比丘尼在卑床不得為說法除病
應當學
不得為著革屣人說法除病應當學
不得為著屐人說法除病應當學
不得為覆頭人說法除病應當學
不得為纏頭人說法除病應當學

BD14930號　摩訶僧祇比丘尼戒本　（32–28）

不得爲著革屣人說法除病應當學
不得爲覆頭人說法除病應當學
不得爲纏頭人說法除病應當學
不得爲抱膝蹲人說法除病應當學
不得爲蹺脚人說法除病應當學
不得爲持刀人說法應當學
不得爲持弓箭人說法應當學
不得爲持杖人說法除病應當學
不得爲持蓋人說法除病應當學
一人在前比丘尼在後不得爲說法除病應
當學
不得爲騎乘人說法除病應當學
不得在道外爲道中人說法除病應當學
不得立大小便除因緣應當學　七十七
諸阿梨耶已說衆學法今問諸阿梨耶是中
清淨不第二第三亦如是問諸阿梨耶是中
是中清淨嘿然故是事如是持
諸阿梨耶是七滅諍法半月半月波羅提木
叉中說
應與現前比丘尼人与現前比丘尼
應與憶念比丘尼人与憶念比丘尼
應與不癡比丘尼人与不癡比丘尼
應與自言治人與自言治
應與覓罪相人與覓罪相

應與現前比丘尼人与現前比丘尼
應與憶念比丘尼人与憶念比丘尼
應與不癡比丘尼人与不癡比丘尼
應與自言治人與自言治
應與覓罪相人與覓罪相
應与多覓人与多覓
種種僧中生諍事如草布地除滅應當學
諸阿梨耶已說七滅諍法今問諸阿梨耶是
中清淨不第二第三亦如是問諸阿梨耶是
中清淨嘿然故是事如是持
諸阿梨耶已說波羅提木叉序已說八波羅
夷法已說十九僧伽婆尸沙法已說三十尼
薩耆波夜提法已說百四十一波夜提法已說
八波羅提提舍尼法已說衆學法已說七滅
諍法是事入佛經中半月半月波羅提木叉
說及餘隨道戒法諸阿梨耶一心歡喜不諍
一學一道如水乳合安樂行應當學
佛告比丘尼毗婆尸佛如來應供正遍知爲
家請僧家初說波羅提木叉
忍辱第一道　涅槃佛稱最　出家惱他人　不名爲沙門
尸棄佛如來應供正遍知爲家請僧家初說
波羅提木叉
譬如明眼人　能避險惡道　世有聰明人　能遠離諸惡
毗鉢施佛如來應供正遍知爲家請僧家初說

尸棄佛如來應供正遍知爲衆請僧衆初說
波羅提木叉
譬如明眼人　能避險惡道　世有聰明人　能遠離諸惡
毗鉢施佛如來應供正遍知爲衆請僧衆初說
波羅提木叉
不惱不說過　如戒所說行　飯食知節量　常樂在閑處
拘留孫佛如來應供正遍知爲衆請僧衆初
說波羅提木叉
譬如蜂採華　不壞色與香　但取其味去　比丘入聚落
不破壞他事　不觀作不作　但自觀身行　諦視善不善
拘那含牟尼佛如來應供正遍知爲衆靜僧
衆初說波羅提木叉
欲得好心莫放逸　聖人善法當勤學
若有智者一心人　乃能無須憂愁患
迦葉佛如來應供正遍知爲衆請僧衆初說
波羅提木叉
一切惡莫作　當具足善法　自淨其志意　是則諸佛教
釋迦牟尼佛如來應供正遍知爲衆請僧衆
初說波羅提木叉
護身爲善哉　能護口亦善　護意爲善哉　護一切亦善
比丘護一切　便得離衆苦　比丘守口意　身不犯衆惡
是三業道淨　得聖所得道
若人撾罵不還報　於憎恨人心不恨
於瞋人中心常淨　見人爲惡自不作
七佛爲世尊　能救護世間　是佛說戒經　我已廣說竟

BD14930號　摩訶僧祇比丘尼戒本　（32–31）

欲得好心莫放逸　聖人善法當勤學
若有智者一心人　乃能無須憂愁患
迦葉佛如來應供正遍知爲衆請僧衆初說
波羅提木叉
一切惡莫作　當具足善法　自淨其志意　是則諸佛教
釋迦牟尼佛如來應供正遍知爲衆請僧衆
初說波羅提木叉
護身爲善哉　能護口亦善　護意爲善哉　護一切亦善
比丘護一切　便得離衆苦　比丘守口意　身不犯衆惡
是三業道淨　得聖所得道
若人撾罵不還報　於憎恨人心不恨
於瞋人中心常淨　見人爲惡自不作
七佛爲世尊　能救護世間　是佛說戒經　我已廣說竟
諸佛及弟子　恭敬是戒經　恭敬戒經已　各各相恭敬
慚愧得具足　能得無爲道
已說波羅提木叉竟僧一心得布薩

比丘尼戒本一卷

BD14930號　摩訶僧祇比丘尼戒本　（32–32）

第二十號

BD14930號背　勘記、印章

（1–1）

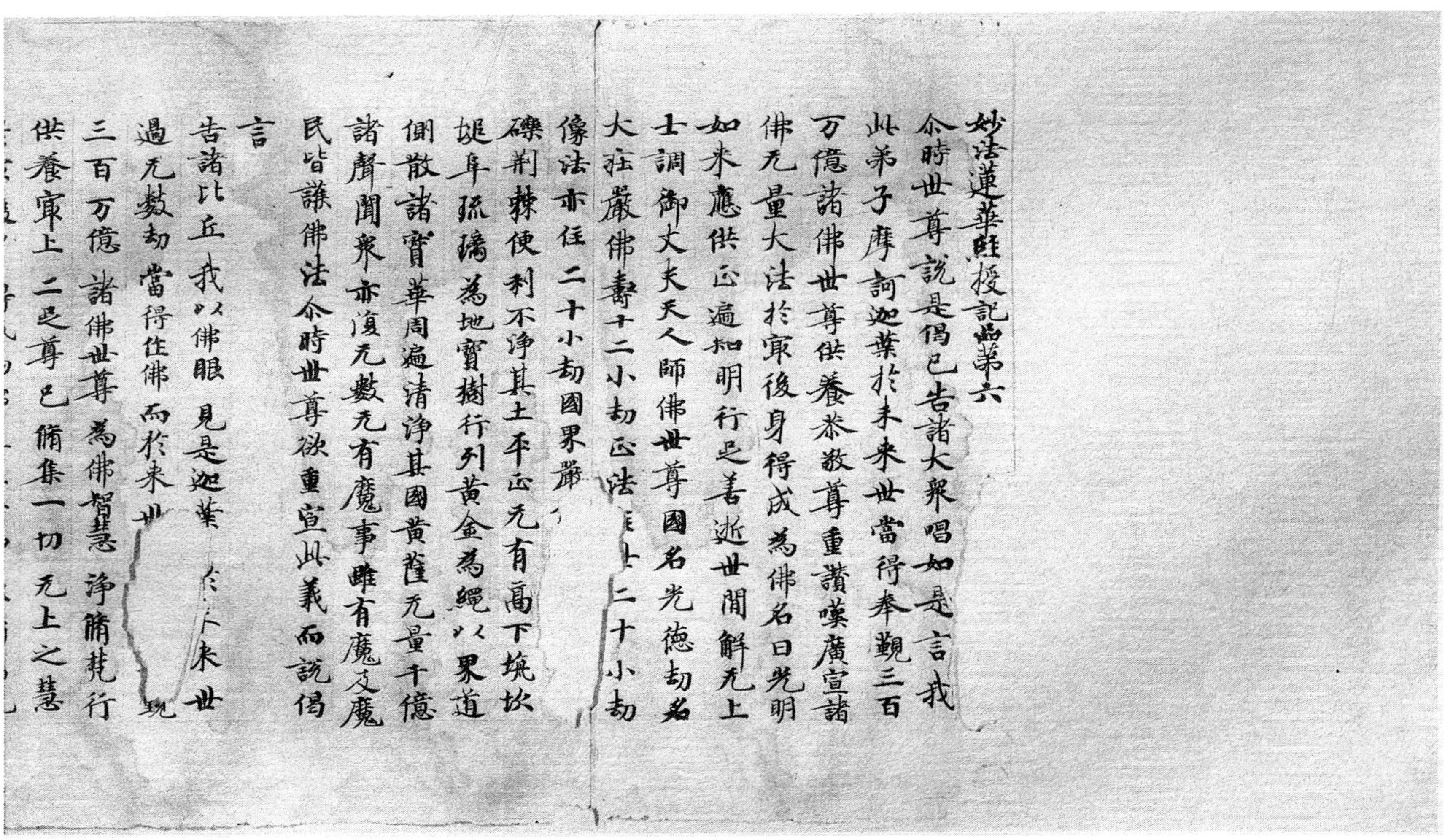
妙法蓮華經授記品第六
尒時世尊說是偈已告諸大衆唱如是言我
此弟子摩訶迦葉於未來世當得奉覲三百
万億諸佛世尊供養恭敬尊重讚嘆廣宣諸
佛无量大法於最後身得成為佛名曰光明
如來應供正遍知明行足善逝世間解无上
士調御丈夫天人師佛世尊國名光德劫名
大莊嚴佛壽十二小劫正法住世二十小劫
像法亦住二十小劫國界嚴[illegible]
礫荊棘便利不淨其土平正无有高下坑坎
堆阜琉璃為地寶樹行列黃金為繩以界道
側散諸寶華周遍清淨其國菩薩无量千億
諸聲聞衆亦復无數无有魔事雖有魔及魔
民皆護佛法尒時世尊欲重宣此義而說偈
言
告諸比丘　我以佛眼　見是迦葉　於未來世
過无數劫　當得作佛　而於來世[illegible]覲
三百万億　諸佛世尊　為佛智慧　淨修梵行
供養最上　二足尊已　修集一切　无上之慧

BD14931號　妙法蓮華經卷三

（6–1）

告諸比丘 我以佛眼 見是迦葉 於未來世
過无數劫 當得作佛 而於來世 覲
三百万億 諸佛世尊 為佛智慧 淨脩梵行
供養冣上 二足尊已 脩集一切 无上之慧
於冣後身 得成為佛 其土清淨 琉璃為地
多諸寶樹 行列道側 金繩界道 見者歡喜
常出好香 散衆名華 種種奇妙 以為莊嚴
其地平正 无有丘坑 諸菩薩衆 不可稱計
其心調柔 逮大神通 奉持[illegible]大乘經典
諸聲聞衆 无漏後身 法王之[illegible] 不可計
乃以天眼 不能數知 其佛當壽 十二小劫
正法住世 二十小劫 像法亦住 二十小劫
光明世尊 其事如是
尒時大目揵連須菩提摩訶迦栴延等皆悉
悚慄一心合掌瞻仰世尊目不蹔捨即共同
聲而說偈言
大雄猛世尊 諸釋之法王 哀愍我[illegible] [illegible]賜佛音聲
若知我深心 見為授記者 如以甘露灑 除熱得清涼
如從飢國來 忽遇大王膳 心猶懷疑懼 未敢即便食
若復得王教 然後乃敢食 我等亦如是 每惟小乘過
不知當云何 得佛无上慧 雖聞佛音聲 言我等作佛
心尚懷憂懼 如未敢便食 若蒙佛授記 尒乃快安樂
大雄猛世尊 常欲安世間 願賜我等記 如飢須教食
尒時世尊知諸大弟子心之所念告諸比丘
是須菩提於當來世奉覲三百億那由他
佛供養恭敬尊重讚嘆常脩梵行具菩薩道
於冣後身得成為佛号曰名相如來應供正

BD14931號　妙法蓮華經卷三　（6–2）

大雄猛世尊 常欲安世間 願賜我等記 如飢須教食
尒時世尊知諸大弟子心之所念告諸比丘
是須菩提於當來世奉覲三百億那由他
佛供養恭敬尊重讚嘆常脩梵行具菩薩道
於冣後身得成為佛号曰名相如來應供正
遍知明行足善逝世間解无上士調御丈夫
天人師佛世尊劫名有寶國名寶生其土平
正頗梨為地寶樹莊嚴无諸丘坑沙礫荊棘
便利之穢寶華覆地周遍清淨其土人民皆
處寶臺珍妙樓閣聲聞弟子无量无邊筭數
譬喻所不能知諸菩薩衆无數千万億那由
他佛壽十二小劫正法住世二十小劫像法
亦住二十小劫其佛常處虛空為衆說法度
脫无量菩薩及聲聞衆尒時世尊欲重宣此
義而說偈言
諸比丘衆 今告汝等 皆當一心 聽我所說
我大弟子 須菩提者 當得作佛 号曰名相
當供无數 万億諸佛 隨佛所行 漸具大道
冣後身得 三十二相 端正殊妙 猶如寶山
其佛國土 嚴淨第一 衆生見者 无不愛樂
佛於其中 度无量衆 其佛法中 多諸菩薩
皆悉利根 轉不退輪 彼國常以 菩薩莊嚴
諸聲聞衆 不可稱數 皆得三明 具六神通
住八解脫 有大威德 其佛說法 現於无量
神通變化 不可思議 諸天人民 數如恒沙
皆共合掌 聽受佛語 其佛當壽 十二小劫
正法住世 二十小劫 像法亦住 二十小劫

BD14931號　妙法蓮華經卷三　（6–3）

諸聲聞衆不可稱數皆得三明具六神通
住八解脫有大威德其佛說法現於无量
神通變化不可思議諸天人民數如恒沙
皆共合掌聽受佛語其佛當壽十二小劫
正法住世二十小劫像法亦住二十小劫
尒時世尊復告諸比丘衆我今語汝是大迦
旃延於當來世以諸供具供養奉事八千億
佛恭敬尊重諸佛滅後各起塔廟高千由旬
縱廣正等五百由旬皆以金銀琉璃車𤦲馬
瑙真珠玫瑰七寶合成衆華瓔珞塗香末香
燒香繒蓋幢幡供養塔廟過是已後當復供
養二万億佛亦復如是供養是諸佛已具菩
薩道當得作佛号曰閻浮那提金光如來應
供正遍知明行足善逝世間解无上士調御
丈夫天人師佛世尊其土平正頗梨為地寶
樹莊嚴黃金為繩以界道側妙華覆地周遍
清淨見者歡喜无四惡道地獄餓鬼畜生阿
脩羅道多有天人諸聲聞衆及諸菩薩无量
万億莊嚴其國佛壽十二小劫正法住世二
十小劫像法亦住二十小劫尒時世尊欲重
宣此義而說偈言
諸比丘衆 皆一心聽 如我所說 真實无異
是迦旃延 當以種種 妙好供具 供養諸佛
諸佛滅後 起七寶塔 亦以華香 供養舍利
其㝡後身 得佛智慧 成等正覺 國土清淨
度脫无量 万億衆生 皆為十方 之所供養
佛之光明 无能勝者 其佛号曰 閻浮金光
菩薩聲聞 斷一切有 无量无數 莊嚴其國

BD14931 號　妙法蓮華經卷三　（6–4）

諸佛滅後 起七寶塔 亦以華香 供養舍利
其㝡後身 得佛智慧 成等正覺 國土清淨
度脫无量 万億衆生 皆為十方 之所供養
佛之光明 无能勝者 其佛号曰 閻浮金光
菩薩聲聞 斷一切有 无量无數 莊嚴其國
尒時世尊復告大衆我今語汝是大目揵連
當以種種供具供養八千諸佛恭敬尊重諸
佛滅後各起塔廟高千由旬縱廣正等五百
由旬以金銀琉璃車𤦲馬瑙真珠玫瑰七寶
合成衆華瓔珞塗香末香燒香繒蓋幢幡以
用供養過是已後當復供養二百万億諸佛
亦復如是當得成佛号曰多摩羅跋旃檀香
如來應供正遍知明行足善逝世間解无上
士調御丈夫天人師佛世尊劫名喜滿國名
意樂其土平正頗梨為地寶樹莊嚴散真珠
華周遍清淨見者歡喜多諸天人菩薩聲聞
其數无量佛壽二十四小劫正法住世四十
小劫像法亦住四十小劫尒時世尊欲重宣
此義而說偈言
我此弟子 大目揵連 捨是身已 得見八千
二百万億 諸佛世尊 為佛道故 供養恭敬
於諸佛所 常脩梵行 於无量劫 奉持佛法
諸佛滅後 起七寶塔 長表金刹 華香伎樂
而以供養 諸佛塔廟 漸漸具足 菩薩道已
於意樂國 而得作佛 号多摩羅 旃檀之香
其佛壽命 二十四劫 常為天人 演說佛道
聲聞无量 如恒河沙 三明六通 有大威德
菩薩无數 志固精進 於佛智慧 皆不退轉

BD14931 號　妙法蓮華經卷三　（6–5）

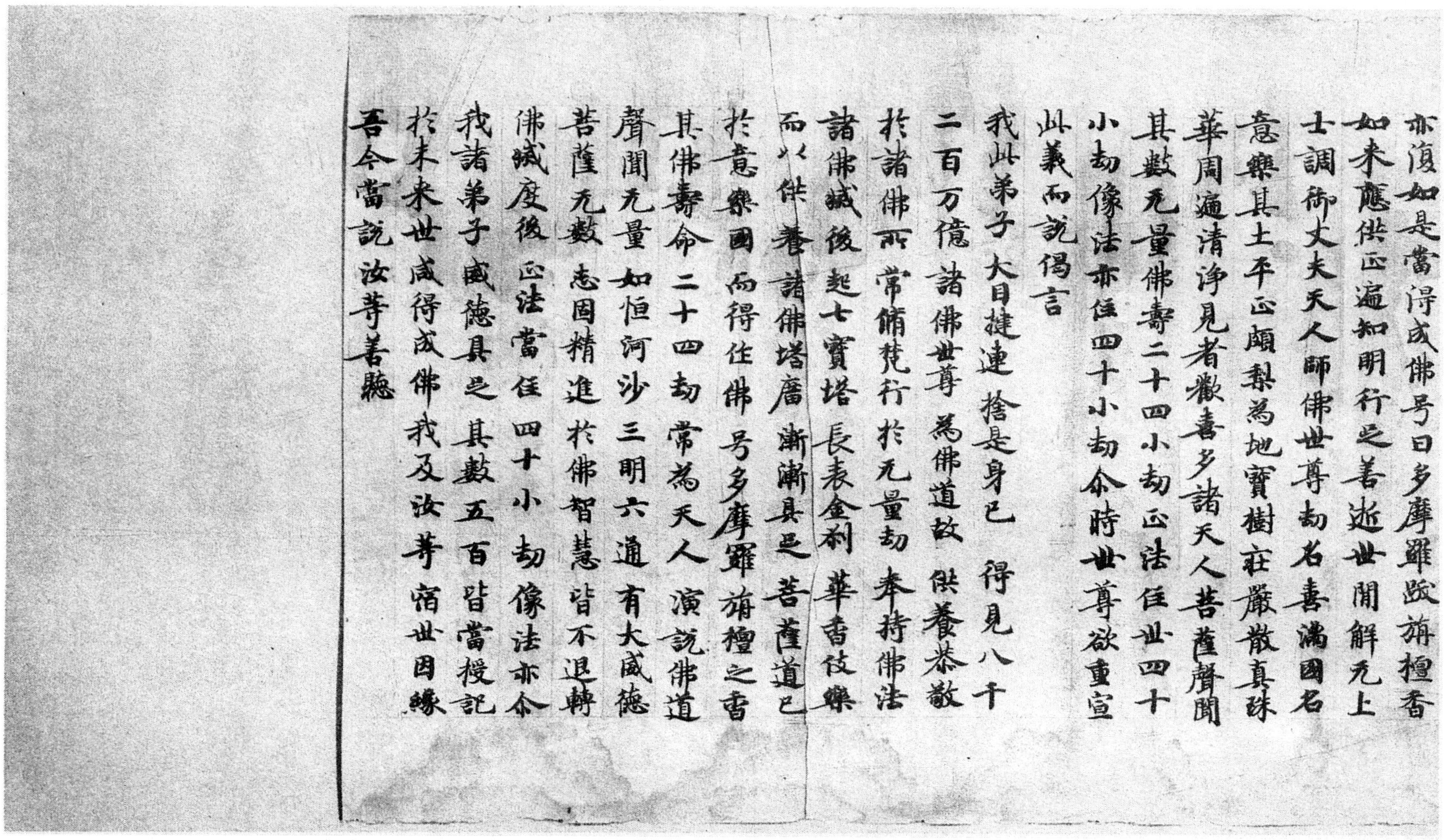
亦復如是當得成佛号曰多摩羅跋旃檀香
如來應供正遍知明行足善逝世間解无上
士調御丈夫天人師佛世尊劫名喜滿國名
意樂其土平正頗梨為地寶樹莊嚴散真珠
華周遍清淨見者歡喜多諸天人菩薩聲聞
其數无量佛壽二十四小劫正法住世四十
小劫像法亦住四十小劫尒時世尊欲重宣
此義而說偈言
我此弟子　大目揵連　捨是身已　得見八千
二百万億　諸佛世尊　為佛道故　供養恭敬
於諸佛所　常脩梵行　於无量劫　奉持佛法
諸佛滅後　起七寶塔　長表金剎　華香伎樂
而以供養　諸佛塔廟　漸漸具足　菩薩道已
於意樂國　而得作佛　号多摩羅　旃檀之香
其佛壽命　二十四劫　常為天人　演說佛道
聲聞无量　如恒河沙　三明六通　有大威德
菩薩无數　志固精進　於佛智慧　皆不退轉
佛滅度後　正法當住　四十小劫　像法亦尒
我諸弟子　威德具足　其數五百　皆當授記
於未來世　咸得成佛　我及汝等　宿世因緣
吾今當說　汝等善聽

BD14931 號　妙法蓮華經卷三　（6–6）

BD14932 號背　現代護首　（1–1）

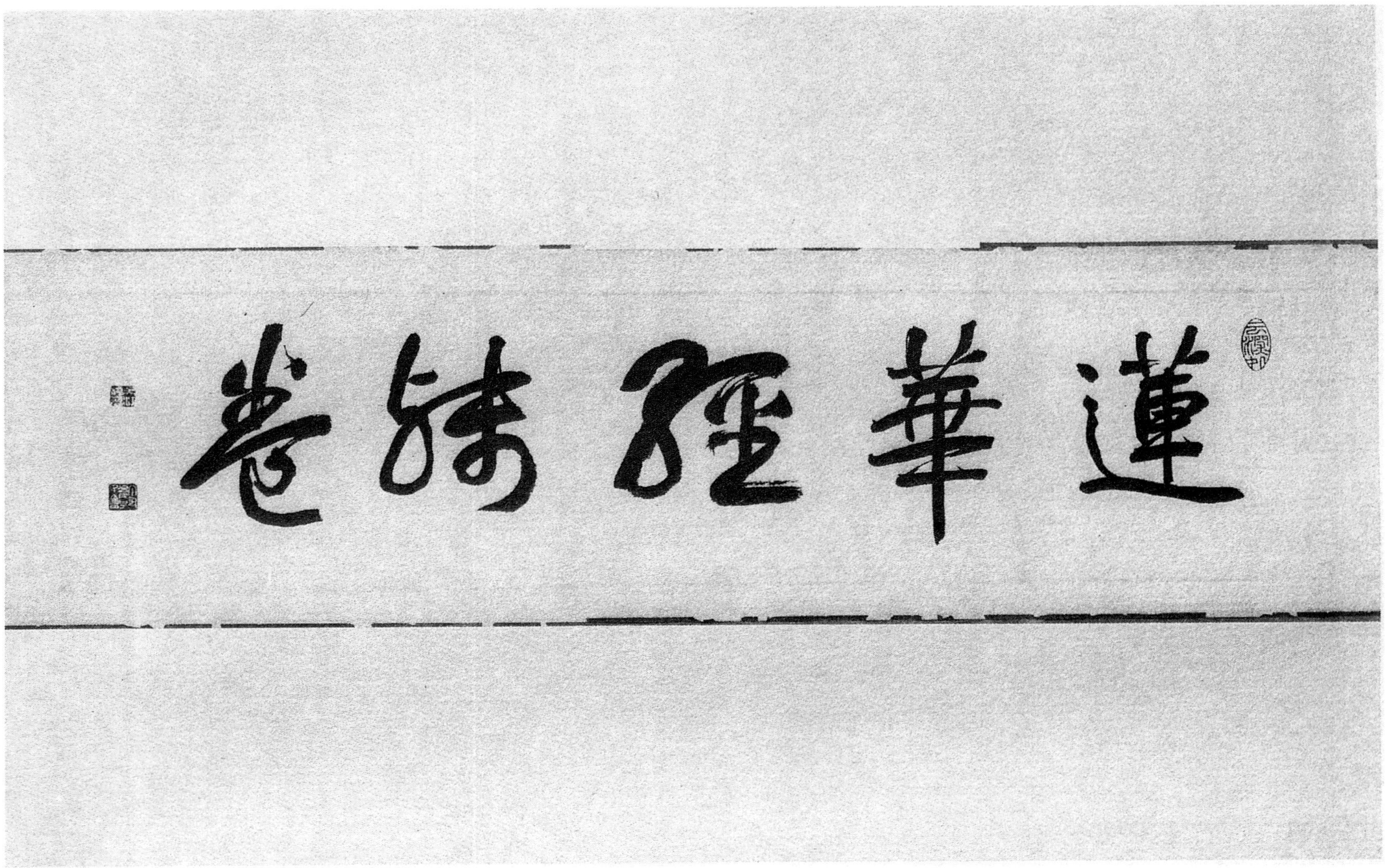

BD14932 號　題簽　　（8–1）

BD14932 號　題簽　　（8–2）

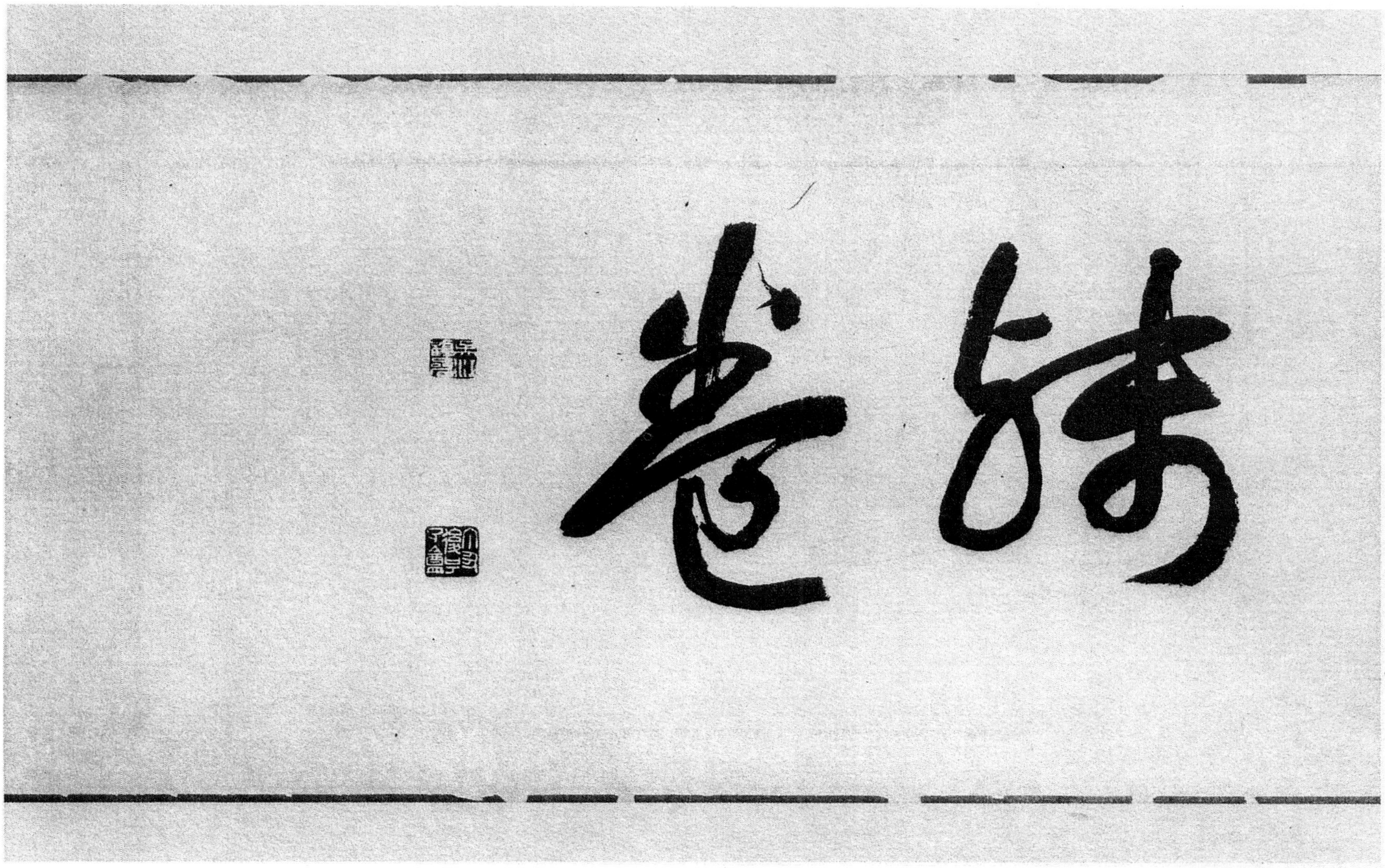

BD14932號　題簽　　（8–3）

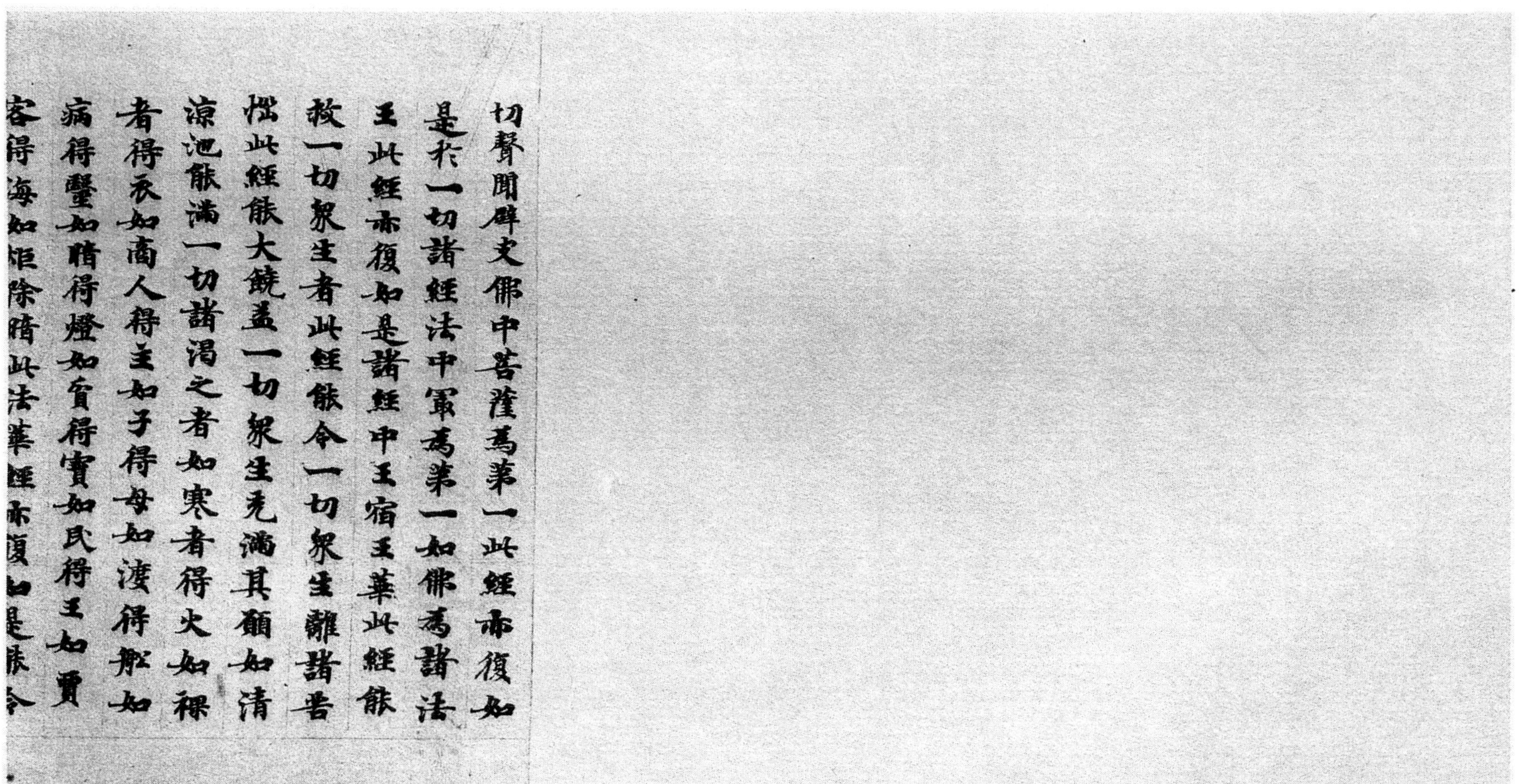

切聲聞辟支佛中菩薩為第一此經亦復如
是於一切諸經法中最為第一如佛為諸法
王此經亦復如是諸經中王宿王華此經能
救一切衆生者此經能令一切衆生離諸苦
惱此經能大饒益一切衆生充滿其願如清
涼池能滿一切諸渴之者如寒者得火如裸
者得衣如商人得主如子得母如渡得船如
病得醫如暗得燈如貧得寶如民得王如賈
客得海如炬除暗此法華經亦復如是能令

BD14932號　妙法蓮華經卷六　　（8–4）

惱此經能大饒益一切衆生充滿其願如清
涼池能滿一切諸渴之者如寒者得火如裸
者得衣如商人得主如子得母如渡得船如
病得醫如暗得燈如貧得寶如民得王如賈
客得海如炬除暗此法華經亦復如是能令
衆生離一切苦一切病痛能解一切生死之
縛若人得聞此法華經若自書若使人書所
得功德以佛智慧籌量多少不得其邊若書
是經卷華香瓔珞燒香末香塗香幡蓋衣服
種種之燈蘇燈油燈諸香油燈瞻蔔油燈須
曼那油燈波羅羅油燈婆利師迦油燈那婆摩
利油燈供養所得功德亦復无量宿王華若
有人聞是藥王菩薩本事品者亦得无量无
邊功德若有女人聞是藥王菩薩本事品能
受持者盡是女身後不復受若如來滅後後
五百歲中若有女人聞是經典如說修行於
此命終即往安樂世界阿弥陀佛大菩薩衆
圍繞住處生蓮華中寶座之上不復為貪欲
所惱亦復不為瞋恚愚癡所惱亦復不為憍
慢嫉妬諸垢所惱得菩薩神通无生法忍得
是忍已眼根清淨以是清淨眼根見七百万
二千億那由他恒河沙等諸佛如來是時諸
佛遥共讚言善哉善哉善男子汝能於釋迦
牟尼佛法中受持讀誦思惟是經為他人說
所得福德无量无邊火不能燒水不能漂汝

BD14932 號　妙法蓮華經卷六　（8–5）

二千億那由他恒河沙等諸佛如來是時諸
佛遥共讚言善哉善哉善男子汝能於釋迦
牟尼佛法中受持讀誦思惟是經為他人說
所得福德无量无邊火不能燒水不能漂汝
之功德千佛共說不能令盡汝今已能破諸
魔賊壞生死軍諸餘怨敵皆悉摧滅善男子
百千諸佛以神通力共守護汝於一切世間
天人之中无如汝者唯除如來其諸聲聞辟
支佛乃至菩薩智慧禪定无有與汝等者宿
王華此菩薩成就如是功德智慧之力若有
人聞是藥王菩薩本事品能隨喜讚善者是
人現世口中常出青蓮華香身毛孔中常出
牛頭栴檀香所得功德如上所說是故宿王
華以此藥王菩薩本事品屬累於汝我滅度
後後五百歲中廣宣流布於閻浮提无令斷
絕惡魔魔民諸天龍夜叉鳩槃荼等得其便
也宿王華汝當以神通之力守護是經所以
者何此經則為閻浮提人病之良藥若人有
病得聞是經病即消滅不老不死宿王華汝
若見有受持是經者應以青蓮華盛滿末香
供散其上散已作是念言此人不久必當取
草坐於道場破諸魔軍當吹法螺擊大法鼓
度脫一切衆生老病死海是故求佛道者見
有受持是經典人應當如是生恭敬心說是
藥王菩薩本事品時八万四千菩薩得解一

BD14932 號　妙法蓮華經卷六　（8–6）

草坐於道場破諸魔軍當吹法螺擊大法鼓
度脫一切衆生老病死海是故求佛道者見
有受持是經典人應當如是生恭敬心說是
藥王菩薩本事品時八万四千菩薩得解一
切衆生語言陁羅尼多寶如來於寶塔中讚
宿王華菩薩言善哉善哉宿王華汝成就不
可思議功德乃能問釋迦牟尼佛如此之事
利益无量一切衆生

妙法蓮華經卷第六

BD14932 號　妙法蓮華經卷六　（8–7）

妙法蓮華經卷六藥王菩薩本事品全卷經
文計弍千七百八十八字此硬黃紙寫經卷上首
經文遺失僅存經文九百十字咸目為唐人
寫經但無題跋年代及寫經人名或因疑
及紙墨不甚古黝使筆不甚自然古人往
矣無能目覩千餘年前事者豈必唐人盡
類歐虞流傳經卷大率類此安知不寶藏
完密確非近時紙料則此卷之珍貴可知
庚辰之秋米舫主人所屬古稀墨叟病起
書此

BD14932 號　妙法蓮華經卷六　（8–8）

跋妙法蓮華經殘卷

妙法蓮華經、隋代已見(有)譯本、據三寶感通錄載、開皇中
有蔣州人嚴若造精舍、寫妙法蓮華經、結本甚多、秘為
嚴密經、並隋文帝(崇重造佛)齋京師及并州相州洛州等諸大都邑官
寫一切經、典置于寺內、又別寫藏于秘閣、於是(中國)天下人民從風而
靡、競相景慕、民間佛經多於六經數百倍、隋書經籍志實已志明、
嚴從特寫此經、乃在開皇崇佛時期、感通錄所載、決非虛言也、此
卷硬黃紙、古氣盎然、書法[illegible]隋唐以來之物、[illegible]色墨鮮明
不變幽黝者、係藏諸石室之中、不受風塵侵蝕、所以顏色新
踏顯、著古人紙墨之精妙、藏弃之審詳[illegible]
[illegible]顧氏跋云、因無年代及寫經人名號及紙墨不答古勁
俟筆不甚自然[illegible]歷觀隋唐人寫經卷[illegible]墨色倫
作墨而光亮、存六朝[illegible]疑[illegible]久之[illegible]見字[illegible]方方墨迹特[illegible]
[illegible]與是[illegible]精良佳妙者、墨內[illegible]知其用積墨書之、已觀寫
經者可以據此矣

BD14932 號附紙　題記 （4–1）

優婆夷 圓覺經 優婆塞 優婆夷 此云在家二眾（淨名疏）
優婆夷 梵語也 此云清淨女 優婆塞 譯善男子 ———
譯善女人 同志聯合曰結社、晉遠公結白蓮社、

北京潘恩
HARRY F. PAYNE
PEKING

BD14932 號附紙　題記 （4–2）

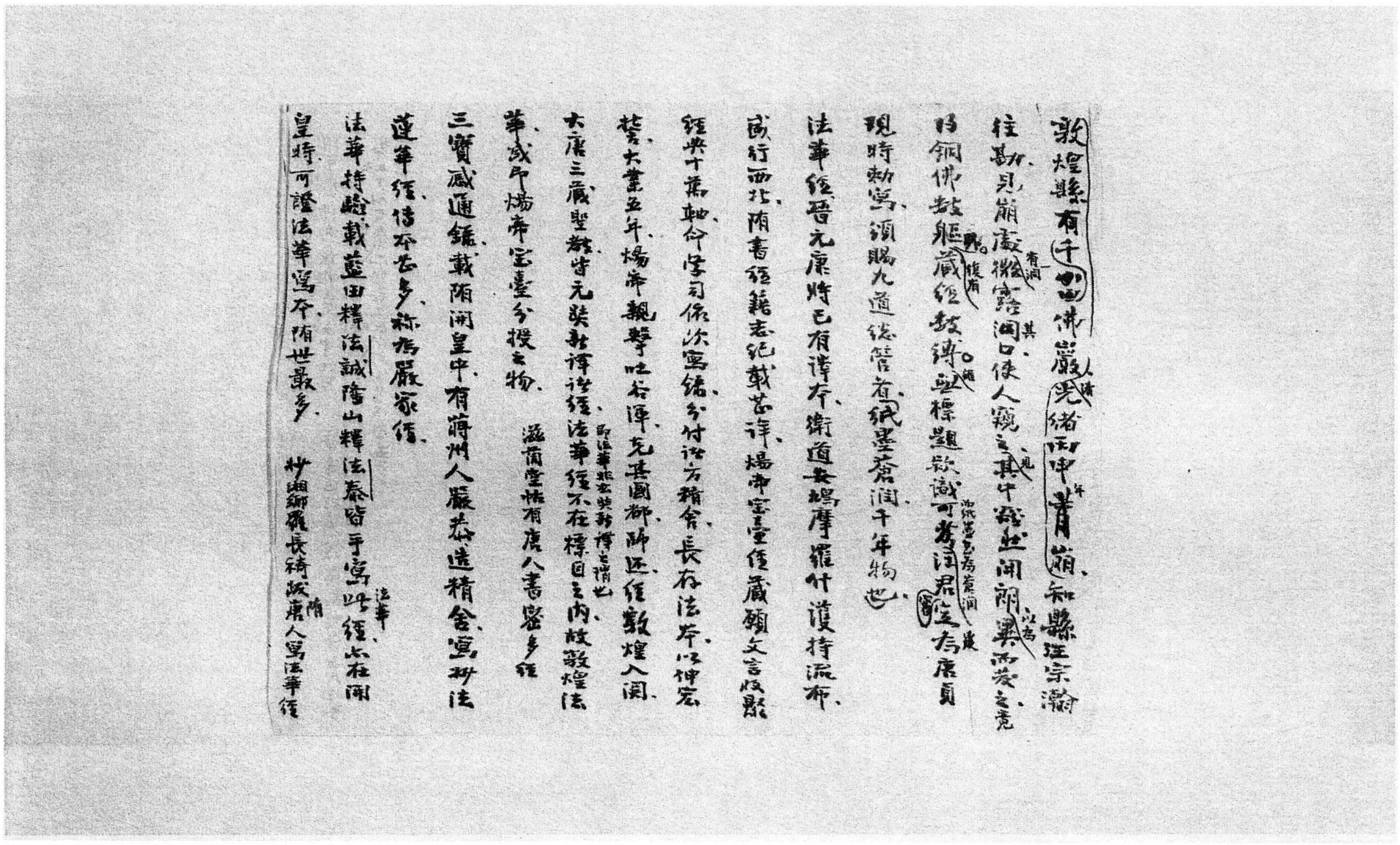

敦煌縣有千佛巖，光緒庚申青崩，知縣汪宗瀚
往勘，見崩處微露洞口，使人窺之，其中藏此，閒朗異而發之，竟
得銅佛數軀、藏經數綑，並標題款識可考，謂君定為唐貞
觀時勅寫，須賜九道總管者，紙墨蒼潤，千年物也。
法華經晉元康時已有譯本，衛道安、鳩摩羅什復持流布，
盛行西北。隋書經籍志紀載甚詳，煬帝寶臺經藏願文言收聚
經典十萬軸，命學司依次寫錄，分付諸方精舍，長存法本，以伸宏
誓。大業五年，煬帝親擊吐谷渾，克其國都，師還經敦煌入關。
大唐三藏聖教皆元奘新譯諸經，法華經不在標目之內，故敦煌法（即法華非玄奘新譯之證也）
華盛行，或即煬帝寶臺分授之物。　滋蘭堂帖有唐人書鋻多經
三寶感通錄載隋開皇中有蔣州人嚴恭造精舍寫妙法
蓮華經，傳本甚多，稱為嚴家經。
法華持驗載藍田釋法誠、廬山釋法泰皆手寫此（法華）經，亦在開
皇時，可證法華寫本隋世最多。　沙湘鄉羅長裿跋隋唐人寫法華經

BD14932 號附紙　題記　（4–3）

此手卷經文長約三尺五寸八　九百　字書法在寫經為最佳者　每尺法幣
七五千元　合二萬八　元　加裱工五千元　共值法幣五万元

BD14932 號附紙　題記　（4–4）

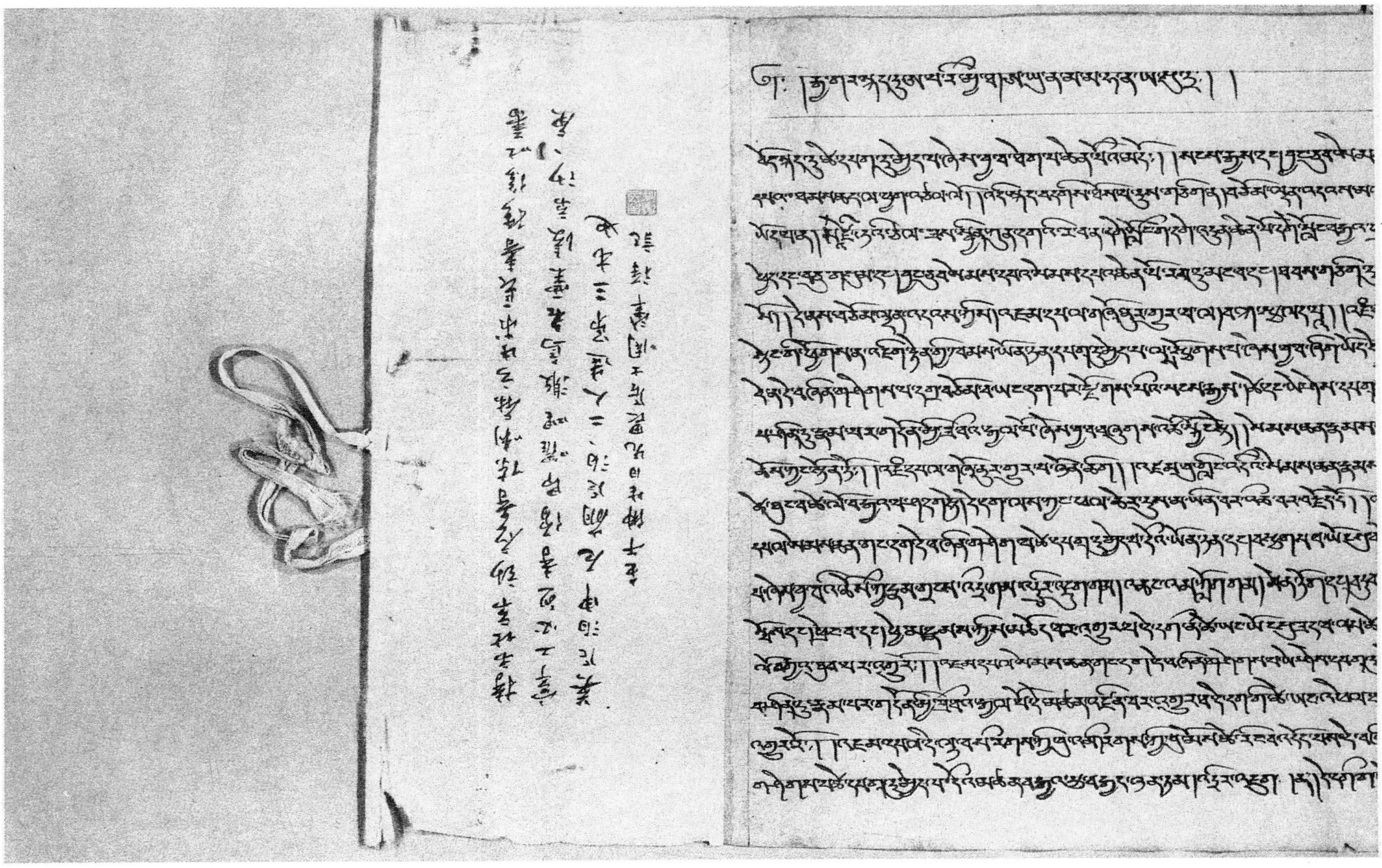

BD14933 號　藏文（無量壽宗要經甲本）　　（8–1）

BD14933 號　藏文（無量壽宗要經甲本）　　（8–2）

BD14933 號　藏文（無量壽宗要經甲本）　　（8–3）

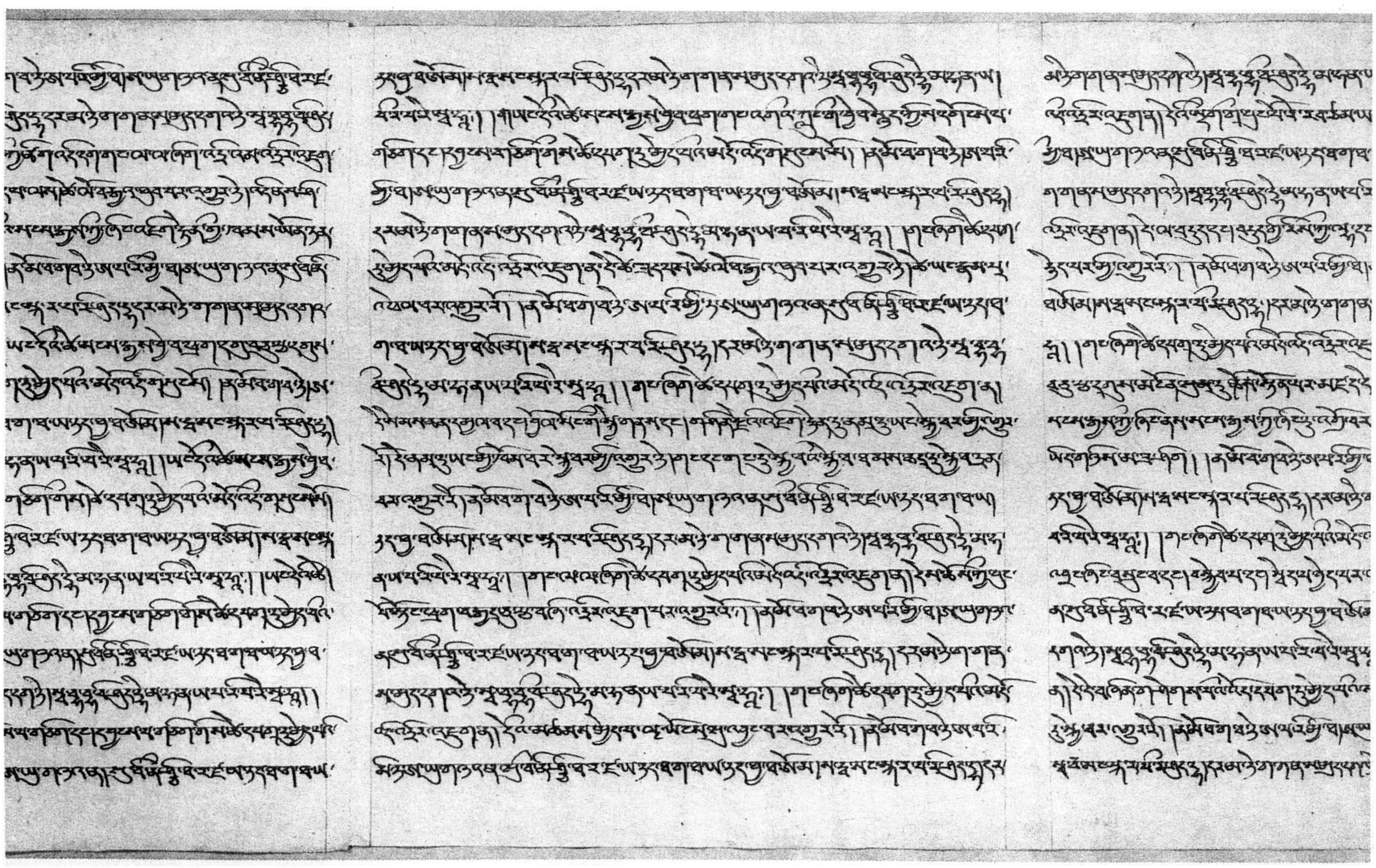

BD14933 號　藏文（無量壽宗要經甲本）　　（8–4）

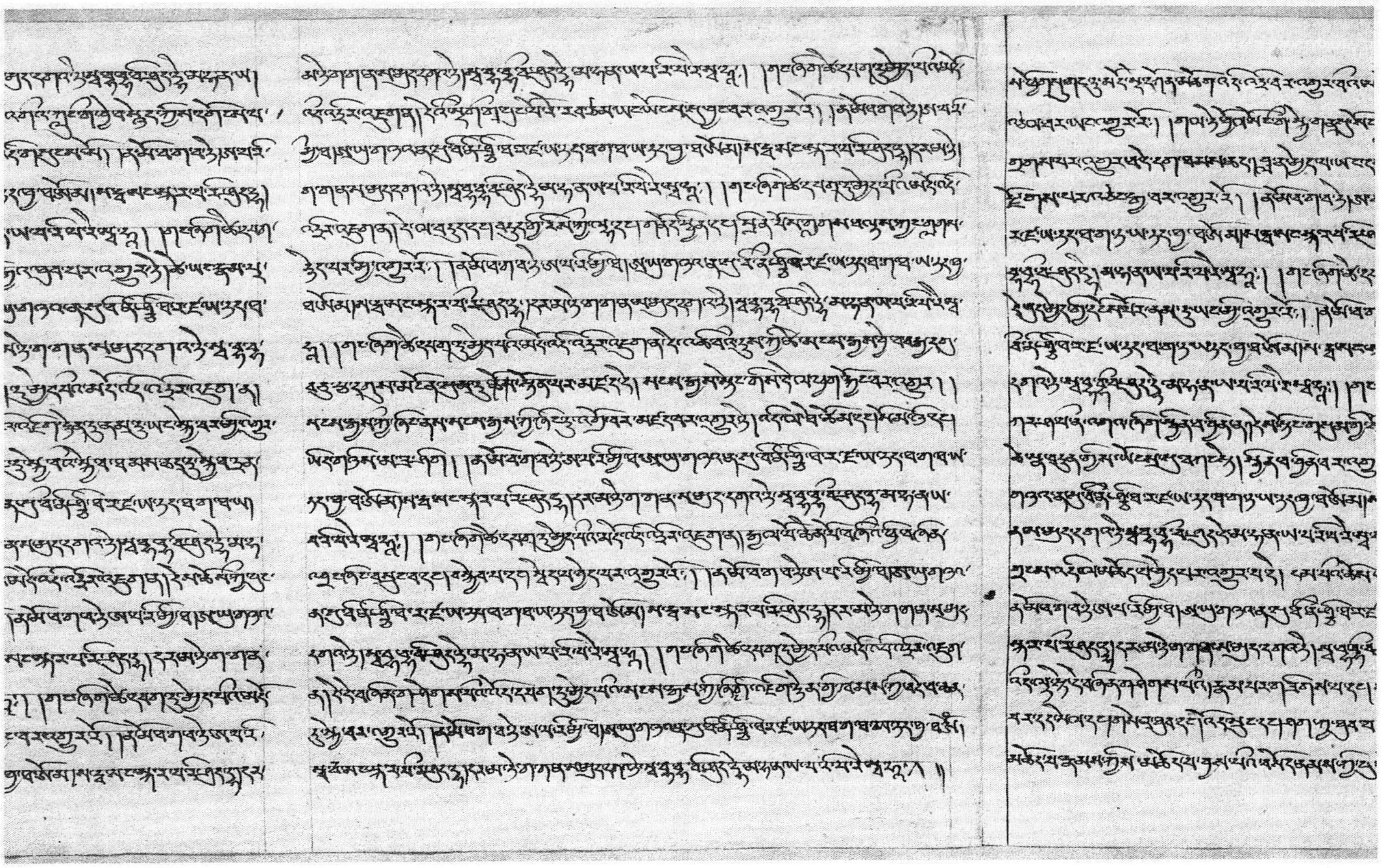

BD14933 號　藏文（無量壽宗要經甲本）　（8–5）

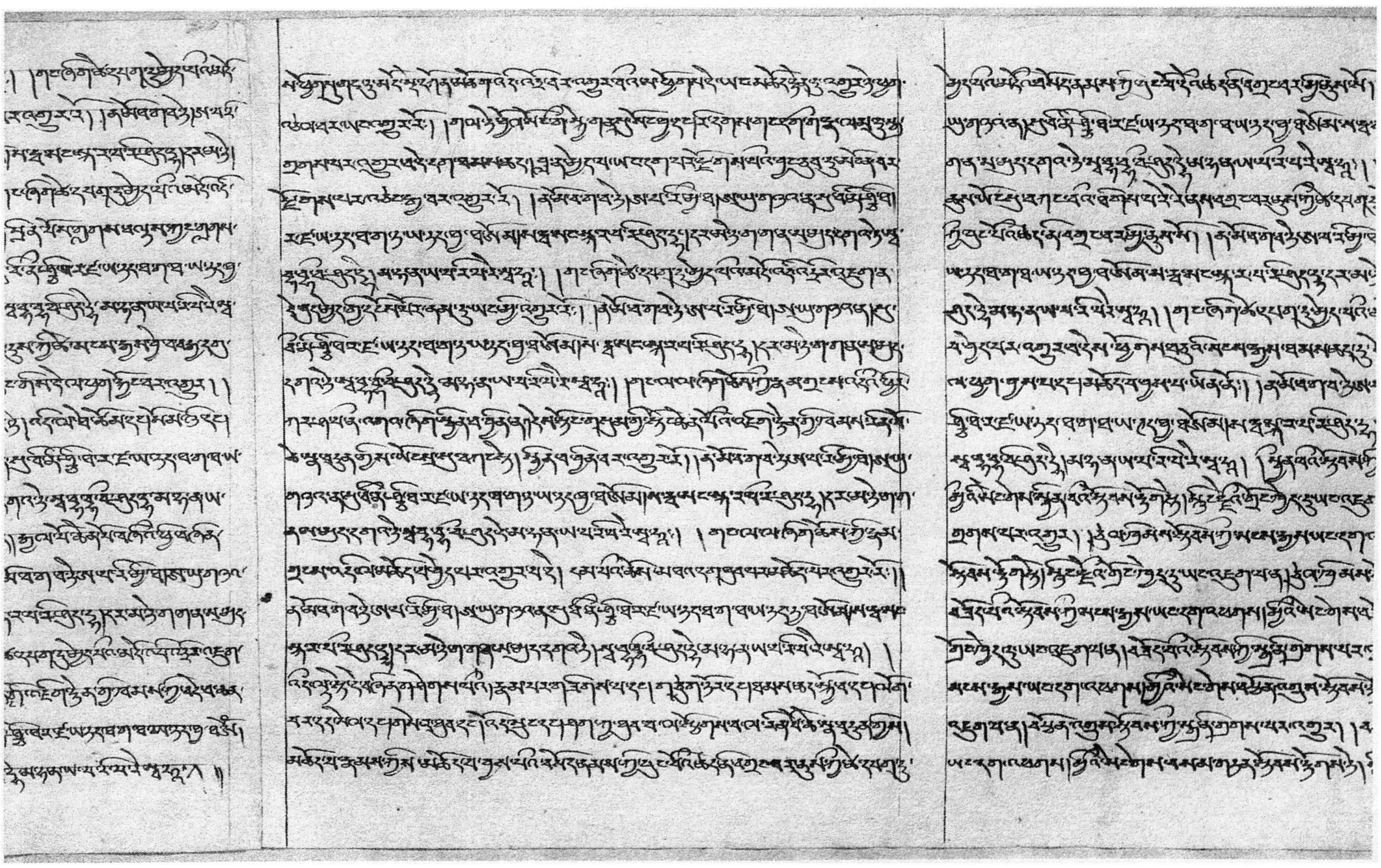

BD14933 號　藏文（無量壽宗要經甲本）　（8–6）

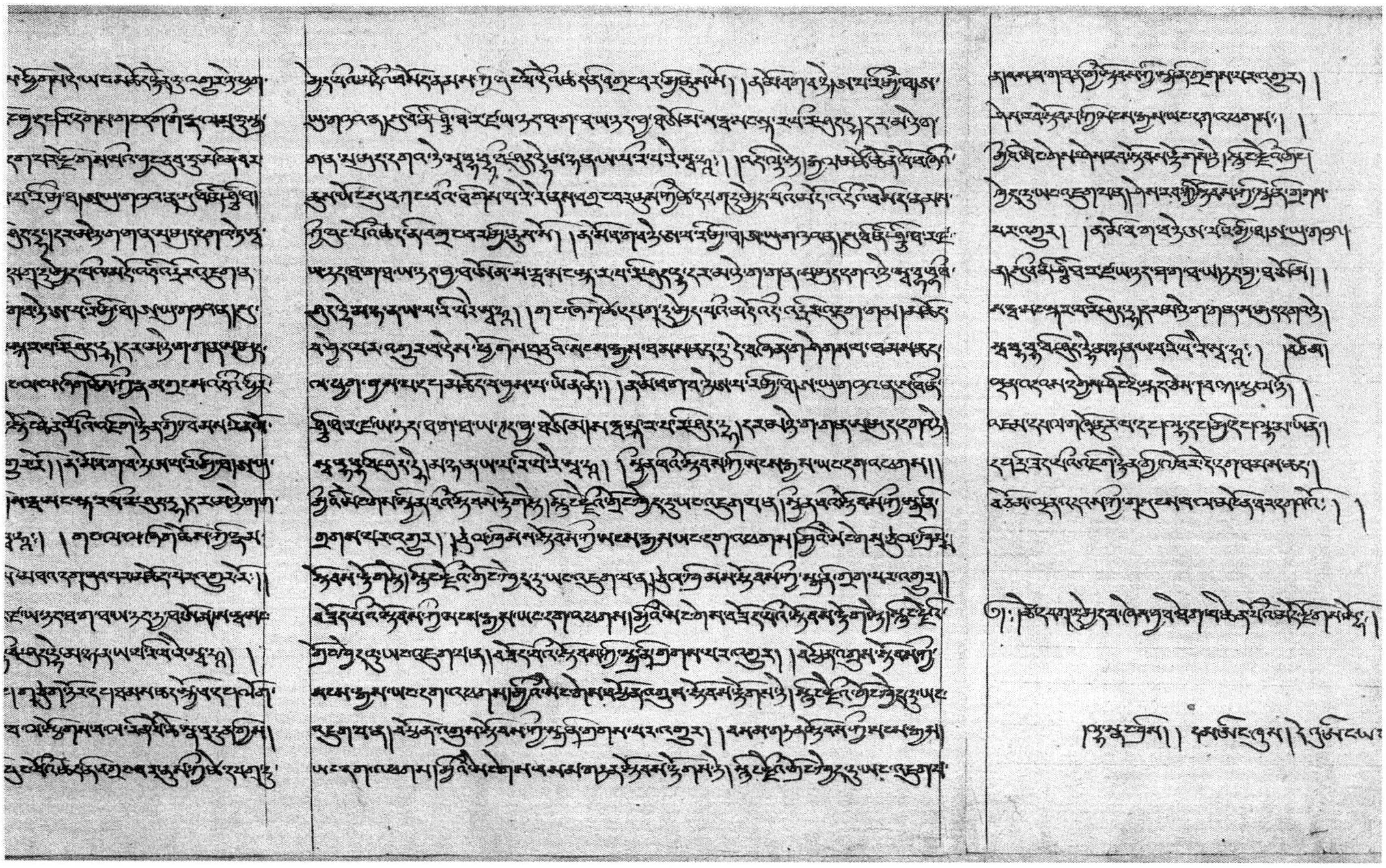

BD14933 號　藏文（無量壽宗要經甲本）　　（8–7）

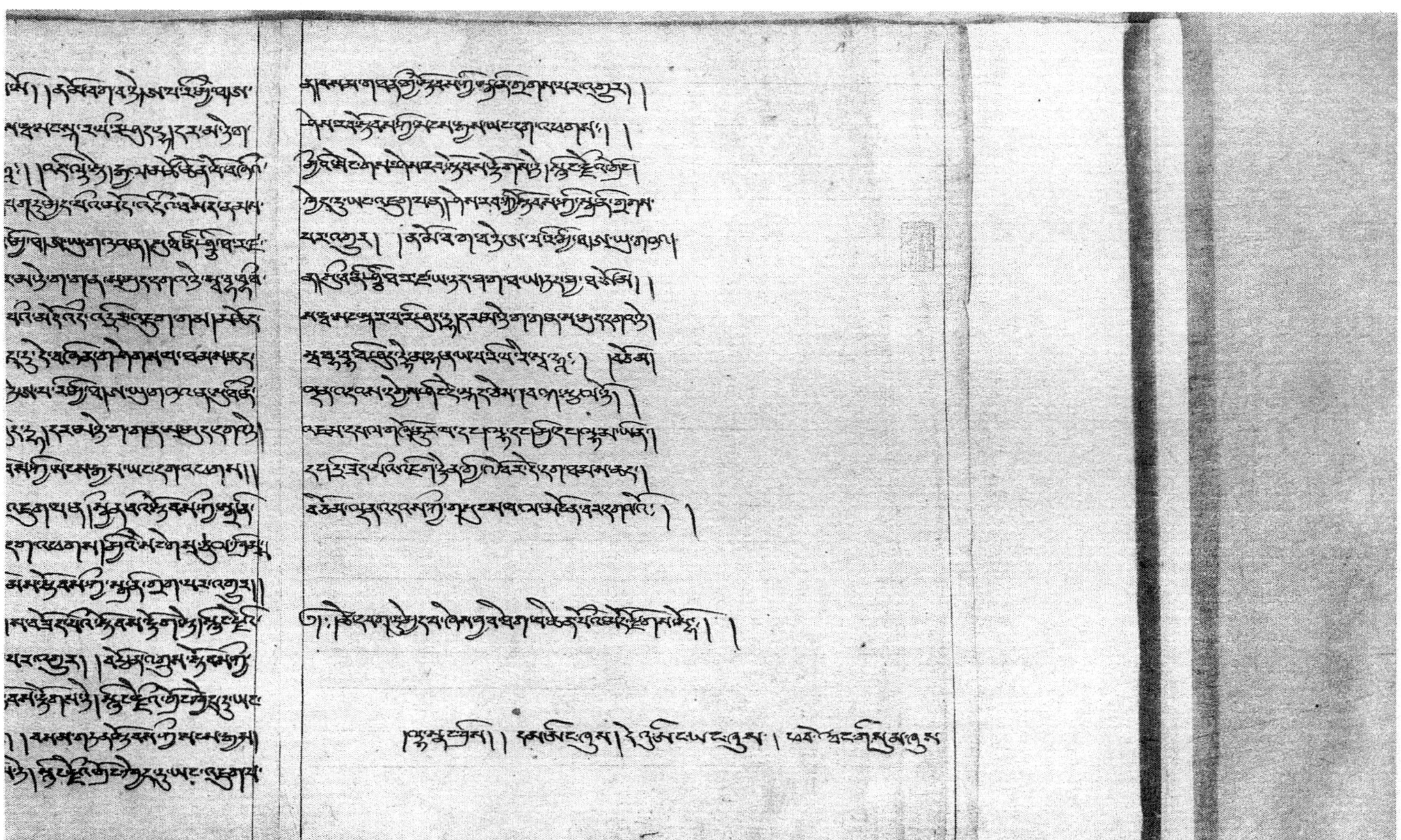

BD14933 號　藏文（無量壽宗要經甲本）　　（8–8）

BD14934 號　藏文（無量壽宗要經乙本）　（9–1）

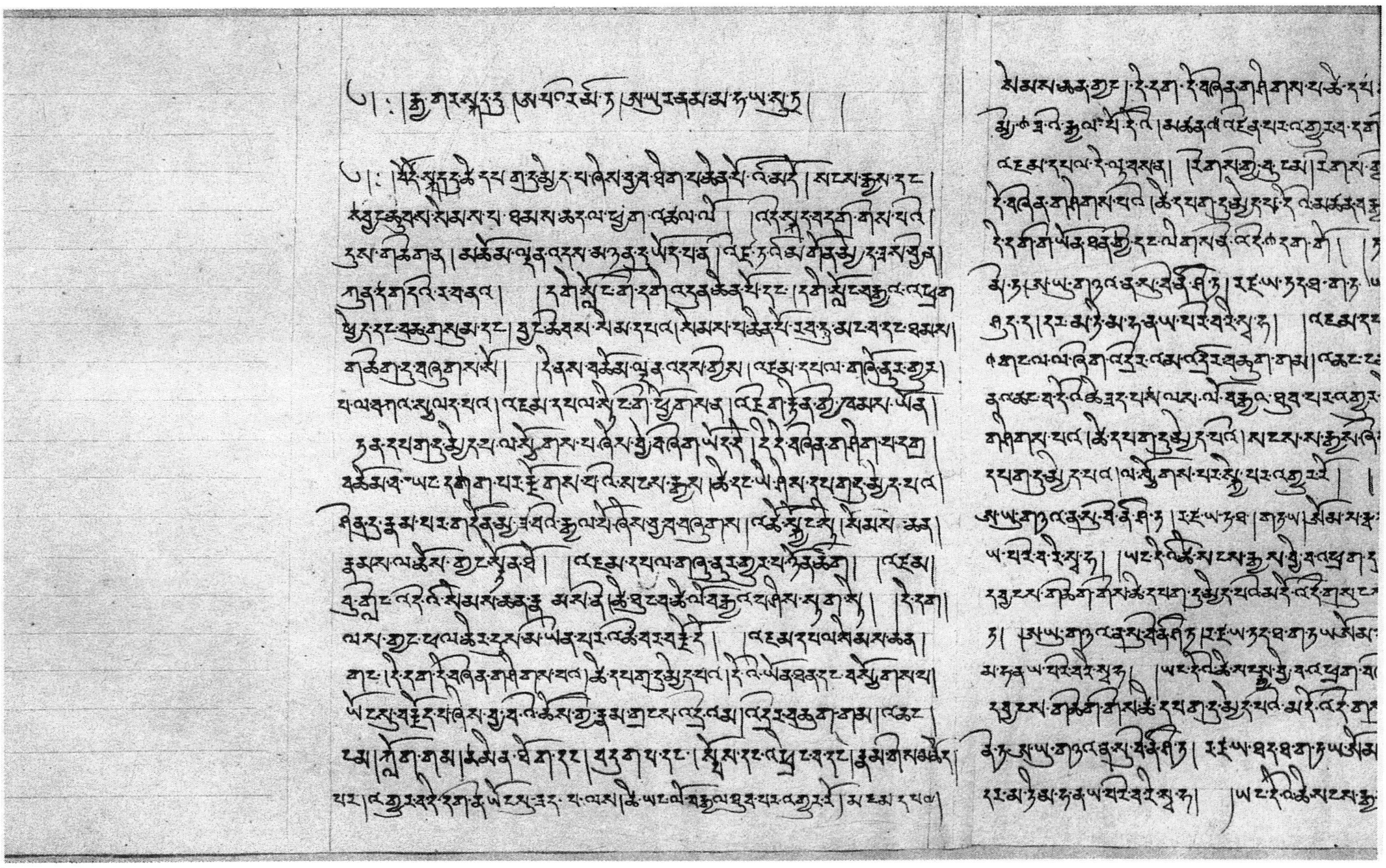

BD14934 號　藏文（無量壽宗要經乙本）　（9–2）

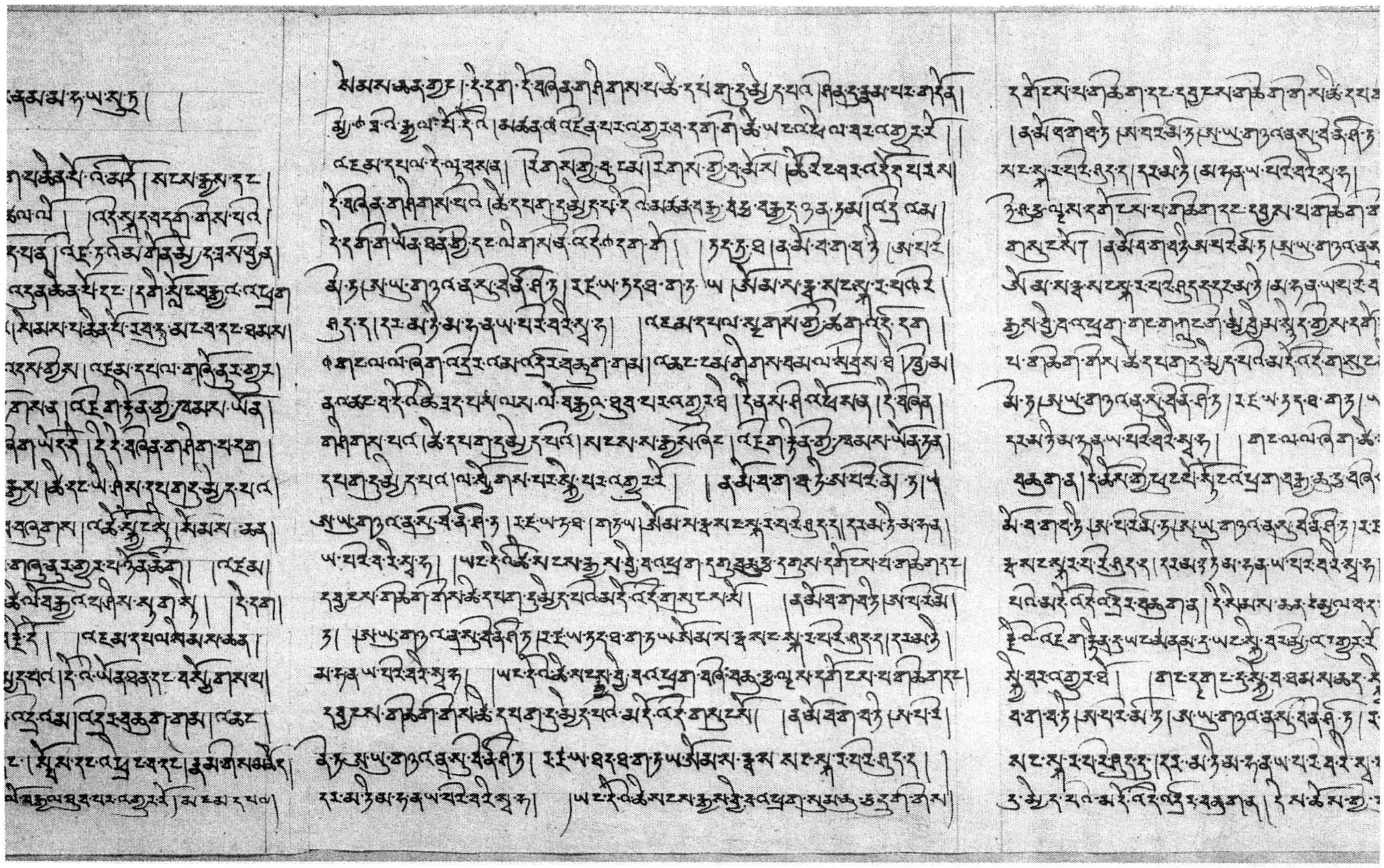

BD14934 號　藏文（無量壽宗要經乙本）　　（9–3）

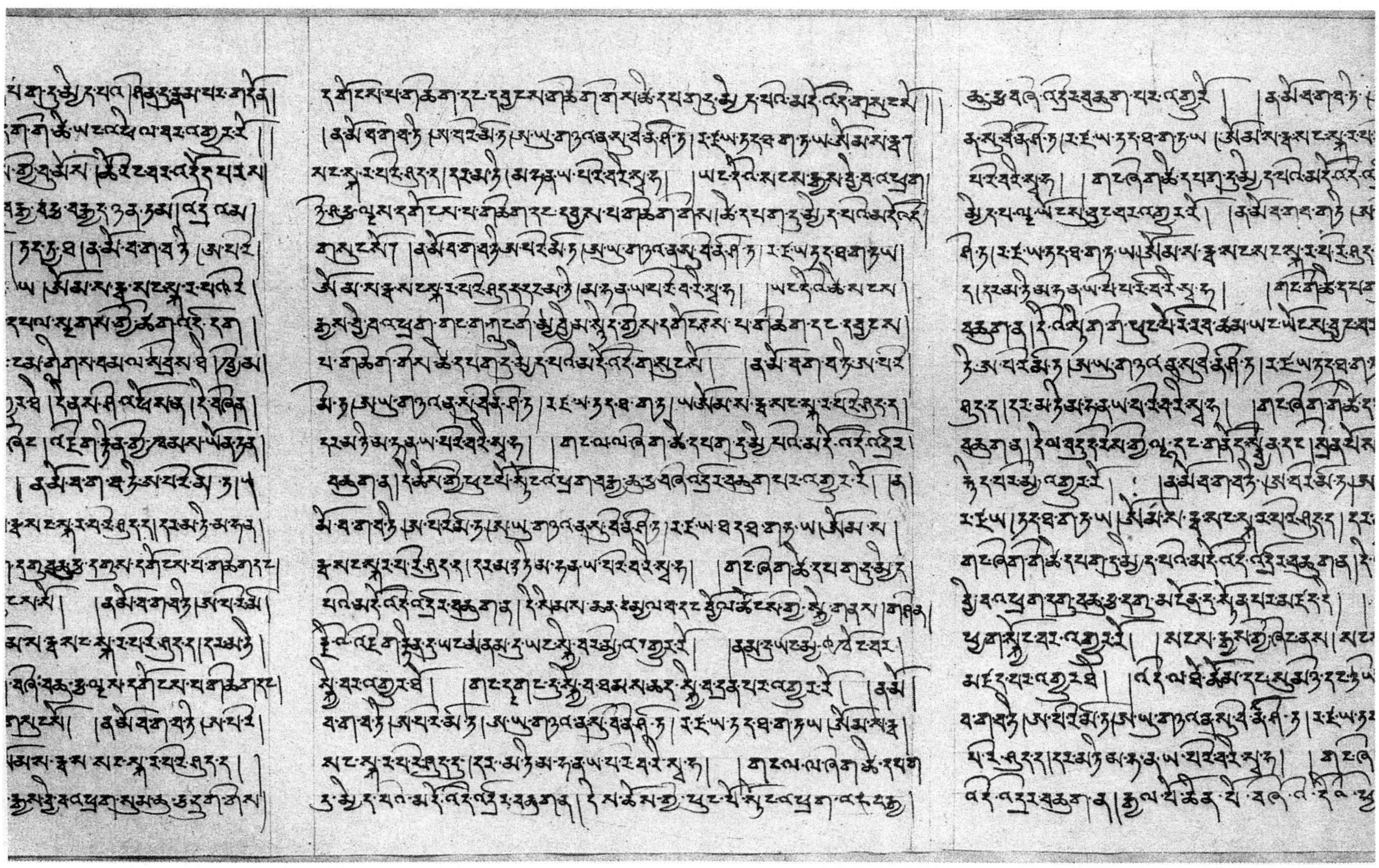

BD14934 號　藏文（無量壽宗要經乙本）　　（9–4）

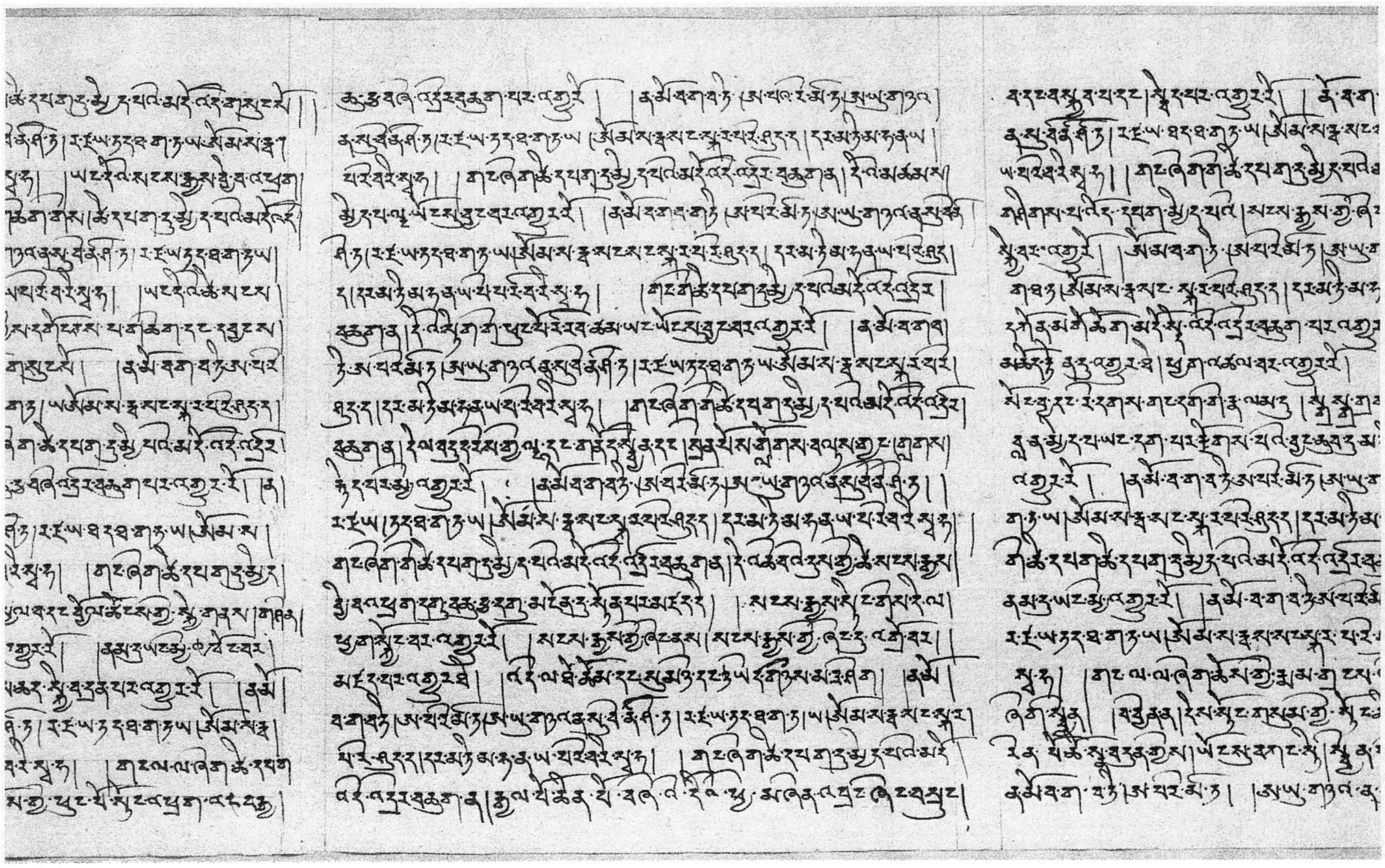

BD14934 號　藏文（無量壽宗要經乙本）　　（9–5）

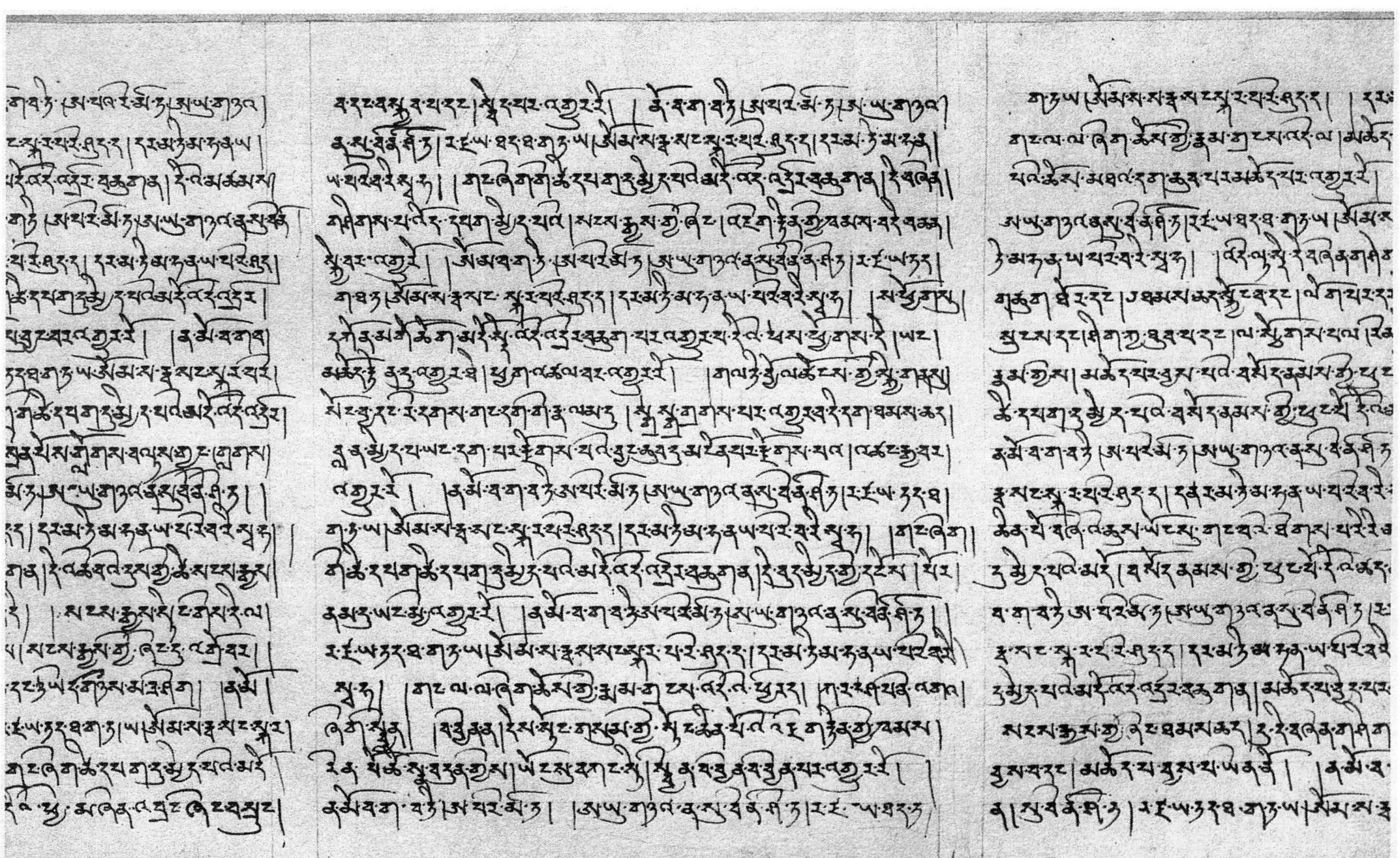

BD14934 號　藏文（無量壽宗要經乙本）　　（9–6）

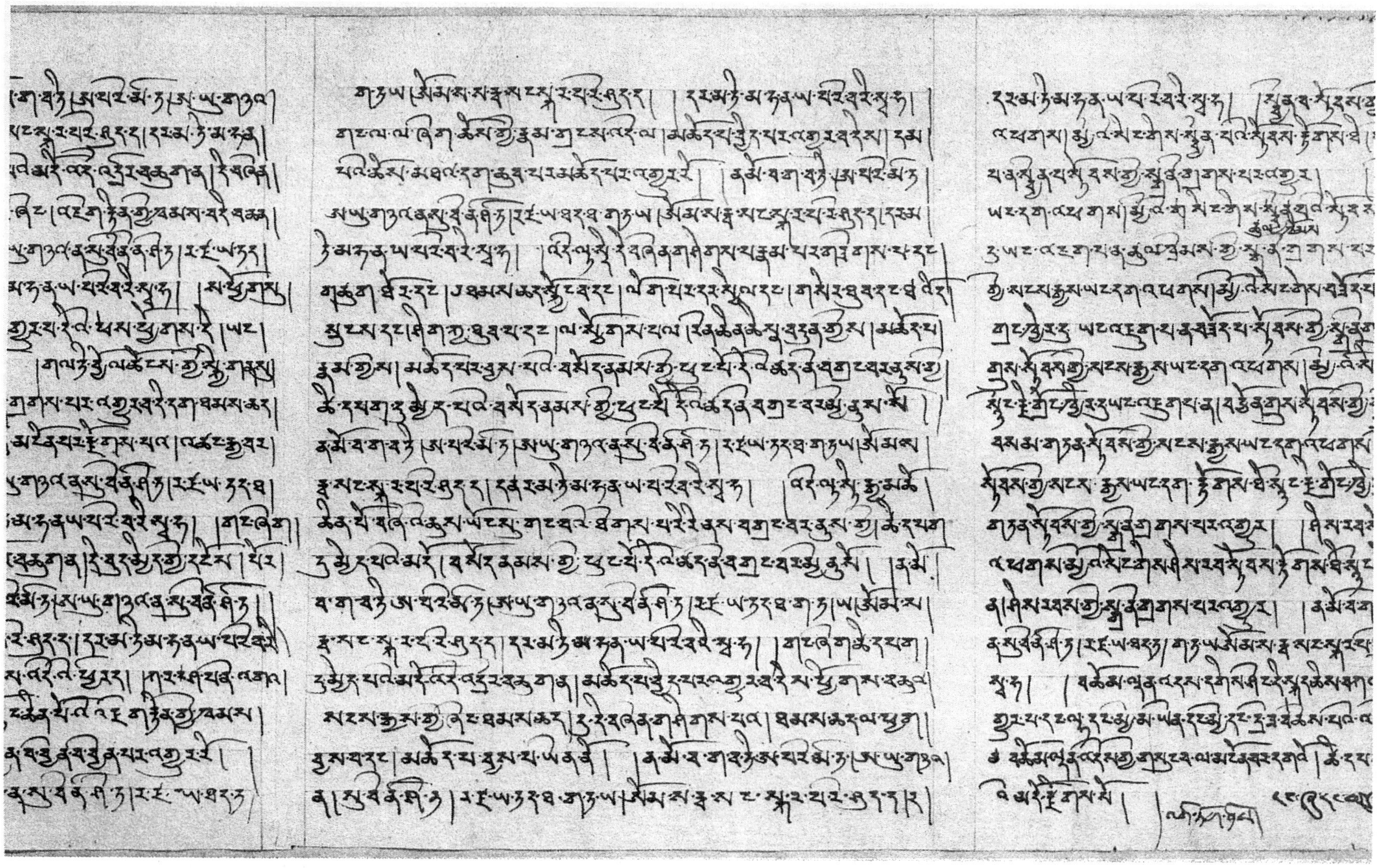

BD14934 號　藏文（無量壽宗要經乙本）　（9–7）

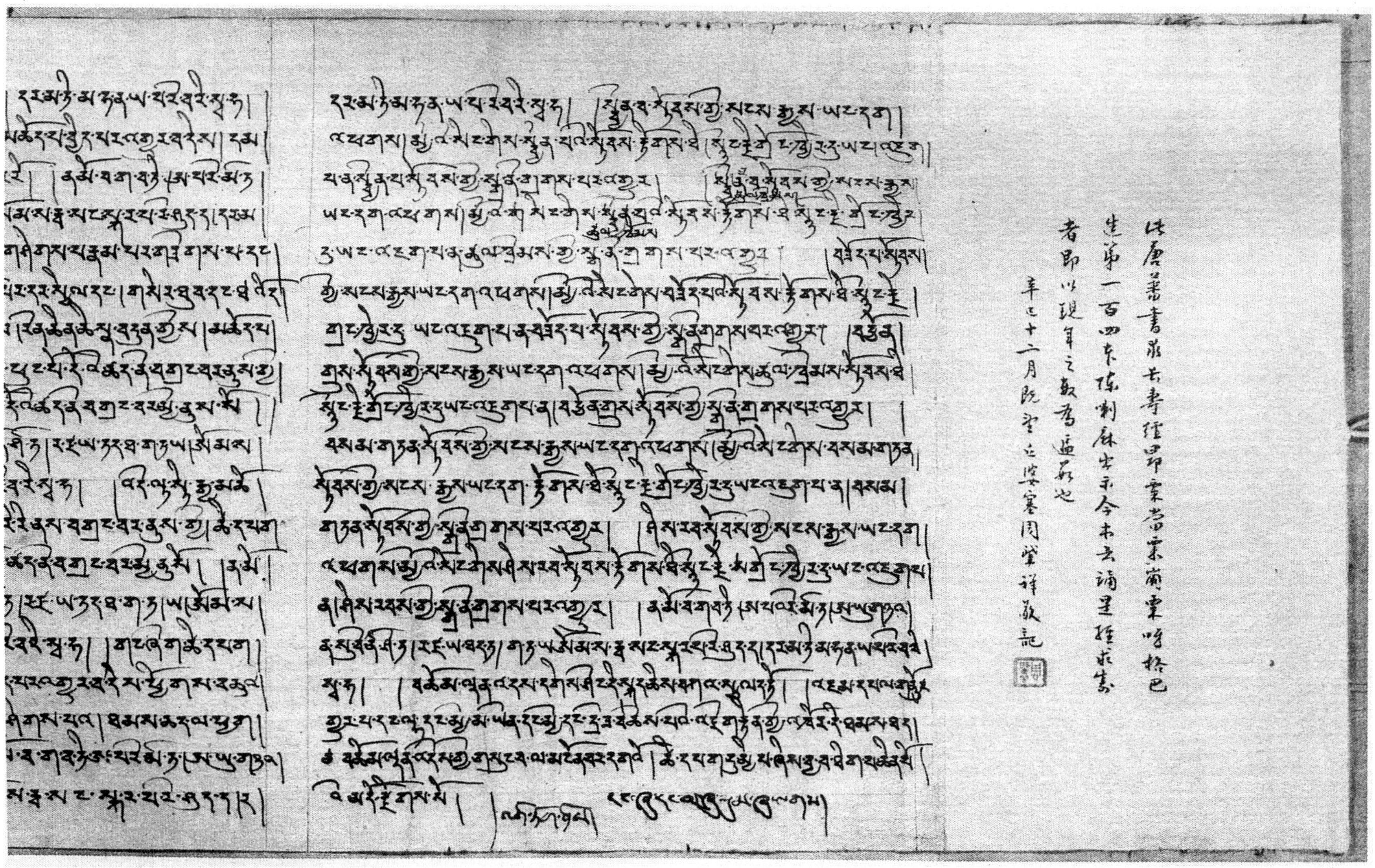

BD14934 號　藏文（無量壽宗要經乙本）　（9–8）

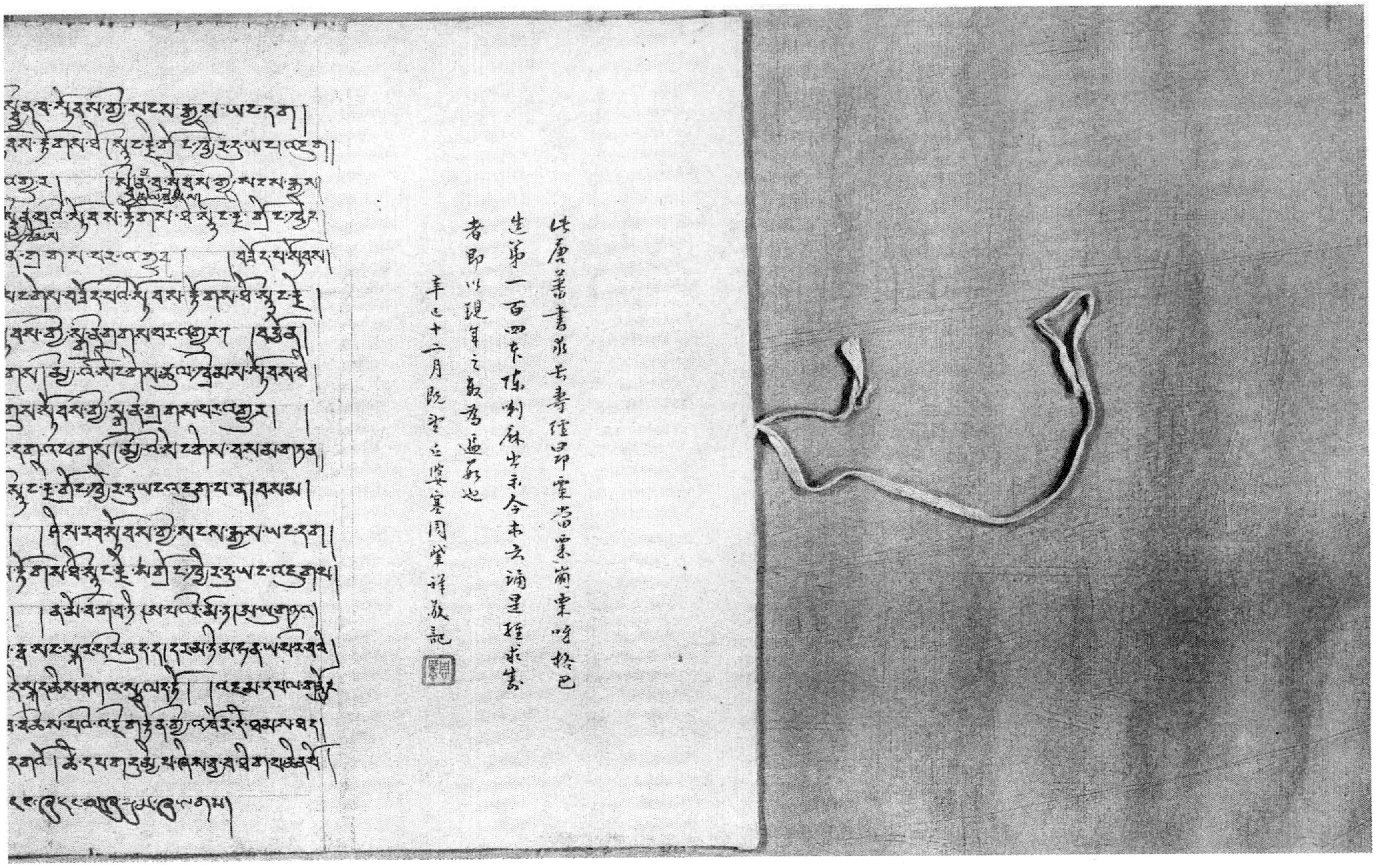

BD14934號　藏文（無量壽宗要經乙本）　　（9–9）

BD14935號　藏文（無量壽宗要經乙本）　　（6–1）

BD14935 號　藏文（無量壽宗要經乙本）　　（6–2）

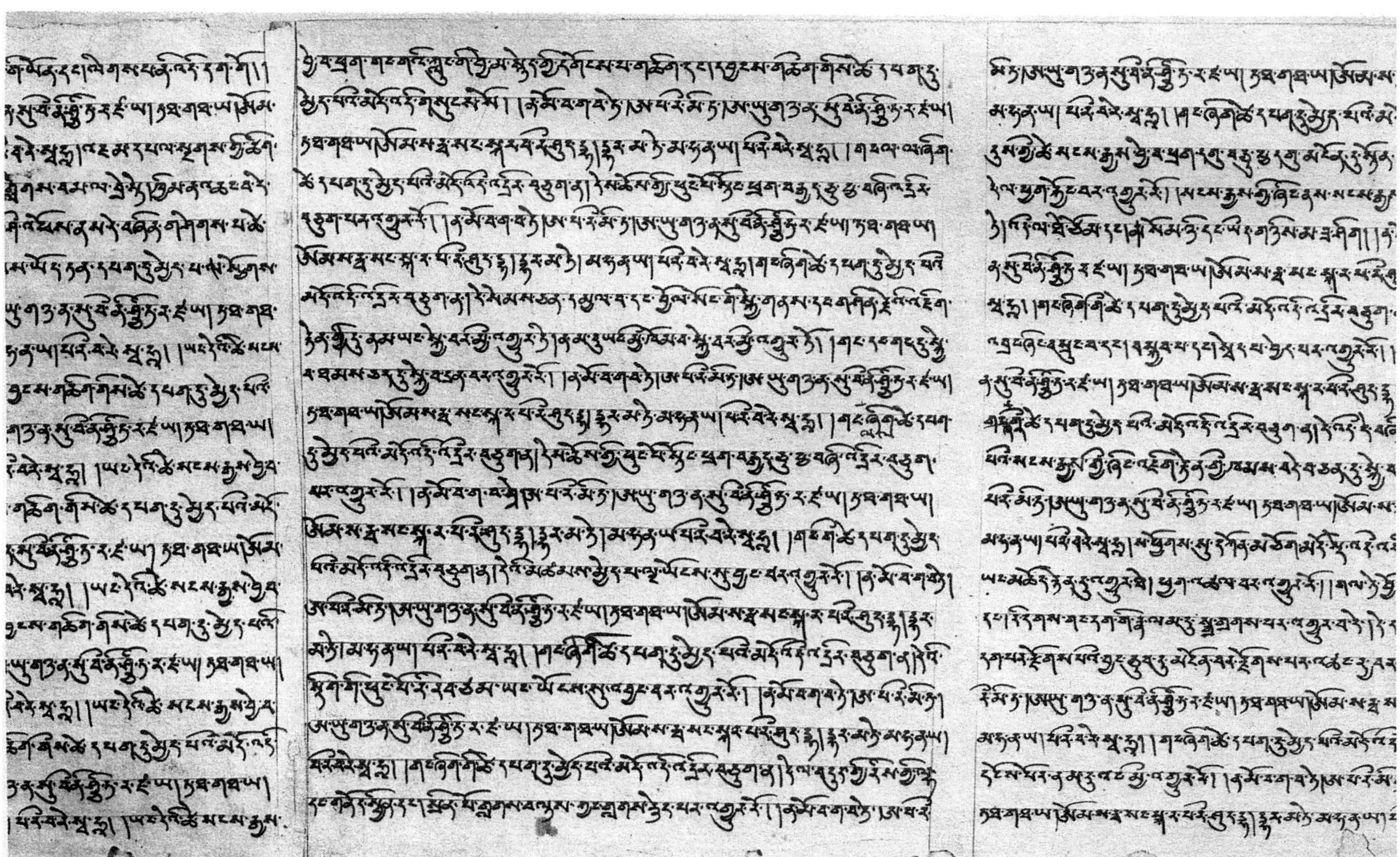

BD14935 號　藏文（無量壽宗要經乙本）　　（6–3）

BD14935號　藏文（無量壽宗要經乙本）　　（6–4）

BD14935號　藏文（無量壽宗要經乙本）　　（6–5）

BD14935 號　藏文（無量壽宗要經乙本）　（6–6）

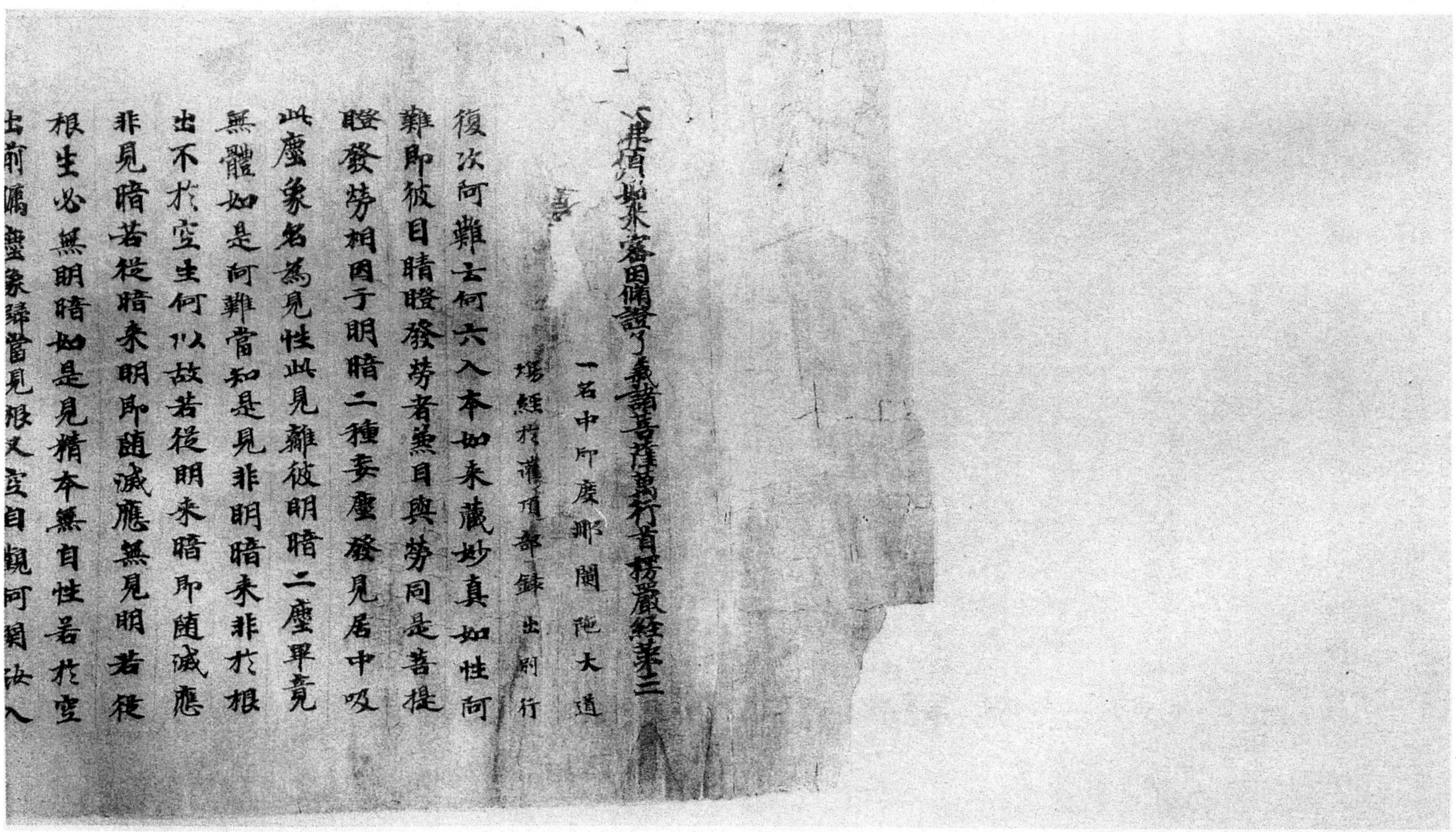

大佛頂如來密因修證了義諸菩薩萬行首楞嚴經卷第三
一名中印度那爛陀大道
場經於灌頂部錄出別行
復次阿難云何六入本如來藏妙真如性阿
難即彼目睛瞪發勞者兼目與勞同是菩提
瞪發勞相因于明暗二種妄塵發見居中吸
此塵象名為見性此見離彼明暗二塵畢竟
無體如是阿難當知是見非明暗來非於根
出不於空生何以故若從明來暗即隨滅應
非見暗若從暗來明即隨滅應無見明若從
根生必無明暗如是見精本無自性若於空
出前矚塵象歸當見根又空自觀何關汝入

BD14936 號　大佛頂如來密因修證了義諸菩薩萬行首楞嚴經卷三　（21–1）

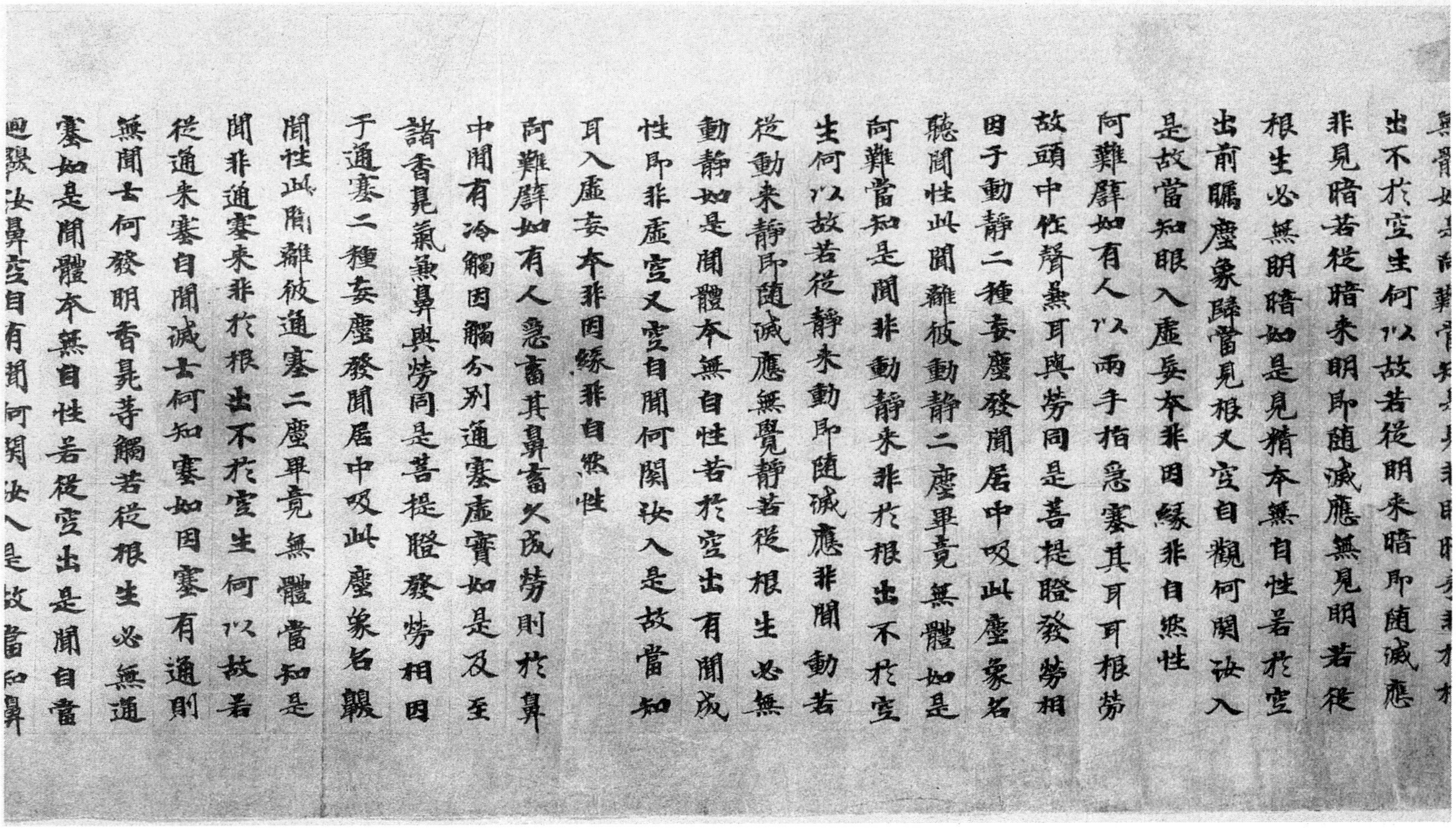

無體如是阿難當知是見非明暗來非於根
出不於空生何以故若從明來暗即隨滅應
非見暗若從暗來明即隨滅應無見明若從
根生必無明暗如是見精本無自性若於空
出前矚塵象歸當見根又空自觀何關汝入
是故當知眼入虛妄本非因緣非自然性
阿難譬如有人以兩手指急塞其耳耳根勞
故頭中作聲兼耳與勞同是菩提瞪發勞相
因于動靜二種妄塵發聞居中吸此塵象名
聽聞性此聞離彼動靜二塵畢竟無體如是
阿難當知是聞非動靜來非於根出不於空
生何以故若從靜來動即隨滅應非聞動若
從動來靜即隨滅應無覺靜若從根生必無
動靜如是聞體本無自性若於空出有聞成
性即非虛空又空自聞何關汝入是故當知
耳入虛妄本非因緣非自然性
阿難譬如有人急畜其鼻畜久成勞則於鼻
中聞有冷觸因觸分別通塞虛實如是及至
諸香臭氣兼鼻與勞同是菩提瞪發勞相因
于通塞二種妄塵發聞居中吸此塵象名齅
聞性此聞離彼通塞二塵畢竟無體當知是
聞非通塞來非於根出不於空生何以故若
從通來塞自聞滅云何知塞如因塞有通則
無聞云何發明香臭等觸若從根生必無通
塞如是聞體本無自性若從空出是聞自當
迴齅汝鼻空自有聞何關汝入是故當知鼻

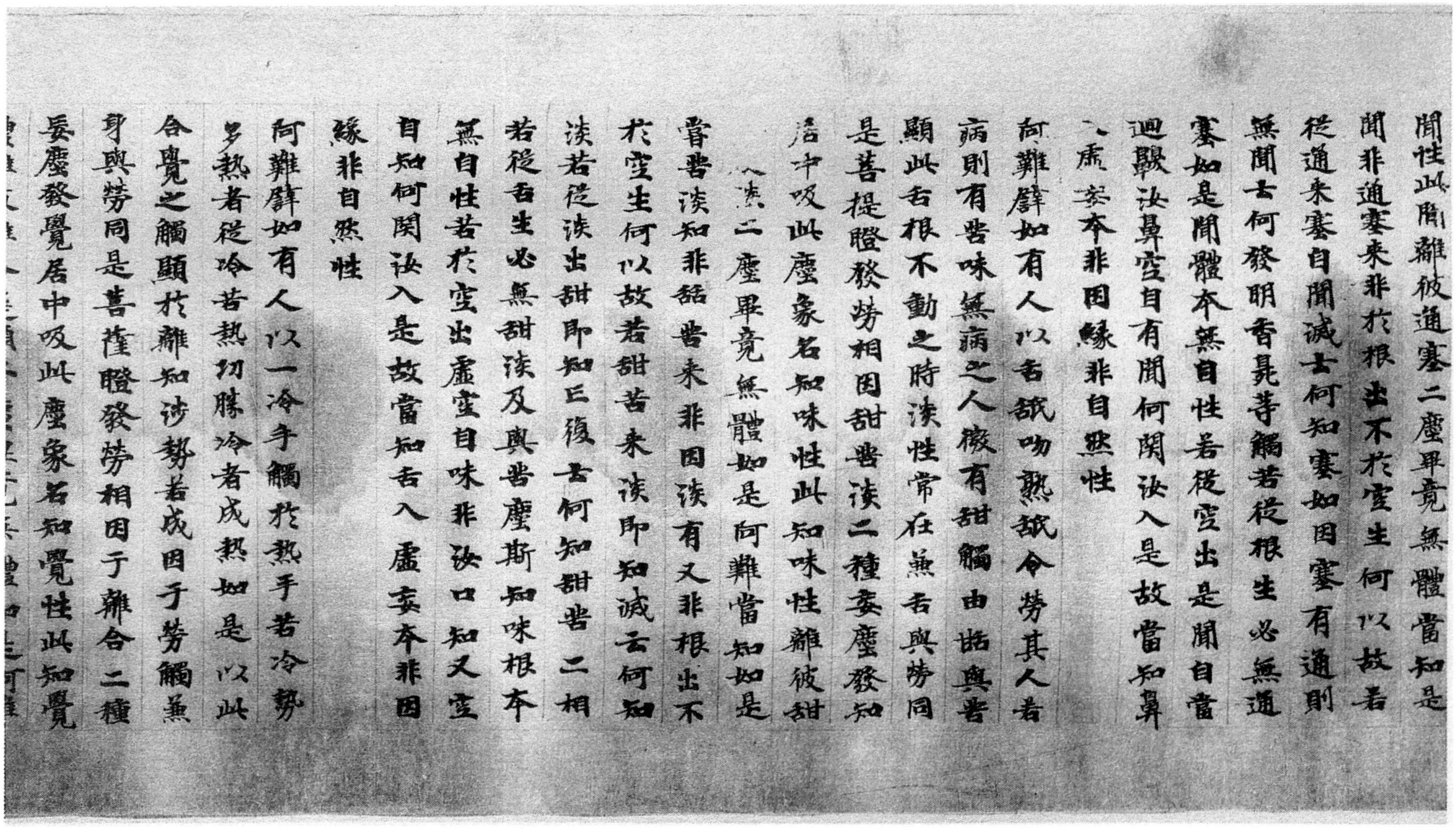

聞性此聞離彼通塞二塵畢竟無體當知是
聞非通塞來非於根出不於空生何以故若
從通來塞自聞滅云何知塞如因塞有通則
無聞云何發明香臭等觸若從根生必無通
塞如是聞體本無自性若從空出是聞自當
迴齅汝鼻空自有聞何關汝入是故當知鼻
入虛妄本非因緣非自然性
阿難譬如有人以舌舐吻熟舐令勞其人若
病則有苦味無病之人微有甜觸由甜與苦
顯此舌根不動之時淡性常在兼舌與勞同
是菩提瞪發勞相因甜苦淡二種妄塵發知
居中吸此塵象名知味性此知味性離彼甜
苦淡二塵畢竟無體如是阿難當知如是
嘗苦淡知非甜苦來非因淡有又非根出不
於空生何以故若甜苦來淡即知滅云何知
淡若從淡出甜即知亡復云何知甜苦二相
若從舌生必無甜淡及與苦塵斯知味根本
無自性若於空出虛空自味非汝口知又空
自知何關汝入是故當知舌入虛妄本非因
緣非自然性
阿難譬如有人以一冷手觸於熱手若冷勢
多熱者從冷若熱功勝冷者成熱如是以此
合覺之觸顯於離知涉勢若成因于勞觸兼
身與勞同是菩薩瞪發勞相因于離合二種
妄塵發覺居中吸此塵象名知覺性此知覺

多熱者從冷若熱功勝冷者成熱如是以此
合覺之觸顯於離知涉勢若成因于勞觸兼
身與勞同是菩提瞪發勞相因于離合二種
妄塵發覺居中吸此塵象名知覺性此知覺
體離彼離合違順二塵畢竟無體如是阿難
當知是覺非離合來非違順有不於根出又
非空生何以故若合時來離當已滅云何覺
離違順二相亦復如是若從根出必無離合
違順四相則汝身知元無自性必於空出空
自知覺何關汝入是故當知身入虛妄本非
因緣非自然性
阿難譬如有人勞倦則眠睡熟便寤覽塵斯
憶失憶為忘是其顛倒生住異滅吸習中歸
不相踰越稱意知根兼意與勞同是菩提瞪
發勞相因于生滅二種妄塵集知居中吸撮
內塵見聞逆流流不及地名覺知性此覺知
性離彼寤寐生滅二塵畢竟無體如是阿難
當知如是覺知之根非寤寐來非生滅有不
於根出亦非空生何以故若從寤來寐即隨
滅將何為寐必生時有滅即同無令誰受滅
若從滅有生即滅無孰知生者若從根出寤
寐二相隨身開合離斯二體此覺知者同於
空花畢竟無性若從空生自是空知何關汝
入是故當知意入虛妄本非因緣非自然性
復次阿難云何十二處本如來藏妙真如性

BD14936號　大佛頂如來密因修證了義諸菩薩萬行首楞嚴經卷三　（21–4）

寐二相隨身開合離斯二體此覺知者同於
空花畢竟無性若從空生自是空知何關汝
入是故當知意入虛妄本非因緣非自然性
復次阿難云何十二處本如來藏妙真如性
阿難汝且觀此祇陀樹林及諸泉池於意云
何此等為是色生眼見眼生色相阿難若復
眼根生色相者見空非色色性應銷銷則顯
發一切都無色相既無誰明空質空亦如是
若復色塵生眼見者觀空非色見即銷亡亡
則都無誰明空色是故當知見與色空俱無
處所即色與見二處虛妄本非因緣非自然
性
阿難汝更聽此祇陀園中食辦擊鼓眾集撞
鐘鐘鼓音聲前後相續於意云何此等為是
聲來耳邊耳往聲處阿難若復此聲來於耳
邊如我乞食室羅筏城在祇陀林則無有我
此聲必來阿難耳處目連迦葉應不俱聞何
況其中一千二百五十沙門一聞鐘聲同來
食處若復汝耳往彼聲邊如我歸住祇陀林
中在室羅城則無有我汝聞鼓聲其耳已往
擊鼓之處鐘聲齊出應不俱聞何況其中象
馬牛羊種種音響若無來往亦復無聞是故
當知聽與音聲俱無處所即聽與聲二處虛
妄本非因緣非自然性
阿難汝又嗅此爐中栴檀此香若復然於一

BD14936號　大佛頂如來密因修證了義諸菩薩萬行首楞嚴經卷三　（21–5）

馬牛羊種種音響若無來往亦復無聞是故
當知聽與音聲俱無處所即聽與聲二處虛
妄本非因緣非自然性
阿難汝又嗅此鑪中旃檀此香若復然於一
銖室羅筏城卌里內同時聞氣於意云何此
香為復生旃檀木生於汝鼻為生於空阿難
若復此香生於汝鼻稱鼻所生當從鼻出鼻
非旃檀云何鼻中有旃檀氣稱汝聞香當於
鼻入鼻中出香說聞非義若生於空空性常
恒香應常在何藉鑪中熱此枯木若生於木
則此香質因熱成煙若鼻得聞合蒙煙氣其
煙騰空未及遙遠卌里內云何已聞是故當
知香鼻與聞俱無處所即嗅與香二處虛妄
本非因緣非自然性
阿難汝常二時眾中持鉢其間或遇酥酪醍
醐名為上味於意云何此味為復生於空中
生於舌中為生食中阿難若復此味生於空
舌在汝口中秖有一舌其舌爾時已成酥味
遇黑石蜜應不推移若不變移不名知味若
變移者舌非多體云何多味一舌之知若生
於食食非有識云何自知又食自知即同他
食何預於汝名味之知若生於空汝噉虛空
當作何味必其虛空若作鹹味既鹹汝舌亦
鹹汝面則此界人同於海魚既常受鹹了不
知淡若不識淡亦不覺鹹必無所知云何名

遇黑石蜜應不推移若不變移不名知味若
變移者舌非多體云何多味一舌之知若生
於食食非有識云何自知又食自知即同他
食何預於汝名味之知若生於空汝噉虛空
當作何味必其虛空若作鹹味既鹹汝舌亦
鹹汝面則此界人同於海魚既常受鹹了不
知淡若不識淡亦不覺鹹必無所知云何名
味是故當知味舌與嘗俱無處所即嘗與味
二俱虛妄本非因緣非自然性
阿難汝常晨朝以手摩頭於意云何此摩所
知誰為能觸能為在手為復在頭若在於手
頭則無知云何成觸若在於頭手則無用云
何名觸若各各有則汝阿難應有二身若頭
與手一觸所生則手與頭當為一體若一體
者觸則無成若二體者觸誰為在在能非所
在所非能不應虛空與汝成觸是故當知覺
觸與身俱無處所即身與觸二俱虛妄本非
因緣非自然性
阿難汝常意中所緣善惡無記三性生成法
則此法為復即心所生為當離心別有方所
阿難若即心者法則非塵非心所緣云何成
處若離於心別有方所則法自性為知非知
知則名心異汝非塵同他心量即汝即心云
何汝心更二於汝若非知者此塵既非色聲
香味離合冷煗及虛空相當於何在今於色

處若離於心別有方所則法自性為知非知
知則名心異汝非塵同他心量即汝即心云
何汝心更二於汝若非知者此塵既非色聲
香味離合冷煖及虛空相當於何在今於色
空都無表示不應人間更有空外心非所緣
處從誰立是故當知法則與心俱無處所則
意與法本非因緣非自然性
復次阿難云何十八界本如來藏妙真如性
阿難如汝所明眼色為緣生於眼識此識為
復因眼所生以眼為界因色所生以色為界
阿難若因眼生既無色空無可分別縱有汝
識欲將何用汝見又非青黃赤白無所表示
從何立界若因色生空無色時汝識應滅云
何識知是虛空性若色變時汝亦識其色相
遷變汝識不遷界從何立從變則變界相自
無不變則恒既從色生應不識知虛空所在
若兼二種眼色共生合則中離離則兩合體
性雜亂云何成界是故當知眼色為緣生眼
識界三處都無則眼與色及色界三本非因
緣非自然性
阿難又汝所明耳聲為緣生於耳識此識為
復因耳所生以耳為界因聲所生以聲為界
阿難若因耳生動靜二相既不現前根不成
知必無所知知尚無成識何形貌若取耳聞
無動靜故聞無所成云何耳形雜色觸塵名

阿難又汝所明耳聲為緣生於耳識此識為
復因耳所生以耳為界因聲所生以聲為界
阿難若因耳生動靜二相既不現前根不成
知必無所知知尚無成識何形貌若取耳聞
無動靜故聞無所成云何耳形雜色觸塵名
為識界則耳識界復從誰立若生於聲識因
聲有則不關聞無聞則亡聲相所在識從聲
生許聲因聞而有聲相聞應聞識不聞非界
聞則同聲識已被聞誰知聞識若無知者終
如草木不應聲聞雜成中界界無中位則內
外相復從何成是故當知耳聲為緣生耳識
界三處都無則耳與聲及聲界三本非因緣
非自然性
阿難又汝所明鼻香為緣生於鼻識此識為
復因鼻所生以鼻為界因香所生以香為界
阿難若因鼻生則汝心中以何為鼻為取宍
形雙爪之相為取嗅知動搖之性若取宍形
宍質乃身身知即觸名身非鼻名觸即塵鼻
尚無名云何立界若取嗅知又汝心中以何
為知以宍為知則宍之知元觸非鼻以空為
知空則自知宍應非覺如是則應虛空是汝
汝身非知今日阿難應無所在以香為知知
自屬香何預於汝若香臭氣必生汝鼻則彼
香臭二種流氣不生伊蘭及旃檀木二物不
來汝自嗅鼻為香為臭臭則非香香應非
臭若香臭二俱能聞者則汝一人應有兩鼻

汝身非知今日何難應無所在以香為知知
自屬香何預於汝若香臭氣必生汝鼻則彼
香臭二種流氣不生伊蘭及旃檀木二物不
來汝自齅鼻為香為臭臭則非香香應非
臭若香臭二俱能聞者則汝一人應有兩鼻對
我問道有二阿難誰為汝體若鼻是一香臭
無二臭既為香香復成臭二性不有界從誰
立若因香生識因香有知如眼有見不能觀眼
因香有故應不知香知則非生不知非識香
非知有香界不成識不知香因界則非從香
建立既無中間不成內外彼諸聞性畢竟虛
妄是故當知鼻香為緣生鼻識界三處都无
則鼻與香及香界三本非因緣非自然性阿
難又汝所明舌味為緣生於舌識此識為復
因舌所生以舌為界因味所生以味為界阿
難若因舌生則諸世間甘蔗烏梅黃連石鹽
細辛薑桂都無有味汝自嘗舌為甜為苦若
舌性苦誰來嘗舌舌不自嘗孰為知覺舌性
非苦味自不生云何立界若因味生識自為
味同於舌根應不自嘗云何識知是味非味
又一切味非一物生味既多生識應多體識
體若一體必味生鹹淡甘辛和合俱生諸變
異相同為一味應無分別分別既無則不名
識云何復名舌味識界不應虛空生汝心識
舌味和合即於是中元無自性云何界生是

BD14936號　大佛頂如來密因修證了義諸菩薩萬行首楞嚴經卷三　（21–10）

體若一體必味生鹹淡甘辛和合俱生諸變
異相同為一味應無分別分別既無則不名
識云何復名舌味識界不應虛空生汝心識
舌味和合即於是中元無自性云何界生是
故當知舌味為緣生舌識界三處都無則舌
與味及舌界三本非因緣非自然性
阿難又汝所明身觸為緣生於身識此識為
復因身所生以身為界因觸所生以觸為界
阿難若因身生必無合離二覺觀緣身何所
識若因觸生必無汝身誰有非身知合離者
阿難物不觸知身知有觸知身即觸知觸即
身即觸非身即身非觸身觸二相元無處所
合身即為身自體性離身即是虛空等相內
外不成中云何立中不復立內外性空即汝
識生從誰立界是故當知身觸為緣生身識
界三處都無則身與觸及身界三本非因緣
非自然性
阿難又汝所明意法為緣生於意識此識為
復因意所生以意為界因法所生以法為界
阿難若因意生於汝意中必有所思發明汝
意若無前法意無所生離緣無形識將何用
又汝識心與諸思量兼了別性為同為異同
意即意云何所生異意不同應無所識若無
所識云何意生若有所識云何識意唯同與
異二性無成界云何立若因法生世間諸法

BD14936號　大佛頂如來密因修證了義諸菩薩萬行首楞嚴經卷三　（21–11）

意若無前法意無所生離緣無形識將何用
又汝識心與諸思量兼了別性為同為異同
意即意云何所生異意不同應無所識若無
所識云何意生若有所識云何識意唯同與
異二性無成界云何立若因法生世間諸法
不離五塵汝觀色法及諸聲法香法味法及
與觸法相狀分明以對五根非意所攝汝識
決定依於法生汝今諦觀法法何狀若離色
空動靜通塞合離生滅越此諸相終無所得
生則色空諸法等生滅則色空諸法等滅所
因既無因生有識作何形相相狀不有界云
何生是故當知意法為緣生意識界三處都
無則意與法及意界三本非因緣非自然性
阿難白佛言世尊如來常說和合因緣一切
世間種種變化皆因四大和合發明云何如
來因緣自然二俱排擯我今不知斯義所屬
唯垂哀愍開示眾生中道了義無戲論法
尒時世尊告阿難言汝先厭離聲聞緣覺諸
小乘法發心勤求無上菩提故我今時為汝
開示第一義諦如何復將世間戲論妄想因
緣而自纏繞汝雖多聞如說藥人真藥現前
不能分別如來說為真可憐愍汝今諦聽吾
當為汝分別開示亦令當來脩大乘者通達
實相阿難默然承佛聖旨
阿難如汝所言四大和合發明世間種種變

BD14936號　大佛頂如來密因修證了義諸菩薩萬行首楞嚴經卷三　(21–12)

緣而自纏繞汝雖多聞如說藥人真藥現前
不能分別如來說為真可憐愍汝今諦聽吾
當為汝分別開示亦令當來脩大乘者通達
實相阿難默然承佛聖旨
阿難如汝所言四大和合發明世間種種變
化阿難若彼大性體非和合則不能與諸大
雜和猶如虛空不和諸色若和合者同於變
化始終相成生滅相續生死死生生生死死
如旋火輪未有休息阿難如水成冰冰還成
水汝觀地性麁為大地細為微塵至鄰虛塵
析彼極微色邊際相七分所成更析鄰虛即
實空性阿難若此鄰虛析成虛空當知虛空
出生色相汝今問言由和合故出生世間諸
變化相汝且觀此一鄰虛塵用幾虛空和合
而有不應鄰虛合成鄰虛又鄰虛塵析入空
者用幾色相合成虛空若色合時合色非空
若空合時合空非色色猶可析空云何合汝
元不知如來藏中性色真空性空真色清淨
本然周遍法界隨眾生心應所知量循業發
現世間無知惑為因緣及自然性皆是識心
分別計度但有言說都無實義
阿難火性無我寄於諸緣汝觀城中未食之
家欲炊爨時手執陽燧日前求火阿難名和
合者如我與汝一千二百五十比丘今為一
眾眾雖為一詰其根本各各有身皆有所生

BD14936號　大佛頂如來密因修證了義諸菩薩萬行首楞嚴經卷三　(21–13)

阿難火性無我寄於諸緣汝觀城中未食之
家欲炊爨時手執陽燧日前求火阿難名和
合者如我與汝一千二百五十比丘今為一
衆衆雖為一詰其根本各各有身皆有所生
氏族名字如舍利弗婆羅門種優盧頻螺迦
葉波種乃至阿難瞿曇種姓阿難若此火性
因和合有彼手執鏡於日求火此火為從鏡
中而出為從艾出為於日來阿難若日來者
自能燒汝手中之艾來處林木皆應受焚若
鏡中出自能於鏡出然于艾鏡何不鎔紆汝
手執尚無熱相云何融泮若生於艾何藉日
鏡光明相接然後火生汝又諦觀鏡因手執
日從天來艾本地生火從何方遊歷於此日
鏡相遠非和非合不應火光無從自有汝猶
不知如來藏中性火真空性空真火清淨本
然周遍法界隨衆生心應所知量阿難當知
世人一處執鏡一處火生遍法界執滿世間
起起遍世間寧有方所循業發現世間無知
惑為因緣及自然性皆是識心分別計度但
有言說都無實義
阿難水性不定流息無恒如室羅城迦毗羅
仙斫迦羅仙及鉢頭摩訶薩多等諸大幻師
求太陰精用和幻藥是諸師等於白月晝手
執方諸承月中水此水為復從珠中出空中
自有為從月來阿難若從月來尚能遠方令

仙斫迦羅仙及鉢頭摩訶薩多等諸大幻師
求太陰精用和幻藥是諸師等於白月晝手
執方諸承月中水此水為復從珠中出空中
自有為從月來阿難若從月來尚能遠方令
珠出水所經林木皆應吐流流則何待方諸
所出不流明水非從月降若從珠出則此珠
中常應流水何待中宵承白月晝若從空生
空性無邊水當無際從人洎天皆同滔溺云
何復有水陸空行汝更諦觀月從天陟珠因
手持承珠水盤本人敷設水從何方流注於
此月珠相遠非和非合不應水精無從自有
汝尚不知如來藏中性水真空性空真水清
淨本然周遍法界隨衆生心應所知量一處
執珠一處水出遍法界執滿法界生生滿世
間寧有方所循業發現世間無知惑為因緣
及自然性皆是識心分別計度但有言說都
無實義
阿難風性無體動靜不常汝常整衣入於大
衆僧伽梨角動及傍人則有微風拂彼人面
此風為復出袈裟角發於虛空生彼人面阿
難此風若復出袈裟角汝乃披風其衣飛搖
應離汝體我今說法會中垂衣汝看我衣風
何所在不應衣中有藏風地若生虛空汝衣
不動何因無拂空性常住風應常生若無風
時虛空當滅滅風可見滅空何狀若有生滅

應離汝體我今說法會中垂衣汝看我衣風
何所在不應衣中有藏風地若生虛空汝衣
不動何因無拂空性常住風應常生若無風
時虛空當滅滅風可見滅空何狀若有生滅
不名虛空名爲虛空云何風出若風自生被
拂之面從彼面生當應拂汝自汝整衣云何
倒拂汝審諦觀整衣在汝面屬彼人虛空寂
然不參流動風自誰方鼓動來此風空性隔
非和非合不應風心無從自有汝宛元不知如
來藏中性風真空性空真風清淨本然周遍
法界隨衆生心應所知量阿難如汝一人微
動服衣有微風出遍法界拂滿國土生周遍
世間寧有方所循業發現世間無知惑爲因
緣及自然性皆是識心分別計度但有言說
都無實義
阿難空性無形因色顯發如室羅城去河遙
處諸刹利種及婆羅門毗舍首陁兼頗羅墮旃
陁羅等新立安居鑿井求水出土一尺於中
則有一尺虛空如是乃至出土一丈中間還
得一丈虛空空虛淺深隨出多少此空爲當
因土所出因鑿所有無因自生阿難若復此
空無因自生未鑿土前何不無礙唯見大地
迥無通達若因土出則土出時應見空入若
土先出無空入者云何虛空因土而出若無

因土所出因鑿所有無因自生阿難若復此
空無因自生未鑿土前何不無礙唯見大地
迥無通達若因土出則土出時應見空入若
土先出無空入者云何虛空因土而出若無
出入則應空土元無異因無異則同則土出
時空何不出若因鑿出則鑿出空應非出土
不因鑿出鑿自出土云何見空汝更審諦諦
審諦觀鑿從人手隨方運轉土因地移如是
虛空因何所出鑿空虛實不相爲用非和非
合不應虛空無從自出若此虛空性圓周遍
本不動搖當知現前地水火風均名五大性
真圓融皆如來藏本無生滅阿難汝心昏迷
不悟四大元如來藏當觀虛空爲出爲入爲
非出入汝全不知如來藏中性覺真空性空
真覺清淨本然周遍法界隨衆生心應所知
量阿難如一井空空生一井十方虛空亦復
如是圓滿十方寧有方所循業發現世間無
知惑爲因緣及自然性皆是識心分別計度
但有言說都無實義
阿難見覺無知因色空有如汝今者在祇陁
林朝明夕昏設居中宵白月則光黑月便暗
則明暗等因見分析此見爲復與明暗相并
太虛空爲同一體爲非一體或同非同或異
非異阿難此見若復與明與暗及與虛空元
一體者則明與暗二體相亡暗時無明明時

則明暗等因見分析此見為復與明暗相并
太虛空為同一體為非一體或同非同或異
非異阿難此見若復與明與暗及與虛空元
一體者則明與暗二體相亡暗時無明明時
非暗若與暗一明則見亡必一於明暗時當
滅滅則云何見明見暗若明暗殊見無生滅
一云何成若此見精與暗與明非一體者汝
離明暗及與虛空分析見元作何形相離明
離暗及離虛空是見元同龜毛兔角明暗虛
空三事俱異從何立見明暗相背云何或同
離三元無云何或異分空分見本無邊畔云
何非同見暗見明性非遷改云何非異汝更
細審微細審詳審諦審觀明從太陽暗隨黑
月通屬虛空擁歸大地如是見精因何所出
見覺空頑非和非合不應見精無從自出若
見聞知性圓周遍本不動搖當知無邊不動
虛空并其動搖地水火風均名六大性真圓
融皆如來藏本無生滅阿難汝性沉淪不悟
汝之見聞覺知本如來藏汝當觀此見聞覺
知為生為滅為同為異為非生滅為非同異
汝曾不知如來藏中性見覺明覺精明見清
淨本然周遍法界隨眾生心應所知量如一
見根見周法界聽齅嘗觸覺觸覺知妙德
瑩然遍周法界圓滿十虛寧有方所循業發現
世間無知惑為因緣及自然性皆是識心分

BD14936號　大佛頂如來密因修證了義諸菩薩萬行首楞嚴經卷三　（21–18）

見根見周法界聽齅嘗觸覺觸覺知妙德
瑩然遍周法界圓滿十虛寧有方所循業發現
世間無知惑為因緣及自然性皆是識心分
別計度但有言說都無實義
阿難識性無源因於六種根塵妄出汝今遍
觀此會聖眾用目循歷其目周視但如鏡中
無別分析汝識於中次第標指此是文殊此
富樓那此目乾連此須菩提此舍利弗此識
了知為生於見為生於相為生虛空為無所
因突然而出阿難若汝識性生於見中如無
明暗及與色空四種必無元無汝見見性尚無
從何發識若汝識性生於相中不從見生既
不見明亦不見暗明暗不矚即無色空彼
相尚無識從何發若生於空非相非見非見
無辯自不能知明暗色空非相滅緣見聞覺
知無處安立處此二非空則同無有非同物
縱發汝識欲何分別若無所因突然而出何
不日中別識明月汝更細詳微細詳審見託
汝睛相推前境可狀成有不相成無如是識
緣因何所出識動見澄非和非合聞聽覺知
亦復如是不應識緣無從自出若此識心本
無所從當知了別見聞覺知圓滿湛然性非
從所兼彼虛空地水火風均名七大性真圓
融皆如來藏本無生滅阿難汝心麤浮不悟
見聞發明了知本如來藏汝應觀此六處識

BD14936號　大佛頂如來密因修證了義諸菩薩萬行首楞嚴經卷三　（21–19）

亦復如是不應識緣無從自出若此識心本
無所從當知了別見聞覺知圓滿湛然性非
從所兼彼虛空地水火風均名七大性真圓
融皆如來藏本無生滅阿難汝心麁浮不悟
見聞發明了知本如來藏汝應觀此六處識
心為同為異為空為有為非同異為非空有
汝元不知如來藏中性識明知覺明真識妙
覺湛然遍周法界含吐十虛寧有方所循業
發現世間無知惑為因緣及自然性皆是識
心分別計度但有言說都無實義
尒時阿難及諸大眾蒙佛如來微妙開示身
心蕩然得無罣礙是諸大眾各各自知心遍
十方見十方空如觀手中所持葉物一切世
間諸所有物皆即菩提妙明元心 心精遍圓
含裹十方反觀父母所生之身猶彼十方虛
空之中吹一微塵若存若亡如湛巨海流一
浮漚起滅無從了然自知獲本妙心常住不
滅礼佛合掌得未曾有於如來前說偈讚佛
妙湛揔持不動尊 首楞嚴王世希有 銷我億劫顛倒想
不歷僧祇獲法身 願今得果成寶王 還度如是恒沙眾
將此深心奉塵剎 是則名為報佛恩 伏請世尊為證明
五濁惡世誓先入 如一眾生未成佛 終不於此取泥洹
大雄大力大慈悲 希更審除微細惑 令我早登無上覺
於十方界坐道場 舜若多性可銷亡 爍迦囉心無動轉

BD14936號　大佛頂如來密因修證了義諸菩薩萬行首楞嚴經卷三　（21–20）

滅礼佛合掌得未曾有於如來前說偈讚佛
妙湛揔持不動尊 首楞嚴王世希有 銷我億劫顛倒想
不歷僧祇獲法身 願今得果成寶王 還度如是恒沙眾
將此深心奉塵剎 是則名為報佛恩 伏請世尊為證明
五濁惡世誓先入 如一眾生未成佛 終不於此取泥洹
大雄大力大慈悲 希更審除微細惑 令我早登無上覺
於十方界坐道場 舜若多性可銷亡 爍迦囉心無動轉

大佛頂萬行首楞嚴經卷第三

右大唐循州沙門懷迪共梵僧於廣州譯

BD14936號　大佛頂如來密因修證了義諸菩薩萬行首楞嚴經卷三　（21–21）

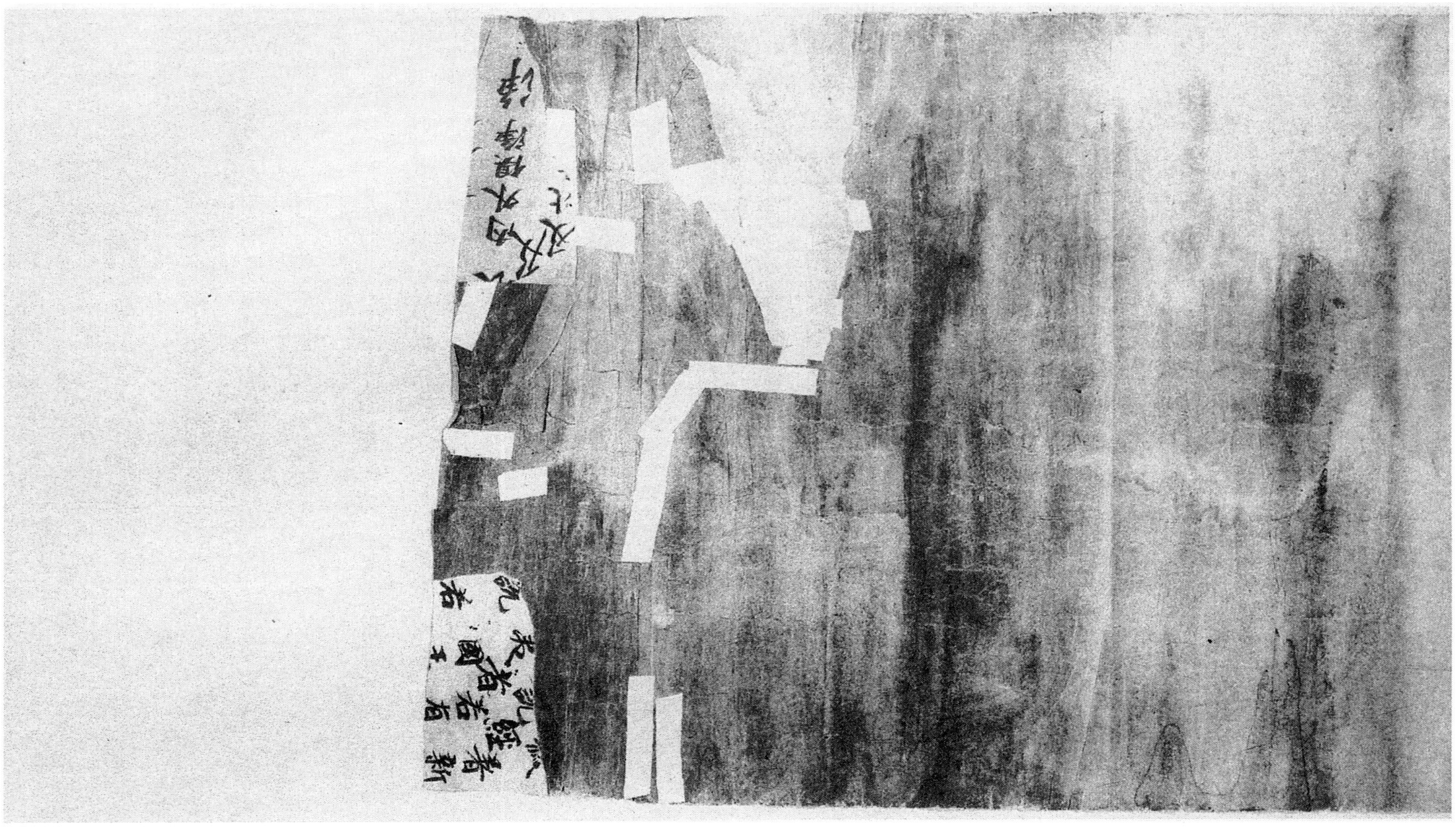

BD14936 號背　雜寫　　（1–1）

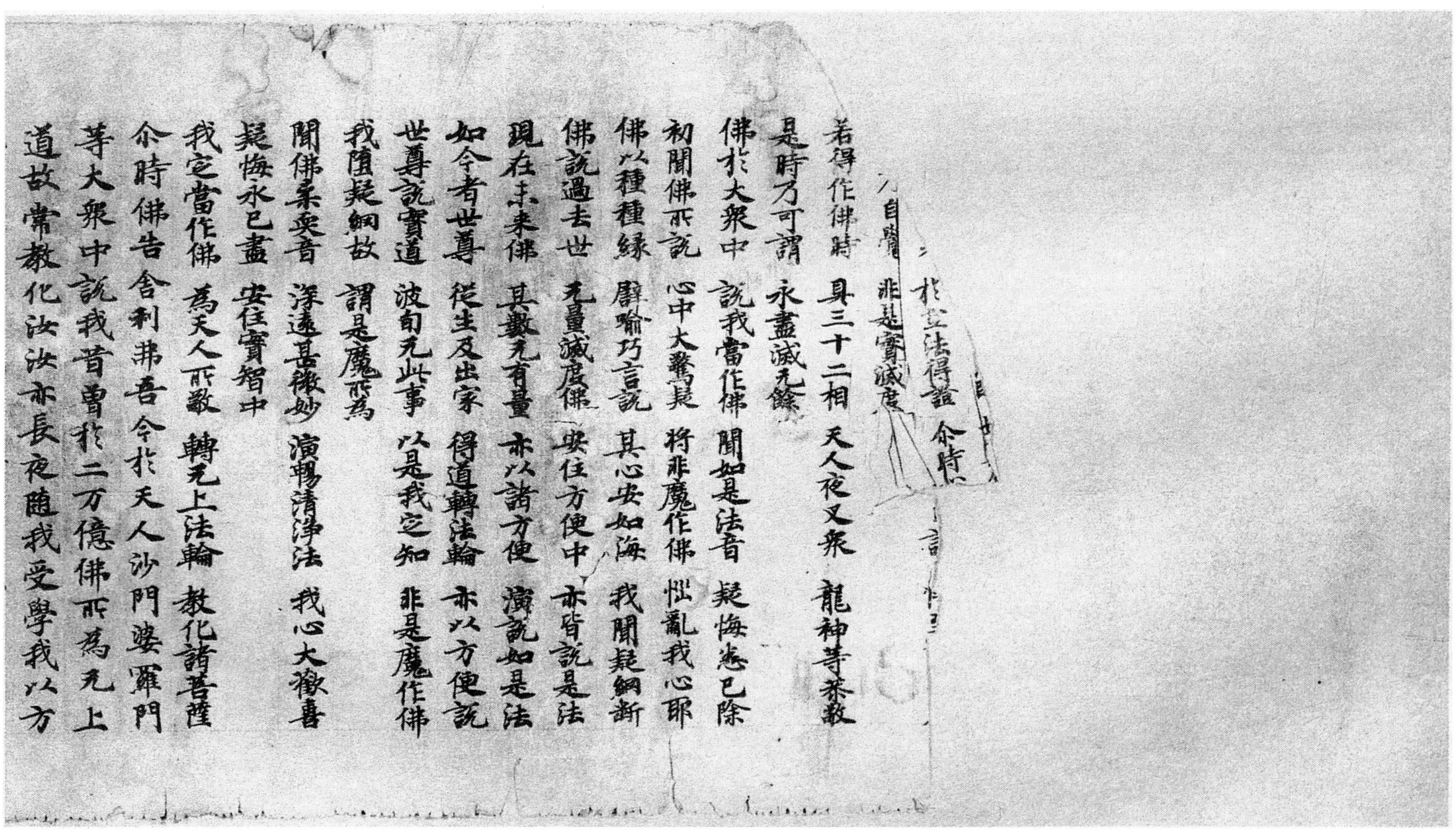

於空法得證 尒時心
自覺 非是實滅度
若得作佛時 身三十二相 天人夜叉衆 龍神等恭敬
是時乃可謂 永盡滅无餘
佛於大衆中 說我當作佛 聞如是法音 疑悔悉已除
初聞佛所說 心中大驚疑 將非魔作佛 惱亂我心耶
佛以種種緣 譬喻巧言說 其心安如海 我聞疑網斷
佛說過去世 无量滅度佛 安住方便中 亦皆說是法
現在未來佛 其數无有量 亦以諸方便 演說如是法
如今者世尊 從生及出家 得道轉法輪 亦以方便說
世尊說實道 波旬无此事 以是我定知 非是魔作佛
我墮疑網故 謂是魔所為
聞佛柔軟音 深遠甚微妙 演暢清淨法 我心大歡喜
疑悔永已盡 安住實智中
我定當作佛 為天人所敬 轉无上法輪 教化諸菩薩
尒時佛告舍利弗 吾今於天人沙門婆羅門
等大衆中說 我昔曾於二万億佛所 為无上
道故 常教化汝 汝亦長夜隨我受學 我以方

BD14937 號　妙法蓮華經卷二　　（27–1）

我定當作佛　為天人所敬　轉无上法輪　教化諸菩薩
尒時佛告舍利弗吾今於天人沙門婆羅門
等大衆中說我昔曾於二万億佛所為无上
道故常教化汝汝亦長夜隨我受學我以方
便引導汝故生我法中舍利弗我昔教汝志
願佛道汝今悉忘而便自謂已得滅度我今
還欲令汝憶念本願所行道故為諸聲聞說
是大乘經名妙法蓮華教菩薩法佛所護念
舍利弗汝於未來世過无量无邊不可思議
劫供養若干千万億佛奉持正法具足菩薩
所行之道當得作佛号曰華光如来應供正
遍知明行足善逝世間解无上士調御丈夫
天人師佛世尊國名離垢其土平正清淨嚴
飾安隱豐樂天人熾盛琉璃為地有八交道
黃金為繩以界其側其傍各有七寶行樹常
有華果華光如来亦以三乘教化衆生舍利
弗彼佛出時雖非惡世以本願故說三乘法
其劫名大寶莊嚴何故名曰大寶莊嚴其國
中以菩薩為大寶故彼諸菩薩无量无邊不
可思議筭數譬喻所不能及非佛智力无能
知者若欲行時寶華承足此諸菩薩非初發
意皆久殖德本於无量百千万億佛所淨脩
梵行恒為諸佛之所稱歎常脩佛慧具大神
通善知一切諸法之門質直无偽志念堅固
如是菩薩充滿其國舍利弗華光佛壽十二
小劫除為王子未作佛時其國人民壽八小
劫華光如来過十二小劫授堅滿菩薩阿耨多

BD14937 號　妙法蓮華經卷二　（27–2）

通善知一切諸法之門質直无偽志念堅固
如是菩薩充滿其國舍利弗華光佛壽十二
小劫除為王子未作佛時其國人民壽八小
劫華光如来過十二小劫授堅滿菩薩阿耨多
羅三藐三菩提記告諸比丘是堅滿菩薩次
當作佛号曰華足安行多陁阿伽度阿羅訶
三藐三佛陁其佛國土亦復如是舍利弗是
華光佛滅度之後正法住世三十二小劫像
法住世亦三十二小劫尒時世尊欲重宣此
義而說偈言
舍利弗来世　成佛普智尊　号名曰華光　當度无量衆
供養无數佛　具足菩薩行　十力等功德　證於无上道
過无量劫已　劫名大寶嚴　世界名離垢　清淨无瑕穢
以琉璃為地　金繩界其道　七寶雜色樹　常有華果實
彼國諸菩薩　志念常堅固　神通波羅蜜　皆已悉具足
於无數佛所　善學菩薩道　如是等大士　華光佛所化
佛為王子時　棄國捨世榮　於最末後身　出家成佛道
華光佛住世　壽十二小劫　其國人民衆　壽命八小劫
佛滅度之後　正法住於世　三十二小劫　廣度諸衆生
正法滅盡已　像法三十二
舍利廣流布　天人普供養　華光佛所為　其事皆如是
其兩足聖尊　最勝无倫匹　彼即是汝身　宜應自欣慶
尒時四部衆比丘比丘尼優婆塞優婆夷天
龍夜叉乾闥婆阿脩羅迦樓羅緊那羅摩睺
羅伽等大衆見舍利弗於佛前受阿耨多羅
三藐三菩提記心大歡喜踊躍无量各各脫
身所著上衣以供養佛釋提桓因梵天王等

BD14937 號　妙法蓮華經卷二　（27–3）

尒時四部衆比丘比丘尼優婆塞優婆夷天
龍夜叉乾闥婆阿脩羅迦樓羅緊那羅摩睺
羅伽等大衆見舍利弗於佛前受阿耨多羅
三藐三菩提記心大歡喜踊躍无量各各脫
身所著上衣以供養佛釋提桓因梵天王等
與无數天子亦以天妙衣天曼陁羅華摩訶
曼陁羅華等供養於佛所散天衣住虛空中
而自迴轉諸天伎樂百千万種於虛空中一
時俱作雨衆天華而作是言佛昔於波羅柰
初轉法輪今乃復轉无上冣大法輪尒時諸
天子欲重宣此義而說偈言
昔於波羅柰　轉四諦法輪　分別說諸法　五衆之生滅
今復轉冣妙　无上大法輪　是法甚深奧　少有能信者
我等從昔來　數聞世尊說　未曾聞如是　深妙之上法
世尊說是法　我等皆隨喜　大智舍利弗　今得受尊記
我等亦如是　必當得作佛　於一切世間　冣尊无有上
佛道叵思議　方便隨宜說
我所有福業　今世若過世　及見佛功德　盡迴向佛道
尒時舍利弗白佛言世尊我今无復疑悔親
於佛前得受阿耨多羅三藐三菩提記是諸
千二百心自在者昔住學地佛常教化言我
法能離生老病死究竟涅槃是學无學人亦
各自以離我見及有无見等謂得涅槃而今
於世尊前聞所未聞皆墮疑惑善哉世尊願
為四衆說其因緣令離疑悔尒時佛告舍利
弗我先不言諸佛世尊以種種因緣譬喻言
辞方便說法皆為阿耨多羅三藐三菩提耶

於世尊前聞所未聞皆墮疑惑善哉世尊願
為四衆說其因緣令離疑悔尒時佛告舍利
弗我先不言諸佛世尊以種種因緣譬喻言
辞方便說法皆為阿耨多羅三藐三菩提耶
是諸所說皆為化菩薩故然舍利弗今當復
以譬喻更明此義諸有智者以譬喻得解舍
利弗若國邑聚落有大長者其年衰邁財富
无量多有田宅及諸僮僕其家廣大唯有一
門多諸人衆一百二百乃至五百人止住其
中堂閣朽故墻壁頹落柱根腐敗梁棟傾危
周帀俱時欻然火起焚燒舍宅長者諸子若
十二十或至三十在此宅中長者見是大火
從四面起即大驚怖而作是念我雖能於此
所燒之門安隱得出而諸子等於火宅內樂
著嬉戲不覺不知不驚不怖火來逼身苦痛
切已心不猒患无求出意舍利弗是長者作
是思惟我身手有力當以衣裓若以机案從
舍出之復更思惟是舍唯有一門而復狹小
諸子幼稚未有所識戀著戲處或當墮落為
火所燒我當為說怖畏之事此舍已燒宜時
疾出无令為火之所燒害作是念已如所思
惟具告諸子汝等速出父雖憐愍善言誘喻
而諸子等樂著嬉戲不肯信受不驚不畏了
无出心亦復不知何者是火何者為舍云何
為失但東西走戲視父而已尒時長者即作
是念此舍已為大火所燒我及諸子若不時
出必為所焚我今當設方便令諸子等得免

而諸子等樂著嬉戲不肯信受不驚不畏了
无出心亦復不知何者是火何者為舍云何
為失但東西走戲視父而已尒時長者即作
是念此舍已為大火所燒我及諸子若不時
出必為所焚我今當設方便令諸子等得免
斯害父知諸子先心各有所好種種弥玩竒
異之物情必樂著而告之言汝等所可玩好
希有難得汝若不取後必憂悔如此種種羊
車鹿車牛車今在門外可以遊戲汝等於此
火宅宜速出來隨汝所欲皆當與汝尒時諸
子聞父所說弥玩之物適其願故心各勇鋭
互相推排競共馳走諍出火宅是時長者見
諸子等安隱得出皆於四衢道中露地而坐
无復鄣㝵其心泰然歡喜踊躍時諸子等各
白父言父先所許玩好之具羊車鹿車牛車
願時賜與舍利弗尒時長者各賜諸子等一
大車其車高廣衆寶莊校周帀欄楯四面懸
鈴又於其上張設軒蓋亦以弥竒雜寶而嚴
飾之寶繩絞絡垂諸華瓔重敷綩綖安置丹
枕駕以白牛膚色充潔形體姝好有大筋力
行步平正其疾如風又多僕從而侍衛之所
以者何是長者財富无量種種庫藏悉皆充
溢而作是念我財物无極不應以下劣小車
與諸子等今此幼童皆是吾子愛无偏黨我
有如是七寶大車其數无量應當等心各各
與之不宜差別所以者何以我此物周給一
國猶尚不匱何況諸子是時諸子各乘大車
得未曾有非本所望舍利弗於汝意云何是

與諸子等今此幼童皆是吾子愛无偏黨我
有如是七寶大車其數无量應當等心各各
與之不宜差別所以者何以我此物周給一
國猶尚不匱何況諸子是時諸子各乘大車
得未曾有非本所望舍利弗於汝意云何是
長者等與諸子弥寶大車寧有虛妄不舍利
弗言不也世尊是長者但令諸子得免火難
全其軀命非為虛妄何以故若全身命便為
已得玩好之具況復方便於彼火宅而拔濟
之世尊若是長者乃至不與冣小一車猶不
虛妄何以故是長者先作是意我以方便令
子得出以是因緣无虛妄也何況長者自知
財富无量欲饒益諸子等與大車佛告舍利
弗善哉善哉如汝所言舍利弗如來亦復如
是則為一切世間之父於諸怖畏衰惱憂患
无明闇蔽永盡无餘而悉成就无量知見力
无所畏有大神力及智慧力具足方便智慧
波羅蜜大慈大悲常无懈惓恒求善事利益
一切而生三界朽故火宅為度衆生生老病
死憂悲苦惱愚癡闇蔽三毒之火教化令得
阿耨多羅三藐三菩提見諸衆生為生老病
死憂悲苦惱之所燒煮亦以五欲財利故受
種種苦又以貪著追求故現受衆苦後受地
獄畜生餓鬼之苦若生天上及在人閒貧窮
困苦愛別離苦怨憎會苦如是等種種諸苦
衆生沒在其中歡喜遊戲不覺不知不驚不
怖亦不生厭不求解脫於此三界火宅東西

種種苦又以貪著追求故現受衆苦後受地
獄畜生餓鬼之苦若生天上及在人間貧窮
困苦愛別離苦怨憎會苦如是等種種諸苦
衆生沒在其中歡喜遊戲不覺不知不驚不
怖亦不生厭不求解脫於此三界火宅東西
馳走雖遭大苦不以為患舍利弗佛見此已
便作是念我為衆生之父應拔其苦難與无
量无邊佛知慧樂令其遊戲舍利弗如來復
作是念若我但以神力及智慧力捨於方便
為諸衆生讚如來知見力无所畏者衆生不
能以此得度所以者何是諸衆生未免生老
病死憂悲苦惱而為三界火宅所燒何由能
解佛之智慧舍利弗如彼長者雖復身手有
力而不用之但以慇懃方便勉濟諸子火宅
之難然後各與珍寶大車如來亦復如是雖
有力无所畏而不用之但以智慧方便於三
界火宅拔濟衆生為說三乘聲聞辟支佛佛
乘而作是言汝等莫得樂住三界火宅勿貪
麁弊色聲香味觸也若貪著生愛則為所燒
汝速出三界當得三乘聲聞辟支佛佛乘我
今為汝保任此事終不虛也汝等但當勤脩
精進如來以是方便誘進衆生復作是言汝
等當知此三乘法皆是聖所稱歎自在无繫
无所依求乘是三乘以无漏根力覺道禪定
解脫三昧等而自娛樂便得无量安隱快樂
舍利弗若有衆生內有智性從佛世尊聞法
信受慇懃精進欲速出三界自求涅槃是名

无所依求乘是三乘以无漏根力覺道禪定
解脫三昧等而自娛樂便得无量安隱快樂
舍利弗若有衆生內有智性從佛世尊聞法
信受慇懃精進欲速出三界自求涅槃是名
聲聞乘如彼諸子為求羊車出於火宅若有
衆生從佛世尊聞法信受慇懃精進求自然
慧樂獨善寂深知諸法因緣是名辟支佛乘
如彼諸子為求鹿車出於火宅若有衆生從
佛世尊聞法信受勤脩精進求一切智佛智
自然智无師智如來知見力无所畏愍念安
樂无量衆生利益天人度脫一切是名大乘
菩薩求此乘故名為摩訶薩如彼諸子為求
牛車出於火宅舍利弗如彼長者見諸子等
安隱得出火宅到无畏處自惟財富无量等
以大車而賜諸子如來亦復如是為一切衆生
之父若見无量億千衆生以佛教門出三界
苦怖畏嶮道得涅槃樂如來尒時便作是念
我有无量无邊智慧力无畏等諸佛法藏
是諸衆生皆是我子等與大乘不令有人獨
得滅度皆以如來滅度而滅度之是諸衆生
脫三界者悉與諸佛禪定解脫等娛樂之具
皆是一相一種聖所稱歎能生淨妙第一之
樂舍利弗如彼長者初以三車誘引諸子然
後但與大車寶物莊嚴安隱第一然彼長者
无虛妄之咎如來亦復如是无有虛妄初說
三乘引導衆生然後但以大乘而度脫之何
以故如來有无量智慧力无所畏諸法之藏

樂舍利弗如彼長者初以三車誘引諸子然
後但與大車寶物莊嚴安隱第一然彼長者
无虛妄之咎如來亦復如是无有虛妄初說
三乘引導衆生然後但以大乘而度脫之何
以故如來有无量智慧力无所畏諸法之藏
能與一切衆生大乘之法但不盡能受舍利
弗以是因緣當知諸佛方便力故於一佛乘
分別說三佛欲重宣此義而說偈言
譬如長者 有一大宅 其宅久故 而復頓弊
堂舍高危 柱根摧朽 梁棟傾斜 基陛頹毀
墻壁圮坼 泥塗褫落 覆苫亂墜 椽梠差脫
周障屈曲 雜穢充遍 有五百人 止住其中
鵄梟鵰鷲 烏鵲鳩鴿 蚖蛇蝮蠍 蜈蚣蚰蜒
守宮百足 狖狸鼷鼠 諸惡虫輩 交橫馳走
屎尿臭處 不淨流溢 蜣蜋諸虫 而集其上
狐狼野干 咀嚼踐蹋 嚌齧死屍 骨肉狼藉
由是群狗 競來搏撮 飢羸慞惶 處處求食
鬪諍齟掣 啀喍嘷吠 其舍恐怖 變狀如是
處處皆有 魑魅魍魎 夜叉惡鬼 食噉人肉
毒虫之屬 諸惡禽獸 孚乳產生 各自藏護
夜叉競來 爭取食之 食之既飽 惡心轉熾
鬪諍之聲 甚可怖畏 鳩槃荼鬼 蹲踞土埵
或時離地 一尺二尺 往返遊行 縱逸嬉戲
捉狗兩足 撲令失聲 以腳加頸 怖狗自樂
復有諸鬼 其身長大 裸形黑瘦 常住其中
發大惡聲 叫呼求食 復有諸鬼 其咽如針
復有諸鬼 首如牛頭 或食人肉 或復噉狗
頭髮蓬亂 殘害凶險 飢渴所逼 叫喚馳走

BD14937號　妙法蓮華經卷二　（27-10）

或時離地 一尺二尺 往返遊行 縱逸嬉戲
捉狗兩足 撲令失聲 以腳加頸 怖狗自樂
復有諸鬼 其身長大 裸形黑瘦 常住其中
發大惡聲 叫呼求食 復有諸鬼 其咽如針
復有諸鬼 首如牛頭 或食人肉 或復噉狗
頭髮蓬亂 殘害凶險 飢渴所逼 叫喚馳走
夜叉餓鬼 諸惡鳥獸 飢急四向 窺看窗牖
如是諸難 恐畏无量 是朽故宅 屬于一人
其人近出 未久之間 於後宅舍 忽然火起
四面一時 其焰俱熾 棟梁椽柱 爆聲震裂
摧折墮落 墻壁崩倒 諸鬼神等 揚聲大叫
鵰鷲諸鳥 鳩槃荼等 周慞惶怖 不能自出
惡獸毒虫 藏竄孔穴 毗舍闍鬼 亦住其中
薄福德故 為火所逼 共相殘害 飲血噉肉
野干之屬 並已前死 諸大惡獸 競來食噉
臭烟熢㶿 四面充塞 蜈蚣蚰蜒 毒蛇之類
為火所燒 爭走出穴 鳩槃荼鬼 隨取而食
又諸餓鬼 頭上火然 飢渴熱惱 周慞悶走
其宅如是 甚可怖畏 毒害火災 衆難非一
是時宅主 在門外立 聞有人言 汝諸子等
先因遊戲 來入此宅 稚小无知 歡娛樂著
長者聞已 驚入火宅 方宜救濟 令无燒害
告喻諸子 說衆患難 惡鬼毒虫 災火蔓莚
衆苦次第 相續不絕 毒蛇蚖蝮 及諸夜叉
鳩槃荼鬼 野干狐狗 鵰鷲鵄梟 百足之屬
飢渴惱急 甚可怖畏 此苦難處 況復大火
諸子无知 雖聞父誨 猶故樂著 嬉戲不已

BD14937號　妙法蓮華經卷二　（27-11）

眾苦次第 相續不絕 毒蛇蚖蝮 及諸夜叉
鳩槃荼鬼 野干狐狗 鵰鷲鵄梟 百足之屬
飢渴惱急 甚可怖畏 此苦難處 況復大火
諸子无知 雖聞父誨 猶故樂著 嬉戲不已
是時長者 而作是念 諸子如此 益我愁惱
今此舍宅 无一可樂 而諸子等 耽湎嬉戲
不受我教 將為火害 即便思惟 設諸方便
告諸子等 我有種種 珎玩之具 妙寶好車
羊車鹿車 大牛之車 今在門外 汝等出來
吾為汝等 造作此車 隨意所樂 可以遊戲
諸子聞說 如此諸車 即時奔競 馳走而出
到於空地 離諸苦難 長者見子 得出火宅
住於四衢 坐師子座 而自慶言 我今快樂
此諸子等 生育甚難 愚小无知 而入險宅
多諸毒虫 魑魅可畏 大火猛焰 四面俱起
而此諸子 貪樂嬉戲 我以救之 令得脫難
是故諸人 我今快樂
爾時諸子 知父安坐 皆詣父所 而白父言
願賜我等 三種寶車 如前所許 諸子出來
當以三車 隨汝所欲 今正是時 唯垂給與
長者大富 庫藏眾多 金銀琉璃 車璖馬瑙
以眾寶物 造諸大車 莊校嚴飾 周帀欄楯
四面懸鈴 金繩交絡 真珠羅網 張施其上
金華諸瓔 處處垂下 眾綵雜飾 周帀圍繞
柔軟繒纊 以為茵蓐 上妙細氎 價直千億
鮮白淨潔 以覆其上 有大白牛 肥壯多力
形體姝好 以駕寶車 多諸儐從 而侍衛之

BD14937號　妙法蓮華經卷二　（27–12）

以眾寶物 造諸大車 莊校嚴飾 周帀欄楯
四面懸鈴 金繩交絡 真珠羅網 張施其上
金華諸瓔 處處垂下 眾綵雜飾 周帀圍繞
柔軟繒纊 以為茵蓐 上妙細氎 價直千億
鮮白淨潔 以覆其上 有大白牛 肥壯多力
形體姝好 以駕寶車 多諸儐從 而侍衛之
以是妙車 等賜諸子 諸子是時 歡喜踊躍
乘是寶車 遊於四方 嬉戲快樂 自在无导
告舍利弗 我亦如是 眾聖中尊 世間之父
一切眾生 皆是吾子 深著世樂 无有慧心
三界无安 猶如火宅 眾苦充滿 甚可怖畏
常有生老 病死憂患 如是等火 熾然不息
如來已離 三界火宅 寂然閑居 安處林野
今此三界 皆是我有 其中眾生 悉是吾子
而今此處 多諸患難 唯我一人 能為救護
雖復教詔 而不信受 於諸欲染 貪著深故
是以方便 為說三乘 令諸眾生 知三界苦
開示演說 出世間道 是諸子等 若心決定
具足三明 及六神通 有得緣覺 不退菩薩
汝舍利弗 我為眾生 以此譬喻 說一佛乘
汝等若能 信受是語 一切皆當 成得佛道
是乘微妙 清淨第一 於諸世間 為无有上
佛所悅可 一切眾生 所應稱讚 供養禮拜
无量億千 諸力解脫 禪定智慧 及佛餘法
得如是乘 令諸子等 日夜劫數 常得遊戲
與諸菩薩 及聲聞眾 乘此寶乘 直至道場
以是因緣 十方諦求 更无餘乘 除佛方便
告舍利弗 汝諸人等 皆是吾子 我則是父

BD14937號　妙法蓮華經卷二　（27–13）

无量億千 諸力解脫 禪定智慧 及佛餘法
得如是乘 令諸子等 日夜劫數 常得遊戲
與諸菩薩 及聲聞衆 乘此寶乘 直至道場
以是因緣 十方諦求 更无餘乘 除佛方便
告舍利弗 汝諸人等 皆是吾子 我則是父
汝等累劫 衆苦所燒 我皆濟拔 令出三界
我雖先說 汝等滅度 但盡生死 而實不滅
今所應作 唯佛智慧
若有菩薩 於是衆中 能一心聽 諸佛實法
諸佛世尊 雖以方便 所化衆生 皆是菩薩
若人小智 深著愛欲 為此等故 說於苦諦
衆生心喜 得未曾有 佛說苦諦 真實无異
若有衆生 不知苦本 深著苦因 不能暫捨
為是等故 方便說道 諸苦所因 貪欲為本
若滅貪欲 无所依止 滅盡諸苦 名第三諦
為滅諦故 脩行於道 離諸苦縛 名得解脫
是人於何 而得解脫 但離虛妄 名為解脫
其實未得 一切解脫 佛說是人 未實滅度
斯人未得 无上道故 我意不欲 令至滅度
我為法王 於法自在 安隱衆生 故見於世
汝舍利弗 我此法印 為欲利益 世間故說
在所遊方 勿妄宣傳
若有聞者 隨喜頂受 當知是人 阿鞞跋致
若有信受 此經法者 是人已曾 見過去佛
恭敬供養 亦聞是法
若人有能 信汝所說 則為見我 亦見於汝
及比丘僧 并諸菩薩
斯法華經 為深智說 淺識聞之 迷惑不解

BD14937號 妙法蓮華經卷二 （27–14）

若有信受 此經法者 是人已曾 見過去佛
恭敬供養 亦聞是法
若人有能 信汝所說 則為見我 亦見於汝
及比丘僧 并諸菩薩
斯法華經 為深智說 淺識聞之 迷惑不解
一切聲聞 及辟支佛 於此經中 力所不及
汝舍利弗 尚於此經 以信得入 況餘聲聞
其餘聲聞 信佛語故 隨順此經 非己智分
又舍利弗 憍慢懈怠 計我見者 莫說此經
凡夫淺識 深著五欲 聞不能解 亦勿為說
若人不信 毀謗此經 則斷一切 世間佛種
或復嚬蹙 而懷疑惑 汝當聽說 此人罪報
若佛在世 若滅度後 其有誹謗 如斯經典
見有讀誦 書持經者 輕賤憎嫉 而懷結恨
此人罪報 汝今復聽
其人命終 入阿鼻獄 具足一劫 劫盡更生
如是展轉 至无數劫 從地獄出 當墮畜生
若狗野干 其形頷瘦 黧黮疥癩 人所觸嬈
又復為人 之所惡賤 常困飢渴 骨肉枯竭
生受楚毒 死被瓦石 斷佛種故 受斯罪報
若作駱駝 或生驢中 身常負重 加諸杖捶
但念水草 餘无所知 謗斯經故 獲罪如是
有作野干 來入聚落 身體疥癩 又无一目
為諸童子 之所打擲 受諸苦痛 或時致死
於此死已 更受蟒身 其形長大 五百由旬
聾騃无足 蜿轉腹行 為諸小虫 之所唼食
晝夜受苦 无有休息 謗斯經故 獲罪如是

BD14937號 妙法蓮華經卷二 （27–15）

有作野干 來入聚落 身體疥癩 又无一目
為諸童子 之所打擲 受諸苦痛 或時致死
於此死已 更受蟒身 其形長大 五百由旬
聾騃无足 婉轉腹行 為諸小虫 之所唼食
晝夜受苦 无有休息 謗斯經故 獲罪如是
若得為人 諸根闇鈍 矬陋攣躄 盲聾背傴
有所言說 人不信受 口氣常臭 鬼魅所著
貧窮下賤 為人所使 多病痟瘦 无所依怙
雖親附人 人不在意 若有所得 尋復忘失
若脩醫道 順方治病 更增他疾 或復致死
若自有病 无人救療 設服良藥 而復增劇
若他反逆 抄劫竊盜 如是等罪 橫羅其殃
如斯罪人 永不見佛 衆聖之王 說法教化
如斯罪人 常生難處 狂聾心亂 永不聞法
於无數劫 如恒河沙 生輒聾瘂 諸根不具
常處地獄 如遊園觀 在餘惡道 如己舍宅
駝驢豬狗 是其行處 謗斯經故 獲罪如是
若得為人 聾盲瘖瘂 貧窮諸衰 以自莊嚴
水腫乾消 疥癩癰疽 如是等病 以為衣服
身常臭處 垢穢不淨
深著我見 增益瞋恚 婬欲熾盛 不擇禽獸
謗斯經故 獲罪如是
告舍利弗 謗斯經者 若說其罪 窮劫不盡
以是因緣 我故語汝 无智人中 莫說此經
若有利根 智慧明了 多聞強識 求佛道者
如是之人 乃可為說
若人曾見 億百千億 植諸善本 深心堅固

BD14937號 妙法蓮華經卷二 (27–16)

告舍利弗 謗斯經者 若說其罪 窮劫不盡
以是因緣 我故語汝 无智人中 莫說此經
若有利根 智慧明了 多聞強識 求佛道者
如是之人 乃可為說
若人曾見 億百千億 植諸善本 深心堅固
如是之人 乃可為說
若人精進 常脩慈心 不惜身命 乃可為說
若人恭敬 无有異心 離諸凡愚 獨處山澤
如是之人 乃可為說
又舍利弗 若見有人 捨惡知識 親近善友
如是之人 乃可為說
若見佛子 持戒清淨 如淨明珠 求大乘經
如是之人 乃可為說
若人无瞋 質直柔耎 常愍一切 恭敬諸佛
如是之人 乃可為說
復有佛子 於大衆中 以清淨心 種種因緣
譬喻言辞 說法无㝵 如是之人 乃可為說
若有比丘 為一切智 四方求法 合掌頂受
但樂受持 大乘經典 乃至不受 餘經一偈
如是之人 乃可為說
如人至心 求佛舍利 如是求經 得已頂受
其人不復 志求餘經 亦未曾念 外道典籍
如是之人 乃可為說
告舍利弗 我說是相 求佛道者 窮劫不盡
如是等人 則能信解 汝當為說 妙法華經

妙法蓮華經信解品第四

尒時慧命須菩提摩訶迦旃延摩訶迦葉摩

BD14937號 妙法蓮華經卷二 (27–17)

告舍利弗 我說是相 求佛道者 窮劫不盡
如是等人 則能信解 汝當為說 妙法華經

妙法蓮華經信解品第四

尒時慧命須菩提摩訶迦旃延摩訶迦葉摩
訶目揵連從佛所聞未曾有法世尊授舍利
弗阿耨多羅三藐三菩提記發希有心歡喜
踊躍即從座起整衣服偏袒右肩右膝著地
一心合掌曲躬恭敬瞻仰尊顏而白佛言我
等居僧之首年並朽邁自謂已得涅槃无所
堪任不復進求阿耨多羅三藐三菩提世尊
往昔說法既久我時在座身體疲懈但念空
无相无作於菩薩法遊戲神通淨佛國土成
就衆生心不憙樂所以者何世尊令我等出
於三界得涅槃證又今我等年已朽邁於佛
教化菩薩阿耨多羅三藐三菩提不生一念
好樂之心我等今於佛前聞授聲聞阿耨多
羅三藐三菩提記心甚歡喜得未曾有不謂
於今忽然得聞希有之法深自慶幸獲大善
利无量珎寶不求自得世尊我等今者樂說
譬喻以明斯義譬若有人年既幼稚捨父逃
逝久住他國或十二十至五十歲年既長大
加復窮困馳騁四方以求衣食漸漸遊行遇
向本國其父先來求子不得中止一城其家
大富財寶无量金銀琉璃珊瑚虎珀頗梨珠
等其諸倉庫悉皆盈溢多有僮僕臣佐吏民
象馬車乘牛羊无數出入息利乃遍他國商
估賈客亦甚衆多尒時窮子遊諸聚落經歷

BD14937號 妙法蓮華經卷二 （27–18）

向本國其父先來求子不得中止一城其家
大富財寶无量金銀琉璃珊瑚虎珀頗梨珠
等其諸倉庫悉皆盈溢多有僮僕臣佐吏民
象馬車乘牛羊无數出入息利乃遍他國商
估賈客亦甚衆多尒時窮子遊諸聚落經歷
國邑遂到其父所止之城父每念子與子離
別五十餘年而未曾向人說如此事但自思
惟心懷悔恨自念老朽多有財物金銀珎寶
倉庫盈溢无有子息一旦終沒財物散失无
所委付是以慇懃每憶其子復作是念我若
得子委付財物坦然快樂无復憂慮世尊尒
時窮子傭賃展轉遇到父舍住立門側遥見
其父踞師子床寶几承足諸婆羅門剎利居
士皆恭敬圍繞以真珠瓔珞價直千万莊嚴
其身吏民僮僕手執白拂侍立左右覆以寶
帳垂諸華幡香水灑地散衆名華羅列寶物
出內取與有如是等種種嚴飾威德特尊窮
子見父有大力勢即懷恐怖悔來至此竊作
是念此或是王或是王等非我傭力得物之
處不如往至貧里肆力有地衣食易得若久
住此或見逼迫強使我作作是念已疾走而
去時富長者於師子座見子便識心大歡喜
即作是念我財物庫藏今有所付我常思念
此子无由見之而忽自來甚適我願我雖年
朽猶故貪惜即遣傍人急追將還尒時使者
疾走往捉窮子驚愕稱怨大喚我不相犯何
為見捉使者執之逾急強牽將還于時窮子

BD14937號 妙法蓮華經卷二 （27–19）

即作是念我財物庫藏今有所付我常思念
此子无由見之而忽自来甚適我願我雖年
朽猶故貪惜即遣傍人急追將還尒時使者
疾走往捉窮子驚愕稱怨大喚我不相犯何
為見捉使者執之逾急强牽將還于時窮子
自念无罪而被囚執此必定死轉更惶怖悶
絶躃地父遥見之而語使言不須此人勿强
將来以冷水灑面令得醒悟莫復與語所以
者何父知其子志意下劣自知豪貴為子所
難審知是子而以方便不語他人云是我子
使者語之我今放汝隨意所趣窮子歡喜得
未曾有從地而起往至貧里以求衣食尒時
長者將欲誘引其子而設方便密遣二人形
色憔悴无威德者汝可詣彼徐語窮子此有
作處倍與汝直窮子若許將来使作若言欲
何所作便可語之雇汝除糞我等二人亦共
汝作時二使人即求窮子既已得之具陳上
事尒時窮子先取其價尋與除糞其父見子
愍而怪之又以他日於窻牖中遥見子身羸
瘦憔悴糞土塵坌汙穢不淨即脫瓔珞細耎
上服嚴飾之具更著麁弊垢膩之衣塵土坌
身右手執持除糞之器狀有所畏語諸作人
汝等勤作勿得懈息以方便故得近其子又
復告言咄男子汝常此作勿復餘去當加汝
價諸有所須瓫器米麵塩酢之屬莫自疑難
亦有老弊使人須者相給好自安意我如汝
父勿復憂慮所以者何我年老大而汝少壯

BD14937號　妙法蓮華經卷二　（27–20）

復告言咄男子汝常此作勿復餘去當加汝
價諸有所須瓫器米麵塩酢之屬莫自疑難
亦有老弊使人須者相給好自安意我如汝
父勿復憂慮所以者何我年老大而汝少壯
汝常作時无有欺怠瞋恨怨言都不見汝有
此諸惡如餘作人自今以後如所生子即時
長者更與作字名之為兒尒時窮子雖欣此
遇猶故自謂客作賤人由是之故於二十年
中常令除糞過是已後心相體信入出无難
然其所止猶在本處世尊尒時長者有疾自
知將死不久語窮子言我今多有金銀珍寶
倉庫盈溢其中多少所應取與汝悉知之我
心如是當體此意所以者何今我與汝便為
不異宜加用心无令漏失尒時窮子即受教
勅領知衆物金銀珍寶及諸庫藏而无悕取
一飡之意然其所止故在本處下劣之心亦
未能捨復經少時父知子意漸已通泰成就
大志自鄙先心臨欲終時而命其子并會親
族國王大臣剎利居士皆悉已集即自宣言
諸君當知此是我子我之所生於某城中捨
吾逃走跉跰辛苦五十餘年其本字某我名
某甲昔在本城懷憂推覓忽於此間遇會得
之此實我子我實其父今吾所有一切財物
皆是子有先所出内是子所知世尊是時窮
子聞父此言即大歡喜得未曾有而作是念
我本无心有所悕求今此寶藏自然而至世
尊大富長者則是如来我等皆似佛子如来

BD14937號　妙法蓮華經卷二　（27–21）

之此實我子我實其父令吾所有一切財物
皆是子有先所出內是子所知世尊是時窮
子聞父此言即大歡喜得未曾有而作是念
我本无心有所悕求今此寶藏自然而至世
尊大富長者則是如來我等皆似佛子如來
常說我等為子世尊我等以三苦故於生死
中受諸熱惱迷惑无知樂著小法今日世尊
令我等思惟蠲除諸法戲論之糞我等於中
勤加精進得至涅槃一日之價既得此已心
大歡喜自以為足便自謂於佛法中勤精進
故所得弘多然世尊先知我等心著弊欲樂
於小法便見縱捨不為分別汝等當有如來
知見寶藏之分世尊以方便力說如來智慧
我等從佛得涅槃一日之價以為大得於此
大乘无有志求我等又因如來智慧為諸菩
薩開示演說而自於此无有志願所以者何
佛知我等心樂小法以方便力隨我等說而
我等不知真是佛子今我等方知世尊於佛
智慧无所悋惜所以者何我等昔來真是佛
子而但樂小法若我等有樂大之心佛則為
我說大乘法於此經中唯說一乘而昔於菩
薩前毀呰聲聞樂小法者然佛實以大乘教
化是故我等說本无有心有所悕求今法王
大寶自然而至如佛子所應得者皆已得之
尒時摩訶迦葉欲重宣此義而說偈言
我等今日　聞佛音教　歡喜踊躍　得未曾有
佛說聲聞　當得作佛　无上寶聚　不求自得

BD14937號　妙法蓮華經卷二　（27-22）

大寶自然而至如佛子所應得者皆已得之
尒時摩訶迦葉欲重宣此義而說偈言
我等今日　聞佛音教　歡喜踊躍　得未曾有
佛說聲聞　當得作佛　无上寶聚　不求自得
譬如童子　幼稚无識　捨父逃逝　遠到他土
周流諸國　五十餘年　其父憂念　四方推求
求之既疲　頓止一城　造立舍宅　五欲自娛
其家巨富　多諸金銀　車𤦲馬瑙　真珠瑠璃
象馬牛羊　輦輿車乘　田業僮僕　人民眾多
出入息利　乃遍他國　商估賈人　无處不有
千万億眾　圍繞恭敬　常為王者　之所愛念
群臣豪族　皆共宗重　以諸緣故　往來者眾
豪富如是　有大力勢　而年朽邁　益憂念子
夙夜惟念　死時將至　癡子捨我　五十餘年
庫藏諸物　當如之何
尒時窮子　求索衣食　從邑至邑　從國至國
或有所得　或无所得　飢餓羸瘦　體生瘡癬
漸次經歷　到父住城　傭賃展轉　遂至父舍
尒時長者　於其門內　施大寶帳　處師子座
眷屬圍繞　諸人侍衛
或有計算　金銀寶物　出內財產　注記券疏
窮子見父　豪貴尊嚴　謂是國王　若是王等
驚怖自怪　何故至此
覆自念言　我若久住　或見逼迫　强驅使作
思惟是已　馳走而去　借問貧里　欲往傭作
長者是時　在師子座　遙見其子　默而識之
即勑使者　追捉將來　窮子驚喚　迷悶躃地

BD14937號　妙法蓮華經卷二　（27-23）

覆自念言　我若久住　或見逼迫　強驅使作
思惟是已　馳走而去　借問貧里　欲往傭作
長者是時　在師子座　遙見其子　嘿而識之
即勅使者　追捉將来　窮子驚喚　迷悶躃地
是人執我　必當見煞　何用衣食　使我至此
長者知子　愚癡狹劣　不信我言　不信是父
即以方便　更遣餘人　眇目矬陋　无威德者
汝可語之　云當相雇　除諸糞穢　倍與汝價
窮子聞之　歡喜隨来　為除糞穢　淨諸房舍
長者於牖　常見其子　念子愚劣　樂為鄙事
於是長者　著弊垢衣　執除糞器　往到子所
方便附近　語令勤作
既益汝價　并塗足油　飲食充足　薦席厚暖
如是苦言　汝當勤作　又以耎語　若如我子
長者有智　漸令入出　經二十年　執作家事
示其金銀　真珠頗梨　諸物出入　皆使令知
猶處門外　止宿草庵　自念貧事　我无此物
父知子心　漸已廣大　欲與財物　即聚親族
國王大臣　剎利居士　於此大眾　說是我子
捨我他行　經五十歲　自見子来　已二十年
昔於某城　而失是子　周行求索　遂来至此
凡我所有　舍宅人民　悉以付之　恣其所用
子念昔貧　志意下劣　今於父所　大獲珍寶
并及舍宅　一切財物　甚大歡喜　得未曾有
佛亦如是　知我樂小　未曾說言　汝等作佛
而說我等　得諸无漏　成就小乘　聲聞弟子
佛勅我等　說最上道　修習此者　當得成佛

子念昔貧　志意下劣　今於父所　大獲珍寶
并及舍宅　一切財物　甚大歡喜　得未曾有
佛亦如是　知我樂小　未曾說言　汝等作佛
而說我等　得諸无漏　成就小乘　聲聞弟子
佛勅我等　說最上道　修習此者　當得成佛
我承佛教　為大菩薩　以諸因緣　種種譬喻
若干言辭　說无上道
諸佛子等　從我聞法　日夜思惟　精勤修習
是時諸佛　即授其記　汝於来世　當得作佛
一切諸佛　秘藏之法　但為菩薩　演其實事
而不為我　說斯真要
如彼窮子　得近其父　雖知諸物　心不悕取
我等雖說　佛法寶藏　自无志願　亦復如是
我等內滅　自謂為足　唯了此事　更无餘事
我等若聞　淨佛國土　教化眾生　都无欣樂
所以者何　一切諸法　皆悉空寂　无生无滅
无大无小　无漏无為　如是思惟　不生喜樂
我等長夜　於佛智慧　无貪无著　无復志願
而自於法　謂是究竟
我等長夜　修習空法　得脫三界　苦惱之患
住最後身　有餘涅槃　佛所教化　得道不虛
則為已得　報佛之恩
我等雖為　諸佛子等　說菩薩法　以求佛道
而於是法　永无願樂
導師見捨　觀我心故　初不勸進　說有實事
如富長者　知子志劣　以方便力　柔伏其心
然後乃付　一切財寶
佛亦如是　現希有事　知樂小者　以方便力

我等雖為　諸佛子等　說菩薩法　以求佛道
而於是法　永无願樂
導師見捨　觀我心故　初不勸進　說有實事
如富長者　知子志劣　以方便力　柔伏其心
然後乃付　一切財寶
佛亦如是　現希有事　知樂小者　以方便力
調伏其心　乃教大智
我等今日　得未曾有　非先所望　而今自得
如彼窮子　得无量寶
世尊我今　得道得果　於无漏法　得清淨眼
我等長夜　持佛淨戒　始於今日　得其果報
法王法中　久脩梵行　今得无漏　无上大果
我等今者　真是聲聞　以佛道聲　令一切聞
我等今者　真阿羅漢　於諸世間　天人魔梵
普於其中　應受供養
世尊大恩　以希有事　憐愍教化　利益我等
无量億劫　誰能報者
手足供給　頭頂礼敬　一切供養　皆不能報
若以頂戴　兩肩荷負　於恒沙劫　盡心恭敬
又以美饍　无量寶衣　及諸臥具　種種湯藥
牛頭栴檀　及諸珍寶　以起塔廟　寶衣布地
如斯等事　以用供養　於恒沙劫　亦不能報
諸佛希有　无量无邊　不可思議　大神通力
无漏无為　諸法之王　能為下劣　忍于斯事
取相凡夫　隨宜為說　諸佛於法　得最自在
知諸眾生　種種欲樂　及其志力　隨所堪任
以无量喻　而為說法

我等今者　真阿羅漢　於諸世間　天人魔梵
普於其中　應受供養
世尊大恩　以希有事　憐愍教化　利益我等
无量億劫　誰能報者
手足供給　頭頂礼敬　一切供養　皆不能報
若以頂戴　兩肩荷負　於恒沙劫　盡心恭敬
又以美饍　无量寶衣　及諸臥具　種種湯藥
牛頭栴檀　及諸珍寶　以起塔廟　寶衣布地
如斯等事　以用供養　於恒沙劫　亦不能報
諸佛希有　无量无邊　不可思議　大神通力
无漏无為　諸法之王　能為下劣　忍于斯事
取相凡夫　隨宜為說　諸佛於法　得最自在
知諸眾生　種種欲樂　及其志力　隨所堪任
以无量喻　而為說法
隨諸眾生　宿世善根　又知成熟　未成熟者
種種籌量　分別知已　於一乘道　隨宜說三

妙法蓮華經卷第二

乾封二年五月曹遠[illegible]為亡[illegible]造法
華陸一部

赤非白非黑摩訶衍〻
非白非黑以是故說
虛空非過去非未來
非過去非未來非現在以是故說摩訶衍〻
空等須菩提如虛空不增不減摩訶衍〻如
是不增不減須菩提如虛空无垢无淨摩訶
衍亦如是无垢无淨須菩提如虛空无生无
滅无住无異摩訶衍〻如是无生无滅无住
无異須菩提如虛空非善非不善非記非无
記摩訶衍〻如是非善非不善非記非无記
以是故說摩訶衍與空等如虛空无見无聞
无覺无識摩訶衍〻如是无見无聞无覺无
識如虛空不可知不可識不可見不可斷不
可證不可脩摩訶衍〻如是不可知不可識
不可見不可斷不可證不可脩以是故說摩
訶衍與空等如虛空非染相非離相摩訶
衍〻如是非染相非離相如虛空不繫欲界

BD14938 號　摩訶般若波羅蜜經（異卷）卷八　（28–1）

可證不可脩摩訶衍〻如是不可知不可識
不可見不可斷不可證不可脩以是故說摩
訶衍與空等如虛空非染相非離相摩訶
衍〻如是非染相非離相如虛空不繫欲界
不繫色界不繫无色界摩訶衍〻如是如虛
空无初發心〻无二三四五六七八九第十心
摩訶衍〻如是无初發心乃至无第十心如
虛空无乾慧地性人地見地薄地離婬地已
作地摩訶衍〻如是无乾慧地乃至已作地
如虛空无須陁洹果无斯陁含果无阿那含
果无阿羅漢果摩訶衍〻如是无須陁洹果
乃至无阿羅漢果如虛空无聲聞地无辟
支佛地无佛地摩訶衍〻如是以是故說摩
訶衍與空等如虛空非色非无色非可見非
不可見非有對非无對非合非散摩訶衍〻
如是非色非无色非可見非不可見非有對
非无對非合非散以是故說摩訶衍與空等
須菩提如虛空非常非无常非樂非苦非我
非无我摩訶衍〻如是非常非无常非樂非
苦非我非无我以是故說摩訶衍與空等須
菩提如虛空非空非不空非相非无相非作
非无作摩訶衍〻如是非空非不空非相非
无相非作非无作以是故說摩訶衍與空等
須菩提如虛空非寂滅非不寂滅非離非不
離摩訶衍〻如是非寂滅非不寂滅非離非
不離以是故說摩訶衍與空等須菩提如虛

BD14938 號　摩訶般若波羅蜜經（異卷）卷八　（28–2）

非无作摩訶衍亦如是非空非不空非相非
无相非作非无作以是故說摩訶衍與空等
須菩提如虛空非穿藏非不穿藏非離非不
離摩訶衍亦如是非穿藏非不穿藏非離非
不離以是故說摩訶衍與空等須菩提如虛
空非闇非明摩訶衍亦如是非闇非明以是故
說摩訶衍與空等須菩提如虛空非可得
非不可得摩訶衍亦如是非可得非不可得
以是故說摩訶衍與空等須菩提如虛空非
可說非不可說摩訶衍亦如是非可說非不
可說以是故說摩訶衍與空等須菩提以
是諸因緣故說摩訶衍與空等須菩提如汝
所言如虛空受无量无邊阿僧祇衆生摩訶
衍亦受无量无邊阿僧祇衆生如是如是須
菩提衆生无有故當知虛空无有虛空无所
有故當知摩訶衍亦无有以是因緣故摩訶
衍受无量无邊阿僧祇衆生何以故是衆生
虛空摩訶衍是法皆不可得故復次須菩提
摩訶衍无所有故當知阿僧祇无所有阿僧
祇无所有故當知无量无所有无量无所有
故當知无邊无所有无邊无所有故當知一
切諸法无所有以是因緣故須菩提是摩訶
衍受无量无邊阿僧祇衆生何以故是衆生
虛空摩訶衍阿僧祇无量无邊是一切法不
可得故復次須菩提我无所有乃至知者見
者无所有故當知如法性實際无所有如法
性實際无所有故當知乃至无量无邊阿僧

BD14938號　摩訶般若波羅蜜經（異卷）卷八　（28–3）

衍受无量无邊阿僧祇衆生何以故是衆生
虛空摩訶衍阿僧祇无量无邊是一切法不
可得故復次須菩提我无所有乃至知者見
者无所有故當知如法性實際无所有如法
性實際无所有故當知乃至无量无邊阿僧
祇无所有无量无邊阿僧祇无所有故當知
一切法无所有以是因緣故須菩提摩訶衍
受无量无邊阿僧祇衆生何以故是衆生乃
至知者見者實際乃至无量无邊阿僧祇是一
切法不可得故復次須菩提我无所有乃至
知者見者无所有故當知不可思議性无所
有不可思議性无所有故當知色受想行識
无所有色受想行識无所有故當知虛空
无所有虛空无所有故當知摩訶衍无所有
摩訶衍无所有故當知阿僧祇无所有阿僧
祇无所有故當知无量无所有无量无所有
故當知无邊无所有无邊无所有故當知一
切諸法无所有以是因緣故須菩提當知是
摩訶衍受无量无邊阿僧祇衆生何以故須
菩提我乃至知者見者等一切法皆不可得
故復次須菩提我无所有乃至知者見者无
所有故當知眼无所有耳鼻舌身意无所有
眼乃至意无所有故當知虛空无所有虛空
无所有故當知摩訶衍无所有摩訶衍无所有
故當知阿僧祇无所有阿僧祇无所有故當
知无量无所有无量无所有故當知无邊无

BD14938號　摩訶般若波羅蜜經（異卷）卷八　（28–4）

故復次須菩提我无所有乃至知者見者无
所有故當知眼无所有耳鼻舌身意无所有
眼乃至意无所有故當知虛空无所有虛空
无所有故當知摩訶衍无所有摩訶衍无所有
故當知阿僧祇无所有阿僧祇无所有故當
知无量无所有无量无所有故當知无邊无
所有无邊无所有故當知一切諸法无所有
以是因緣故須菩提摩訶衍受无量无邊阿
僧祇衆生何以故須菩提我乃至一切諸法
皆不可得故復次須菩提我无所有乃至知者
見者无所有故當知檀波羅蜜无所有尸羅
波羅蜜羼提波羅蜜毗梨耶波羅蜜禪波羅
蜜般若波羅蜜无所有般若波羅蜜无所有
故當知虛空无所有虛空无所有故當知摩
訶衍无所有摩訶衍无所有故當知无量无
邊阿僧祇无所有无量无邊阿僧祇无所有
故當知一切諸法无所有以是因緣故須菩
提摩訶衍受无量无邊阿僧祇衆生何以
故我衆生乃至一切諸法皆不可得故復
次須菩提我无所有乃至知者見者无所有故當
知內空无所有乃至无法有法空无所有无
法有法空无所有故當知虛空无所有虛
空无所有故當知摩訶衍无所有摩訶衍无
所有故當知阿僧祇无量无邊无所有阿僧
祇无量无邊无所有故當知一切諸法无所
有以是因緣故須菩提是摩訶衍受无量无
邊阿僧祇衆生何以故我衆生乃至一切者

空无所有故當知摩訶衍无所有摩訶衍无
所有故當知阿僧祇无量无邊无所有阿僧
祇无量无邊无所有故當知一切諸法无所
有以是因緣故須菩提是摩訶衍受无量无
邊阿僧祇衆生何以故我衆生乃至一切諸
法皆不可得故復次須菩提我衆生乃至知
者見者无所有故當知四念處无所有四念
處无所有故乃至十八不共法无所有十八不
共法无所有故當知虛空无所有虛空无所
有故當知摩訶衍无所有摩訶衍无所有故
當知阿僧祇无量无邊无所有阿僧祇无量
无邊无所有故當知一切諸法无所有以是
因緣故須菩提是摩訶衍受无量无邊阿僧
祇衆生何以故我衆生乃至一切諸法皆不可
得故復次須菩提我衆生无所有乃至知者
見者无所有故當知法性无所有乃至已作
地无所有已作地无所有故當知虛空无所
有虛空无所有故當知摩訶衍无所有摩
訶衍无所有故當知阿僧祇无量无邊无所
有阿僧祇无量无邊无所有故當知一切諸
法无所有以是因緣故是摩訶衍受无量无
邊阿僧祇衆生何以故我衆生乃至一切諸
法皆不可得故復次須菩提我衆生乃至知
者見者无所有故當知須陁洹无所有須陁
洹无所有故當知斯陁含无所有斯陁含无
所有故當知阿那含无所有阿那含无所有

法皆不可得故復次須菩提我衆生乃至知
者見者无所有故當知須陀洹无所有須陀
洹无所有故當知斯陀含无所有斯陀含无
所有故當知阿那含无所有阿那含无所有
故當知阿羅漢无所有阿羅漢无所有故當
知乃至一切諸法无所有以是因緣故須菩提
是摩訶衍受无量无邊阿僧祇衆生何以故
須菩提我乃至一切諸法皆不可得故復次
須菩提我乃至知者見者无所有故當知聲
聞乘无所有聲聞乘无所有故當知辟支
佛乘无所有辟支佛乘无所有故當知佛
乘无所有佛乘无所有故當知聲聞人无所
有聲聞人无所有故當知須陀洹无所有須
陀洹无所有故乃至佛无所有佛无所有故
當知一切種智无所有一切種智无所有故
當知虛空无所有虛空无所有故當知摩訶
衍无所有摩訶衍无所有故當知乃至一切
諸法无所有以是因緣故摩訶衍受无量无
邊阿僧祇衆生何以故我乃至一切諸法皆
不可得故譬如須菩提涅槃性中受无量无
邊阿僧祇衆生是摩訶衍亦受无量无邊阿
僧祇衆生以是因緣故須菩提如虛空受无
量无邊阿僧祇衆生是摩訶衍亦如是受无
量无邊阿僧祇衆生須菩提汝所言是摩訶
衍不見來處不見去處不見住處如是如是
須菩提是摩訶衍不見來處不見去處不見

BD14938號　摩訶般若波羅蜜經（異卷）卷八　（28-7）

僧祇衆生以是因緣故須菩提如虛空受无
量无邊阿僧祇衆生是摩訶衍亦如是受无
量无邊阿僧祇衆生須菩提汝所言是摩訶
衍不見來處不見去處不見住處如是如是
須菩提是摩訶衍不見來處不見去處不見
住處何以故須菩提一切諸法不動相故是法
无來處无去處无住處何以故須菩提色无
所從來亦无所去亦无所住受想行識无所
從來亦无所去亦无所住須菩提色法无所
從來亦无所去亦无所住受想行識法无所
從來亦无所去亦无所住須菩提色如无所
從來亦无所去亦无所住受想行識如无所
從來亦无所去亦无所住須菩提色性无所從
來亦无所去亦无所住受想行識性无所從
來亦无所去亦无所住須菩提色相无所從
來亦无所去亦无所住受想行識相无所從
來亦无所去亦无所住須菩提眼法眼如眼
性眼相无所從來亦无所去亦无所住耳鼻
舌身意意法意如意性意相无所從來亦
无所去亦无所住色聲香味觸法亦如是須菩
提地種地種法地種如地種性地種相无所
從來亦无所去亦无所住水火風空識種
識種法識種如識種性識種相亦如是須
菩提如如法如如如如性如如相无所從來
亦无所去亦无所住須菩提實際實際法實
際如實際性實際相无所從來亦无所去亦无
所住須菩提不可思議不可思議法不可思議

BD14938號　摩訶般若波羅蜜經（異卷）卷八　（28-8）

識種法識種如識種性識種相亠如是須
菩提如如法如如如如性如如相无所從来
亦无所去亠无所住須菩提實際實際法實
際如實際性實際相无所從来亠无所去亠无
所住須菩提不可思議不可思議法不可思議
如不可思議性不可思議相无所從来亦无
所去亠无所住須菩提檀波羅蜜檀波羅蜜法
檀波羅蜜如檀波羅蜜性檀波羅蜜相无所
從来亦无所去亠无所住尸羅波羅蜜羼
提波羅蜜毗梨耶波羅蜜禪波羅蜜般若波
羅蜜般若波羅蜜法般若波羅蜜如般若波
羅蜜性般若波羅蜜相无所從来亦无所去亠
无所住須菩提四念處四念處法四念處性
四念處相无所從来亦无所去亠无所住乃至
十八不共法亠如是須菩提菩薩菩薩法菩薩
如菩薩性菩薩相无所從来亦无所去亦无
所住佛佛法佛如佛性佛相无所從来亦无
所去亠无所住阿耨多羅三藐三菩提阿耨多
羅三藐三菩提法如性相无所從来亠无所
去亦无所住須菩提有爲法有爲法有
爲法如有爲法性有爲法相无所從来亦
无所去亦无所住須菩提无爲法无爲法法
无爲法如无爲法性无爲法相无所從来亦
无所去亦无所住以是因緣故須菩提是摩
訶衍不見来處不見去處不見住處須菩提
汝所言是摩訶衍前際不可得後際不可得
中際不可得是衍名三世等以是故說名摩

BD14938號　摩訶般若波羅蜜經（異卷）卷八　（28–9）

无所去亦无所住須菩提无爲法无爲法法
无爲法如无爲法性无爲法相无所從来亦
无所去亦无所住以是因緣故須菩提是摩
訶衍不見来處不見去處不見住處須菩提
汝所言是摩訶衍前際不可得後際不可得
中際不可得是衍名三世等以是故說名摩
訶衍如是如是須菩提是摩訶衍前際不可
得後際不可得中際不可得是衍名三世等以
是故說名摩訶衍何以故須菩提過去世過去
世空未来世未来世空現在世現在世空三世
等三世等空摩訶衍摩訶衍空菩薩菩薩空
何以故須菩提是空非一非二非三非四非五非
異以是故說名三世等是菩薩摩訶薩摩訶
衍是衍中等不等相不可得故染不染不可
得瞋不瞋不可得癡不癡不可得慢不慢不
可得乃至一切善法不善法不可得是衍中
常不可得无常不可得樂不可得苦不可得
實不可得空不可得我不可得无我不可得
欲界不可得色界不可得无色界不可得度
欲界不可得度色界不可得度无色界不可得
何以故是摩訶衍自法不可得故須菩提過去
色過去色空未来現在色未来現在色空過
去受想行識過去受想行識空未来現在受想
行識未来現在受想行識空空中過去色不可
得何以故空中空亠不可得何況空中過去色
可得空中未来現在色不可得何以故空中空

BD14938號　摩訶般若波羅蜜經（異卷）卷八　（28–10）

色過去色空未來現在色未來現在色空過
去受想行識過去受想行識空未來現在受想
行識未來現在受想行識空空中過去色不可
得何以故空中空亦不可得何況空中過去色
可得空中未來現在色不可得何以故空中空
亦不可得何況空中未來現在色可得空中過
去受想行識不可得何以故空中空亦不可得
何況空中過去受想行識可得空中未來現在
受想行識不可得何以故空中空亦不可得何況
空中未來現在受想行識可得須菩提過去檀
波羅蜜不可得未來檀波羅蜜不可得現在檀
波羅蜜不可得三世等中檀波羅蜜亦不可
得何以故等中過去世不可得未來世不可
得現在世不可得等中等亦不可得何況等
中過去世未來世現在世可得尸羅波羅蜜
羼提波羅蜜毗梨耶波羅蜜禪波羅蜜般若
波羅蜜亦如是復次須菩提過去世中四念處
不可得乃至過去世中十八不共法不可
得未來世現在世亦如是復次須菩提三世
等中四念處不可得三世等中乃至十八不
共法亦不可得何以故等中過去世四念處
不可得等中未來世四念處不可得等中現
在世四念處不可得等中等亦不可得何況
等中過去世四念處未來現在世四念處可
得等中等亦不可得何況等中過去乃至十
八不共法可得未來現在世亦如是復次須
菩提過去世凡人不可得未來世現在世中

BD14938號　摩訶般若波羅蜜經（異卷）卷八　（28–11）

不可得等中未來世四念處不可得等中現
在世四念處不可得等中等亦不可得何況
等中過去世四念處未來現在世四念處可
得等中等亦不可得何況等中過去乃至十
八不共法可得未來現在世亦如是復次須
菩提過去世凡人不可得未來世現在世中
凡人不可得三世等中凡人亦不可得何以
故衆生不可得乃至知者見者不可得故過去
世中聲聞辟支佛菩薩佛不可得未來現
在世聲聞辟支佛菩薩佛不可得三世等中
聲聞辟支佛菩薩佛不可得何以故衆生不可
得乃至知者見者不可得故如是須菩提菩薩
摩訶薩住般若波羅蜜中學三世等相當具
之一切種智是名菩薩摩訶薩摩訶衍所謂三
世等相菩薩摩訶薩住是中勝一切世間及
諸天人阿脩羅成就薩婆若尒時須菩提白
佛言世尊善哉善哉是菩薩摩訶薩摩訶
衍何以故過去諸菩薩是衍中學得一切種
智未來世諸菩薩摩訶薩亦是衍中學當得
一切種智世尊今十方无量阿僧祇世界中
諸菩薩摩訶薩亦是衍中學得一切種智以
是故世尊是衍是菩薩摩訶薩摩訶衍佛告
須菩提如是如是過去未來現在諸佛是摩
訶衍中學已得一切種智當得今得
摩訶般若波羅蜜隨順品第廿四
尒時慧命富樓那弥多羅尼子白佛言世尊
佛使須菩提為諸菩薩摩訶薩說般若波羅

BD14938號　摩訶般若波羅蜜經（異卷）卷八　（28–12）

須菩提如是如是過去未来現在諸佛是摩
訶衍中學已得一切種智當得今得

摩訶般若波羅蜜隨順品第廿四

介時慧命富樓那弥多羅尼子白佛言世尊佛使須菩提為諸菩薩摩訶薩說般若波羅蜜今乃說摩訶衍為須菩提白佛言世尊我說摩訶衍將无離般若波羅蜜佛言不也須菩提汝說摩訶衍隨般若波羅蜜不離何以故一切所有善法助道法若聲聞法若辟支佛法若菩薩法若佛法是一切法皆攝入般若波羅蜜中須菩提白佛言世尊何等諸善法助道法聲聞辟支佛法菩薩法佛法皆攝入般若波羅蜜中佛告須菩提所謂檀波羅蜜尸羅波羅蜜羼提波羅蜜毗梨耶波羅蜜禪波羅蜜般若波羅蜜四念處四正勤四如意足五根五力七覺分八聖道分空无相无作解脫門佛十力四无所畏四无㝵智大慈大悲十八不共法无錯謬相常捨行須菩提是諸餘善法助道法若聲聞法若辟支佛法若菩薩法若佛法皆攝入般若波羅蜜中須菩提若摩訶衍若般若波羅蜜禪波羅蜜毗梨耶波羅蜜羼提波羅蜜尸羅波羅蜜檀波羅蜜若色受想行識眼色眼識眼觸眼觸因緣生諸受乃至意法意識意觸意觸因緣生諸受地種乃至識種四念處乃至八聖道分空无相无作解脫門及諸善法若有漏若无

羅蜜若色受想行識眼色眼識眼觸眼觸因緣生諸受乃至意法意識意觸意觸因緣生諸受地種乃至識種四念處乃至八聖道分空无相无作解脫門及諸善法若有漏若无漏若有為若无為若苦諦集諦滅諦道諦若欲界若色界若无色界若内空乃至无法有法空諸三昧門諸陁羅尼門佛十力乃至十八不共法若佛法佛法性如實際不可思議性涅槃是一切諸法皆不合不散无色无形无對一相所謂无相須菩提以是因緣故汝所說摩訶衍隨順般若波羅蜜何以故須菩提摩訶衍不異般若波羅蜜般若波羅蜜不異摩訶衍般若波羅蜜摩訶衍无二无別檀波羅蜜不異摩訶衍摩訶衍不異檀波羅蜜檀波羅蜜摩訶衍无二无別乃至禪波羅蜜亦如是須菩提四念處不異摩訶衍摩訶衍不異四念處摩訶衍四念處无二无別乃至十八不共法不異摩訶衍摩訶衍不異十八不共法摩訶衍十八不共法无二无別以是因緣故須菩提汝說摩訶衍即是說般若波羅蜜

摩訶般若波羅蜜三際品第廿五

慧命須菩提白佛言世尊菩薩摩訶薩前際不可得後際不可得中際不可得色无邊故當知菩薩摩訶薩亦无邊受想行識无邊故當知菩薩摩訶薩亦无邊色是菩薩摩訶薩是亦不可得受想行識是菩薩摩訶薩是亦

不可得後際不可得中際不可得色无邊故
當知菩薩摩訶薩亦无邊受想行識无邊故
當知菩薩摩訶薩亦无邊色是菩薩摩訶薩
是亦不可得受想行識是菩薩摩訶薩是亦
不可得如是世尊於一切種一切處求菩薩
不可得世尊我當教何等菩薩摩訶薩般若
波羅蜜世尊菩薩摩訶薩但有名字如說我
名字我畢竟不生如我諸法亦如是无自性
何等色畢竟不生何等受想行識畢竟不生
世尊是畢竟不生不名為色是畢竟不生不
名為受想行識世尊若畢竟不生法當教是
般若波羅蜜那離畢竟不生亦无菩薩行阿
耨多羅三藐三菩提若菩薩聞作是說心不
没不悔不驚不怖不畏當知是菩薩摩訶薩
能行般若波羅蜜舍利弗問須菩提何因緣
故言菩薩摩訶薩前際不可得後際不可得
中際不可得須菩提何因緣故言色无邊故
當知菩薩亦无邊受想行識无邊故當知菩
薩亦无邊須菩提何因緣故言色是菩薩是
亦不可得受想行識是菩薩是亦不可得須
菩提何因緣故言於一切種一切處菩薩不
可得當教何等菩薩般若波羅蜜須菩提
何因緣故言菩薩摩訶薩但有名字須菩提
何因緣故言如說我名字我畢竟不生如我諸
法亦如是无自性何等色畢竟不生何等受
想行識畢竟不生須菩提何因緣故言畢竟

BD14938號　摩訶般若波羅蜜經（異卷）卷八　（28-15）

可得當教何等菩薩般若波羅蜜須菩提
何因緣故言菩薩摩訶薩但有名字須菩提
何因緣故言如說我名字我畢竟不生如我諸
法亦如是无自性何等色畢竟不生何等受
想行識畢竟不生須菩提何因緣故言畢竟
不生不名為色畢竟不生不名為受想行識
須菩提何因緣故言若畢竟不生法當教是
般若波羅蜜那須菩提何因緣故言離畢竟
不生亦无菩薩行阿耨多羅三藐三菩提須
菩提何因緣故言若菩薩聞作是說心不没不
不悔不驚不怖不畏若能如是名菩薩摩訶
薩行般若波羅蜜尒時須菩提報舍利弗言
衆生无所有故菩薩前際不可得衆生空故
菩薩前際不可得衆生離故菩薩前際不可得
舍利弗色无有故菩薩前際不可得受想行
識无有故菩薩前際不可得色空故菩薩前
際不可得受想行識空故菩薩前際不可得
色離故菩薩前際不可得受想行識離故菩
薩前際不可得舍利弗色性无故菩薩前際
不可得受想行識性无故菩薩前際不可得
舍利弗檀波羅蜜无有故菩薩前際不可得
尸羅波羅蜜羼提波羅蜜毗梨耶波羅蜜
禪波羅蜜般若波羅蜜无有故菩薩前際不
可得何以故舍利弗空中前際不可得後際
不可得中際不可得空不異菩薩菩薩不異
前際舍利弗空菩薩前際是諸法无二无別
以是因緣故舍利弗菩薩前際不可得舍利

BD14938號　摩訶般若波羅蜜經（異卷）卷八　（28-16）

可得何以故舍利弗空中前際不可得後際
不可得中際不可得空不異菩薩菩薩不異
前際舍利弗空菩薩前際是諸法无二无別
以是因緣故舍利弗菩薩前際不可得舍利
弗檀波羅蜜空故檀波羅蜜離故檀波羅蜜
性无故菩薩前際不可得尸羅波羅蜜羼提
波羅蜜毗梨耶波羅蜜禪波羅蜜般若波羅
蜜空故般若波羅蜜離故般若波羅蜜性无
故菩薩前際不可得何以故舍利弗空中前
際不可得後際不可得中際不可得空不異
菩薩〻〻不異前際舍利弗空菩薩前際无二
无別以是因緣故舍利弗菩薩前際不可得
復次舍利弗內空无所有故菩薩前際不可
得乃至无法有法空无所有故菩薩前際不
可得內空空故內空離故內空性无故乃至
无法有法空空故離故性无故菩薩前際不
可得餘如上說復次舍利弗四念處无所有
故菩薩前際不可得四念處空故離故性无
故菩薩前際不可得乃至十八不共法无有
故菩薩前際不可得十八不共法空故離故
性无故菩薩前際不可得餘如上說以是因
緣故舍利弗菩薩前際不可得復次舍利弗
一切三昧門一切陁羅尼門无有故菩薩前
際不可得三昧門陁羅尼門空故離故性无故
菩薩前際不可得餘如上說復次舍利弗法
性无有故菩薩前際不可得法性空故離故

BD14938號　摩訶般若波羅蜜經（異卷）卷八　（28–17）

緣故舍利弗菩薩前際不可得復次舍利弗
一切三昧門一切陁羅尼門无有故菩薩前
際不可得三昧門陁羅尼門空故離故性无故
菩薩前際不可得餘如上說復次舍利弗法
性无有故菩薩前際不可得法性空故離故
性无故菩薩前際不可得餘如上說復次舍
利弗如无有故空故離故性无故實際无
有故空故離故性无故不可思議性无有故
空故離故性无故菩薩前際不可得餘如上
說復次舍利弗聲聞无有故菩薩前際不可
得聲聞空故離故性无故菩薩前際不可得
辟支佛无有故空故離故性无故菩薩前際
不可得佛无有故空故離故性无故菩薩前
際不可得阿耨多羅三藐三菩提无有故乃
至性无故菩薩前際不可得復次一切種智无
有故乃至性无故菩薩前際不可得何以故
舍利弗空前際不可得後際不可得中際
不可得菩薩不可得舍利弗空不異菩薩〻
不異前際空菩薩前際是諸法无二无別以是
因緣故舍利弗菩薩前際不可得後際不可
得中際〻〻如是如舍利弗言色无邊故當如
菩薩〻〻无邊受想行識无邊故當知菩薩
〻〻无邊舍利弗色如虛空受想行識如虛空
何以故舍利弗如虛空邊不可得中不可得
无邊无中故但說名虛空如是舍利弗色邊
不可得中不可得是色空故空中〻〻无邊〻〻
无中受想行識邊不可得中不可得識空故

BD14938號　摩訶般若波羅蜜經（異卷）卷八　（28–18）

亠无邊舍利弗色如虛空受想行識如虛空
何以故舍利弗如虛空邊不可得中不可得
无邊无中故但說名虛空如是舍利弗色邊
不可得中不可得是色空故空中亠无邊亠
无中受想行識邊不可得中不可得識空故
空中亠无邊亠无中以是因緣故舍利弗色
无邊故當知菩薩亠无邊受想行識无邊故
當知菩薩亠无邊乃至十八不共法亠如是
如舍利弗言色是菩薩是亠不可得受想行
識是菩薩是亠不可得舍利弗色色相空受
想行識識相空檀波羅蜜檀波羅蜜相空乃
至般若波羅蜜亠如是內空內空相空乃至无
法有法空无法有法空相空四念處四念處
相空乃至十八不共法十八不共法相空如
法性實際不可思議性不可思議性相空
三昧門三昧門相空陁羅尼門陁羅尼門相
空一相智一切智相空道智道智相空一切
種智一切種智相空聲聞乘聲聞乘相空辟
支佛乘辟支佛乘相空佛乘佛乘相空聲聞
人聲聞人相空辟支佛人辟支佛人相空佛
佛相空空中色不可得受想行識不可得以是
因緣故舍利弗色是菩薩是亠不可得受想
行識是菩薩是亠不可得如舍利弗言何因
緣故一切種一切處菩薩不可淂當教何
等菩薩般若波羅蜜舍利弗色色中不可得色
受中不可得受受中不可得受色中不可得
受想中不可得想想中不可得

BD14938號　摩訶般若波羅蜜經（異卷）卷八　（28–19）

緣故一切種一切處菩薩不可淂當教何
等菩薩般若波羅蜜舍利弗色色中不可得色
受中不可得受受中不可得受色中不可得
受想中不可得想想中不可得想色受中不
可得想行中不可得行行中不可得行色受
想中不可得行識中不可得識識中不可得
識色受想行中不可得舍利弗眼眼中不
可得眼耳中不可得耳耳中不可得耳眼
中不可得耳鼻中不可得鼻鼻中不可得鼻
眼耳中不可得鼻舌中不可得舌舌中不可得
舌眼耳鼻中不可得舌身中不可得身身中不
可得身眼耳鼻舌中不可得身意中不可得
意意中不可得意眼耳鼻舌身中不可得六
入六識六觸六觸因緣生受亠如是檀波羅
蜜乃至般若波羅蜜內空乃至无法有法空
四念處乃至十八不共法一切三昧門一切
陁羅尼門性法乃至辟支佛法初地乃至十
地一切智道種智一切種智亠如是須陁洹
乃至阿羅漢辟支佛菩薩佛亠如是菩薩菩
薩中不可得菩薩般若波羅蜜中不可得般
若波羅蜜般若波羅蜜中不可得般若波羅
蜜菩薩中不可得般若波羅蜜中教化无所有
不可得教化中教化无所有不可得教化中
菩薩及般若波羅蜜无所有不可得舍利弗
如是一切法无所有不可得以是因緣故一
切種一切處菩薩不可得當教何等菩薩般

BD14938號　摩訶般若波羅蜜經（異卷）卷八　（28–20）

蜜菩薩中不可得般若波羅蜜中教化无所有
不可得教化中教化无所有不可得教化中
菩薩及般若波羅蜜无所有不可得舍利弗
如是一切法无所有不可得以是因緣故一
切種一切處菩薩不可得當教何等菩薩般
若波羅蜜如舍利弗言何因緣故說菩薩摩
訶薩但有假名舍利弗色是假名受想行識是
假名色名非色受想行識名非識何以故名名
相空若空則非菩薩以是因緣故舍利弗菩
薩但有假名復次舍利弗檀波羅蜜但有
名字名字中非有檀波羅蜜檀波羅蜜中
非有名字以是因緣故菩薩但有假名尸羅
波羅蜜羼提波羅蜜毗梨耶波羅蜜禪波羅
蜜般若波羅蜜但有名字名字中无有般若
波羅蜜般若波羅蜜中无有名字以是因緣
故菩薩但有假名舍利弗內空但有名字乃至
无法有法空但有名字名字中无內空內空
中无名字何以故名字內空俱不可得乃至
无法有法空亦如是以是因緣故舍利弗菩
薩但有假名舍利弗四念處但有名字乃至
十八不共法但有名字一切三昧門一切
陁羅尼門乃至一切種智亦如是以是因緣
故舍利弗我說菩薩但有假名如舍利弗言
何因緣故說我名字畢竟不生舍利弗我畢
竟不可得云何當有生乃至知者見者畢竟
不可得云何當有生舍利弗色畢竟不可得

故舍利弗我說菩薩但有假名如舍利弗言
何因緣故說我名字畢竟不生舍利弗我畢
竟不可得云何當有生乃至知者見者畢竟
不可得云何當有生舍利弗色畢竟不可得
云何當有生受想行識畢竟不可得云何當
有生眼畢竟不可得乃至意觸因緣生受畢
竟不可得云何當有生檀波羅蜜畢竟不可
得乃至般若波羅蜜畢竟不可得云何當有
生內空畢竟不可得乃至无法有法空畢竟
不可得云何當有生四念處畢竟不可得乃
至十八不共法畢竟不可得云何當有生諸
三昧門諸陁羅尼門畢竟不可得云何當有
生聲聞乃至佛畢竟不可得云何當有生以
是因緣故舍利弗我說如我名字我亦畢竟
不生如舍利弗所言如我諸法亦如是无自
性舍利弗諸法和合生故无自性舍利弗何
等和合生无自性舍利弗色和合生无自性
受想行識和合生无自性眼和合生无自性
乃至意和合生无自性色乃至法眼界乃至
法界地種乃至識種眼觸乃至意觸眼觸因
緣生受乃至意觸因緣生受和合生无自性
檀波羅蜜乃至般若波羅蜜和合生无自性
四念處乃至十八不共法和合生无自性復
次舍利弗一切法无常亦不失舍利弗問須
菩提何等法无常亦不失須菩提言色无常
亦不失受想行識无常亦不失何以故法无

四念處乃至十八不共法和合生无自性復
次舍利弗一切法无常亦不失舍利弗問須
菩提何等法无常亦不失須菩提言色无常
亦不失受想行識无常亦不失何以故法无
常即是動相即是空相以是因緣故舍利弗
一切有為法无常亦不失若有漏法若无漏
法若有記法无記法何以故若法无常即是
動相即是空相以是因緣故舍利弗一切作
法无常亦不失復次舍利弗一切法非常非
滅舍利弗言何等法非常非滅須菩提言色
非常非滅何以故性自尒受想行識非常非
滅何以故性自尒乃至意觸因緣生受非常非
滅何以故性自尒以是因緣故舍利弗諸法
和合生无自性如舍利弗所言何因緣故
色畢竟不生受想行識畢竟不生須菩提言
色非作法受想行識非作法何以故作者不可
得故舍利弗眼非作法何以故作者不可得
故乃至意亦如是眼界乃至意觸因緣生
受亦如是復次舍利弗一切諸法皆非起非
作何以故作者不可得故以是因緣故舍利
弗色畢竟不生受想行識畢竟不生如舍利
弗所言何因緣故畢竟不生是不名為色畢
竟不生是不名受想行識須菩提言色性空
是空无生无滅无住異受想行識性空是空
无生无滅无住異眼乃至一切有為法性空
是空无生无滅无住異以是因緣故舍利弗

BD14938號　摩訶般若波羅蜜經（異卷）卷八　（28–23）

竟不生是不名受想行識須菩提言色性空
是空无生无滅无住異受想行識性空是空
无生无滅无住異眼乃至一切有為法性空
是空无生无滅无住異以是因緣故舍利弗
畢竟不生不名色畢竟不生不名受想行識
如舍利弗所言何因緣故畢竟不生法當教
是般若波羅蜜耶須菩提言畢竟不生即是
般若波羅蜜般若波羅蜜即是畢竟不生
般若波羅蜜畢竟不生无二无別以是因緣故
舍利弗我說畢竟不生當教是般若波羅蜜
耶如舍利弗所言何因緣故離畢竟不生无
菩薩行阿耨多羅三藐三菩提須菩提言菩
薩摩訶薩行般若波羅蜜時不見畢竟不生
異般若波羅蜜亦不見畢竟不生異菩薩畢
竟不生及菩薩无二无別不見畢竟不生畢
色何以故是畢竟不生及色无二无別不見
畢竟不生異受想行識何以故畢竟不生受
想行識无二无別乃至一切種智亦如是以
是因緣故舍利弗離畢竟不生无菩薩行阿
耨多羅三藐三菩提如舍利弗所言何因緣
故菩薩聞作是說心不沒不悔不驚不怖不
畏是名菩薩行般若波羅蜜須菩提言菩薩
摩訶薩不見諸法有覺知想見一切諸法如
夢如響如幻如炎如影如化舍利弗以是因
緣故菩薩聞作是說心不沒不悔不驚不怖
不畏須菩提白佛言世尊菩薩摩訶薩行般

BD14938號　摩訶般若波羅蜜經（異卷）卷八　（28–24）

摩訶薩不見諸法有覺知想見一切諸法如
夢如響如幻如炎如影如化舍利弗以是因
緣故菩薩聞作是說心不沒不悔不驚不怖
不畏須菩提白佛言世尊菩薩摩訶薩行般
若波羅蜜如是觀諸法是時菩薩摩訶薩不
受色不示色不住色不著色不言是色受想
行識亦不受不示不住不著亦不言是受想
行識眼不受不示不住不著亦不言是眼耳
鼻舌身意亦不受不示不住不著亦不言是
意檀波羅蜜不受不示不住不著亦不言是
檀波羅蜜尸羅波羅蜜羼提波羅蜜毗梨耶
波羅蜜禪波羅蜜般若波羅蜜不受不示不
住不著亦不言是般若波羅蜜內空不示不
示不住不著亦不言是內空乃至无法有法
空亦如是復次世尊菩薩摩訶薩行般若波
羅蜜時四念處不受不示不住不著亦不言是
四念處乃至十八不共法不受不示不住不
著亦不言是十八不共法一切三昧門一切
陀羅尼門乃至一切種智不受不示不住
不著亦不言是一切種智復次世尊菩薩摩
訶薩行般若波羅蜜時不見色乃至不見一
切種智何以故色不生是非色受想行識不
生是非識眼不生是非眼耳鼻舌身意不生
是非意檀波羅蜜不生是非檀波羅蜜乃至般
若波羅蜜不生是非般若波羅蜜何以故色
不生不二不別乃至般若波羅蜜不生不二不

BD14938號　摩訶般若波羅蜜經（異卷）卷八　（28–25）

切種智何以故色不生是非色受想行識不
生是非識眼不生是非眼耳鼻舌身意不生
是非意檀波羅蜜不生是非檀波羅蜜乃至般
若波羅蜜不生是非般若波羅蜜何以故色
不生不二不別乃至般若波羅蜜不生不二不
別內空不生是非內空乃至无法有法空
不生是非无法有法空何以故內空乃至无
法有法空不生不二不別世尊四念處不生
非四念處何以故四念處不生不二不別何
以故世尊是不生法非一非二非三非異以
是故四念處不生不二不別乃至十八不共法
不生非十八不共法何以故十八不共法不生
不二不別何以故世尊是不生法非一非二
非三非異以是故十八不共法不生非十八
不共法世尊如不生是非如乃至不可思議
性不生是非不可思議性世尊是阿耨多
羅三藐三菩提不生一切智一切種智不生
是非一切種智何以故是阿耨多羅三藐三
菩提乃至一切種智不生不二不別何以故
世尊是不生非一非二非三非異以是故乃
至一切種智不生非一切種智世尊色不滅
相是非色何以故色及不滅相不二不別何
以故世尊是不滅法非一非二非三非異以
是故色不滅相是非色受想行識不滅相是
非識何以故識不滅不二不別何以故世尊
是不滅法非一非二非三非異以是故識不
滅是非識檀波羅蜜乃至般若波羅蜜內空

BD14938號　摩訶般若波羅蜜經（異卷）卷八　（28–26）

不共法世尊如不生是非如乃至不可思議
性不生是非不可思議性世尊是阿耨多
羅三藐三菩提不生一切智一切種智不生
是非一切種智何以故是阿耨多羅三藐三
菩提乃至一切種智不生不二不別何以故
世尊是不生非一非二非三非異以是故乃
至一切種智不生非一切種智世尊色不滅
相是非色何以故色及不滅相不二不別何
以故世尊是不滅法非一非二非三非異以
是故色不滅相是非色受想行識不滅相是
非識何以故識不滅不二不別何以故世尊
是不滅法非一非二非三非異以是故識不
滅是非識檀波羅蜜乃至般若波羅蜜內空
乃至无法有法空四念處乃至十八不共法
亦如是世尊以是故色入无二法數受想行
識入无二法數乃至一切種智入无二法數

摩訶般若波羅蜜卷第八

菩薩戒弟子鄭元穫敬寫

BD14938號　摩訶般若波羅蜜經（異卷）卷八　（28–27）

亦如是世尊以是故色入无二法數受想行
識入无二法數乃至一切種智入无二法數

摩訶般若波羅蜜卷第八

菩薩戒弟子鄭元穫敬寫

BD14938號　摩訶般若波羅蜜經（異卷）卷八　（28–28）

BD14939 號 1　藏文（無量壽宗要經甲本）　（24–1）

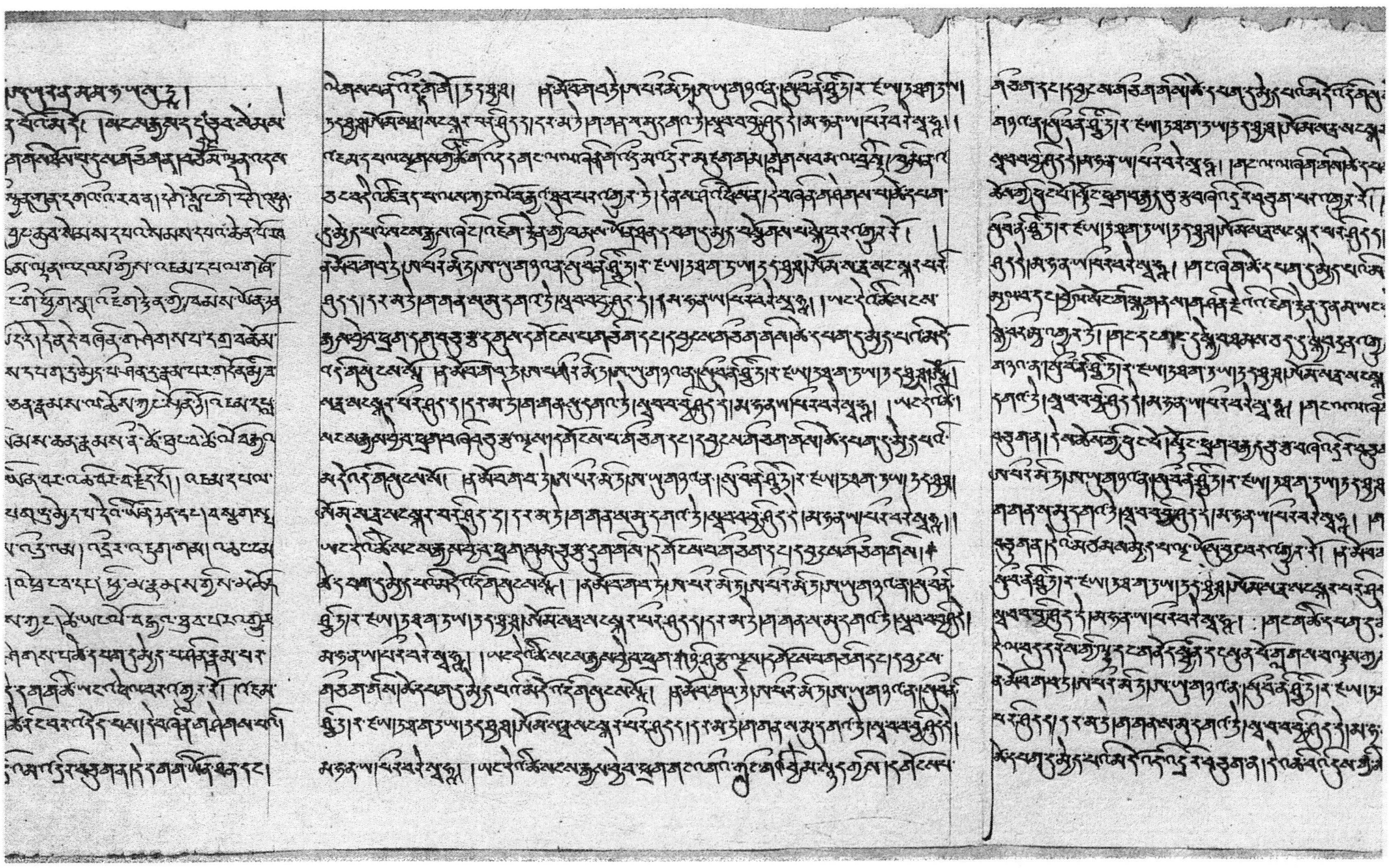

BD14939 號 1　藏文（無量壽宗要經甲本）　（24–2）

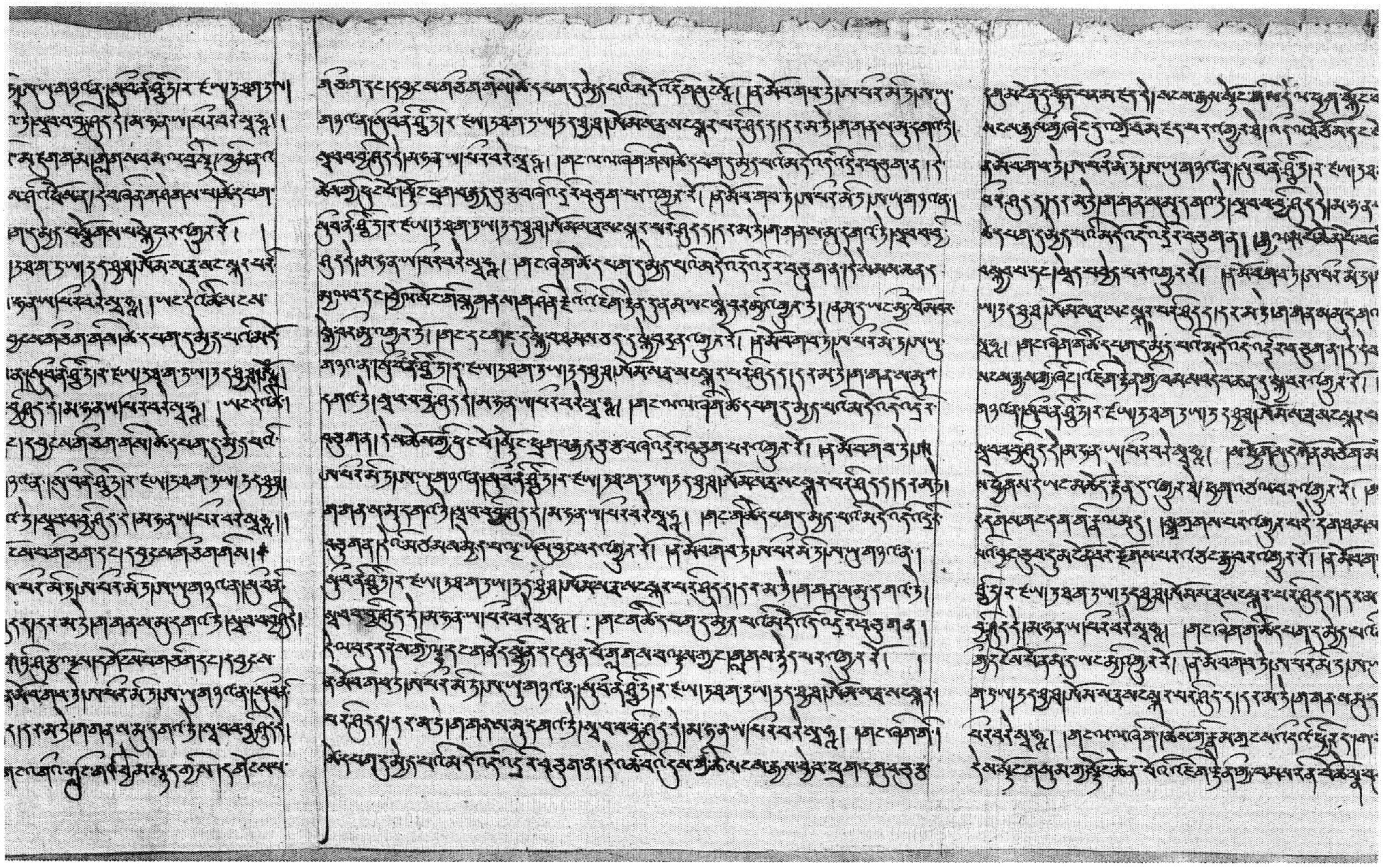

BD14939 號 1　藏文（無量壽宗要經甲本）　（24–3）

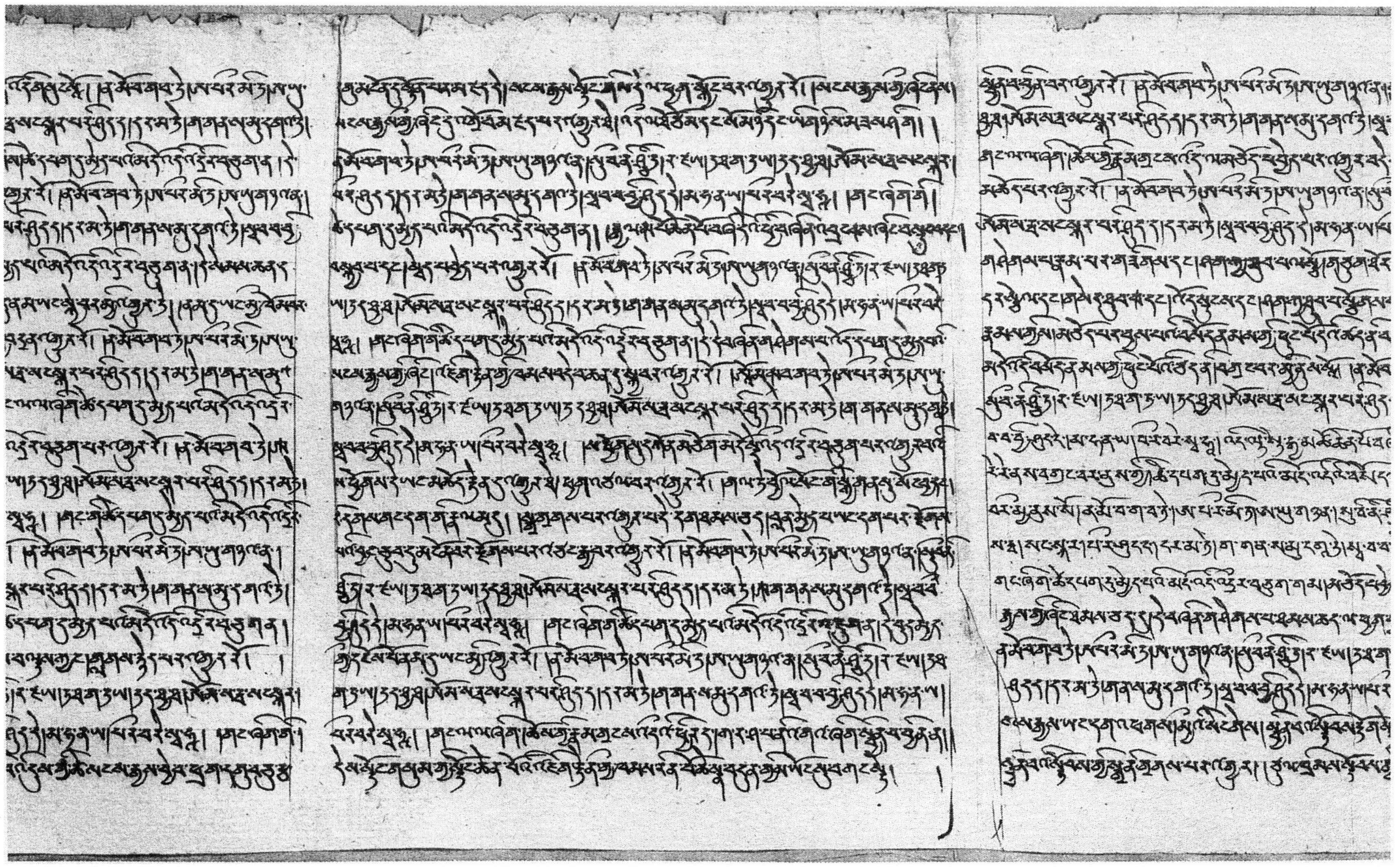

BD14939 號 1　藏文（無量壽宗要經甲本）　（24–4）

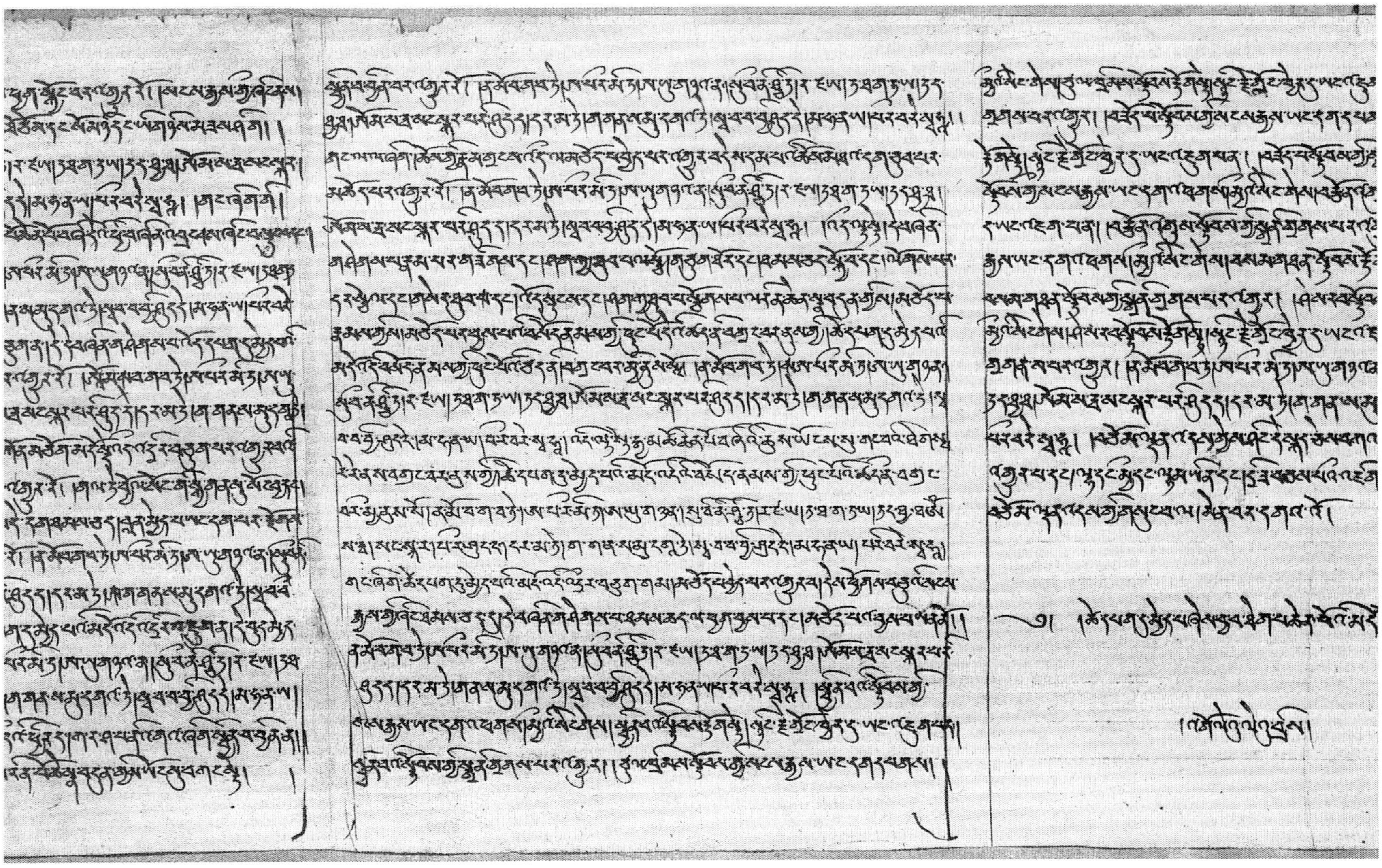

BD14939 號 1　藏文（無量壽宗要經甲本）　（24–5）

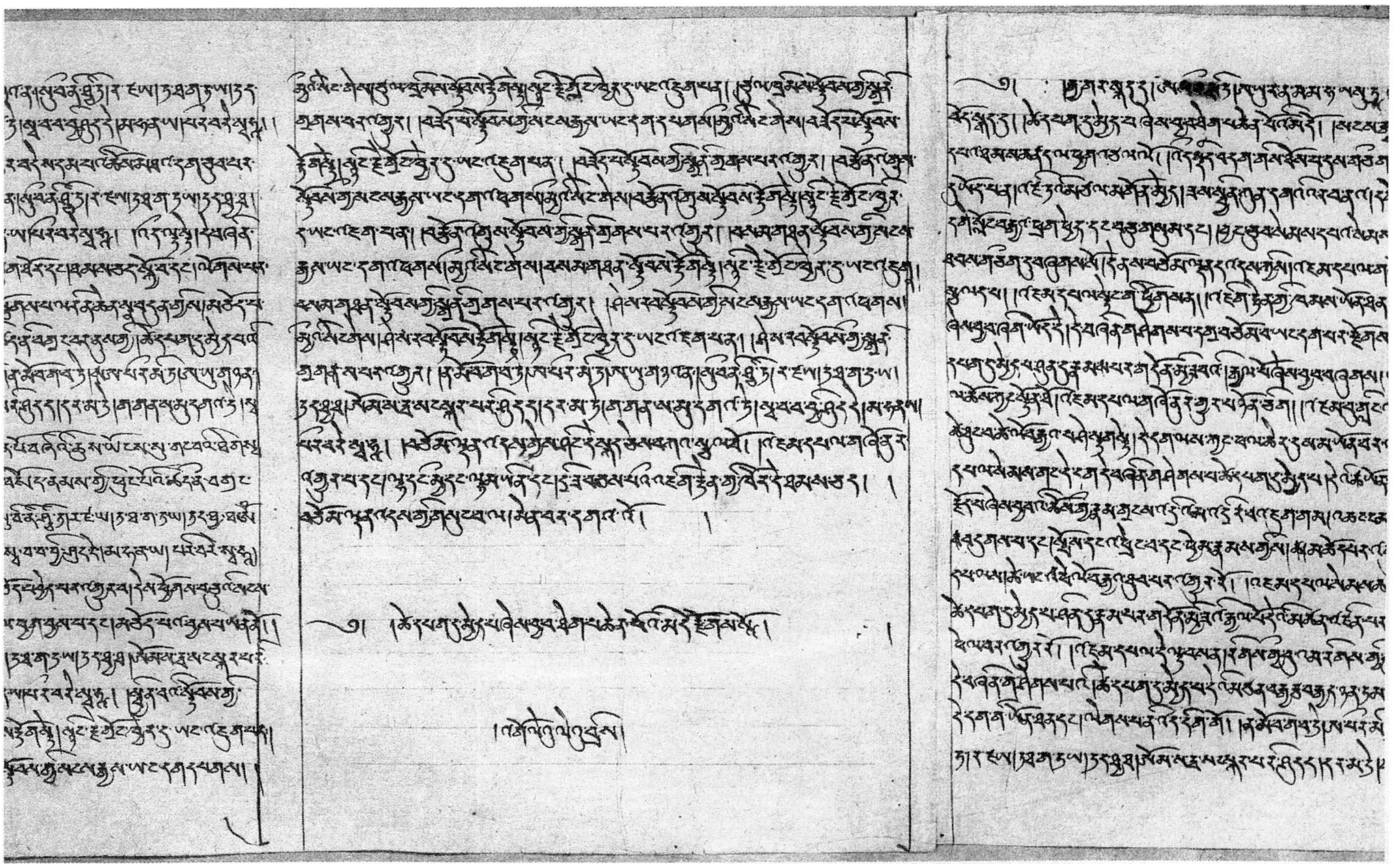

BD14939 號 1　藏文（無量壽宗要經甲本）　（24–6）

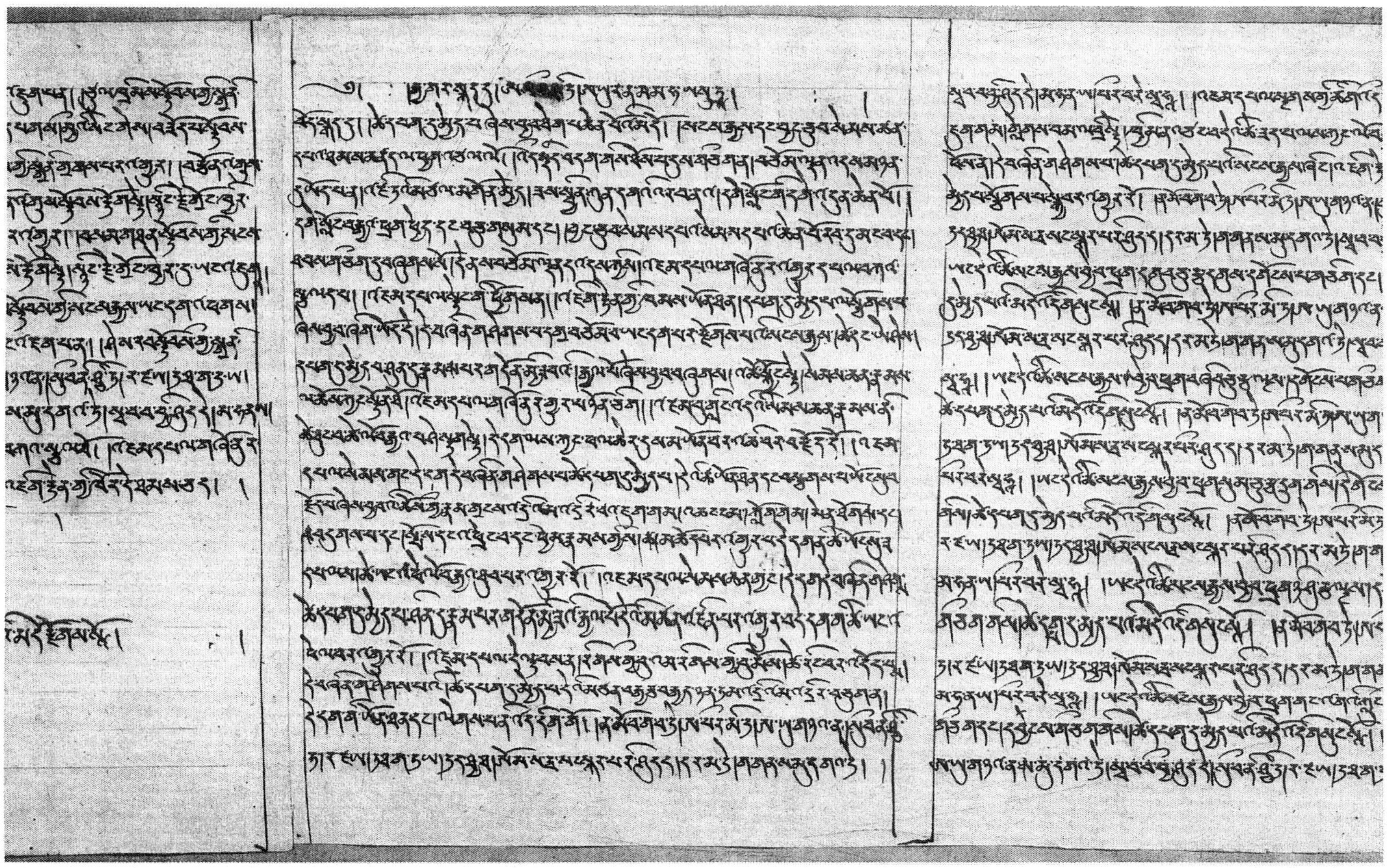

BD14939 號 2　藏文（無量壽宗要經甲本）　（24–7）

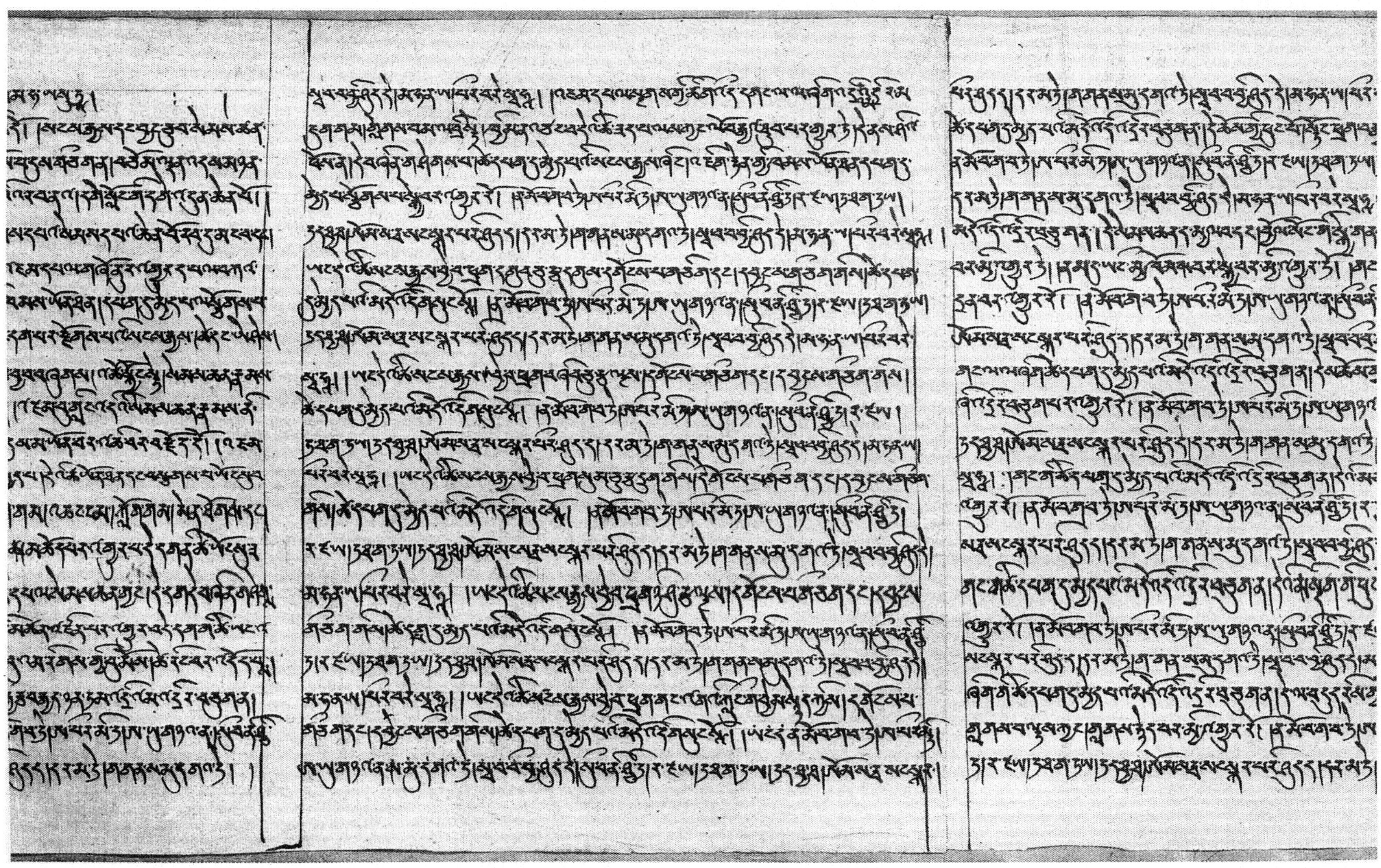

BD14939 號 2　藏文（無量壽宗要經甲本）　（24–8）

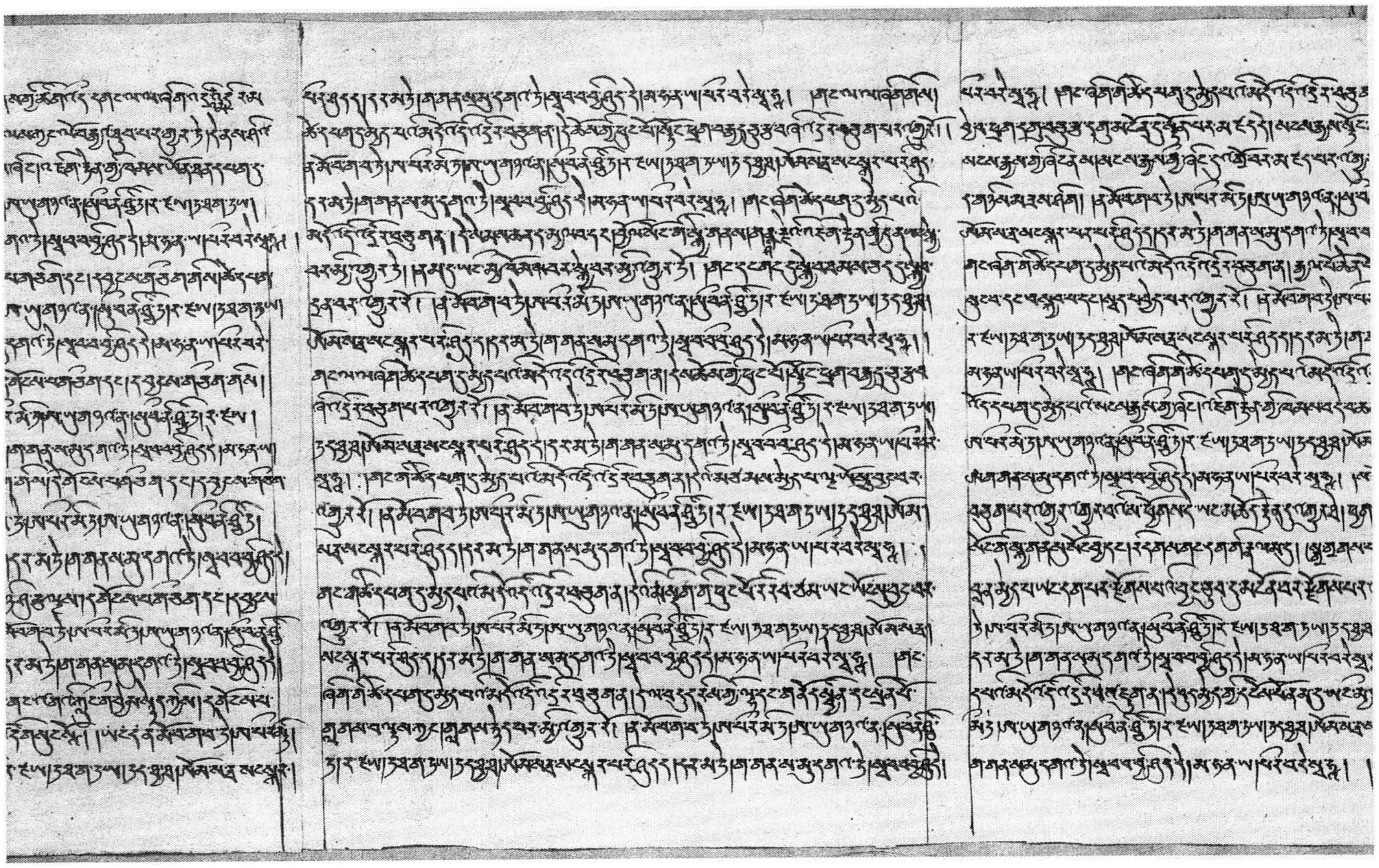

BD14939 號 2　藏文（無量壽宗要經甲本）　　（24–9）

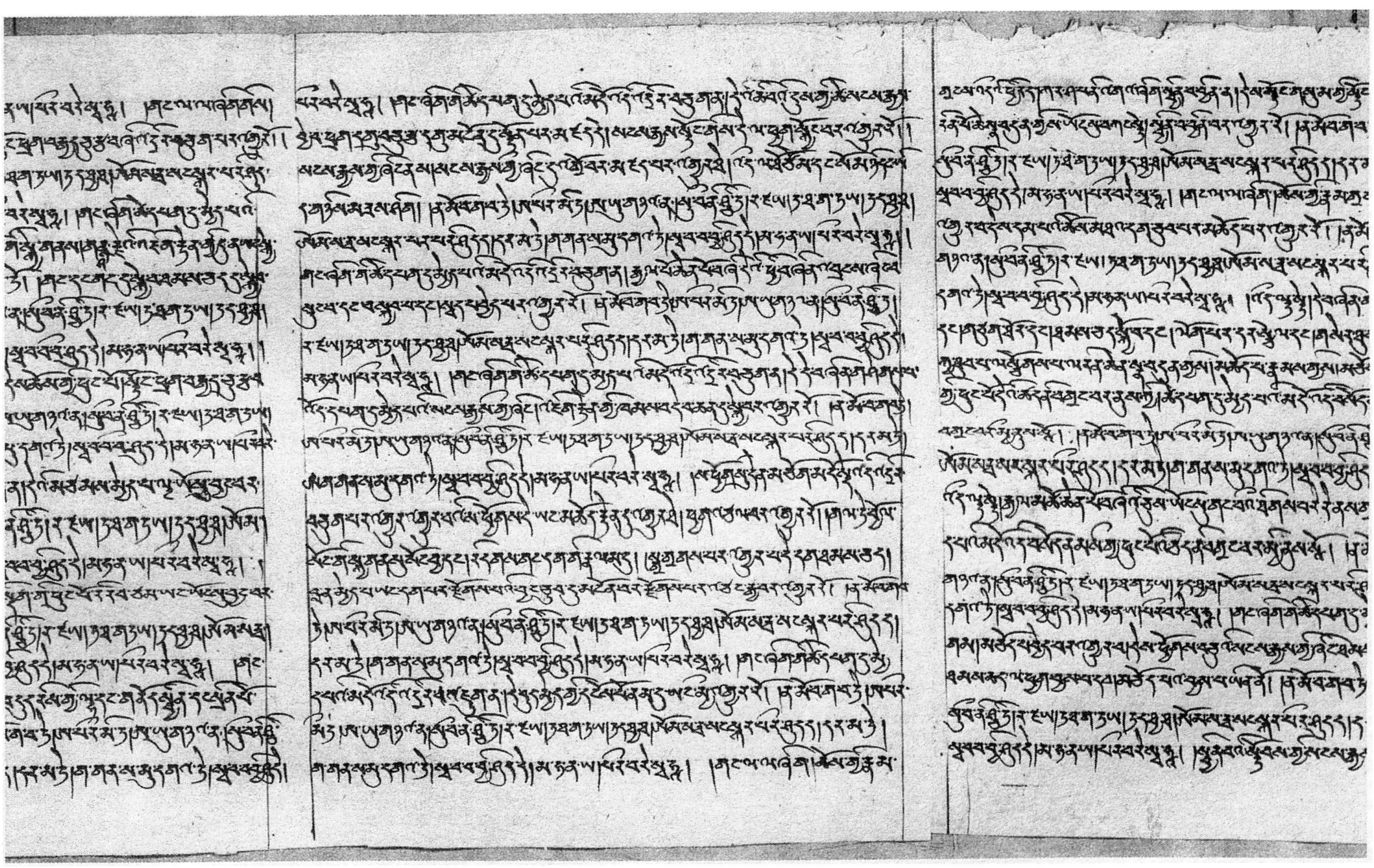

BD14939 號 2　藏文（無量壽宗要經甲本）　　（24–10）

BD14939 號 2　藏文（無量壽宗要經甲本）　　（24–11）

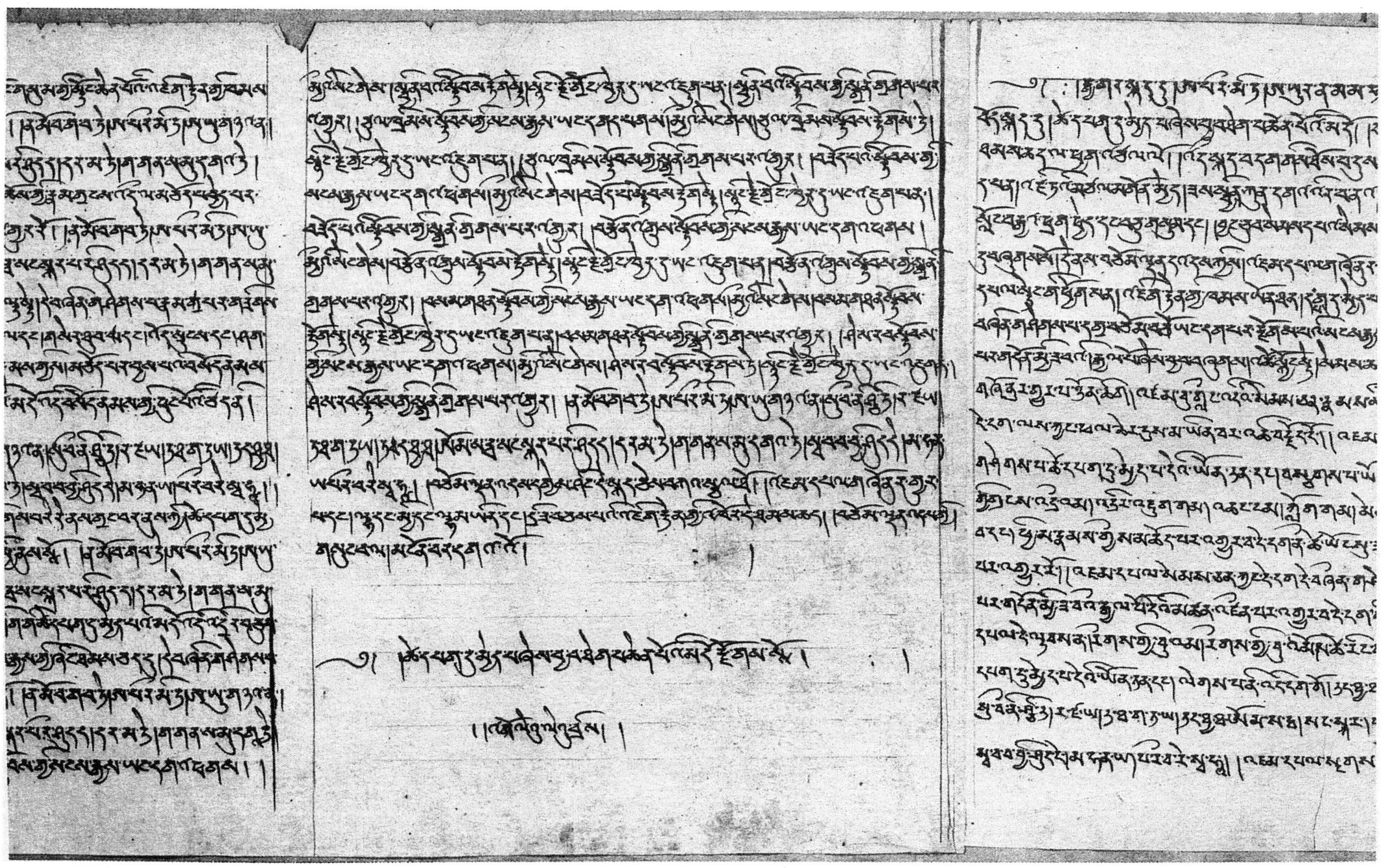

BD14939 號 2　藏文（無量壽宗要經甲本）　　（24–12）

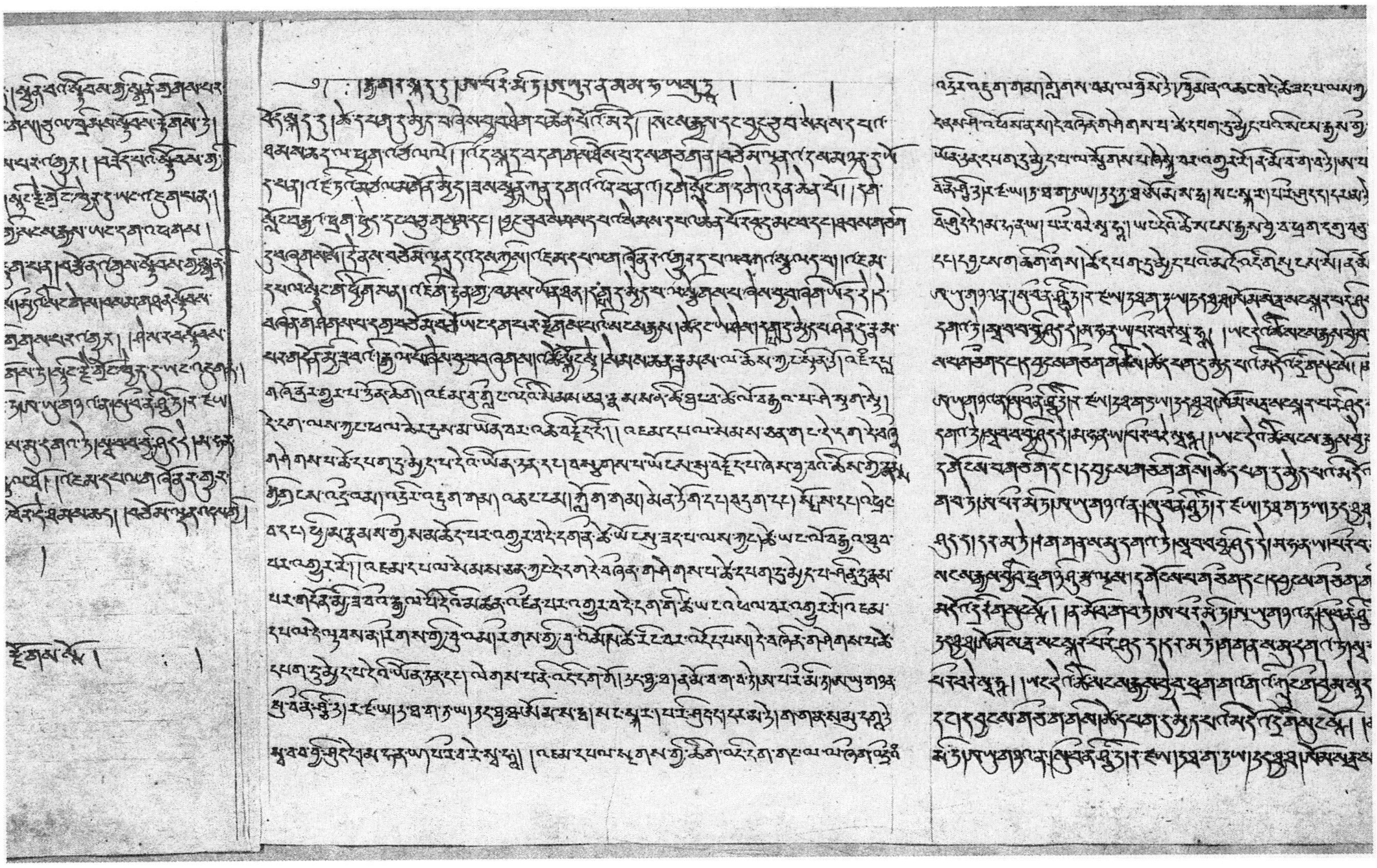

BD14939 號 3　藏文（無量壽宗要經甲本）　　（24–13）

BD14939 號 3　藏文（無量壽宗要經甲本）　　（24–14）

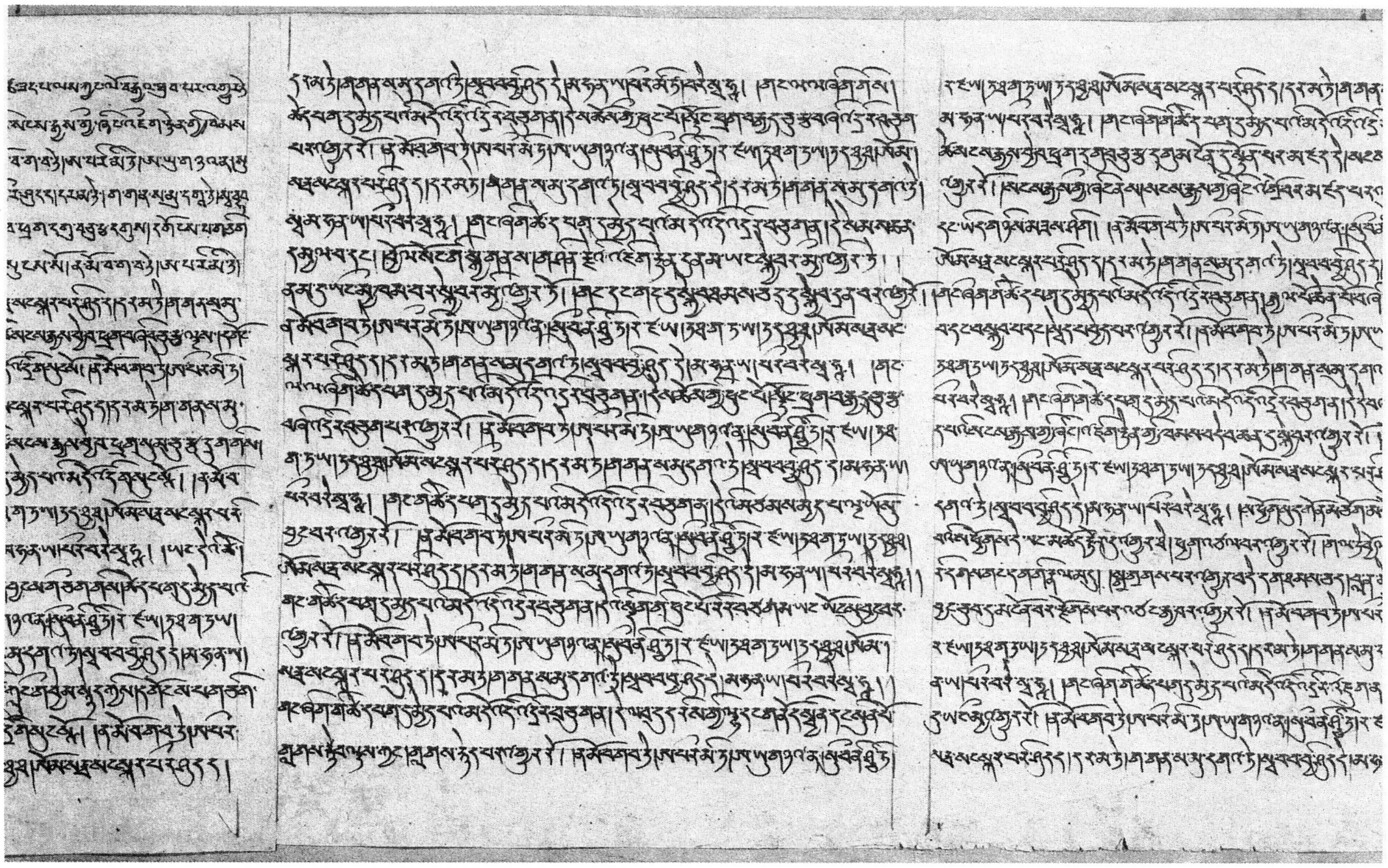

BD14939 號 3　藏文（無量壽宗要經甲本）　　（24–15）

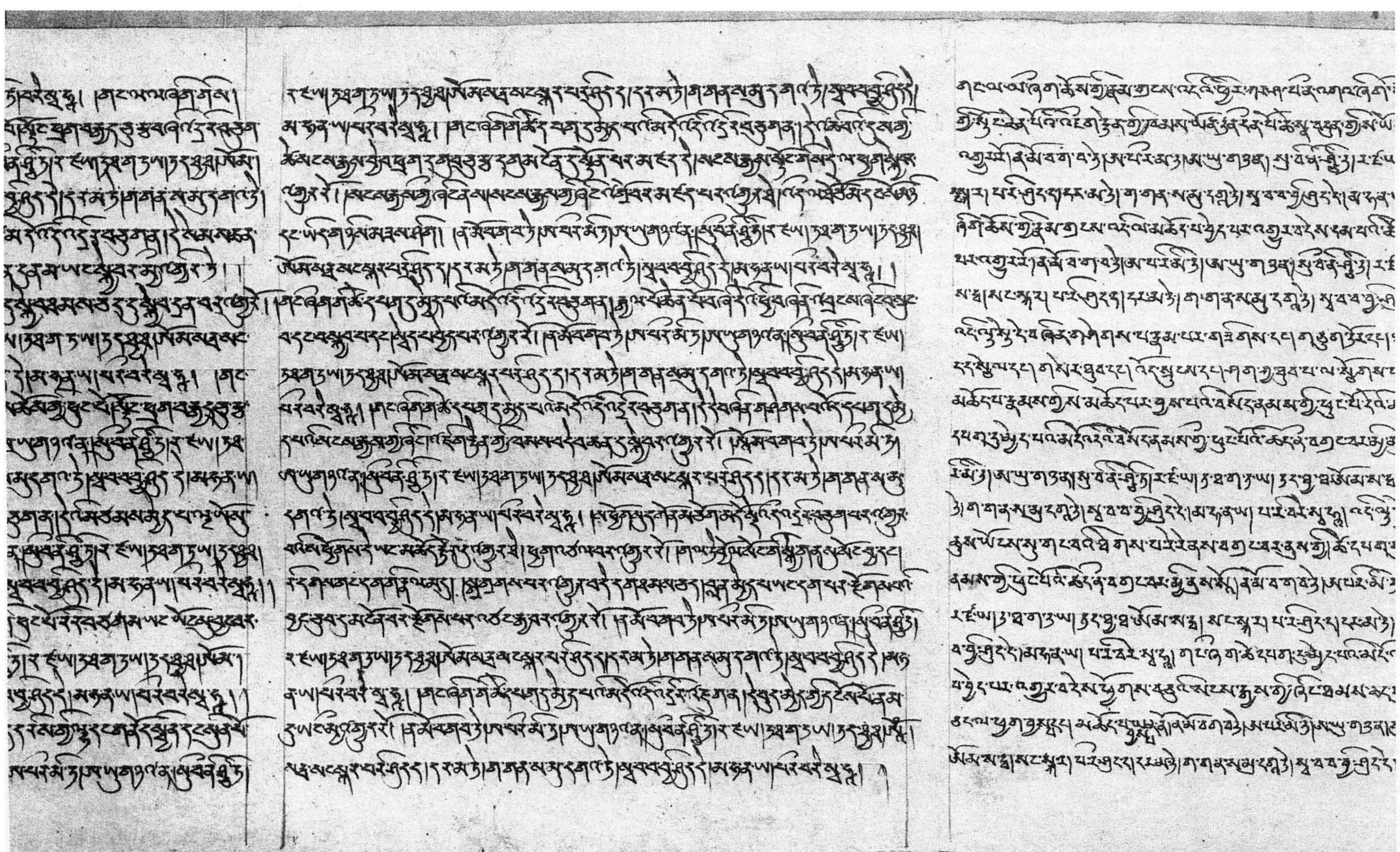

BD14939 號 3　藏文（無量壽宗要經甲本）　　（24–16）

BD14939 號 3　藏文（無量壽宗要經甲本）　（24–17）

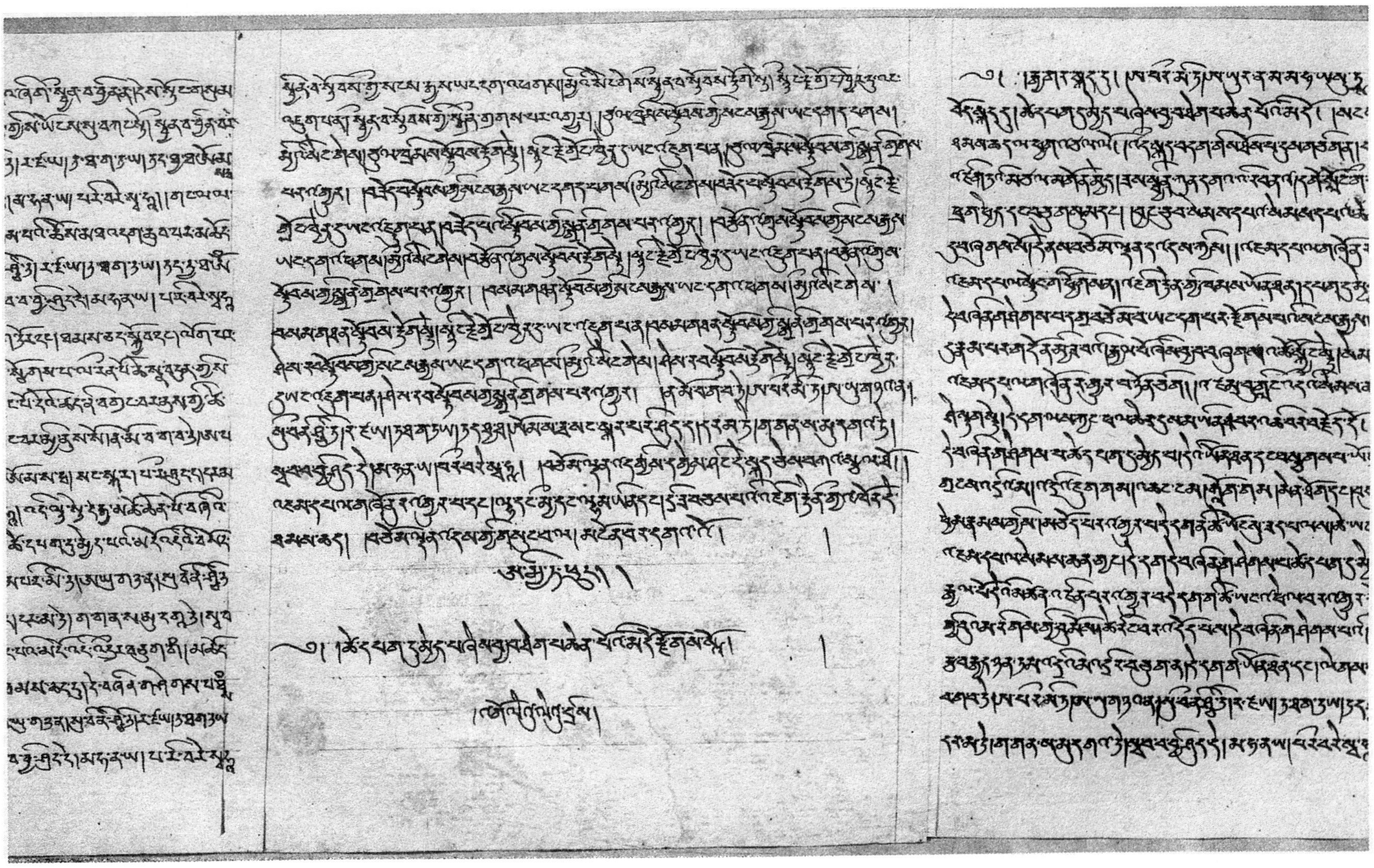

BD14939 號 3　藏文（無量壽宗要經甲本）　（24–18）

BD14939 號 4　藏文（無量壽宗要經甲本）　　（24–19）

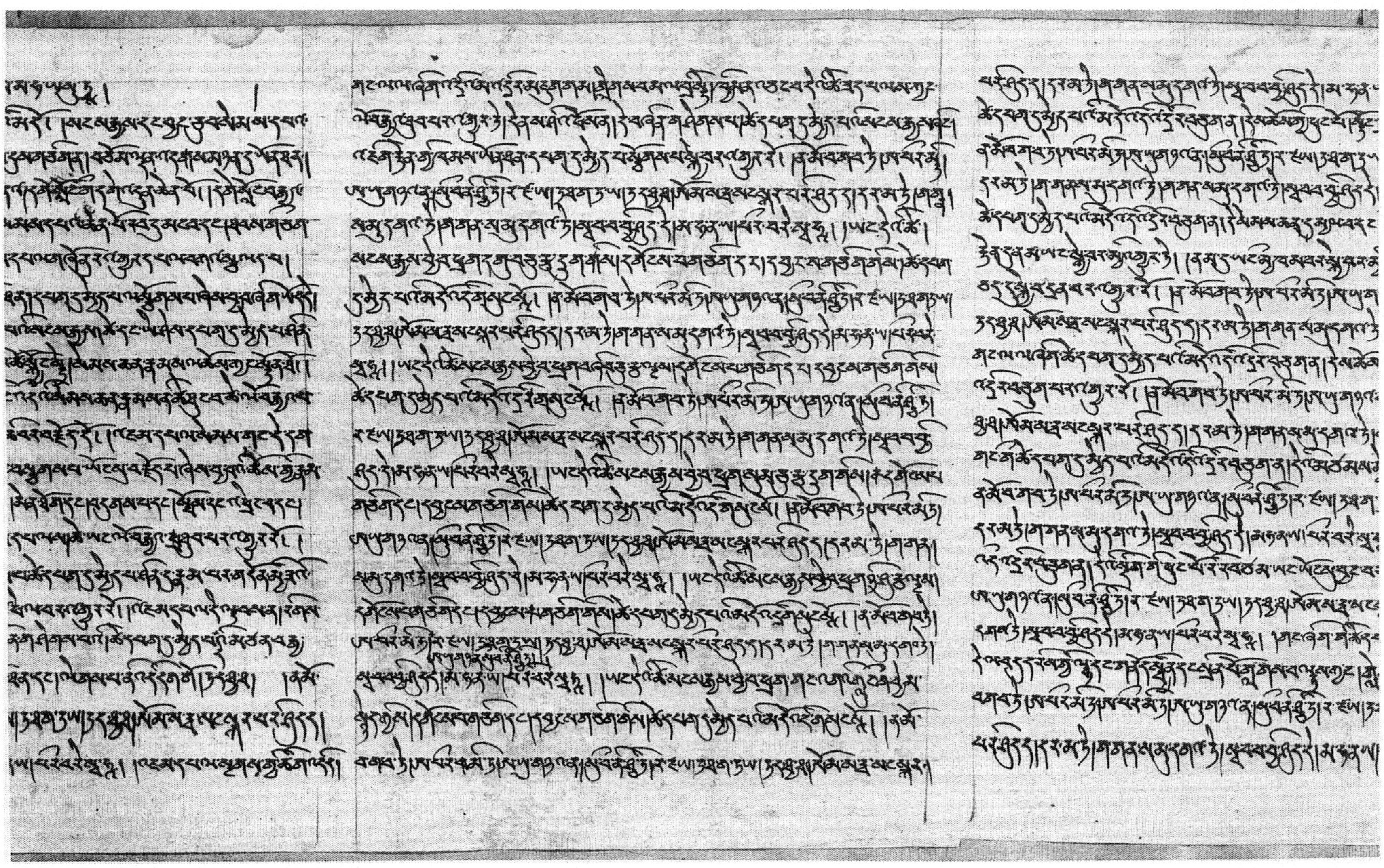

BD14939 號 4　藏文（無量壽宗要經甲本）　　（24–20）

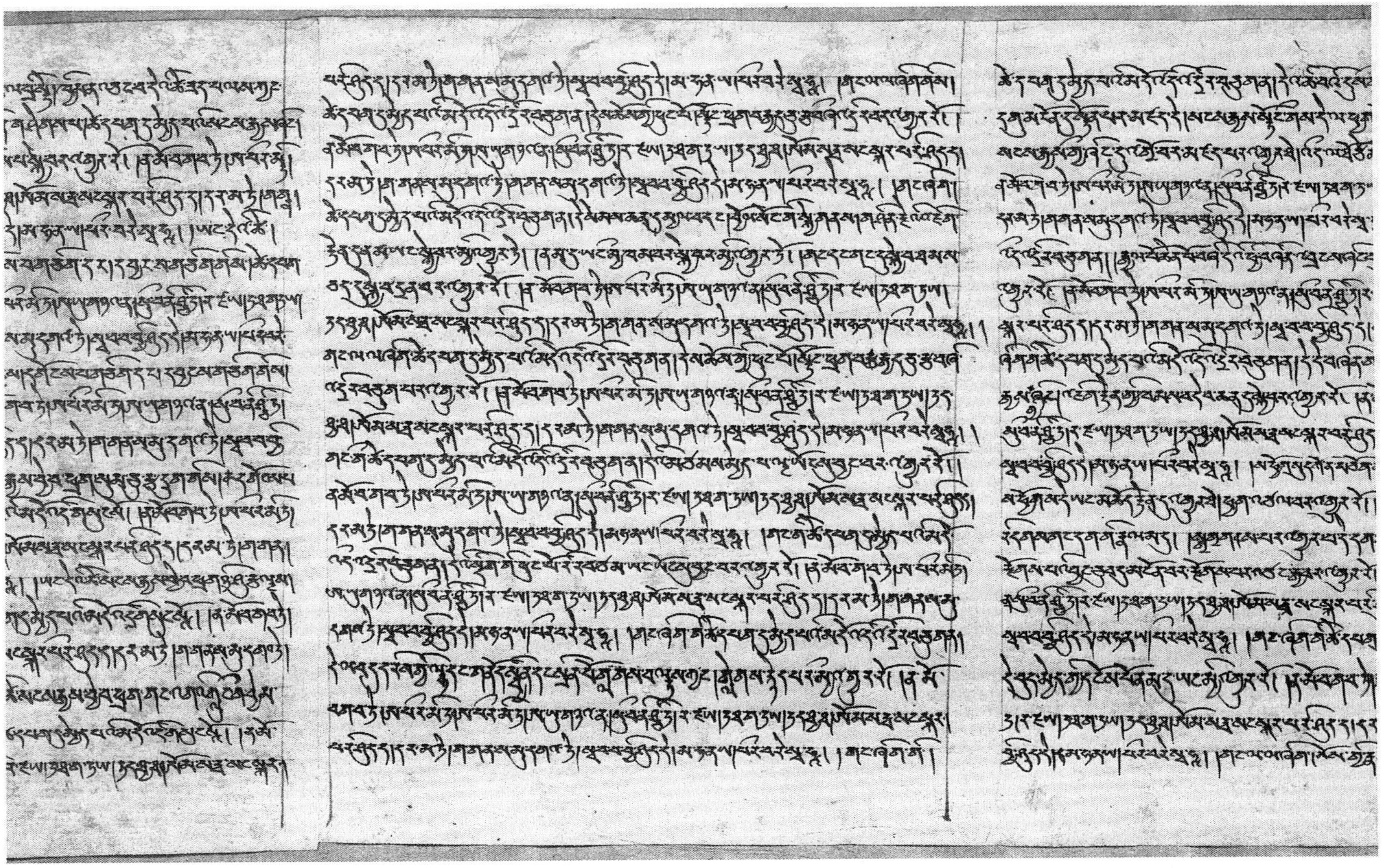

BD14939 號 4　藏文（無量壽宗要經甲本）　　（24–21）

BD14939 號 4　藏文（無量壽宗要經甲本）　　（24–22）

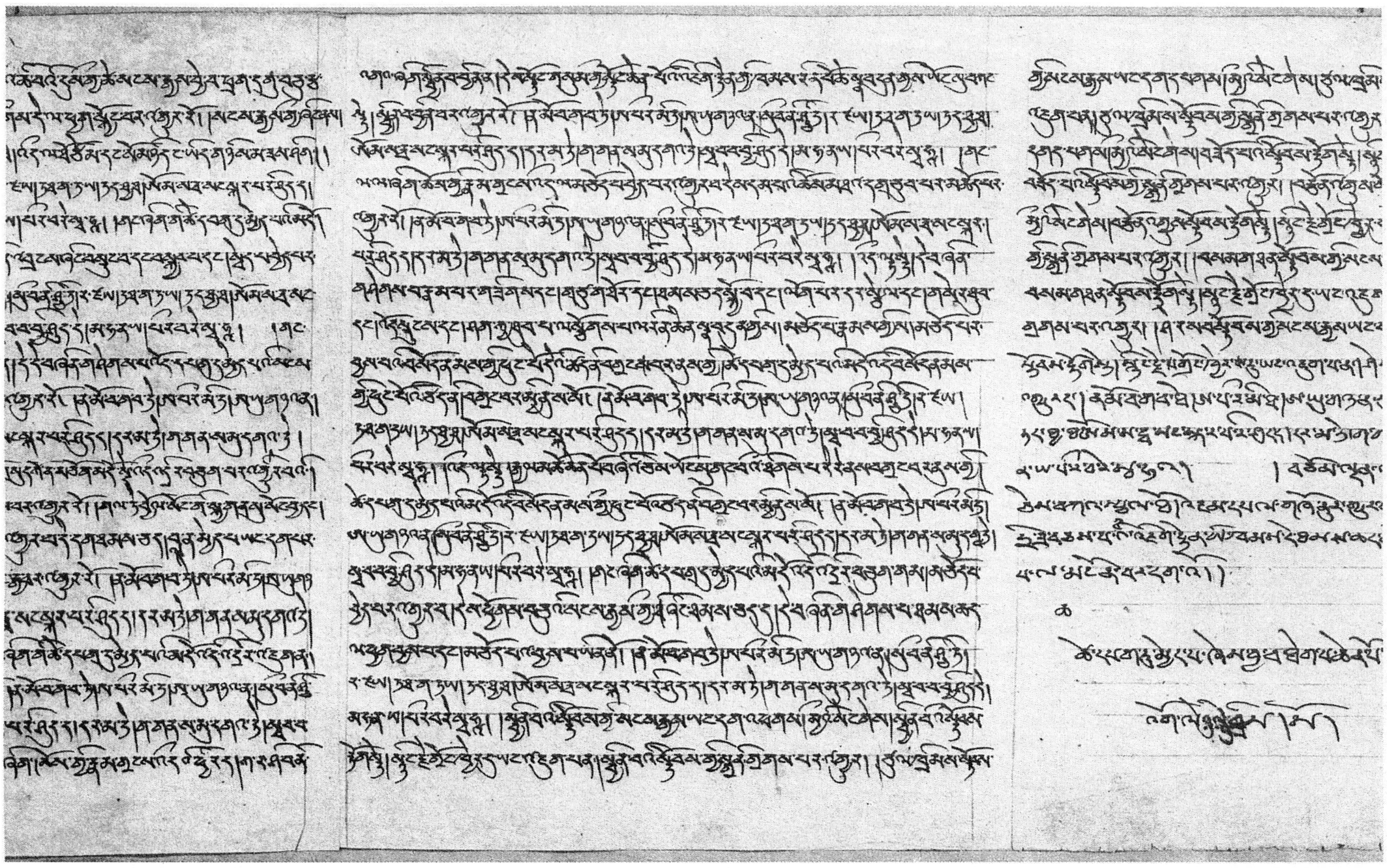

BD14939 號 4　藏文（無量壽宗要經甲本）　（24–23）

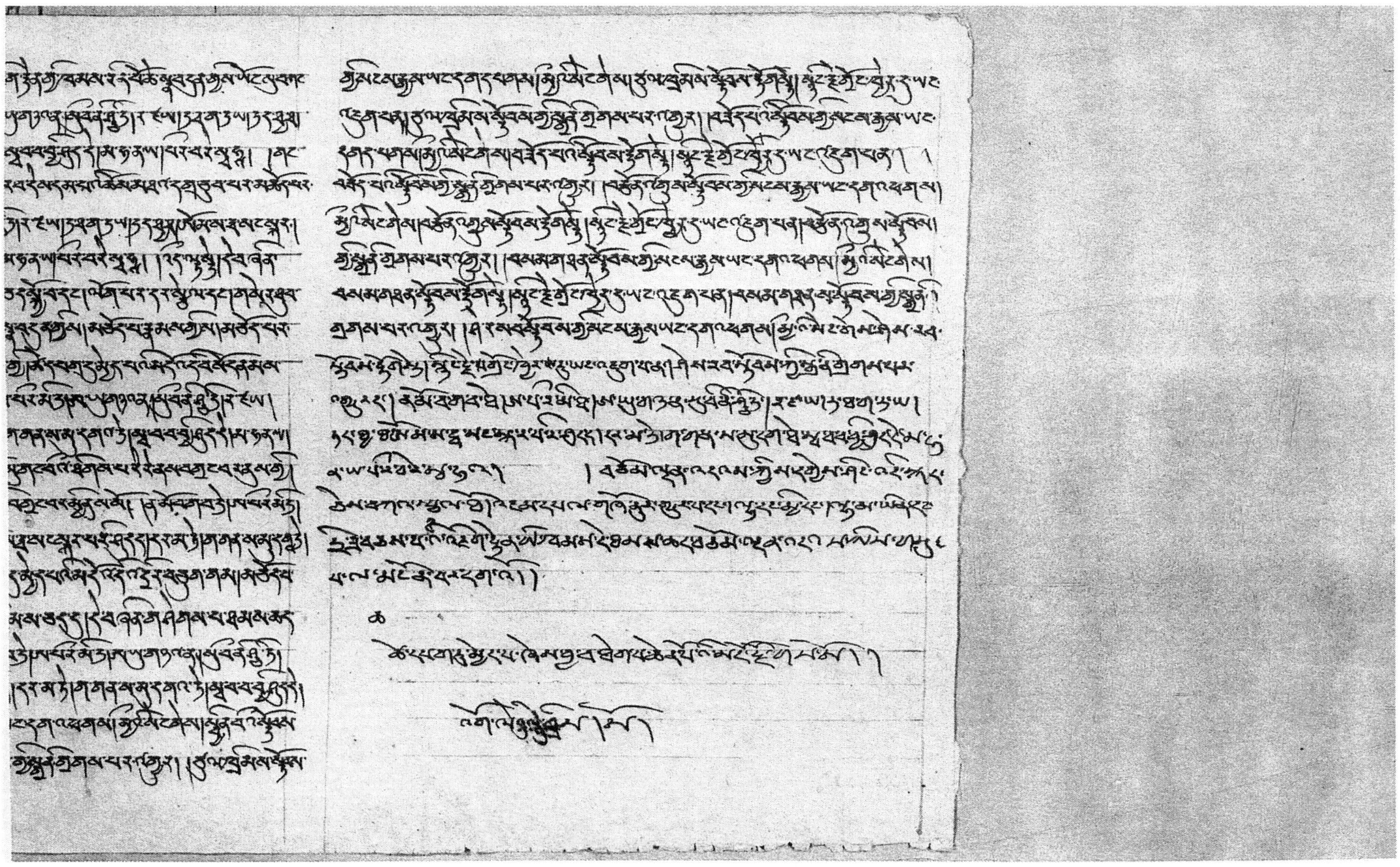

BD14939 號 4　藏文（無量壽宗要經甲本）　（24–24）

BD14940號背　現代護首　（1–1）

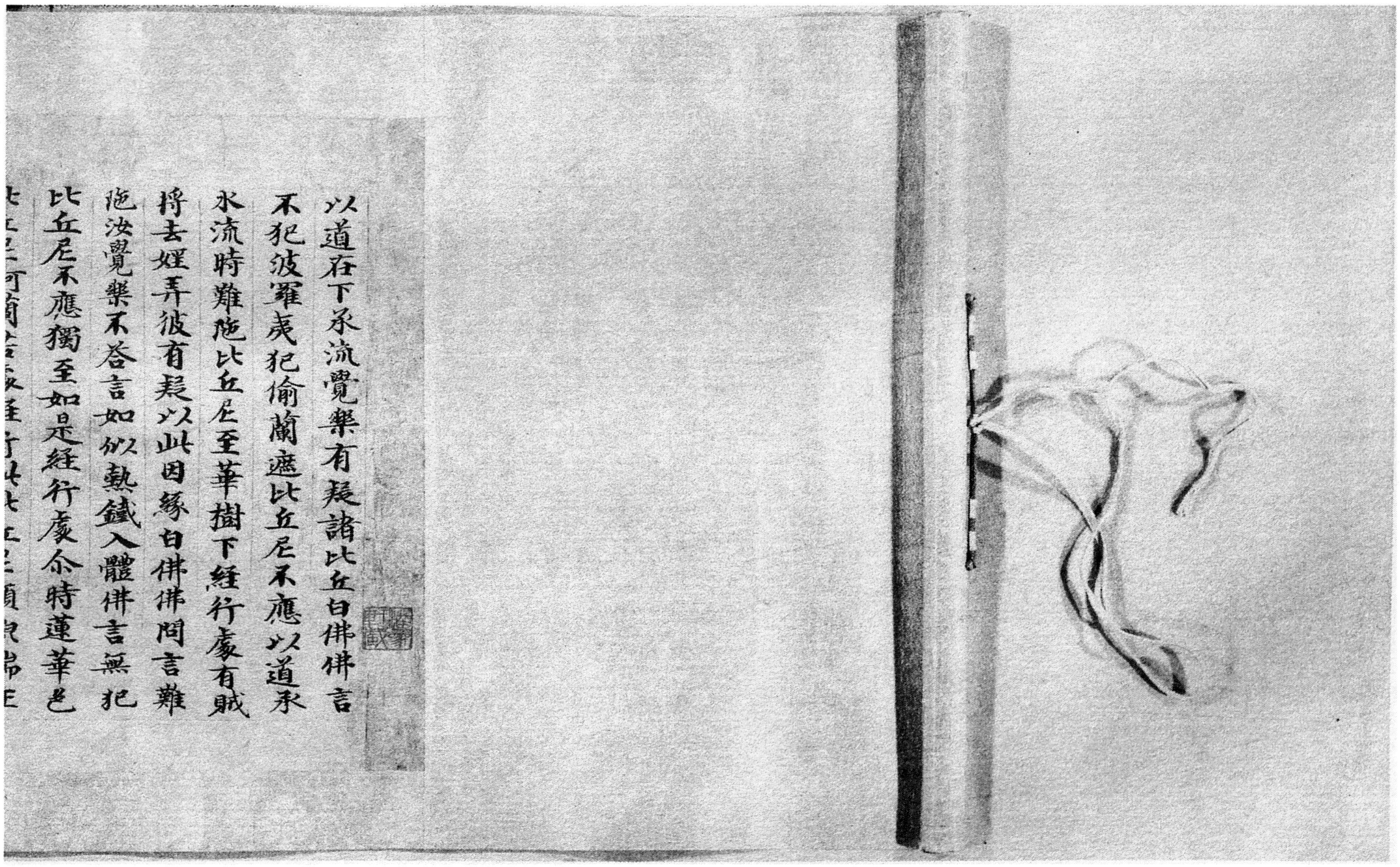

以道在下承流覺樂有疑諸比丘白佛佛言
不犯波羅夷犯偷蘭遮比丘尼不應以道承
水流時難陁比丘尼至華樹下經行處有賊
將去媱弄彼有疑以此因緣白佛佛問言難
陁汝覺樂不答言如似熱鐵入體佛言無犯
比丘尼不應獨至如是經行處尒時蓮華色

BD14940號1　四分律（異卷）卷四九　（6–1）

不犯彼羅夷犯偷蘭遮比丘尼不應以道承
水流時難陀比丘尼至華樹下經行處有賊
將去婬弄彼有疑以此因緣白佛佛問言難
陀汝覺樂不荅言如似熱鐵入體佛言無犯
比丘尼不應獨至如是經行處尒時蓮華色
比丘尼阿蘭若處經行此比丘尼顏貌端正
有年少婆羅門見繫心在彼即捉欲犯比丘
尼言放我當往某處彼即放蓮華色比丘尼
至彼處即以屎塗身彼婆羅門嗔以石打頭
兩眼出蓮華色不憶有神足後乃知即以
神足力飛往佛所頭面礼足已却住一面佛
言此比丘尼信樂眼當還復即如言還復如
故彼比丘尼有疑佛言無犯比丘尼不應至
阿蘭若處時比丘尼破戒有身在懸廁上大
小便墮胎在廁中除糞人見之譏嫌罵詈言
比丘尼無有慚愧不修淨行外自稱言我知
正法如是何有正法云何墮胎在廁中如賊
女婬女不異諸比丘白佛佛言比丘尼不應
在懸廁上大小便彼比丘尼有疑不敢在水
上廁大小便佛言聽時比丘尼結加趺坐画
不淨出汗脚跟指奇闍行乞食時蟲草著脚
諸居士見皆蚩笑諸比丘白佛佛言比丘尼
不應結加趺坐彼疑不敢半加趺坐佛言聽
半坐尒時世尊在舍衛國有六羣比丘尼在
白衣家内向孔中看時諸居士見已皆共譏
嫌言比丘尼無有慚愧外自稱言我知正法

BD14940 號 1　四分律（異卷）卷四九　（6–2）

不淨出汗脚跟指奇闍行乞食時蟲草著脚
諸居士見皆蚩笑諸比丘白佛佛言比丘尼
不應結加趺坐彼疑不敢半加趺坐佛言聽
半坐尒時世尊在舍衛國有六羣比丘尼在
白衣家内向孔中看時諸居士見已皆共譏
嫌言比丘尼無有慚愧外自稱言我知正法
如是何有正法云何在他家向孔中看如似賊
女婬女不異諸比丘白佛佛言比丘尼不應
在白衣家向孔中看尒時世尊在王舍城
時阿難與大比丘僧五百人俱在摩竭提人
間遊行時阿難有六十弟子皆是年少欲遠
捨戒時阿難至王舍城摩訶迦葉遥見阿難
来語言此衆欲失汝年少不知足阿難言大
德我頭白鬓已現云何於迦葉所猶不免年
少邪迦葉報言汝與年少比丘俱不善閉諸
根食不知足初夜後夜不能勤修遍至諸家
但行破穀汝衆當失汝年少比丘不知足偷
蘭難陀比丘尼聞彼語嗔恚不喜作如是言
摩訶迦葉是故外道何故數罵阿難言是年
少令彼不悅邪時摩訶迦葉語阿難言汝看
是比丘尼嗔恚作如是罵我阿難唯除世尊
我不憶佛法外更有事餘尊阿難言大德懺
悔女人無知迦葉再三如是語阿難亦再三
如是言懺悔夜過已迦葉清旦著衣持鉢至
王舍城乞食時偷蘭難陀比丘尼見唾之時
諸比丘尼聞中有少欲知足行頭陀樂學戒
[illegible]

BD14940 號 1　四分律（異卷）卷四九　（6–3）

我不憶佛法外更有事餘尊阿難言大德懺
悔女人無知迦葉再三如是語阿難亦再三
如是言懺悔夜過已迦葉清旦著衣持鉢至
王舍城乞食時偷蘭難陀比丘尼見嗤之時
諸比丘尼聞中有少欲知足行頭陀樂學戒
知慚愧者嫌責偷蘭難陀言云何乃嗤大德
迦葉比丘尼白諸比丘諸比丘白佛佛尒時
以此事集比丘僧呵責偷蘭難陀比丘尼言
汝云何乃嗤大德迦葉世尊以無數方便呵
責已告諸比丘聽喚来讁罸若一比丘喚一
比丘尼應往若不往應如法治若一比丘喚二
比丘尼三比丘尼若僧應往若不往應如
法治二比丘喚一比丘尼應往若不往應如
法治二比丘喚二比丘尼若三比丘尼若僧
應往若不往應如法治三比丘喚一比丘尼
應往若不往應如法治三比丘喚二比丘尼
三比丘尼若僧應往若不往應如法治僧喚
一比丘尼應往若不往應如法治僧喚二比
丘尼三比丘尼若僧應往若不往應如法治
時六羣比丘聞作如是言我等欲喚比丘尼
者便當喚欲有作者便當作何以故世尊有
如是語一比丘喚一比丘尼應往若不往應如
法治乃至僧亦如是諸比丘白佛佛言應相
望前人不可往不應往 尼揵度具足竟

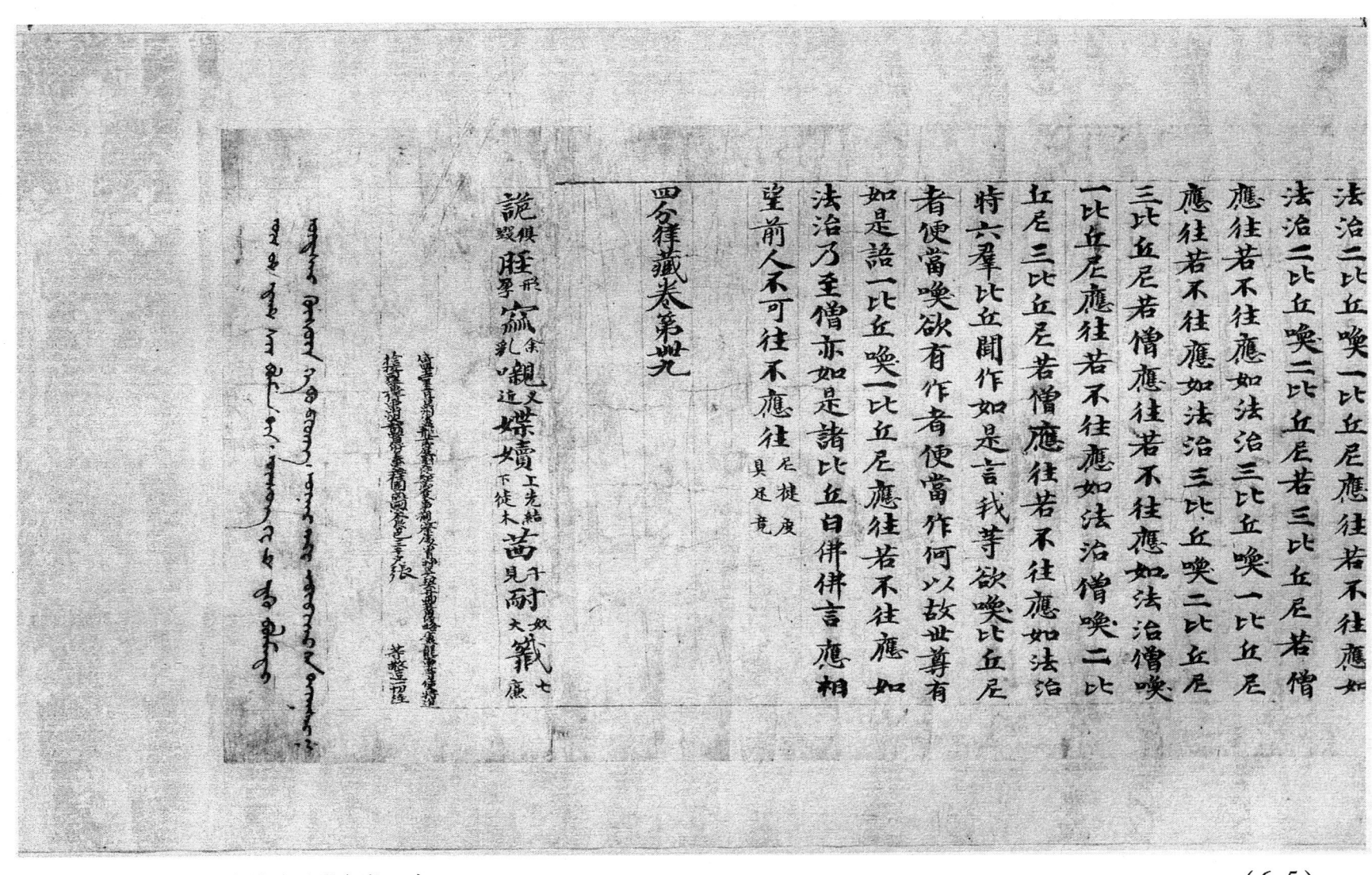

四分律藏卷第卌九

BD14940 號 1　四分律（異卷）卷四九　（6–4）

法治二比丘喚一比丘尼應往若不往應如
法治二比丘喚二比丘尼若三比丘尼若僧
應往若不往應如法治三比丘喚一比丘尼
應往若不往應如法治三比丘喚二比丘尼
三比丘尼若僧應往若不往應如法治僧喚
一比丘尼應往若不往應如法治僧喚二比
丘尼三比丘尼若僧應往若不往應如法治
時六羣比丘聞作如是言我等欲喚比丘尼
者便當喚欲有作者便當作何以故世尊有
如是語一比丘喚一比丘尼應往若不往應如
法治乃至僧亦如是諸比丘白佛佛言應相
望前人不可往不應往 尼揵度具足竟

四分律藏卷第卌九

詑俱毀　脭形孚　窳余乳　嚫叉近　媟嬻上先結下徒木　茜千見　耐奴大　籤七廉

BD14940 號 1　四分律（異卷）卷四九　（6–5）

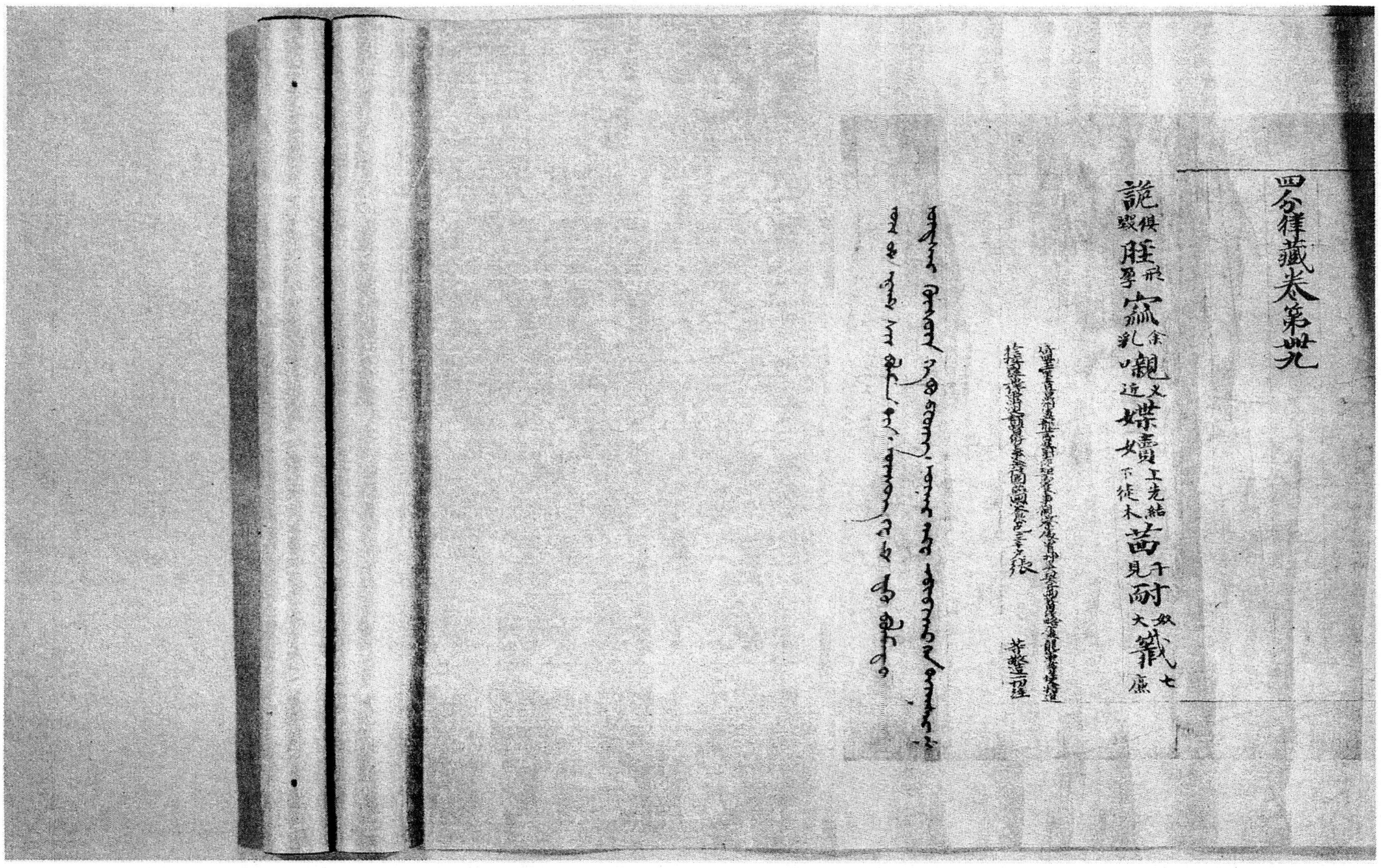

BD14940 號 2　回鶻文（擬）　（6–6）

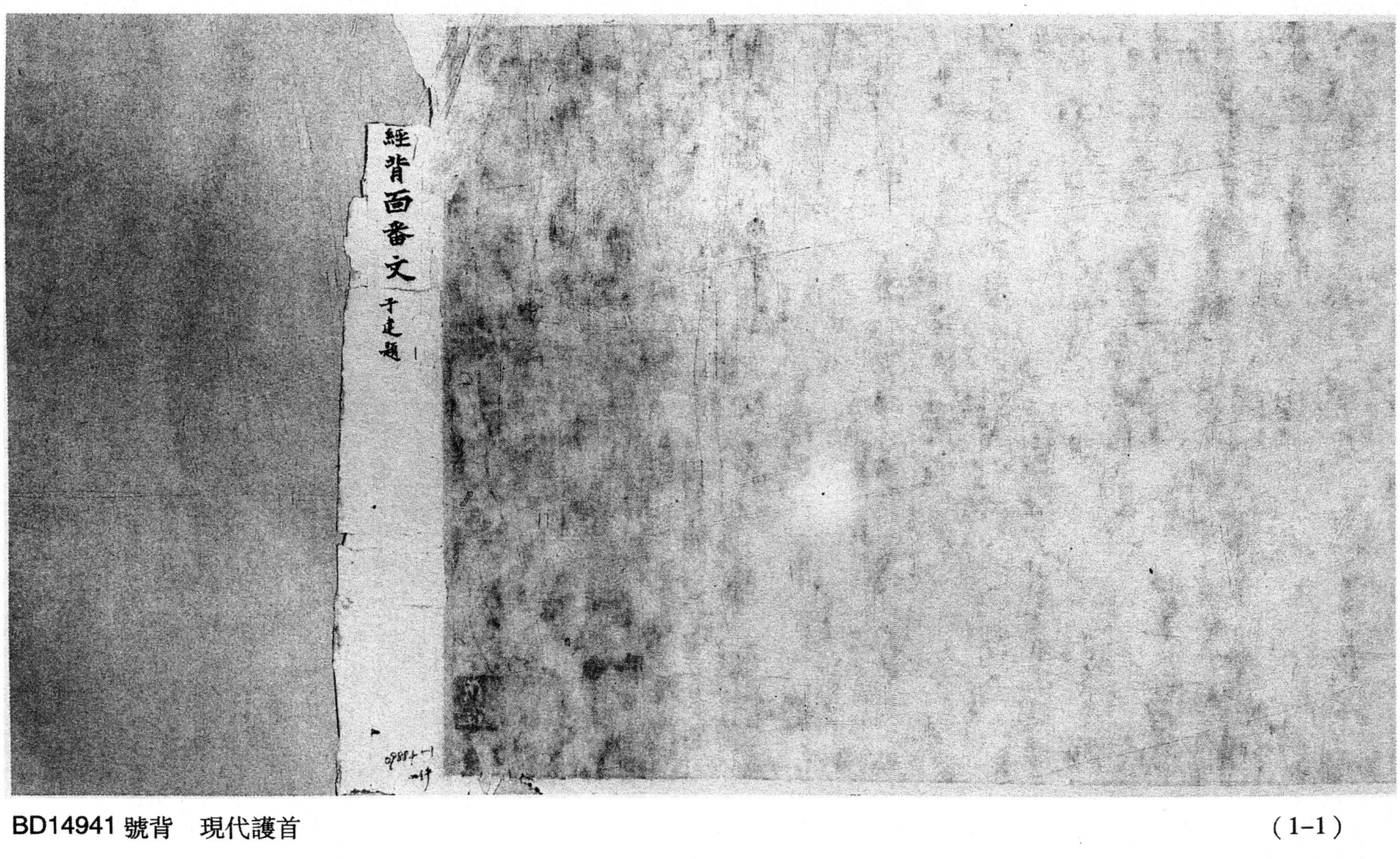

BD14941 號背　現代護首　（1–1）

BD14941 號　回鶻文文獻（擬）　（5–1）

BD14941 號　回鶻文文獻（擬）　（5–2）

BD14941 號　回鶻文文獻（擬）　　（5–3）

BD14941 號　回鶻文文獻（擬）　　（5–4）

BD14941 號　回鶻文文獻（擬）　　（5–5）

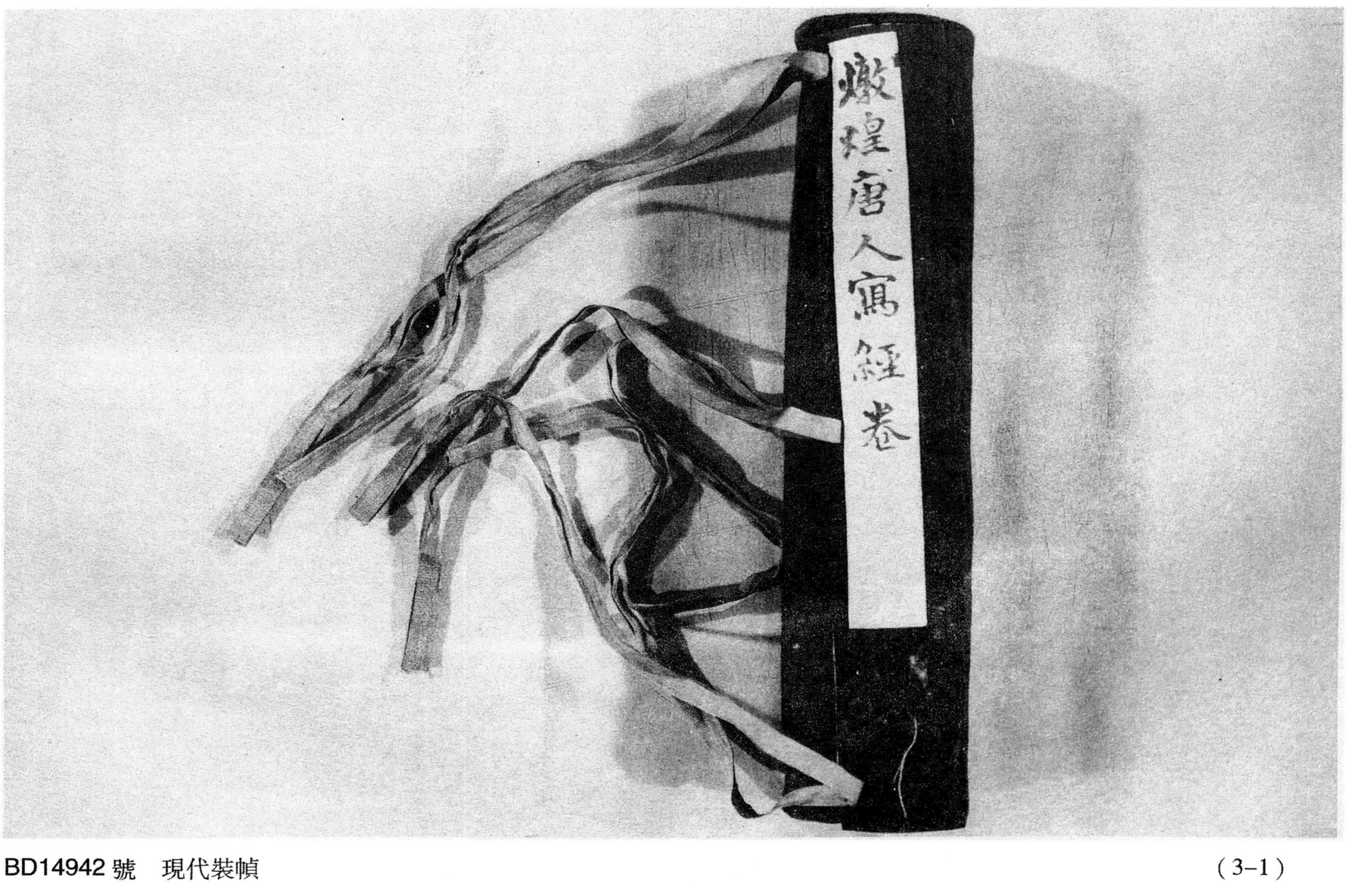

BD14942 號　現代裝幀　　（3–1）

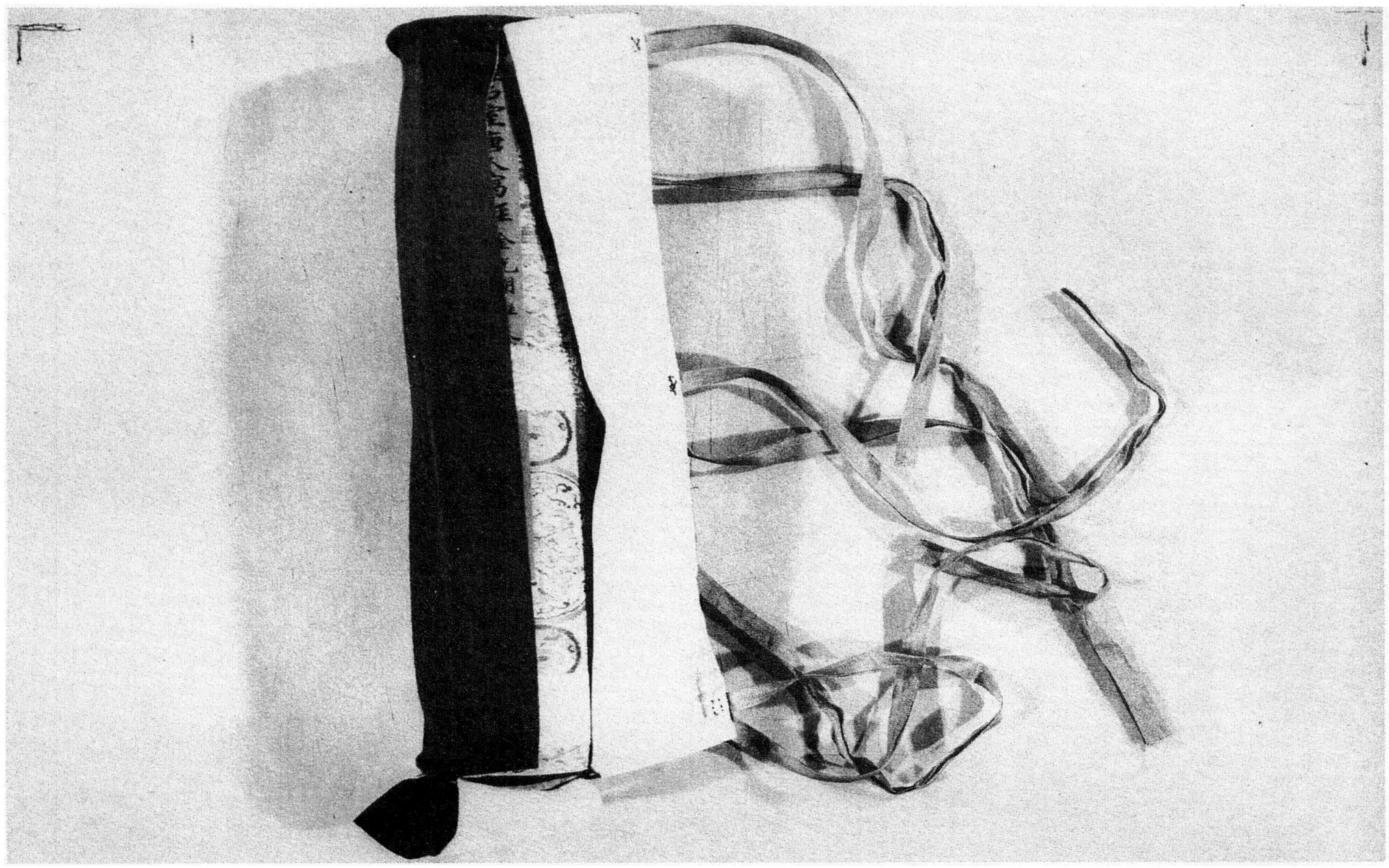

BD14942 號　現代裝幀　　（3–2）

BD14942 號　現代裝幀　　（3–3）

得安住善男子是名菩薩摩訶薩成就願波羅蜜
善男子復依五法菩薩摩訶薩成就力波羅蜜云
何爲五一者以正智力能了一切衆生心行善惡二者能令
一切衆生入於甚深微妙之法三者一切衆生輪迴生死隨其
緣業如實了知四者於諸衆生三種根性以正智力能
分別知五者於諸衆生如理爲説令種善根成熟度脱
皆是智力故善男子是名菩薩摩訶薩成就力波
羅蜜善男子復依五法菩薩摩訶薩成就智波羅
蜜云何爲五一者能於諸法分別善惡二者於黑白法遠

BD14942 號　金光明最勝王經卷四　（12–1）

緣業如實了知四者於諸衆生三種根性以正智力能
分別知五者於諸衆生如理爲説令種善根成熟度脱
皆是智力故善男子是名菩薩摩訶薩成就力波
羅蜜善男子復依五法菩薩摩訶薩成就智波羅
蜜云何爲五一者能於諸法分別善惡二者於黑白法遠
離攝受三者能於生死涅槃不厭不喜四者具福智行
至究竟處五者受勝灌頂能得諸佛不共法等及一切
智智善男子是名菩薩摩訶薩成就智波羅蜜善
男子何者是波羅蜜義所謂修習勝行是波羅蜜義滿
足无量大甚深智是波羅蜜義行非行法心不執著是
波羅蜜義生死過失涅槃功德正覺正觀是波羅蜜義
愚人智人皆悉攝受是波羅蜜義能現種種珍妙法寶
是波羅蜜義无礙解脱智慧滿足是波羅蜜義法界
衆生心分別知是波羅蜜義施等及智能令至不退轉
是波羅蜜義无生法忍能令滿足是波羅蜜義一切衆
生功德善根能令成熟是波羅蜜義能於菩提成佛
十力四无所畏不共法等皆悉成就是波羅蜜義生死涅
槃了无二相是波羅蜜義濟度一切是波羅蜜義一切外
道來相詰難善能解釋令其降伏是波羅蜜義能
轉十二妙行法輪是波羅蜜義无所著无所見无患累
是波羅蜜多義
善男子初地菩薩是相先現三千大千世界无量无邊種
種寶藏无不盈滿菩薩悉見善男子二地菩薩是相
先現三千大千世界地平如掌无量无邊種種妙色清淨
珍寶莊嚴之具菩薩悉見善男子三地菩薩是相先現自
身勇健甲仗莊嚴一切怨賊皆能摧伏菩薩悉見善男

BD14942 號　金光明最勝王經卷四　（12–2）

善男子初地菩薩是相先現三千大千世界无量无邊種
種寶藏无不盈滿菩薩悉見善男子二地菩薩是相
先現三千大千世界地平如掌无量无邊種種妙色清淨
珎寶莊嚴之具菩薩悉見善男子三地菩薩是相先現自
身勇健甲仗莊嚴一切怨賊皆能摧伏菩薩悉見善男
子四地菩薩是相先現四方風輪種種妙花悉皆散灑充
布地上菩薩悉見善男子五地菩薩是相先現有妙寶女衆
寶瓔珞周遍嚴身首冠名花以為其飾菩薩悉見善
男子六地菩薩是相先現七寶花池有四階道金沙
遍布清淨无穢八功徳水皆悉盈滿嗢鉢羅花拘物頭
花分陁利花隨處莊嚴於花池所遊戲快樂清涼无比
菩薩悉見善男子七地菩薩是相先現於菩薩前有
諸衆生應墮地獄以菩薩力便得不墮无有損傷亦无
恐怖菩薩悉見善男子八地菩薩是相傷亦无恐怖菩
薩悉見善男子八地菩薩是相先現於身兩邊有師子王
以為衛護一切衆獸悉皆怖畏菩薩悉見善男子九地菩
薩是相先現轉輪聖王无量億衆圍遶供養頂上白蓋无
量衆寶之所莊嚴菩薩悉見善男子十地菩薩是相
先現如來之身金色晃耀无量淨光悉皆圓滿有量億
梵王圍遶恭敬供養轉於无上微妙法輪菩薩悉見
善男子云何初地名為歡喜謂初證得出世之心昔所未得
而今始得於大事用如其所願悉皆成就生極喜樂是故
最初名為歡喜諸微細垢犯戒過失皆得清淨是故
二地名為无垢无量智慧三昧光明不可傾動无能摧伏聞
持陁羅尼以為根本是故三地名為明地以智慧火燒諸煩

BD14942號　金光明最勝王經卷四　（12–3）

善男子云何初地名為歡喜謂初證得出世之心昔所未得
而今始得於大事用如其所願悉皆成就生極喜樂是故
最初名為歡喜諸微細垢犯戒過失皆得清淨是故
二地名為无垢无量智慧三昧光明不可傾動无能摧伏聞
持陁羅尼以為根本是故三地名為明地以智慧火燒諸煩
惱增長光明脩行覺品是故四地名為𦦨地脩行方便
勝智自在極難得故見脩煩惱難伏能伏是故五地名為
難勝行法相續了了顯現无相思惟皆悉現前是故六地
名為現前无漏无間无相思惟解脫三昧遠脩行故是
地清淨无有障礙是故七地名為遠行无相思惟脩得
自在諸煩惱行不能令動是故八地名為不動說一切法
種種差別皆得自在无患无累增長智慧自在无礙
是故九地名為善慧法身如虛空智慧如大雲皆能
遍滿覆一切故是故第十名為法雲
善男子執著有相我法无明怖畏生死惡趣无明此二
无明障於初地微細學處誤犯无明發起種種業行
无明此二无明障於二地未得令得愛著无明能障殊勝總
持无明此二无明障於三地味著等至喜樂无明微妙淨法
愛樂无明此二无明障於四地欲背生死无明希趣涅槃
无明此二无明障於五地觀行流轉无明麤相現前无明
此二无明障於六地微細諸相現行无明作意欣樂无相
无明此二无明障於七地於无相觀功用无明執相自在无
明此二明无障於八地於所說義及名句文此二无量未能
善巧无明於詞辯才不隨意无明此二无明障於九地於

BD14942號　金光明最勝王經卷四　（12–4）

无明此二无明障於五地微細行流轉无明麁相現前无明
此二无明障於六地微細諸相現行无明作意欣樂无相
无明此二无明障於七地於无相觀功用无明執相自在无
明此二明无障於八地於所說義及名句文此二无量未能
善巧无明於詞辯才不隨意无明此二无明障於九地於
大神通未得自在變現无明微細秘密未能悟解事業
无明此二无明障於十地於一切境微細所知障礙无明極細
煩惱麁重无明此二无明障於佛地
善男子菩薩摩訶薩於初地中行施波羅蜜於第二
地行戒波羅蜜於第三地行忍波羅蜜於第四地行勤
波羅蜜於第五地行定波羅蜜於六地行慧波羅蜜
於第七地行方便勝智波羅蜜於第八地行願波羅蜜
於第九地行力波羅蜜於第十地行智波羅蜜善男
子菩薩摩訶薩最初發心攝受能生妙寶三摩地第
二發心攝受能生可愛樂三摩地第三發心攝受能生
難動三摩地第四發心攝受能生不退轉三摩地第五發
心攝受能生寶花三摩地第六發心攝受能生日圓
光焰三摩地第七發心攝受能生一切願如意成就三摩
地第八發心攝受能生現前證住三摩地第九發心攝受
能生智藏三摩地第十發心攝受能生勇進三摩地善
男子是名菩薩摩訶薩十種發心善男子菩薩摩
訶薩於此初地得陀羅尼名依功德力尒時世尊即說呪曰
怛姪他 晡律你曷奴喇剃 獨虎獨虎獨虎
耶跋蘇利瑜 阿婆婆薩底(丁里反 下皆同) 耶跋 旃達囉
調怛底 多跋達洛叉漫 憚荼鉢唎訶藍 矩嚕 莎訶

BD14942 號 金光明最勝王經卷四 (12–5)

男子是名菩薩摩訶薩十種發心善男子菩薩摩
訶薩於此初地得陀羅尼名依功德力尒時世尊即說呪曰
怛姪他 晡律你曷奴喇剃 獨虎獨虎獨虎
耶跋蘇利瑜 阿婆婆薩底(丁里反 下皆同) 耶跋 旃達囉
調怛底 多跋達洛叉漫 憚荼鉢唎訶藍 矩嚕 莎訶
善男子此陀羅尼是過一恒河沙數諸佛所說為護初地
菩薩故若有誦持此陀羅尼呪者得脫一切怖畏所謂虎
狼師子惡獸之類一切惡鬼人非人等怨賊災橫及諸苦惱解
脫五障不忘念初地
善男子菩薩摩訶薩於第二地得陀羅尼名善安樂住
怛姪他 嗢篅(入聲 下同)里 質里質里 嗢篅羅 篅羅 引喃
繕覩繕覩嗢篅里 虎嚕虎嚕 莎訶
善男子此陀羅尼是過二恒河沙數諸佛所說為護二地
菩薩故若有誦持此陀羅尼呪者脫諸怖畏惡獸鬼人
非人等怨賊災橫及諸苦惱解脫五障不忘念二地
善男子菩薩摩訶薩於第三地得陀羅尼名難勝力
怛姪他 憚宅枳 般宅枳 羯喇拏高喇拏 雞由哩 憚拏里 莎訶
善男子此陀羅尼是過三恒河沙數諸佛所說為護三地
菩薩故若有誦持此陀羅尼呪者脫諸怖畏惡獸惡鬼
人非人等怨賊災橫及諸苦惱解五障不忘念三地
善男子菩薩摩訶薩於第四地得陀羅尼名大利益
怛姪他 室唎室唎 陁弭你陁弭你 陁哩陁哩你
室唎室唎你 毗舍羅波世伐娜 畔陁弭帝 莎訶
善男子此陀羅尼是過四恒河沙數諸佛所說為護四地
菩薩故若有誦持此陀羅尼呪者脫諸怖畏惡獸惡鬼

BD14942 號 金光明最勝王經卷四 (12–6)

善男子菩薩摩訶薩於第四地得陀羅尼名大利益
怛姪他　室唎室唎　陀弭你陀弭你　陀哩陀哩你
室唎室唎你　毗舍羅波世始娜　畔陀弭帝莎訶
善男子此陀羅尼是過四恒河沙數諸佛所說為護四地
菩薩故若有誦持此陀羅尼呪者脫諸怖畏惡獸惡鬼
人非人等怨賊灾橫及諸苦惱解脫五障不忘念四地
善男子菩薩摩訶薩於第五地得陀羅尼名種種功
德莊嚴
怛姪他　訶哩訶哩你　遮哩遮哩你　羯喇摩引你
僧羯喇引你　三婆山你瞻跋你　悉耽婆你謨漢你
碎閻步陛莎訶
善男子此陀羅尼是過五恒河沙數諸佛所說為護五地
菩薩摩訶薩故若有誦持此陀羅尼呪者脫諸怖畏
惡獸惡鬼人非人等怨賊灾橫及諸苦惱解脫五障不
忘念五地
善男子菩薩摩訶薩於第六地陀羅尼名圓滿智
怛姪他　毗徒哩毗徒哩　摩哩你迦里迦里　毗度漢底
嚕嚕嚕嚕　主嚕主嚕　杜嚕婆杜嚕婆　捨捨設者婆哩灑
莎悉底薩婆薩埵喃　悉甸覩曼怛囉鉢陀你莎訶
善男子此陀羅尼是過六恒河沙數諸佛所說為護六
地菩薩摩訶薩故若有誦持此陀羅尼呪者脫諸怖畏
惡獸鬼人非人等怨賊灾橫及諸苦惱解脫五障不忘念六地
善男子菩薩摩訶薩於第七地得陀羅尼名法勝行
怛姪他　勺訶上勺訶引魯　勺訶勺訶魯　鞞陸枳鞞陸枳

地菩薩摩訶薩故若有誦持此陀羅尼呪者脫諸怖畏
惡獸鬼人非人等怨賊灾橫及諸苦惱解脫五障不忘念六地
善男子菩薩摩訶薩於第七地得陀羅尼名法勝行
怛姪他　勺訶上勺訶引嚕　勺訶勺訶嚕　鞞陸枳鞞陸枳
阿蜜㗚多嚧揲你　勃里山你　鞞嚕勅枳婆嚕伐底
鞞提呬枳　鉢陀鞞哩你　阿蜜哩底　薄虎主愈
薄虎主愈莎訶
善男子此陀羅尼是過七恒河沙數諸佛所說為護七地菩
薩故若有誦持此陀羅尼呪者脫諸怖畏惡獸惡鬼人
非人等怨賊灾橫及諸苦惱解脫五障不忘念七地
善男子菩薩摩訶薩於第八地得陀羅尼名無盡藏
怛姪他　室唎室唎你　蜜底蜜底　羯哩羯哩醯嚧醯嚧
主嚕主嚕　畔陀弭莎訶
善男子此陀羅尼是過八恒河沙數諸佛所說為護八地菩
薩故若有誦持此陀羅尼呪者脫諸怖畏惡獸惡鬼人
非人等怨賊灾橫及諸苦惱解脫五障不忘念八地
善男子菩薩摩訶薩於第九地得陀羅尼名無量門
怛姪他　訶哩旃荼哩枳　俱藍婆喇睇天里反　都剌死
跋吒跋吒死室唎室唎　迦室哩迦必室哩　莎蘇活反悉底
薩婆薩埵喃莎訶
善男子此陀羅尼是過九恒河沙數諸佛所說為護九地
菩薩故若有誦持此陀羅尼呪者脫諸怖畏惡獸惡鬼
人非人等怨賊灾橫及諸苦惱解脫五障不忘念九地

薩婆薩埵喃莎訶
善男子此陀羅尼是過九恒河沙數諸佛所說為護九地
菩薩故若有誦持此陀羅尼呪者脫諸怖畏惡獸惡鬼
人非人等怨賊災橫及諸苦惱解脫五障不忘念九地
善男子菩薩摩訶薩於第十地得陀羅尼名破金剛山
怛姪他 悉提去 蘇悉提去 謨折你木察你 毗木底菴末麗
毗末麗 涅末麗 忙揭麗 呬囒若揭鞞 曷喇怛娜揭鞞
三曼多跋姪囇 薩婆頞他娑憚你 摩捺斯莫訶摩捺斯
頞步底 頞窒步底 阿喇誓毗喇誓 頞主底菴蜜㗚底
阿喇誓毗喇誓 跋藍謎 跋羅甜歛麼莎麗 晡喇你晡喇娜
曼奴喇剃莎訶
善男子此陀羅尼灌頂吉祥句是過十恒河沙數諸佛所
說為護十地菩薩故若有誦持此陀羅尼呪者脫諸怖
畏惡獸惡鬼人非人等怨賊災橫一切毒害皆悉除滅解
脫五障不忘念十地
尒時師子相无礙光焰菩薩聞佛說此不可思議陀羅尼
已即從座起偏袒右肩右膝著地合掌恭敬頂礼佛
足以頌讚佛
敬礼无譬喻 甚深无相法 衆生失正知 唯佛能濟度
如來明慧眼 不見一法相 復以正法眼 普照不思議
不生於一法 亦不滅一法 由斯平等見 得至无上處
不壞於生死 亦不住涅槃 不著於二邊 是故證圓寂
於淨不淨品 世尊知一味 由不分別故 獲得最清淨
世尊无邊身 不說於一字 令諸弟子衆 法雨皆充滿

如來明慧眼 不見一法相 復以正法眼 普照不思議
不生於一法 亦不滅一法 由斯平等見 得至无上處
不壞於生死 亦不住涅槃 不著於二邊 是故證圓寂
於淨不淨品 世尊知一味 由不分別故 獲得最清淨
世尊无邊身 不說於一字 令諸弟子衆 法雨皆充滿
佛觀衆生相 一切種皆无 然於苦惱者 常興於救護
苦樂常无常 有我无我等 不一亦不異 不生亦不滅
如是衆多義 隨說有差別 譬如空谷響 唯佛能了知
法界无分別 是故无異乘 為度衆生故 分別說有三
尒時大自在梵天王亦從座起偏袒右肩右膝著地合掌
恭敬頂礼佛足而白佛言世尊此金光明最勝王經希
有難量初中後善文義究竟皆能成就一切佛法若受
持者是人則為報諸佛恩佛言善男子如是如是如汝所
說善男子若得聽聞是經典皆不退於阿耨多羅三藐
三菩提何以故善男子是能成熟不退地菩薩殊勝善
根是第一法印是衆經王故應聽聞受持讀誦何以善男
子若一切衆生未種善根未成熟善根未親近諸佛者不
能聽聞是微妙法若善男子善女人能聽受者一切罪障
皆悉除滅得最清淨常得見佛不離諸佛及知識勝行
之人恒聞妙法住不退地獲得如是勝陀羅尼門所謂无盡
无減所謂海印出妙功德陀羅尼无盡无減通達衆生意
行言語陀羅尼无盡无減日圓无垢相光陀羅尼无盡无減
滿月相光陀羅尼无盡无減能伏諸惑演功德流陀羅尼
无盡无減破金剛山陀羅尼无盡无減說不可說義因緣

之人恒聞妙法住不退地獲得如是勝陀羅尼門所謂无盡
无減所謂海印出妙功德陀羅尼无盡无減通達衆生意
行言語陀羅尼无盡无減日圓无垢相光陀羅尼无盡无減
滿月相光陀羅尼无盡无減能伏諸惑演功德流陀羅尼
无盡无減破金剛山陀羅尼无盡无減說不可說義因緣
藏陀羅尼无盡无減通達實語法則音聲陀羅尼无盡
无減虛空无垢心行印陀羅尼无盡无減无邊佛身皆能
顯現陀羅尼无盡无減
善男子如是等无盡无減陀羅尼門得成就故是菩薩
摩訶薩能於十方一切佛土化作佛身演說无上種種正
法真如不動不住不來不去善能成熟一切衆生善根亦
不見一衆生可成熟者雖說種種諸法言詞中不動不住不
去不來能於生滅證无生滅以何因緣說諸行法无有去來
由一切法體无異故說是法時三万億菩薩摩訶薩得无
生法忍无量諸菩薩不退菩提心无量无邊苾芻苾芻
尼得法眼淨无量衆生發菩提心尒時世尊而說頌曰

勝法能逆生死流　甚深微妙難得見
有情盲冥貪欲覆　由不見故受衆苦

尒時大衆俱從座起頂禮佛足而白佛言世尊若所在處
講宣讀誦此金光明最勝王經我等大衆皆悉往彼為
作聽衆是說法師令得利益安樂无障身意泰然我
等皆當盡心供養亦令聽衆安隱快樂所住國土无諸
惡賊恐怖厄難飢饉之苦人民熾盛此說法處道場之地
一切諸天人非人等一切衆生不應履踐及以汙穢何以故說法

BD14942號　金光明最勝王經卷四　（12–11）

作聽衆是說法師令得利益安樂无障身意泰然我
等皆當盡心供養亦令聽衆安隱快樂所住國土无諸
惡賊恐怖厄難飢饉之苦人民熾盛此說法處道場之地
一切諸天人非人等一切衆生不應履踐及以汙穢何以故說法
之處即是制底當以香花繒綵幡蓋以為供養我等常
為守護令離衰損佛告大衆善男子汝等應當精勤修
習此妙經典是則正法久住於世

金光明經卷第四

択 善里 從本

BD14942號　金光明最勝王經卷四　（12–12）

好光明威德殊勝蔽於衆會 此下三明現化往文三 一化往 二問訊 三
衆歎初中文四 此初現化使往也 所以化蔽衆會者 欲令彼衆覩勝
化而尋本也▲而告之曰 汝往上方界分度如四十二恒河沙仏土 有國名
衆香 仏号香積 與諸菩薩方共坐食 二示去處也 汝往到如我辭
曰 維摩詰稽首世尊足下 致敬无量 問訊起居 少病少惱 氣力安不
三教問訊 譬曰 將亦有身 不得无患 故問如來 猶去少病少惱▲願得世尊
所食之餘 當於娑婆世界施作仏事 令此樂小法者得弘大道 亦使如來
名聲普聞 四陳請飯 譬曰 餘界遜言也 彼上因香以通大道 皆因
衆生志意狹劣 故請香食之餘以知仏事▲時化菩薩即於會前昇
于上方 舉衆皆見其去到衆香界 禮彼仏足 此二化到問訊 文三 此
初化礼足也▲又聞其言 維摩詰稽首世尊足下 致敬无量 問訊
起居 少病少惱 氣力安不 此二問訊起居也▲願得世尊所食之餘
欲於娑婆世界施作佛事 使此樂小法者得弘大道 亦使如
来名聲普聞 此三述其請事 義如文▲彼諸大士見化菩薩 歎未
曾有 今此上人從何所來 娑婆世界為在何許 云何名為樂小法者 即
以問佛 此下三明彼大士驚異 文四 此初歎問 中有三 一問從何所來
應言誰所化來 淨名化作也 二問娑婆 娑婆此云雜會 雜惡衆生
共會一處 又云堪忍 雖佛釋迦堪忍 往 故三問何名樂小法者 譬曰
其土純一乘 不聞樂小之名 故此問也▲佛告之曰 下方度如卌二恒河沙
佛土 有世界名娑婆 佛号釋迦牟尼 今現在於五濁惡世 為樂小法
衆生敷演道教 彼有菩薩名維摩詰 住不可思議解脫 為諸菩薩
說法 故遣化來 稱揚我名 并讚此土 令彼菩薩增益功德 此二答三問 世三

共會一處。又云堪忍，准佛釋迦堪忍住，故三問何名樂小法者。經曰
其土純一乘，不聞樂小之名，故此問也。佛告之曰：下方度如卌二恒河沙
佛土，有世界名娑婆，佛号釋迦牟尼，今現在於五濁惡世，為樂小法
衆生敷演道教。彼有菩薩名維摩詰，住不可思議解脫，為諸菩薩
說法，故遣化來，稱揚我名，并讚此土，令彼菩薩增益功德。（三）此一答三問，卌二
恒河沙趣答第二問，來處今現在五濁等答第三問，說小所由，有菩薩名
維摩詰知答第一能化者。釋迦，此云能仁；牟尼，此云寂名也。彼菩薩言：
其人何如，乃作是化，德力無畏，神足若斯？（三）重問化事，既觀所使之
威光，明能化之力妙，故再問也。佛言：甚大。一切十方皆遣化往施作佛事，饒
益衆生。（四）重答。令生企慕來娑婆也。於是香積如來以衆香鉢盛滿
香飯，与化菩薩。（五）此下二明淨土遊穢，文三：初受飯同來，二淨名賓侍，
三飯作佛事。初中文四：一化受飯，如文。時九百万菩薩俱發聲言：
我欲詣娑婆世界，供養釋迦牟尼佛，并欲見維摩詰等諸菩薩
衆。（二）彼衆欲來，雖稟香國之化，亦与聲教有緣，故欲同詣也。
佛言：可往，攝汝身香，無令彼諸衆生起惑著心。（三）許往誡勅，誡中文三，
此初攝身香也。什曰：大怒則狂，大善亦迷，宜攝汝香，防其惑因。又當捨
汝本形，勿使彼國求菩薩道而自鄙恥。（二）攝形也。什曰：恥深則殞，愧淺
亦惱，二患之文至去道逾遠。緬上言惑著，此言鄙恥，二門手顯，夠其文也。
又汝於彼莫懷輕賤而作礙想。所以者何？十方國土皆如虛空。又諸佛為
欲化諸樂小法者，不盡現其清淨土耳。（三）輕誡文有標、徵、釋也。娑
婆衆生遇劣則輕，見勝便恥，值好則著，故偕彼以誡此也。時化菩薩
既受鉢飯，与彼九百万菩薩俱承佛威神及維摩詰力，於彼世界忽然
不現，須臾之間至維摩詰舍。（四）化衆同來。維摩詰即化作九百万師子
之座，嚴好如前，諸菩薩皆坐其上。（四）此二淨名賓侍，如前指不思議品。
時化菩薩以滿鉢香飯与維摩詰，飯香普熏毗耶離城及三千大千
世界。（一）此三飯作佛事，有二：初香，後味。前中文三：此受香，普熏，彼熏十方，
此但三千，緣應示也。時毗耶離婆羅門居士等聞是香氣，身心快然，歎
未曾有。（二）聞香淨益。於是長者主月蓋
從八万四千人來入維摩詰舍，見其室中菩薩甚多，諸師子座高廣嚴
好，皆大歡喜，禮衆菩薩及大弟子，却住一面。諸地神、虛空神及欲色界
諸天，聞此香氣，亦皆來入維摩詰舍。（三）有緣斯會。經曰：毗耶離國

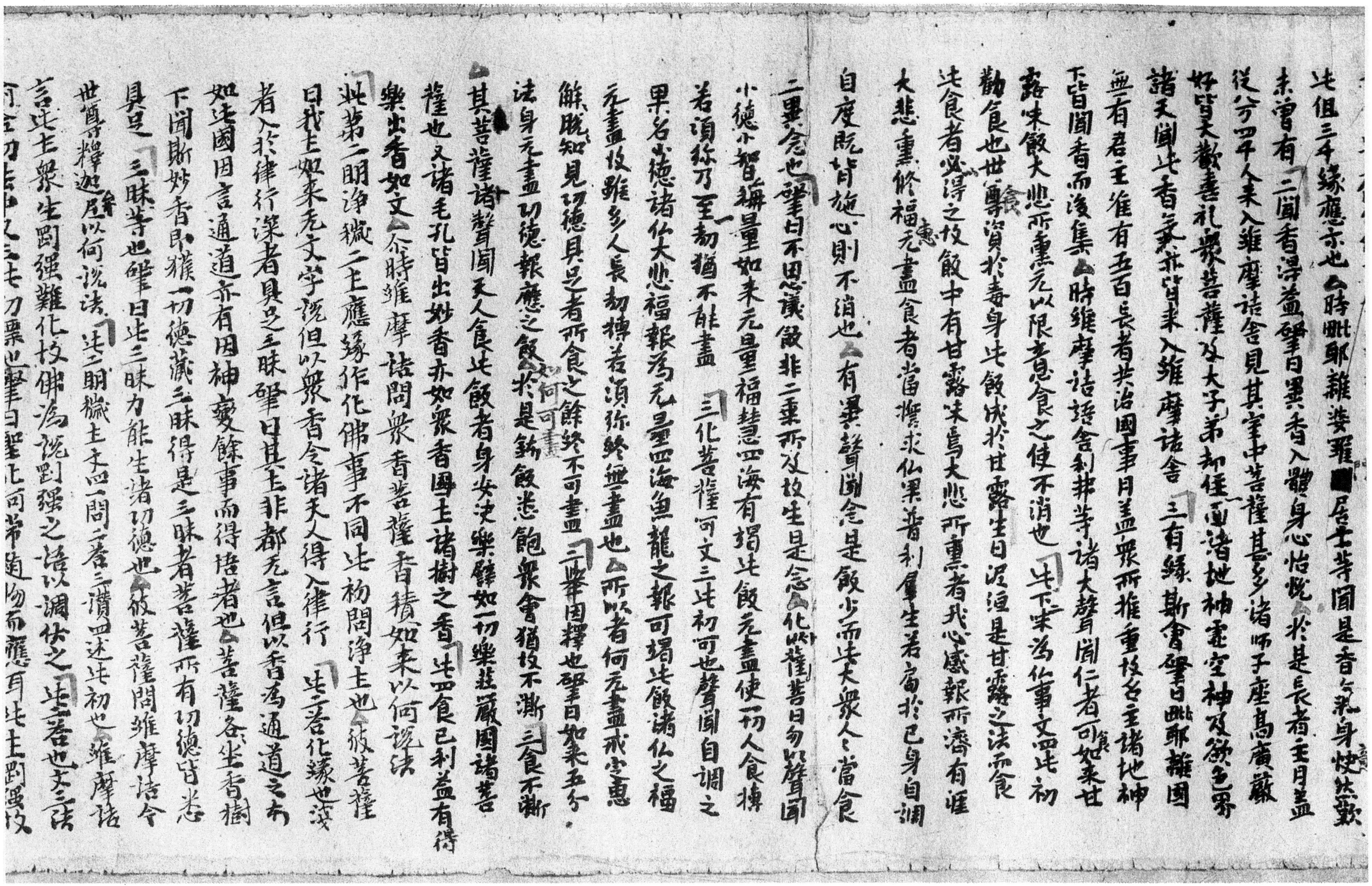

此但三千緣應示也。時毗耶離婆羅門居士等聞是香氣身快然歎
未曾有。二聞香得益。肇曰：異香入體，身心怡悅。於是長者主月蓋
從八萬四千人來入維摩詰舍，見其室中菩薩甚多，諸師子座高廣嚴
好，皆大歡喜，禮衆菩薩及大弟子，卻住一面。諸地神、虛空神及欲色界
諸天聞此香氣，亦皆來入維摩詰舍。三有緣斯會。肇曰：毗耶離國
無有君主，唯有五百長者共治國事。月蓋衆所推重，故名主。諸地神
下皆聞香而後集。時維摩詰語舍利弗等諸大聲聞：仁者可食如來甘
露味飯，大悲所熏，無以限意食之，使不消也。此下第四化事，文四。此初
勸食也。世尊資於毒身，此飯成於甘露。生曰：泥洹是甘露之法，而食
此食者必得之，故飯中有甘露味焉。大悲所熏者，我心感報，所濟有涯，
大悲熏修福無盡。食者當擬求佛果，普利衆生，若當於己身自調
自度，既背施心，則不消也。有異聲聞念：是飯少而此大衆人人當食。
二異念也。肇曰：不思議飯，非二乘所及，故生是念。化菩薩曰：勿以聲聞
小德小智稱量如來無量福慧。四海有竭，此飯無盡，使一切人食揣
若須彌，乃至一劫，猶不能盡。三化菩薩呵，文三。此初呵也。聲聞自調之
果名小德。諸佛大悲福報為無量。四海魚龍之報可竭，此飯諸佛之福
無盡，故雖多人長劫摶若須彌，終無盡也。所以者何？無盡戒定慧
解脫解脫知見功德具足者所食之餘，終不可盡。二舉因釋也。肇曰：如來五分
法身無盡功德報應之飯，如何可盡。於是鉢飯悉飽衆會，猶故不澌。三食不澌
其菩薩聲聞天人食此飯者，身安快樂，譬如一切樂莊嚴國諸菩
薩也。又諸毛孔皆出妙香，亦如衆香國土諸樹之香。此四食已利益有得
樂出香如文。爾時維摩詰問衆香菩薩：香積如來以何說法？
此第二明淨穢二土應緣作佛事不同。此初問淨土也。彼菩薩
曰：我土如來無文字說，但以衆香令諸天人得入律行。此二答化緣也。淺
者入於律行，深者具足三昧。肇曰：其土非都無言，但以香為通道之本。
如此國因言通道，亦有因神變餘事而得悟者也。菩薩各坐香樹
下，聞斯妙香，即獲一切德藏三昧。得是三昧者，菩薩所有功德皆悉
具足。三昧等也。肇曰：此三昧力能生諸功德也。彼菩薩問維摩詰：今
世尊釋迦牟尼以何說法？此二明穢土，文四。一問，二答，三讚，四述。此初也。維摩詰
言：此土衆生剛強難化，故佛為說剛強之語以調伏之。此二答也。文三，初法
[illegible]刀栗也。肇曰：聖化何常，隨物而應，耳此土剛強，故

BD14943號　淨名經集解關中疏卷下　（23–3）

如此國因言通道亦有因神變飾事而得悟者也△菩薩名生香有
下聞斯妙香即獲一切德藏三昧得是三昧者菩薩所有功德皆悉
具足 三昧等也肇曰此三昧力能生諸功德也△彼菩薩問維摩詰今
世尊釋迦牟尼以何說法 此二明穢土文四一問二答三讚四述此初也△維摩詰
言此土眾生剛強難化故佛為說剛強之語以調伏之 此二答也文三法
喻合初法中文三此初標也肇曰聖化何常隨物而應耳此土剛強故
以剛強之教應之△言是地獄是畜生是餓鬼是諸難處是愚人生處是
身邪行是身邪行報是口邪行是口邪行報是意邪行是意邪行報 此二列剛強語法華以
言通實相為柔軟音故此中始於地獄終至生世間涅槃差別皆非盡理
不二之言故悉名剛強語也文約五乘明之此初果離八難因離三邪生值仏
法正信修行名人乘也△是殺生是殺生報是不與取是不與取報是邪婬是邪婬報是妄語是妄語報是兩舌是兩舌
報是惡口是惡口報是无義語是无義語報是貪嫉是貪嫉報是瞋惱是瞋惱報是邪見是邪見報 此二示作十惡
即十善業報生欲天名天乘也若增修禪定生色天也兩舌者離間語
无義語者什曰胡本云雜說也夫不為善及涅槃而起口業悉名雜說也
△是慳悋是慳悋報是毀戒是毀戒報是瞋恚是瞋恚報是懈怠是懈怠報是亂意是亂意報是愚癡是愚癡報
此二除六蔽修六度即菩薩乘也△是結戒是持戒是犯戒是應作是不
應作是障礙是不障礙是得罪是離罪 此下合明二乘文分三學此初
戒學也結戒者肇曰如律藏說謂因事制戒也順受名持違故名犯用
故應作制故不應作性戒障道應故不障戒无重心犯故障輕心不障不
識得罪識故離罪△是淨是垢 此二定學凡夫以愛心修禪定為垢聖
人无漏心修為淨也△是有漏是无漏是邪道是正道是有為是无為
是世間是涅槃 此下明惠學七覺有漏八聖无漏八正道背此名邪道
三諦有為滅諦无為三界世間出三界涅槃△以難化之人心如猿猴故以若
干種法制御其心乃可調伏 下結文可見△譬如象馬㑭悷不調加諸楚毒
乃至徹骨然後調伏如是剛強難化眾生故以一切苦切之言乃可入律
此二喻也調馬有四菩薩見鞭二乘觸皮人天觸肉說三惡調乃為徹骨
合文可見肇曰非鉤捶无以調象馬非苦言无以伏難化△彼諸菩薩聞說
是已皆曰未曾有也如世尊釋迦牟尼佛隱其无量自在之力乃以貧所
樂法度脫眾生 此三讚述文二此初讚仏也肇曰諸仏平等迹有參差
由羣生下劣志願狹小故仏隱自在力同其貧陋順其所樂而以濟之應
感无方不擇淨穢此未曾有也△斯諸菩薩亦能勞謙以无量大悲生
此三 次菩薩可見△維摩詰言此土菩薩於諸眾生大悲堅固誠

與

合文可見肇曰非鈎揵无以調象馬非苦言无以伏難化彼諸菩薩皆說
是已皆日未曾有也如世尊釋迦牟尼佛隱其无量自在之力乃以貧所
樂法度脫衆生述三讚述文二此初讚仏也肇曰諸仏平等迹有參差
由衆生下劣志願狭小故仏隱自在力同其貧所隨順其所樂而以濟之應
感无方不擇淨穢此未曾有也斯諸菩薩亦能勞謙以无量大悲生
是仏土下歎菩薩可見維摩詰言此土菩薩於諸衆生大悲堅固誠
如所言然其一世饒益衆生多於彼國百千劫行此四述誠不述仏者道同故
也文二此初述益深化善則功少化惡則功深歡日久而无功未若近而有
益所以者何此娑婆世界有十事善法諸餘淨土之所無有何等為十
以布施攝貧窮以淨戒攝毀禁以忍辱攝嗔恚以精進攝懈怠以禪
定攝亂意以智慧攝愚癡說除難法度八難者以大乘法度樂小乘
者以諸善根濟无德者常以四攝成就衆生是為十二釋所以也有標
數列釋可見肇曰夫善因惡起淨因穢增此土十惡法具故十德增長彼
土純善故施德無地所以百千劫行不如一世也彼菩薩曰菩薩成就幾法
於此世界行无瘡疣生于淨土此三明淨土之行文二此初問也肇曰將勵此
土始學菩薩令生淨國故發斯問維摩詰言菩薩成就八法於此世
界行无瘡疣生于淨土此二答文四謂標徵釋結此初標也何等為八
此二徵可見饒益衆生而不望報代一切衆生受諸苦惱所有功德盡
以施之肇曰菩薩代彼受苦不自計身所有功德盡施衆生豈以有益
而想其報乎若不為衆生應久入涅槃為彼受苦令其先度彼去我留
非代何謂此饒益之至一法也等心衆生謙下無礙肇曰怨親不殊卑
己後人等心尊彼情无分然二法也於諸菩薩視之如佛肇曰菩薩衆生
之橋梁三寶之所繫視之如佛則增己功德三法也所未聞經聞之不疑
肇曰仏所說經聞則信受不以未聞而生疑惑四法也不與聲聞而相違
背肇曰三乘雖異歸宗不殊不以大小而相違背五法也不嫉彼供不高
己利而於其中調伏其心肇曰他種他獲曷為而嫉己種己得曷為而高
於是二中善自調伏六法也常省己過不訟彼短肇曰省己過則過自
消訟彼短則短在己七法也恒以一心求諸功德肇曰塵垢易增功德難
集自非一心專求无以剋成具此八法則行无瘡疣終生淨土是為八結竟
說是維摩詰文殊師利於大衆中說是法時百千天人皆發阿耨多羅三

已和而和中其前伏甚心　肇曰[illegible]
於是二中善自調伏去法也△常省己過不訟彼短　肇曰省己過則過自
消訟彼短則短在已七法也△恒以一心求諸功德　肇曰廣修易增功德難
集自非一心專求无以剋成具此八法則行无瘡疣終生淨土是為八　結奇
見△維摩詰文殊師利於大衆中說是法時百千天人皆發阿耨多羅三
藐三菩提心十千菩薩得无生法忍　三得益行深大士悟淨穢之隨緣得
无生忍行淺者聞无疵之行捨穢慕淨發菩提心
△菩薩行品第十一　此下兩品大段第三歸宗印定前品廣仏事不同多
明淨土之宗後品現淨名勝身勝土多明印定香積大士悟諸仏之平
等知淨穢之隨緣請法退還回以自品也　是時仏說法於菴羅樹
園其地忽然廣博嚴事一切衆會皆作金色　品文三初明事畢
歸仏二明仏事不同三請法還土初文復四一現相二詣仏三慰問四仏讚
初文又三此先現相也肇曰至人无常所理會是隣如來淨名雖服殊勢
異妙期有在所以來往興化共弘不思議道者也目遣問疾所明若上
今將詣如來封印茲故先現斯瑞以啓羣心　阿難白仏言世尊以何因
緣有此瑞應是處忽然廣博嚴事一切衆會皆作金色　二問緣身
子迦葉隨文以作化阿難侍者留菴園以啓道故因瑞而發端也
仏告阿難是維摩詰文殊師利与諸大衆恭敬圍遶發意欲來故
先為此瑞應　三答彼來今此生信仰也　於是維摩詰文殊師利可共
見仏與諸菩薩礼事供養　此二詣仏文四初唱往也什曰維摩勸共
見仏有二奇也一者見其誠心欲遂其本意二者欲令證明香飯
多所發悟三者以其德勝遠遊宜令寶反故共詣仏所證請道法也
文殊師言善哉行矣今正是時　二文殊稱善肇曰有益也時　維摩詰
即以神力持諸大衆并師子座置於右掌往詣仏所到已著地稽首
仏足右繞七匝一心合掌在一面立　三明掌擎詣仏也　其諸菩薩即皆
避座稽首仏足亦繞七匝於一面立諸大子弟釋梵四天王等亦皆避座
稽首仏足在一面立　四明次第致敬什曰世相迎送騶輕騎大士迎送則
運以妙通　於是世尊如法慰問諸菩薩已各令復坐即皆受教
此三明仏慰諭文略有數有奉如文　衆坐已定仏語舍利弗汝見菩薩大
士自在神力之所為乎　此四仏讚淨名神力者印彼已說伏彼未聞文四
此初問也　唯然已見　二答也　於汝意云何　三徵也　世尊我覩其為不

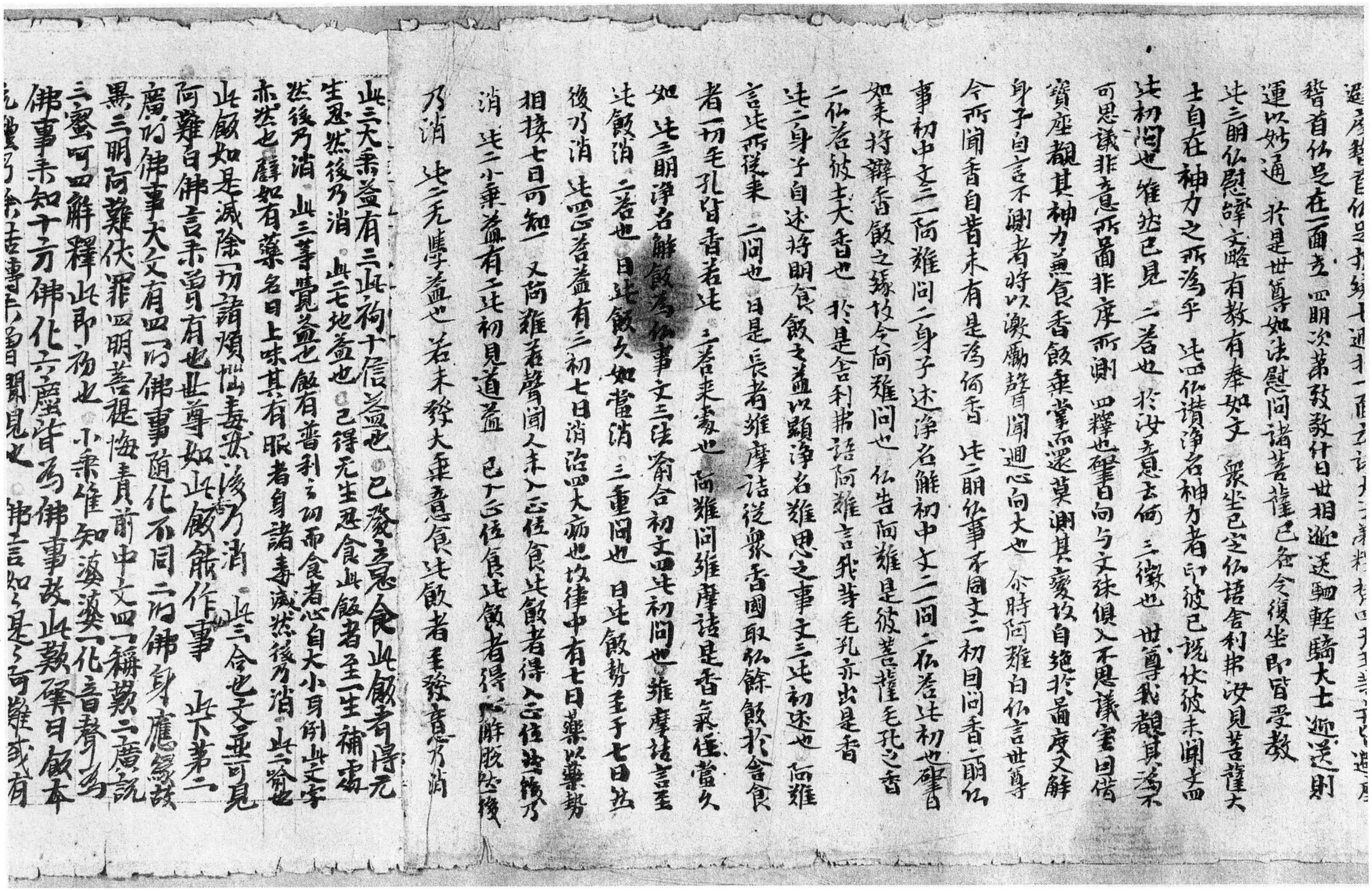

BD14943號　淨名經集解關中疏卷下

（23–7）

阿難白佛言未曾有也世尊如此飯能作佛事　此下第二
廣明佛事大文有四一明佛事隨化不同二明佛身應緣趣
異三明阿難伏罪四明菩提悔責前中文四一稱歎二廣說
三蜜可四解釋此即初也　小乘唯知娑婆一化音聲為
佛事未知十方佛化六塵皆為佛事故此歎　肇曰飯本
充體乃除結縛未曾聞見之　佛言如是如是阿難或有
佛土以佛光明而作佛事　此下二廣明佛事　肇曰阿難見
香飯所益謂佛事理極於此故廣示其事令悟佛道之無方也
此土眾生見佛妙光自入道檢亦有餘益但以光為主下類然也
有以諸菩薩而作佛事　肇曰有佛默然居宗以菩薩為化主　有以
佛所化人而作佛事　大論云須扇頭佛當日成道當日
涅槃留化佛度眾生也皆此化也　有以菩提樹而作佛事
肇曰此樹光不照香无不熏形色微妙隨所好而見樹出法音
隨所好而聞此如來報應之樹也眾生遇者自然悟道　有以
佛衣服臥具而作佛事　肇曰昔閻浮提王得佛大衣時世大疫
王以衣置高表上以示國人人歸命病皆得除信敬益深因是
悟道也此其類也　有以飯食而作佛事　有以園林臺觀而
作佛事　肇曰眾香國即其事也園林如極樂林樹說法等一義
云飯食以君根通道　有以三十二相八十隨形好而作佛事　肇曰好嚴
飾者示之以相好也　有以佛身而作佛事　有以虛空而作佛事眾
生應以此緣得入律行　肇曰好有者存身以示有好空者滅身
以示空如密迹經說也上相雖在身而身相不二所因各異故佛事不同
有以夢幻影響鏡中像水中月熱時炎如是等喻而作佛事　肇曰
自有不悟正言因喻得解者　有以音聲語言文字而作佛事　肇曰即
娑婆國佛事也　或有清淨佛土寂寞无言无說无示无識无作无為而
作佛事　肇曰有真淨土純法身菩薩外无言說內无情識寂寞无為而
超悟事外非是言情所能稱述此佛事之上也　如是阿難諸佛威儀
進止諸所施為无非佛事　法身無為應物故為故進止威儀皆佛事也
阿難有此四魔八万四千諸煩惱門而諸眾生為之疲勞諸佛即以此法而作
佛事　肇曰三毒等分此四煩惱之根也因一根生二万一千煩惱合八万四千因八
万四千出无量塵勞故名門也眾生皆以煩惱為病而諸佛以之為藥如婬女啟
為患更極其情欲然後悟道毒龍以瞋必為患更增其恚此以欲除欲以瞋
除瞋猶良醫以毒除毒斯佛事之无方也是名入一切諸佛法門　若能深見實相
善惡不二應物隨化能善惡俱游名悟入法門也　是即惑諸惑即惑淨惑穢皆
是諸化物之門也　菩薩入此門者若見一切淨妙佛土不以為喜不貪不高若見一切不淨
佛土不以為憂不礙不沒但於諸佛生清淨心歡喜恭敬未曾有也　此三察前香積
等諸菩薩也真土平等非淨非穢應物而現故有淨穢若能悟淨非淨故不貪高

除瞋惱良藥以毒除毒斯佛事々无方也是名入一切諸佛法門
善惡而已應物隨化能善惡俱遊名悟入法門也 是即或語或嘿或淨或穢皆
是諸化物之門也 菩薩入此門者若見一切淨妙佛土不以為喜不貪不高若見一切不淨
佛土不以為憂不礙不沒但於諸佛生清淨心歡喜恭敬未曾有也 此三密皆香積
等諸菩薩也真土平等非淨非穢應物而現故有淨穢若能悟淨非淨故不貪高
悟穢非穢故不憂沒然淨穢不同俱是佛大悲故但於諸佛生淨信心歡未曾有
也 諸佛如來功德平等為化衆生故而現佛土不同 四解釋真土平等化物
不等也 阿難汝見諸佛國土地有若干而虛空无若干也 如是見諸佛
色身有若干耳其无㝵慧无若干也 此下第二呵責聲聞教應身為
實身文三初喻顯等不等二明一切平等三結折伏 此初也地有差別空
无差別喻也應物色身故有若干淨慧法身一切平等 此法合也 肇曰佛慧如
空應形猶地不以地異而異空不以空一而一地也 阿難諸佛色身威相種姓戒定
智慧解脫解脫知見力无所畏不共之法大慈大悲威儀所行及其壽命說法教化
成就衆生淨佛國土具諸佛法悉皆同等 此二明平等文二 此初諸佛身
土真應權實皆等有也 生曰諸佛色身雖復若干而一佛无不
有之 故无不等矣 是故名為三藐三佛陀名為多陀阿伽度名
為佛陀 二明名等 肇曰秦言正遍知見法无差謂之正智
无不同謂之遍決定法相謂之知 多陀等者 肇曰秦云如來亦云如
去如法而來如法而去古今不改千聖同轍故名如來亦名如去佛馱者
肇曰秦言覺生死長寢莫能自覺々其唯佛也 阿難若我廣說
此三句義汝以劫壽不能盡受正使三千大千世界滿中衆生皆如阿難
多聞第一得念總持此諸人等以劫之壽亦不能受如是阿難諸佛阿
耨多羅三藐三菩提无有限量智慧辯才不可思議 此下三正明
折伏阿難文三此初明人不受正使三千等多亦不受如是阿難等明菩提无
邊故身智權實應化功德不可思議豈是聲聞所能量也 阿難白佛言我從
今已往不敢自謂以為多聞 此三阿難伏過次激勸文四此初阿難伏也 肇曰阿難於五
百弟子中多聞強記第一今聞佛事乃自審寡聞 佛告阿難勿起退意所
以者何我說汝於聲聞中為最多聞非謂菩薩 二佛慰也 肇曰物有於上不
足於下有餘不可以於下有餘而量於上也 且止阿難其有智者不應
限度諸菩薩也一切海淵尚可測量菩薩禪定智慧總持辯才一切功德不
可量也 三歎菩薩功德无量也 阿難汝等捨置菩薩所行是維摩
詰一時所現神通之力一切聲聞辟支佛於百千劫盡力變
化所不能作 四結簡小大々士不思議一時所現神力非二乘所能為也
爾時衆香世界菩薩來者合掌白佛言世尊我等初見此土生下劣想今自
悔責捨離是心所以者何諸佛方便不可思議為度衆生故隨其所應現佛
國異 此四大悔責文有悔有釋 肇曰初見此土生下劣想譏諸菩薩亦
有異降聞上佛事乃自悔責 唯然世尊願賜少法還於彼土當由念如
來 此下第三請法還國文三一請二答三稱歎還國 此初請也 肇

諸一肢所現神[illegible]
化所不能作　四結嘆小大ゝ士不思議一時所現神力非二乘所能爲也
爾時衆香世界菩薩來者合掌白佛言世尊我等初見此土生下劣想今自
悔責捨離是心所以者何諸佛方便不可思議爲度衆生故隨其所應現佛
國異　此四大悔責也有悔有釋　肇曰初見此穢生下劣想謂諸菩薩亦
有累降閻上佛事乃自悔責　唯然世尊願賜少法還於彼土當念如
來　此下第三請法還國文三一請二答三稱歎還國此初請也　肇
曰既知佛事之難議故欲請法而還也　將宣揚如來不思
議道令本國衆生念佛功德也　佛告諸菩薩有盡无盡解脫法
門汝等當學　此下二答文四初標名二略釋三廣釋四結
勸此初也　肇曰有爲法有三相故有盡无爲法无三相故
无盡也　何謂爲盡謂有爲法何謂无盡謂无爲法如
菩薩者不盡有爲不住无爲　二略釋　肇曰有爲雖爲
捨之則大業不成无爲雖實住之則慧心不明是以菩薩不
盡有爲故德无不就不住无爲故道无不覆至能出
生入死遇物斯乘在淨而淨不以爲欣處穢而穢不以爲戚
應彼而動於我无爲此諸佛平等不思議之道也　何
謂不盡有爲　此下三明廣釋文三初釋不盡次釋不住後
雙釋初中又三此初徵也　謂不離大慈不捨大悲　此下二
釋也既雜明万行无別科判　肇曰慈悲乃入有之基樹
德之本故發言有之　深發一切智心而不忽忘教化衆生
終不厭惓於四攝法常念順行護持正法不惜軀命種
諸善根无有疲厭志常安住方便迴向　求化不離慈
内修不忘智謂求菩提心不暫忘也又外化不厭内順四攝外
護法攝内求功德皆爲迴向菩提方便化物不私二乘三界
果也　肇曰以慈爲根發心爲心然後順四攝化衆生護正法
種善根以此衆德茂其枝條道樹日滋不盡有爲也
下諸行願枝條之流取其日滋日茂以茂不盡義耳　廣捨慈
悲道樹不遠衆德積耗自隱涅槃謂盡有爲也　求法不懈
說法无悋勤供諸佛故入生死而无所畏　爲法不怠供佛
无畏　肇曰不以結生爲畏　於諸榮辱心无憂喜不輕
未學敬學如佛　八風不移志勸學不輕心　肇曰未學當
學所以不輕以學當成故敬如佛墮煩惱者令發正念於遠離
樂不以爲貴不著己樂慶於彼樂　不樂煩惱不貴涅槃大士之
化也　肇曰獨善之道何足貴也不著己樂等大士之心也　在諸禪定如地
獄想　肇曰禪定雖樂安之則大道不成菩薩不樂故想如地獄　於
生死中如園觀想　肇曰生死雖苦大道之所因菩薩好遊故想如園
觀也　見來求者如善師想　肇曰求者雖欲自益而實益我

學所以不輕以學當成故敬如佛值煩惱者令發正念於遠離
樂不以爲貴不著己樂慶於彼樂　不樂煩惱不貴涅槃大士之
化也　肇曰獨善之道何足貴也不著己樂等大士之心也　在諸禪定如地
獄想　肇曰禪定雖樂安之則大道不成菩薩不樂故想如地獄　於
生死中如園觀想　肇曰生死雖苦大道之所因菩薩好遊故想如園
觀也　見來求者如善師想　肇曰求者雖欲自益而實益我
故想爲善師　捨諸所有具一切智想　見毀戒人起救護想　諸波羅蜜
爲父母想　道品之法爲眷屬想　必因此施成就善根至一切智又不嫌
毀戒但念悲救想　波羅蜜能生法身助成菩提莫過道品此等是大士之
想念也　發行善根無有齊限　以諸淨國嚴飾之事成己佛土　增廣
万善嚴淨佛土依報行也　開門大施具足相好　除一切惡淨身口意　肇曰
開門恣求者所取无礙大施之法也又解除垢惡以淨三業亦行大施以嚴相
好正報行也　生死无數劫意而有勇　聞佛无量德志而不倦　以智慧
劍破煩惱賊　出陰界入　荷負衆生永使解脫　大悲不厭於生死精
進不倦於佛德以智慧劍破煩惱賊出法身果荷負衆生此菩薩
壊心也　肇曰法身越三界陰界入所不攝故言出若受陰界入身
處積塵之內則自固羈鏁安能濟彼　以大精進摧伏魔軍常求
无念實相智慧行少欲知足而不捨世間法　精進以摧魔无念以證真
少欲而不捨世大士之行也　肇曰真智无緣故無念不捨世者
以无欲而捨世自異　不壞威儀而能隨俗　起神通慧引導衆生　得
念總持所聞不忘　善別諸根斷衆生疑　以樂說辯演法无礙　不壞法身起通道
物身業化也　正念總持多聞不妄意業化也　善別衆根斷疑樂說口業化也
此大士之三業也　不壞威儀者　肇曰同俗俯仰不失道儀天下皆謂我同己
而我獨異人　樂說辯者四辯也　淨十善道受天人福　修四无量開梵
天道　十善欲天因无量梵王因物无出世之根故接以人天之善令離
三塗此大士之方便也　勸請說法隨喜讚善　得佛音聲身口意
善得佛威儀此大士之德也　佛音者經之八音也　一備好二柔軟三和適
四諦了五不女六不悞七深遠八不竭也又密跡經云有无量音也
深修善法所行轉勝　以大乘教成菩薩僧　心无放逸不失衆善　自
行則深修轉勝衆則化以大乘又矜不一善以放逸乃圓万德以成
道此大士之進求也　行如此法是名菩薩不盡有爲　此三結也　肇曰彼如上
法自行化彼功德日茂不盡有爲也夫善有爲法愛懷物身慶捨不彼則曰
耗曰盡　何謂菩薩不住无爲　此下第二釋不住无爲文三如前此初標也　謂修
學空不以空爲證　修學无相无作不以无相无作爲證　修學无起不
以无起爲證　此下二釋文三此初明三脫也二亦觀三脫樂涅槃故取
證菩薩觀三脫樂大悲故不證无起者因緣生法无自性故不生起也
肇曰此空觀之別門也　觀於无常而不厭善本　觀世間苦而不惡生死

道此大士之進行也　[illegible]
法自行化彼功德日滋不盡有為也大善有為法豪壞物可度權不捨則曰
耗日盡　何謂菩薩不住无為　此下第二釋不住无為文三如前此初標也　謂雖
學空不以空為證雖學无相无作不以為空无相无作為證雖學无起不
以无起為證　此下二釋文三此初明三脫也三亦觀三脫樂涅槃故取
證菩薩觀三脫樂大悲故不證无起者因緣生法无自性故不生起也
肇曰此空觀之別門也　觀於无常而不厭善本觀世間苦而不惡生死
觀於无我而誨人不倦觀於寂滅而不永滅　此二四非常觀也破常倒故觀
无常以大悲故不厭善破樂倒故觀苦以大悲故不惡生死破我倒故觀无我
以大悲故常誨人破暄動故觀寂滅以大悲故不永滅之觀无常故不住生死
不厭善本不住涅槃餘例然　觀於遠離而身心修善觀无所歸而歸
趣善法觀於无生而以生法荷負一切觀於无漏而不斷諸漏觀无所行
而以行法教化眾生觀於空无而不捨大悲觀正法位而不隨小乘此
三雖明諸行也雖身心離相而現身心修善雖法性平等而現歸善法
雖理本无生而現生度物雖離漏本清淨而現行諸漏雖本覺无行而
現行引物雖眾生情空而不捨悲濟正位者見真入證之地也以大悲故
不隨小乘而取證也　觀諸法虛妄无牢无人无主无相本願未滿而
不虛福德禪定智惠　肇曰諸法因緣所成虛假无本以何為
實以何為主雖知如此然大願未滿不以功德空惠虛假而不修　雖如是法
是名菩薩不住无為　此三結也肇曰備修上法則不證无為謂觀无為自證
成道即住无為也　又具福德故不住无為具智惠故不盡有為　此下三雙
釋所以肇曰上直明菩薩不盡有為不住无為未釋所以不盡所以不住
夫大士之行各有以妙期有在故復對而明之夫德之積也必涉有津若
住无為則功德不具智之明也必由廣博若處有為則智惠不具
大慈悲故不住无為滿本願故不盡有為　肇曰慈悲入生死
豈住无為之所能滿願由積德豈捨有為之所能　集法藥故不住无
為隨受藥故不盡有為　肇曰採良藥必在山嶮非草室之所出集法
藥必在嶮有非无為之所出也若廢捨有為則与群生隔絕何能隨
而授藥　知眾生病故不住无為滅眾生病故不盡有為　肇曰習知
眾病所豈住无為之法不盡有為不住无為是名盡无盡解脫法
門汝等當學　此四惣結勸肇曰不盡有為故无闕德之累不
住无為故无獨善之尋　此二无尋門是菩薩弘道之要路佛事无方之所由勸
彼令學亦其佛事不思議令必審諸佛无若干也　尒時彼諸菩薩聞說
是法皆大歡喜以眾妙華若干種色若干眾香散遍三千大千世界
供養釋迦牟尼佛及此經法并諸菩薩已稽首佛足歎未曾有言
釋迦牟尼佛乃能於此善行方便言已忽然不現還到本國
此三聞法歡喜供養稱述而還國也　見閦佛品第十二　阿閦者秦无
[illegible]

被令學宗其佛事不思議令近審諸佛无若干也　尒時彼諸菩薩聞說
是法皆大歡喜以衆妙華若干種色若干衆香散遍三千大千世界
供養釋迦牟尼佛及此經法并諸菩薩已稽首佛足歎未曾有言
釋迦牟尼佛乃能於此善行方便言已忽然不現還到本國
此三聞法歡喜供養稱述而還國也　見阿閦佛品第十二　阿閦此云无
動雖復變化万形而實相常寂故名也將證淨名所德以印經故取
佛而現土因立品名耳又標前半品應去見如來以後半品顯跡證經
故從後立名也　尒時世尊問維摩詰汝欲見如來為以何等觀如
來乎　此品第二顯淨名身土以證經大人有勝德說之真當由故
印定也　文三初明真身真土二明應身應土三歎聞經之利也
初文二此初問也前文殊入室論之以無來身子來經訓之以元來今
淨名見佛見之於元見此皆會真則言云相寂引物則示有去來
耳又二乘初心皆見相跡故因以論之也肇曰向命文殊共來見佛雖
復奉目順俗而致覲不同如來䇿觀其情將題其來覲之意以明
佛事不思議故知而問　維摩詰言如自觀身實相觀佛亦然　二顯法
身文三正答法身二論以生滅前文三初惣答實相二別棟百非三結成
正觀此初也肇曰佛者何也蓋窮理盡性大覺之稱也其道虛玄
固已妙絶常境心不可以智知形不可以像測同万物之為而居不為
之域處言數之內而止无言之鄉非有而不可為無非無而不可
為有寂寞虛曠物莫能測不知所以名故強謂之覺其為至也
亦以極矣何則夫同於得者得亦得之同於失者亦得之是以則真者
同真法偽如來靈照冥諧一彼實實相相之相即如來相故經曰見
實相法為見佛也淨名自觀身實相以為如來相義存於是也
我觀如來前際不來後際不去今則不住不觀色不觀色如不觀色性
不觀受想行識不觀識如不觀識性　此下二別棟百非意明諸
相非相即實相也法身非生滅故非三世有故非色非空故非如無自性故无
性肇曰法身超絶三世非陰界入所攝故不可以生住去來而觀不可以
五陰如性而觀也非四大起同於虛空六入无積眼耳鼻舌身心已過不
在三界三垢已離順三脫門三明与无明等　金剛之躰非四大起本
覺性故不積六情法界同真不在三界性離三垢常順三脫明与无
明其性不二之情性即法身性也　不一相不異相不自相不他相非无
相非取相不此岸不彼岸不中流而化衆生觀於寂滅亦不永滅　法
身非聚散故非一異亡彼我故無自他不同大虛故非无相不受著
故非取相生死即涅槃故无彼此岸邪正道不二故无中流雖衆相大
都滅而不住滅故教化衆生是即常寂滅而无滅也　不此不彼
不以此不以彼不可以智知不可以識識　法无彼此之相故不彼不此聖无
彼此之執故不以彼且二乘智所不測豈凡識而能識哉　无晦无

明其性不二之情[illegible]法身也[illegible]
相非取相不此岸不彼岸不中流而化衆生觀於寂滅亦不永滅 法
身非聚散故非一異亡彼我故無自他不同太虛故非无相不受著
故非取相生死即涅槃故无彼此岸邪正道不二故无中流雖衆相
都滅而不住滅故教化衆生是即常寂滅而无滅也 不此不彼
不以此不以彼不可以智知不可以識識 法无彼此之相故不彼不此聖无
彼此之執故不以彼且二乘智所不測豈凡識而能識哉 无晦无
明无名无相无強无弱非淨非穢 性不可議故无晦離覺所覺
故无明不可以名呼不可以相示豈強弱淨穢而分別哉 不在方
不離方非有為非无為无示无說 佛身住法性故不在方庵
園即法性故離方真身不生滅故非有為丈六即真身故非无為應物而
相非實相故不可示應物而名非真名故不可說 不施不慳不
戒不犯不忍不恚不進不怠不定不亂不智不愚不誠不欺不來
不去不出不入一切言語道斷 法身真淨不可以六蔽亟復不可以六度
〻不可以善識不可以惡數感物而來 非來感謝而往非去既形於
去來亦无心於出入斯言徑自絕也 非福田非不福田非應供養非不應
供養非取非捨非有相非无相同真際等法性不可稱不可量過諸稱
量 无心福物非福田有求見益非不福无證无得非應供德洽
无邊非不應取之則失真捨之則乖道豈有相可相无相可无斯
同真際等法性趣稱量之境哉 非大非小非見非聞非覺非知
離衆結縛等諸智同衆生於諸法无分別 不可以世界量非大不可以
微塵〻此非小離六塵之境不可以合覺不可以離見无漏之轍〻絕結縛
等實相之智同衆生〻性渾然无際豈与法有別 一切无失无濁无惱
无作无起无生无滅无畏无憂无喜无猒 肇曰无得故无失无
清故无濁事外之軀何可惱亂孰能作之令起生之使滅恬淡
寂怕无為无數豈容憂畏喜猒於其間哉 无已有无當有无今有
不可以一切言說分別顯示 既已三世之有都絕言說之路 世尊如來
身為若此也作如是觀以斯觀者名為正觀若他觀者名為邪觀
三結成觀也 肇曰窮言盡智莫能顯示未觀之旨為若是之
也又解他觀者謂二乘凡夫見生滅憂畏等皆理為他介時舍
利弗問維摩詰汝於何沒而來生此 二論生滅文三舍利弗約法問
二淨名約幻況出三釋其生滅前文又四此初身子問也離生滅見不生滅
者二乘之見非實相義若即因緣生滅悟不生滅者此法身義也有
此差別故弃論爲上雖具顯百非今但論於生滅若悟生則无生自然
无生〻自然〻衆非可見矣 肇曰上云如自觀身實相〻〻无生而現有
生將成其自觀之義故以沒生問也 維摩詰言汝所得法有沒
生乎 二反質也 肇曰逆問所得以證无沒生也所得法即无為无相道舍
[illegible]言无沒生也 三答无沒生也 若諸法无沒生相云何問言汝於何沒而來

二淨名約幻況出三轉其生滅前文又四此初身子問也雖生滅見不生滅
者二乘之見非實相義若即因緣生滅悟不生滅者此法身義也有
此差別故并論焉上雖具顯百非今但論於生滅若悟生則无生自然
无生〻自然衆非可見矣肇曰上云如自觀身實相〻无生而現有
生將成其自觀之義故以沒生問也 維摩詰言汝所得法有沒
生乎 二反質也 肇曰逆問所得以證无沒生也所得法即无為无相遠舍
利弗言无沒生也 三答无沒生也 若諸法无沒生相云何問言汝於何沒而来
生此四呵也 若觀諸法因緣生滅本无自性云何乃問此沒生耶 於意云何譬
如幻師幻作男女寧沒生耶 二舉幻況文五此初舉幻問 舍利弗言
无沒生也 二答也 汝豈不聞佛說諸法如幻相乎 三重問 答曰如是
四重答 若一切法如幻相者云何問言汝於何沒而来生此 五呵若
佛說諸法如幻相者即幻生非生幻沒非沒云何更問此沒生也 肇
曰生猶化存死猶化往物无不尔獨問我為 舍利弗沒者為虛誑法壞敗
之相生者為虛誑法相續之相菩薩雖沒不盡善本雖生不長諸惡 三
解釋妄執虛誑有沒有生悟法真實无生无滅幻滅非滅故不盡
善本幻生非生故不貪生長惡此所以顯即生滅悟无生滅成法身
義也 是時佛告舍利弗有國名妙喜佛號无動是維摩詰
於彼國沒而来生此 此下二明應身應土文二初論應事
二現身土前文又四一佛示國名二身子生疑三為喻質問四
解釋摩事此初也上說即生非生是真身此明不生能生
是應身國土亦然故佛示其生沒也 舍利弗言未曾有
也世尊是人乃能捨清淨土而来樂此多怒害處 二生
疑但可弃穢生淨焉有捨淨來穢耶 肇曰此土方餘國
怒害最多 維摩詰語舍利弗於意云何日光出時與
冥合乎 答曰不也日光出時則无衆冥 維摩詰言夫
日何故行閻浮提 答曰欲以明照為之除冥 三質問初問
答明日光自明闇不能蔽喻真身處染不染後問答明日光
能破彼闇喻菩薩化生離染 維摩詰言菩薩如是雖生不
淨佛土為化衆生不與愚闇而共合也但滅衆生煩惱闇耳
此四合喻解釋二重亦然 是時大衆渴仰欲見妙喜世界不
動如来及其菩薩聲聞之衆 此下三正現身土文六一時衆渴
仰二佛命令現三奉命移取四勸修行五大衆發心六利益
還本也此初也 佛知一切衆會所念告維摩詰言善男子為此衆
會現妙喜國无動如来及諸菩薩聲聞之衆衆皆欲見 此二命令現
土 肇曰既覩大衆渴仰之情將顯淨名不思議德故告令現本國也 於
是維摩詰心念吾當不起于座接妙喜國鐵圍山川溪谷江河大
海泉源須弥諸山及日月星宿天龍鬼神梵天等宮并諸菩薩

佛二佛命今現三奉命移取四勸修行五大衆發心六利益
還本也此初也 佛知一切衆會所念告維摩詰言善男子爲此衆
會現妙喜國无動如來及諸菩薩聲聞之衆皆欲見 此二命令現
土肇曰既覩大衆渴仰之情將顯淨名不思議德故告令現本國也於
是維摩詰心念吾當不起于座接妙喜國鐵圍山川溪谷江河大
海泉源須弥諸山及日月星宿天龍鬼神梵天等宮并諸菩薩聲
聞之衆城邑聚落男女大小乃至无動如來 三奉命文六此初念
取彼佛國土及妙蓮花寶階嚴飾盡皆現也 及菩提樹諸妙蓮花
能於十方作佛事者 肇曰彼菩提樹及妙蓮華皆能放光明於十方作佛
事及華上化佛并亦於十方作佛事皆通取來 三道寶階從閻浮提
至忉利天以此寶階諸天來下悉爲礼敬无動如來聽受經法 肇曰
啟天報通足能陵虛然彼土以寶階嚴飾爲遊戲之路故同以往返也
閻浮提人亦登其階上昇忉利見彼諸天妙喜世界成就如是无量
功德上至阿迦膩吒天下至水際以右手斷取如陶家輪入此世界猶持華
鬘示一切衆 肇曰嚴淨之土福慶所集人天之報相殊未幾故同路往
反有交遊之歡娛又解忉利此云三十三也 阿迦膩吒此云色究竟
作是念已入於三昧現神通力以其右手斷取妙喜世界置於此土
二正取 肇曰重爲輕根靜爲躁君非三昧之力无以運神足之動
彼得神通菩薩及聲聞衆并餘天人俱發聲言唯然世尊誰取
我去願見救護 三得通驚懼 肇曰大通菩薩逆覩變端爲衆
而問其餘諸天未了而問怨畏未盡故求救護 无動佛言非我所
爲是維摩詰神力所作 四佛稱淨名作也 其餘未得神通者
不覺不知己之所往 五明不覺 妙喜世界雖入此土而不增減
於是世界亦不迫隘如本无異 六不增減 尒時釋迦牟尼佛告諸大衆
汝等且觀妙喜世界无動如來其國嚴飾菩薩行淨弟子清白皆曰
唯然已見 佛言若菩薩欲得如是清淨佛土當學无動如來所行之
道 此四勸修行文三此初勸觀也二皆曰唯然答見佛言已
下勸修並可見 肇曰登高必由其本求果必尋其因現此妙喜國時娑
婆世界十四那由他人發阿耨多羅三藐三菩提心皆願生於妙喜
佛土釋迦牟尼佛即記之曰當生彼國 此五明衆益文三發心
發願佛記如文 妙喜現此二意一爲證淨名淨土二爲若干有緣
發心 時妙喜世界於此國土所應饒益其事訖已還復本處舉
衆皆見 此六利益已還本 佛告舍利弗汝見此妙喜世界及无動
佛不唯然已見世尊願使一切衆生得清淨土如无動佛獲神通
力如維摩詰 此下第三明聞經益文二身子發願二聞經利益
初文又三問二答三發願如文 妙喜淨土淨名神通不思議事二示
所无故啓茲願也 世尊我等快得善利得見是人親近供養 此下二明

發心時妙喜世界於此國土所應饒益其事訖已還復本處舉
衆皆見 此六利益已還本 佛告舍利弗汝見此妙喜世界及无動
佛不 唯然已見世尊 願使一切衆生得清淨土如无動佛獲神通
力如維摩詰 此下第三明聞經益文二 身子發願 二聞經利益
初文又三 一問 二答 三發願 如文 妙喜淨土淨名神通不思議事 二就
所无故發茲願也 世尊我等快得善利得見是人親近供養 此下二明
聞經得利 文二 此初歎聞經益 其諸衆生若今現在若佛滅後聞
此經者亦得善利 此二勸諸衆生聞經益 文三 初歎聞經 況復聞
已信解受持讀誦解說如法修行 二極致受持 若有手得是經典
者便爲已得法寶之藏 三別歎有六 此初也 八部衆生尚不聞名況手
得哉 深種信根 俱佛得經解脫寶藏則爲已得 若有讀誦解釋其義如
說修行則爲諸佛之所護念 肇曰 行應於內 護念於外 理會冥感自
然之數 其有供養如是人者當知則爲供養於佛 持法藏者行
如來事故如供佛 其有書持此經卷者當知其室則有如來 經是佛
母故 經卷處佛及弟子梵釋龍天護如塔廟 若聞是經能隨喜者斯
人則爲取一切智 十業之行雖於發足之一切智果始於隨喜隨能喜之必當
趣證 若能信解此經乃至一四句偈爲他人說者當知此即是受阿耨多
羅三藐三菩提記 十善五戒執在人天 大乘深經唯果菩提 故始信四
句便記成佛 法供養品第十三 此下二品大段第三證已須傳流通
分也 讚說護持遠津遐劫 聞經修證聖聖不絕 故曰流通 文二 此品讚法
尊益大 後品觀益護持 大乘理教名之爲法 修讀傳通名爲供養
如文 尒時釋提桓因於大衆中白佛言 世尊 我雖從佛及文殊師
利聞百千經 未曾聞不可思議自在神通決定實相經典 品文二 初
天帝發誓 後經二如來述可 初中又三 初歎法勝 次歎人益 三觀益擁護傳弘
初也 百千經方便教也 決定實相修證理 自在神通所證用 肇曰 此經言
雖簡約而義包群典 坐不踰日而備覩通變 大乘微遠之言 神通應
感之力 一時所遇 理无不盡 如我解佛所說義趣 若有衆生聞是
經法 信解受持讀誦之者必得是法不疑 此二歎人 文二 此初歎
信解 肇曰 是法者自在神通實相法也 什曰 若累深信薄者經涉生死
究竟必得 若善積而悟深者隨願輒成也 何況如說修行 斯人則爲
閉衆惡趣 開諸善門 常爲諸佛之所護念 降伏外學 摧滅魔怨 修
治菩提 安處道場 履踐如來所行之跡 此二歎修行也 一念修行 閉八
難惡趣 開五乘善門 行應則諸佛莫護 修近則外魔摧伏 隨順佛
理名修菩提 不移亡心必安道樹 无上佛果信心爲本 而行菩提一念爲階 所
階於一念 修行即是履踐如來所行之跡 世尊 若有受持讀誦如說修行者
我當與諸眷屬供養給事 所在聚落城邑山林曠野 有是經處 我亦
與諸眷屬聽受法故共到其所 其未信者當令生信 其已信者當爲
[illegible]

治菩提安處道場履踐如來所行之跡 此二歎將行也一念維行以入
離惡趣開五乘善門行應則諸佛莫護將近則外魔摧伏隨順佛
理名將菩提不移七心安道樹无上佛果信心爲本方行菩提一念爲階所
以始於一念將行即是履踐如來所行之跡 世尊若有受持讀誦如說將行者
我當與諸眷屬供養給事所在聚落城邑山林曠野有是經處我亦
與諸眷屬聽受法故共到其所其未信者當令生信其已信者當爲
作護 此三天帝翻法貢益大從擁護弘護之護持正法并行本所誓
將 佛言善哉善哉天帝如汝所說吾助汝喜此經廣說過去未
來現在諸佛不可思議阿耨多羅三藐三菩提 此下六佛讚天帝所以
文三如前此初述歎法也肇曰善其護持之意也三世菩提不思議道皆陳在此
經若受持護養則爲供養三世諸佛故助汝喜 是故天帝若善男子
善女人受持讀誦供養是經者則爲供養去來今佛 三述人益深
文二此初正述也經是三世佛母供其母則供其子也又教能顯理理能
悟佛故受持讀誦則爲供養三世佛矣 天帝正使三千大千世界如
來滿中譬如甘蔗竹葦稻麻叢林若有善男子善女人或一劫
或減一劫恭敬尊重讚歎供養奉諸所安至諸佛滅後以一一全身舍
利起七寶塔縱廣一四天下高至梵天表刹莊嚴以一切華香瓔珞
幢幡伎樂微妙第一若一劫若減一劫而供養之於天帝意云何
其人殖福寧爲多不 此二校量文四此初舉況聞也大千諸佛
福田最上施安起塔二世供養是人殖福爲多不耶 釋提桓因言
多矣世尊彼之福德若以百千億劫說不能盡 二答福多 佛告天
帝當知是善男子善女人聞是不可思議解脫經典信解受持
讀誦將行福多於彼 三正校量勝生日衣食供養本以施功致
福非求理之法擾此正可生人天之中終不得成佛也供養法身者
以佛所體爲懷懷於文悟習惠而以相比豈可同年語其優義劣
哉 所以者何諸佛菩提皆從是生菩提之相不可限量以是因緣福不可
量 四釋勝所以諸佛從經生供佛福尚多何況供於經本乎 肇曰高木必起
重壤瓊瑜必生荊岫所以无量之果必由无量之因諸佛菩提皆從習此經生而
菩提之道以无相爲相无相之相不可限量因是生福福何可量 佛告天帝
過去无量阿僧祇劫是時世有佛号曰藥王如來應供正遍知明
行足善逝世間解无上士調御丈夫天人師佛世尊世界曰大莊嚴劫曰莊嚴佛壽二十
小劫其聲聞僧三十六億那由他菩薩僧有十二億 此下三述知護之報我
爲自益護法成仙天帝所願報可知矣文四初明有佛二明供養三結
會四勸修此初明時有佛也藥王別号如來等通号有十一如來乘
真如理來成正覺故云應供破魔度物應供養故三正遍知正覺
諸法不顛倒故四明行足三明果故五善逝善逝往也真

卅是善逝世間解无上士調御丈夫天人師佛世尊劫曰大莊嚴佛壽二十
小劫其聲聞僧三十六億那由他菩薩僧有十二億 此下三述弘護之報我
爲月蓋護法成佛天帝所願報可知矣文四初明有佛二明供養三結
會四勸修此初明時有佛也藥王別號如來等通號有十一如來乘
真如理來成正覺故二應供破魔度物應供養故三正遍知正覺
諸法不顛倒故四明行足万行滿足之至三明果故五善逝善逝往也真
往菩提不退還故六世間解大悲權智解世間故七无上士德業最
勝无能過故八調御丈夫受化調伏皆丈夫故九天人師雖師範
六道天人益多故十佛號覺也生死長夜自覺覺他故餘劫名眷
屬等可見 天帝是時有轉輪聖王名曰寶蓋七寶具足主
四天下王有千子端正勇健能伏怨敵命時寶蓋與其眷屬供
養藥王如來施諸所安至滿五劫 二明有王供養文三此初
父王供養也 七寶者輪寶珠寶女寶馬寶象寶藏寶臣寶兵
神寶 過五劫已告其千子汝等亦當如我以深心供養於佛於
是千子受父王命供養藥王如來復滿五劫一切施安 二千子
供養有告有奉可覽 其王一子名曰月蓋獨坐思惟寧有供
養殊過此者 此三明月蓋思法供養文九初獨思惟也 肇
曰極世餚琦无以穢其至至之情莫莫所珍之外別有妙養以暢誠心
以佛神力空中有天曰善男子法之供養勝諸供養 二天告
肇曰藥王如來知其將化故變爲空神而告之 即問何謂法之供
養 三問天也 天曰汝可往問藥王如來當廣爲汝說法之供養 四令
往問佛也 即時月蓋王子行詣藥王如來稽首佛足却住一面白佛言
世尊諸供養中法供養勝云何爲法供養 五詣問佛 佛言善
男子法供養者諸佛所說深經一切世間難信難受微妙難見
清淨无染非但分別思惟之所能得 下六佛答法養文二初明法體
二明供養法中文五初明理法二明教法三明行勝四明果勝五總結也此初
明實相理法也 肇曰深經謂之方等第一義也其旨深玄非有心之所得
微妙无緣非明者之所覩超絕塵境无染若空欲以有心有明而信受
者不亦難乎又解實相深理難信難見性淨无染但可習悟非分
別思惟能得又解情與理遠故難信行與理遠故難受成與理
遠故難見 菩薩法藏所攝陀羅尼印印之 此二明菩薩教非小乘也陀羅尼印者
无名相理假名相說經曰名而无名經曰相而无相此陀羅尼印之故勝天王云總
持无文字文字顯總持般若大悲力離言文字說又即名非名即相非名相亦
名實相印也 肇曰菩薩藏所攝固非小乘之寶總持所印固非域中
之道總持所印印必真法藏所攝攝必寶豈是常人所能聞發以明法
寶深固難可闚闢也 至不退轉成就六度 此三明理深教妙起行必
勝文四此初不退行也如弥勒章明 肇曰不退所以至六度所以成大業

善達故難見　菩薩法藏所攝陀羅尼印印之　此二明菩薩法教非小乘也所攝

无名相理假名相說經曰名而无名離相而无相此陀羅尼印之故勝天王云總

持无文字文字顯總持般若大悲力離言文字說又即名非名即相非名相亦

名實相印也　肇曰菩薩法藏所攝固非小乘之寶總持所印固非域中

之道總持所印印必真法藏所攝必寶豈是常人所能闚發以明法

寶深固難可闚測也　至不退轉成就六度　此三明理深教妙起行必

勝文四此初不退行也如彌勒尊明　肇曰不退所以至六度所成大業

之所出俱莫由斯典　善分別義順菩提法衆經之上　此二演說行也肇曰善

分別實相之義順菩提无相之法此經之上也　入大慈悲離衆魔事及諸邪見

此三離過行也大悲故超二乘離著故超諸魔無邪見故超外道此皆深經之所

能也　順因緣法无我无人无衆生无壽　命空无相无作无起　此四證真行也謂順

因緣悟真理也无我等我空也空无相等法空也肇曰法從因緣生則无自性

則无主則无我人衆生壽者命唯空无相无作无起此深經之所順也　能令

衆生坐於道場而轉法輪諸天龍神乾闥婆等所共歎譽　此下四明理深

行妙得勝果也文三初明證既成道樹必轉法輪所以天龍稱揚歎　能令衆

生入佛法藏攝諸賢聖一切智慧說衆菩薩所行之道　此二明一切智果

既坐道樹具佛法藏攝賢聖智得菩提道因圓果滿名行足也　依

於諸法實相之義明宣无常苦空无我寂滅之法能救一切毀

禁衆生諸魔外道及貪著能使怖畏　此三明大悲利益果既坐

道場攝一切智普雨法雨利益衆生令諸菩薩依實相義權為二乘

宣无常理聞經隨喜毀禁罪除諸魔外道怖邪歸正自非深信大乘

豈因悲願安能致此无邊益哉　諸佛賢聖所共稱歎背生死苦

示涅槃樂十方三世諸佛所說　此五總結理也肇曰諸佛共稱以

明其法必真也生死雖苦皆之至難涅槃樂識之者畫自非深

經孰啓其路諸佛雖殊其道不二六明第一義經常一不異也　善丈

深經說於是若聞如是等經信解受持讀誦以方便力為諸衆

生分別解脫顯示分明守護法故是名法之供養　此二明供養文二此初

信行讀誦肇曰如是等經盡諸佛法身也若聞斯經能信解讀誦宣

示分明令大法增廣名之供養二成法身也　又於諸法如說修行

此二明法行修行文三初觀除邪報二四依簡失三順寂滅證初除

執又三此初標也肇曰諸法即深經所說六度諸法　隨順十二因緣離

諸邪見得无生忍決定无我无有衆生　此二无我觀也　肇曰不

悟緣起故有邪見之迷封我之惑若如說行則得明慧明見十二因

緣根原所由故能離邪見得无生忍无復吾我衆生之想也見緣

如緣謂之隨順明白有无謂之決定皆智用之別稱而於因緣果報

无違无諍離諸我所　此三離我所也　肇曰无違无諍即隨順義也五受

陰身及家屬所有因緣果報即我所也若能明見因緣果報之性

自即無是離我所也上直明見因緣如无違諍故離我所見今觀因緣

BD14943號　淨名經集解關中疏卷下　（23–20）

悟緣起故有邪見之迷封我之惑若如說行則得明慧明見十二因
緣根原所由故能離邪見得无生忍无復吾我衆生之想也見緣
如緣謂之隨順明白有无謂之决定皆智用之別稱而於因緣果報
无違无諍離諸我所此三離我所也 肇曰无違无諍即隨順義也五受
陰身及家屬所有因緣果報即我所也若能明見因緣果報之性
順而無違離我所也上直明觀因緣知无違者故離我見今觀因緣
果報知无屬者故離我所見 依於義不依語依於智不依識依了
義經不依不了義經依於法不依人 而依闇失大集經云語者說生死
義者說生死无性語者說涅槃味義者說涅槃无性語者說諸乘隨所
安処義者說諸乘入一相智門等又識者識四大智住四大无性識者識六
根六識智者住內外寂滅等又不了義經說生死苦惱了義經說生死
涅槃一相不了義經說我人諸法了義經說三空无我也又人者
攝取人見法者解人无人見人者凡聖三乘人也法者究一切法无
別无異如虛空也 隨順法相无所入无所歸 此三順法寂滅相而
修證文三此初標法躰也 肇曰順因緣知法无盡法從緣而有
從緣而无其有不從來其无不歸入過去故曰无入无歸也 无
明畢竟滅故諸行亦畢竟滅乃至生畢竟滅故老死亦畢竟
滅二轉寂滅相也 肇曰畢竟謂始終常滅不復更滅乃所以
滅无盡義也生曰畢竟者終要然也終既要滅生豈有哉生若
不其誰有滅邪則无入歸矣 作如是觀十二因緣无有盡相不復起
見是名最上法之供養此三結供養也无明本性寂滅故不生不生即
不滅不滅即无盡 肇曰觀因緣无離常我等諸見今觀因緣无滅
離斷等諸見具四依離諸見者法供養之上也 佛告天帝王子月
蓋聞如是法得柔順忍 七聞法得益也 二王玄四五六地得此忍也 肇
曰心柔智順堪受實相未及无生名柔忍 即解寶衣嚴身之具
供養佛 二解衣供養白佛言世尊如來滅後我當行法供養守
護正法願以威神加哀建立令我得降魔怨修菩薩行 三請加護也 肇
曰聞法供養順欲行之然經道深遠非己力所弘故願加威神也 佛
知其深心所念而記之曰汝於末後守護法城 八明受記 什曰欲令後
人信伏故記其守護法藏 天帝時王子月蓋見法清淨聞佛
授記以信出家修集善法精進不久得五神通通達菩薩道得陀羅尼
无斷辯才 九出家護法文三此初出家得道神通業陀羅尼
心業辯才口業也於佛滅後以其所得神通總持辯才之力滿十
小劫藥王如來所轉法輪隨而分布 二以具三業功德故弘法也 月
蓋比丘以守護法勤行精進即於身化百万億人於阿耨多羅
三藐三菩提立不退轉十四那由他人深發聲聞辟支佛心无量衆生
得生天上 三明所化衆數 天帝時王寶蓋豈異人乎今現

无數詰[illegible]
心業辯才口業也於佛滅後以其所得神通總持辯才之力滿十
小劫藥王如來所轉法而隨而布之以具三業功德故弘法也 日
蓋比丘以守護法勤行精進即於身化百万億人於阿耨多羅
三藐三菩提立不退轉十四那由他人深發聲聞辟支佛心无量衆生
得生天上 三明所化衆數 天帝時王寶蓋豈異人乎今現
得佛號寶炎如來其王千子即賢劫中千佛是也 從迦羅鳩
孫馱為始得佛最後如來号日樓至 月蓋比丘則我身是 三結會
古今迦羅鳩孫馱亦曰拘留孫賢劫千佛之首樓至千佛之終也
如是天帝當知此要以法供養於諸供養為上為最第一无比是
故天帝當以法之養供養於佛 四結勸 肇曰吾成正覺由法供養
是可知法養為上 囑累品第十四 此品付囑護持傳法事大
緣累不輕慇懃付囑故云囑累又云慇懃 弃三故云囑累
於是佛告弥勒菩薩言弥勒我今以是无量億阿僧祇劫所集阿
耨多羅三藐三菩提付囑於汝如是輩經於佛滅後末世之汝等
當以神力廣宣流布於閻浮提无令斷絶 品文三 付囑弥勒等有
囑阿難等 三經畢慶聞前文又二 初後受付三 此初正付也 肇曰不思
議經即佛无上菩提之道其道深遠難可剋成吾无量劫不惜
身命肉施踰須弥血施過江海勤苦積集今始得就哀彼長迷
故垂之竹帛嘉悲群生慕薄 魔事熾盛吾道多難非汝不弘翻正
之第所以重累又域高衝生道尊魔盛自非神力无以衛持故勸以神
力也 所以者何未來世中當有善男子善女人及天龍鬼神乾闥婆羅
剎等發阿耨多羅三藐三菩提心樂于大法若使不聞如是等經則失
善利如此輩人聞是等經必多信樂發希有心當以頂受隨諸衆
生所應得利而為廣說 二釋付所以 緣不感佛發在當來不聞則失聞
之必益故當頂受廣說 肇曰茲之通塞損益若此故勸弥勒頂受廣說
也 弥勒當知菩薩有二相 何謂為二一者好於雜句文飾之事二者不畏深
義如實能入若好雜句文飾事者當知是為新學菩薩若於如是无染无
著甚深經典无有恐畏能入其中聞已心淨受持讀誦如說修行當知是為
久修道行 此三以聞傳通得失有三 此初總簡也 新學好文久修好義傳者
應善其根緣學者應鑒其得失有標釋結可見 肇曰行之深淺各有
異相 德失雨陳以勸護持法者 弥勒復有二法名新學者不能決定於甚
深法何等為二一者所未聞深經聞之驚怖生疑不能隨順毀謗不信而作是
言我初不聞從何所來二者若有護持解說如是深經者不肯親近供養
恭敬或時於中說其過惡有此二法當知是新學菩薩為自毀傷
不能於深法中調伏其心 此別簡新學文三 如前決定深理必
在積修敬法重人方能久學若謗法毀師自絶深信解慧不明
[illegible]不退轉也 肇曰一毀法二毀人 弥勒復有二法菩

BD14943號　淨名經集解關中疏卷下

(23–22)

言我初不聞從何所來二者若有護持解說如是深經者不肯親近供養
恭敬或時於中說其過惡有此二法當知是新學菩薩為自毀傷
不能於深法中調伏其心　此二別簡新學文三如前決定深理必
在積脩敬法重人方能久學若謗法毀師自絕深信解患不明
豈能決定正觀獲不退轉也　肇曰一毀法二毀人　弥勒復有二法菩薩
雖信解深法猶自毀傷而不能得无生法忍　何等為二者輕慢
新學菩薩而不教誨二者雖解深法而取相分別是為二法　三別簡舊
學二法者一輕慢新學自壹大悲二樂分別自壞大智失證无生忍也
悲智雙闕有茲二患自毀脩證文三如前可見　弥勒菩薩聞說是
已白佛言世尊未曾有也如佛所說我當遠離如斯之惡　此下二明
弥勒四王等受旨文三此初弥勒受旨二佛讚領中先受誡旨棄
日一生大士豈有如斯之惡聞而復離耶發言者為未離者同　奉持
如來无數阿僧祇劫所集阿耨多羅三藐三菩提法若未來世中善
男子善女人求大乘者當令手得如是等經與其念力使受持讀
誦為他廣說世尊若後末世有能受持讀誦為他說者當知是
弥勒神力之所建立　此二領通經旨如來得法益通三世未來有
緣我當令手得心持自行兼說　弥勒神力者　肇曰定已功於未
然息衆魔之偃斷　佛言善哉善哉弥勒如汝所說佛助尔喜
此二佛讚如文可見　於是一切菩薩合掌白佛言我等亦於如來滅後
十方國土廣宣流布阿耨多羅三藐三菩提復當開導諸說法者
令得是經　二諸菩薩受法燈遍照故誓宣十方　尒時四天王白佛世尊
在在處處城邑聚落山林曠野有是經卷讀誦解說者我當率
尒諸官屬為聽法故往詣其所擁護其人面百由旬令无伺求得其
便者　此下三四天王受旨經卷住處災難自清況天力護持弥增法化是
時佛告阿難受持是經廣宣流布　阿難言唯我已受持要者世尊
當何名斯經　佛言阿難是經名維摩詰所說亦名不可思議解脫法門
如是受持　下二付囑阿難付受問名欲令結集之時无所遺漏　佛說
是經已長者維摩詰文殊師利舍利弗阿難等及諸天人阿脩羅等
一切大衆聞佛所說皆大歡喜　已下說付既周慶聞修奉
淨名經關中疏卷下

BD14943號　淨名經集解關中疏卷下　（23–23）

BD14943號背　雜寫

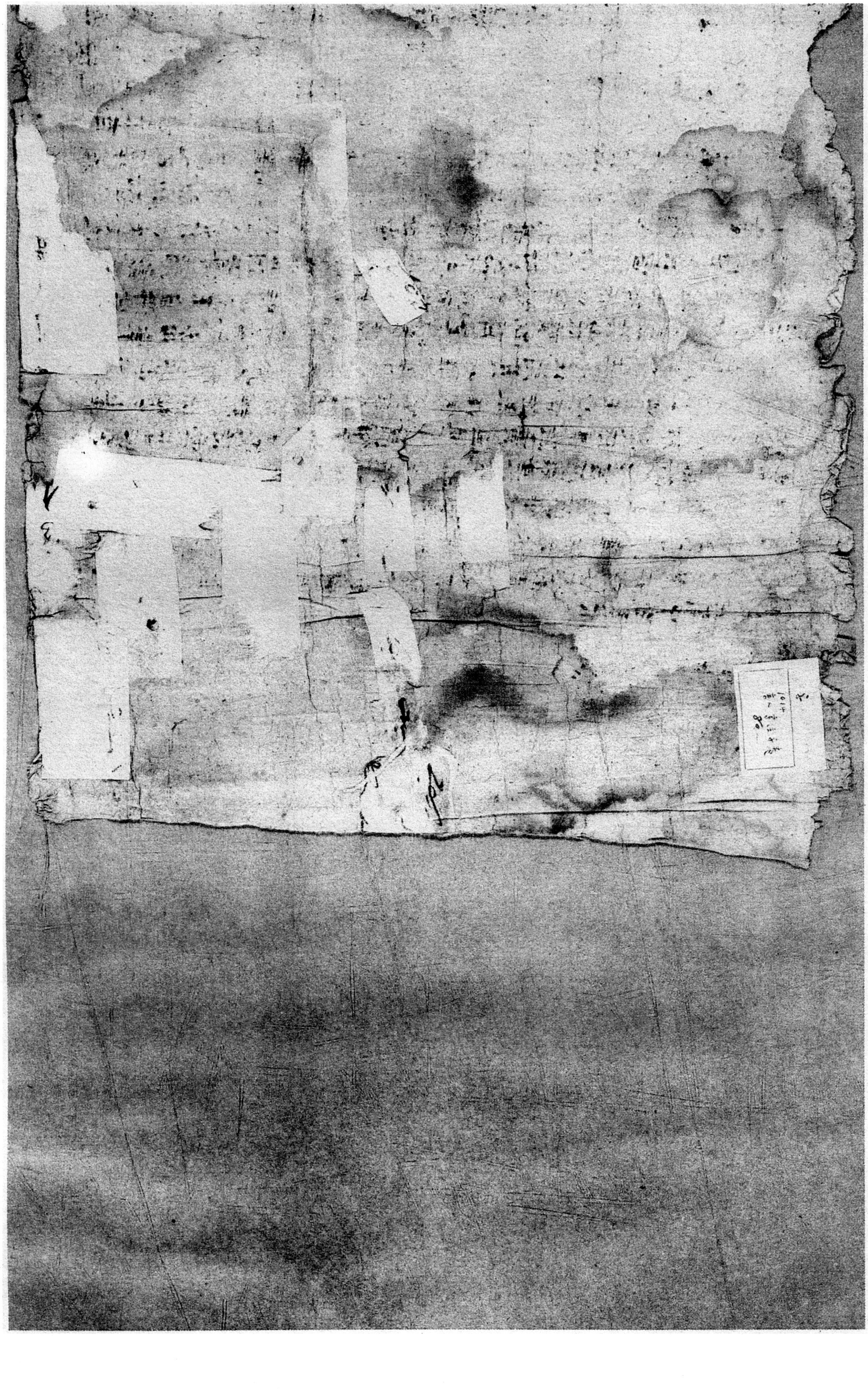

（1–1）

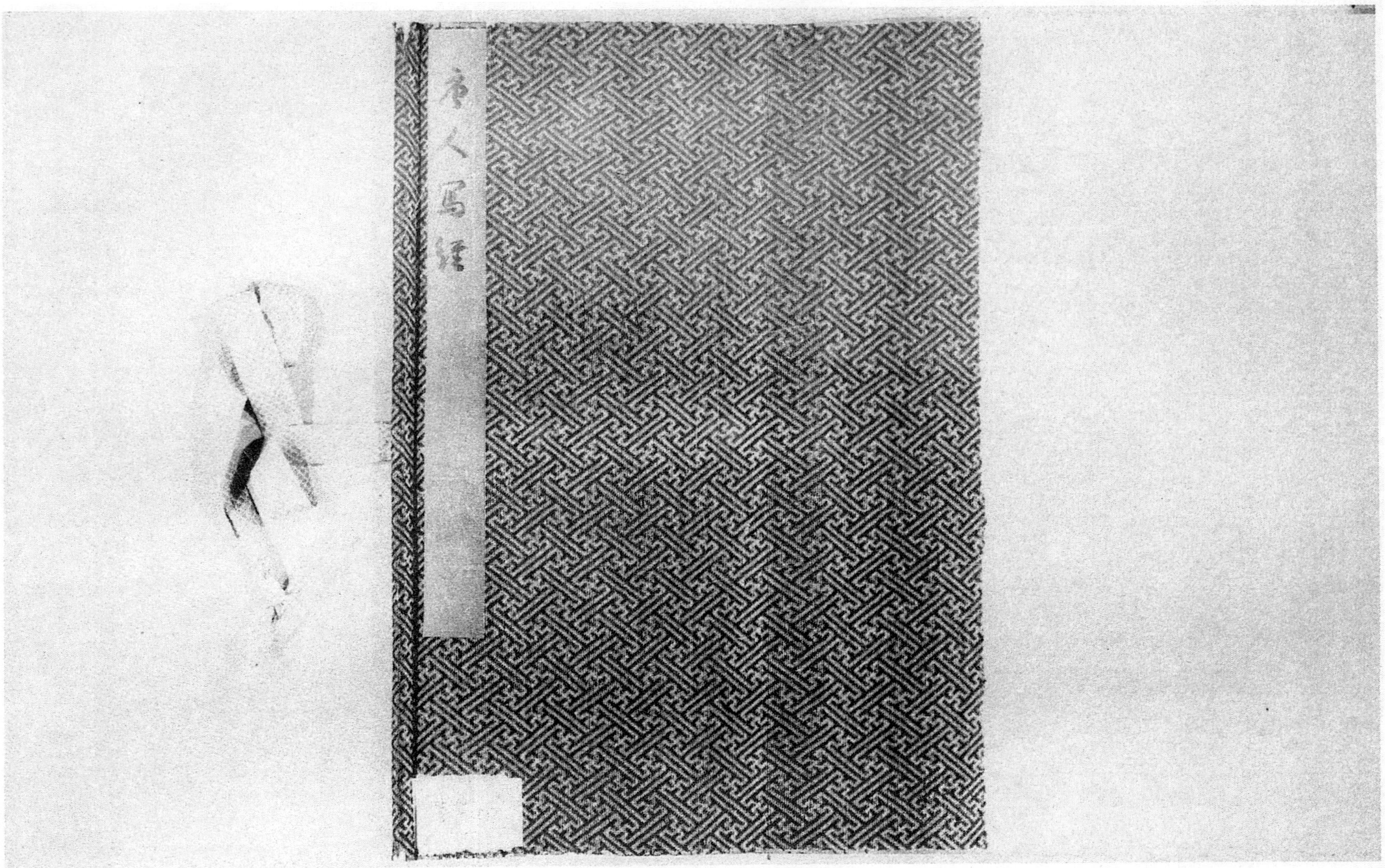

BD14944 號背　現代護首　　（1–1）

BD14944 號　摩訶般若波羅蜜經（異卷）卷一七　　（9–1）

摩訶般若波羅蜜舍利品第卅七　　卷弟七
佛告釋提桓因言憍尸迦若滿閻浮提佛舍
利作一分復有人書般若波羅蜜經卷作一
分二分中汝取何所釋提桓因白佛言世尊
若滿閻浮提佛舍利作一分般若波羅蜜經
卷作一分二分之中我寧取般若波羅蜜經
卷何以故世尊我於佛舍利非不恭敬非不
尊重以舍利從般若波羅蜜中生般若波羅
蜜薰脩故是舍利得供養恭敬尊重讚歎尒
時舍利弗問釋提桓因憍尸迦是般若波羅
蜜不可取无色无形无對一相所謂无相汝
云何欲取何以故是般若波羅蜜不為取故
出不為捨故出不為增減聚散損益垢淨故

BD14944 號　摩訶般若波羅蜜經（異卷）卷一七　　（9–2）

時舍利弗問釋提桓因憍尸迦是般若波羅
蜜不可取无色无形无對一相所謂无相汝
云何欲取何以故是般若波羅蜜不為取故
出不為捨故出不為增減聚散損益垢淨故
出是般若波羅蜜不與諸佛法不捨凡夫法
不與辟支佛法阿羅漢法學法不捨凡夫法
不與无為性不捨有為性不與內空乃至无
法有法空不與四念處乃至一切種智不捨
凡夫法釋提桓因語舍利弗如是如是舍利
弗若有人知是般若波羅蜜不與諸佛法不
捨凡夫法乃至不與一切種智不捨凡夫法
是菩薩摩訶薩能行般若波羅蜜能脩般若
波羅蜜何以故般若波羅蜜不行二法故不
二法相是般若波羅蜜不二法相是禪波羅
蜜乃至檀波羅蜜尒時佛讚釋提桓因言善
哉善哉憍尸迦如汝所說般若波羅蜜不行
二法故不二法相是般若波羅蜜不二法相
是禪波羅蜜乃至檀波羅蜜憍尸迦若人欲
得法性二相者是人為欲得般若波羅蜜二
相何以故憍尸迦法性般若波羅蜜无二无
別乃至檀波羅蜜亦如是若人欲得實際不
可思議性二相者是人為欲得般若波羅蜜
二相何以故般若波羅蜜不可思議性无二
无別釋提桓因白佛言世尊一切世間人及
諸天阿脩羅應禮拜供養般若波羅蜜何以
故諸菩薩摩訶薩般若波羅蜜中學得阿耨

BD14944 號　摩訶般若波羅蜜經（異卷）卷一七　　（9–3）

二相何以故般若波羅蜜不可思議性无二
无別釋提桓因白佛言世尊一切世間人及
諸天阿脩羅應礼拜供養般若波羅蜜何以
故諸菩薩摩訶薩般若波羅蜜中學得阿耨
多羅三藐三菩提世尊我常在善法堂上坐
若我不在坐時諸天子供養我故為我坐處
作礼繞竟還去諸天作是念釋提桓因在是
處坐為諸三十三天說法故如是世尊在
所處書是般若波羅蜜經卷受持誦讀為他
演說是處十方世界中諸天龍夜叉揵闥婆
阿脩羅迦樓羅緊陁羅摩睺羅伽皆來礼拜
般若波羅蜜供養已去何以故是般若波羅
蜜中生諸佛及生一切衆生樂具故諸佛舍利
亦是一切種智住處因緣以是故世尊二分
中我取般若波羅蜜復次世尊我若受持讀
誦般若波羅蜜深心入法中我是時不見怖
畏相何以故世尊是般若波羅蜜无相无貌
无言无說世尊无相无貌无言无說是般若
波羅蜜乃至是一切種智世尊般若波羅蜜
若當有相非无相者諸佛不應知一切法无
相无貌无言无說得阿耨多羅三藐三菩提
為弟子說諸法无相无貌无言无說世尊用
般若波羅蜜實是无相无貌无言无說故諸
佛知一切諸法无相无貌无言无說得阿耨
多羅三藐三菩提為弟子說諸法々无相无
相无言无說以是故世尊是般若波羅蜜一

般若波羅蜜實是无相无貌无言无說故諸
佛知一切諸法无相无貌无言无說得阿耨
多羅三藐三菩提為弟子說諸法々无相无
貌无言无說以是故世尊是般若波羅蜜一
切世間諸天人阿脩羅應恭敬供養尊重讚
歎香華瓔珞乃至幡蓋復次世尊若有人受
持般若波羅蜜親近讀誦說正憶念及書供
養華香乃至幡蓋是人不墮地獄畜生餓鬼
道中不墮聲聞辟支佛地乃至得阿耨多羅
三藐三菩提常見諸佛從一佛國至一佛國
供養諸佛恭敬尊重讚歎華香乃至幡蓋復
次世尊滿三千大千世界佛舍利作一分書
般若波羅蜜經卷作一分是二分中我取
般若波羅蜜何以故世尊是般若波羅蜜中
生諸佛舍利以是故舍利得供養恭敬尊重
讚歎是善男子善女人供養恭敬舍利故受
天上人中福祿常不墮三惡道如所願漸以
三乘法入涅槃是故世尊若有見現在佛若
見般若波羅蜜經卷等无異何以故世尊是
般若波羅蜜與佛无二无別故復次世尊如
佛住三事示現說十二部經脩多羅祇夜乃
至優波提舍復有善男子善女人受持誦說
是般若波羅蜜等无異何以故世尊是般若
波羅蜜中生三事示現及十二部經脩多羅
乃至優波提舍故復次世尊十方諸佛住三

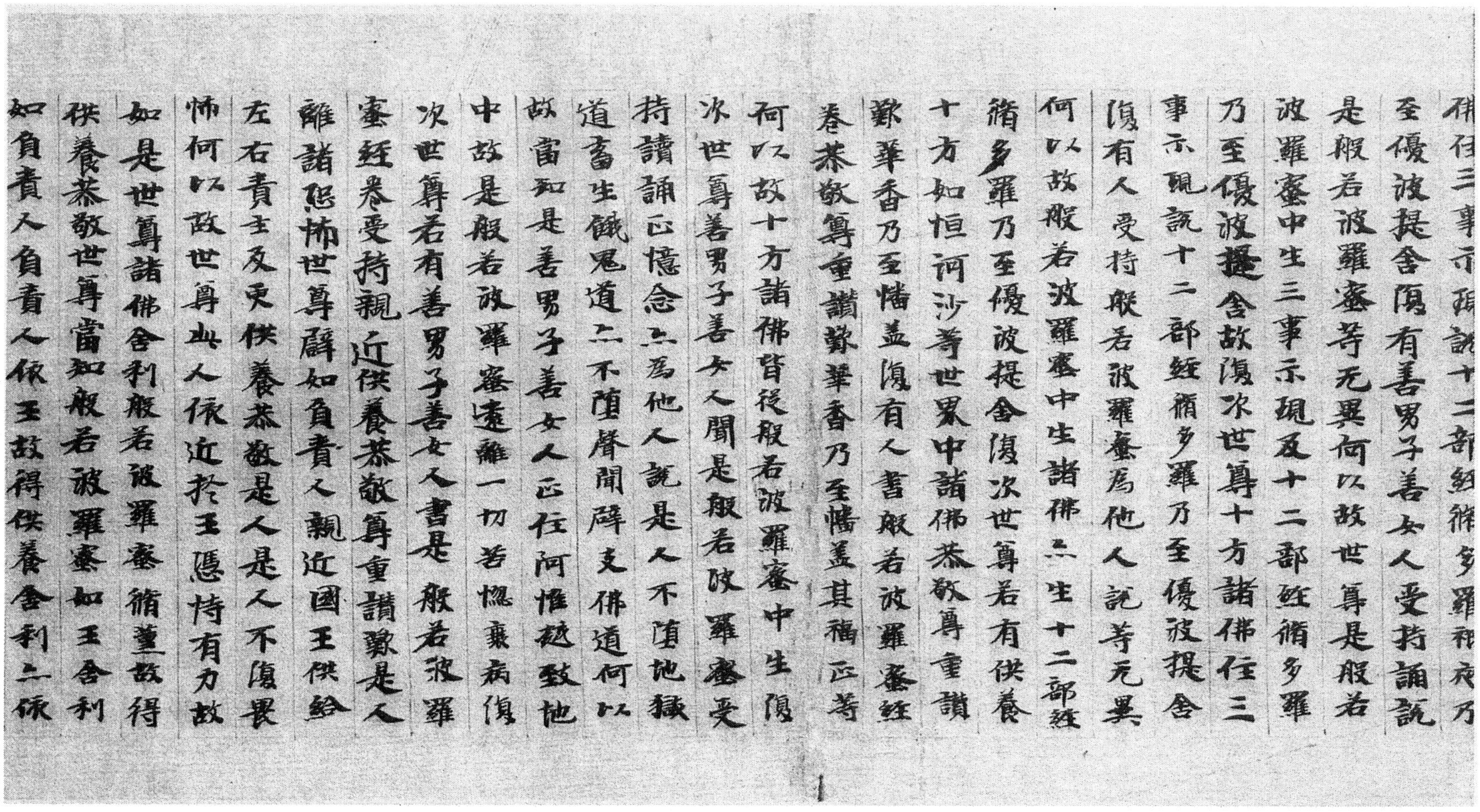

佛住三事示現說十二部經脩多羅祇夜乃
至優波提舍復有善男子善女人受持誦說
是般若波羅蜜等无異何以故世尊是般若
波羅蜜中生三事示現及十二部經脩多羅
乃至優波提舍故復次世尊十方諸佛住三
事示現說十二部經脩多羅乃至優波提舍
復有人受持般若波羅蜜為他人說等无異
何以故般若波羅蜜中生諸佛亦生十二部經
脩多羅乃至優波提舍復次世尊若有供養
十方如恒河沙等世界中諸佛恭敬尊重讚
歎華香乃至幡蓋復有人書般若波羅蜜經
卷恭敬尊重讚歎華香乃至幡蓋其福正等
何以故十方諸佛皆從般若波羅蜜中生復
次世尊善男子善女人聞是般若波羅蜜受
持讀誦正憶念亦為他人說是人不墮地獄
道畜生餓鬼道亦不墮聲聞辟支佛道何以
故當知是善男子善女人正住阿惟越致地
中故是般若波羅蜜遠離一切苦惱衰病復
次世尊若有善男子善女人書是般若波羅
蜜經卷受持親近供養恭敬尊重讚歎是人
離諸怨怖世尊譬如負責人親近國王供給
左右責主反更供養恭敬是人不復畏
怖何以故世尊此人依近於王憑恃有力故
如是世尊諸佛舍利般若波羅蜜脩薰故得
供養恭敬世尊當知般若波羅蜜如王舍利
如負責人負責人依王故得供養舍利亦依

BD14944號　摩訶般若波羅蜜經（異卷）卷一七　（9–6）

怖何以故世尊此人依近於王憑恃有力故
如是世尊諸佛舍利般若波羅蜜脩薰故得
供養恭敬世尊當知般若波羅蜜如王舍利
如負責人負責人依王故得供養舍利亦依
般若波羅蜜脩薰故得供養世尊當知諸佛
一切種智亦以般若波羅蜜脩薰故得成就
以是故世尊二分中我取般若波羅蜜何以
故世尊般若波羅蜜中生諸佛舍利三十二
相般若波羅蜜中亦生佛十力四无所畏四
无礙智十八不共法大慈大悲世尊般若波
羅蜜中生五波羅蜜佛得波羅蜜名字般若
波羅蜜中生諸佛一切種智復次世尊所在
三千大千世界中若有受持供養恭敬尊重
讚歎般若波羅蜜是處若人若非人不能得
其便是人漸漸得入涅槃世尊般若波羅蜜
為大利益如是三千大千世界中能作佛事
世尊在所處有般若波羅蜜則為有佛世尊
譬如无價摩尼寶在所住處非人不得其便
若男子女人有熱病以是寶著身上熱病即
時除若有風病若有冷病若有雜熱風冷病
以寶著身上皆悉除愈若暗中是寶能令明熱
時能令涼寒時能令溫寶所住處其地不
寒不熱時節和適其處亦无諸餘毒螫若男
子女人為毒虵所螫以寶著之毒即除滅復
次世尊若男子女人眼痛膚瞖盲瞽以寶近
[illegible]

BD14944號　摩訶般若波羅蜜經（異卷）卷一七　（9–7）

時能令涼寒時能令溫寶所住處其地不
寒不熱時節和適其處〻无諸餘毒螫若男
子女人爲毒虵所螫以寶著之毒即除滅復
次世尊若男子女人眼痛膚瞖盲瞽以寶近
之即時除愈若有癰創惡腫以寶著身上病
即除愈復次世尊是摩尼寶所在水中水作
一色世尊是寶若以青物裹著水中水色則
爲青若黃赤白紅縹物裹著水中水隨作黃
赤白紅縹色如是等種種色物裹著水中水
隨作種種色世尊若水濁以寶著中水即爲
清是寶其德如是尒時阿難問釋提桓因言
憍尸迦是摩尼寶爲是天上寶爲是閻浮提
寶釋提桓因語阿難是天上寶閻浮提人亦
有是寶但功德相少不具足天上寶清淨輕
妙不可以譬喻爲比復次世尊是摩尼寶若
著篋中舉寶出其功德薰篋故人皆愛敬如
是世尊在所處有書般若波羅蜜經卷是處
則无衆惱之患〻如摩尼寶所著處則无衆
難世尊佛般涅洹後舍利得供養皆般若波
羅蜜力禪波羅蜜乃至檀波羅蜜內空乃至
无法有法空四念處乃至十八不共法一切
智法相法住法位法性實際不可思議性一
切種智是諸功德力善男子善女人作是念
是佛舍利一切智一切種智大慈大悲斷一
切結使及習常捨行不錯謬法等諸佛功德
住處以是故舍利得供養世尊舍利是諸功

BD14944號　摩訶般若波羅蜜經（異卷）卷一七　（9–8）

羅蜜力禪波羅蜜乃至檀波羅蜜內空乃至
无法有法空四念處乃至十八不共法一切
智法相法住法位法性實際不可思議性一
切種智是諸功德力善男子善女人作是念
是佛舍利一切智一切種智大慈大悲斷一
切結使及習常捨行不錯謬法等諸佛功德
住處以是故舍利得供養世尊舍利是諸功
德寶波羅蜜住處不垢不淨波羅蜜住處不
生不滅波羅蜜不入不出波羅蜜不增不損
波羅蜜不來不去不住波羅蜜是佛舍利是
諸法相波羅蜜住處以是諸法相波羅蜜薰
脩故舍利得供養復次世尊置三千大千世界
□亘可少等諸世界滿其中舍利

BD14944號　摩訶般若波羅蜜經（異卷）卷一七　（9–9）

信返生誹謗彼於長夜失大利樂墮諸惡趣
流轉无窮佛告阿難是諸有情若聞世尊藥
師瑠璃光如来名号至心受持不生疑惑墮
惡趣者无有是處阿難此是諸佛甚深所行
難可信解汝今能受當知皆是如来威力阿
難一切聲聞獨覺及未登地諸菩薩等皆悉
不能如實信解唯除一生所繫菩薩阿難人
身難得於三寶中信敬尊重亦難可得得聞
世尊藥師瑠璃光如来名号復難於是阿難
彼藥師瑠璃光如来无量菩薩行无量巧方
便无量廣大願我若一劫若一劫餘而廣說
者劫可速盡彼佛行願善巧方便无有盡也
尒時衆中有一菩薩摩訶薩名曰救脫即從
座起偏袒一肩右膝著地曲躬合掌而白佛
言大德世尊像法轉時有諸衆生為種種患

BD14945號　藥師瑠璃光如來本願功德經　（7–1）

便无量廣大願我若一劫若一劫餘而廣說
者劫可速盡彼佛行願善巧方便无有盡也
尒時衆中有一菩薩摩訶薩名曰救脫即從
座起偏袒一肩右膝著地曲躬合掌而白佛
言大德世尊像法轉時有諸衆生為種種患
之所困厄長病羸瘦不能飲食喉脣乾燥見
諸方暗死相現前父母親屬朋友知識啼泣
圍繞然彼自身卧在本處見琰魔使引其神
識至于琰魔法王之前然諸有情有俱生神
隨其所作若罪若福皆具書之盡持授與琰
魔法王尒時彼王推問其人筭計所作隨其
罪福而處斷之時彼病人親屬知識若能為
彼歸依世尊藥師瑠璃光如来請諸衆僧轉
讀此經然七層之燈懸五色續命神幡或有
是處彼識得還如在夢中明了自見或經七日
或二十一日或三十五日或四十九日彼識
還時如從夢覺皆自憶知善不善業所得果
報由自證見業果報故乃至命難亦不造作
諸惡之業是故淨信善男子善女人等皆應
受持藥師瑠璃光如来名号隨力所能恭敬
供養
尒時阿難問救脫菩薩曰善男子應云何恭
敬供養彼世尊藥師瑠璃光如来續命幡燈
復云何造救脫菩薩言大德若有病人欲脫
[illegible]

BD14945號　藥師瑠璃光如來本願功德經　（7–2）

供養
尒時阿難問救脫菩薩曰善男子應云何恭
敬供養彼世尊藥師瑠璃光如来續命幡燈
復云何造救脫菩薩言大德若有病人欲脫
病苦當為其人七日七夜受持八分齋戒應
以飲食及餘資具隨力所辦供養苾芻僧晝
夜六時礼拜供養彼世尊藥師瑠璃光如来
讀誦此經四十九遍然四十九燈造彼如来
形像七軀一一像前各置七燈一一燈量大
如車輪乃至四十九日光明不絕造五色綵
幡長四十九搩手應放雜類衆生至四十九
可得過度危厄之難不為諸横惡鬼所持
復次阿難若剎帝利灌頂王等灾難起時所
謂人衆疾疫難他國侵逼難自界叛逆難星
宿變怪難日月薄蝕難非時風雨難過時不
雨難彼剎帝利灌頂王等尒時應於一切有
情起慈悲心赦諸繫閉依前所說供養之法
供養彼世尊藥師瑠璃光如来由此善根及
彼如来本願力故令其國界即得安隱風雨
順時穀稼成熟一切有情无病歡樂於其國
中无有暴惡藥叉等神惱有情者一切惡相
皆即隱沒而剎帝利灌頂王等壽命色力无
病自在皆得增益阿難若帝后妃主儲君王
子大臣輔相中宮婇女百官黎庶為病所苦
及餘厄難亦應造立五色神幡然燈續明放

BD14945 號　藥師瑠璃光如來本願功德經　（7–3）

皆即隱沒而剎帝利灌頂王等壽命色力无
病自在皆得增益阿難若帝后妃主儲君王
子大臣輔相中宮婇女百官黎庶為病所苦
及餘厄難亦應造立五色神幡然燈續明放
諸生命散雜色花燒衆名香病得除愈衆難
解脫
尒時阿難問救脫菩薩言善男子云何已盡
之命而可增益救脫菩薩言大德汝豈不聞
如来說有九横死耶是故勸造續命幡燈脩
諸福德以脩福故盡其壽命不經苦患阿難
問言九横云何救脫菩薩言有諸有情得病
雖輕然无醫藥及看病者設復遇醫授以非
藥實不應死而便横死又信世間邪魔外道
妖蘖之師妄說禍福便生恐動心不自正卜
問覓禍殺種種衆生解奏神明呼諸魍魎請
乞福祐欲冀延年終不能得愚癡迷惑信邪
倒見遂令横死入於地獄无有出期是名初
横二者横被王法之所誅戮三者畋獵嬉戲
耽婬嗜酒放逸无度横為非人奪其精氣四
者横為火焚五者横為水溺六者横為種種
惡獸所噉七者横墮山崖八者横為毒藥厭
禱呪咀起屍鬼等之所中害九者飢渴所困
不得飲食而便横死是為如来略說横死有
此九種其餘復有无量諸横難可具說

BD14945 號　藥師瑠璃光如來本願功德經　（7–4）

禱呪咀起屍鬼等之所中害九者飢渴所困
不得飲食而便橫死是為如來略說橫死有
此九種其餘復有无量諸橫難可具說
復次阿難彼琰魔王主領世間名籍之記若
諸有情不孝五逆破辱三寶壞君臣法毀於
信戒琰魔法王隨罪輕重考而罰之是故我
今勸諸有情然燈造幡放生脩福令度苦厄
不遭眾難
尒時眾中有十二藥叉大將俱在會坐所謂
宮毗羅大將　伐折羅大將　迷企羅大將　安底羅大將
頞你羅大將　珊底羅大將　因達羅大將　波夷羅大將
摩虎羅大將　真達羅大將　招杜羅大將　毗羯羅大將
此十二藥叉大將一一各有七千藥叉以為
眷屬同時舉聲白佛言世尊我等今者蒙佛
威力得聞世尊藥師瑠璃光如來名号不復
更有惡趣之怖我等相率皆同一心乃至盡
形歸佛法僧誓當荷負一切有情為作義利
饒益安樂隨於何等村城國邑空閑林中若
有流布此經或復受持藥師瑠璃光如來名
号恭敬供養者我等眷屬衛護是人皆使解
脫一切苦難諸有願求悉令滿足或有疾厄
求度脫者亦應讀誦此經以五色縷結我名
字得如願已然後解結尒時世尊讚諸藥叉
大將言善哉善哉大藥叉將汝等念報世尊

BD14945 號　藥師瑠璃光如來本願功德經　（7–5）

号恭敬供養者我等眷屬衛護是人皆使解
脫一切苦難諸有願求悉令滿足或有疾厄
求度脫者亦應讀誦此經以五色縷結我名
字得如願已然後解結尒時世尊讚諸藥叉
大將言善哉善哉大藥叉將汝等念報世尊
藥師瑠璃光如來恩德者常應如是利益安
樂一切有情
尒時阿難白佛言世尊當何名此法門我等
云何奉持佛告阿難此法門名說藥師瑠璃
光如來本願功德亦名說十二神將饒益有
情結願神呪亦名拔除一切業鄣應如是持
時薄伽梵說是語已諸菩薩摩訶薩及大聲
聞國王大臣婆羅門居士天龍藥叉健達縛
阿素洛揭路荼緊捺洛莫呼洛伽人非人等
一切大眾聞佛所說皆大歡喜信受奉行
藥師瑠璃光如來本願功德經

BD14945 號　藥師瑠璃光如來本願功德經　（7–6）

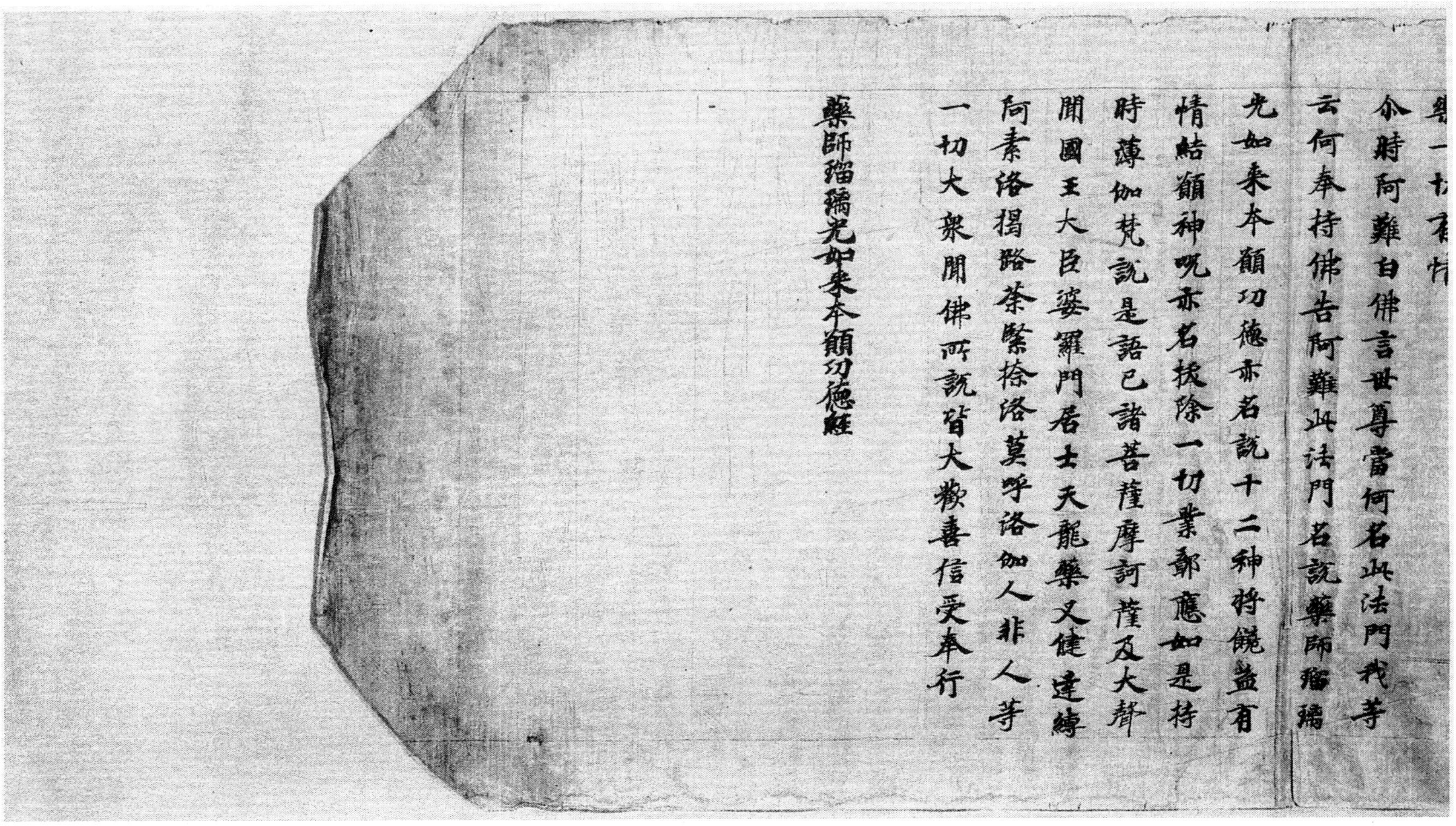
與一切有情
尒時阿難白佛言世尊當何名此法門我等
云何奉持佛告阿難此法門名說藥師瑠璃
光如來本願功德亦名說十二神將饒益有
情結願神呪亦名拔除一切業鄣應如是持
時薄伽梵說是語已諸菩薩摩訶薩及大聲
聞國王大臣婆羅門居士天龍藥叉健達縛
阿素洛揭路荼緊捺洛莫呼洛伽人非人等
一切大衆聞佛所說皆大歡喜信受奉行
藥師瑠璃光如來本願功德經

BD14945 號　藥師瑠璃光如來本願功德經　（7–7）

云何亦多頭　唯願大仙
云何說法者　增長如初
云何勇進者　亦人天魔
云何諸菩薩　遠離一切
云何說畢竟　及与不畢
云何而得近　最勝无上道
我今請如來　為諸菩薩故
疑問　云何不定說

BD14946 號　大般涅槃經（北本　思溪本）卷三　（20–1）

云何勇進者　示人天塵
云何諸菩薩　遠離一切[illegible]
云何說畢竟　及与不由　疑問　云何不定說
云何而得近　冣勝无上道　我今請如来　為諸菩薩故
願為說甚深　微妙諸行等
一切諸法中　悉有安樂性　唯願大仙尊　為我分別說
衆生大依止　兩足尊妙藥　今欲問諸陰　而我无智慧
精進諸菩薩　亦復不能知　如是等甚深　諸佛之境界
尒時佛讚迦葉菩薩善哉善哉善男子汝今
未得一切種智我已得之然汝所問甚深寳
藏如一切智之所諮問等无有異善男子我
坐道場菩提樹下初成正覺尒時无量阿僧
祇恒河沙等諸佛世界有諸菩薩亦曾問我
是甚深義然其所問句義功德亦皆如是等
无有異如是問者則能利益无量衆生尒時
迦葉菩薩復白佛言世尊我无智力能問如
来如是深義世尊譬如蚉䖟不能飛過大海
彼岸周遍虛空我亦如是不能諮問如来如
是智慧大海法性虛空甚深之義世尊譬如
國王髻中明珠付典藏臣藏臣得已頂戴恭
敬增加守護我亦如是頂戴恭敬增加守護
如来所說方等深義何以故令我廣得深智
慧故尒時佛告迦葉菩薩善男子諦聽諦聽
當為汝說如来所得長壽之業菩薩以是業
因緣故得壽命長是故應當至心聽受若業
能為菩提因者應當誠心聽受是義既聽受

慧故尒時佛告迦葉菩薩善男子諦聽諦聽
當為汝說如来所得長壽之業菩薩以是業
因緣故得壽命長是故應當至心聽受若業
能為菩提因者應當誠心聽受是義既聽受
已轉為人說善男子我已脩習如是業故疾
得阿耨多羅三藐三菩提今復為人廣說是
義善男子譬如王子犯罪繫獄王甚憐愛
念子故躬自迴駕至其繫所菩薩亦尒欲得
長壽應當護念一切衆生同於子想生大慈
大悲大喜大捨授不殺戒教脩善法亦當安
止一切衆生於五戒十善復入地獄餓鬼畜
生阿脩羅等一切諸趣拔濟是中苦惱衆生
脫未脫者度未度者未涅槃者令得涅槃安
慰一切諸恐怖者以如是等業因緣故菩薩
則得壽命長遠於諸智慧而得自在隨所壽
終生於天上尒時迦葉菩薩復白佛言世尊
菩薩摩訶薩等視衆生同於子想是義深隱
我未能解世尊如来不應說言菩薩於諸衆
生脩平等心同於子想所以者何於佛法中
有破戒者作逆罪者毀正法者云何當於如
是等人同子想耶佛告迦葉如是如是我於
衆生實作子想如羅睺羅迦葉菩薩復白佛
言世尊昔十五日僧布薩時曾於受具清淨
衆中有童子不善脩習身口意業在屏覆處
盜聽說戒密迹力士承佛神力以金剛杵碎
之如塵世尊是金剛神極感暴惡乃能斷

衆生實作子想如羅睺羅迦葉菩薩復白佛
言世尊昔十五日僧布薩時曾於受具清淨
衆中有童子不善脩習身口意業在屏處
盜聽說戒密迹力士承佛神力以金剛杵碎
之如塵世尊是金剛神極盛暴惡乃能斷
是童子命根云何如来視諸衆生同於子想
如羅睺羅佛告迦葉汝今不應作如是言是
童子者即是化人非真實也為欲駈遣破戒
毀法令出衆故金剛密迹示是化耳迦葉毀
謗正法及一闡提或有煞生乃至邪見及故
犯禁我於是等悉生悲心同於子想如羅睺
羅善男子譬如國王諸群臣等有犯王法隨
罪誅戮而不捨置如来世尊不如是也於毀
法者与駈遣羯磨呵責羯磨置羯磨舉罪羯
磨不可見羯磨滅羯磨未捨惡見羯磨善男
子如来所以与謗法者作如是等降伏羯磨
為欲示諸行惡之人有果報故善男子汝今
當知如来即是施惡衆生无恐畏者若放一
光若二若五或有遇者悉令遠離一切諸惡
如来今者具有如是无量勢力善男子未可
見法汝欲見者今當為汝說其相貌我涅槃
已隨其方面有持戒比丘威儀具足護持正
法見壞法者即能駈遣呵責徵治當知是人
得福无量不可稱計善男子譬如有王專行
暴惡會遇重病有隣國王聞其名聲興兵而
来頓欲殄滅是時病王无力勢故方乃恐怖
改心脩善而是隣王得无量福持法比丘亦

BD14946號　大般涅槃經（北本　思溪本）卷三　（20–4）

法見壞法者即能駈遣呵責徵治當知是人
得福无量不可稱計善男子譬如有王專行
暴惡會遇重病有隣國王聞其名聲興兵而
来頓欲殄滅是時病王无力勢故方乃恐怖
改心脩善而是隣王得无量福持法比丘亦
復如是駈遣呵責壞法之人令行善法得福
无量善男子譬如長者所居之處田澤屋舍
生諸毒樹長者知已即便斫伐永令滅盡又
如壯人首生白髮愧而翦拔不令生長持法
比丘亦復如是見有破戒壞正法者即應駈
遣呵責舉處若善比丘見壞法者置不呵責
駈遣舉處當知是人佛法中怨若能駈遣呵
責舉處是我弟子真聲聞也迦葉菩薩復白
佛言世尊如佛所言則不等視一切衆生同
於子想如羅睺羅世尊若有一人以刀害佛
復有一人持栴檀塗佛佛於此二若生等心
云何復言當治毀禁若治毀禁是言則失佛
告迦葉菩薩善男子譬如國王大臣宰相産
育諸子顏貌端政聰明黠慧若二三四將付
嚴師而作是言君可為我教詔諸子威儀礼
節伎藝書疏校計筭數悉令成就我今四子
就君受學假使三子病杖而死餘有一子必
當苦治要令成就雖喪三子我終不恨迦葉
是父及師得煞罪不不也世尊何以故以愛
念故為欲成就无有惡心如是教誨得福无
量善男子如来亦尒視壞法者等如一子如
来今以无上正法付囑諸王大臣宰相比丘

BD14946號　大般涅槃經（北本　思溪本）卷三　（20–5）

當苦治要令成就雖喪三子我終不恨迦葉
是父及師得煞罪不不也世尊何以故以愛
念故為欲成就无有惡心如是教誨得福无
量善男子如来亦尒視壞法者等如一子如
来今以无上正法付囑諸王大臣宰相比丘
比丘尼優婆塞優婆夷是諸國王及四部衆
應當勸厲諸學人等令得增上戒定智慧若
有不學是三品法懈怠破戒毀正法者王者
大臣四部之衆應當苦治善男子是諸國王
及四部衆當有罪不不也世尊善男子是諸
國王及四部衆尚无有罪何況如来善男子
如来善脩如是平等於諸衆生同一子想如
是脩者是名菩薩脩平等心於諸衆生同一
子想善男子菩薩如是脩習此業得壽命長
亦能善知宿世之事迦葉菩薩復白佛言世
尊如佛所說菩薩若有脩平等心視諸衆生同
於子想得壽命長如来不應作如是說何
以故如知法人能說種種孝順之法還至家
中以諸凡石打擲父母而是父母是良福田
多所利益難遭難遇應好供養反生惱害是
知法人言行相違如来所言亦復如是菩薩
脩習等心衆生同子想者應得長壽善知宿
命常住於世无有變易今者世尊以何因緣
壽命短促同人間耶如来將无於諸衆生生
怨憎想世尊昔日作何惡業斷幾命根得是
短壽不滿百年佛告迦葉善男子汝今何緣
於如来前發是麁言如来長壽於諸壽中最

命常住於世无有變易今者世尊以何因緣
壽命短促同人間耶如来將无於諸衆生生
怨憎想世尊昔日作何惡業斷幾命根得是
短壽不滿百年佛告迦葉善男子汝今何緣
於如来前發是麁言如来長壽於諸壽中最
上所得常法於諸常中最為第一迦葉
菩薩復白佛言世尊云何如来得壽命長佛
告迦葉善男子如八大河一名恒伽二名閻
摩羅三名薩羅四名阿梨拔提五名摩訶
六名辛頭七名博叉八名私陁是八大河及諸
小河悉入大海迦葉如是一切人中天上地
及虚空壽命大河悉入如来壽命海中是故
如来壽命无量復次迦葉譬如阿耨婆踰多
池出四大河如来亦尒出一切命迦葉譬如
一切諸常法中虚空第一如来亦尒於諸常
中最為第一迦葉譬如諸藥醍醐第一如来亦
尒於衆生中壽命第一迦葉菩薩復白佛
言世尊如来壽命若如是者應住一劫若減
一劫常宣妙法如注大雨迦葉汝今不應於
如来所生滅盡想迦葉若有比丘比丘尼優
婆塞優婆夷乃至外道五通神仙得自在者
若住一劫若減一劫經行空中坐卧自在左
脅出火右脅出水身出烟炎猶如火聚若欲
住壽能得如意於壽命中脩短自任如是五
通尚得如是隨意神力豈況如来於一切法
得自在力而當不能住壽半劫若一劫若百
劫若百千劫若无量劫以是義故當知如来

住壽能得如意於壽命中脩短自在如是五
通尚得如是隨意神力豈況如來於一切法
得自在力而當不能住壽半刧若一刧若百
刧若百千刧若无量刧以是義故當知如來
是常住法不變易法如來此身是變化身非
雜食身為度衆生示同毒樹是故現捨入於
涅槃迦葉當知佛是常法不變易法汝等於
是第一義中應懃精進一心脩習既脩習已
廣為人說尒時迦葉菩薩白佛言世尊出世
之法与世間法有何差別如佛言曰佛是常
法不變易法世間亦說梵天是常自在天常
无有變易我常性常微塵亦常若言如來是
常法者如來何故不常現耶若不常現有何
差別何以故梵天乃至微塵世性亦不現故
佛告迦葉譬如長者多有諸牛色雖種種同
共一群付放牧人令逐水草但為提湖不求
酪乳彼牧牛者搆已自食長者命終所有諸
牛悉為群賊之所抄掠賊得牛已无有婦女
即自搆捋得已而食尒時群賊各相謂言彼
大長者畜養此牛不期乳酪但為提湖我等
今者當設何方而得之耶夫提湖者名為世
間第一上味我等无器設使得乳无安置處
復共相謂唯有皮囊可以盛之雖有盛處不
知攢搖煖猶難得況復生蘇尒時諸賊以提
湖故加之以水以水多故乳酪提湖一切俱失
凡夫亦尒雖有善法皆是如來正法之餘何
以故如來世尊入涅槃後盜竊

BD14946號　大般涅槃經（北本　思溪本）卷三　（20-8）

復共相謂唯有皮囊可以盛之雖有盛處不
知攢搖煖猶難得況復生蘇尒時諸賊以提
湖故加之以水以水多故乳酪提湖一切俱失
凡夫亦尒雖有善法皆是如來正法之餘何
以故如來世尊入涅槃後盜竊遺餘
善法若戒定慧如彼諸賊刧掠群牛諸凡夫
人雖復得是戒定智慧无有方便不能解說以
是義故不能獲得常戒常定常慧解脫如
彼群賊不知方便喪失提湖亦如群賊為提
湖故加之以水凡夫亦尒為解脫故說我衆
生壽命士夫梵天自在天微塵世性戒定智
慧及与解脫非想非非想天即是涅槃實亦
不得解脫涅槃如彼群賊不得提湖是諸凡
夫有少梵行供養父母以是因緣得生天上
受少安樂如彼群賊加水之乳而是凡夫實
不知因脩少梵行供養父母得生天上又不
能知戒定智慧歸依三寶以不知故說常樂
我淨雖復說之而實不知是故如來出世之
後乃為演說常樂我淨如轉輪王出現於世
福德力故群賊退散牛无損命時轉輪王即
以諸牛付一牧人多巧便者是人方便即得
提湖以提湖故一切衆生无有患苦法輪聖
王出現世時諸凡夫人不能演說戒定慧者
即便退散如賊退散尒時如來善說世法及
出世法為衆生故令諸菩薩隨而演說菩薩
摩訶薩既得提湖復令无量无邊衆生獲得
无上甘露法味所謂如來常樂我淨以是義

BD14946號　大般涅槃經（北本　思溪本）卷三　（20-9）

即使退散如賊退散尒時如来善說世法及
出世法為衆生故令諸菩薩隨而演說菩薩
摩訶薩既得提湖復令无量无邊衆生獲得
无上甘露法味所謂如来常樂我淨以是義
故善男子如来是常不變易法非如世閒凡
夫愚人謂梵天等是常法也此常法稱要是
如来非是餘法迦葉應當如是知如来身迦
葉諸善男子善女人常當繫心脩此二字佛
是常住迦葉若有善男子善女人脩此二字
當知是人隨我所行至我至處善男子若有
脩習如此二字為滅相者當知如来則於其
人為般涅槃善男子涅槃義者即是諸佛之
法性也迦葉菩薩白佛言世尊佛法性者其
義云何世尊我今欲知法性之義唯願如来哀
愍廣說夫法性者即是捨身捨身者名无
所有若无所有身云何存身若存者云何而
言身有法性身有法性云何得存我今云何
當知是義佛告迦葉菩薩善男子汝今不應
作如是說滅是法性夫法性者无有滅也善
男子辟如无想天成就色陰而无色想不應
問是言諸天等云何而住歡娛受樂云何行
想云何見聞善男子如来境界非諸聲聞緣
覺所知善男子不應說言如来身者是滅法
也善男子如来滅法是佛境界非諸聲聞緣
覺所及善男子汝今不應思量如来何處住
何處行何處見何處樂善男子如是之義亦
非汝等之所知及諸佛法身種種方便不可

覺所知善男子不應說言如来身者是滅法
也善男子如来滅法是佛境界非諸聲聞緣
覺所及善男子汝今不應思量如来何處住
何處行何處見何處樂善男子如是之義亦
非汝等之所知及諸佛法身種種方便不可
思議復次善男子應當脩習佛法及僧而作
常想是三法者无有異想无无常想无變異
想若於三法脩異想者當知是輩清淨三歸
則无依處所有禁戒皆不具足終不能證聲
聞緣覺菩提之果若能於是不可思議脩常
想者則有歸處善男子辟如因樹則有樹影
如来亦尒有常法故則有歸依非是无常若
言如来是无常者如来則非諸天世人所歸
依處迦葉菩薩白佛言世尊辟如闇中有樹
无影迦葉汝不應言有樹无影但非肉眼之
所見耳善男子如来亦尒其性常住是不變
異无智慧眼不能得見如彼闇中不見樹影
凡夫之人於佛滅後說言如来是无常法亦
復如是若言如来異法僧者則不能成三歸
依處如汝父母各各異故故使无常迦葉菩
薩復白佛言世尊我從今始當以佛法衆僧
三事常住啓悟父母乃至七世皆令奉持甚
奇世尊我今當學如来法僧不可思議既自
學已亦當為人廣說是義若有人諸不能信
受當知是輩久脩无常如是之人我當為其
而作霜雹尒時佛讚迦葉菩薩善哉善哉汝
今善能護持正法如是護法不欺於人以不

奇世尊我今當學如来法僧不可思議肕自
學已亦當爲人廣說是義若有人諸不能信
受當知是輩久循无常如是之人我當爲其
而作霜雹尒時佛讚迦葉菩薩善哉善哉汝
令善能護持正法如是護法不欺於人以不
欺人善業緣故而得長壽善知宿命

大般涅槃經金剛身品第二

尒時世尊復告迦葉善男子如来身者是常
住身不可壞身金剛之身非雜食身即是法
身迦葉菩薩白佛言世尊如佛所說如是等
身我悉不見唯見无常破壞微塵雜食等身
何以故如来當入於涅槃故佛言迦葉汝今
莫謂如来之身不堅可壞如凡夫身善男子
汝今當知如来之身无量億劫堅牢難壞非
人天身非恐怖身非雜食身如来之身非身
是身不生不滅不習不脩无量无邊无有足
跡无知无形畢竟清淨无有動搖无受无行
不住不作无味无雜非是有爲非業非果非
行非滅非心非數不可思議常不可議无識
離心亦不離心其心平等无有亦有无有去
來而亦去來不破不壞不斷不絕不出不滅
非主亦主非有亦有非覺非觀非字非不字
非定非不定不可見了了見无處亦處无宅
亦宅无闇无明无有寂靜而亦寂靜是无所
有不受不施清淨无垢无諍斷諍住无住處
不取不墮非法非非法非福田非不福田无
盡不盡離一切盡是空離空雖不常住非念

非定非不定不可見了了見无處亦處无宅
亦宅无闇无明无有寂靜而亦寂靜是无所
有不受不施清淨无垢无諍斷諍住无住處
不取不墮非法非非法非福田非不福田无
盡不盡離一切盡是空離空雖不常住非念
念滅无有垢濁无字離字非聲非說亦非脩
習非稱非量非一非異非像非相諸相莊嚴
非勇非畏无寂不寂无熱不熱不可覩見无
有相貌如来度脫一切衆生无度脫故能解
衆生无有解故覺了衆生无覺了故如實說
法无有二故不可量无等等平如虛空无有
形貌同无生性不斷不常常行一乘衆生見
三不遷不轉斷一切結不戰不觸非性住性
非合非散非長非短非圓非方非陰入界亦
陰入界非增非損非勝非負如来之身成就
如是无量功德无有知者无不知者无有見
者无不見者非有爲非无爲非世非不世非
作非不作非依非不依非四大非不四大非因
非不因非衆生非不衆生非沙門非婆羅
門是師子大師子非身非不身不可宣說除
一法相不可筭數般涅槃時不般涅槃如来
法身皆悉成就如是无量微妙功德迦葉唯
有如来乃知是相非諸聲聞緣覺所知迦葉
如是功德成如来身非是雜食所長養身迦
葉如来真身功德如是云何復得諸疾患苦
危脆不堅如坏器耶迦葉如来所以示病苦

有如来乃知是相非諸聲聞緣覺所知迦葉
如是功德成如来身非是雜食所長養身迦
葉如来真身功德如是云何復得諸疾患苦
危脆不堅如坏器耶迦葉如来所以示病苦
者為欲調伏諸衆生故善男子汝今當知如
来之身即金剛身汝從今日常當專心思惟
此義莫念食身亦當為人說如来身即是法
身迦葉菩薩白佛言世尊如来成就如是功
德其身云何當有病苦无常破壞我從今日
常當思惟如来之身是常法身安樂之身亦
當為他如是廣說唯然世尊如来法身金剛
不壞而未能知所因云何佛言迦葉以能護
持正法因緣故得成就是金剛身迦葉我於
往昔護法因緣今得成就是金剛身常住不
壞善男子護持正法者不受五戒不脩威儀
應持刀劒弓箭鉾槊守護持戒清淨比丘迦
葉菩薩白佛言世尊若有比丘離於守護獨
處空閑冢間樹下當說是人為真比丘若有
隨逐守護者行當知是輩是禿居士佛告迦
葉莫作是語言禿居士若有比丘隨所至處
供身趣足讀誦經典思惟坐禪有来問法即
為宣說所謂布施持戒福德少欲知足雖能
如是種種說法然故不能作師子吼不為師
子之所圍遶不能降伏非法惡人如是比丘
不能自利及利衆生當知是輩懈怠懶惰雖
能持戒守護淨行當知是人无所能為若有

BD14946號　大般涅槃經（北本　思溪本）卷三　（20–14）

如是種種說法然故不能作師子吼不為師
子之所圍遶不能降伏非法惡人如是比丘
不能自利及利衆生當知是輩懈怠懶惰雖
能持戒守護淨行當知是人无所能為若有
比丘供身之具亦常豐足復能護持所受禁
戒能師子吼廣說妙法謂脩多羅祇夜受記
伽陀優陀那伊帝目多伽闍陀伽毗佛略阿
浮陀達摩以如是等九部經典為他廣說利
益安樂諸衆生故唱如是言涅槃經中制諸
比丘不應畜養奴婢牛羊非法之物若有比
丘畜如是等不淨之物應當治之如来先於
異部經中說有比丘畜如是等非法之物某
甲國王如法治之驅令還俗若有比丘能作
如是師子吼時有破戒者聞是語已咸共瞋
恚害是法師是說法者設復命終故名持戒
自利利他以是緣故我聽國主群臣宰相諸
優婆塞護說法人若有欲得護正法者當如
是學迦葉如是破戒不護法者名禿居士非
持戒者得如是名善男子過去之世无量无
邊阿僧祇劫於此拘尸那城有佛出世号歡
喜增益如来應正遍知明行足善逝世間解
无上士調御丈夫天人師佛世尊尒時世界
廣博嚴淨豐樂安隱人民熾盛无有飢渴如
安樂國諸菩薩等彼佛世尊住世无量化衆
生已然後乃於娑羅雙樹入般涅槃佛涅槃
後正法住世无量億歲餘四十年尒時有一
持戒比丘名曰覺德多有徒衆眷屬圍遶能

BD14946號　大般涅槃經（北本　思溪本）卷三　（20–15）

安樂國諸菩薩等彼佛世尊住世无量化衆
生已然後乃於娑羅雙樹入般涅槃佛涅槃
後正法住世无量億歲餘四十年尒時有一
持戒比丘名曰覺德多有徒衆眷屬圍遶能
師子吼頒宣廣說九部經典制諸比丘不得
畜養奴婢牛羊非法之物尒時多有破戒比
丘聞作是說皆生惡心執持刀杖逼是法師
是時國王名曰有德聞是事已為護法故即
便往至說法者所与是破戒諸惡比丘極共
戰鬪令說法者得免危害王於尒時身被刀
劔箭矟之創體无完處如芥子許尒時覺德
尋讚王言善哉善哉王今真是護正法者當
來之世此身當為无量法器王於是時得聞
法已心大歡喜尋即命終生阿閦佛國而為
彼佛作第一弟子其王將從人民眷屬有戰
鬪者有隨喜者一切不退菩提之心命終悉
生阿閦佛國覺德比丘却後壽終亦得往生
阿閦佛國而為彼佛作聲聞衆中第二弟子
若有正法欲滅盡時應當如是受持擁護迦
葉尒時王者則我身是說法比丘迦葉佛是
迦葉護正法者得如是等无量果報以是因
緣我於今日得種種相以自莊嚴成就法身
不可壞身迦葉菩薩復白佛言世尊如來常
身猶如畫石佛告迦葉菩薩善男子以是因
緣故比丘比丘尼優婆塞優婆夷應當勤加
護持正法護法果報廣大无量善男子是故

BD14946號　大般涅槃經（北本　思溪本）卷三　（20–16）

不可壞身迦葉菩薩復白佛言世尊如來常
身猶如畫石佛告迦葉菩薩善男子以是因
緣故比丘比丘尼優婆塞優婆夷應當勤加
護持正法護法果報廣大无量善男子是故
護法優婆塞等應執刀杖擁護如是持法比
丘若有受持五戒之者不得名為大乘人也
不受五戒為護正法乃名大乘護正法者應
當執持刀劔器杖侍說法者迦葉白佛言世
尊若諸比丘与如是等諸優婆塞持刀杖者
共為伴侶為有師耶為无師乎為是持戒為
是破戒佛告迦葉莫謂是等為破戒人善男
子我涅槃後濁惡之世國土荒亂互相抄掠
人民飢餓尒時多有為飢餓故發心出家如
是之人名為秃人是秃人輩見有持戒威儀
具足清淨比丘護持正法駈逐令出若殺若
害迦葉菩薩復白佛言世尊是持戒人護正
法者云何當得遊行村落城邑教化善男子
是故我今聽持戒人依諸白衣持刀杖者以
為伴侶諸國主大臣長者優婆塞等為護法
故雖持刀杖我說是等名為持戒雖持刀杖
不應斷命若能如是即得名為第一持戒迦
葉言護法者謂具正見能廣宣說大乘經典
終不捉持王者寶蓋油瓶穀米種種菓蓏不
為利養親近國王大臣長者於諸檀越心无
諂曲具足威儀摧伏破戒諸惡人等是名持
戒護法之師能為衆生真善知識其心弘廣

BD14946號　大般涅槃經（北本　思溪本）卷三　（20–17）

葉言護法者謂具正見能廣宣說大乘經典
終不捉持王者寶蓋油瓶穀米種種菓蓏不
為利養親近國王大臣長者於諸檀越心无
諂曲具足威儀摧伏破戒諸惡人等是名持
戒護法之師能為衆生真善知識其心弘廣
譬如大海迦葉若有比丘以利養故為他說
法是人所有徒衆眷屬亦效是師貪求利養
是人如是便自壞衆迦葉衆有三種一者犯
戒雜僧二者愚癡僧三者清淨僧破戒雜僧
則易可壞持戒淨僧利養因緣所不能壞云
何破戒雜僧若有比丘雖持禁戒為利養故
与破戒者坐起行来共相親附同其事業是
名破戒亦名雜僧云何愚癡僧若有比丘在
阿蘭若處諸根不利闇鈍瞢瞢少欲乞食於
說戒日及自恣時教諸弟子清淨懺悔見非
弟子多犯禁戒不能教令清淨懺悔而便与
共說戒自恣是名愚癡僧云何名清淨僧有
比丘僧不為百千億數諸魔之所沮壞是善
薩衆本性清淨能調如上二部之衆悉令安
住清淨衆中是名護法无上大師善持律者

為欲調伏利衆生故知諸戒相若輕若重非
是律者則不證知若是律者則便證知云何
調衆生故若諸菩薩為化衆生常入聚落不
擇時節或至寡婦婬女舍宅与同止住逕歷
多年若是聲聞所不應為是名調伏利益衆
生云何知重若見如来因事制戒汝從今日
慎更莫犯如四重禁出家之人所不應作而

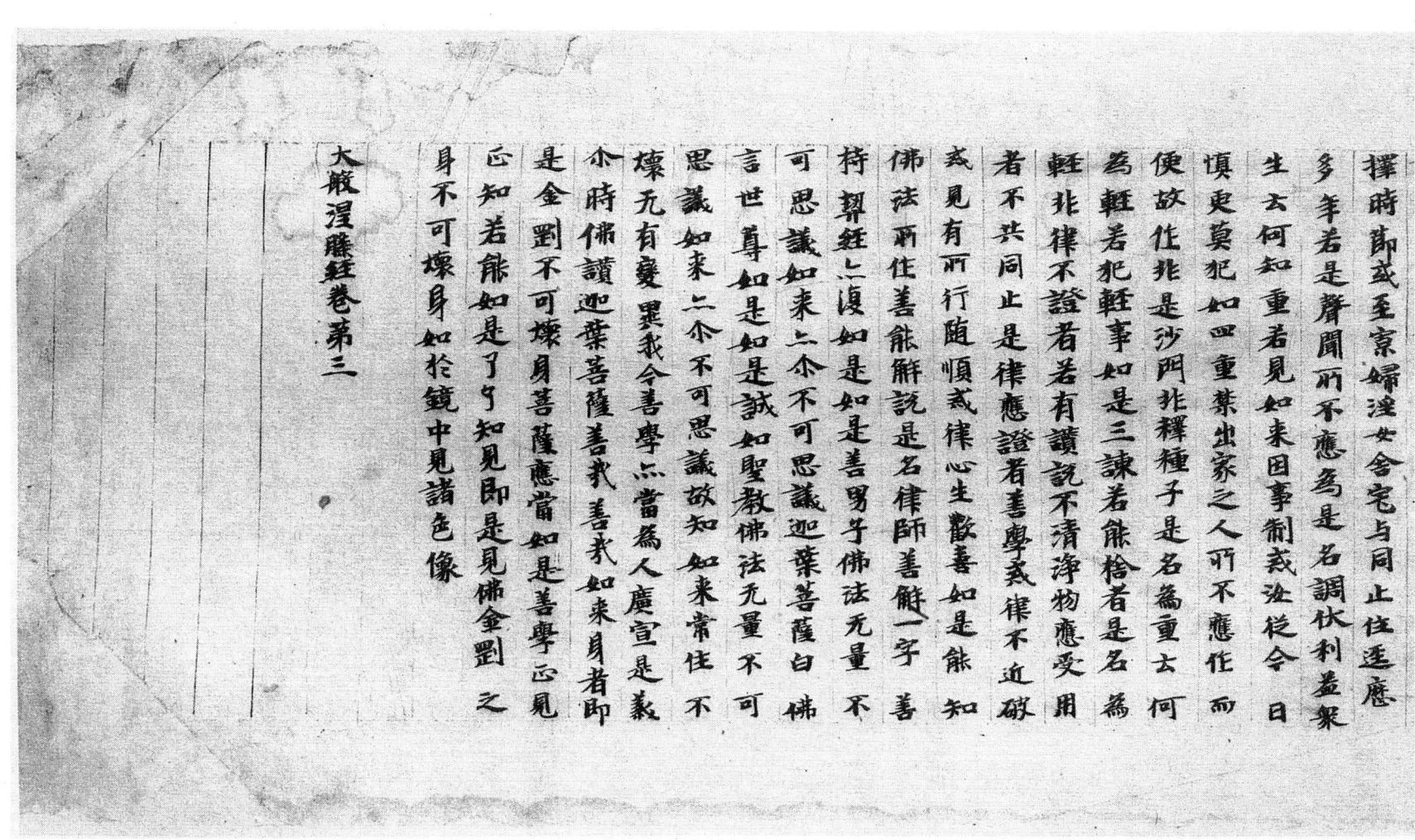

BD14946號　大般涅槃經（北本　思溪本）卷三　（20–18）

擇時節或至寡婦婬女舍宅与同止住逕歷
多年若是聲聞所不應為是名調伏利益衆
生云何知重若見如来因事制戒汝從今日
慎更莫犯如四重禁出家之人所不應作而
便故作非是沙門非釋種子是名為重云何
為輕若犯輕事如是三諫若能捨者是名為
輕非律不證若有讚說不清淨物應受用
者不共同止是律應證若善學戒律不近破
戒見有所行隨順戒律心生歡喜如是能知
佛法所住善能解說是名律師善解一字善
持契經亦復如是如是善男子佛法无量不
可思議如来亦尒不可思議迦葉菩薩白佛
言世尊如是如是誠如聖教佛法无量不可
思議如来亦尒不可思議故知如来常住不
壞无有變異我今善學亦當為人廣宣是義
尒時佛讚迦葉菩薩善哉善哉如来身者即
是金剛不可壞身菩薩應當如是善學正見
正知若能如是了了知見即是見佛金剛之
身不可壞身如於鏡中見諸色像

大般涅槃經卷第三

BD14946號　大般涅槃經（北本　思溪本）卷三　（20–19）

或見有所行隨順或律心生歡喜如是能知
佛法所住善能解說是名律師善解一字善
持契經亦復如是如是善男子佛法无量不
可思議如来亦尒不可思議迦葉菩薩白佛
言世尊如是如是誠如聖教佛法无量不可
思議如来亦尒不可思議故知如来常住不
壞无有變異我今善學亦當為人廣宣是義
尒時佛讚迦葉菩薩善哉善哉如来身者即
是金剛不可壞身菩薩應當如是善學正見
正知若能如是了了知見即是見佛金剛之
身不可壞身如於鏡中見諸色像

大般涅槃經卷第三

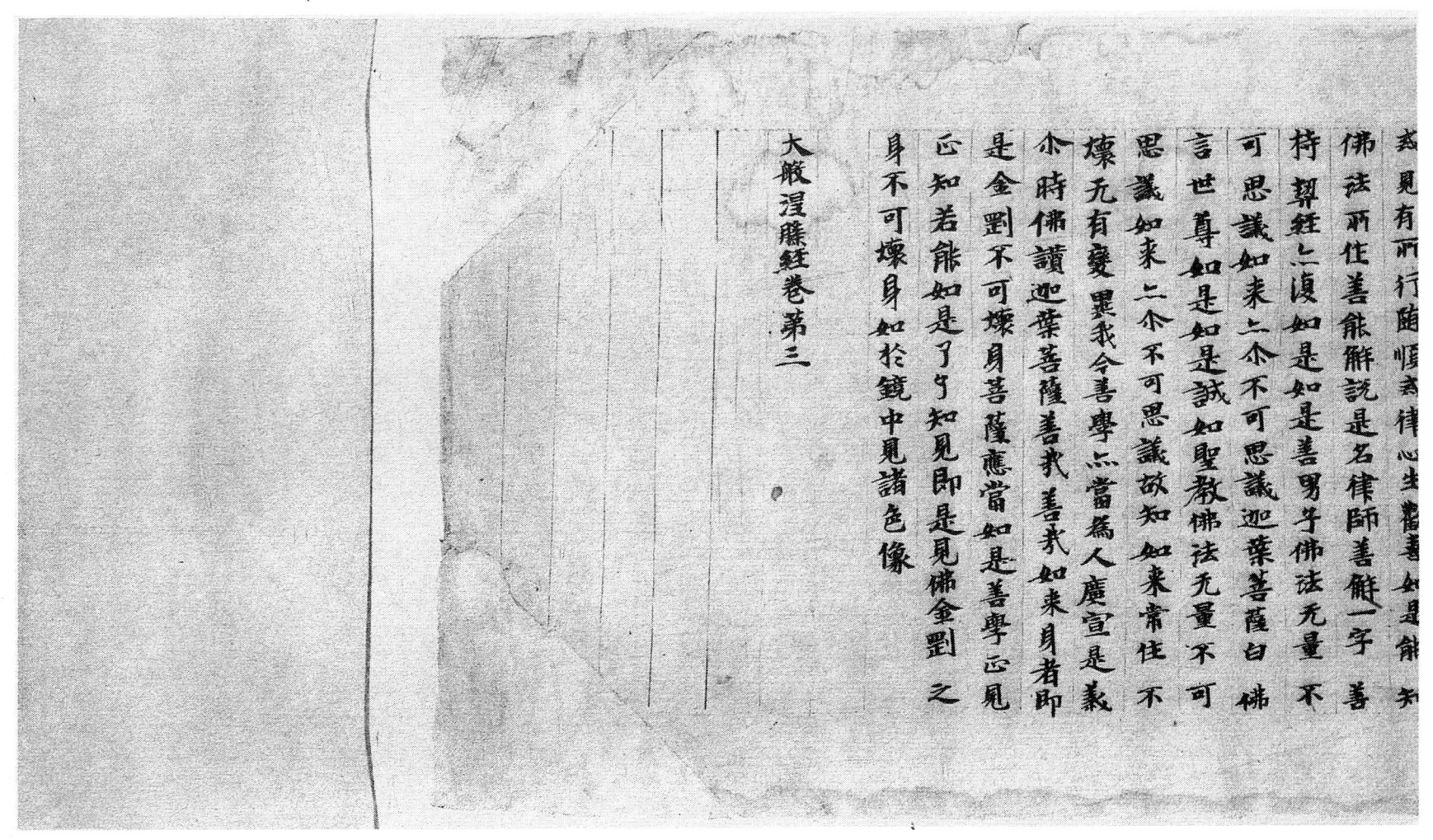

BD14946號　大般涅槃經（北本　思溪本）卷三　（20–20）

解脫无知我淨智我淨耶若无知淨當知猶
故具足煩惱若知淨者當知已有五情諸根
何以故離根之外別更无知若具諸根云何
復名淨解脫耶若言是我其性清淨離於五
根云何說言遍五道有以何因緣爲解脫故
修諸善法善男子譬如有人拔虛空刺亦
如是我若清淨云何復言斷諸煩惱以意若
謂不從因緣獲得解脫一切畜生何故不得
先尼言瞿曇若无我者誰能憶念
佛告先尼若有我者何緣復忘善男子若念
是我者何因緣故念於惡念念所不念不念
所念先尼復言瞿曇若无我者誰見誰聞佛
言善男子內有六入外有六塵內外和合生
六種識是六種識因緣得名善男子譬如一
火因木得故名為木火因草得故名為草火
因糠得故名為糠火因牛糞得名牛糞火眾
生意識亦復如是因眼因色因明因欲名為

BD14947號　大般涅槃經（北本　思溪本）卷三九　（11–1）

言善男子内有六入外有六塵内外和合生
六種識是六種識因緣得名善男子譬如一
火因木得故名為木火因草得故名為草火
因糠得故名為糠火因牛糞得名牛糞火衆
生意識亦復如是因眼因色因明因欲名為
眼識善男子如是眼識不在眼中乃至欲中
四事和合故生是識乃至意識亦復如是若
是因緣和合故生智不應說見即是我乃至
觸即是我善男子是故我說眼識乃至意識
一切諸法即是幻也云何如幻本无今有已
有還无善男子譬如穌麨蜜薑胡椒蓽鉢蒲
桃胡桃石留桵子如是和合名歡喜丸離是
和合无歡喜丸内外六入是名衆生我人士
夫離内外入无別衆生我人士夫先尼言瞿
曇若无我者云何說言我見我聞我苦我樂
我憂我喜佛言善男子若言我見我聞名有
我者何因緣故世間復言汝所作罪非我見
聞善男子譬如四兵和合名軍如是四兵不
名為一而亦說言我軍勇健我軍勝彼是内
外入和合所作亦復如是雖不是一亦得說
言我作我受我見我聞我苦我樂先尼言瞿
曇如汝所言内外和合誰出聲言我作我受
佛言先尼從愛无明因緣生業從業生有從
有出生无量心數心生覺觀覺觀動風風隨
心觸喉舌齒脣衆生想倒聲出說言我作我
受我見我聞善男子如幢頭鈴風因緣故便
出音聲風大聲大風小聲小无有作者善男
子譬如熱鐵投之水中出種種聲是中真實
无有作者善男子凡夫不能思惟分別如是

BD14947號　大般涅槃經（北本　思溪本）卷三九　（11–2）

心觸喉舌齒脣衆生想倒聲出說言我作我
受我見我聞善男子如幢頭鈴風因緣故便
出音聲風大聲大風小聲小无有作者善男
子譬如熱鐵投之水中出種種聲是中真實
无有作者善男子凡夫不能思惟分別如是
事故說言有我及有我所我作我受先尼言
如瞿曇說无我我所何緣復說常樂我淨佛
言善男子我亦不說内外六入及六意識常
樂我淨我乃宣說滅内外入所生六識名之
為常以是常故名之為我有常我故名之為
樂常我樂故名之為淨善男子衆生厭苦斷
是苦因自在遠離是名為我以是因緣我今
宣說常樂我淨先尼言世尊唯願大慈為我
宣說我當云何獲得如是常樂我淨佛言善
男子一切世間從本已來具足大慢能增長
慢亦復造作慢因慢業是故今者受慢果報
不能遠離一切煩惱得常樂我淨若諸衆生
欲得遠離一切煩惱先當離慢先尼言世尊如
是如是誠如聖教我先有慢因慢因緣故稱
如來為瞿曇姓我今已離如是大慢是故誠
心啓請求法云何當得常樂我淨佛言善男
子諦聽諦聽今當為汝分別解說善男子若
能非自非他非衆生者遠離是法先尼言世
尊我已知解得正法眼佛言善男子汝云何
言知已解已得正法眼世尊所言色者非自
非他非諸衆生乃至識亦復如是我如是觀
得正法眼世尊我今甚樂出家脩道願見聽
許佛言善來比丘即時具足清淨梵行證阿
羅漢果外道衆中復有梵志姓迦葉氏復作

BD14947號　大般涅槃經（北本　思溪本）卷三九　（11–3）

非他非諸衆生乃至識亦復如是我如是觀
得正法眼世尊我今甚樂出家脩道願見聽
許佛言善來比丘即時具足清淨梵行證阿
羅漢果外道衆中復有梵志姓迦葉復作
是言瞿曇身即是命身異命異如來嘿然第
二第三亦復如是梵志復言瞿曇若人捨身
未得後身於其中間豈可不名身異命異若
是異者瞿曇何故嘿然不荅善男子我說身
命皆從因緣非不因緣如身命一切法亦如
是梵志復言瞿曇我見世間有法不從因緣
佛言梵志汝云何見世間有法不從因緣梵
志言我見大火焚燒榛木風吹絕炎墮在餘
處是豈不名无因緣耶佛言善男子我說是
炎亦從因生非不從因梵志言瞿曇絕炎去
時不因薪炭云何而言因於因緣
佛言善男子雖无薪炭因風而去風因緣故
其炎不滅瞿曇若人捨身未得後身中間壽
命誰為因緣佛言梵志无明與愛而為因緣
是无明愛二因緣故壽命得住善男子有因
緣故身即是命命即是身有因緣故身異命
異智者不應一向而說身異命異梵志言世
尊唯願為我分別解說令我了了得知因果
佛言梵志因即五陰果亦五陰善男子若有
衆生不然火者是則无烟梵志言世尊我已
知已我已解已佛言善男子汝云何知汝云
何解世尊火即煩惱能於地獄餓鬼畜生人
天燒然烟者即是煩惱果報无常不淨臭穢
可德是故名烟若有衆生不作煩惱是人則

BD14947號　大般涅槃經（北本　思溪本）卷三九　（11–4）

知已我已解已佛言善男子汝云何知汝云
何解世尊火即煩惱能於地獄餓鬼畜生人
天燒然烟者即是煩惱果報无常不淨臭穢
可德是故名烟若有衆生不作煩惱是人則
无煩惱果報是故如來說不然火則无有烟
世尊我已正見唯願慈矜聽我出家尒時世
尊告憍陳如聽是梵志出家受戒時憍陳如
受佛勑已和合衆僧聽其出家受具足戒經
五日已得阿羅漢果外道衆中復有梵志名
曰富那復作是言瞿曇汝見世間是常法已
說言常耶如是義者實耶虛耶常无常亦常
无常非常非无常有邊无邊亦有邊无邊非
有邊非无邊是身是命身異命異如來滅後
如去不如去亦如去不去非如去非不如去
佛言富那我不說世間常虛實无常亦常无
常非常非无常有邊无邊亦有邊无邊非有
邊非无邊是身是命身異命異如來滅後如
去不如去亦如去不如去非如去非不如去
富那復言瞿曇今者見何罪過不作是說佛
言富那若有人說世間是常唯此為實餘妄
語者是名為見見所見處是名見行是名見
業是名見著是名見縛是名見苦是名見取
是名見怖是名見熱是名見纏富那凡夫之人
為見所纏不能遠離生老病死迴流六趣受
无量苦乃至非如去非不如去亦復如是富
那我見是見有如是過是故不著不為人
說瞿曇若見如是罪過不著不說瞿曇今者
何見何著何所宣說佛言善男子夫見著者

BD14947號　大般涅槃經（北本　思溪本）卷三九　（11–5）

无量昔乃至非如去非不如去亦復如是富
那我見是見有如是過是故不著不為人
說瞿曇若見如是過不著不說瞿曇今者
何見何著何所宣說佛言善男子夫見著者
名生死法如來已離生死法故是故不著善
男子如來名為能見能說不名為著瞿曇云
何能見云何能說佛言善男子我能明見苦
集滅道分別宣說如是四諦我見如是故能
遠離一切見一切愛一切流一切慢是故我
具清淨梵行无上寂靜獲得常身是身亦非
東西南北富那言瞿曇何因緣故常身非是
東西南北佛言善男子我今問汝隨汝意荅
於意云何善男子如於汝前然大火聚當其
然時汝知然不如是瞿曇是火滅時汝知滅
不如是瞿曇富那若有人問汝前火聚然從
何來滅何所至當云何荅瞿曇若有問者我
當荅言是火生時賴於眾緣本緣已盡新緣
未至是火則滅若復有問是火滅已至何方
面復云何荅瞿曇我當荅言緣盡故滅不至
方所善男子如來亦尒若有无常色乃至无
常識因愛故然然者即受廿五有是故然時
可說是火東西南北現在愛滅廿五有果報
不然以不然故不可說有東西南北善男子
如來已滅无常之色至无常識是故身常身
若是常不得說有東西南北富那言請說一
喻唯願聽採佛言善哉善哉隨意說之世尊
如大村外有娑羅林中有一樹先林而生是

BD14947號　大般涅槃經（北本　思溪本）卷三九　（11–6）

如來已滅无常之色至无常識是故身常身
若是常不得說有東西南北富那言請說一
喻唯願聽採佛言善哉善哉隨意說之世尊
如大村外有娑羅林中有一樹先林而生是
一百年是時林主灌之以水隨時脩治其樹
陳朽皮膚枝葉悉皆隨落唯真實在如來亦
尒所有陳故悉以除盡唯有一切真實法在
世尊我今甚樂出家脩道佛言善來比丘說
是語已即時出家漏盡證得阿羅漢果復有
梵志名淨住作如是言瞿曇一切眾生不知何
法見世間常无常亦常无常非有常非无常
乃至非如去非不如去佛言善男子不知色
故乃至不知識故見世間常乃至非如去非
不如去梵志言瞿曇眾生知何法故不見世
間常乃至非如去非不如去佛言善男子知
色故乃至知識故不見世間常乃至非如去非
不如去梵志言世尊唯願為我分別解說世
間常无常佛言善男子若人捨故不造新業
是人能知常與无常梵志言世尊我已知解
佛言善男子汝云何見汝云何知世尊故名
无明與愛新名取有若人遠離是无明愛不
作取有是人真實知常无常我今已得正法
淨眼歸依三寶唯願如來聽我出家佛告憍
陳如聽是梵志出家受戒時憍陳如受佛勑
已將至僧中為作羯磨令得出家十五日後
諸漏永盡得阿羅漢果犢子梵志復作是言
瞿曇我今欲問能見聽不如來嘿然第二第
三亦復如是犢子復言瞿曇我久與汝共為

BD14947號　大般涅槃經（北本　思溪本）卷三九　（11–7）

已於僧中為作羯磨令得出家十五日後
諸漏永盡得阿羅漢果犢子梵志復作是言
瞿曇我今欲問能見聽不如來默然第二第
三亦復如是犢子復言瞿曇我久與汝共為
親友汝之與我義无有二我欲諮問何故默
然尒時世尊作是思惟如是梵志其性濡雅
純善質直常為知故而來諮問不為惱亂彼
若問者當隨意荅佛言犢子善哉善哉隨所
疑問吾當荅之犢子言瞿曇世有善耶如
是梵志有不善耶如是梵志瞿曇願為我說
令我得知善不善法佛言善男子我能分別
廣說其義今當為汝略說之善男子欲名
不善解脫欲者名之為善瞋恚愚癡亦復如
是殺名不善不殺名善乃至邪見亦復如是
善男子我今為汝已說三種善不善法及說
十種善不善法若我弟子能作如是分別三
種善不善法乃至十種善不善法當知是人
能盡貪欲瞋恚愚癡一切諸漏斷一切有梵志
言瞿曇是佛法中頗有一比丘能盡如是貪
欲瞋癡一切諸漏一切有不佛言善男子是佛
法中非一二三乃至五百乃有无量諸比丘
等能盡如是貪欲恚癡一切諸漏一切諸有
瞿曇置一比丘是佛法中頗有一比丘尼能
盡如是貪欲瞋癡一切諸漏一切有不佛言
善男子是佛法中非一二三乃至五百乃有
无量諸比丘尼能斷如是貪欲瞋癡一切諸
漏一切有犢子言瞿曇置一比丘一比丘
尼是佛法中頗有一優婆塞持戒精懃梵行

BD14947號　大般涅槃經（北本　思溪本）卷三九　　（11–8）

善男子是佛法中非一二三乃至五百乃有
无量諸比丘尼能斷如是貪欲瞋癡一切諸
漏一切諸有犢子言瞿曇置一比丘一比丘
尼是佛法中頗有一優婆塞持戒精懃梵行
清淨度疑彼岸斷於疑網佛言善男子我佛
法中非一二三乃至五百乃有无量諸優婆
塞持戒精懃梵行清淨斷五下結得阿那含
度疑彼岸斷於疑網犢子言瞿曇置一比丘一
比丘尼一優婆塞是佛法中頗有一優婆夷
持戒精懃梵行清淨度疑彼岸斷疑网不佛
言善男子我佛法中非一二三乃至五百乃
有无量諸優婆夷持戒精懃梵行清淨斷五
下結得阿那含度疑彼岸斷於疑网犢子言
瞿曇置一比丘一比丘尼盡一切漏一優婆
塞一優婆夷持戒精懃梵行清淨斷於疑网
是佛法中頗有優婆塞受五欲樂心无疑网
不佛言善男子是佛法中非一二三乃至五
百乃至无量諸優婆塞斷於三結得須陁洹
薄貪恚癡得斯陁含如優婆塞優婆夷亦復
如是世尊我於今者樂說譬喻佛言善哉樂
說便說世尊譬如難陁婆難陁龍王等降大
雨如來法雨亦復如是平等而於優婆塞優
婆夷世尊若諸外道欲來出家不審如來與
月試之佛言善男子皆四月試不必一種世
尊若不一種唯願大慈聽我出家尒時世尊
告憍陳如聽是犢子出家受戒時憍陳如受
佛勑已於衆僧中為作羯磨於出家受戒滿十
五日得須陁洹果既得果已復作是念若有
智慧從學得者我今已得堪任見佛即往佛

BD14947號　大般涅槃經（北本　思溪本）卷三九　　（11–9）

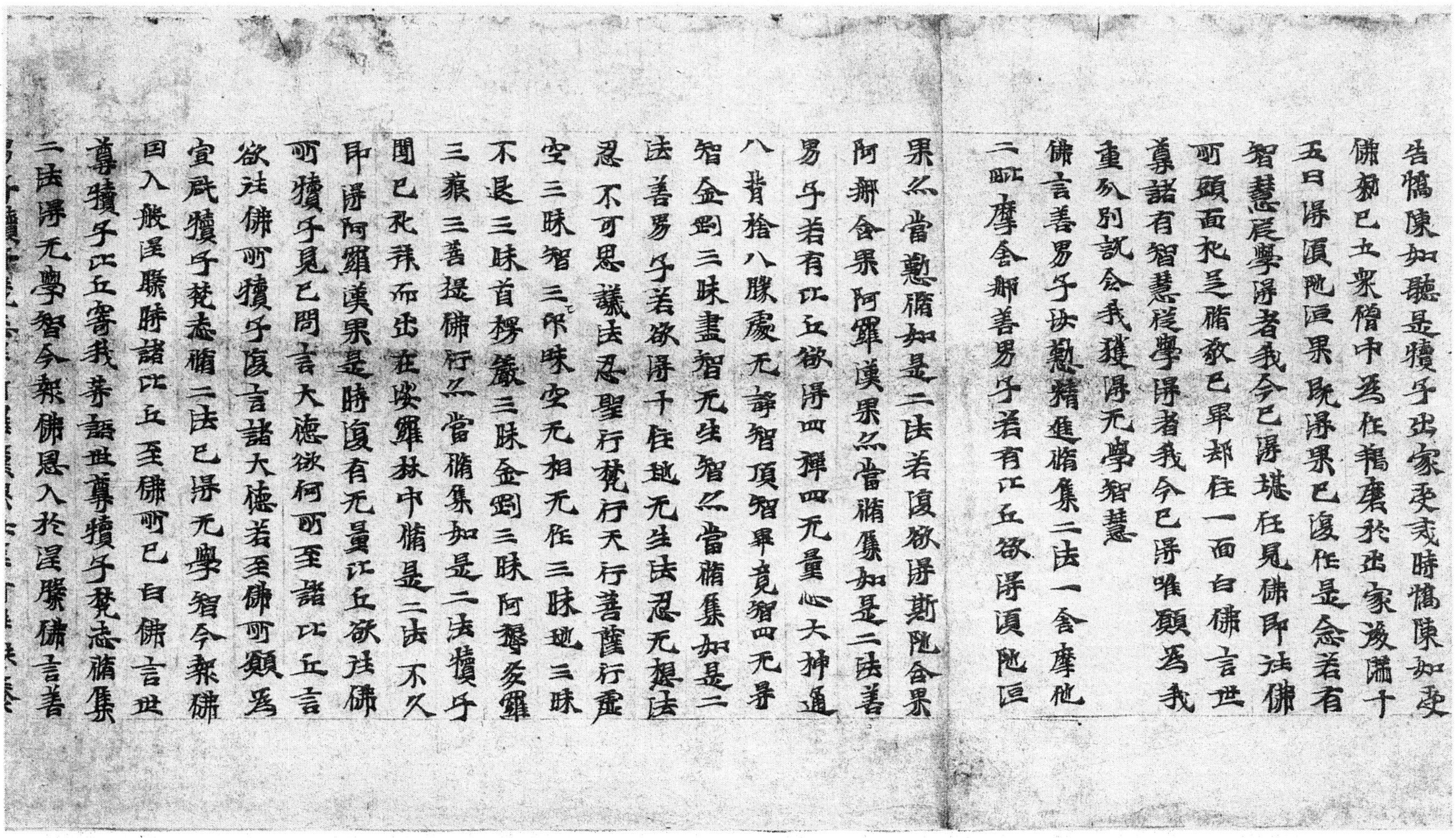

告憍陳如聽是犢子出家受戒時憍陳如受
佛勑已立衆僧中為作羯磨於出家後滿十
五日得須陁洹果既得果已復作是念若有
智慧從學得者我今已得堪任見佛即往佛
所頭面礼足脩敬已畢却住一面白佛言世
尊諸有智慧從學得者我今已得唯願為我
重分別說令我獲得无學智慧
佛言善男子汝懃精進脩集二法一舍摩他
二毗婆舍那善男子若有比丘欲得須陁洹
果亦當懃脩如是二法若復欲得斯陁含果
阿那含果阿羅漢果亦當脩集如是二法善
男子若有比丘欲得四禪四无量心六神通
八背捨八勝處无諍智頂智畢竟智四无导
智金剛三昧盡智无生智亦當脩集如是二
法善男子若欲得十住地无生法忍无想法
忍不可思議法忍聖行梵行天行菩薩行虛
空三昧智三昧空无相无作三昧地三昧
不退三昧首楞嚴三昧金剛三昧阿耨多羅
三藐三菩提佛行亦當脩集如是二法犢子
聞已礼拜而出在娑羅林中脩是二法不久
即得阿羅漢果是時復有无量比丘欲往佛
所犢子見已問言大德欲何所至諸比丘言
欲往佛所犢子復言諸大德若至佛所願為
宣啟犢子梵志脩二法已得无學智今報佛
回入般涅槃時諸比丘至佛所已白佛言世
尊犢子比丘寄我等語世尊犢子梵志脩集
二法得无學智今報佛恩入於涅槃佛言善

BD14947號　大般涅槃經（北本　思溪本）卷三九　（11–10）

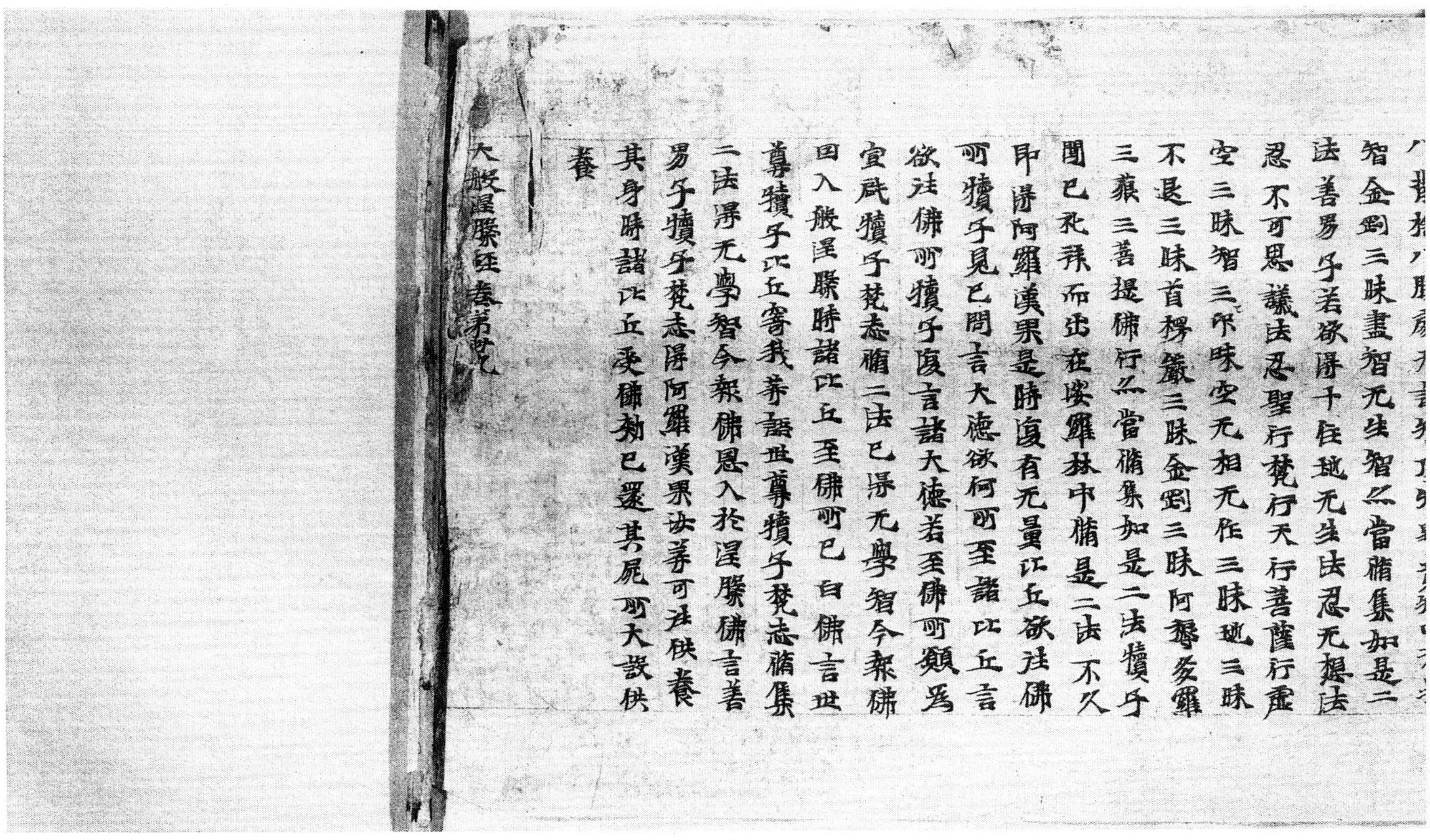

八背捨八勝處无
智金剛三昧盡智无生智亦當脩集如是二
法善男子若欲得十住地无生法忍无想法
忍不可思議法忍聖行梵行天行菩薩行虛
空三昧智三昧空无相无作三昧地三昧
不退三昧首楞嚴三昧金剛三昧阿耨多羅
三藐三菩提佛行亦當脩集如是二法犢子
聞已礼拜而出在娑羅林中脩是二法不久
即得阿羅漢果是時復有无量比丘欲往佛
所犢子見已問言大德欲何所至諸比丘言
欲往佛所犢子復言諸大德若至佛所願為
宣啟犢子梵志脩二法已得无學智今報佛
回入般涅槃時諸比丘至佛所已白佛言世
尊犢子比丘寄我等語世尊犢子梵志脩集
二法得无學智今報佛恩入於涅槃佛言善
男子犢子梵志得阿羅漢果汝等可往供養
其身時諸比丘受佛勑已還其屍所大設供
養

大般涅槃經卷第卅九

BD14947號　大般涅槃經（北本　思溪本）卷三九　（11–11）

著　録　凡　例

本目録採用條目式著録法。諸條目意義如下：

1.1　著録編號。用漢語拼音首字“BD”表示，意為“北京圖書館藏敦煌遺書”，簡稱“北敦號”。文獻寫在背面者，標註為“背”。一件遺書上抄有多個文獻者，用數字1、2、3等標示小號。一號中包括幾件遺書，且遺書形態各自獨立者，用字母A、B、C等區別。

1.2　著録分類號。本條記目録暫不分類，該項空缺。

1.3　著録文獻的名稱、卷本、卷次。

1.4　著録千字文編號。

1.5　著録縮微膠卷號。

2.1　著録遺書的總體數據。包括長度、寬度、紙數、正面抄寫總行數與每行字數、背面抄寫總行數與每行字數。如該遺書首尾有殘破，則對殘破部分單獨度量，用加號加在總長度上。凡屬這種情況，長度用括弧標註。

2.2　著録每紙數據。包括每紙長度及抄寫行數或界欄數。

2.3　著録遺書的外觀。包括：（1）裝幀形式。（2）首尾存況。（3）護首、軸、軸頭、天竿、縹帶，經名是書寫還是貼簽，有無經名號，扉頁、扉畫。（4）卷面殘破情況及其位置。（5）尾部情況。（6）有無附加物（蟲繭、油污、線繩及其他）。（7）有無裱補及其年代。（8）界欄。（9）修整。（10）其他需要交待的問題。

2.4　著録一件遺書抄寫多個文獻的情況。

3.1　著録文獻首部文字與對照本核對的結果。

3.2　著録文獻尾部文字與對照本核對的結果。

3.3　著録録文。

3.4　著録對文獻的說明。

4.1　著録文獻首題。

4.2　著録文獻尾題。

5　著録本文獻與對照本的不同之處。

6.1　著録本遺書首部可與另一遺書綴接的編號。

6.2　著録本遺書尾部可與另一遺書綴接的編號。

7.1　著録題記、題名、勘記等。

7.2　著録印章。

7.3　著録雜寫。

7.4　著録護首及扉頁的內容。

8　著録年代。

9.1　著録字體。如有武周新字、合體字、避諱字等，予以說明。

9.2　著録卷面二次加工的情況。包括句讀、點標、科分、間隔號、行間加行、行間加字、硃筆、墨塗、倒乙、刪除、兑廢等。

10　著録敦煌遺書發現後，近現代人所加內容，裝裱、題記、印章等。

11　備註。著録揭裱互見、圖版本出處及其他需要說明的問題。

上述諸條，有則著録，無則空缺。

為避文繁，上述著録中出現的各種參考、對照文獻，暫且不列版本說明。全目結束時，將統一編制本條記目録出現的各種參考書目。

本條記目録為農曆年份標註其公曆紀年時，未進行歲頭年末之換算，請讀者使用時注意自行換算。

條 記 目 錄

BD14870—14947

1.1　BD14870 號
1.3　大般涅槃經（北本）卷一〇
1.4　新 1070
2.1　（12.3+21.3+2.6）×27.4 厘米；2 紙；共 21 行，行 17 字。
2.2　01：10.5，06；　02：1.8+21.3+2.6，15。
2.3　卷軸裝。首尾均殘。有烏絲欄。已修整。
3.1　首 7 行下殘→大正 0374，12/0426A23～B02。
3.2　尾行上下殘→大正 0374，12/0426B15～16。
8　6 世紀。南北朝寫本。
9.1　楷書。

1.1　BD14871 號 1
1.3　普賢菩薩說證明經
1.4　新 1071
2.1　（7.5+71.5）×26.5 厘米；2 紙；共 44 行，行 17 字。
2.2　01：7.5+21，16；　02：50.5，28。
2.3　卷軸裝。首殘尾脱。經黄打紙。首紙有破裂。有烏絲欄。
2.4　本遺書包括 2 個文獻：（一）《普賢菩薩說證明經》，14 行，今編為 BD14871 號 1。（二）《證香火本因經》，30 行，今編為 BD14871 號 2。
3.1　首 4 行下殘→大正 2879，85/1364C05～08。
3.2　尾全→大正 2879，85/1364C18。
8　7～8 世紀。唐寫本。
9.1　楷書。
10　卷首背有陽文硃印，0.9×0.9 厘米，印文為“李少白”。

1.1　BD14871 號 2
1.3　證香火本因經
1.4　新 1071
2.4　本遺書由 2 個文獻組成，本文獻為第 2 個，30 行。餘參見 BD14871 號 1 之第 2 項。
3.1　首全→大正 2879，85/1364C20。
3.2　尾殘→大正 2879，85/1365A22。
4.1　佛說證香火本因經第二（首）。
5　與《大正藏》本對照，第 18～20 行錯抄重複。
8　7～8 世紀。唐寫本。
9.1　楷書。

1.1　BD14872 號
1.3　妙法蓮華經卷一
1.4　新 1072
2.1　146×27.5 厘米；3 紙；共 82 行，行 17 字。
2.2　01：49.0，26；　02：48.5，28；　03：48.5，28。
2.3　卷軸裝。首全尾脱。卷面有油污、破裂及殘洞。有烏絲欄。
3.1　首全→大正 0262，09/0001C14。
3.2　尾殘→大正 0262，09/0002C20。
4.1　妙法蓮華經序品第一（首）。
7.3　卷首背有雜寫“妙法蓮經”。
8　8～9 世紀。吐蕃統治時期寫本。
9.1　楷書。
10　首題下方有 2 枚硃印：（1）陰文，1.3×2.1 厘米，印文為“☐（鄉?）白至☐（火?）”。（2）陽文，1.2×1.2 厘米，印文為“李家滂印”。卷首背有陽文硃印，0.9×0.9 厘米，印文為“李少白”。

1.1　BD14873 號
1.3　無量壽宗要經
1.4　新 1073
2.1　46×28 厘米；1 紙；共 27 行，行 17 字。
2.3　卷軸裝。首全尾脱。卷面多有破裂。卷背多鳥糞。有烏絲欄。
3.1　首全→大正 0936，19/0082A03。
3.2　尾殘→大正 0936，19/0082B03。
4.1　大乘無量壽經（首）。
7.1　卷背上角有勘記“勘了”。

8　8～9 世紀。吐蕃統治時期寫本。
9.1　楷書。
10　卷首背有陽文硃印，0.9×0.9 厘米，印文為“李少白”。

1.1　BD14874 號
1.3　妙法蓮華經卷六
1.4　新 1074
2.1　(18+17+2)×24.5 厘米；1 紙；共 26 行，行 17 字。
2.3　卷軸裝。首全尾殘。經黄打紙，研光上蠟。卷首右下殘缺，中間有殘洞。卷背有油污。有烏絲欄。已修整。
3.1　首 10 行中下殘→大正 0262，09/0046B17～C03。
3.2　尾行中下殘→大正 0262，09/0046C18。
4.1　妙法蓮華經隨喜功德品第□□（首）。
8　7～8 世紀。唐寫本。
9.1　楷書。
10　首背下方有陽文硃印，0.9×0.9 厘米，印文為“李少白”。

1.1　BD14875 號
1.3　維摩詰所說經卷中
1.4　新 1075
2.1　95.7×25.4 厘米；2 紙；共 56 行，行 17 字。
2.2　01：48.1，28；　02：47.6，28。
2.3　卷軸裝。首殘尾脫。經黄打紙。卷面有等距離黴爛。卷尾有蟲繭。有烏絲欄。
3.1　首 4 行上殘→大正 0475，14/0546A28～B02。
3.2　尾殘→大正 0475，14/0547A01。
8　7～8 世紀。唐寫本。
9.1　楷書。
10　卷首下部有陰文印章，1.5×1.5 厘米，印文為“半巢書屋”。卷首背下有陽文硃印，0.9×0.9 厘米，印文為“李少白”。

1.1　BD14876 號
1.3　金剛般若波羅蜜經（十二分本）
1.4　新 1076
2.1　(15.8+53.4)×26 厘米；2 紙；共 41 行，行 16 字。
2.2　01：15.8+6.2，13；　02：47.2，28。
2.3　卷軸裝。首殘尾脫。經黄紙。尾紙下邊有殘缺。有烏絲欄。已修整。
3.1　首 10 行上下殘→大正 0235，08/0748C24～0749A07。
3.2　尾殘→大正 0235，08/0749B09。
5　與《大正藏》本對照，本卷為十二分本。
8　7～8 世紀。唐寫本。
9.1　楷書。
10　卷背有陽文硃印，0.9×0.9 厘米，印文為“李少白”。

1.1　BD14877 號
1.3　妙法蓮華經卷一
1.4　新 1077
2.1　(8+69)×25 厘米；3 紙；共 30 行，行 17 字。
2.2　01：8+11.5，護首；　02：52.5，27；　03：05.0，03。
2.3　卷軸裝。首全尾斷。經黄紙。有護首，已殘。通卷殘破。背有古代裱補。首紙係後補。有烏絲欄。已修整。
3.1　首全→大正 0262，09/0001C14。
3.2　尾殘→大正 0262，09/0002A22。
4.1　妙法蓮華經序品第一（首）。
7.3　卷背裱補紙上寫有“十頌次”等字樣。
8　7～8 世紀。唐寫本。
9.1　楷書。
10　第 2、3 紙接縫處下方有陰文硃印，2×2 厘米，印文為“半巢書屋”。護首下方有陽文硃印，0.9×0.9 厘米，印文為“李少白”。

1.1　BD14878 號
1.3　金剛般若波羅蜜經
1.4　新 1078
2.1　(5.4+132)×26 厘米；3 紙；共 83 行，行 17 字。
2.2　01：5.4+39，27；　02：46.1，28；　03：46.0，28。
2.3　卷軸裝。首殘尾脫。經黄紙。有烏絲欄。已修整。
3.1　首 3 行上中殘→大正 0235，08/0749A20～23。
3.2　尾殘→大正 0235，08/0750A20。
8　8 世紀。唐寫本。
9.1　楷書。
9.2　有行間校加字。
10　卷首乾隆時期高麗紙裱補，紙上有陽文硃印，2.4×1 厘米，印文為“□□□陳列所□”。卷首背下方有有陽文硃印，0.9×0.9 厘米，印文為“李少白”。

1.1　BD14879 號
1.3　金剛般若波羅蜜經
1.4　新 1079
2.1　(15.5+58)×25 厘米；2 紙；共 44 行，行 17 字。
2.2　01：15.5+12，16；　02：46.0，28。
2.3　卷軸裝。首殘尾脫。經黄打紙。卷面油污，上下邊殘損。有烏絲欄。已修整。
3.1　首 9 行中下殘→大正 0235，08/0749A01～11。
3.2　尾殘→大正 0235，08/0749B20。
8　7～8 世紀。唐寫本。
9.1　楷書。
10　首紙背有陽文硃印，0.9×0.9 厘米，印文為“李少白”。

1.1　BD14880 號
1.3　文殊師利所說摩訶般若波羅蜜經（一卷本）
1.4　新 1080
2.1　379.5×26.5 厘米；9 紙；共 194 行，行 17 字。

2.2 01：39.8，21； 02：42.1，22； 03：42.4，23；
04：42.2，22； 05：42.5，23； 06：42.1，22；
07：42.0，22； 08：42.3，19； 09：42.1，20。
2.3 卷軸裝。首斷尾脱。打紙，砑光上蠟。有折疊欄。已修整。
3.1 首殘→大正0232，08/0727C20。
3.2 尾殘→大正0232，08/0730A24。
8 7～8世紀。唐寫本。
9.1 楷書。
9.2 有刮改。
10 第3頁背有陰文硃印，0.8×1.3厘米，印文為“慎思□”。

1.1 BD14881號
1.3 維摩詰所說經卷中
1.4 新1081
2.1 769.9×24.5厘米；17紙；共446行，行17字。
2.2 01：06.8，素紙； 02：47.0，27； 03：48.9，28；
04：49.3，28； 05：48.0，28； 06：47.6，28；
07：47.8，28； 08：48.6，28； 09：48.5，28；
10：48.5，29； 11：48.6，29； 12：48.4，29；
13：48.3，29； 14：48.4，29； 15：48.5，29；
16：48.5，29； 17：38.2，20。
2.3 卷軸裝。首斷尾全。有烏絲欄。首紙紙色不同，自8紙起與前紙紙質、字體不同。
3.1 首殘→大正0475，14/0546A03。
3.2 尾全→大正0475，14/0551C27。
4.2 維摩詰經卷中（尾）。
8 8～9世紀。吐蕃統治時期寫本。
9.1 楷書。
10 卷首有現代人所寫題跋：

“敦煌千佛洞，莫詳其所始，亦不知何時/為飛沙壅沒。清光緒時，沙忽為風吹散，/洞始豁然軒露。《續修甘肅通志》成於宣統/二年，不載玆事。蓋敦煌去省二千三百餘/里，地僻而民樸，文獻缺如。且當時並不視為/奇異，略之亦宜。洞藏古寫經抄本書甚多，/初僅僧徒用以答檀施者，舍錢數緡，可/任擇數卷。適有英、法人先後來遊，辨為古/物，擇其尤者携歸，珍逾拱璧。於是學部/咨由陝督長公，輦運寫經六千卷入都。敦/煌古寫經之名，始大著於時。然士大夫藏/者尚少。民國三年，合肥將軍來督隴上，幕/府諸公以餘暇鑒別古經，始知自元魏以迄五代，代有寫經。數十百卷中，必有一卷，詳/記時代、姓名。紙亦各因其時，莫能混淆。/有士大夫書、經生書、僧徒書之分。大抵士/大夫書者必精，僧徒書者多劣。近一、二年，/經價日昂。精者一卷，索價或至千金。物之/顯晦，殆亦有時焉。購者既多，贋鼎爭出，/以投時好。非精於鑒別者，莫能辨也。余積/十年之力，得古寫經百餘卷，顏所居曰“百/經齋”，以誌幸也。使余非購自數年前，則罄橐不足得一、二，庸非幸歟！/

笏丞仁棣處長，乞假奉/

太夫人板輿東返，行有日矣。因檢所藏《維摩詰經》一卷贈之。是唐初士大夫書之佳者。古/人寫經，多用以祈迓景福，謹本斯恉，祝/

太夫人遐齡曼福，永永無極！/

笏丞其誌之。余將以此為左券焉。/

中華民國十年（1921）三月/

甯鄉鍾彤澐敬贈並識。/”

題跋後有2枚硃印：（1）陰文，1.8×1.8厘米，印文為“鍾印彤澐”；（2）陽文，1.8×1.8厘米，印文為“築父”。

1.1 BD14882號
1.3 大般若波羅蜜多經卷一三〇
1.4 新1082
2.1 372×25.3厘米；8紙；共222行，行17字。
2.2 01：46.5，28； 02：46.5，28； 03：46.5，28；
04：46.5，28； 05：46.5，28； 06：46.5，28；
07：46.5，28； 08：46.5，26。
2.3 卷軸裝。首脱尾全。有烏絲欄。通卷現代托裱。
3.1 首殘→大正0220，05/0711B01。
3.2 尾全→大正0220，05/0714A16。
4.2 大般若波羅蜜多經卷第一百卅（尾）。
8 8～9世紀。吐蕃統治時期寫本。
9.1 楷書。
10 近代接出黄底格花織錦護首。護首有題簽“唐人書大般若波羅蜜多經”。

1.1 BD14883號
1.3 大般涅槃經（北本 宮本）卷三一
1.4 新1083
2.1 （1.5＋331＋1.2）×25.9厘米；8紙；共196行，行17字。
2.2 01：35.7，21； 02：49.5，29； 03：49.5，29；
04：49.5，29； 05：49.5，29； 06：49.5，29；
07：49.8，29； 08：01.2，01。
2.3 卷軸裝。首尾均殘。卷面多水漬，前部上邊有等距離殘破，第7紙下邊有殘破。背有古代裱補。有烏絲欄。有劃界欄針孔。已修整。
3.1 首行下殘→大正0374，12/0552B26～27。
3.2 尾行下殘→大正0374，12/0555A01。
5 與《大正藏》本對照分卷不同。與宮內省圖書寮本同。
8 6世紀。南北朝寫本。
9.1 楷書。
9.2 有硃筆點標。
10 卷首背有“甲”字，卷尾背有“志”字。

1.1 BD14884號
1.3 維摩詰所說經卷中
1.4 新1084

2.1　(4.8 +964.9) ×28.5 厘米；25 紙；共 569 行，行 17 字。
2.2　01：06.8，04；　02：32.0，19；　03：40.5，24；
04：40.5，24；　05：35.0，21；　06：40.0，24；
07：40.0，24；　08：40.6，24；　09：41.0，24；
10：41.0，24；　11：41.0，24；　12：40.8，24；
13：41.0，24；　14：41.0，24；　15：41.0，24；
16：41.0，24；　17：40.0，24；　18：41.0，24；
19：41.0，24；　20：41.0，24；　21：41.0，24；
22：41.0，24；　23：40.5，24；　24：40.5，24；
25：40.5，21。
2.3　卷軸裝。首殘尾全。卷面多水漬。背有古代裱補。有烏絲欄。
3.1　首 3 行中下殘→大正 0475，14/0544B21 ~25。
3.2　尾全→大正 0475，14/0551C27。
4.2　維摩經卷中（尾）。
7.1　尾有題記："咸亨三年（672）六月上旬弟子汜師/僧為亡妻索敬寫。/"
8　672 年。唐寫本。
9.1　楷書。
9.2　有校改。
10　卷尾有題跋 2 條：
其一：
"隋唐寫經◇不常有此種有款識者，尤宋以來官私收藏所無。即此石室所藏不下三萬卷，/而此種不逾百卷，其難得可知矣。/"
其二：
"閱一千三百三十九年，大清宣統二年庚戌（1910）九江蔡金臺/得於甘肅燉煌千佛寺石室。/" "至宣統二年計一千三百卅九年。/"
卷端背有一"浤"字。
外包宣紙上寫"唐人寫經卷，有年月及人名。甚佳，上品，小清愛堂記"。

1.1　BD14885 號
1.3　妙法蓮華經卷二
1.4　新 1085
2.1　(2.5 +137.5) ×25 厘米；3 紙；共 83 行，行 17 字。
2.2　01：2.5 +44.5，27；　02：46.5，28；　03：46.5，28。
2.3　卷軸裝。首殘尾脱。打紙。卷面有水漬，首紙有殘缺及破裂。有烏絲欄。
3.1　首全→大正 0262，09/0010B22。
3.2　尾殘→大正 0262，09/0012A01。
4.1　妙法蓮華經卷譬喻品第三，二（首）。
7.1　卷首背有勘記"二"。
8　7 ~8 世紀。唐寫本。
9.1　楷書。
10　卷首背有墨書"好的有頭有尾"。卷首背有圓形陽文硃印，直徑 0.8 厘米，印文為"吉（?）◇"。

1.1　BD14886 號
1.3　金剛般若波羅蜜經
1.4　新 1086
2.1　(6.5 +460.5) ×24 厘米；11 紙；共 284 行，行 17 字
2.2　01：6.5 +1.9，24；　02：45.0，28；　03：47.0，28；
04：47.0，28；　05：47.5，28；　06：47.5，28；
07：47.5，28；　08：47.5，28；　09：47.5，28；
10：47.0，28；　11：18.0，08。
2.3　卷軸裝。首殘尾全。經黄紙。第 2、3 紙接縫處下部開裂。有烏絲欄。
3.1　首 4 行下殘→大正 0235，08/0749B01 ~05。
3.2　尾全→大正 0235，08/0752C03。
4.2　金剛般若波羅蜜經（尾）。
5　與《大正藏》本對照，本號經文無冥司偈，參見《大正藏》，8/751C16 ~19。
8　7 ~8 世紀。唐寫本。
9.1　楷書。

1.1　BD14887 號
1.3　妙法蓮華經卷三
1.4　新 1087
2.1　336 ×27 厘米；7 紙；共 192 行，行 17 字。
2.2　01：49.0，28；　02：49.0，28；　03：49.0，28；
03：49.0，28；　05：49.0，28；　06：49.0，28；
07：42.0，24。
2.3　卷軸裝。首脱尾斷。打紙。卷上有黴斑。有烏絲欄。
3.1　首殘→大正 0262，09/0024B07。
3.2　尾殘→大正 0262，09/0027B08。
8　7 ~8 世紀。唐寫本。
9.1　楷書。
10　卷背各紙接縫處有陽文硃印，1.2 ×1.2 厘米，印文為"峻（?）峰"。

1.1　BD14888 號
1.3　釋肇序抄義
1.4　新 1088
2.1　(8 +348.2) ×27.5 厘米；9 紙；共 251 行，行 31 字。
2.2　01：8 +31，28；　02：39.5，29；　03：39.5，29；
04：39.5，29；　05：39.5，29；　06：39.5，29；
07：36.2，27；　08：44.5，32；　09：39.0，19。
2.3　卷軸裝。首殘尾全。卷首尾有殘破，第 8、9 紙接縫下部開裂。已修整。
3.1　首 6 行上下殘→大正 2777，85/0435C26 ~0436A03。
3.2　尾全，第 103 行→大正 2777，85/0437C25。
3.4　説明：

本文獻為曇曠所撰，未為歷代大藏經所收。敦煌出土後，日本《大正藏》依據伯2149號、斯01347號等兩個殘本，校勘錄文，收入第八十五卷，經號為2777號。該號首部基本完整，略有殘缺，尾殘。本號共251行，首殘尾全。其中103行與《大正藏》本相符，其餘147行可補《大正藏》本之缺漏。

7.1 尾有曇曠題跋："余以大曆二年（767）春正月於資聖寺傳經之次，/記其所聞，以補多忘。庶來悟義伯無誚斐然矣。崇福寺/沙門體清集記。/"

8 9～10世紀。歸義軍時期寫本。

9.1 楷書。

9.2 有硃、墨筆行間校加字、校改。有硃筆科分。

10 尾有題跋："閱一千二百四十四年，大清宣統二年庚戌（1910）從燉煌千佛寺石室所藏/晉、唐卷子檢得之。斋龕記。/"

卷首背寫有"唐大歷年"、"甲"、"祛"。尾紙背下方有"甲"、"祛"2字。

1.1 BD14889號

1.3 寅朝禮文

1.4 新1089

2.1 （59+4.5）×27厘米；2紙；共26行，行21字。

2.2 01：21.0，5；　02：38+4.5，21。

2.3 卷軸裝。首斷尾殘。卷面油污、殘破。已修整。

3.3 錄文：

（首全）

寅朝禮文。敬禮略（毗）盧遮那佛。敬禮/

盧舍那佛。敬禮釋迦牟尼佛。敬禮/

東方善德佛。敬禮東南方無優德佛。/

敬禮南方栴檀佛。敬禮西南方寶施/

佛。敬禮西方無量朋（明）佛。敬禮北方相德佛。/

敬禮上［方］竟眾德佛。敬禮下方明德佛。敬禮當來下生/

彌勒尊佛。敬禮過現未來十方三世［一］切諸佛。敬禮舍利刑（形）像/

無量寶佛。敬禮十二部尊經甚深法藏。敬禮諸大菩薩/

磨（摩）訶薩眾。敬禮聲聞緣覺一切賢聖。為天龍八部諸/

善神王，敬禮常住三寶。為過現諸師恒為道首，敬禮/

常住三寶。為皇帝聖化無窮，敬禮常住三寶。/

為太子諸王福延萬業，敬禮常住三寶。為師僧父母及善/

知識，敬禮常住三寶。為十方施主六度圓滿，敬禮常/

住三寶。為三塗八難、受苦衆生，愿皆離苦，敬禮常住三/

寶。為國土安寧、法輪常轉，敬禮常住三寶。為［三］界有/

情，禮佛懺悔，至心懺悔十方無量佛。所知無不盡，我今悉/

於前，發露悔諸惡。三◇合九種，從三煩惱起。今身若前身，/

有罪皆懺悔。於三惡道中，若應受業報。愿得今身上，不入/

<不入>惡道受。懺悔已，歸命禮三寶，至心勸請：十方一切佛，現/

在成道者，我請轉法輪，安樂請衆生。十方一切佛，<現在成>/

若福捨受命，我今頭面禮，勸請/

令久住。勸請已，歸命禮三寶，至心隨喜：所有神/

放福，持戒修善惠，徒身口意生，去來今所有，/

習學三乘人，具足一乘者，無量人天福，眾等皆喜隨（隨/喜）。隨喜已，歸命禮三寶，至心迴向：我所依福/

業，一切皆和合。為度衆生，故正迴向。/

（錄文完）

4.1 寅朝禮文（首）。

8 9～10世紀。歸義軍時期寫本。

9.1 楷書。

9.2 有塗抹。

10 背貼紙簽上寫有"六，56號，唐/寶朝禮文一塊/10.00/"。

1.1 BD14890號

1.3 八波羅夷經附十利（擬）

1.4 新1090

2.1 84.5×28厘米；3紙；共30行，行20字左右。

2.2 01：05.0，01；　02：40.0，18；　03：39.5，11。

2.3 卷軸裝。首斷尾全。首紙上邊有破裂。有折疊欄。

3.4 說明：

本文獻前18行為《八波羅夷經》之末尾，後12行論述守戒十利。未為歷代大藏經所收。作為《八波羅夷經》的又一種流傳形態，可供校勘。

7.1 卷尾有題記："卯年五月十八日比丘尼德藏本。"

8 8～9世紀。吐蕃統治時期寫本。

9.1 行楷。

9.2 有行間校加字。有硃筆科分。有校改。

10 背寫有"至"字。卷首背貼紙簽寫有："六，83，唐，重罪戒一卷，25.00。"

1.1 BD14891號

1.3 大佛頂如來密因修證了義諸菩薩萬行首楞嚴咒（加前頌本）（擬）

1.4 新1091

2.1 （286.2+1.6）×26.3厘米；7紙；正面162行，背面13行，共175行，行字不等。

2.2 01：38.2，19；　02：44.3，27；　03：44.5，26；
04：45.0，25；　05：44.6，26；　06：45.1，26；
07：24.5+1.6，13。

2.3 卷軸裝。首全尾殘。卷面保存尚好。背有鳥糞。尾有餘空。有烏絲欄。

2.4 本遺書包括2個文獻：（一）《大佛頂如來密因修證了義諸菩薩萬行首楞嚴咒》（加前頌本）（擬），162行，抄寫在正面，

今編為 BD14891 號。（二）《亡文稿》（擬），13 行，抄寫在背面，今編為 BD14891 號背。

3.4　說明：

本文獻首全尾缺。由兩部分組成。

第一部分自第 1 行至第 6 行，為經題及《大佛頂如來放光悉怛多般怛羅大神力都攝一切咒王陀羅尼經大威德最勝金輪三昧咒品》中的一首偈頌，偈頌參見《大正藏》947，19/182A28 ~ 182B2。

第二部分自第 7 行至第 162 行，為陀羅尼。有反切、念法提示及音節序號。尾殘，共存 254 音節。雖屬《大佛頂如來密因修證了義諸菩薩萬行首楞嚴咒》，但與《大正藏》本《大佛頂如來密因修證了義諸菩薩萬行首楞嚴經》卷七之咒語及卷七末尾所附《嘉興藏》本咒語均互有參差。應為流通中出現的異本。

本文獻應由中國人綜合《大佛頂如來放光悉怛多般怛羅大神力都攝一切咒王陀羅尼經大威德最勝金輪三昧咒品》與《大佛頂如來密因修證了義諸菩薩萬行首楞嚴經》編纂而成，第一部分實際為咒語之前頌。參見 BD00222 號。

4.1　大佛頂如來放光悉怛哆大神力都攝一切咒王陀/羅尼經大威德最威勝金輪三昧咒品卷上/（首）。

5　與《大正藏》本對照，第 3 行至第 4 行八句偈言相當於大正 947，19/182A28 ~ B2。

7.3　卷首有經名雜寫"大佛頂如來放光悉多"一行。下端有雜寫 3 行："佛在諸門說法□者願□□/故我告諸□尚□□□長夜德願/生衆說為喜歡請（?）中一切衆生者。"

8　8 ~ 9 世紀。吐蕃統治時期寫本。

9.1　楷書。

10　背貼紙簽寫有："六，84 號，唐，唐三昧咒經一卷，35.00。"

1.1　BD14891 號背

1.3　亡文稿（擬）

1.4　新 1091

2.4　本遺書由 2 個文獻組成，本文獻為第 2 個，13 行，抄寫在背面。餘參見 BD14891 號之第 2 項。

3.3　錄文：

（首全）

僧鴻蒲撰/

嗟呼！鳳泣菱花，鸞悲湘水。萬古而雲愁楚樹，千愁而［□］淚秦城。私天既墜，九泉歿/地，徒傷於二豎者，即有厶娘子，敬為亡夫初七之辰，饋展香羞（饈），擢為生界。伏維厶/郎平昔，魯國儒流，月宮仙桂。［□］勁而長松修草，高飛而洞鶴春雲。本冀蘿蔓/兔（菟）絲，附金張而保貴；豈謂玄桂趙碧，俄瞬息以生瑕。嗚呼！秦 < 數 > 樓月白兮，蕭史/不來；候嶺猿啼兮，王高已去。遂史（使）娘子霞殘王（玉）筋，露濕花鈿。卷簾/而萱草離離，鴛鴦羅帶；獨坐而銀缸（?）寂寂，翡翠孤鴻。哀男將孝女何/依，舉案而齊眉永謝。豁是堯萱不駐，齋七易臨。爰此晨蓮（?）千（?）香，會莫/不禮。黃金相爇，沈水香梁塵落而魯梵請貝葉開而爐煙慘鴻休可大，妙思/難量。先奉資勳亡夫生界，伏願塵勞山上，舍有漏之舉；緣花藏誨中，聽無/生之理。娘子抑蒼梧之恨淚，保紫府之貞資。巖松不［□］而不段（假），歲/寒玉貌而長敷。婉娧/聞蒙邑鼓盆方外，達去來之理/

（錄文完）

7.3　有經名雜寫"佛說大佛頂如來放光悉怛多大神力"。及雜寫"南無莊嚴王"、"卷◇而異"、"南"等。

8　8 ~ 9 世紀。吐蕃統治時期寫本。

9.1　楷書。

1.1　BD14892 號 1

1.3　般若波羅蜜多心經（別譯）

1.4　新 1092

2.1　63.6×23.5 厘米；2 紙；共 36 行，行 16 ~ 17 字。

2.2　01：48.5，29；　02：15.1，07。

2.3　卷軸裝。首殘尾全。卷面有破裂，接縫處下有開裂。背有古代裱補，尾紙正面有古代裱補。有烏絲欄。

2.4　本遺書包括 2 個文獻：（一）《般若波羅蜜多心經》（別譯），12 行，今編為 BD14892 號 1。（二）《六門陀羅尼經》，24 行，今編為 BD14892 號 2。

3.1　首殘→《般若心經譯註集成》，01/0016A16。

3.2　尾全→《般若心經譯註集成》，01/0017A04。

4.2　般若波羅蜜多經一卷（尾）。

7.1　尾題之後有讀經功德 4 行："誦此經破十惡、五逆、九十五種邪道。若欲供養/十方諸佛，報十方諸佛恩，誦《觀自在菩薩/般若》百邊（遍）千邊（遍），滅罪不虛。書□□誦，無/願不果。/"

8　8 ~ 9 世紀。吐蕃統治時期寫本。

9.1　楷書。

10　卷首背貼有紙簽，上寫"六，82，唐沙彌，常全、恒安，唐六門經一卷，25.00"。

1.1　BD14892 號 2

1.3　六門陀羅尼經

1.4　新 1092

2.4　本遺書由 2 個文獻組成，本文獻為第 2 個，24 行。餘參見 BD14892 號 1 之第 2 項。

3.1　首全→大正 1360，21/0878A03。

3.2　尾全→大正 1360，21/0878A28。

4.1　六門陀羅尼經，三藏法師玄奘奉詔譯（首）。

4.2　六門陀羅尼經一卷（尾）。

7.1　尾題後有題記 2 行："巳年十月十五日清信佛弟子沙彌常全為東行寫《六門》、《多心經》共/兩/本，願我合（闔）家無諸苦障，一切衆生成登覺道。沙彌恒安寫。/"

8　8 ~ 9 世紀。吐蕃統治時期寫本。

9.1　楷書。

1.1　BD14893 號
1.3　大方廣佛華嚴經（晉譯五十卷本異卷）卷四四
1.4　新 1093
2.1　680.9×26.7 厘米；17 紙；共 440 行，行 18 字。
2.2　01：23.6，15；　02：43.0，28；　03：43.1，28；
04：43.2，28；　05：43.2，28；　06：43.3，28；
07：43.1，28；　08：43.2，28；　09：43.2，28；
10：43.3，28；　11：43.3，28；　12：43.3，28；
13：43.3，28；　14：43.3，28；　15：43.3，28；
16：43.3，28；　17：08.9，05。
2.3　卷軸裝。首尾均殘。有烏絲欄。有劃界欄針孔。
3.1　首殘→大正 0278，09/0725B04。
3.2　尾殘→大正 0278，09/0732B07。
5　與《大正藏》本對照，此卷經文相當於卷第五二大部與卷第五三前部。與現知歷代大藏經分卷均不相同。從形態看，應為五十卷本，暫參照日本宮内寮本定其卷次。
8　5～6 世紀。南北朝寫本。
9.1　楷書。
9.2　有刮改。
10　卷首背貼紙簽寫有："六，81 號，唐，十六節，六朝經一卷，30.00"。

1.1　BD14894 號
1.3　金光明經卷四
1.4　新 1094
2.1　（5＋79.6）×26.8 厘米；2 紙；共 49 行，行 17 字。
2.2　01：5＋27.4，19；　02：52.2，30。
2.3　卷軸裝。首殘尾脱。有等距離黴爛殘洞。有劃界欄針孔。有烏絲欄。已修整。
3.1　首 3 行中下殘→大正 0663，16/0354C05～08。
3.2　尾殘→大正 0663，16/0355B02。
8　6 世紀。南北朝寫本。
9.1　楷書。
10　包紙有北京市歷史藝術文物業工會製紙簽，上寫"貨號：282；年代：隋；品名：寫經殘片；定價：40000。"定價被劃去，改為"新 4 元"。

1.1　BD14895 號
1.3　佛名經（十六卷本）卷二
1.4　新 1095
2.1　1010.8×25 厘米；21 紙；共 552 行，行 15 字。
2.2　01：20.0，護首；　02：49.5，28；　03：49.8，28；
04：50.0，28；　05：50.0，28；　06：50.0，28；
07：50.0，28；　08：50.0，28；　09：50.0，28；
10：50.0，28；　11：50.0，28；　12：50.0，28；
13：50.0，28；　14：50.0，28；　15：50.0，28；
16：50.0，28；　17：50.0，28；　18：50.0，28；
19：50.0，28；　20：50.0，28；　21：41.5，20。
2.3　卷軸裝。首斷尾全。經黄打紙。第 6、7 紙接縫上部開裂。背有現代裱補。有烏絲欄。現代接出護首及拖尾。
3.1　首殘→《七寺古逸經典研究叢書》，03/075A02。
3.2　尾全→《七寺古逸經典研究叢書》，3/113A12。
4.2　佛名經卷第二（尾）。
8　7～8 世紀。唐寫本。
9.1　楷書。
9.2　有硃筆校改及行間校加字。
10　護首寫有："唐寫佛名經卷二。書法精整，墨彩如漆，至寶。計廿節，長三丈有餘。"護首上貼北京市歷史藝術文物業工會製紙簽，寫有"貨號：199，年代：唐，品名：唐人佛名經，定價：500000 元。"定價被劃去，改為"新 40 元"。

1.1　BD14896 號
1.3　大般涅槃經（北本　宮本）卷三九
1.4　新 1096
2.1　906.9×23.6 厘米；18 紙；共 499 行，行 17 字。
2.2　01：49.6，27；　02：50.7，28；　03：50.6，28；
04：50.7，28；　05：50.6，28；　06：50.2，28；
07：50.6，28；　08：50.6，28；　09：50.7，28；
10：50.8，28；　11：50.5，28；　12：50.5，28；
13：50.3，28；　14：50.1，28；　15：50.0，28；
16：50.0，28；　17：50.5，28；　18：49.9，24。
2.3　卷軸裝。首尾均全。經黄打紙。有烏絲欄。通卷現代托裱。
3.1　首全→大正 0374，12/0592B27。
3.2　尾全→大正 0374，12/0598B15。
4.1　大般涅槃經卷第三十九（首）。
4.2　大般涅槃經卷第卅九（尾）。
5　與《大正藏》本對照，分卷不同。此卷經文相當於卷三九大部與卷第四〇前部。分卷與日本宮内寮本相同。
8　7～8 世紀。唐寫本。
9.1　楷書。
10　現代接出萬字不斷頭織錦護首。

1.1　BD14897 號 1
1.3　摩訶般若波羅蜜經卷二四
1.4　新 1097
2.1　（291.3＋1.3）×25 厘米；7 紙；共 193 行，行 17 字。
2.2　01：48.8，32；　02：48.5，32；　03：48.5，32；
04：48.5，32；　05：48.5，32；　06：48.5，32；
07：01.3，01。
2.3　卷軸裝。首脱尾殘。首 2 紙下邊有破裂，第 6 紙中間有殘洞。本卷由兩卷寫經拼接。紙字相同。
2.4　本遺書包括 2 個文獻：（一）《摩訶般若波羅蜜經》卷二四，128 行，今編為 BD14897 號 1。（二）《摩訶般若波羅蜜經》卷二五，65 行，今編為 BD14897 號 2。

2.5　本遺書共7紙，前4紙所抄為《摩訶般若波羅蜜經》卷二四，後3紙所抄為《摩訶般若波羅蜜經》卷二五。原為兩卷，因均殘破廢棄，而被綴接備用。
3.1　首殘→大正0223，08/0399A22。
3.2　尾殘→大正0223，08/0400C11。
8　6世紀。南北朝寫本。
9.1　楷書。

1.1　BD14897號2
1.3　摩訶般若波羅蜜經卷二五
1.4　新1097
2.4　本遺書由2個文獻組成，本文獻為第2個，65行。餘參見BD14897號1之第2項。
3.1　首殘→大正0223，08/0402B08。
3.2　尾2行中上殘→大正0223，08/0403A17～18。
8　6世紀。南北朝寫本。
9.1　楷書。

1.1　BD14898號
1.3　摩訶般若波羅蜜經卷七
1.4　新1098
2.1　105.2×26.7厘米；3紙；共58行，行17字。
2.2　01：50.7，28；　02：50.5，28；　03：04.0，02。
2.3　卷軸裝。首脱尾斷。打紙，砑光上蠟。有烏絲欄。
3.1　首殘→大正0223，08/0273B28。
3.2　尾殘→大正0223，08/0274B02。
8　7～8世紀。唐寫本。
9.1　楷書。

1.1　BD14899號
1.3　灌頂隨願往生十方淨土經
1.4　新1099
2.1　186.5×25.7厘米；5紙；共96行，行17字。
2.2　01：42.5，24；　02：42.5，24；　03：42.5，24；
04：42.5，23；　05：16.5，01。
2.3　卷軸裝。首脱尾全。有烏絲欄。
3.1　首殘→大正1331，21/0531A17。
3.2　尾全→大正1331，21/0532B03。
4.2　佛説隨願往生經（尾）。
8　7～8世紀。唐寫本。
9.1　楷書。

1.1　BD14900號
1.3　妙法蓮華經卷四
1.4　新1100
2.1　402×26厘米；8紙；共224行，行17字。
2.2　01：50.5，28；　02：50.0，28；　03：50.0，28；
04：50.0，28；　05：50.5，28；　06：50.5，28；
07：50.5，28；　08：50.0，28。
2.3　卷軸裝。首尾均脱。經黄打紙。第2紙下邊有破裂，第4、5紙接縫處脱開，第5、6紙接縫處下部開裂。有烏絲欄。
3.1　首殘→大正0262，09/0030A07。
3.2　尾殘→大正0262，09/0033B26。
8　7～8世紀。唐寫本。
9.1　楷書。

1.1　BD14901號
1.3　大智度論（異卷）卷二七
1.4　新1101
2.1　441.5×26.5厘米；9紙；共244行，行17字。
2.2　01：48.0，28；　02：50.5，29；　03：50.5，29；
04：50.5，28；　05：51.0，29；　06：51.0，29；
07：51.0，29；　08：49.0，28；　09：40.0，15。
2.3　卷軸裝。首脱尾全。前3紙有等距離殘洞，第8紙有殘洞。尾有原軸，兩端塗黑漆，軸頭被割斷。有烏絲欄。背有現代裱補。
3.1　首殘→大正1509，25/0254A15。
3.2　尾全→大正1509，25/0258A27。
4.2　大智度經卷第卅七（尾）。
5　與《大正藏》本對照，分卷不同。經文相當於《大正藏》本《大智度論》卷第二十六初品中十八不共法釋論第四十一，卷第二十七初品大慈大悲義第四十二前部分。《大正藏》卷二十六、二十七分卷處，本件作“摩訶般若波羅蜜憂波提舍中大慈大悲品第三十六”。
8　6世紀。隋寫本。
9.1　楷書。
10　護首為現代接出2紙。

1.1　BD14902號
1.3　禮十方佛滅罪經（擬）
1.4　新1102
2.1　（9+91.6）×27.3厘米；3紙；共44行，行字不等。
2.2　01：21.0，09；　02：39.8，17；　03：39.8，18。
2.3　卷軸裝。首殘尾脱。背有現代裱補。通卷現代托裱為手卷。
3.4　説明：

本文獻首4行上下殘，尾殘。未為歷代大藏經所收。通卷上下兩行：上一行為十方佛名，現存上方二十七佛，下方七佛六菩薩。下一行為敬禮該佛名、菩薩名可滅卻多少劫生死之罪。故擬此名。本文獻未為歷代大藏經所收。

原卷現在接出護首，有啟功題簽，謂為西魏寫經，有大統十七年跋。現存寫卷尾脱，無跋。或在啟功鑒定以後，尾部經文被截去。
8　5～6世紀。南北朝寫本。
9.1　楷書。

10　現代接出護首，有縹帶。護首有題簽："西魏人寫佛名經，附禮佛文一卷。大統十七年，有跋。甲。元白居士啓功觀題。"下有陽文硃印，0.7×0.7厘米，印文為"啓功之印"。現代接出拖尾。

1.1　BD14903號
1.3　辯中邊論卷上
1.4　新1103
2.1　61×30.8厘米；2紙；共40行，行字不等。
2.2　01：33.0，22；　　02：28.0，18。
2.3　卷軸裝。首斷尾全。卷下有紅色污漬。有烏絲欄。
3.1　首殘→大正1600，31/0467C11。
3.2　尾全→大正1600，31/0468B22。
4.2　辯中邊論一卷（尾）。
8　9～10世紀。歸義軍時期寫本。
9.1　行書。
9.2　有行間校加字及倒乙。

1.1　BD14904號
1.3　辯中邊論卷中
1.4　新1104
2.1　60.2×30.8厘米；2紙；共42行，行29字。
2.2　01：35.2，26；　　02：25.0，16。
2.3　卷軸裝。首斷尾殘。卷面有水漬。有烏絲欄。
3.1　首殘→大正1600，31/0469A08。
3.2　尾缺→大正1600，31/0470A09。
5　與《大正藏》本對照，文字略有參差。
8　9～10世紀。歸義軍時期寫本。
9.1　楷書。
9.2　有行間校加字、刪除、塗抹及倒乙。

1.1　BD14905號
1.3　妙法蓮華經卷六
1.4　新1105
2.1　45.5×24.5厘米；1紙；共28行，行17字。
2.3　卷軸裝。首尾均斷。經黄打紙。卷下部多水漬，尾有破損。有烏絲欄。背有現代裱補。
3.1　首殘→大正0262，09/0049B15。
3.2　尾殘→大正0262，09/0049C24。
8　7～8世紀。唐寫本。
9.1　楷書。
9.2　有行間加行。

1.1　BD14906號
1.3　妙法蓮華經卷一
1.4　新1106
2.1　46.5×26.1厘米；2紙；共28行，行17字。
2.2　01：34.9，21；　　02：11.7，07。
2.3　卷軸裝。首尾均斷。經黄打紙。卷面有水漬，接縫處上開裂。有烏絲欄。
3.1　首殘→大正0262，09/0007A14。
3.2　尾殘→大正0262，09/0007B14。
8　7～8世紀。唐寫本。
9.1　楷書。

1.1　BD14907號
1.3　光讚般若波羅蜜經卷八
1.4　新1107
2.1　（1.8+36.9）×26厘米；1紙；共21行，行17字。
2.3　卷軸裝。首斷尾脫。經黄打紙。卷面多水漬。有烏絲欄。
3.1　首行中殘→大正0222，08/0199A17。
3.2　尾殘→大正0222，08/0199B09。
8　7～8世紀。唐寫本。
9.1　楷書。

1.1　BD14908號
1.3　灌頂章句拔除過罪生死得度經
1.4　新1108
2.1　48.5×25.8厘米；1紙；共28行，行17字。
2.3　卷軸裝。首尾均脫。經黄打紙，研光上蠟。有烏絲欄。
3.1　首殘→大正1331，21/0535A08。
3.2　尾殘→大正1331，21/0535B07。
8　7～8世紀。唐寫本。
9.1　楷書。

1.1　BD14909號
1.3　妙法蓮華經卷一
1.4　新1109
2.1　25.2×25.8厘米；1紙；共14行，行17字。
2.3　卷軸裝。首斷尾脫。經黄打紙，卷面有水漬。有烏絲欄。
3.1　首殘→大正0262，09/0003B25。
3.2　尾殘→大正0262，09/0003C14。
8　7～8世紀。唐寫本。
9.1　楷書。

1.1　BD14910號
1.3　妙法蓮華經卷一
1.4　新1110
2.1　25×25.5厘米；2紙；共14行，行17字。
2.3　卷軸裝。首斷尾脫。經黄打紙，研光上蠟。卷面油污，下邊有破裂。有烏絲欄。
3.1　首殘→大正0262，09/0002B04。
3.2　尾殘→大正0262，09/0002B18。
8　7～8世紀。唐寫本。

9.1　楷書。

1.1　BD14911 號
1.3　金剛般若波羅蜜經
1.4　新 1111
2.1　45×25 厘米；1 紙；共 28 行，行 17 字。
2.3　卷軸裝。首尾均脱。經黄打紙。有烏絲欄。
3.1　首殘→大正 0235，08/0752A02。
3.2　尾殘→大正 0235，08/0752B04。
8　7~8 世紀。唐寫本。
9.1　楷書。

1.1　BD14912 號
1.3　究竟大悲經卷三
1.4　新 1112
2.1　（10+35）×26.4 厘米；1 紙；共 25 行，行 17 字。
2.3　卷軸裝。首殘尾脱。經黄打紙。卷面多水漬。有烏絲欄。已修整。
3.1　首 4 行上中殘→大正 2880，85/1374C02。
3.2　尾殘→大正 2880，85/1374C27。
8　7~8 世紀。唐寫本。
9.1　楷書。

1.1　BD14913 號
1.3　維摩詰所説經卷下
1.4　新 1113
2.1　34.2×25.3 厘米；2 紙；共 20 行，行 17 字。
2.2　01：24.2，14；　02：10.0，06。
2.3　卷軸裝。首尾均斷。經黄打紙。有烏絲欄。
3.1　首殘→大正 0475，14/0553A18。
3.2　尾殘→大正 0475，14/0553B10。
8　7~8 世紀。唐寫本。
9.1　楷書。

1.1　BD14914 號
1.3　妙法蓮華經卷三
1.4　新 1114
2.1　38.5×25.7 厘米；1 紙；共 21 行，行 17 字。
2.3　卷軸裝。首斷尾脱。經黄打紙。上下邊有殘破。有烏絲欄。已修整。
3.1　首殘→大正 0262，09/0026A11。
3.2　尾殘→大正 0262，09/0026B10。
8　7~8 世紀。唐寫本。
9.1　楷書。

1.1　BD14915 號 A
1.3　大般涅槃經（北本）卷二三
1.4　新 1115
2.1　（3.4+54.3+1.7）×26.5 厘米；2 紙；共 37 行，行 18 字。
2.2　01：3.4+28.8，20；　02：25.5+1.7，17。
2.3　卷軸裝。首尾均殘。卷下部有黴爛。有烏絲欄。已修整。現代托裱在手卷上。
3.1　首 2 行上下殘→大正 0374，12/0499C01~02。
3.2　尾行上下殘→大正 0374，12/0500A11~12。
8　5 世紀。東晉寫本。
9.1　楷書。
9.2　有倒乙。有重文號。
10　本號由 3 個殘卷組成。現代托裱為 1 個手卷，有織錦護首，縹帶、玉別子。有尾軸，軸頭為玻璃（琉璃?）。

經文後有題跋："右一紙為晉宋時最初之書。其時科斗古文尚/存，故點畫多效其體。趙子昂書《急就章》，其捺/專用重筆，與此體同。鮮于伯機云：此書不傳久/矣。非深於書者，未易語也。/庚戌（1910）十一月七日，新城王樹枏題於東城寓廬。"

題跋後有 2 枚硃印：（一）陰文，1.4×1.4 厘米，印文為"樹枏"。（二）陽文，1.4×1.4 厘米，印文為"陶廬"。
13　新疆出土，非敦煌遺書。

1.1　BD14915 號 B
1.3　摩訶般若波羅蜜經卷七
1.4　新 1115
2.1　53.5×26.2 厘米；1 紙；共 29 行，行 16 字。
2.3　卷軸裝。首脱尾殘。通卷有等距離黴爛。有烏絲欄。
3.1　首殘→大正 0223，08/0274C16。
3.2　尾 2 行上下殘→大正 0223，08/0275A14~16。
8　5 世紀。東晉南北朝寫本。
9.1　楷書。
10　經文後有題跋："燉煌石室出寫經夥頤，晉卿同年得/此殘本於鄯善土峪溝。字獨遒勁，帶/隸書體。當證其為北朝書也。/甲寅（1914）夏◇宋育仁識。"
13　新疆出土，非敦煌遺書。

1.1　BD14915 號 C
1.3　大般涅槃經（北本）卷三八
1.4　新 1115
2.1　44.9×26.7 厘米；2 紙；共 24 行，行 18 字。
2.2　01：33.5，18；　02：11.4，06。
2.3　卷軸裝。首尾均殘。通卷上殘。有烏絲欄。已修整。
3.1　首 9 行上殘→大正 0374，12/0588B13~21。
3.2　尾 9 行上殘→大正 0374，12/0588B27~C08。
8　5 世紀。東晉南北朝寫本。
9.1　楷書。
10　卷尾有題跋：

"余藩新疆，得六朝寫經甚夥。六朝/時，高昌諸堡，廟宇

林立，當時號稱/佛國。所藏經卷，皆腹地善書人所寫，較/燉煌石室所出經卷，有雅俗之分，而北涼/尤盛。涼王大且渠者，諱安周，立國高昌，篤/信佛法，大興釋教。余於鄯善土峪溝得/北涼寫經殘卷，有‘歲在己丑供養經，為吳/客丹陽郡張烋祖寫’二十九字。案己丑為/宋元嘉二十六年（449）。一時所出之經，字兼科斗，筆/致奇譎，愈醜愈妍。雖不盡出一人之手，其體/勢大半相類。而異文別字，連篇累牘。蓋當/時習尚，至唐始廓而清之。余所藏六朝卷子/凡有年號、人名者，多落於顧巨六、白堅甫之/手。緣一時困乏，糊口維艱，割愛出售，亦不得已之/舉也。此數紙亦北涼殘卷，賈人將首尾割裂，/零售分銷。而年號、人名，遂不可考矣。/甲戌（1934）仲冬陶廬老人王樹枏跋，時年八十又四。/筆‘致’下落‘奇’字。”

跋前有陽文硃印，1×3.4 厘米，印文為：“文莫室”。跋後有陰文硃印，1.8×1.8 厘米，印文為：“王樹枏印”。

13　新疆出土，非敦煌遺書。

1.1　BD14916 號
1.3　大般涅槃經（北本）卷一〇
1.4　新 1116
2.1　798.4×23.2 厘米；17 紙；共 449 行，行 17 字。
2.2　01：48.8，27；　02：50.2，29；　03：50.4，29；
04：50.3，29；　05：50.4，29；　06：50.2，29；
07：50.3，29；　08：50.3，29；　09：50.3，29；
10：50.3，29；　11：50.3，29；　12：50.4，29；
13：50.3，29；　14：50.4，29；　15：50.3，29；
16：31.0，16；　17：14.2，拖尾。
2.3　卷軸裝。首尾均全。卷首有殘缺。有烏絲欄。通卷現代托裱，裝為手卷。
3.1　首 11 行中殘→大正 0374，12/0422C02～16。
3.2　尾全→大正 0374，12/0428B13。
4.1　大般涅槃經卷第十（首）。
4.2　大般涅槃經卷第十（尾）。
5　與《大正藏》本對照，此卷卷首無品次。
8　6 世紀。隋寫本。
9.1　楷書。
9.2　有硃筆斷句及刮改。
10　現代接出織錦護首、縹帶、牙籤、天頭、隔界及拖尾。護首有題簽：“初唐人書《大般涅槃經》卷第十，繁霜簃藏。”

卷尾有題跋：“《大般涅槃經》殘卷，出敦煌大青廟洞中。字/體秀勁，為隋唐以上人所書，開歐、虞一派。庾肩/吾《書品》有云：‘抽絲散水，定其下筆。倚刀較尺，/驗於成字。’誠所謂內含剛柔，外露筋骨者也。/得片紙隻字，即可奉為楷法之寶，況獲此長卷！/其可貴為何如也！/十一月二十二日，陶廬老人新城王樹枏識於箋/楊補費之廬，時年八十有四。”下有陰文硃印，1.8×1.8 厘米，印文為：“王樹枏印”。

1.1　BD14917 號
1.3　藏文（無量壽宗要經乙本）
1.4　新 1117
2.1　184×31.5 厘米；4 紙；每紙 2 欄，共 8 欄；欄 19 行，共 128 行，行 30～50 字母。
2.2　01：46.0，2 欄；　02：46.0，2 欄；　03：46.0；2 欄；
04：46.0，2 欄。
2.3　卷軸裝。首尾均全。卷首、末邊有粘接痕。第 8 欄無經文。有界欄。
3.4　說明：
本文獻首尾均全。所抄為藏文《無量壽宗要經》（乙本）。
4.1　Rgya－gar－skad－du’Apar＝mita’ayur nama mahayana sutra。（梵文：無量壽宗要經）（首）。Bod_ skad_ du tshe dpag_ du _ myed_ pa zhes_ bya_ ba theg_ pa_ chen_ povi mdo。（藏文：無量壽宗要經）（首）。
4.2　Tshe dpag_ du_ myed_ pa zhes_ bya_ ba theg_ pa_ chen_ povi mdo。（藏文：無量壽宗要經）（尾）。
7.1　有硃筆抄寫者題記：“Cang－stag－rmas.（蔣大明）。Dam－a＝ng－zhus（黨昂初校）；devu－aing－yang－zhus（都昂二校）；phab－vwing－sum－zhus（潘望三校）；dpal－ky＝－sgron－ma－bzhi－zhus－gtan－la－vphab（貝吉卓瑪确立四校）。”
8　8～9 世紀。吐蕃統治時期寫本。
9.1　草書。
9.2　有硃筆校改。

1.1　BD14918 號
1.3　藏文（無量壽宗要經乙本）
1.4　新 1118
2.1　157×31.5 厘米；4 紙；每紙 2 欄，共 7 欄；欄 19 行，共 113 行，行約 35 字母。
2.2　01：45.0，2 欄；　02：45.0，2 欄；　03：45.0，2 欄；
04：22.0，1 欄。
2.3　卷軸裝。首尾均全。有界欄。卷首末邊有粘接痕。
3.4　說明：
本文獻首尾均全。所抄為藏文《無量壽宗要經》（乙本）。
4.1　Rgya－gar－skad－du’Apar＝mita’ayur nama mahayana sutra。（梵文：無量壽宗要經）（首）。Bod_ skad_ du tshe dpag_ du _ myed_ pa zhes_ bya_ ba theg_ pa_ chen_ povi mdo。（藏文：無量壽宗要經）（首）。
4.2　Tshe dpag_ du_ myed_ pa zhes_ bya_ ba theg_ pa_ chen_ povi mdo。（藏文：無量壽宗要經）（尾）。
7.1　有三校題記：“dang－zhu－dang－bar－zhu－sum－zhus－lags.（初校、二校、三校也）。”
8　8～9 世紀。吐蕃統治時期寫本。
9.1　草書。
10　卷尾背上角有橢圓形硃印，1×2 厘米，印文不清，難以辨認。

1.1　BD14919 號
1.3　大方廣佛華嚴經（晉譯六十卷本　聖本）卷一二
1.4　新 1119
2.1　269.5×27 厘米；7 紙；共 175 行，行 17 字。
2.2　01：38.5，25；　02：38.5，25；　03：38.5，25；
04：38.5，25；　05：38.5，25；　06：38.5，25；
07：38.5，25。
2.3　卷軸裝。首脱尾殘。卷面多水漬，首紙上邊有殘缺，第 2 紙上下邊有破裂。背有古代裱補。有烏絲欄。
3.1　首殘→大正 0278，09/0464C29。
3.2　尾殘→大正 0278，09/0467C08。
5　與《大正藏》本對照，分卷不同。經文相當於《大正藏》本《大方廣佛華嚴經》卷第十夜摩天宫菩薩說偈品第十六，卷第十一十行品第十七之一。據《大正藏》校記，文字及分卷同正倉院聖語藏本。
8　5～6 世紀。南北朝寫本。
9.1　楷書。

1.1　BD14920 號
1.3　藏文（無量壽宗要經甲本）
1.4　新 1120
2.1　132×30 厘米；3 紙；6 欄；欄 19 行，共 106 行；行約 50 字母。
2.2　01：44.0，2 欄；　02：44.0，2 欄；　03：44.0，2 欄。
2.3　卷軸裝。首尾均全。有界欄。卷首、尾邊有粘接痕。
3.4　說明：
本文獻首尾均全。所抄為藏文《無量壽宗要經》（甲本）。
4.1　Rgya－gar－skad－du’Apar＝mita’ayur nama mahayana sutra。（梵語：無量壽宗要經）（首）。Bod_ skad_ du tshe dpag_ du _ myed_ pa zhes_ bya_ ba theg_ pa_ chen_ povi mdo。（藏語：無量壽宗要經）（首）。
4.2　Tshe dpag_ du_ myed_ pa zhes_ bya_ ba theg_ pa_ chen_ povi mdo。（無量壽宗要經）（尾）。
7.1　有抄寫者題名：“Skyo－brtan－legs.（覚旦拉）。”
8　8～9 世紀。吐蕃統治時期寫本。
9.1　草書。
10　卷首背貼有白紙簽，上有毛筆寫“大唐吐蕃文寫經”。另有一紙簽，上寫“唐，藏文吐蕃經七部，每節 10 元”。

1.1　BD14921 號
1.3　大般若波羅蜜多經卷三八八
1.4　新 1121
2.1　（32.5＋703）×26 厘米；16 紙；共 417 行，行 17 字。
2.2　01：48.5，28；　02：48.5，28；　03：48.5，28；
04：48.5，28；　05：48.5，28；　06：48.5，28；
07：48.5，28；　08、48.5，28；　09：48.5，28；
10：48.5，28；　11：48.5，28；　12：48.5，28；
13：48.5，28；　14：48.5，28；　15：48.5，25；
16：08.0，拖尾。
2.3　卷軸裝。首脱尾全。前 3 紙下邊有破裂殘缺，中間有殘洞，接縫處多有開裂。尾有原軸，兩端塗硃漆。有烏絲欄。已修整。
3.1　首 19 行下殘→大正 0220，06/1004C01～19。
3.2　尾全→大正 0220，06/1009B13。
4.2　大般若波羅蜜多經卷第三百八十八（尾）。
8　8 世紀。唐寫本。
9.1　楷書。
9.2　有刮改。
10　卷首背貼有“北京市圖書出版業同業公會印製”的紙簽，上寫“書名：唐人寫經。冊數：1。議價：50.00。編號：前字第 474 號”。又貼紙條，上寫“新 1121”。卷首背有陽文硃印，1.2×1.2 厘米，印文為“香思明◇”。

1.1　BD14922 號
1.3　大般若波羅蜜多經卷二八四
1.4　新 1122
2.1　125×25 厘米；3 紙；共 72 行，行 17 字。
2.2　01：41.9，24；　02：41.6，24；　03：41.5，24。
2.3　卷軸裝。首尾均脱。尾紙中間有殘缺。有烏絲欄。通卷現代用薄宣紙托裱。
3.1　首殘→大正 0220，06/0442C25。
3.2　尾殘→大正 0220，06/0443C11。
8　7～8 世紀。唐寫本。
9.1　楷書。

1.1　BD14923 號 A
1.3　金剛般若波羅蜜經
1.4　新 1123
2.1　255.3×26.1 厘米；6 紙；共 154 行，行 17 字。
2.2　01：24.8，15；　02：45.8，28；　03：45.9，28；
04：46.0，28；　05：46.0，28；　06：46.8，27。
2.3　卷軸裝。首斷尾全。經黄打紙。卷面有水漬。有烏絲欄。通卷現代托裱為手卷。
3.1　首殘→大正 0235，08/0750C07。
3.2　尾全→大正 0235，08/0752C03。
4.2　金剛般若波羅蜜經（尾）。
5　與《大正藏》本對照，本號經文無冥司偈，參見《大正藏》，8/751C16～19。
8　7～8 世紀。唐寫本。
9.1　楷書。
10　現代收藏者將本件及 BD14923 號 B 托裱在一個手卷上。

1.1　BD14923 號 B
1.3　妙法蓮華經（八卷本）卷七
1.4　新 1123

2.1　225.5×25.8 厘米；6 紙；共 131 行，行 16～18 字。
2.2　01：03.3，02；　02：44.5，28；　03：44.5，28；
　　04：44.5，28；　05：44.6，28；　06：44.1，17。
2.3　卷軸裝。首斷尾全。卷面油污。有烏絲欄。通卷現代托裱為手卷。
3.1　首殘→大正 0262，09/0055A13。
3.2　尾全→大正 0262，09/0056C01。
4.2　妙法蓮華經卷第七（尾）。
5　與《大正藏》本對照，分卷不同。本件相當於《妙法蓮華經》卷第七的妙音菩薩品第二十四全文，為八卷本。
8　7～8 世紀。唐寫本。
9.1　楷書。
10　現代收藏者將本件及 BD14923 號 A 托裱在一個手卷上。
　　第 5 紙地腳寫有勘記“四行重”。

1.1　BD14924 號
1.3　遺教經論
1.4　新 1124
2.1　（1.5＋1321.7）×26.5 厘米；26 紙；共 708 行，行 17 字。
2.2　01：51.5，28；　02：51.5，28；　03：51.5，28；
　　04：51.7，28；　05：51.6，28；　06：51.6，28；
　　07：51.6，28；　08：49.6，27；　09：51.6，28；
　　10：51.6，28；　11：51.6，28；　12：51.7，28；
　　13：51.6，28；　14：51.7，28；　15：51.7，28；
　　16：51.7，28；　17：51.7，28；　18：51.7，28；
　　19：51.7，28；　20：51.7，28；　21：51.6，28；
　　22：51.6，28；　23：51.6，28；　24：51.6，28；
　　25：51.6，28；　26：34.4，09。
2.3　卷軸裝。首殘尾全。首紙上方殘破。尾有原軸，兩端塗黑漆。有烏絲欄。
3.1　首 1 行下殘→大正 1529，26/0283B09。
3.2　尾全→大正 1529，26/0291A26。
4.2　遺教經論（尾）。
5　與《大正藏》本對照，有缺文。參見大正 26/284A20 行首～“十”字。
7.1　卷尾下部有勘記“一比校”。尾紙背上部有：“廿六帋”。
8　6 世紀。南北朝寫本。
9.1　隸楷。
9.2　天頭有校改字多處。有刪除號及刮改。

1.1　BD14925 號
1.3　大方等大集經（異卷）卷二六
1.4　新 1125
2.1　791.8×26.4 厘米；21 紙；共 471 行，行 17 字。
2.2　01：37.7，22；　02：37.4，23；　03：37.4，23；
　　04：37.4，23；　05：37.2，23；　06：37.8，23；
　　07：37.8，23；　08：37.9，23；　09：37.8，23；
　　10：37.9，23；　11：37.8，23；　12：37.8，23；
　　13：37.8，23；　14：37.8，23；　15：37.8，23；
　　16：37.8，23；　17：37.9，23；　18：37.8，23；
　　19：37.9，23；　20：37.8，23；　21：37.3，12。
2.3　卷軸裝。首尾均全。首紙前部有破損。尾有原軸，兩端塗黑漆，已脫落。有烏絲欄。背有現代裱補。
3.1　首全→大正 0397，13/0219B21。
3.2　尾全→大正 0397，13/0225A09。
4.1　大方等大集經卷第廿六（首）。
4.2　大方等大集經卷第廿六（尾）。
5　與《大正藏》本對照，分卷不同。此卷經文相當於卷第三二之全部。又，此卷卷首無品名。與歷代其他藏經分卷亦不同。為異卷。
7.1　卷尾有題記：“開皇三年（583）歲在癸卯五月廿八日，佛弟/子武侯帥都督宋紹遭艱在家，/為亡考妣讀《大集經》、《涅槃經》、《法/華經》、《仁王經》、《金光明經》、《騰鬘/經》《藥師經》各一部。願亡考妣神/遊淨土，不經三塗八難，恒聞佛/法。又願家眷大小康佳，諸善日/臻，諸［惡］雲消，福慶從心，王路開/通，賊寇退散，受苦衆生，悉/蒙脫解，所願從心，一時成佛。”
8　6 世紀。南北朝寫本。
9.1　楷書。
9.2　有刪除號。有重文號。
10　卷首背有硃印，2.65×2.65 厘米，字跡不清。

1.1　BD14926 號
1.3　禪偈（擬）
1.4　新 1126
2.1　115×27.7 厘米；3 紙；共 38 行，行字不等。
2.2　01：38.3，19；　02：38.7，20；　03：38.0，19。
2.3　卷軸裝。首尾均脫。薄皮紙。第 2、3 紙脫開。
3.4　說明：
　　本文獻首尾均殘。現存子目如下：
　　為問覺迷有異不說；
　　為問依得道說；
　　為問生相破我說；
　　為問破身相觀入道方便為神說；
　　為［問］相不定說；
　　為問真如說；
　　為問言語道斷心行處滅說。
　　本文獻為禪宗文獻，通篇偈頌，故擬此名。未為歷代大藏經所收。
8　8 世紀。唐寫本。
9.1　行書。有武周新字“日”。
9.2　有硃筆科分。有行間校加字，用硃筆勾入校加處。有重文號。有倒乙。

1.1　BD14927 號
1.3　道行般若經卷四
1.4　新 1127
2.1　648 ×24.5 厘米；13 紙；共 355 行，行 17 字。
2.2　01：50.5，28；　02：50.5，28；　03：50.5，28；
04：50.0，28；　05：50.5，28；　06：50.5，28；
07：50.5，28；　08：50.5，28；　09：50.5，28；
10：50.5，28；　11：50.5，28；　12：50.5，28；
13：42.5，19。
2.3　卷軸裝。首脱尾全。有烏絲欄。通卷現代托裱。
3.1　首殘→大正 0224，08/0444B24。
3.2　尾全→大正 0224，08/0448B29。
4.1　摩訶般若波羅蜜持品第八（首）。
4.2　道行經卷第四（尾）。
7.1　尾題後有題記 2 行："雍熙伍年（988）歲次戊子三月廿日大雲寺僧法盈書寫《道/行經》一卷。/" 字跡與正文不同，疑僞，待考。
8　6 ~7 世紀。隋唐寫本。
9.1　楷書。
10　現代接出淺灰綢面織錦護首，有縹帶。護首有題簽："宋大雲寺僧法盈寫《道行經》"。
13　題記書寫年代與紙張、字體、寫經風格不符。疑為現代僞撰，待考。

1.1　BD14928 號
1.3　金光明最勝王經卷四
1.4　新 1128
2.1　(7.5 +393) ×25.6 厘米；8 紙；共 271 行，行 17 字。
2.2　01：32.0，23；　02：82.5，57；　03：10.0，06；
04：75.0，51；　05：10.0，07；　06：92.0，63；
07：56.0，38；　08：43.0，26。
2.3　卷軸裝。首殘尾全。卷上下多有破裂，第 1、2 紙接縫處斷開，第 6 紙中部有殘洞，尾 2 紙殘缺破損嚴重。有燕尾。第 3、5 紙係歸義軍時期後補。背有古代裱補。有烏絲欄。
3.1　首 5 行下殘→大正 0665，16/0419A16 ~21。
3.2　尾全→大正 0665，16/0422B21。
4.2　金光明最勝王經卷第四（尾）。
7.1　尾有題記：
"敬寫金光明最勝王［經一］部，十卷。/
右巳上寫經功［德］□□莊嚴/
太山府君，平等大王，五道［大神］，天曹地府，/
土府水官，行病鬼王，並役使，府君諸郎［君］/
及善知識，胡使録公，使者，檢部曆官，/
關官，保人可韓，及新三使，風伯雨師等，伏/
願哀垂，納受功德，乞延年益壽。/"
7.3　第 5 紙背有 2 行經名雜寫："大般若波羅蜜多經卷第三百廿一/初八真如品第卌七之四，三藏法師玄奘奉詔譯。"
8　8 世紀。唐寫本。
9.1　楷書。
9.2　有行間校加字。
10　首紙背下寫有"第十九號"，其上有陽文硃印，2 ×2 厘米，印文為"印心精舍"。

1.1　BD14929 號
1.3　金剛般若波羅蜜經
1.4　新 1129
2.1　(5.5 +205.5) ×25.4 厘米；5 紙；共 111 行，行 17 字。
2.2　01：49.0，28；　02：49.0，28；　03：49.0，28；
04：48.5，27；　05：15.5，拖尾。
2.3　卷軸裝。首脱尾全。經黄打紙。首紙有殘破，第 3、4 紙接縫處下開列。有燕尾。有烏絲欄。
3.1　首 3 行中下殘→大正 0235，08/0751A25 ~28。
3.2　尾全→大正 0235，08/0752C03。
4.2　金剛般若波羅蜜經（尾）。
5　與《大正藏》本對照，本號經文無冥司偈，參見《大正藏》，8/751C16 ~19。
8　7 ~8 世紀。唐寫本。
9.1　楷書。
9.2　有硃筆斷句。有刮改
10　首紙背有陽文硃印，2.1 ×2.1 厘米，印文為"印心精舍"。其上寫有"第二十四號"。

1.1　BD14930 號
1.3　摩訶僧祇比丘尼戒本
1.4　新 1130
2.1　(4.2 +1171.1) ×25.7 厘米；24 紙；共 627 行，行 17 字。
2.2　01：4.2 +13.5，09；　02：52.1，28；　03：52.5，28；
04：52.5，28；　05：52.4，28；　06：52.3，28；
07：52.2，28；　08：52.4，28；　09：52.0，28；
10：52.3，28；　11：52.2，28；　12：52.4，28；
13：52.2，28；　14：52.1，28；　15：52.2，28；
16：51.8，28；　17：52.1，28；　18：52.1，28；
19：52.1，28；　20：52.1，28；　21：52.1，28；
22：52.3，28；　23：52.0，28；　24：09.2，02。
2.3　卷軸裝。首殘尾全。打紙，研光上蠟。前 2 紙多有殘破。有烏絲欄。
3.1　首 2 行上殘→大正 1427，22/0556B21 ~22。
3.2　尾全→大正 1427，22/0565A20。
4.2　比丘尼戒本一卷（尾）。
8　6 世紀。南北朝寫本。
9.1　楷書。
9.2　有行間校加字及段落標記。
10　首紙背有陽文硃印，2.1 ×2.1 厘米，印文為："印心精舍"。其上寫有"第二十號"。

1.1　BD14931 號
1.3　妙法蓮華經卷三
1.4　新 1131
2.1　191×26 厘米；5 紙；共 114 行，行 17 字。
2.2　01：13.5，08；　02：47.0，28；　03：47.0，28；
　　04：47.0，28；　05：36.5，22。
2.3　卷軸裝。首尾均斷。打紙。卷面多水漬，首紙下邊有殘缺，第 1、3 紙有等距離殘洞。尾有原軸。有烏絲欄。
3.1　首殘→大正 0262，09/0020B25。
3.2　尾殘→大正 0262，09/0022A17。
8　7～8 世紀。唐寫本。
9.1　楷書。
10　卷尾背貼紙簽上寫有“15.00”。

1.1　BD14932 號
1.3　妙法蓮華經卷六
1.4　新 1132
2.1　111.3×24 厘米；3 紙；共 55 行，行 17 字。
2.2　01：20.5，11；　02：52.0，28；　03：38.8，16。
2.3　卷軸裝。首斷尾全。有烏絲欄。通卷有現代托裱。
3.1　首殘→大正 0262，09/0054B09。
3.2　尾全→大正 0262，09/0055A09。
4.2　妙法蓮華經卷第六（尾）。
8　7～8 世紀。唐寫本。
9.1　楷書。
10　現代接出綠地紅藍花織錦護首，有縹帶，已殘。護首有題簽：“唐人寫經最工整嚴謹者”。並有硃色捺印“清三”和藍圓珠筆寫“25.00”。

玉池有大字墨書：“蓮華經殘卷”。

墨書前上方有橢圓形陽文硃印，2.2×4.2 厘米，印文為“雲深處”。墨書後上方有陰文硃印，1.8×1.8 厘米，印文為“吳江顧砦”；墨書後下有陰文硃印，2×2 厘米，印文為“丁丑後號子龕”。

卷尾有題跋 10 行：

“《妙法蓮華經》卷六‘藥王菩薩本事品’，全卷經/文計弍千七百八十八字。此硬黃紙寫經卷上首/經文遺失，僅存經文九百十字。咸目為唐人/寫經，但無題跋、年代及寫經人名。或因疑/及紙墨不甚古黝，使筆不甚自然。然古人往/矣，無能目覩千餘年前事者。豈必唐人盡/類歐虞，流傳經卷，大率類此，安知不寶藏/完密。確非近時紙料，則此卷之珍貴可知。/庚辰之秋米舫主人所屬，古稀墨叟病起/書此。/”

題跋下方有陰文硃印，1.8×1.8 厘米，印文為“吳江顧砦”。

在卷內夾有現代題跋草稿四紙，內容如下：

（一）跋《妙法蓮華經》殘卷

“跋《妙法蓮華經》殘卷/《妙法蓮華經》，隋代已有譯本。據《三寶感通錄》載，開皇中/有蔣州人嚴恭造精舍，寫《妙法蓮華經》，傳本甚多，稱為/‘嚴家經’。蓋隋文帝尊重佛法，京師及并州、相州、洛州等諸大都邑，官/寫一切經典，置於寺內。又別寫藏於秘閣。於是中國人民從風而/靡，競相景慕。民間佛經，多於六經數百百倍。《隋書・經籍志》言之甚明。/嚴恭傳寫此經，即在開皇崇佛時期。《感通錄》所載，絕非虛言也。此/卷硬黃紙，古氣磅礴盈眸，書法方整樸茂，遠勝其他寫經。卷為隋唐以前之物，無疑義也。至於墨色如新，/不變黝闇者，係藏諸石室之中，不受風塵侵蝕，正可以/顯著古人製墨之精良。藏經之審詳慎，不◇◇涉苟且焉。/顏氏跋云，或因無年代及寫經人名，疑及紙墨不甚古黝，/使筆不甚自然，不亦慎乎！歷觀隋唐人寫經佳卷，墨色類皆/徧黑而光亮，始亦懷疑。迨搜羅多經，參考久之，見字體惡劣者，墨必暗淡，/知其以臭墨書之也。書法精良佳妙者，墨均黑光，知其用精墨書之也。觀寫/經者，可以釋然也。/”

（二）佛教名詞解釋

“優婆夷，《聞覺經》‘優婆塞、優婆夷’，此在家二衆（《淨名疏》）。/優婆夷，梵語也。此云清淨女。優婆塞，譯善男子；優婆夷，/譯善女人。同志聯合，曰‘結社’。晉遠公結白蓮社。/”

（三）抄湘鄉羅長裿跋隋人寫《法華經》

“敦煌縣有千佛巖，清光緒丙申年（1896）崩。知縣汪宗瀚/往勘，見崩處有一洞，微露其口。使人窺之，見其中豁然開朗，以為異而發之。竟/得銅佛數軀外，復有藏經數縛。雖無標題款識，而紙墨至為蒼潤。汪君審定為唐貞/觀時勅寫，頒賜九道總管者，（紙墨蒼潤，千年物也。）/

《法華經》，晉元康時已有譯本。衛道安、鳩摩羅什護持流布，/盛行西北。《隋書・經籍志》紀載甚詳。煬帝寶臺經藏愿文言收聚/經典十萬軸，命學司依次寫錄，分付諸方精舍，長存法本。以伸宏/誓。大業五年（609），煬帝親擊吐谷渾，克其國都。師還，經敦煌入關。/

大唐三藏聖教，皆元（玄）裝新譯諸經。《法華經》不在標目之內。即《法華》非玄裝新譯之謂也。故敦煌《法/華》或即煬帝寶臺分授之物也。《滋蘭堂帖》有唐人書《密多經》。/

《三寶感通錄》載：隋開皇中，有蔣州人嚴恭造精舍，寫《妙法/蓮華經》，傳本甚多，稱為‘嚴家經’。/

《法華持驗》，載藍田譯法誠，隆山譯法泰，皆手寫此《法華經》，亦在開/皇時。可證《法華》寫本，隋世最多。抄湘鄉羅長裿跋隋人寫法華經。/”

（四）雜記備忘

“此手卷經文長約三尺八寸，九百字。書法在寫經為最佳者。每尺法幣/幣七千元，合二萬八千元，加表（裱）工壹萬數千元，共售法幣五萬元。/”

1.1　BD14933 號
1.3　藏文（無量壽宗要經甲本）
1.4　新 1133
2.1　157.5×31 厘米；4 紙；每紙 2 欄，共 7 欄；欄 19 行，共

127 行，行約 46 字母。

2.2　01：45.0，2 欄；　02：45.0，2 欄；　03：45.0，2 欄；
　04：22.5，1 欄。

2.3　卷軸裝。首尾均全。末欄行約 25 字母。兩邊各有木軸。有界欄。有現代托裱，接出護首及拖尾。

3.4　說明：

本文獻首尾均全。所抄為藏文《無量壽宗要經》（甲本）。

4.1　Rgya – gar – skad – du' Apar = mita' ayur nama mahayana sutra。（梵語：無量壽宗要經）（首）。Bod_ skad_ du tshe dpag_ du _ myed_ pa zhes_ bya_ ba theg_ pa_ chen_ povi mdo。（藏語：無量壽宗要經）（首）。

4.2　Tshe dpag_ du_ myed_ pa zhes_ bya_ ba theg_ pa_ chen_ povi mdo。（無量壽宗要經）（尾）。

7.1　有抄寫校對者題記：“Lha – Snang（拉囊）。dam – aing – zhus（黨昂初校）；devu – aing（都昂再校）；phab – vweng – gi – sum – zhus（潘望三校）。”

8　8～9 世紀。吐蕃統治時期寫本。

9.1　草書。

10　卷首托裱紙上有題跋：“持示北京妙應寺陳喇麻，云此《求長壽經》係吐蕃/寧工必烈寺僧即囉哩激（漵?）烏名粟凌京沙、庚英尼泊申厄崩尼泊，二人造第三本也。/壬午佛生日，無畏居士周肇祥記。/”其後有陰文硃印，1×1 厘米，印文為“周肇祥印”。卷首托裱紙背貼紅紙簽寫“12734”。

卷尾上方有陽文硃印，1×2.8 厘米，印文為“周肇祥曾護持”。

卷尾背下方有陽文硃印，0.6×0.6 厘米，印文為“歸”。下有墨筆，似為蘇州碼子。

1.1　BD14934 號

1.3　藏文（無量壽宗要經乙本）

1.4　新 1134

2.1　180×31.5 厘米；4 紙；每紙 2 欄，共 8 欄；欄 19 行，共 133 行，行 31～50 字母。

2.2　01：45.0，2 欄；　02：45.0，2 欄；　03：45.0，2 欄；
　04：45.0，2 欄。

2.3　卷軸裝。首尾均全。首欄沒抄字。有界欄。現代接出護首及拖尾。

3.4　說明：

本文獻首尾均全。所抄為藏文《無量壽宗要經》（乙本）。

4.1　Rgya – gar – skad – du' Apar = mita' ayur nama mahayana sutra。（梵語：無量壽宗要經）（首）。Bod_ skad_ du tshe dpag_ du _ myed_ pa zhes_ bya_ ba theg_ pa_ chen_ povi mdo。（藏語：無量壽宗要經）（首）。

4.2　Tshe dpag_ du_ myed_ pa zhes_ bya_ ba theg_ pa_ chen_ povi mdo。（無量壽宗要經）（尾）。

7.1　有抄寫校對者題記：“Vgi – tig（哥弟）dang – zhu – dang – bar – zhu – Sum – zhu – lags（一校、二校、三校也）。”

8　8～9 世紀。吐蕃統治時期寫本。

9.1　草書。

10　卷首下方有陰文硃印，2.2×2.4 厘米，印文為“真如舊館”。

卷首托裱紙上有題跋：“此唐蕃書《求長壽經》。昂粟當粟崗粟呀格巴/造第一百四本。陳喇嘛出示今本云：誦是經求壽/者，即以現年之數為遍數也。/辛巳（1941）十二月既望，丘婆塞周肇祥敬記。”其後有陽文硃印，1.1×1.1 厘米，印文為“周肇祥”。

卷首背有紅鉛筆寫“五尺”。卷尾背下方有陽文硃印，0.6×0.6 厘米，印文為“歸”。

右托紙背貼紙簽，有鋼筆寫：“貨號：03243。品名：藏文經 2 捲。定價：30.00。備註：慶。”

1.1　BD14935 號

1.3　藏文（無量壽宗要經乙本）

1.4　新 1135

2.1　135×31 厘米；3 紙；每紙 2 欄，共 6 欄；欄 19 行，共 118 行；行約 45 字母。

2.2　01：45.0，2 欄；　02：45.0，2 欄；　03：45.0，2 欄。

2.3　卷軸裝。首尾均全。尾紙下邊有小破損。卷首、末邊有黏接痕。有界欄。

3.4　說明：

本文獻首尾均全。所抄為藏文《無量壽宗要經》（乙本）。

4.1　Rgya – gar – skad – du' Apar = mita' ayur nama mahayana sutra。（梵語：無量壽宗要經）（首）。Bod_ skad_ du tshe dpag_ du _ myed_ pa zhes_ bya_ ba theg_ pa_ chen_ povi mdo。（藏語：無量壽宗要經）（首）。

4.2　Tshe dpag_ du_ myed_ pa zhes_ bya_ ba theg_ pa_ chen_ povi mdo。（無量壽宗要經）（尾）。

7.1　有抄寫校對者題記：“Cang – shib – tig（蔣厚德）。Leng – cevu – zhus（朗覚校）；C = – keng – yang – zhus（吉岡二校）；（shin） – dar – sum – zhus（恒達三校）。”

8　8～9 世紀。吐蕃統治時期寫本。

9.1　草書。

10　卷首背下方貼北京市圖書業同業公會印制紙簽，上寫：“書名：唐古忒文寫經。版別：唐。冊數：1。議價：20 元。57 年 11 月 28 日，議價，章，前門區議價組。第 18 號。”

1.1　BD14936 號

1.3　大佛頂如來密因修證了義諸菩薩萬行首楞嚴經卷三

1.4　新 1136

2.1　760.4×25.7 厘米；16 紙；共 403 行，行 17 字。

2.2　01：06.9，護首；　02：50.1，28；　03：51.1，28；
　04：51.1，28；　05：51.3，28；　06：51.5，28；
　07：51.3，28；　08：51.2，28；　09：51.3，28；
　10：51.2，28；　11：51.3，28；　12：51.2，28；

13：51.3，28；　14：51.2，28；　15：51.1，28；
16：37.3，12。
2.3　卷軸裝。首尾均全。經黄打紙。有護首，已殘。卷面有油污，第5、6紙接縫處脱開。背有古代褙補。有烏絲欄。卷端有現代褙補。
3.1　首全→大正0945，19/0114C16。
3.2　尾全→大正0945，19/0119B21。
4.1　大佛頂如來密因修證了義諸菩薩萬行首楞嚴經第三，/一名中印度那蘭陀大道/場經於灌頂部錄出別行/（首）。
4.2　大佛頂萬行首楞嚴經卷第三（尾）。
7.1　尾題後有題記"右大唐修州沙門懷迪共梵僧於廣州譯"。
7.3　第1、2紙褙補紙背面有經文雜寫。
8　7~8世紀。唐寫本。
9.1　楷書。
9.2　有行間校加字。有硃筆校改。
10　背面有紅色特藝公司前門經營管理處紙簽："貨號：2214。年代：唐。品名：懷迪寫經卷。定價：115.00。"

1.1　BD14937號
1.3　妙法蓮華經卷二
1.4　新1137
2.1　（4+945）×26厘米；21紙；共583行，行17字。
2.2　01：4+37，24；　02：47.0，28；　03：47.0，28；
04：47.0，28；　05：47.0，28；　06：47.0，28；
07：47.0，28；　08：47.0，28；　09：47.0，28；
10：47.0，28；　11：47.0，28；　12：47.5，28；
13：47.5，28；　14：47.5，28；　15：47.5，28；
16：47.5，28；　17：47.5，28；　18：47.5，28；
19：47.5，28；　20：47.5，28；　21：47.5，27。
2.3　卷軸裝。首殘尾全。打紙，研光上蠟。卷面多油污，上下邊多有破裂。背有現代褙補。有烏絲欄。
3.1　首2行上下殘→大正0262，09/0011A12~14。
3.2　尾全→大正0262，09/0019A12。
4.2　妙法蓮華經卷第二（尾）。
8　7~8世紀。唐寫本。
9.1　楷書。
10　尾題後有題記："乾封二年（667）五月二十四日，遠客為患敬造《法/華經》一部。/"題記為現代偽造。
　　卷尾背上方貼有特藝公司前門經營管理處紙簽："貨號：2215。年代：唐。品名：乾封年款寫經。定價：120.00。備註：遠客。"
13　題記字跡、墨色、風格均與原卷有異，內容可疑，為現代偽造。

1.1　BD14938號
1.3　摩訶般若波羅蜜經（異卷）卷八
1.4　新1138
2.1　（7+997.5）×26厘米；21紙；共564行，行17字。
2.2　01：34.5，20；　02：48.5，28；　03：48.5，28；
04：48.5，28；　05：48.5，28；　06：48.5，28；
07：48.5，28；　08：48.5，28；　09：48.5，28；
10：48.5，28；　11：48.5，28；　12：48.5，28；
13：48.5，28；　14：48.5，28；　15：48.5，28；
16：48.5，28；　17：48.5，28；　18：48.5，28；
19：48.5，28；　20：48.5，28；　21：48.5，12。
2.3　卷軸裝。首殘尾全。打紙，研光上蠟。卷面多水漬，首紙上邊有破裂，第1、2紙接縫處上部開裂。有燕尾。有烏絲欄。已修整。
3.1　首4行上下殘→大正0223，08/0262C13~17。
3.2　尾全→大正0223，08/0270B16。
4.2　摩訶般若波羅蜜卷第八（尾）。
5　與《大正藏》本對照，分卷不同。相當於《摩訶般若波羅蜜經》卷第六等空品第二十三，卷第七會宗品第二十四，十無品第二十五。與歷代大藏經分卷均不同，為異卷。
7.1　尾題後有題記"菩薩戒弟子鄧元穆敬寫"。
8　7~8世紀。唐寫本。
9.1　楷書。
9.2　有刮改。
10　卷背貼有特藝公司前門經營管理處紙簽："貨號：2216。年代：唐。品名：鄧元穆寫經卷年款寫經。定價：115.00。"

1.1　BD14939號1
1.3　藏文（無量壽宗要經甲本）
1.4　新1139
2.1　516×31厘米；12紙；每紙2欄，共24欄；欄20行，共465行，行約45字母。
2.2　01：43.0，2欄；　02：43.0，2欄；　03：43.0，2欄；
04：43.0，2欄；　05：43.0，2欄；　06：43.0，2欄；
07：43.0，2欄；　08：43.0，2欄；　09：43.0，2欄；
10：43.0，2欄；　11：43.0，2欄；　12：43.0，2欄。
2.3　卷軸裝。首尾均全。卷首、末邊有粘接痕。有界欄。
2.4　本遺書包括4個文獻：（一）藏文（無量壽宗要經甲本），115行，今編為BD14939號1。（二）藏文（無量壽宗要經甲本），116行，今編為BD14839號2。（三）藏文（無量壽宗要經甲本），117行，今編為BD14939號3。（四）藏文（無量壽宗要經甲本），117行，今編為BD14839號4。
3.4　說明：
　　本文獻首尾均全。所抄為藏文《無量壽宗要經》（甲本）。
4.1　Rgya－gar－skad－du' Apar＝mita' ayur nama mahayana sutra。（梵語：無量壽宗要經）（首）。Bod_ skad_ du tshe dpag_ du_ myed_ pa zhes_ bya_ ba theg_ pa_ chen_ povi mdo。（藏語：無量壽宗要經）（首）。
4.2　Tshe dpag_ du_ myed_ pa zhes_ bya_ ba theg_ pa_ chen_ povi mdo。（無量壽宗要經）（尾）。

7.1　有抄寫者題名"Vgo - levu - levu.（郭祿祿）"。
8　8～9世紀。吐蕃統治時期寫本。
9.1　草書。
10　卷尾背貼有特藝公司前門經營管理處紙簽，上寫："貨號：03613。品名：無量壽經1卷。定價：25.00。"

1.1　BD14939號2
1.3　藏文（無量壽宗要經甲本）
1.4　新1139
2.4　本遺書由4個文獻組成，本文獻為第2個，116行。餘參見BD14939號1之第2項。
3.4　說明：
本文獻首尾均全。所抄為藏文《無量壽宗要經》（甲本）。
4.1　Rgya - gar - skad - du' Apar = mita' ayur nama mahayana sutra。（梵語：無量壽宗要經）（首）。Bod_ skad_ du tshe dpag_ du _ myed_ pa zhes_ bya_ ba theg_ pa_ chen_ povi mdo。（藏語：無量壽宗要經）（首）。
4.2　Tshe dpag_ du_ myed_ pa zhes_ bya_ ba theg_ pa_ chen_ povi mdo。（無量壽宗要經）（尾）。
7.1　有抄寫者題名"Vgo - levu - levu.（郭祿祿）"。
8　8～9世紀。吐蕃統治時期寫本。
9.1　正書。

1.1　BD14939號3
1.3　藏文（無量壽宗要經甲本）
1.4　新1139
2.4　本遺書由4個文獻組成，本文獻為第3個，117行。餘參見BD14939號1之第2項。
3.4　說明：
本文獻首尾均全。所抄為藏文《無量壽宗要經》（甲本）。
4.1　Rgya - gar - skad - du' Apar = mita' ayur nama mahayana sutra。（梵語：無量壽宗要經）（首）。Bod_ skad_ du tshe dpag_ du _ myed_ pa zhes_ bya_ ba theg_ pa_ chen_ povi mdo。（藏語：無量壽宗要經）（首）。
4.2　Tshe dpag_ du_ myed_ pa zhes_ bya_ ba theg_ pa_ chen_ povi mdo。（無量壽宗要經）（尾）。
7.1　有抄寫者題名"Vgo - levu - levu.（郭祿祿）"。
8　8～9世紀。吐蕃統治時期寫本。
9.1　正書。

1.1　BD14939號4
1.3　藏文（無量壽宗要經甲本）
1.4　新1139
2.4　本遺書由4個文獻組成，本文獻為第4個，117行。餘參見BD14939號1之第2項。
3.4　說明：
本文獻首尾均全。所抄為藏文《無量壽宗要經》（甲本）。
4.1　Rgya - gar - skad - du' Apar = mita' ayur nama mahayana sutra。（梵語：無量壽宗要經）（首）。Bod_ skad_ du tshe dpag_ du _ myed_ pa zhes_ bya_ ba theg_ pa_ chen_ povi mdo。（藏語：無量壽宗要經）（首）。
4.2　Tshe dpag_ du_ myed_ pa zhes_ bya_ ba theg_ pa_ chen_ povi mdo。（無量壽宗要經）（尾）。
7.1　有抄寫者題名"Vgo - levu - levu.（郭祿祿）"。
8　8～9世紀。吐蕃統治時期寫本。
9.1　正書。

1.1　BD14940號1
1.3　四分律（異卷）卷四九
1.4　新1140
2.1　134.5×25.2厘米；4紙；共70行，行17字。
2.2　01：26.5，14；　02：48.8，28；　03：48.5，25；
04：10.7，03。
2.3　卷軸裝。首斷尾全。有烏絲欄。現代通卷托裱為手卷。
2.4　本遺書包括2個文獻：（一）《四分律》（異卷）卷四九，70行，今編為BD14940號1。（二）《回鶻文》（擬），2行，今編為BD14840號2。
3.1　首殘→大正1428，22/0929C22。
3.2　尾全→大正1428，22/0930C05。
4.2　四分律藏卷第卌九（尾）。
5　與《大正藏》本對照，分卷不同，相當於《四分律》卷第四十九，三分之十三比丘尼揵度之下的後部分。與歷代大藏經分卷均不同，為異卷。
尾題之後有音義1行。
7.1　音義之後有題記2行："咸通十二年（871）三月一日，幽州盧龍節度副大使知節度事，觀察處置押奚契丹兩蕃經略盧龍軍等使，特進/檢校司徒兼侍中幽州大都督府長史，上柱國，燕國公，食邑三千戶張　等敬造一切經。/"
8　871年。歸義軍時期寫本。
9.1　楷書。
10　現代接出白底銀紋織錦護首，有縹帶。護首有題簽："唐人寫經一卷，子建題。"
卷首下端有陽文硃印，1.6×1.6厘米，印文為"漁家軒藏"。
護首有特藝公司前門經營管理處紙簽，上寫："貨號：09884。品名：唐人寫經卷2段。定價：50.00。"

1.1　BD14940號2
1.3　回鶻文（擬）
1.4　新1140
2.4　本遺書由2個文獻組成，本文獻為第2個，2行。餘參見BD14940號之第2項。
3.4　說明：
此兩行為回鶻文，可能為詩歌，詳情待考。

8　9～10 世紀。歸義軍時期寫本。
9.1　楷書。

1.1　BD14941 號
1.3　回鶻文文獻（擬）
1.4　新 1141
2.1　134.5×25.2 厘米；4 紙；共 70 行，行 17 字。
2.2　01：08.6，07；　02：48.3，53；　03：48.5，50；
04：25.6，26。
2.3　卷軸裝。首斷尾殘。通卷現代托裱。透過托裱紙可見背有 3 枚硃印，印文不清。
3.4　說明：
本遺書為回鶻文。行文中夾有“三”、“四”、“十”、“三”、“三”、“十”、“下”、“九十八”、“上”、“火”、“二”、“天”、“天”、“九月十”、“生”、“下”、“下”、“大”、“四”、“四”、“四”、“一者”、“二者”、“一者”、“六”、“四大”、“七”、“二”、“八十”、“一”等漢字。可能為從漢文翻譯為回鶻文的某種文獻。
8　9～10 世紀。歸義軍時期寫本。
9.1　楷書。
10　卷首下端有陽文硃印，1.6×1.6 厘米，印文為“漁家軒藏”。
卷首背面現代接裱紙上有題跋“□…□經背面番文，于建題”。

1.1　BD14942 號
1.3　金光明最勝王經卷四
1.4　新 1142
2.1　401.5×26.1 厘米；9 紙；共 210 行，行 21 字。
2.2　01：46.0，26；　02：46.1，25；　03：46.0，25；
04：46.3，25；　05：46.3，24；　06：46.1，24；
07：46.2，24；　08：46.0，24；　09：32.5，13。
2.3　卷軸裝。首脫尾全。通卷托裱。有烏絲欄。
3.1　首殘→大正 0665，16/0419A04。
3.2　尾全→大正 0665，16/0422B21。
4.2　金光明經卷第四（尾）。
5　尾附音義。
8　20 世紀。民國寫卷。
9.1　行書。
10　有雲龍織錦護首，有縹帶，玉別子。護首有題簽：“敦煌石室唐人寫經，金光明經卷第四，/丁巳（1917）冬日仁和邵章署檢。/”下有陽文硃印，0.7×0.7 厘米，印文為“伯絅”。
護首下貼有特藝公司前門經營管理處紙簽：“貨號：3166。品名：唐人寫經卷。定價：45.00。”
外配有藍色書囊，上有題簽“敦煌唐人寫經卷”。下有陽文硃印，1.7×1.7 厘米，印文為：“伯絅鑑藏”。

1.1　BD14943 號
1.3　淨名經集解關中疏卷下
1.4　新 1143
2.1　869.8×28.2 厘米；21 紙；共 668 行，行 26 字。
2.2　01：41.8，28；　02：40.2，27；　03：39.9，27；
04：41.6，28；　05：41.7，28；　06：41.7，28；
07：29.5，24；　08：43.0，36；　09：43.1，35；
10：43.1，35；　11：43.1，35；　12：43.1，35；
13：43.1，35；　14：43.0，35；　15：43.0，35；
16：43.0，35；　17：43.0，35。　18：42.9，34；
19：42.8，35；　20：42.7，35；　21：34.5，23。
2.3　卷軸裝。首脫尾全。卷面有殘洞及等距離紅色水漬，上下邊有殘損。背有現代裱補。前 6 紙紙質與後紙不同。有烏絲欄。已修整。
3.1　首殘→《藏外佛教文獻》，03/164A08。
3.2　尾全→《藏外佛教文獻》，03/214A13。
3.4　說明：
本遺書為《藏外》整理本之丙校本。
本號應是吐蕃時期所寫，歸義軍初期仍然在用。曹僧政，可能為曹法鏡。
4.2　淨名經關中疏卷下（尾）。
7.1　卷尾有硃筆題記：“咸通八年（867）四月廿二日就開元寺曹僧政說維摩經。”
7.3　卷尾背端古代裱補紙上有雜筆劃，或為藏文雜寫。
8　8～9 世紀。吐蕃統治時期寫本。
9.1　楷書。
9.2　有硃筆科分及校改。有硃、墨筆行間校加字、行間加行及塗抹。有重文號及刮改。
10　背貼特藝公司前門經營管理處紙簽：“貨號：1014。品名：唐人寫經 8 卷。定價：80.00。”

1.1　BD14944 號
1.3　摩訶般若波羅蜜經（異卷）卷一七
1.4　新 1144
2.1　（313+5）×25.3 厘米；6 紙；共 148 行，行 17 字。
2.2　01：50.0，27；　02：52.0，29；　03：52.0，29；
04：52.0，29；　05：52.0，29；　06：5.5+5，05。
2.3　卷軸裝。首全尾殘。有烏絲欄。通卷現代托裱。
3.1　首全→大正 0223，08/0290B06。
3.2　尾行上殘→大正 0223，08/0292A19～20。
4.1　摩訶般若波羅蜜舍利品第卅七，卷第十七（首）。
5　與《大正藏》本對照，分卷不同，且品名不同。經文相當於《大正藏》《摩訶般若波羅蜜經》卷第十法稱品第三十七的前部份。依據歷代經錄記載，本經有四十卷、三十卷、二十七卷等三種卷本。《大正藏》本為二十七卷。《聖語藏》本為四十卷。在《聖語藏》本中，本段經文屬於卷十五，品名亦有不同。由此可知，本遺書所屬卷本應該大於四十卷。詳情待考。

8　6世紀。南北朝寫本。

9.1　楷書。

10　現代接出卍字不斷頭黑白織錦護首，有玉別子。上有題簽："唐人寫經"。

護首下貼特藝公司前門經營管理處紙簽："貨號：05244。品名：唐人寫經卷1件。定價：10.00。"

1.1　BD14945號

1.3　藥師瑠璃光如來本願功德經

1.4　新1145

2.1　218.5×25.4厘米；5紙；共107行，行17字。

2.2　01：47.0，25；　02：47.0，25；　03：47.0，25；
04：47.0，25；　05：30.5，07。

2.3　卷軸裝。首脱尾全。打紙，砑光上蠟。首紙下有殘破，第2、3紙接縫處上開裂。有燕尾。背有古代裱補。有烏絲欄。

3.1　首殘→大正0450，14/0407A26。

3.2　尾全→大正0450，14/0408B25。

4.2　藥師瑠璃光如來本願功德經（尾）。

8　7～8世紀。唐寫本。

9.1　楷書。

10　背貼特藝公司前門經營管理處紙簽"貨號：08091。品名：唐藥師經。定價：10.00。"

1.1　BD14946號

1.3　大般涅槃經（北本　思溪本）卷三

1.4　新1146

2.1　(8.6+683.2)×26.3厘米；14紙；共397行，行17字。

2.2　01：24.2，14；　02：51.4，30；　03：51.3，30；
04：51.4，30；　05：51.3，30；　06：51.3，30；
07：51.6，30；　08：51.4，30；　09：51.5，30；
10：51.4，30；　11：51.3，30；　12：51.3，30；
13：51.3，30；　14：51.1，23。

2.3　卷軸裝。首殘尾全。有烏絲欄。有燕尾。通卷現代托裱。已修整。

3.1　首5行中下殘→大正0374，12/0380A13～21。

3.2　尾全→大正0374，12/0384C25。

4.2　大般涅槃經卷第三（尾）。

5　與《大正藏》本對照，分卷不同。此卷經文止於卷第三後部。據《大正藏》校記，終卷與宋本同。

8　6世紀。南北朝寫本。

9.1　楷書。

12　本遺書夾裹殘片一塊，今編為BD16438號。

1.1　BD14947號

1.3　大般涅槃經（北本　思溪本）卷三九

1.4　新1147

2.1　384.2×26.1厘米；9紙；共238行，行17字。

2.2　01：43.7，27；　02：43.2，27；　03：43.1，27；
04：43.2，27；　05：43.3，27；　06：43.2，27；
07：43.4，27；　08：43.3，27；　09：37.8，22。

2.3　卷軸裝。首脱尾全。尾紙有破裂及殘洞。尾有原軸，兩端塗黑漆，軸頭已壞。背有古代裱補。有烏絲欄。有劃界欄針孔。已修整。

3.1　首殘→大正0374，12/0595C04。

3.2　尾全→大正0374，12/0598B15。

4.2　大般涅槃經卷第卅九（尾）。

5　與《大正藏》本對照，分卷不同。據《大正藏》校記，本件分卷及文字與宋本同。

8　5～6世紀。南北朝寫本。

9.1　楷書。

10　卷背各紙接縫處上下均有圓形硃印，直徑0.8厘米，印文為"雯卿"。

有木匣，匣蓋上刻有"敦煌古□"，上貼特藝公司宣武經營管理處紙簽："類別：字。貨號：2724。品名：六朝寫經卷。定價：100.00。"內有2紙條，其一寫有"《大般涅槃經》卷第卅九殘卷，出敦煌石室"；其二寫有"新1147，A276：6，採95325"。

新舊編號對照表

新字頭號與北敦號對照表

新字頭號	北敦號
新 1070	BD14870 號
新 1071	BD14871 號 1
新 1071	BD14871 號 2
新 1072	BD14872 號
新 1073	BD14873 號
新 1074	BD14874 號
新 1075	BD14875 號
新 1076	BD14876 號
新 1077	BD14877 號
新 1078	BD14878 號
新 1079	BD14879 號
新 1080	BD14880 號
新 1081	BD14881 號
新 1082	BD14882 號
新 1083	BD14883 號
新 1084	BD14884 號
新 1085	BD14885 號
新 1086	BD14886 號
新 1087	BD14887 號
新 1088	BD14888 號
新 1089	BD14889 號
新 1090	BD14890 號
新 1091	BD14891 號
新 1091	BD14891 號背
新 1092	BD14892 號 1
新 1092	BD14892 號 2
新 1093	BD14893 號
新 1094	BD14894 號
新 1095	BD14895 號
新 1096	BD14896 號
新 1097	BD14897 號 1
新 1097	BD14897 號 2
新 1098	BD14898 號
新 1099	BD14899 號
新 1100	BD14900 號
新 1101	BD14901 號
新 1102	BD14902 號
新 1103	BD14903 號
新 1104	BD14904 號
新 1105	BD14905 號
新 1106	BD14906 號
新 1107	BD14907 號
新 1108	BD14908 號
新 1109	BD14909 號
新 1110	BD14910 號
新 1111	BD14911 號
新 1112	BD14912 號
新 1113	BD14913 號
新 1114	BD14914 號
新 1115	BD14915 號 A
新 1115	BD14915 號 B
新 1115	BD14915 號 C
新 1116	BD14916 號
新 1117	BD14917 號
新 1118	BD14918 號
新 1119	BD14919 號
新 1120	BD14920 號
新 1121	BD14921 號
新 1122	BD14922 號
新 1123	BD14923 號 A
新 1123	BD14923 號 B
新 1124	BD14924 號
新 1125	BD14925 號
新 1126	BD14926 號
新 1127	BD14927 號
新 1128	BD14928 號
新 1129	BD14929 號
新 1130	BD14930 號
新 1131	BD14931 號
新 1132	BD14932 號
新 1133	BD14933 號
新 1134	BD14934 號
新 1135	BD14935 號
新 1136	BD14936 號
新 1137	BD14937 號
新 1138	BD14938 號
新 1139	BD14939 號 1
新 1139	BD14939 號 2
新 1139	BD14939 號 3
新 1139	BD14939 號 4
新 1140	BD14940 號 1
新 1140	BD14940 號 2
新 1141	BD14941 號
新 1142	BD14942 號
新 1143	BD14943 號
新 1144	BD14944 號
新 1145	BD14945 號
新 1146	BD14946 號
新 1147	BD14947 號